Jochen Schneider (Hrsg.)/Susanne Bauhardt/Gerhard Deutsch

PRAKTISCHE INTERNET-NUTZUNG FÜR JURISTEN

Gezielter Zugriff auf die wichtigsten
Internet-Adressen aller Rechtsgebiete
2. aktualisierte und erweiterte Auflage

Die Deutsche Bibliothek – CIP Einheitsaufnahme
Praktische Internet-Nutzung für Juristen
Gezielter Zugriff auf die wichtigsten Internet-Adressen aller Rechtsgebiete –
Gesetze – Rechtsprechung – Fachbeiträge – Arbeitshilfen
2. aktualisierte und erweiterte Auflage
Prof. Dr. Jochen Schneider (Hrsg.)
Susanne Bauhardt, Gerhard Deutsch
Augsburg: KOGNOS Verlag GmbH, 2000
ISBN 3-931314-19-7

Impressum:

ISBN 3-931314-19-7

Praktische Internet-Nutzung für Juristen

Herausgeber: Prof. Dr. Jochen Schneider
Autoren: Susanne Bauhardt, Gerhard Deutsch
Projektleitung: Susanne Bauhardt
Redaktion: Eva Haupt
Druck: Kessler, Bobingen
Satz: Typo Schröder, Dernbach
Gestaltung: Anette Kallmeier, Augsburg

KOGNOS VERLAG BRAUN GMBH
Färberstr. 2, 86157 Augsburg, Telefon 0821/52155-0, Fax 0821/52155-99, E-Mail info@kognos.de

Dieses Handbuch ist nach bestem Wissen und Gewissen erarbeitet. Dennoch muß der Verlag jegliche Haftung ausschließen, da die Anpassung an den Einzelfall individuell zu sehen ist.

Der Verlag haftet insbesondere nicht für den Inhalt der vorgestellten Internet-Adressen. Diese unterliegen dem Urheberrecht und der eigenverantwortlichen Kontrolle der jeweiligen Autoren. Die Liste der Internet-Adressen erhebt keinen Anspruch auf Vollständigkeit.

Das Nachschlagewerk und alle darin enthaltenen Beiträge und Abbildungen sind urheberrechtlich geschützt. Jede Verwertung, die nicht ausdrücklich vom Urheberrechtsgesetz zugelassen ist, bedarf der vorherigen Zustimmung des Verlags. Das gilt insbesondere für Vervielfältigungen, Bearbeitungen, Übersetzungen, Mikroverfilmungen und für die Einspeicherung in elektronische Systeme.

Inhalt

Vorwort

1 Übersicht

1.1	Gebrauchsanleitung	17
1.2	Internet – eine Einführung	21
1.3	Glossar	39

2 Normen

2.1	National	79
2.1.1	Bundesrecht	79
2.1.1.1	Umfangreiche Normensammlungen	79
2.1.1.1.1	Allgemein	79
2.1.1.1.2	Einzelne Rechtsgebiete	82
2.1.1.1.2.1	Arbeitsrecht	82
2.1.1.1.2.2	Baurecht	83
2.1.1.1.2.3	Datenschutzrecht	84
2.1.1.1.2.4	Entschädigungsrecht	84
2.1.1.1.2.5	Gentechnikrecht	84
2.1.1.1.2.6	Gewerblicher Rechtsschutz	84
2.1.1.1.2.7	Hochschulrecht	85
2.1.1.1.2.8	Lebensmittelrecht	85
1.1.1.1.2.9	Miet- und Immobilienrecht	85
2.1.1.1.2.10	Öffentliches Recht	86
2.1.1.1.2.11	Presserecht	86
2.1.1.1.2.12	Recht der neuen Medien	86
2.1.1.1.2.13	Recht der deutschen Einheit	87
2.1.1.1.2.14	Sozialversicherungsrecht	87

2.1.1.1.2.15	Steuerrecht	87
2.1.1.1.2.16	Tabakrecht	88
2.1.1.1.2.17	Telekommunikationsrecht	88
2.1.1.1.2.18	Umweltschutz- und Technikrecht	88
2.1.1.1.2.19	Urheberrecht	89
2.1.1.1.2.20	Verfassungsschutz	89
2.1.1.1.2.21	Wirtschaftsrecht	89
2.1.1.1.3	Gesetzgebungsvorhaben/Übersichten	90
2.1.1.2	Einzelne Normen	90
2.1.1.2.1	Normen von A bis Z	90
2.1.1.2.2	Gesetzesentwürfe	147
2.1.2	Landesrecht	147
2.1.2.1	Länderübergreifende Normensammlungen	147
2.1.2.2	Normen der einzelnen Länder	149
2.1.2.2.1	Baden-Württemberg	149
2.1.2.2.2	Bayern	151
2.1.2.2.2.1	Umfangreiche Normensammlungen	151
2.1.2.2.2.2	Einzelne Normen	151
2.1.2.2.3	Berlin	153
2.1.2.2.3.1	Umfangreiche Normensammlungen	153
2.1.2.2.3.2	Einzelne Normen	153
2.1.2.2.4	Brandenburg	156
2.1.2.2.4.1	Umfangreiche Normensammlungen	156
2.1.2.2.4.2	Einzelne Normen	157
2.1.2.2.5	Bremen	161
2.1.2.2.6	Hamburg	162
2.1.2.2.6.1	Umfangreiche Normensammlungen	162
2.1.2.2.6.2	Einzelne Normen	162
2.1.2.2.7	Hessen	164
2.1.2.2.7.1	Umfangreiche Normensammlungen	164
2.1.2.2.7.2	Einzelne Normen	164

2.1.2.2.8	Mecklenburg-Vorpommern	177
2.1.2.2.9	Niedersachsen	177
2.1.2.2.9.1	Umfangreiche Normensammlungen	177
2.1.2.2.9.2	Einzelne Normen	178
2.1.2.2.10	Nordrhein-Westfalen	180
2.1.2.2.10.1	Umfangreiche Normensammlungen	180
2.1.2.2.10.2	Einzelne Normen	181
2.1.2.2.11	Rheinland-Pfalz	183
2.1.2.2.12	Saarland	183
2.1.2.2.12.1	Umfangreiche Normensammlungen	183
2.1.2.2.12.2	Einzelne Normen	184
2.1.2.2.13	Sachsen	185
2.1.2.2.13.1	Umfangreiche Normensammlungen	185
2.1.2.2.13.2	Einzelne Normen	186
2.1.2.2.14	Sachsen-Anhalt	188
2.1.2.2.15	Schleswig-Holstein	190
2.1.2.2.15.1	Umfangreiche Normensammlungen	190
2.1.2.2.15.2	Einzelne Normen	190
2.1.2.2.16	Thüringen	192
2.2	International	194
2.2.1	Umfangreiche Normensammlungen	194
2.2.2	Einzelne Normen	199
2.2.3	Doppelbesteuerungsabkommen	202
2.2.3.1	Umfangreiche Sammlungen	202
2.2.3.2	Einzelne Doppelbesteuerungsabkommen	202
2.2.4	Europäische Union	204
2.2.4.1	Umfangreiche Normensammlungen	204
2.2.4.2	EG-Richtlinien	206
2.2.4.3	EG-Verordnungen	207

3 Rechtsprechung

3.1	National	211
3.1.1	Rechtsprechungssammlungen allgemein	211
3.1.1.1	Entscheidungssammlungen (Volltext)	211
3.1.1.2	Leitsatzsammlungen	216
3.1.1.3	Pressemitteilungen	218
3.1.1.4	Urteilssammlungen (Sonstige)	218
3.1.2	Rechtsprechung einzelner Rechtsgebiete	221
3.1.2.1	Arbeitsrecht	221
3.1.2.2	Ausländerrecht	224
3.1.2.3	Baurecht	225
3.1.2.4	Berufsrecht	225
3.1.2.5	Betreuungsrecht	225
3.1.2.6	Betriebsverfassungsrecht	226
3.1.2.7	Computerrecht	227
3.1.2.8	Erbrecht	227
3.1.2.9	Europarecht und Völkerrecht	228
3.1.2.10	Familienrecht	230
3.1.2.11	Freiheitsentziehungsrecht	233
3.1.2.12	Gebühren und Kosten	233
3.1.2.13	Gewerblicher Rechtsschutz	233
3.1.2.14	Handels- und Gesellschaftsrecht	234
3.1.2.15	Kaufrecht	235
3.1.2.16	Kartellrecht	235
3.1.2.17	Landwirtschaftsrecht	236
3.1.2.18	Medizinrecht	236
3.1.2.19	Miet- und Immobilienrecht	237
3.1.2.20	Öffentliches Recht	240
3.1.2.21	Prozessrecht	240
3.1.2.22	Recht der Neuen Medien	241
3.1.2.23	Reiserecht	243

3.1.2.24	Sozialrecht	244
3.1.2.25	Staatskirchenrecht	245
3.1.2.26	Steuerrecht	245
3.1.2.27	Straf- und Strafprozessrecht	248
3.1.2.28	Transportrecht	249
3.1.2.29	Verfassungsrecht	249
3.1.2.30	Verkehrsrecht	251
3.1.2.31	Verwaltungsrecht	252
3.1.2.32	Vormundschaftsrecht	254
3.1.2.33	Wettbewerbsrecht	254
3.1.2.34	Wirtschaftsrecht	254
3.1.2.35	Zivilrecht	255
3.2	International	257

4 Fachbeiträge

4.1	Fachbeitragssammlungen allgemein	265
4.2	Fachbeiträge einzelner Rechtsgebiete	267
4.2.1	Abfallrecht	267
4.2.2	Anwaltliches Berufsrecht	268
4.2.3	Arbeitsrecht	270
4.2.3.1	Umfangreiche Fachbeitragssammlungen	270
4.2.3.2	Einzelne Fachbeiträge	271
4.2.3.2.1	Beendigung von Arbeitsverhältnissen	271
4.2.3.2.2	Geringfügige Beschäftigung	272
4.2.3.2.3	Scheinselbständigkeit	273
4.2.3.2.4	Telearbeit	275
4.2.3.2.5	Sonstiges	277
4.2.4	Ausländerrecht	278
4.2.5	Bankenrecht	279

4.2.6	Baurecht	279
4.2.7	Betreuungsrecht	281
4.2.7.1	Umfangreiche Fachbeitragssammlungen	281
4.2.7.2	Einzelne Fachbeiträge	282
4.2.8	Bodenschutzrecht	282
4.2.9	Darlehens- und Kreditsicherungsrecht	283
4.2.10	Datenschutzrecht	283
4.2.10.1	Umfangreiche Fachbeitragssammlungen	283
4.2.10.2	Einzelne Fachbeiträge	284
4.2.11	EDV-Recht	285
4.2.11.1	Umfangreiche Fachbeitragssammlungen	285
4.2.11.2	Einzelne Fachbeiträge	286
4.2.12	Energierecht	289
4.2.13	Erbrecht	289
4.2.14	Euro	290
4.2.15	Familienrecht	291
4.2.15.1	Umfangreiche Fachbeitragssammlungen	291
4.2.15.2	Einzelne Fachbeiträge	291
4.2.16	Gesellschaftsrecht	292
4.2.16.1	Umfangreiche Fachbeitragssammlungen	292
4.2.16.2	Einzelne Fachbeiträge	292
4.2.17	Gesundheits- und Pflegerecht	293
4.2.17.1	Umfangreiche Fachbeitragssammlungen	293
4.2.17.2	Einzelne Fachbeiträge	293
4.2.18	Gewerblicher Rechtsschutz	294
4.2.18.1	Umfangreiche Fachbeitragssammlungen	294
4.2.18.2	Einzelne Fachbeiträge	295
4.2.19	Internationales Recht	295
4.2.20	Immobilienrecht	296

4.2.21	Judikative	296
4.2.22	Kaufrecht	296
4.2.23	Kommunalrecht	297
4.2.24	Konkurs- und Insolvenzrecht	298
4.2.24.1	Umfangreiche Fachbeitragssammlungen	298
4.2.24.2	Einzelne Fachbeiträge	299
4.2.25	Kryptografie	300
4.2.25.1	Umfangreiche Fachbeitragssammlungen	300
4.2.25.2	Einzelne Fachbeiträge	301
4.2.26	Medizinrecht	301
4.2.27	Mietrecht	301
4.2.28	Öffentliches Recht	302
4.2.29	Polizei- und Ordnungsrecht	304
4.2.30	Produkthaftung	305
4.2.31	Prozessrecht	305
4.2.32	Recht der neuen Medien	307
4.2.32.1	Umfangreiche Fachbeitragssammlungen	307
4.2.32.2	Einzelne Fachbeiträge	308
4.2.32.2.1	Domain-Namen	308
4.2.32.2.2	E-Commerce	309
4.2.32.2.3	Haftung	310
4.2.32.2.4	Online-Auktionen	312
4.2.32.2.5	Online-Vertrag	313
4.2.32.2.6	Urheberrecht	313
4.2.32.2.7	Sonstiges	314
4.2.33	Reiserecht	317
4.2.34	Sozialrecht	318
4.2.34.1	Umfangreiche Fachbeitragssammlungen	318
4.2.34.2	Einzelne Fachbeiträge	318

4.2.35	Steuerrecht	319
4.2.35.1	Umfangreiche Fachbeitragssammlungen	319
4.2.35.2	Einzelne Fachbeiträge	319
4.2.36	Strafprozessrecht	323
4.2.37	Strafrecht	324
4.2.37.1	Umfangreiche Fachbeitragssammlungen	324
4.2.37.2	Einzelne Fachbeiträge	324
4.2.38	Telekommunikationsrecht	327
4.2.38.1	Umfangreiche Fachbeitragssammlungen	327
4.2.38.2	Einzelne Fachbeiträge	327
4.2.39	Umweltrecht	328
4.2.40	Urheberrecht	329
4.2.40.1	Umfangreiche Fachbeitragssammlungen	329
4.2.40.2	Einzelne Fachbeiträge	329
4.2.41	Vereinsrecht	330
4.2.42	Verfassungrecht	330
4.2.43	Verkehrsrecht	331
4.2.43.1	Umfangreiche Fachbeitragssammlungen	331
4.2.43.2	Einzelne Fachbeiträge	333
4.2.44	Versicherungsrecht	334
4.2.45	Völkerrecht	335
4.2.46	Wettbewerbsrecht	335
4.2.46.1	Umfangreiche Fachbeitragssammlungen	335
4.2.46.2	Einzelne Fachbeiträge	335
4.2.47	Wirtschaftsrecht	337
4.2.48	Zwangsvollstreckung	337
4.2.49	Sonstiges	337

5 Arbeitshilfen

5.1	Arbeitshilfensammlungen allgemein	341
5.2	Arbeitshilfen einzelner Rechtsgebiete	343
5.2.1	Anwaltliches Berufsrecht	343
5.2.2	Arbeitsrecht	343
5.2.2.1	Umfangreiche Arbeitshilfensammlungen	343
5.2.2.2	Einzelne Arbeitshilfen	345
5.2.3	Arbeitsgerichtprozessrecht	349
5.2.4	Ausländer- und Asylrecht	349
5.2.5	Baurecht	349
5.2.6	Betreuungsrecht	350
5.2.7	EDV-Recht	350
5.2.8	Erbrecht	351
5.2.8.1	Umfangreiche Arbeitshilfensammlungen	351
5.2.8.2	Einzelne Arbeitshilfen	351
5.2.9	Euro	352
5.2.10	Familienrecht	353
5.2.11	Gebühren und Gerichtskosten	357
5.2.12	Gesellschaftsrecht	358
5.2.13	Gesetzgebungsverfahren	360
5.2.14	Gewerblicher Rechtsschutz	360
5.2.14.1	Umfangreiche Arbeitshilfensammlungen	360
5.2.14.2	Einzelne Arbeitshilfen	360
5.2.15	Handelsrecht	361
5.2.15.1	Umfangreiche Arbeitshilfensammlungen	361
5.2.15.2	Einzelne Arbeitshilfen	362

5.2.16	Kaufrecht	362
5.2.16.1	Umfangreiche Arbeitshilfensammlungen	362
5.2.16.2	Einzelne Arbeitshilfen	362
5.2.17	Konkurs- und Insolvenzrecht	363
5.2.18	Mandatsverhältnis	364
5.2.19	Miet- und Pachtrecht	364
5.2.20	Öffentliches Recht	366
5.2.21	Prozessrecht	367
5.2.22	Recht der neuen Medien	368
5.2.23	Reiserecht	368
5.2.24	Sozialrecht	369
5.2.25	Steuerrecht	371
5.2.25.1	Umfangreiche Arbeitshilfensammlungen	371
5.2.25.2	Einzelne Arbeitshilfen	372
5.2.26	Strafrecht	375
5.2.27	Strafprozessrecht	375
5.2.28	Vereinsrecht	376
5.2.29	Verkehrsrecht	376
5.2.29.1	Umfangreiche Arbeitshilfensammlungen	376
5.2.29.2	Einzelne Arbeitshilfen	377
5.2.30	Verlagsrecht	379
5.2.31	Verwaltungsprozessrecht	380
5.2.32	Wettbewerbsrecht	380
5.2.33	Zivilrecht	380
5.2.34	Zivilprozessrecht	382
5.2.34.1	Umfangreiche Arbeitshilfensammlungen	382
5.2.34.2	Einzelne Arbeitshilfen	382

5.2.35	Zwangsvollstreckung	382
5.2.36	Sonstiges	382

6 Wichtige Adressen

6.1	Anwaltvereine	387
6.2	Ämter/Einrichtungen	390
6.3	Bibliotheken	395
6.3.1	Bibliotheksverbunde	395
6.3.2	Universitätsbibliotheken	396
6.3.3	Sonstige Bibliotheken	399
6.4	Gerichte	401
6.4.1	National	401
6.4.1.1	Umfangreiche Gerichtsverzeichnisse	401
6.4.1.2	Einzelne Gerichte	401
6.4.1.2.1	Bundesgerichte	401
6.4.1.2.2	Arbeitsgerichtsbarkeit	403
6.4.1.2.3	Ordentliche Gerichte	404
6.4.1.2.4	Sozialgerichtsbarkeit	408
6.4.1.2.5	Verwaltungsgerichtsbarkeit	410
6.4.1.2.6	Sonstige Gerichte	412
6.4.2	International	412
6.5	Internationale Organisationen	413
6.6	Juristenvereinigungen	418
6.7	Internationale Server	423
6.8	Kostenpflichtige Server	432
6.9	Linksammlungen	433
6.9.1	National	433
6.9.2	International	439

6.10	Rechtsanwaltskammern	441
6.11	Rechtsanwaltssuche	442
6.12	Staatsorgane/Ministerien	445
6.12.1	Bund	445
6.12.2	Länder	450
6.12.2.1	Baden-Württemberg	450
6.12.2.2	Bayern	451
6.12.2.3	Berlin	451
6.12.2.4	Brandenburg	452
6.12.2.5	Bremen	452
6.12.2.6	Hamburg	452
6.12.2.7	Hessen	453
6.12.2.8	Mecklenburg-Vorpommern	454
6.12.2.9	Niedersachsen	455
6.12.2.10	Nordrhein-Westfalen	455
6.12.2.11	Rheinland-Pfalz	456
6.12.2.12	Sachsen	456
6.12.2.13	Sachsen-Anhalt	457
6.12.2.14	Schleswig-Holstein	457
6.12.2.15	Thüringen	458
6.13	Suchmaschinen	458
6.14	Universitäten	460
6.14.1	National	460
6.14.2	International	468
6.15	Verbände/Vereine	468
6.16	Verlage	470
6.17	Zeitschriften	476
6.18	Sonstiges	487
	Register	495

Vorwort

Die Nutzungsmöglichkeiten des Internet bestimmen zunehmend den Alltag aller Branchen, auch den der Juristen und dabei vor allem der Anwälte. Neben der weltweiten und sekundenschnellen Kommunikation mit Geschäftspartnern und Mandanten per E-Mail gilt es beispielsweise, mit dem Kanzleiprofil im Internet präsent zu sein. In dieser Hinsicht wird das Internet noch an Bedeutung zunehmen.

Geradezu revolutioniert hat das Internet aber bereits jetzt die juristische Informationsbeschaffung. Besonders in letzter Zeit waren neue Gesetze oder Gesetzesentwürfe auf den Internet-Seiten von Ministerien und anderen Anbietern viel schneller verfügbar als in gedruckter Form. Wer beispielsweise zu einem frühen Zeitpunkt Informationen zu den Änderungen im Sozialgesetz, Viertes Buch, hinsichtlich der „Scheinselbständigkeit" benötigte, diese Änderungen zum Jahreswechsel in seiner Gesetzessammlung aber nicht vorfinden konnte, war mit einem Besuch des Servers des Bundesministeriums für Arbeit und Sozialordnung (www.bma.de/download/gesetze/sgb4.htm) gut bedient. Dort war die Neufassung des SGB IV unmittelbar nach Bekanntgabe im Volltext veröffentlicht worden. Außerdem erstreckt sich auch für Juristen die Informationsbeschaffung auf mehr als nur juristische Texte, so z. B. auf Firmendaten, Kurse von Wertpapieren und Angebote von Wettbewerbern der Mandantschaft.

Die Vernachlässigung des Internets als Informationsquelle könnte sogar zu Risiken führen, wie die Entscheidung aus den Vereinigten Staaten zeigt (U. S. Court of Appeals 7 th Cir. vom 28.09.1995; AnwBl. 1996, 158): Danach erstreckt sich die anwaltliche Sorgfaltspflicht auch auf Informationen, die im Internet öffentlich zugänglich sind. Hierzulande verlangt der BGH von einem Anwalt, daß dieser sich in den zur Verfügung stehenden Fachzeitschriften über den Stand der neueren Rechtsprechung unterrichtet (vgl. BGH, NJW 1958, 825). Im Hinblick auf das Studium der Neuen Juristischen Wochenschrift (NJW) geht er davon aus, daß diese kurz nach ihrem Erscheinen sorgfältig durchgesehen werden muß (BGH, NJW 1979, 877). Viele Zeitschriften informieren auch vorab über die Homepage. Mittelfristig wird die Recherche über das Internet genauso notwendig werden, wie die über Print-Medien.

Für die professionelle Suche im Internet stellen sich dem Juristen vor allem die Fragen:

– Wie und wo komme ich am schnellsten an die einschlägigen Angebote?
– Ist die Information vollständig und richtig?
– Wie zuverlässig ist das Angebot?
– Wie vermeide ich möglichst, überflüssigen Ballast lesen zu müssen?

Mit Hilfe dieses Buches gelangt man ohne Umwege zu der gewünschten Internet-Adresse. Die Einteilung in die Kapitel Normen, Rechtsprechung, Fachbeiträge, Arbeitshilfen und Wichtige Adressen und die übersichtliche Gliederungsstruktur sind hierbei der juristischen Arbeitssystematik angepaßt. Das umfangreiche Stichwortverzeichnis erleichtert zusätzlich das schnelle Auffinden der benötigten Information. Weitere Hinweise zur Benutzung finden sich in der Gebrauchsanleitung zu Beginn dieses Buches.

Es wurde versucht, im Hinblick auf die Lesergruppe auch Hinweise auf Vollständigkeit und Richtigkeit, zu geben. Dazu wurden aus der Sicht des juristischen Praktikers die Adressen auf Brauchbarkeit und Verwertbarkeit geprüft und bewertet. Der Grad der praxisnahen Verwendbarkeit spiegelt sich in der Angabe der „@"-Zeichen im Marginalienrand wider.

Wie der Zeitaufwand für das Auffinden sonstiger Informationen, über die mehr als 1.300 Internet-Adressen in diesem Werk hinaus, reduziert werden kann, wird in dem Kapitel „Internet – eine Einführung" beschrieben. Auch hierbei liegt der Schwerpunkt auf der Nutzung des Internets als Informationsquelle. Verzichtet wurde auf die Erläuterung der technischen Grundvoraussetzungen, wie die Installation eines Modems, oder auch auf die Beschreibung der Kosten. Diese hängen zum einem von den individuellen Gegebenheiten (Hardware, Telefonsystem usw.) ab, zum anderen ist der Markt der Internet-Anbieter ständig in Bewegung.

Änderungen ergeben sich in kürzester Zeit aber auch hinsichtlich der Internet-Angebote. Neue Inhalte werden eingestellt und vorhandene Inhalte werden geändert.

Damit der Leser weiterhin aktuell informiert bleibt, erscheint zusätzlich monatlich der Fachinformationsdienst INTERNET @ktuell für Juristen (INJur), der neue juristische Inhalte in der bewährten Form erschließt und Beurteilungen der bisher aufgenommenen vornimmt. Grundwerk und die jeweiligen Aktualisierungen sind ab sofort auch online unter der Adresse http://www.injur.de verfügbar. Die erforderliche Zugangsberechtigung ist für die Bezieher des Fachinformationsdienstes im Abo-Preis enthalten.

Bei Erstellung dieses Handbuches gilt mein Dank zuerst dem Autor Herrn Rechtsanwalt Gerhard Deutsch für seinen unermüdlichen Einsatz bei der Auswahl, Kommentierung und Bewertung der Internet-Adressen.

Ebenfalls bedanke ich mich bei Frau Susanne Bauhardt und Herrn Christian Dömich, die von der Verlagsseite aus das Werk betreut und nach Kräften unterstützt haben.

Ich hoffe, mit diesem Buch eine praktische Hilfe zur schnellen Informationsbeschaffung aus dem Internet bieten zu können, und freue mich über Anregungen zum Werk sowie über Hinweise auf juristisch relevante Information und deren Bewertung in der Praxis. Diese Hinweise berücksichtigen wir gerne im Rahmen des Fachinformationsdienstes.

München, im Juni 1999

Prof. Dr. Jochen Schneider
Herausgeber

Vorwort zur 2. Auflage

Der Erfolg der 1. Auflage in Verbindung mit der regelmäßigen Aktualisierung zeigt, dass immer mehr Juristen sich des Internets in hohem Maße annehmen. Dem Anliegen des Buchs entsprechend geht es in erster Linie darum, juristisch relevante Informationen über das Internet zu beziehen. Das Angebot weitet sich insofern ständig aus in quantitativer, aber vor allem auch deutlich in qualitativer Hinsicht.

Als besonders beachtlich darf die Verfügbarkeit der Entscheidungen des Bundesverfassungsgerichts seit 1998 im Volltext gelten, das nunmehr eigenständig im Internet präsent ist (http://www.bundesverfassungsgericht.de), was aber nichts an der Vorreiterrolle des Amtsgerichts Iburg (http://www.agiburg.de) ändert.

Mehr noch als Gerichte und Behörden dürfte es die Rechtsanwälte als Anbieter ins Internet ziehen. Große Kanzleien bedienen sich des Internets zur Präsentation, bieten zugleich auch juristische Informationen und Bewertungen. Die Kanzleibroschüre wird durch den Internet-Auftritt ergänzt und aktualisiert. Dadurch gibt es mehr und mehr neben den bisherigen Anbietern aktueller juristischer Informationen, wie z. B. http://www.online-recht.de, neue Angebote mit Gesetzestexten, teils auch mit Gesetzesentwürfen, Entscheidungen in Leitsätzen und/oder auch im Volltext sowie Fachbeiträgen. Die Informationslandschaft wird also auch für die Juristen im Internet immer vielfältiger. Schon heute ist eine Selektion im Hinblick auf einen ökonomischen Umgang mit dieser Vielfalt unverzichtbar.

Dem trägt das Buch mit der 2. Auflage verstärkt Rechnung. Nicht nur die Zahl der Adressen, die nun nachgewiesen werden, ist um mehr als ein Drittel auf über 2.100 angestiegen. Gewachsen ist vor allem auch der Bereich der Rechtsprechung (Kapitel 3) und die Zahl der Internet-Adressen zu in der juristischen Praxis wichtigen Arbeitshilfen wie Musterverträgen und Berechnungsprogrammen (Kapitel 5).

Bereits im Vorwort zur 1. Auflage war darauf hingewiesen worden, dass die Vernachlässigung des Internets als Informationsquelle zu Risiken führen könnte. Inzwischen dürfte dies noch verstärkt gelten. So empfiehlt es sich beispielsweise auch, im Bereich des Wettbewerbsrechts den Auftritt des Vertragspartners ebenso unter die Lupe zu nehmen, wie etwa den des Antragsgegners im Verfügungsverfahren oder auch bei der angestrebten Klage. Das Internet bietet zum Teil Informationen an, die man so ohne weiteres nicht bekommen würde, nicht zuletzt deshalb, weil viele der Versuchung nicht widerstehen, sehr persönliche Daten mit anzugeben und Einblicke in Sphären zu geben, die sonst nicht so transparent sind.

Dieser Aspekt betrifft mittelbar auch das Berufsrecht der Anwälte, insbesondere die Frage, inwieweit hier der zulässige Bereich der sachlichen Information verlassen wird. Es hat aber den Anschein, als ob entgegen den offiziellen Verlautbarungen, wonach selbstverständlich im Internet die gleichen Regeln gelten wie in anderen Medien, das Internet doch allmählich seine eigenen Maßstäbe entwickelt. Zu neuen rechtsschöpfenden Leistungen kommt es etwa auch im Bereich der Domain-Names. Allein die Kollision mit Marke und Firma hat jetzt schon zu einer Fülle von Entscheidungen geführt. Einer der dabei zu verzeichnenden Trends ist, Grundsätze des Markenrechts analog auf die Domains anzuwenden, ein anderer, gegenläufiger, eine Art eigenständige, sich entwickelnde Institution anzunehmen. Bei der Beobachtung und Verfolgung solcher Entwicklungen ist die Nutzung des Internets selbst unabdingbar. Auch hierzu will das vorliegende Buch ein wichtiger Schlüssel, Ratgeber und Wegweiser sein.

Die 2. Auflage dieses Handbuches wurde in weiten Teilen von Rechtsanwältin Frau Susanne Bauhardt verfasst, die bereits mit großen Einsatz zum Erfolg der Vorauflage beigetragen hat und das Projekt von Anfang an leitet.

Für die bei uns eingegangenen Hinweise zur Vorauflage bedanke ich mich herzlich. Ich darf Sie zum Abschluss auch diesmal bitten, uns weitere Anregungen für die Gestaltung dieses Buches zukommen zu lassen.

München, im März 2000

Prof. Dr. Jochen Schneider
Rechtsanwalt
Herausgeber

1

Übersicht

1.1	Gebrauchsanleitung	17
1.2	Internet – eine Einführung	21
1.3	Glossar	39

Gebrauchsanleitung

Wie Sie dieses Buch am besten nutzen

Seitdem das weltumspannende Computernetzwerk Internet sich auch in Europa durchgesetzt hat, hat sich eine Menge geändert: Neue Gesetze können online direkt im Bundesgesetzblatt eingesehen werden, lange bevor die Ergänzungslieferungen der Gesetzessammlungen erscheinen, aktuelle Pressemitteilungen sind tagesaktuell auf den Internet-Seiten der Gerichte einsehbar, Verträge stehen kostenlos im Internet zum Abruf zur Verfügung ...

Neue Wege in der Informationsbeschaffung

Auch Fachzeitschriften wie die Neue Juristische Wochenschrift (NJW) verweisen auf ergänzende Informationen im Internet. Die klassische juristische Informationsbeschaffung wird mehr und mehr ergänzt durch den Abruf von Informationen aus dem Internet.

Egal, ob Sie auf dem Sprung ins Internet sind oder bereits professionell recherchieren und noch zeitsparender an wertvolle Fachinformationen kommen wollen – Ziel dieses Handbuchs ist es, Ihnen bei der gezielten Informationsbeschaffung behilflich zu sein:

Für Laien und Profis

- Für Ihre tägliche Arbeit haben Sie in den Kapiteln 2 bis 6 über 2.100 Internet-Adressen, gegliedert in die Bereiche Normen, Rechtsprechung, Fachbeiträge, Arbeitshilfen und Wichtige Adressen, griffbereit.

Inhaltliche Gliederung

- Konkrete Hinweise zur effektiven Vorgehensweise, wenn Sie sich selbst auf die Suche nach Informationen im Internet begeben wollen, finden Sie in der Einführung im Anschluss an diese Gebrauchsanleitung.

- Mithilfe des ausführlichen Registers am Ende des Buches lassen sich Informationen zu bestimmten Themen rasch nachschlagen.

- Die Begriffe der „Internetsprache" sind am Ende dieses Kapitels in einem Glossar erläutert.

Dieses Buch wurde so geschrieben, dass sich alle Ausführungen sofort im Internet nachvollziehen lassen, also man eine konkrete Vorstellung vom Inhalt der Fachinformation bekommt, ohne ins Internet gehen zu müssen:

Kommentierungen

Die Kommentierungen der Internet-Adressen geben Ihnen genau Auskunft, welche Informationen Sie finden, wer sie bereitstellt, wie brauchbar sie für die juristische Arbeit sind und darüber hinaus – falls Angaben vorhanden sind – wie aktuell die Angebote sind. Die „@-Zeichen" am Rand geben Ihnen einen schnellen Überblick über die praktische Brauchbarkeit und Verwertbarkeit der Information:

- @   = brauchbar
- @@   = gut verwertbar
- @@@   = sehr gut verwertbar

Beispielsweise kennzeichnen @-Zeichen im Bereich Normen/Rechtsprechung den Umfang bzw. die Funktionalität der jeweiligen Gesetzes- oder Rechtsprechungssammlung. In den Bereichen Fachbeiträge/Arbeitshilfen/Wichtige Adressen geben die @-Zeichen darüber hinaus Auskunft über die Qualität der einzelnen Information.

Gezielte Suche nach Informationen

Auf der Suche nach einer konkreten Information schlagen Sie am besten im ausführlichen Register am Ende des Handbuches unter dem jeweiligen Stichwort nach.

Sie können aber auch nach der inhaltlichen Gliederung des Handbuches in die fünf Bereiche vorgehen. Dabei ist zu beachten:

– Wie gewohnt in der juristischen Arbeit, sind zu Beginn eines jeden Kapitels die umfangreichen rechtsgebietübergreifenden Sammlungen aufgeführt, also „vor die Klammer gezogen". Anschließend finden Sie die Internet-Adressen, gegliedert nach Rechtsgebieten („Arbeitsrecht", „Familienrecht" usw.) und unterteilt in umfangreiche Sammlungen, einzelne Fachbeiträge, Arbeitshilfen u. a.

– Innerhalb der einzelnen Kapitel sind die Internet-Adressen nach Stichworten alphabetisch gegliedert.

– Bei der Auswahl der Internet-Adressen der Kapitel 2–6 wurde das Hauptaugenmerk auf deutsche Angebote gelegt. Die wichtigsten ausländischen Anbieter sind zusammengefasst in Kapitel 6 unter „Wichtige Adressen": z. B. finden sich Internationale Organisationen in Kapitel 6.6, Internationale Server in Kapitel 6.7.

– Kostenpflichtige Anbieter sind in Kapitel 6.11 unter „Wichtige Adressen" aufgeführt. Bei Angeboten, die nur teilweise kostenpflichtig sind, wird in der Kommentierung ausdrücklich darauf hingewiesen. Zum Beispiel stellen einige Internet-Anbieter Rechtsprechungsleitsätze kostenlos zur Verfügung; der Bezug des Volltextes erfolgt nur gegen Bezahlung.

Beispiel

Zur Verdeutlichung ein konkretes Beispiel:
Sie suchen das Markengesetz auf dem Stand 2000. Im Register finden Sie das Stichwort und die Seitenangabe 123.
Gehen Sie dagegen nach der inhaltlichen Gliederung des Buches vor, finden Sie das Gesetz im Kapitel 2.1.1.2 unter Normen/National/Bundesrecht/Einzelne Normen.

Auf kleine Besonderheiten innerhalb einzelner Kapitel möchten wir Sie ferner hinweisen:

Kapitel 2: Normen

Im Kapitel 2 finden Sie nicht nur die Internet-Adresse der jeweiligen Norm, sondern, falls auf der Internet-Seite vorhanden, auch Angaben darüber, welche Gesetzesfassung vorliegt, wo die Norm veröffentlicht ist usw.

Kapitel 3: Rechtsprechung

Auf umfangreiche Rechtsprechungssammlungen können Sie im Kapitel 3 zugreifen. Rechtsgebietsübergreifende Datenbanken ebenso Datenbanken, in denen nur mithilfe einer Suchmaske recherchiert werden kann (vgl. Nomos Verlagsgesellschaft, Kap. 3.1.1.1 S. 214), sind vorgezogen unter „Rechtsprechungssammlungen allgemein"; Hinweise auf diese umfangreichen Sammlungen finden sich aber ergänzend auch in den Kapiteln mit Sammlungen zu einzelnen Rechtsgebieten.

In Kapitel 6 finden Sie alle wichtigen Adressen für Ihre juristische Arbeit alphabetisch geordnet. Anbieter von umfangreichen Informationen und kapitelübergreifenden Sammlungen werden hier ausführlich besprochen, wie z. B. die Universität Saarbrücken (Kapitel 6.14.1) unter Universitäten/National. Auf die auf diesem Server eingestellten Normen, Rechtsprechung usw. wird zusätzlich in den einzelnen Kapiteln gesondert hingewiesen.

Kapitel 6: Wichtige Adressen

INJur im Internet

Um Ihnen das Eingeben der Internet-Adressen zu ersparen und um die Informationsbeschaffung zu beschleunigen, können Sie auf die gesamten INJur-Adressen mit Kommentierungen direkt im Internet unter http://www.injur.de zugreifen. Unter der Rubrik INJur @ktuell finden Sie darüber hinaus eine Übersicht aller neu in die Datenbank aufgenommenen Themen.

http://www.injur.de

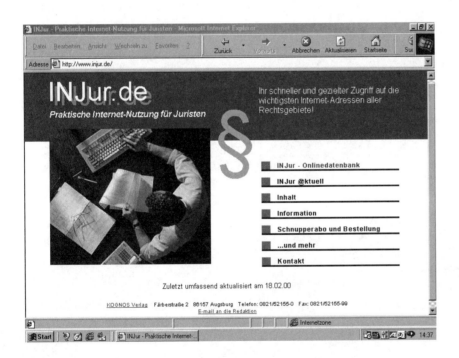

Für Ihre Arbeit wünschen wir Ihnen viel Erfolg.

Internet – eine Einführung

„Schau doch mal im Internet" – eine Aufforderung, die auch Juristen immer öfter zu hören bekommen. Das Internet wird in der Öffentlichkeit noch immer als Synonym für eine nahezu unübersichtliche Informationsquelle angesehen, in der nur Eingeweihte das Gesuchte in annehmbarer Zeit finden können. Allein im World Wide Web, das ja nur ein Teil des großen Netzes ausmacht, sind deutlich über 300 Millionen Seiten abrufbar. Somit haben auch Juristen das Problem: Wo sind die wirklich nützlichen Seiten im Netz, wie finde ich sie, und wie sind sie einzuschätzen? Juristisch verwertbare Seiten zu finden, kostet viel Zeit. Eine wichtige Suchhilfe haben Sie gerade in der Hand. Allein für Juristen gibt es unzählige Adressen zu den Bereichen Normen, Rechtsprechung, Fachaufsätze und wichtige Arbeitshilfen.

Internet – ein Netz für viele Funktionen

Möglichkeiten und Chancen des Internets werden heutzutage gerne in den siebten Himmel hochgelobt. Um es gleich vorneweg zu sagen: Das Internet ist nicht die Lösung der (juristischen) Probleme. Das Internet ist lediglich ein neuer Kommunikationskanal, ähnlich dem Telefon oder dem Fernsehen.
Es ist dem Telefon vergleichbar, das Milliarden von Menschen, Faxgeräte und andere Einrichtungen verbindet. Genauso wie beim Telefon ist auch hier entscheidend, mit wem man sich verbinden lässt: Je nach Gesprächspartner sind Kontakte mit anderen Institutionen oder Menschen gehaltvoll oder sinnlos – egal ob sie über Internet oder über Telefon zustande kommen. Beim Telefon kommt heute niemand mehr auf die Idee, sich über die Fülle oder die Qualität der Informationen Gedanken zu machen, die am Telefon (theoretisch) zu sammeln wären. Im Internet allerdings ist diese Diskussion noch im Gange: Zuviel Unbrauchbares, zuviel Erotik, zuviel Privates lauten die gängigsten Vorurteile. Dabei ist das Internet nur der Vermittler der Botschaft, kein Verursacher.
Wer das Internet als professionelle Informationsquelle für juristische Informationen einsetzen möchte, der sollte wissen, worauf er sich einlässt. Und wer versteht, wie das Internet funktioniert, wird angesichts des „Datenschrotts", der im Internet kursiert, nicht mehr resignieren, sondern wird ihn routiniert „umsurfen". Denn im Vergleich mit anderen Kommunikationsmedien werden im Internet sehr viel mehr Navigations- und Suchhilfen angeboten als für andere Medien wie das Telefon.

Das World Wide Web ist neben ftp, Telnet u. a. nur eine der vielen Möglichkeiten des Internets, aber es ist sicher die ergiebigste. Das Anliegen dieses Handbuches ist es, Juristen einen möglichst effektiven Zugriff auf die Ressourcen des WWW zu geben. Am schnellsten funktioniert das mit dem Adressteil und Register hinten in diesem Buch. Aber das Internet kann mehr: Sollten Sie etwas, das abseits Ihres juristischen Alltags liegt, suchen, können Sie Suchmaschinen verwenden. Dazu gleich mehr. Und Sie können im Internet wunderbar mit Kollegen diskutieren. Dafür gibt es die Bereiche E-Mail und Newsgroups.

WWW – Das Netz und der Jurist

Finden im Internet: Suchen mit Strategie

Gezielte Informationsbeschaffung

Das Internet ist ein „ungebändigtes" Medium. Während im Printbereich vor der Veröffentlichung eines Manuskripts erst die Hürden des Lektorats und der Redaktionen zu überwinden sind, kann im Internet jeder seine Ideen fast zum Nulltarif in die Öffentlichkeit bringen. So ist die gewaltige Menge an Dokumenten entstanden, die das Internet kennzeichnet und hier die juristisch relevanten Seiten zu finden, ist die Kunst.

Sie können natürlich gleich in den Kapitel 2–6 dieses Handbuches nachschlagen und die gefundenen Adressen in Ihren Browser eingeben, bzw. direkt von der Internet-Seite http://www.injur.de aus anklicken. Sollten Sie aber einmal etwas suchen, was hier nicht ablegt ist, brauchen Sie eine Suchstrategie.

Die Kernfrage ist: „Was suche ich bei wem und wie?"
Besonders im Internet gilt: Viele Wege führen nach Rom, aber manche Wege sind bedeutend länger. Und (juristische) Suchzeit ist Geld. Im Wesentlichen gibt es drei verschiedene Sorten von Suchhilfen im Internet:

1. der robotergenerierte Index = die Suchmaschine
2. der manuell erstellte Katalog = das Verzeichnis
3. spezielle Suchdienste

Für jede Suchanfrage ist eine von diesen drei Möglichkeiten die optimale, d. h. die Suchhilfe, die für die Frage in der kürzesten Zeit die bestmöglichen Antworten gibt. Um die Suchmöglichkeiten der einzelnen Hilfen einschätzen zu können, müssen Sie wissen, wie die Angebote funktionieren. Dabei gilt es zu beachten, dass die wenigsten Suchangebote reine Maschinen oder Verzeichnisse sind, sondern die Mischformen immer häufiger werden. Sie finden bei jeder Suchmaschine auch Teile, die zu einem Verzeichnis gehören und jedes Verzeichnis bietet auch eine Suchfunktion an.

Die Suchmaschinen

Die Suchmaschinen werden von sogenannten Robotern, Spidern oder Crawlern gespeist. Das sind Computerprogramme, die versuchen, die gesamte Welt des Internets zu erforschen, und die eigenständig die Webseiten nach Informationen absuchen. Was sie finden, schicken sie nach „Hause", d. h. zum Index. Diese Indices sind riesige Datenbanken, die jede Neumeldung der „Spider" speichern und somit auffindbar machen. Der für den Anwender wichtigere Teil der Suchmaschinen ist der Abfrageteil: Hier geben Sie als Anwender den Begriff ein, den Sie im Netz suchen wollen, z. B. Familienrecht.

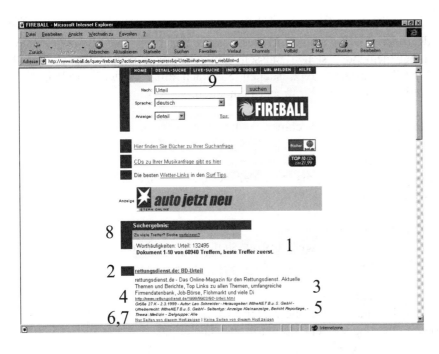

1. Bei Worthäufigkeiten: Zum Begriff „Urteil" wurden 132500 Seiten gefunden.
2. Bei rettungsdienst.de: Dies ist der Titel der gefundenen Homepage.
3. Bei das Online-Magazin: Kurzbeschreibung der gefundenen Seite.
4. Bei der URL: Das ist die URL, also die genaue Anschrift der Seite. Wenn Sie hierauf klicken, werden Sie sofort zur Seite weitergeleitet.
5. Bei der Kurzbeschreibung: Kurzbeschreibung der technischen Attribute der Datei: Wichtig ist das Datum der letzten Aktualisierung.
6. Bei „Nur Seiten...": Wenn Sie hier klicken, erhalten Sie nur Seiten vom Host rettungsdienst.de
7. Bei „Keine Seiten...": Wenn Sie hier klicken, dann erhalten Sie die Liste „Urteil" ohne die Fundstellen beim Host rettungsdienst.de.
8. Bei zuviele Fundstellen? Suche verfeinern?: Hier kommen Sie zum Bereich „Profisuche". Hier können Sie Ihre Suchanfrage perfektionieren.
9. Bei Live-Suche: Sehr unterhaltsam: Bei der Live-Suche kann man mitverfolgen, was denn die anderen im Netz gerade so abfragen.

Sie erhalten dann eine Liste der Dokumente, in der der Spider das Wort Familienrecht gefunden hat. Die Reihenfolge der gefundenen Seiten wird dadurch bestimmt, an welcher Stelle im Dokument das Wort Familienrecht vorkommt: Eine Seite in deren Titel „Familienrecht" genannt ist, kommt also vor einer Seite, in der das Wort nur im Fließtext auftaucht.

Wer erweiterte Suchoptionen richtig einsetzt, erzielt die besseren Suchresultate. Mit den Booleschen Operatoren AND, OR und NOT bestimmen Sie, ob alle oder mindestes einer der Suchbegriffe im Ergebnis enthalten sein soll, oder Sie schließen ausdrücklich Dokumente aus der Ergebnisliste aus, die einen bestimmten Begriff enthalten. Je nach Suchmaschine können auch die Zeichen „+" und „-" verwendet werden. Ein Beispiel: Sie möchten nach Gerichten suchen, welche Urteile im Internet veröffentlichen. Tippen Sie ein „Gericht OR Urteil AND Internet". Da Gericht und Urteil in diesem Fall zwei sinngemäße Begriffe sind, haben Sie beide durch die Operatoren OR getrennt. Weitere mögliche Kombina-

Die Boolschen Operatoren

tionen sind AND NOT, um bestimmte Schlüsselwörter auszuschließen, und mit NEAR (oder ADJ – adajacent) bestimmen Sie, dass zwei Begriffe nahe oder direkt nebeneinander stehen müssen. Ein weiteres Beispiel: Gericht OR Urteil AND NOT Strafrecht. Jetzt suchen Sie nach allen Gerichtsurteilen, die nicht gleichzeitig den Begriff Strafrecht beinhalten.

Die bekanntesten Suchmaschinen

Die bekanntesten Suchmaschinen sind:

- http://www.lycos.de
  Lycos gilt zur Zeit als eine der besten Suchmaschinen dank intelligenter Suchoptionen.

- http://www.fireball.de
  Fireball ist eine der leistungsstärksten Suchmaschinen mit exzellenten Suchmöglichkeiten.

- http://www.excite.de
  Excite ist eine sehr große Suchmaschine aus den USA. Auch mit der deutschen Oberfläche deckt sie ein großes Gebiet ab.

- http://www.eule.de
  Die Eule sucht ca. 6 Millionen deutschsprachige Seiten ab und expandiert weiter.

- http://altavista.de
  Altavista.de ist die deutsche Tochter der US-Suchmaschine http://www.altavista.com und bietet neben sehr guten Suchergebnissen auch den kostenlosen Übersetzungsdienst „Babelfish" an. Sicher die erste Adresse für eine internationale Suche.

Spezielle Suchmaschinen für juristische Fundstellen finden Sie im Kapitel 6.13.

Die Verzeichnisse

Bei einem Web-Verzeichnis arbeiten Redakteure (also Menschen) daran, die Informationen im Netz zugänglich zu machen. Die Seiten werden nach ihrem Inhalt in Schlagwortkataloge einsortiert. Dieser Katalog ist für Suchende einsehbar und gliedert sich in Hierarchie-Ebenen: Wenn Sie nach Informationen zum Bestechungsskandal bei der Europäischen Kommission suchen, wählen Sie im Verzeichnis Web.de den Weg: Organisationen – Europäische Gemeinschaft – Europäisches Parlament – Informationsbüro für Deutschland.

Vorteil und zugleich Problem der Verzeichnisse ist der „Faktor Mensch". Einerseits wird im Verzeichnis klar gewichtet und bei der Suche erhalten Sie keine Ergebnisse, bei denen das Suchwort zufällig in den Text gerutscht ist. Andererseits muß sich der Verzeichnismitarbeiter auch zwingend für eine Kategorie entscheiden. Und bei Webseiten mit einer größeren Bandbreite der Themen (z. B. Universitäts-Homepages) ist so eine Zuordnung nicht leicht.

Verzeichnisse eignen sich eher bei der Suche nach einem bestimmten Thema oder einem größeren Sachgebiet. Haben Sie eine ganz spezifische Frage oder suchen nach einem Schlagwort, das nicht zuzuordnen ist (z. B. Wasser), dann sind Sie mit einer Suchmaschine sicher besser bedient.

Die bekanntesten Verzeichnisse sind:

- http://www.yahoo.de
  Das amerikanische Verzeichnis yahoo war und ist die Mutter aller Webverzeichnisse. Die deutsche Tochter yahoo.de sieht der Mutter sehr ähnlich, ist aber ein redaktionell völlig unabhängiges und auf deutsche Seiten spezialisiertes Verzeichnis.

- http://www.allesklar.de
  Allesklar ist ein dynamisch wachsendes Verzeichnis, das von Microsoft lizensiert worden ist.

- http://www.dino-online.de
  Dino ist ein deutschsprachiger manuell erstellter Index, der über 200.000 Links auf 4.500 Seiten verwaltet.

- http://www.web.de
  Dieses Verzeichnis ist eines der größten und vielleicht das bestsortierteste deutschsprachige Verzeichnis. Die Hierarchien sind klar strukturiert und die Fundstellen kommentiert.

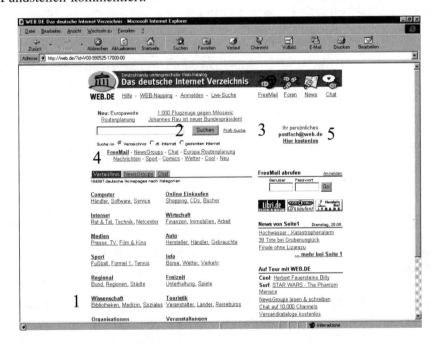

1. Bei Wissenschaft: Hier geht es zur Rechtswissenschaft.
2. Bei Suchen: Hier kann man das Verzeichnis und das gesamte Internet absuchen.
3. Bei Profisuche: Hier geht es zur Profisuche.
4. Bei Newsgroups: Hier findet man Newsgroups zu allen Themen.
5. Bei free E-Mail: Hier gibt es die kostenlose E-Mail-Angebote.

Suche in Europa	Sollten Sie auf Recherche in andere europäische Länder gehen wollen, verwenden Sie am besten die Suchmaschinen des Landes, aus dem Sie etwas erfahren wollen. Einen umfassenden Katalog der europäischen Suchmaschinen und Verzeichnisse finden Sie unter: http://www.hj.se/hs/bibl/miewww/.
Die wichtigsten Suchtipps	In aller Regel gilt: Verwenden Sie bei Suchmaschinen immer die Möglichkeit der „Profisuche". Nur hier ist die Suchanfrage so fein einzustellen, dass Sie möglichst wenig „Irrläufer" in Ihren Suchergebnissen wiederfinden. Bei „Fireball" hochinteressant und effektiv ist die Möglichkeit, bei jedem Suchergebnis die Funktion „Von diesem Host keine Ergebnisse anzeigen" oder „Nur Ergebnisse von diesem Host anzeigen" zu wählen. So können Sie bequem die oft langen Listen der Suchergebnisse verkürzen.
Groß-/Kleinschreibung	Bewährt hat sich bei allen Suchmaschinen die konsequente Kleinschreibung. Kleingeschriebene Suchbegriffe liefern alle Fundstellen. Suchbegriffe mit Groß-/Kleinschreibung oder in „Hochkommas" liefern nur Dokumente mit exakt übereinstimmender Schreibweise.
Sinn- und sachverwandte Wörter benutzen	Benutzen Sie mehrere Schreibweisen für ein Suchwort. Beispielsweise suchen Sie nach dem Wort „CD-ROM": Ihre gesuchten Dokumente könnten aber auch die Schreibweise „CDROM" oder „CD ROM" verwenden. Decken Sie also alle Schreibweisen ab: „cdrom OR cd-rom OR cd rom".
Einzahl/Mehrzahl	Geben Sie Ihre Stichworte nach Möglichkeit in Singular- und Pluralform ein. Auch wenn einzelne Suchmaschinen-Betreiber behaupten, der Suchfilter würde automatisch die weiteren Formen absuchen – meistens klappt es nicht.
Eindeutige Begriffe verwenden	Je eindeutiger Ihr Suchbegriff ist, desto besser fällt das Suchergebnis aus. Mit den Stichworten „Recht" und „Gesetz" erhalten Sie tausende oder Millionen von Suchergebnissen. Versuchen Sie es mit einer eindeutigen Bezeichnung: „Rechtsprechung OLG Nürnberg".
Internet-Adresse erraten	Es klingt simpel, aber oft können Sie sich eine zeitraubende Suche sparen, indem Sie einfach den Namen von Firmen, Organisationen, Produkten oder sonstigen eindeutigen Begriffen in der Adresszeile eingeben. Beispiel: http://www.NAME.de.
Andere Suchmöglichkeiten: Meta-Suchmaschinen	Meta-Suchmaschinen vereinigen mehrere Suchmaschinen in sich. Es sind relativ schlaue Programme, die verschiedene Suchserver über eine zentrale Eingabeseite gleichzeitig ansprechen. In vielen Fällen wird dann eine übersichtliche Ergebnisseite mit allen Fundstellen präsentiert. Nachteil dieser Metasucher ist, dass meist keine erweiterte Suchkonfiguration möglich und die Suchzeit durch die vielen gleichzeitigen Abfragen zuweilen ziemlich lang ist. Diese Suchmaschinen sind für eine Suche nach seltenen und speziellen Begriffen gut geeignet und als Rundumschlag, wenn vorherige Suchabfragen bei einzelnen Diensten ergebnislos verliefen.
	MetaGer, die Meta-Suchmaschine am Rechenzentrum der Uni Hannover (Adresse: http://meta.rrzn.uni-hannover.de) war lange die einzige „echte" Metasuchmaschine in Deutschland. Eine andere Metasuchmaschine, die deutschsprachige

Suchmaschinen gleichzeitig durchsucht, finden Sie unter http://www.apollo7.de. Doubletten werden jeweils aussortiert und das Ergebnis auf einer Seite zusammengefasst.

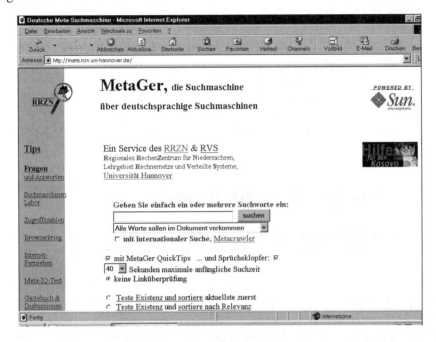

http://www.meta.rrzn.uni-hannover.de

Dazu kommen zeitsparende Konfigurationsmöglichkeiten: Wenn der Button „Teste Treffer auf Existenz" angeklickt wird, wird vor der Ausgabe der Ergebnisse getestet, ob die Seite tatsächlich noch existiert; wenn der Button „Teste Treffer auf Existenz und sortiere nach Änderungsdatum" angeklickt wird, wird sowohl auf Existenz getestet als auch die Ausgabe zeitlich sortiert: Die neusten Dokumente kommen zuerst. Das verlängert wegen der vielen Kreuz- und Quer-Anfragen zwar die Suchdauer (manchmal erheblich!), bringt aber ein optimales Suchergebnis ohne „broken Links".

Eine weitere Suchmöglichkeit ist: „Klugsuchen.de": Klug Suchen vereint alle deutschen und hunderte spezieller Suchmaschinen auf übersichtlichen Eingabeoberflächen und ist immer auf dem neuesten Stand, wenn es um neue Services geht. Außerdem findet sich dort ein Formular zum gleichzeitigen Anmelden bei verschiedenen Suchdiensten. Zusätzlich kann man über eine Suchmaschine für Suchmaschinen nach dem geeigneten Spezialisten fahnden.

Bei einer umfassenden Recherche wird man mehrere Suchdienste konsultieren müssen. Zwar lassen sich dabei Redundanzen nicht vermeiden, andernfalls werden Sie aber vielleicht nicht alle relevanten Informationen berücksichtigen. Bestimmte Recherchen machen oftmals die Konsultation einer auf ein bestimmtes Themengebiet spezialisierten Suchmaschine notwendig. Beispiele dafür sind die Electronic Library (http://www.elibrary.com), welche eine umfassende Sammlung von Zeitungen, Magazinen, akademischen Journalen usw. enthält.

Spezialisierte Suchmaschinen

Die Chatgroups im Internet erfreuen sich steigender Beliebtheit – doch das gewünschte Thema und die geeigneten Teilnehmer ausfindig zu machen, ist nicht einfach. Das Chatverzeichnis hilft weiter: http://www.webchat.de. Meist findet in

Professionelles Geschwätz

Chatrooms tatsächlich nur „Geschwätz" statt, kennt man allerdings ein paar Anwaltskollegen, kann man schnell einen „Juristen-Stammtisch" eröffnen.

Schnelle Suche mit dem Browser

Die neusten Browsergenerationen Microsoft Internet Explorer 4 und 5 und Netscape Navigator 4 erlauben bequemes Suchen, ohne eine Suchmaschine auffinden zu müssen: Tippen Sie ins Adressfeld „Go" statt einer Internet-Adresse und dazu das gesuchte Stichwort. Mit diesem Befehl erkennen die Browser, dass es sich nicht um eine Internetadresse handelt und starten sofort die Suche bei einer Suchmaschine. Netscape geht noch einen Schritt weiter: Sie können sogar auf die Eingabe des „go" verzichten, dafür muss die Suchkombination aber aus mindestens einem Leerschlag bestehen, damit der Browser zwischen einer Internet-Adresse und einem Suchwort unterscheiden kann.

E-Mail und der juristische Arbeitsalltag

Einer der beliebtesten und zugleich nützlichsten Dienste innerhalb des Internets ist die E-Mail. Diese elektronische Post hat gegenüber der gelben Post drei Vorteile:

1. E-Mail ist schneller: Bereits Sekunden nach dem Abschicken erreicht die E-Mail ihren Bestimmungsort.
2. E-Mail ist billiger: Eine Mail kostet nur eine Telefoneinheit (meist 12 Pfennige), bei manchen Netzprovidern pro Mail noch einmal 10 Pfennig – also kein Briefpapier, kein Kuvert und keine Briefmarke.
3. E-Mail ist handlicher: Mit der elektronischen Post können Sie alle elektronischen Dateien verschicken, also auch digitalisierte Bilder, Excel-Dateien oder Grafiken, und der Empfänger kann diese in seinem Computer gleich weiterverarbeiten.

E-Mail-Programme gibt es mittlerweile sehr viele und fast alle kostenlos. Viele Bürosoftwarepakete enthalten ein Mailprogramm und im Prinzip funktionieren alle Mailprogramme ähnlich: Sie richten sich bei einem Provider ein Mail-Briefkasten ein (Angebote finden Sie in jeder Fachzeitschrift oder im Internet) und bekommen Ihre eigene E-Mail-Adresse.

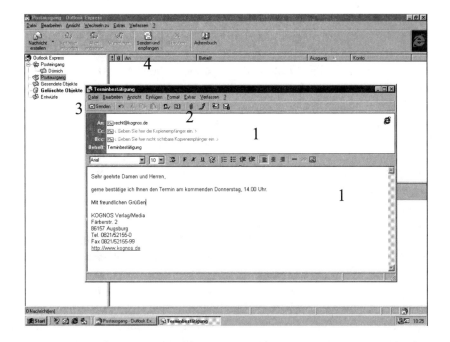

E-Mail: sekundenschnell und weltweit

- Sie starten Ihr Mailprogramm, geben die Mail-Adresse Ihres Partners ein, füllen das Kästchen „Betreff" aus und schreiben Ihre Nachricht in das große Feld. ((1))
- Dann haben Sie noch die Möglichkeit, eine Datei (Bild, Graphik o. ä.) anzuhängen (bei Microsoft funktioniert das unter dem Symbol der Heftklammer). ((2))
- Sie klicken auf „Senden" und Sekunden später ist der Brief samt Anhang beim Empfänger. ((3))
- Das Empfangen von Nachrichten ist ähnlich einfach: Sie starten Ihr E-Mail-Programm, klicken auf das Feld „Senden und Empfangen" ((4)) und bekommen eine Nachricht, wie viele Mails Sie erhalten haben.

Vertrauliche Daten, wie z. B. Mandantendaten oder Gerichtsakten, sollten Sie nicht per E-Mail verschicken. Vertrauen Sie dem E-Mail nur das an, was Sie auch auf eine Postkarte schreiben würden. Denn die Daten können auf jedem Netzwerkrechner, über den die Mail zum Adressaten geleitet wird, gelesen werden. Einen Schutz vor unberechtigtem Lesen oder Verändern bietet das Verschlüsseln der Daten. Verschlüsselungsprogramme gibt es kostenlos im Internet, aber auch Ihr Empfänger muß dasselbe Programm verwenden, um die codierte Nachricht wieder entschlüsseln zu können. Durch den Verschlüsselungsvorgang wird der Vorgang des Mailen langwieriger.

Schutz einer E-Mail

Newsgroups – Der Austausch mit Kollegen

Newsgroups dienen dem Gedankenaustausch mit einer Gruppe von Menschen. Wer zu einem bestimmten Thema seine Meinung sagen will oder Gesprächspartner sucht, wird im Internet sicher fündig: In derzeit über 30.000 Gesprächsforen wird zu jedem denkbaren Thema diskutiert. Nirgendwo sonst erhalten Sie so viele Hintergrundinformationen, Fachwissen, Meinungen und Tipps wie in den Newsgroups im „Usenet".

Die geographisch nicht beschränkten Diskussionen können Sie sich vorstellen wie ein globales Anschlagebrett. Mit der entsprechenden Newsreader-Software kann jeder seine Meinung einbringen oder andere Beiträge ergänzen. Die Anzahl der diskutierten Themen ist so groß, dass die Beiträge thematisch gegliedert sind. Ein solch thematisch abgegrenztes Diskussionsforum wird als Newsgroup bezeichnet.

Juristen aus allen Fachgebieten

Das Spektrum der Diskussionsteilnehmer in den Newsgroups ist so bunt wie sonst nirgends. Die Inspiration, Dynamik und das Fachwissen ist beachtlich und wohl einzigartig. Aus der Verschiedenartigkeit der Teilnehmer erwachsen entsprechend viele Interessengebiete und Schwerpunkte, die gerade juristische Debatten interessant und lehrreich machen. Viele der Foren sind für professionelle juristische Zwecke nutzbar. Sie erhalten über das Internet oft einen besseren und aktuelleren Support als über manche Telefon-Hotline.

Was brauchen Sie?

Damit Sie in den Newsgroups mitreden können, benötigen Sie einen gewöhnlichen Internet-Zugang und ein spezielles Client-Programm, den „Newsreader". Die Newsreader-Software gibt es als eigenständiges Programm, meist ist sie jedoch bereits im Webbrowser (z. B. Netscape Communicator) oder im E-Mail-Programm (z. B. Microsoft Outlook) installiert. Des Weiteren muss Ihnen der Name des Newsservers bekannt sein. Viele größere Organisationen betreiben eigene Newsserver, auf denen in den meisten Fällen nur die Kunden autorisierten Zugriff haben. Meistens sind auf den Newsservern nur eine beschränkte Anzahl von Newsgroups verfügbar. Das hat verschiedene Gründe:

Teilweise werden Newsgroups gesperrt, wenn sie pornographische und gewaltverherrlichende Inhalte haben.

Diverse Newsgroups

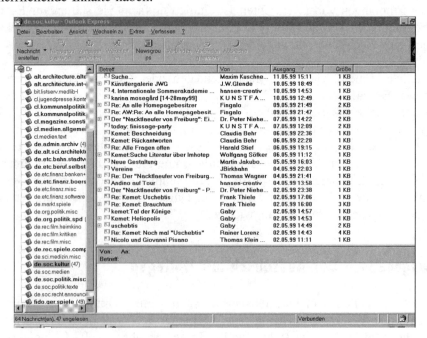

Newsgroups sind teuer, weil die großen Datenmengen der Diskutierenden zu einem enormen Datenverkehr führen und die Telefonleitungen blockieren. Schließlich benötigen die vielen Meldungen einen enormen Speicherplatz, der schnell einige Gigabytes erreicht. Es kommt nicht selten vor, dass Nachrichten in sehr beliebten und aktiven Newsgroups bereits nach einem Tag schon wieder gelöscht sind.

Sie sind allerdings nicht zwingend auf den Newsserver Ihres Provider angewiesen. Viele größere Firmen bieten eigene frei zugängliche Server an. Allerdings werden dann meistens nur die entsprechenden firmenspezifischen und produktgebundenen Foren angeboten. Wenn Sie in Ihrer Newsreader-Software msnews.microsoft.com installieren, haben Sie Zugriff auf mehr als 500 Newsgroups ausschließlich zu Microsoft-Produkten. Diese werden auch oft von den entsprechenden Produktverantwortlichen der Firma besucht. So sind die Chancen groß, dass Ihre produktspezifischen Probleme direkt vom zuständigen Spezialisten der Herstellerfirma beantwortet werden.

Möglichkeit Firmenforen

Nachdem Sie Ihre Newsreader-Software installiert haben, müssen Sie zuerst die Liste der auf Ihrem selektierten Newsserver verfügbaren Newsgroups herunterladen. Beim ersten Mal dauert das meistens einige Minuten, bis die vollständige Liste in alphabetischer Reihenfolge übertragen wurde. Beim Netscape Message Center, der in den Netscape Communicator integrierten Newsreader-Software, erscheint anschließend die vollständige Liste. Je nach Programm ist auch die direkte Eingabe des eindeutigen Newsgroup-Namens möglich. Um einfacher auf die Newsgroups zugreifen zu können, müssen bestimmte Foren abonniert werden. Wenn Sie an einer Gruppe interessiert sind, doppelklicken Sie diese, und die untergeordneten Newsgroups werden angezeigt. Sobald Sie sich für eine Gruppe entschieden haben, klicken Sie auf „Subscribe" bzw. „Abonnieren". Die abonnierten Gruppen erkennen Sie an der entsprechenden Markierung. Natürlich können die Selektionen jederzeit wieder rückgängig gemacht werden. Klicken Sie dazu auf „Unsubscribe" bzw. „Löschen". Mit den Abonnements erläutern Sie nur die Absicht, auf die Newsgroups zugreifen zu wollen.

Newsgroups suchen und abonnieren

Nebst den Providerkosten für den Internet-Zugang und den anfallenden Telekommunikationskosten (Telefonrechnung oder Mietleitung) werden keine weiteren Gebühren für die aktive Benutzung der Newsgroups erhoben. Da täglich neue Gruppen hinzu kommen oder alte verschwinden, sollten Sie in regelmäßigen Abständen die heruntergeladene Liste aktualisieren. Auch der Umgang mit dem Usenet will gelernt sein. Abonnieren Sie deshalb unbedingt die speziell zur Verfügung gestellten Test-Newsgroups, z. B. alt.test oder ch.test. Sie können sich dort mit dem neuen Medium vertraut machen und beliebig Meldungen absetzen, verfassen oder beantworten, ohne geübte Teilnehmer zu verärgern. Es ist nämlich äußerst unhöflich, in den fachlichen Newsgroups Testmeldungen, Spam (Werbung) oder Ähnliches abzusetzen.

Regelmäßiger Besuch

Beiträge lesen und Nachrichten verfassen

Abhängig von der benutzten Newsreader-Software sehen Sie in der einen Bildschirmhälfte sämtliche Nachrichtenüberschriften und im anderen Teil die Nachrichteninhalte. Der Aufbau der Nachrichten entspricht einer E-Mail. Am Beginn der Meldung steht der Betreff (Subject), gefolgt vom Namen des Absenders und dem Datum der Erstellung. Um den Nachrichteninhalt zu lesen, markieren Sie die entsprechende Meldung. Nachrichten können direkt per E-Mail an den Absender wie auch direkt an die Newsgroup beantwortet werden. Klicken Sie dazu auf „Reply" bzw. „Antworten". Die Nachrichten können per Tastendruck an mehrere Newsgroups und E-Mail-Adressen gesendet werden. Es öffnet sich das Antwortfenster, in dem Sie Ihren Text schreiben können. Achten Sie unbedingt darauf, dass der bisherige Datenaustausch erhalten bleibt, damit jeweils ein direkter Bezug zu Ihrem Beitrag möglich ist – vorangehende Mitteilungen sind eventuell nicht mehr verfügbar. Wie bei E-Mails ist auch bei den Newsgroups eine Signatur (Unterschrift) üblich. Sie besteht in der Regel aus einigen Informationen des Autors über sich selbst, eventuell ergänzt mit postalischen Angaben.

Juristische Newsgroups

Folgende juristische Newsgroups sind bei der Universität Münster registriert. Es ist nur ein kleiner Ausschnitt der juristischen Diskussionsforen.

Deutschsprachige Newsgroups:
- de.soc.recht.misc – allgemeine deutsche Rechtsfragen
- de.soc.politik – Diskussionen über die aktuelle politische Lage in Deutschland

Folgende Newsgroups werden aus anderen Netzen ins Internet weitergeleitet:
- fido.ger.recht
- maus.recht
- zer.z-netz.rechtswesen.anmerkungen
- zer.z-netz.rechtswesen.urteile.allgemein
- zer.z-netz.rechtswesen.urteile.arbeitsrecht
- zer.z-netz.rechtswesen.urteile.verkehrsrecht
- zer.z-netz.rechtswesen.urteile.mietrecht
- zer.z-netz.rechtswesen.urteile.steuerrecht
- zer.z-netz.rechtswesen.urteile.edvrecht

Weltweit
- The Legal Domain Network, automatischer Newsfeed (USA)
- aus.legal, Archiv der juristischen Newsgruppe in Australien
- misc.legal – weltweite Diskussion zu allen Rechtsthemen
- misc.legal.moderated – „geordnete" Rechtsdiskussion
- misc.legal.computing – Diskussion über EDV-Recht

Eine ähnliche Liste mit anderen Newsgroups gibt es auch an der Universität Hamburg unter: http://campus.jura.uni-hamburg.de/dieWelt/Newsgroups.html#-Newsgruppen.

Verschiedene große Datenbanken im Internet sammeln die Newsgroups-Einträge über Jahre hinweg, um eine Suche nach Stichworten und Autoren zu ermöglichen. Die bekanntesten und die umfangreichsten mit mehreren Millionen Einträgen sind Dejanews (www.deja.com) und Altavista (www.altavista.com) und dann auf „Usenet" klicken. Nebst den klassischen Newsreadern gibt es weitere Tools, welche die Newsgroups nach ganz bestimmten Suchbegriffen durchforsten. Eines dieser Werkzeuge ist das Windowsprogramm „Newsmonger", das sich hervorragend für die Informationsrecherche und technischen Support eignet, um ein bestimmtes Thema auszufiltern. „Binary Boy", ebenfalls ein Windows Sharewaretool, sucht nach Dateien in Newsgroups. Praktisch ist dabei die Möglichkeit, über Filter die Attribute Dateigröße, Dateialter oder Typ zu selektieren und die Treffer einzugrenzen. Mit der integrierten Scheduling-Funktion (Zeitverschiebung) lässt sich die Suche auf die günstigen Niedrigtarifzeiten verlegen. Die erwähnten Programme und dutzende Newsreader-Programme für die unterschiedlichsten Bedürfnisse und Betriebssysteme finden Sie in der Liste der großen Download-Sites wie z. B. www.download.com oder www.shareware.com.

In den Newsgroups recherchieren

Juristische Mailinglisten

Mailinglisten sind Listen mit zahlreichen E-Mail-Adressen, die zum regelmäßigen oder unregelmäßigen Versand bestimmter Informationen benutzt werden. Das können Werbe-, Presse- oder Produktinformationen sein, aber eben auch hochwertige News oder Aufsätze. E-Mail-Verteiler sind für viele Firmen eine günstige Möglichkeit, immer beim potenziellen Kunden präsent zu sein. Achten Sie deshalb darauf, bei welchen Listen Sie sich eintragen. In aller Regel ist das Verfahren so, dass Sie als Interessent Ihre E-Mail-Adresse in ein Kästchen auf der Homepage des Unternehmens eintragen. Ab dann erhalten Sie Informationen aus diesem Unternehmen. Das Abbestellen der Mailings funktioniert ähnlich.
Interessant für Juristen sind die Fach-Diskussionsforen: Jeder Teilnehmer kann seinen Beitrag zum Diskussionsthema an eine bestimmte Adresse senden, von welcher aus der Beitrag an alle anderen Empfänger der Mailingliste versandt wird.

Es gibt einige Verzeichnisse aller Mailinglisten – hier nur die drei bekanntesten:
1. http://www.tile.net
2. http://www.reference.com (mit großem Archiv)
3. http://www.lisde.de (1.200 deutschsprachige Listen)

Mailinglisten – Verzeichnisse

Eine sehr gutes Verzeichnis für juristische Mailinglisten ist ferner unter der Internet-Adresse http://www.germany.net/teilnehmer/100,97743/einfmail.htm zu finden.

Wer einer Mailingliste beitritt, sollte sich vorher unbedingt erkundigen, wie oft er Post zu erwarten hat. Es gibt Mailinglisten, die alle paar Monate ein E-Mail senden, und es gibt andere Listen, die einen Empfänger mit hunderten von Beiträgen pro Tag eindecken.

Deutschsprachige Mailinglisten für Juristen:

- jur-de@uni-bayreuth.de
  Diskussionen zum deutschen Recht
  Anmeldung: Mail an: jur-de-request@uni-bayreuth.de, ohne Subject, 1. Zeile „subscribe (*Name*)"
- bib-jur-de@vm.gmd.de
  Anfragen bei der Suche nach Literatur
  Anmeldung: Mail an: listserv@vm.gmd.de, ohne Subject, 1. Zeile: „subscribe bib-jur-de *Vorname Nachname*"
- airolix@uni-bayreuth.de
  Austausch von juristischen Internetressourcen (**keine** Anfragen!)
  Anmeldung: Mail an: airolix-request@uni-bayreuth.de, ohne Subject, 1. Zeile: „subscribe *Vorname Nachname*"
- mehr-jus@fgr.wu-wien.ac.at
  (Österreich), Diskussionen zum österreichischen und deutschen Recht
  Anmeldung: Mail an: Listserv@fgr.wu-wien.ac.at, ohne Subject, 1. Zeile: „subscribe mehr-jus *Vorname Nachname*"

Tipps, Tricks und Kniffe

Sparen Sie Geld!

Internet-Zeit kostet Geld. Als Jurist arbeiten Sie überwiegend in der Zeit, in denen die Telefongesellschaften am meisten kassieren. Es gibt allerdings Internet-Provider, die für Internet-Nutzer spezielle Tarife bereitstellen. Die Informationen über möglichst günstige Tarife für Internet plus Telefon ändern sich wöchentlich. Am besten erkundigen Sie sich im Internet selbst, in Fachzeitschriften (z. B. Tomorrow) oder bei lokalen Anbietern vor Ort.

Arbeiten Sie so oft es geht „offline". Wenn Sie eine interessante Seite gefunden haben, sollten Sie diese entweder ausdrucken und Ihren Browser wieder schließen oder den Browser auf „offline" schalten. „Offline" bedeutet, dass Sie die Telefonleitung Ihres Computers ausgeschaltet haben und Ihren Browser im Moment nur als „Textverarbeitung" verwenden.
Auch E-Mails sollten Sie „offline", also in Ihrer Textverarbeitung schreiben und lesen. Lediglich zum Eintragen der Adresse und des Betreffs, zum Senden und zum Empfangen sollten Sie Ihr E-Mail-Programm öffnen.

Kurze Ladezeiten ohne Bilder

Im WWW werden viele Webmaster verführt, die Informationen ihrer Seiten hinter großen und speicherplatzraubenden Graphiken und Bildern zu verstecken. Große Bilder bedeuten lange Ladezeiten. Je größer die übertragenen Datenmengen sind, um so länger dauert der Bildaufbau um so höher werden Ihre Online-Kosten. Es gibt viele Seiten, bei denen man auf die Bilder leicht verzichten kann. Moderne Webbrowser bieten die Möglichkeit, die Übertragung von Bildern auszuschalten. Dies empfiehlt sich vor allem, wenn Sie noch auf der Suche nach Informationen sind. Wenn Sie merken, dass Sie „in der Nähe" der gesuchten Seite sind, können Sie die Bilder wieder einschalten.

Das Internet unterliegt starken tageszeitlichen Schwankungen. Etwas, das in den Morgenstunden noch in Sekundenschnelle funktioniert hat, dauert abends einige Minuten und ist in der Zeit nach 20 Uhr fast unmöglich. Wenn Sie merken, dass ein Vorgang mehrere Minuten in Anspruch nimmt, dann denken Sie rechtzeitig an einen Abbruch und versuchen es einige Zeit später noch einmal. Die Provider versprechen regelmäßig, solche Engpässe im Netz abzubauen, aber die dynamische Entwicklung des Internet läßt doch immer wieder Unterkapazitäten entstehen.

Rechtzeitig abbrechen

Wollen Sie ein größeres Webangebot genauer durchforsten, empfiehlt es sich, nicht einen Link nach dem anderen aufzurufen (mit der entsprechenden Wartezeit), sondern mehrere Fenster gleichzeitig zu öffnen. Bei Personalcomputern funktioniert das so: Statt mit der linken Maustaste auf den Link zu klicken, nehmen Sie die rechte und aus dem neuen Menü den Punkt „Seite in einem neuen Fenster öffnen". So können Sie alle interessanten Seiten auf einmal öffnen und zwischen den Seiten blättern. Wenn Sie sehen, dass Ihnen eine Seite nicht weiterhilft, dann können Sie diese wieder schließen und geben so Netzkapazitäten wieder frei. Denn wer über mehrere Fenster gleichzeitig unterschiedliche Seiten empfängt, muß seine Zugriffskapazitäten auf alle verteilen. Dies wirkt sich allerdings erst bei fünf bis zehn geöffneten Fenstern negativ aus.

Öffnen Sie mehrere Fenster!

Das Management gefundener Informationen wird mit dem Internet immer wichtiger. Das effiziente Recherchieren im Datennetz ist eine Frage der Erfahrung – und vor allem der Organisation. Und genau dieses Thema wird gerne vernachlässigt.
Noch immer tippen viele Internet-Benutzer die Adressen von Suchdiensten oder anderen ständig benötigten Diensten mit der Hand ein, da sie sie auswendig können. Doch das alles braucht unnötig viel Zeit. Dabei bietet jeder Browser heute nützliche Werkzeuge an, um diese Adressen zu sammeln, zu verwalten und mit einem einzigen Mausklick aufzurufen.
Wer regelmäßig eine bestimmte Adresse aufruft, sollte diese Adresse seinem Browser mitteilen: „Bookmarks", „Lesezeichen", „Favoriten" oder „Favorites" heißen die Dateien (je nach Browsertyp), die häufig verwendete Adressen speichern. Einmal gespeichert können die Bookmarks schnell und einfach wieder aufgerufen werden.
Neue Adressen können gleich während des Surfens in das Adressverzeichnis eingefügt werden. Dieses lässt sich mit zum Beispiel thematischen Unterverzeichnissen (Suchmaschinen deutsch und international, Urteile, Gesetze oder Kommentare) hierarchisch strukturieren. Davon sollte von Anfang an Gebrauch gemacht werden, denn sonst entsteht schnell ein unüberschaubarer Berg von Adressen.

Info-Management

Ein weiterer Punkt, an den viele Informationssuchende im Internet nicht oder zu spät denken, ist die Archivierung gefundener Funktionen. Natürlich kann für jede Internet-Seite mit verwertbaren Informationen ein Lesezeichen- bzw. Favoriteneintrag gemacht werden. Doch gewonnen ist damit noch nicht viel, denn erstens sehen Sie in sechs Monaten dem Favoriteneintrag nicht mehr an, warum Sie ihn angelegt haben und zweitens müssen Sie die Adresse ja wieder aufsuchen und durcharbeiten.

Archivierung

Wer im Internet Informationen sucht, sollte es sich also zur Regel machen, Seiten, von denen er glaubt, sie einmal zu brauchen, sofort auszudrucken. Dabei ist darauf zu achten, dass die Seite vollständig lesbar ist (was manche Web-Autoren zu verhindern versuchen!) und dass die Fundstelle (Internet-Adresse) vollständig wiedergegeben wurde. Dabei müssen Sie beachten, dass in der Regel Links und Bilder nicht mitgedruckt werden. Ist für Sie der vollständige Ausdruck einer Seite wichtig, müssen Sie auf sog. Screenshots zurückgreifen.

Sicherheit

Das Thema Sicherheit sollte für jeden, der seinen Computer mit der Außenwelt vernetzt, wichtig sein, vor allem, wenn Daten auf diesem Computer sensibel und existenziell grundlegend sind. Das Thema Computerviren, Hacker und Wirtschaftskriminalität wird von der Presse geliebt und gern zu Panikmache eingesetzt. Grundsätzlich läßt sich auf jeden Fall sagen: Das Surfen im Internet, also das pure Anschauen der Seiten, ist ungefährlich. Gefährlich wird es erst dann, wenn Sie etwas aus dem Internet auf Ihre Festplatte lassen.

Download: Größere Dateien, deren Betrachten online zuviel Kapazität kosten würde, werden zum Download angeboten. D. h. diese Datei wird auf Ihre Festplatte kopiert. Und hier können Sie sich Computerviren einfangen. Downloaden Sie deshalb nur von Seiten, bei denen Sie sich absolut sicher sind, dass hier keine Witzbolde die Finger im Spiel haben. Überprüfen Sie die Dateien **vor dem Öffnen** mit Ihrem Virenscanner.

E-Mail: Hier gilt Ähnliches. Öffnen Sie nur E-Mails, deren Absender Sie kennen.

Cookies und Schatten: Das Internet wird mehr und mehr zu einem kommerziellen Raum – mit allen Vor- und Nachteilen. Einer der Nachteile mag sein, dass die professionelle Werbewelt das Netz als Medium entdeckt hat. Da man aber Werbung ungern breit und ziellos streut, sondern immer gern weiß, welchen User man gerade anspricht, hat sich die Werbeindustrie Cookies und Schatten einfallen lassen. Es sind kleine Datenpakete, die Ihre Internet-Gewohnheiten abspeichern: Auf welchen Seiten verweilen Sie am längsten, wo klicken Sie routinemäßig durch u. ä. Wenn Sie wieder einmal beim Besitzer des Schattens oder des „Kekschens" vorbeischauen, werden diese Surfgewohnheiten übertragen. Da sich aber keiner gerne ausspionieren lässt (auch wenn er nichts zu verbergen hat), folgender Rat:
Cookies kann man ablehnen: In Ihrem Browser gibt es die Funktion „Cookies ablehnen". Die ist allerdings ein wenig versteckt – im Microsoft Internet Explorer unter „Ansicht" – „Internet-Optionen" – „Erweitert" – „Cookies" – „Cookies deaktivieren".
Schatten kann man ablehnen: Programme, die einen Schatten auf Ihre Festplatte installieren, müssen anfragen, ob Sie das zulassen. Die Internet-Seiten funktionieren genauso; nur in den seltensten Fällen müssen Sie auf Erleichterungen oder Funktionalität verzichten.

Im Internet können Sie alles finden, in der Regel ist es nur eine Frage der Zeit und der Kosten. Für juristische Fachinformationen haben Sie mit diesem Handbuch sicher den besten Ratgeber in der Hand. Schnell und sicher können Sie jetzt zurückgreifen auf:

- Gesetze, Verordnungen und Richtlinien
- Rechtsprechungsdatenbanken
- Aufsätze und Kommentierungen
- Berechnungsprogramme, Musterverträge u. v. m.
- Gerichtsadressen
- Anwalts- und Sachverständigenverzeichnisse
- Juristische Fachverlage
- Zeitschriften
- Veranstaltungstermine
- und natürlich auf den Sachverstand der Kollegen.

Vielleicht sollten Sie auch darüber nachdenken, ob Sie die Zukunftstechnologie Internet auch weiterhin nur passiv, als Infosucher nutzen, oder ob Sie aktiv in das Geschehen eingreifen wollen: als Info-Anbieter, der sich und seine Kanzlei im Internet präsentiert. Wenn Sie einmal nachsehen möchten, was Ihre Kollegen so leisten, empfehlen wir Ihnen den Bereich „... und mehr" des Internet-Auftritts von http://www.injur.de.

Internet: Die Chance für Juristen

38

Glossar

A

Access-Provider — Internet Access-Provider (IAP). Anbieter von Internet-Zugang. Der IAP betreibt ein eigenständiges Teilnetz im Internet und bietet seine technische Infrastruktur für die „Auffahrt" zur Datenautobahn an.

Account — Zugangskonto bzw. Zugangsberechtigung eines Surfers für Computer, Netzwerke und Internet-Angebote. Die Benennung ist identisch mit dem Benutzernamen.

AdClicks — Maßzahl für die Nachfragehäufigkeit in Hinsicht auf ein Online-Angebot.

AdImpression — Standardisierte Werbewährung, mittels derer die Zahl der Kontakte mit einem Werbemittel (z. B. einem Banner) wiedergegeben wird.

Adressen — Informationsangebote im Internet und elektronische Postanschriften werden durch ihre Adressenbezeichnungen gekennzeichnet: Die Anschrift von Angeboten im World Wide Web beginnen immer mit der Zeichenfolge „http://" (für „Hypertext Transfer Protocol"). Die Fundstelle oder Adresse eines Dokuments im Internet wird mit „URL" (Uniform Resource Locator) bezeichnet. Das „@"-Symbol hingegen verweist auf eine E-Mail-Adresse: Hinter „mustermann@aol.de" verbirgt sich etwa ein Herr Mustermann beim kommerziellen Online-Anbieter AOL (America Online), während „firma@t-online.de" auf den deutschen Anbieter T-Online verweist.

Der Aufbau von E-Mail-Adressen ist in der Regel sehr einfach: Sie bestehen aus dem Benutzernamen einer Person oder ersatzweise einer anderen Kennung und dem Namen des Computers oder dem Namen bzw. der Domain dieser Person mit einem @-Zeichen dazwischen. Beispiel: user@rechner.domain.topleveldomain. Der Benutzername „user" ist meist identisch mit dem Namen, der beim Einloggen in den Rechner verwendet wird (account).

Die Internet-Adresse ist der weltweite Name des Rechnersystems, mit dem gearbeitet wird. Sie wird in der Regel immer in Kleinbuchstaben dargestellt und die Einzelbestandteile sind mit Punkten voneinander getrennt:

– Die Top-Level-Domain kann eine Länderangabe sein. So wird die Top-Level-Domain Deutschland mit „.de" bezeichnet. Das insbesondere in den USA gebräuchliche Kürzel „.com" verweist auf ein kommerzielles Angebot.

– Domain: Größere Netzwerke innerhalb eines Landes sind zu Domains zusammengefasst. Beispiele für Domains sind Universitäten, Firmen oder private Vereinigungen und Vereine. Größere Domains können noch weiter in Sub-Domains unterteilt sein. Beispiel: Die Domain einer Universität untergliedert sich in die entsprechenden Fachbereiche oder Fakultäten.

– Rechner: Innerhalb der Domains hat auch jeder Rechner seinen eigenen Namen; für die Benennung ist der jeweilige Systemmanager zuständig.

ADSL — Asymmetric Digital Subscript Line. Technik zur Fernseh-Übertragung mittels Telefonkabel.

AdViews — Werbetexte, Banner, Inline-Ads, die über einen Zeitraum hinweg dem Nutzer auf seinem Bildschirm angezeigt werden.

Agent — „Intelligente" Software, die „im Auftrag" des Nutzers in großen Datenbeständen nach Informationen sucht und dann ausliefert. Auch als „Bot" bezeichnet (von Robot).

Anbieter (engl.: Provider) — PC-Besitzer, die Anschluss an das Internet suchen, finden ihn bei zahlreichen Internet-Anbietern, den sogenannten Providern. Sie liefern die nötigen Programme und stellen gegen Gebühr den Zugang zum Netz her. Während Access-Provider lediglich für den Netzanschluss sorgen, halten Content-Provider (also Online-Dienste wie CompuServe oder AOL) zusätzliche Informationen bereit, die nur ihre Kunden abrufen können. Content-Provider müssen nicht zwingend einen Zugang zum Internet anbieten.

Animated GIF — GIF-Variante. Derartige Graphiken enthalten Sequenzen von Einzelbildern und lassen sich zur Anzeige kurzer Videosequenzen einsetzen.

Anker — Start- und Zielpunkte von Hypertext-Links. Zielpunkte sind im Hypertext selbst nicht erkennbar.

ANSI — American National Standards Institute. US-amerikanisches Gegenstück zum DIN-Institut.

API — Application Programmers Interface. Dokumentierte Softwareschnittstelle zum vereinfachten Datenaustausch von Programmen.

Applet — Kleines Java-Programm, das in eine WWW-Seite eingebunden und anschließend von einem Java-fähigen Browser vom Server geladen und lokal ausgeführt wird. Java ist eine plattformunabhängige, objektorientierte Programmiersprache der Firma Sun.

ASCII — American Standard Code for Information Interchange, eine amerikanische Norm zur Definition von Computerzeichensätzen. Danach wird jedes Zeichen durch ein Byte (Daten) dargestellt. Diese 8-Bit-ASCII-Tabelle enthält 256 mögliche Zeichen.

ASCII-Text — Zeichenformat für den Austausch von unformatierten sonderzeichenlosen Texten zwischen Computern.

ASP — Active Server Pages. Microsoft-Programmtechnik zum Einsatz der Skriptsprachen Jscript oder VBScript auf Web-Servern.

ATM — Diese Abkürzung steht für „Asynchronous Transfer Mode", zu deutsch: asynchroner Übertragungsstandard. ATM ist die Basis für Breitband-ISDN, über das Sprache, Daten und Bilder mit Höchstgeschwindigkeit übertragen werden. Durch eine Vereinbarung von fünf europäischen Netzbetreibern wurde ATM praktisch als Standard etabliert.

Attachment — Binäre Datei, die als Anlage zu einer E-Mail mitgeschickt wird. Die Datei kann ein beliebiges Darstellungsformat haben. Die Umwandlung in das Versandformat E-Mail-Textnachricht wird mit Spezialverfahren umgesetzt.

Authentikation/ Authentifizierung — Verifizierung der Echtheit, der richtigen Berechtigung. Genau genommen ist Authentifizierung die Bestätigung dieser Echtheit. Die Begriffe werden aber z. T. verschieden verwendet.

Avatar — Fiktive, aber dargestellte Identität eines Online-Nutzers in Zusammenhang mit Computerspielen oder Animationen.

AVI — Audio Video Interleaved. Microsoft-Programmstandard für Audio- und Videodaten.

B

Backbone — Tragende Struktur in großen Computernetzen bzw. zusammenhängende Leistungsstrecke der relativ höchsten Kapazität in einem Netzwerk.

Bandbreite — Mit diesem Terminus wird die Datenmenge, die sich innerhalb eines bestimmten Zeitraums im Netz übertragen läßt, bezeichnet. Die Baud-Rate ist die Maßeinheit, die darüber Aufschluss gibt, wie viele Zeichen (Bits) übertragen werden können. Privatleute müssen meist mit 28 800 bps (= Bit pro Sekunde) auskommen – dies ist zur Zeit der technische Standard bei Modems. Als Faustregel gilt: Je höher die Baud-Rate, desto schneller ist die Übertragung beendet. Deutsche Universitäten innerhalb des Breitband-Wissenschaftsnetzes können schnelle Internet-Verbindungen mit 155 Mbps (Millionen Bit pro Sekunde) nutzen. Die tatsächliche Bandbreite fällt wegen der Überlastung des Netzes jedoch oft wesentlich geringer aus.

Banner/Werbebanner — Werbeband. Zusatzinformation, die auf einer Web-Seite eingeblendet wird.

Baud — Schritt pro Sekunde (Bd). Maßeinheit bei der Datenübertragung. Ein Schritt entspricht mindestens 1 Bit. Pro Schritt können aber auch mehrere Bits übertragen werden. Diese Übertragungsgeschwindigkeit wird in bps ausgedrückt (Bits pro Sekunde).

BBS	Bulletin-Board-System. System kommunizierender Mailboxen bzw. Mailboxnetz.
Benutzerkennung	Der Name, mit dem der Benutzer sich dem Computersystem gegenüber identifiziert (Login), ist die Benutzerkennung, auch Benutzername genannt. Dies kann ein Realname, ein Pseudonym oder eine Abkürzung sein. Der Benutzername dient zusammen mit einem Passwort als persönliche Zugangsberechtigung zu einem Netzwerk.
Bildschirmtext	Abgekürzt „Btx", ist ein seit 1980 bestehender elektronischer Informationsdienst der Deutschen Telekom. Bildschirmtext ist inzwischen Teil des Datex-J-Angebots, das mit einer Vielzahl zusätzlicher Dienste (darunter einem Internet-Gateway) unter dem Namen „T-Online" von der Deutschen Telekom vermarktet wird. Dieser Online-Dienst hat mittlerweile mehr als 1,4 Millionen Kunden.
Bit	Die Abkürzung für das englische „Binary digit" ist die kleinste digitale Informationseinheit, die durch eine 1 oder eine 0 dargestellt wird. In der Regel bilden acht Bit ein Byte, 1.024 Byte sind ein Megabyte und 1.024 Megabyte ein Gigabyte. Eine grobe Schätzung der verfügbaren Datenmenge im Internet liefert einen Wert von etwa 100 Terabyte (100.000 Gigabyte oder 100 Millionen Megabyte). Würde man alle diese Daten auf 3,5"-Disketten speichern, so wäre der resultierende Diskettenstapel 300 Kilometer hoch.
Bitrate	Die Bitrate beziffert die Anzahl der übertragenen Bits pro Sekunde, also die Übertragungsgeschwindigkeit. Bemessen wird in Bit/s oder bps. Die Bitrate ist nur in Sonderfällen mit der Baudrate identisch.
B-Kanal	Verbindungsmöglichkeit im ISDN für Nutzdaten mit einer maximalen Übertragungsgeschwindigkeit von 64000 bps. Jeder ISDN-Basisanschluss verfügt über 2 B-Kanäle, die jeweils eine Verbindung repräsentieren sowie über einen D-Kanal.
Body	Der Body ist die eigentliche Nachricht innerhalb einer E-Mail ohne Zustellungsinformationen wie Header und Envelope.
Bookmarklist	Lesezeichen-Liste. Gängige Bezeichnung für die in nahezu jedem Browser pflegbare Adressdatenbank für Internet-Adressen.
bps	Bit pro Sekunde. Maßeinheit bei der Datenübertragung.
Brett	Brett ist der Begriff für ein Diskussionsforum in deutschsprachigen Mailboxen. Dies entspricht Gruppe, Newsgroup oder Area in anderen Netzen. Der Begriff Brett wird insbesondere im Z-Netz und im MagicNet benutzt.
Broadcast	Methode des Datenversands, bei der alle Daten an alle verteilt werden („Rundfunk"). Im Internet eingesetzt bei Newssystemen. Einsatz in Netzbetriebssystemen z. B. zur Ermittlung einer unbekannten Adresse.

Browser	Ein Internet-Browser ist ein Programm, das die Schnittstelle zwischen Nutzer und Informationsanbieter darstellt und den Zugriff auf die gewünschten Informationen ermöglicht. Diese Steuerprogramme zeigen Bilder und Texte, spielen Videosequenzen oder Tonfolgen ab und führen per Mausklick zu weiteren Informationen. Ihre bekanntesten Vertreter, der Microsoft Internet Explorer und der Netscape Navigator, helfen Internet-Nutzern mit einer graphischen Benutzeroberfläche beim Surfen im Internet. Durch einfaches Klicken auf Vorwärts- oder Rückwärtspfeile blättern die Anwender zwischen den Web-Seiten, die Handhabung ist einfach und komfortabel.

Konnten die ersten Browser (von engl. „to browse": schmökern, sich umsehen) nur Bildschirmseiten aus Befehlen der Web-Programmiersprache HTML (Hypertext Markup Language) zusammen setzen, bieten die neuesten Versionen mehr Einsatzmöglichkeiten: Durch Software-Bausteine (sog. „Plug-Ins") lässt sich ihr Funktionsumfang weiter vergrößern. Um alle Features der Programme auszunutzen, entwickeln Informationsanbieter oft Internet-Seiten, die für die jeweiligen Browser optimiert sind. |
BSI	Bundesamt für Sicherheit in der Informationstechnik.
BTX	Bildschirmtext. Von der Deutschen Bundespost initiiertes Kommunikationsnetz und -angebot zur Abwicklung verschiedener Datenangebote (Datenbanknutzung, Bank-, Buchungsverkehr) bzw. von Fax-, E-Mail- oder Telefondiensten. Ursprünglich zur Nutzung per Farbfernseher und Modem.
B-WiN	Breitband-WiN. Erweiterungen des WiN mit Übertragungsgeschwindigkeiten zwischen 34 und 155 Mbps.
BZT	Bundesamt für Zulassungen in der Telekommunikation.

C

Cache	Temporärer Zwischenspeicher on-chip im RAM oder auf der Festplatte, der bei Prozessoren, Browsern oder Netzwerken redundante Zugriffe auf wiederholt benötigte Daten beschleunigt.
Carrier	Verbreitete Bezeichnung für den Anbieter von Basiskommunikationsleistungen (Netzbetreiber des physikalischen Netzes). Trägerton des Modems zur Signalisierung von Sende- bzw. Empfangsbereitschaft.
CCITT	Comité Consultatif International Télégraphique et Téléphonique. Beratender Normenausschuss auf Europaebene (z. B. für Datenübertragungsnormen). CCITT-Richtlinien werden vom BZT herangezogen. Unterschieden werden

V-Normen (Telefon), X-Normen (Datennetze) und I-Normen (ISDN). Nachfolgerin der CCITT ist die ITU-T.

CGI Common Gateway Interface. Standard, der bestimmt, wie ein Programm auf einem Web-Server vom Client aus gestartet werden kann. Er legt z. B. fest, wie Daten übergeben werden.

Chat Als Alternative zu Telefon, Fax oder Brief kann man im Internet schriftliche Dialoge von PC zu PC („chat") führen. Dabei können die Gesprächspartner in einem Sende- und Empfangsfenster gleichzeitig lesen und schreiben. „Chatten" können die Teilnehmer nur online, d.h., Sender und Empfänger sind direkt über serielle Leitungen oder Telefonverbindungen, im lokalen Netz, über eine Mailbox oder über das Internet miteinander verbunden.

Während kommerzielle Dienste wie CompuServe eigene Gesprächsbereiche („Foren" genannt) unterhalten, steht der „Internet Relay Chat" (IRC) allen Netsurfern offen. An beiden Endgeräten muß dabei ein sog. „Chat-Programm" verfügbar sein, das den Dialog vermittelt.

Chipkarte/Smartcard Mobiler Datenträger in Form einer Scheckkarte. Eingesetzt v. a. für Zugangs- und Ausweisfunktionen.

Clearing Gemeinsame Datenübergabe der Provider ins Internet.

Clickable Image Als Clickable Image bezeichnet man eine Abbildung auf einer HTML-Seite, die Verweise auf verschiedene andere angebotene Inhalte enthält. Wird ein Punkt des Bildes angewählt, werden die Koordinaten an den WWW-Server zurückgegeben und dort von einem CGI-Programm ausgewertet.

Client Meist Bezeichnung für den nutzerseitigen Computer oder Softwareteil innerhalb einer aus mehreren Komponenten bestehenden Anwendung oder Kommunikationslösung (z. B. Netware-Client: Am Arbeitsplatz installierte Softwarekomponente, um Daten des Netware-Servers nutzen zu können).

Client-Server-Architektur Ein Client (engl. für Kunde) ruft Informationen von einem Server (der Rechner oder ein Verbund von Rechnern eines Anbieters) ab, der die von ihm gewünschten Informationen bereithält. So läßt sich die Funktionsweise von Netzwerk-Anwendungen stark vereinfacht darstellen. Die Schnittstelle zwischen Kunde und Anbieter im Internet ist der Browser.

CompuServe Der älteste kommerzielle Online-Dienst wird hauptsächlich von kommerziellen Anwendern genutzt. Viele Software-Häuser stellen über CompuServe Updates, Support und Service zur Verfügung. CompuServe bietet auch einen Zugang zum Internet.

Conferencing Gemeinsamer, idealerweise zeitgleicher Datenaustausch innerhalb einer Gruppe; z. B. als Video-Konferenz.

Cookie	Textdatei auf der lokalen Festplatte eines WWW-Nutzers, mit der Web-Server Softwareeinstellungen bzw. das „Nutzungsspektrum" des Nutzers erhalten können. Cookie soll v. a. Marketingzwecken dienen.
cps	Characters per Second/Zeichen pro Sekunde. Maßeinheit bei der Datenübertragung. Nach einer Faustregel entspricht der cps-Wert einem Zehntel des bps-Wertes.
CSNET	Computer Science Network. 1981 von der NSF als Forschungs- und Entwicklungsnetz zur Kommunikation von Universitäten und wissenschaftlichen Einrichtungen gegründet.
CyberCash	Kreditkartengestütztes elektronisches Zahlungssystem der Firma CyberCash Inc.
Cybermoney	Form des elektronischen Zahlungsverkehrs, bei dem „das Geld" selbst in Form eines digitalisierten Pendants auf Datenträger gehandelt wird (elektronisches Geld).
Cyberspace	Das Kunstwort stammt aus dem Roman „Newromancer", dem Internet-Kultbuch des amerikanischen Science-Fiction-Autors William Gibson. Es bezeichnet ursprünglich eine virtuelle Landschaft, die nur in den vernetzten Computern der Welt existiert. In den Medien wird der „Cyberspace" meist synonym für das Internet verwendet. Künstler und Ingenieure definieren den Begriff wiederum anders: Sie beschreiben damit Virtual-Reality-Anwendungen, die durch eine 3D-Brille räumliche Eindrücke simulieren.

D

Datawarehouse	Sammelbegriff für besondere Erscheinungsformen des Electronic-Commerce (elektronisches Warenversandhaus).
Datenfern-übertragung (DFÜ)	Als DFÜ bezeichnet man ganz allgemein die Kommunikation zwischen zwei oder mehreren räumlich entfernt stehenden Rechnern. Dabei bedient man sich eines Übertragungsmediums wie z.B. Telefon oder Satellit. Das Prinzip der Datenfernübertragung ist grundlegend für Formen der „Collaborative Work", also technischen Anwendungen zur Unterstützung der Telearbeit. Diese Anwendungen basieren entweder auf Punkt-zu-Punkt-Verbindungen oder auf Konferenzschaltungen mit mehreren Partnern.
Datenkompression	Mit Datenkompressionsverfahren lassen sich elektronische Daten hinsichtlich ihres Speicherumfangs reduzieren. Bei diesem Vorgang werden digitale Audio- und vor allem Video-Daten auf einen Bruchteil ihres ursprünglichen Volumens verkleinert, um sie schneller transportieren zu können und um

Speicher- und Übertragungskapazitäten zu sparen. Aber auch bei der Übertragung von elektronischer Post via Internet wird dieses Prinzip verwendet.

Datex Data Exchange. Familie von Datennetzen bzw. Datennetzdienstleistungen der Deutschen Bundespost bzw. Telekom AG.

DE-CIX Das deutsche Commercial Internet Exchange ist eine Vereinbarung zwischen den ISP EUnet, NTG/Xlink und MAZ hinsichtlich der kommerziellen Nutzung des Internet. Sie umfasst den Betrieb eines gemeinsamen Knotenpunkts dieser drei Netze in Frankfurt, der das Routing von Daten zwischen deutschen Internet-Teilnehmern vereinfachen und beschleunigen soll. Weitere ISPs sollen willkommen sein.

DE-NIC Deutsches Internet Information Center. Verwaltungs- und Ausgabestelle für deutsche Domains.

DENIC e. G. 1997 gegründete Genossenschaft zum Betrieb eines deutschen Internet Information Center.

DFÜ Als Datenfernübertragung wird die Verbindung zwischen zwei Datenverarbeitungsanlagen bezeichnet, die geographisch voneinander getrennt sind. Dazu werden Datenleitungen verwendet. Eine Datenverarbeitungsanlage sendet ihre Daten über eine Schnittstelle (Interface) zu einem DFÜ-Gerät (Modem), wo die Daten aufbereitet und über die Datenleitung dem DFÜ-Gerät der empfangenden Datenverarbeitungsanlage übermittelt werden, das die Signale wieder für die empfangende Station anpasst.

DIGI Deutsche Interessengemeinschaft Internet e. V. (Providerverbund). Fungiert als deutscher Zweig der ISOC.

DIN Deutsches Institut für Normung.

Direct Banking Bei einer Direktbank kann der Kunde sämtliche Bankgeschäfte von seinem Schreibtisch aus (über Telefon, Fax oder online) abwickeln. Diese Möglichkeit wird als Direct Banking bezeichnet. Die Direktbank ist dazu konzipiert, dem Kunden als Erstbank zu dienen. Überweisungen, Daueraufträge, sowie Ein- und Auszahlungen können zumeist gebührenfrei angeboten werden, da der Bank nur geringe Kosten entstehen.

Discount Broker Als Discount Broker wird eine Direktbank bezeichnet, die diese Aufgabe übernimmt. Der Kunde trägt das Risiko und die Verantwortung für seine Wertpapiergeschäfte selbst. Beim Discount Broker im Internet hat der Inhaber eines „Discount Online Depots" die Möglichkeit zur Führung von Fremdwährungskonten und zur Nutzung des gesamten Leistungsspektrums eines normalen Wertpapierdepots per DFÜ. Vor allem für Kleinanleger ist Discount Brokerage über das Internet eine lohnende Alternative, da nur geringe Gebühren anfallen.

DNS Das Domain Name System (DNS) setzt die Klartextnamen von Computern in IP-Adressen um und umgekehrt.

Domain So wird ein Bereich im hierarchischen Namensraum des Internets (= DNS, Domain Name System) bezeichnet. Domain-Namen erleichtern das Identifizieren von Internet-Adressen. Deren Endung – etwa „.com" oder „.de" – wird als Top-Level-Domain bezeichnet und gibt Aufschluss über Art oder Standort des Internet-Rechners („.com" = commercial; „.de" = Deutschland). Die davorstehende Sub-Domain liefert zusätzliche Informationen: „xy.wirtschaft.fh-augsburg.de" wäre also der Rechner „xy" des Fachbereichs Wirtschaft der Fachhochschule Augsburg.

Land	Code	Land	Code
Österreich	at	Japan	jp
Australien	au	Korea	kr
Belgien	be	Luxemburg	lu
Kanada	ca	Mexiko	mx
Schweiz	ch	Niederlande	nl
China	cn	Norwegen	no
Tschechische Republik	cz	Neuseeland	nz
Deutschland	de	Polen	pl
Dänemark	dk	Portugal	pt
Spanien	es	Schweden	se
Finnland	fi	Slowakei	sl
Frankreich	fr	Türkei	tr
Irland	ie	USA	us
Indien	in	Großbritannien	uk
Italien	it		

Anhand einiger Kürzel wird nicht die Länderzugehörigkeit, sondern die Art der Einrichtung gekennzeichnet:

Art der Organisation	Code
– commercial (kommerzielle Organisation)	com
– education (Einrichtung im Bildungsbereich, v. a. in den USA)	edu
– government (staatliche Einrichtung)	gov
– militärisches Teilnetz	nato
– network (Internet-Systemverwaltung)	net
– organisations (andere Organisationen)	org

Download Darunter versteht man das „Herunterladen" von Programmen, Treibern, Updates oder sonstiger Dateien aus dem Internet auf den Arbeitsspeicher oder die Festplatte des eigenen Computers. Dabei kann es sich um „Freeware" (also kostenlose Software) oder „Shareware" (Nutzung gegen geringe Gebühr für den Anbieter bzw. Programmierer) handeln. Die hierfür aufzuwendende Zeit ist abhängig von der Übertragungsgeschwindigkeit des Modems oder der ISDN-Karte. Beim Herunterladen fremder Daten ist immer größte Vorsicht geboten: Es ist nämlich der „Hauptinfektionsgrund" mit Computer-Viren – das Unterlassen einer vorherigen Prüfung mit einem Anti-Viren-Programm kann unter Umständen verheerende Folgen haben.

E

Ebone — European TCP/IP-Backbone (größtes privates europäisches Backbone).

E-Cash — Auch „virtuelles Bargeld" oder „Cyber-Cash" genannt, ist ein System zum Übertragen von Geld zwischen zwei Internet-Teilnehmern ohne Verwendung von Kreditkarten. Statt dessen „simuliert" das Programm Geld, das im Netz transferiert werden kann, um über das Internet angebotene Waren und Dienstleistungen bezahlen zu können. E-Cash wurde von der niederländischen Firma Digicash entwickelt, die fast alle Patente in diesem Bereich hält. Die Weiterentwicklung auf diesem Gebiet wird bestimmend dafür sein, ob sich das Internet wirklich zu einem globalen „Marktplatz" entwickeln wird oder nicht. In den USA wurde E-Cash bereits am 23. Oktober 1995 als virtuelles Zahlungsmittel eingeführt.

EDI — Electronic Data Interchange. Weltweites Standardformat bzw. Mehrwertdienst für den papierlosen Datenaustausch.

EDIFACT — „Electronic Data Interchange for Administration, Commerce and Transport" ist ein spezieller Standard der Vereinten Nationen für den Datenaustausch. Damit läßt sich der firmenübergreifende elektronische Geschäftsverkehr international einheitlich organisieren: Arbeitsabläufe zwischen Firmen, wie etwa Bestellungen und Fakturierungen, werden nicht mehr mit Papier und Post, sondern direkt auf der Daten-Autobahn erledigt. EDIFACT ist hard- und softwareneutral, läßt sich also zwischen Systemen und Programmformaten unterschiedlicher Hersteller praktizieren.

Einwahlknoten — Die Verbindungen zwischen Netz und Teilnehmern sind die Einwahlknoten. Die mit dem Telefonnetz verbundenen Rechner stellen die Verbindung zum Internet her, sobald sie ein PC-Benutzer anwählt. Einwahlknoten im Ortsnetzbereich sparen Geld; deswegen sind die kommerziellen Online-Anbieter oder Service-Provider im Vorteil, die ihren Kunden einen in der Nähe gelegenen Einwahlknoten anbieten können.

Electronic-Banking — Sammelbezeichnung für Verfahren und Möglichkeiten, Bankgeschäfte per Datenfernübertragung zu erledigen.

Electronic Commerce Sammelbezeichnung für Erscheinungsformen des Handel(n)s über elektronische Datennetze.

E-Mail Elektronische Post, kurz „E-Mail" genannt, ist trotz der explosionsartigen Entwicklung des World Wide Web immer noch der mit Abstand meist genutzte Dienst im Internet. Der Umgang mit E-Mail ist so einfach, preiswert und schnell, dass sich diese Kommunikationsform zunehmender Beliebtheit erfreut und sowohl im privaten als auch im geschäftlichen Bereich eine neue, virtuelle „Brief"-Kultur begründet hat. Viele Unternehmen nutzen bereits E-Mail für den Kundenkontakt, sowohl zur Beratung und Information, als auch für Service und technische Unterstützung. Leider hat die elektronische Post den Nachteil, dass es für Hacker oder Computerfreaks noch immer allzu leicht möglich ist, die Nachrichten irgendwo zwischen Sender und Empfänger abzufangen. Deswegen gehen Unternehmen und Privatleute immer mehr dazu über, ihre Nachrichten mit entsprechenden Programmen zu verschlüsseln (siehe auch „Kryptographie").

Alle marktüblichen Browser bzw. die Eingangssoftware kommerzieller Online-Anbieter oder Servive-Provider, verfügen über ein spezielles E-Mail-Programm, das es technisch möglich macht, Nachrichten zu schreiben, zu lesen, zu senden und zu empfangen. Ein E-Mail besteht mindestens aus der Empfängeradresse, dem Betreff, der Nachricht und der „Signature" (dem „Briefkopf" des Senders).

Eine weitere interessante Möglichkeit, die die Funktion „E-Mail" bietet, ist das sogenannte „Anhängen" von anderen Textdateien, Grafiken und Programmen („Attachments"). So wird der Austausch von Daten erheblich beschleunigt, vereinfacht und verbilligt; der Postversand von Datenträgern erübrigt sich.

Emoticon Gefühlssymbol aus Satzzeichen zur Untermalung der schriftlichen Kommunikation, z. B. mittels „Smiley".

Ethernet Sehr verbreitete Vernetzungstechnik für den Nahbereich. Per Ethernet vernetzte Computer werden als Busstruktur verbunden (streng sequenzielles Hintereinander).

EUnet EUnet ist die Abkürzung für European UNIX Network. Damit ist zugleich der europäische Teil des Internets gemeint. EUnet bietet mit InterEU auch IP-Dienste an.

Extranet Von „Intranet" abgeleitete Bezeichnung für den im (außerhalb liegenden/ öffentlichen) Internet angesiedelten Teil eines überlokalen Firmennetzes (zur Verbindung des Intranets).

F

FAQ
Frequently Asked Questions. Liste mit Antworten auf die am häufigsten gestellten Fragen zu einem bestimmten Thema. Ursprünglich in Newsgroups und Mailing-Listen verwendet.

FDDI
Fiber Distributed Data Interface. Datenübertragungsstandard für Glasfaserleitungen mit Übertragungsraten bis zu Mbps.

Fidonet
Größtes und ältestes privates Mailboxnetz. Internationaler, 1985 gegründeter Verbund einzelner Mailbox-Stationen (Points) mit eigenen Standards, Protokollen, Adressen und streng formaler Netzstruktur.

Fingerprint
Elektronischer Fingerabdruck. In Public-Key-Verfahren ein Extrakt des öffentlichen Schlüssels.

Firewall
Beim Informationszugriff im Internet muß der Anbieter Sicherheitsvorkehrungen treffen, damit nur auf die für die jeweiligen Nutzer bestimmte Information zugegriffen werden kann. So machte 1987 das spektakuläre Eindringen der Hamburger Hacker vom „Chaos Computerclub" in den Rechner der amerikanischen Weltraumbehörde NASA via Telefonleitung Schlagzeilen. Seitdem schotten Regierungen, Verwaltungen, Unternehmen und Banken ihre Netzwerke mit Firewall-Systemen ab. An den digitalen „Feuerwänden" sollen sich Unbefugte „die Finger verbrennen": Komplexe Soft- und Hardware schützt sensible Informationen mit raffinierten Anmeldeverfahren und Bytekontrollen. Der öffentliche Angebotsbereich wird dabei durch einen programmtechnischen Schutz vom internen, bzw. nur für ausgewählte Personen definierten Bereich getrennt.

Flames
So wurden innerhalb kürzester Zeit die amerikanischen Anwälte Canter und Siegel die meistgehassten Internet-Teilnehmer der Welt: Sie hatten 1994 mit einer Art „elektronischen Massenwurfsendung" gegen die „Netiquette" verstoßen, andere nicht mit unerwünschtem (Werbe-)Datenmüll zu überschütten. Die Resonanz waren die sogenannten „Flames": Wutentbrannte, beleidigende E-Mails von den Empfängern in erheblichem Umfang. Diese sorgten dafür, dass der Internet-Anschluss der beiden Anwälte zusammenbrach und schließlich sogar gesperrt werden musste.

Form/Formular
Bereich einer HTML-Seite, in dem sich aktive Elemente zur Datenübermittlung an den Server befinden. Typische Form-Elemente sind u. a. Textfelder, Radio-Buttons, Check-Boxen und Absende-Boxen.

Forum
Dem öffentlichen Meinungs- und Datenaustausch gewidmeter „Bereich" eines Kommunikationssystems (z. B. Mailboxen, im Usenet). Foren werden meist themenbezogen organisiert. Die elektronischen Aushänge werden am (virtuellen) Brett oder Blackboard getätigt. Newsgroups sind Foren im Internet.

Frame Konzept zur Unterteilung einer HTML-Seite in mehrere „Fenster", in denen dann jeweils eigene HTML-Seiten dargestellt werden.

Frame-Relay Schnelle Übertragungstechnik für paketvermittelte Netze (56 Kbps und 45 Mbit).

FTP Das „File Transfer Protocol" ist ein Teil des Internets, in dem Programme und Dateien kostenlos auf speziellen FTP-Rechnern abrufbereit zur Verfügung stehen. FTP sorgt dafür, dass große Datenmengen zwischen zwei Rechnern transferiert werden können. Das Übertragungsprotokoll für den Datenaustausch zwischen Rechnern basiert auf TCP/IP (Transmission Communication Protocol/Internet Protocol), über das im Internet unterschiedliche Systemarchitekturen und Betriebssysteme Daten miteinander austauschen können.

Dank FTP erschließen sich Unmengen von Software, Daten, Bildern – schließlich besteht das Internet aus Hunderttausenden von Rechnern, auf deren Festplatten eine unvorstellbare Zahl von Dateien liegen. Im Prinzip kann der User sich in diesen elektronischen Archiven beliebig bedienen, denn nur diejenigen Dateien, die auch öffentlich zugänglich sein sollen, werden in den speziellen FTP-Verzeichnissen der Internet-Rechner angeboten.

FTP kann mit einem WWW-Browser ohne zusätzliche Software genutzt werden: Adressen wie „ftp://ftp.ask.uni-karlsruhe.de/pub/msdos/" verweisen auf nützlichen Fundstellen im FTP. Bei der gezielten Suche nach einer bestimmten Datei im Daten-Ozean der FTP-Server hilft „Archie": Das ist eine größere Anzahl spezieller Server, auf denen in umfangreichen Datenbanken die Inhalte der FTP-Server verwaltet werden. In Deutschland ist das beispielsweise ein Computer an der Technischen Hochschule Darmstadt (archie.th-darmstadt.de).

FYI For Your Information. Internettypische Zusammenstellung wichtiger Informationen.

G

Gateway Gateways bilden die „Brücken" zwischen verschiedenen Datennetzen. Inzwischen kann man aus vielen Rechnern, die an ein Netzwerksystem angeschlossen sind, per Gateway rund um die Welt andere Daten-Verbände erreichen, obwohl diese ganz anders strukturiert sind. Beispiele für Gateways sind die Schnittstellen zwischen den kommerziellen Datennetzen von Anbietern wie CompuServe oder Microsoft Network und dem Internet.

GEN Das Global Engineering Network (GEN) bildet die Basis für kooperative, elektronische Arbeitsstrukturen in der Fertigungsindustrie. In einem GEN arbeiten internationale Organisationen, Systemintegratoren, kleine und mittlere Unternehmen, Dienstleister und Forschungsinstitute zusammen. In diesem Netz konzentrieren sich die einzelnen Teilnehmer auf die Bereiche, in denen sie über Schlüsselkompetenzen verfügen. Das GEN macht so fachspezifisches Know-how dezentral über das Internet verfügbar.

GIF Graphics Interchange Format. Von CompuServe entwickeltes Grafikformat.

Glasfaserkabel Die zukunftsweisende Technik basiert auf einer Übertragung von Impulsen mittels Lichtwellen. Dabei werden in einer Glasfaser von 1/10 bis 1/20 mm Durchmesser Lichtimpulse mit einer sehr hohen Frequenz übertragen. Die Lichtimpulse werden überwiegend durch Laserdioden in die Faser geleitet und ermöglichen eine Datenübertragungsgeschwindigkeit von 140 Megabits/sec.

Gopher Dieser Internet-Dienst fristet seit dem Boom des World Wide Web mit seinen multimedialen Angeboten nur noch ein Schattendasein. Gopher ist ein Vorläufer des WWW, allerdings ohne dessen audio-visuellen Darstellungsmöglichkeiten. Gopher-Server stehen meist in den USA; deutschsprachige Informationen sind kaum vorhanden. Die Informationsangebote werden in einem weltweiten, baumförmig strukturierten Inhaltsverzeichnis für den Anwender übersichtlich aufbereitet dargestellt.

Grafische Gopher-Clients bilden die Inhaltsverzeichnisse der Server ähnlich dem Windows „Dateimanager" ab. Sie unterscheiden sich dabei lediglich in der Art der Symbole für die verschiedenen Dateitypen und in der Aufteilung des Bildschirms. Jeder Eintrag wird durch ein Icon gekennzeichnet, so dass der Nutzer sofort erkennt, ob es sich um einen Verweis, einen Text, ein Bild oder um ein sonstiges Dokument handelt.

H

Hacker Hacker nutzen ihr Computer-Know-how, um die Sicherheitsmechanismen vernetzter Rechner zu überwinden und an geschützte Informationen zu gelangen. Der Übergang vom „sportlichen Ehrgeiz" harmloser Computerfreaks, die sich darum bemühen, in nicht öffentlich zugängliche Datenbanken und EDV-Anlagen einzudringen, zur kriminellen Wirtschaftsspionage ist dabei manchmal fließend. Hacker, die sich in der Szene bereits einen Namen gemacht haben, werden sogar offiziell von Unternehmen engagiert, um Löcher im Sicherheitssystem der hauseigenen Datennetze aufzuspüren.

Handshake Technik zur Synchronisierung von Datenübertragungen. Im einfachsten Fall signalisiert die Senderseite Sendebereitschaft, und die Empfängerseite bestätigt mit Empfangsbereitschaft.

HBCI Home-Banking Communication Interface. Für die sichere Datenübertragung im Home-Finanzbereich propagierter Internet-tauglicher bankübergreifender Standard, der den Einsatz einer hardwareseitigen Sicherungseinrichtung sowie Signierung und Verschlüsselung mit RSA-Public-Key-Algorithmen vorsieht.

Header Jedes Datenpaket, das im Internet verschickt wird, hat einen Vorspann (auch „Kopf" genannt), der u. a. definiert, welcher Art die folgenden Daten sind und was mit ihnen gemacht werden kann bzw. soll.

Hits Maßzahl für die Nachfragehäufigkeit in Hinsicht auf ein Online-Angebot (Zugriffe auf den Host, den Server). „Treffer".

Homepage Jeder kann im World Wide Web eine persönliche „Startseite" oder „virtuelle Visitenkarte", die Homepage, mit beliebigen Texten und Bildern bereitstellen. Homepages lassen sich mit Editor-Programmen und Kenntnissen in der Programmiersprache des WWW, HTML (HyperText Markup Language), selber erstellen. Online-Dienste wie CompuServe und AOL stellen ihren Mitgliedern dafür sogar kostenlos Programme und Speicherplatz zu Verfügung.

Hop Zwischenstation eines Datenpakets im Laufe der Zustellung.

Host Alle Daten und Angebote, die im Internet zur Verfügung stehen, sind auf den Festplatten von Host-Rechnern gespeichert. Durch das globale Datennetz sind sie weltweit miteinander verbunden: Der Mausklick auf die sogenannten „Hyperlinks" (in Form eines Bilds oder einer Textstelle) führt von einem Host zum anderen.

Housing Beim Housing wird der (Internet-)Server des Unternehmens direkt beim Provider aufgestellt; u. a. zur Einsparung von Kommunikationskosten und aus Gründen der Servicenähe.

HTML Die HyperText Markup Language ist die Sprache des Internets. Da im World Wide Web keine Standard-Textfiles zum Abruf bereit gestellt werden können, müssen diese zuvor auf den HTML-Standard konvertiert werden. Mußten die Programmierer früher lange Befehlslisten eintippen, übernehmen heute HTML-Editoren und -Layoutprogramme diese Aufgabe. Sie setzen die grafische Gestaltung automatisch in Programmierbefehle um. Die neuesten Versionen der gängigen Textverarbeitungsprogramme verfügen bereits über entsprechende Filter und Konvertierungsmöglichkeiten.

http Der Vorspann jeder World Wide Web-Adresse „http://" verweist auf das Hypertext Transfer Protocol. Mit Hilfe dieses Übertragungsprotokolls für Hypertexte des WWW werden die Quellen für die verschiedenen Elemente einer Web-Site übertragen.

Hub	Hardware-Komponente für das Splitten von Netzwerkleitungen.
Hyperlink	Hinter farbig unterlegten oder unterstrichenen Wörtern bzw. Grafiken oder Bildern verbirgt sich ein Hyperlink. Er verknüpft Textstellen mit weiteren Informationen, die auf beliebigen Internet-Rechnern weltweit gespeichert sein können. Auf diese Weise sind die global verstreuten Daten miteinander verbunden. Der rasante Aufstieg des World Wide Web ist zu einem nicht unerheblichen Teil sicherlich mit der Faszination des „Surfens", also dem Springen von einem Rechner zum nächsten in nur wenigen Sekunden (trotz u.U. erheblicher räumlicher Entfernungen) zu erklären.
Hypertext	Texte, die durch aktive Sprungmarken bzw. Verweise miteinander verbunden sind.

I

IAB	Internet Achtivities Board. In Internet Engineering Task Force (IETF) und Internet Research Task Force (IRTF) untergliederte zentrale Koordinationsstelle für Internet-Design, Technik und Verwaltung.
Image Map	Grafik, auf der bestimmte Bereiche mit Links hinterlegt sind. Wird in HTML-Dokumenten verwendet.
Information Highway	Das in der Presse gern benutzte Schlagwort verweist auf die zunehmende Globalisierung des Datennetzes. Während heute der größte Teil des Datenverkehrs über Telefonleitungen läuft – und die Analogtechnik der Datenübertragungsrate bisher enge Grenzen setzte –, werden Digitalisierung und die Weiterentwicklung des Glasfaserkabels diese Grenzen sprengen und für leistungsfähigere Datennetze sorgen. Auf der weltumspannenden „Datenautobahn" sollen Informationen in digitaler Form mit Höchstgeschwindigkeit übertragen werden, wobei eine zusätzliche Integration von bereits bestehenden (Tele-)Kommunikationsformen verwirklicht werden soll. Genannt seien etwa „Teleshopping", „Telearbeit", „interaktives Fernsehen", „Video on Demand" und „Printing on Demand".
Inline Ads	(Werbe-)Zusätze innerhalb von Web-Seiten.
Inline-Image	Grafiken, die innerhalb eines Hyperdokuments angezeigt werden.
Interaktives Fernsehen	Das klassische „Angebots-Fernsehen" wird um einen Rückkanal zum Anbieter erweitert, beispielsweise per Kabel oder Telefonleitung und eine Set-Top-Box. Diese ermöglicht es dem Zuschauer, sich jederzeit ein individuelles Programm zusammenzustellen oder individuell in den Programmverlauf einzugreifen oder interaktiv mitzuwirken. In diversen Pilotprojekten wird

das interaktive Fernsehen zur Zeit getestet. Die Finanzierung soll durch Zuschauergebühren und Werbung getragen werden.

Internet Größtes weltweites Datennetz (auf der Basis von TCP/IP-Technologie).

Internet-Draft Vorstufe eines Internet-Standards (Entwurf).

InterNIC International Network Information Center. Von verschiedenen durch die US National Science Foundation (NFS) beauftragten Unternehmen gebildete Institution zur Verwaltung der generischen (nicht-länderorientierten) Top-Level-Domains.

Intranet Abgeschlossenes, meist firmeninternes Netzwerk. Baut auf den Standards des Internets auf, verwendet insbesondere TCP/IP.

INXS Internet Exchange Service. Großer deutscher Peeringknoten in München.

IP Internet-Protocol.

IP-Adresse Jeder Computer im Internet hat eine eindeutige Adresse, bestehend aus vier Zahlengruppen. Anhand dieser Adresse wird erkannt, wo der Computer angeschlossen und wie er erreichbar ist.

IPng IP next Generation.

IP-Nummer Notwendige Zahlenkennung/Adresse für am Internet direkt teilnehmende Computer. Klassisch aus vier Gruppen zu maximal je drei Zahlen.

IR Internet-Registry. Stelle, die die IP-Adressen vergibt bzw. vergeben kann.

IRC Internet Relay Chat. Echtzeit-Kommunikationssystem auf Textbasis: Die Teilnehmer (Chatter) unterhalten sich durch die Eingabe von Sätzen.

ISDN Das integrierte Dienstleistungs-Datennetz (Integrated Services Digital Network) ermöglicht die Digitalisierung der bisher analog erfolgenden Übertragung im Fernsprechnetz. Mit ISDN-tauglichen Geräten wird es möglich, verschiedene Dienste mit einer Geschwindigkeit von 64 kbit/s zu übertragen. Über dieses Datennetz werden verschiedene Telekom-Dienste wie Datenfernübertragung (DFÜ), Telefax oder Telefon abgewickelt. Beim Kunden gibt es nur noch eine Telekommunikations-Steckdose statt wie bisher fünf oder sechs. Die Datendienste sind nur noch durch die jeweilige Software voneinander getrennt. Dank Glasfaserkabel ermöglicht ISDN eine wesentlich höhere Übertragungsleistung bis hin zur Übertragung bewegter Bilder via Telefonnetz.

ISP ISP steht für Internet Service Provider. Damit ist eine Firma oder Institution gemeint, die Server betreibt, um Anbindungen an das Internet zu verkaufen. Dabei betreibt jeder ISP ein Teilnet des Internets. Ein ISP kümmert sich um den reibungslosen Betrieb seines Teilnetzes und dessen Kommunikation mit den anderen Teilnetzen des Internets. Lokale Zugänge zum Internet betreiben normalerweise sog. PoPs, die vielfach ihre Internet-Leistungen von einem größeren ISP beziehen. Große deutsche ISPs sind derzeit Contrib.Net, DFN, ECRC, EUnet, MAZ und NTG/Xlink.

ISO International Standardisation Organisation. Internationale Normierungsorganisation.

J

Java Die neue Programmiersprache für Datennetze der Firma Sun revolutioniert das Internet: Anders als etwa Mac- oder Microsoft-Produkte laufen Java-Anwendungen auf jedem Betriebssystem – ob Windows-PC, Mac oder Unix. Mehr als 3000 Programme liegen heute beispielsweise auf dem Gamelan-Server (http://www.gamelan.com) zum kostenlosen Herunterladen bereit. Durch Java eröffnen sich neue Dimensionen der Visualisierung und der Interaktion zwischen Anwender und Informationsanbieter im Internet.

Bisher waren multimediale Objekte nur mit Hilfe von sogenannten „Plug-Ins" in Web-Seiten zu integrieren. Eine ansprechende Gestaltung mit audiovisuellen Effekten war also bisher ausschließlich Experten überlassen. Seitdem Java seinen Siegeszug angetreten hat, haben auch ungeschulte Nutzer die Möglichkeit, ihre Seiten mit leicht zu programmierenden Applikationen „aufzupeppen": Dazu wird lediglich ein Web-Browser mit JavaScript-Unterstützung benötigt. Die JavaScripts werden direkt in eine HTML-Seite eingebaut und in den Browser geladen; der sonst übliche Kompilierungslauf entfällt.

JPEG JPEG steht für Joint Picture Experts Group. Dabei handelt es sich um ein von einer Expertengruppe erstelltes Kompressionsverfahren für Grafikdateien. JPEG beschränkt sich nicht auf das Packen von Bilddaten nach den üblichen Algorithmen, sondern beinhaltet raffinierte Verfahren, die selektiv einzelne Bildinformationen löschen, ohne dabei den optischen Gesamteindruck zu zerstören. JPEG eignet sich daher gut für die effektive Kompression von Bildern mit Farbübergängen, wie sie z. B. in gescannten Fotografien vorkommen.

K

Kabel-Modem   Gerät zur Benutzung von Fernsehkabelnetzen zur Übertragung digitaler Daten. Die Übertragungsraten sind um ein Vielfaches höher als beim Telefon-Modem (bis zu 10 Mbps).

Kanal   Begriff aus der Kommunikationstechnik, der im Ergebnis einen möglichen Transferweg innerhalb eines Transfermediums bezeichnet.

KByte   Kilobyte. 1 KByte entspricht 1024 Byte.

Knoten   Alle Computer bzw. Stationen, die von einem Datenpaket auf dem Weg vom Server durchs Internet zum Client passiert werden.

Kompression   Die Kompression verringert das Datenvolumen bei gleichem Informationsgehalt. Bei den meisten Verfahren der Kompression in der DFÜ werden die häufigsten Zeichen und Zeichenfolgen mit kurzen Bitfolgen codiert, während die selteneren länger codiert werden. Dies klappt natürlich nur bei Daten, in denen nicht alle Zeichen etwa gleich häufig sind. Dann ergeben sich aber auch Reduzierungen um den Faktor zwei bis drei. Sind die Bytes etwa gleich verteilt, so werden die komprimierten Daten länger als die unkomprimierten. Moderne Verfahren erkennen dies und schalten in diesem Fall die Kompression temporär ab.

Kryptographie   Kryptographie, die Wissenschaft von der Datenverschlüsselung, rückt seit dem Boom des Internets immer stärker in das Zentrum des öffentlichen Interesses. Der offene, unstrukturierte Aufbau des „Netzes der Netze" bringt es mit sich, dass jede abgesandte elektronische Nachricht auf nicht festgelegten, vorhersehbaren Wegen von einem Knoten zum nächsten Verknüpfungspunkt weitergeleitet wird, bevor sie ihren Bestimmungspunkt erreicht. Daraus resultiert die Gefahr, dass jeder, der Zugriffsmöglichkeit auf einen dieser Knoten hat, die Botschaft lesen und auch manipulieren kann.

Unternehmen wie Visa und Mastercard machen den Geldverkehr im Internet durch ein Verschlüsselungsverfahren „hackerfest": Mit den Großen der Computerbranche wie Microsoft, IBM und Netscape einigten sich die Unternehmen auf den gemeinsamen Software-Standard „SET" (Secure Electronic Transaction). Das Verfahren macht die eingetippten Kreditkartennummern im Netz unlesbar für Unbefugte. Der Computer des Anbieters im Internet überträgt die kryptischen Bitfolgen an den Rechner der Kartengesellschaft, der die Daten entschlüsselt und den Betrag verbucht.

Kryptographische Verfahren lassen sich grundsätzlich in die symmetrische und asymmetrische Methode unterscheiden. Beim symmetrischen Verfahren werden für die Chiffrierung und Dechiffrierung von Information die gleichen Schlüssel eingesetzt. Damit dies gelingen kann, müssen sowohl Absender als auch Empfänger diese kennen. Die „asymmetrischen" Verschlüsselungsverfahren (auch „Public Key" genannt) zeichnen sich im Gegensatz dazu dadurch aus, dass zum Ver- und Entschlüsseln zwei unterschiedliche Schlüssel vorgesehen sind. „Public", also öffentlich, kann dabei nur der Schlüssel zum Verschlüsseln gemacht werden; derjenige zum Entschlüsseln muß geheim bleiben. Jeder Benutzer hat also zwei Schlüssel: einen „öffentlichen" und einen „privaten" Schlüssel. Die Verschlüsselungs- und Entschlüsselungsalgorithmen sind aber so angelegt, dass es nur mit dem privaten Schlüssel des Benutzers möglich ist, Daten zu decodieren, die mit dem öffentlichen Schlüssel desselben Nutzers codiert wurden. Umgekehrt können nur solche Daten mit dem öffentlichen Schlüssel decodiert werden, die mit dem dazugehörigen privaten verschlüsselt wurden.

L

LAN Diese Abkürzung steht für Local Area Network. Damit wird ein räumlich begrenztes Netzwerk etwa einer Firma oder einer Abteilung im Gegensatz zum „grenzenlosen" Internet bezeichnet.

LEO Low Earth Orbit (erdnaher Datensatellit).

Link So wird die in einem Hypertext-Dokument markierte Stelle genannt, die auf ein anderes Dokument – auf dem gleichen oder einem anderen WWW-Server – verweist. Per Mausklick „surft" der Online-Nutzer so ungeachtet aller geographischen Entfernungen von einer Fundstelle zur nächsten.

Mit Hypertext wird die klassische Rezeptionsstruktur der (Print-)Medien aufgelöst und dem assoziativen Denken des Menschen angepaßt. Ein Buch wird im Regelfall von vorne nach hinten gelesen, es hat eine lineare Struktur. Wenn man jedoch im Text beispielsweise auf ein unbekanntes Wort stößt und Klärungsbedarf besteht, muß man die lineare Struktur verlassen, um entweder im Glossar (falls vorhanden) nachzuschlagen oder um ein anderes Buch zu finden, das die offenen Fragen beantwortet.

Hypertext versucht nun, dieser Denkweise durch das Einfügen von „Verbindungen" – besagten Links – gerecht zu werden. Das Anwählen der Hyperlinks führt zu einem anderen Dokument, das wiederum Verweise auf andere Fundstellen enthalten kann, und so fort.

Linux Unix-ähnliches Betriebssystem, das selbst als Shareware erhältlich ist und für das es zahlreiche Shareware- und Freewareprogramme gibt. Einige Server im Internet laufen unter Linux.

LiveAudio LiveAudio ist ein im Internet verbreitetes Dateiformat, das das Abspielen von Audio-Streams (Tonfolgen) während der Downloads ermöglicht.

Logfiles

Die Protokolldateien, in denen das Betriebssystem vermerkt, was auf dem jeweiligen Rechner geschieht, werden Logfiles genannt. Je nach Konfiguration des Systems werden beispielsweise folgende Ereignisse protokolliert: das Ein- und Ausloggen der Nutzer, das Auftreten von Fehlern, die Art und Anzahl der Netzzugriffe oder der User-Befehle an den Computer. Logfiles müssen regelmäßig gelöscht werden, da sie viel Platz auf der Festplatte beanspruchen.

Logfiles sind die ersten Spuren, die Hacker nach dem erfolgreichen Eindringen in ein fremdes Rechnersystem zu verwischen suchen, damit der Systemoperator später ihre Aktivitäten nicht verfolgen kann.

Login

Der Vorgang, mit dem sich ein User in einem Mehrbenutzersystem anmeldet, heißt „Login". Im Rahmen der Anmeldung gibt der Nutzer u. a. seine Benutzerkennung und sein Passwort ein.

M

MAE

MAE/East Metropolitan Area Ethernet. (Erstes Peering in den USA, Washington D. C.)

Mailbox

Eine Mailbox ist im engeren Sinne eine Datei, in der ein Rechner elektronische Mails für einen bestimmten Benutzer bereithält, bis dieser sie abholt und liest. Im weiteren Sinne wird als Mailbox ein Rechner bezeichnet, der ausschließlich den Zweck erfüllt, für mehrere Benutzer E-Mails zu empfangen und zu versenden. Meistens werden solche Mailboxen von privaten Betreibern angeboten, wobei der Zugang über das örtliche Telefonnetz via Modem erfolgt.

Mailer

Als Mailer wird allgemein ein Programm zum Versenden von Mails bezeichnet. Der Mailer sorgt für eine automatische Verteilung der Nachrichten an die Empfänger.

Mailing Lists

Mailinglisten ermöglichen Internet-Nutzern mit gleichen Interessen den Informationsaustausch via E-Mail. Andere Bezeichnungen für Mailinglisten sind auch „Diskussionslisten" oder „Listserver". Es gibt Mailinglisten zu allen denkbaren Themen: vom wissenschaftlichen Bereich bis hin zum Hobby- und Freizeitbereich.

Das Funktionsprinzip von Mailinglisten ist denkbar einfach: Interessierte schließen sich einer solchen Liste an (man abonniert oder „subscribet" sie) und erhalten künftig alle Mitteilungen, die an die Abonnenten dieser Liste gerichtet sind, also die Diskussionsbeiträge der anderen Abonnenten. Umgekehrt kann man selbst ebenfalls Mitteilungen an alle Teilnehmer des Listservers verbreiten.

Die technische Realisierung dieser Funktionen übernimmt ein Programm (am verbreitetsten sind die Programme „listserv" und „majordomo"), das einerseits die An- und Abmeldungen der Teilnehmer via E-Mail entgegennimmt und andererseits die Diskussionsbeiträge an alle Abonnenten wiederum via E-Mail verteilt. Deshalb gibt es für jede Mailingliste auch zwei unterschiedliche Adressen: eine sogenannte „Verwaltungsadresse" und die Adresse der Liste selbst. An die Verwaltungsadresse wird die An- oder Abmeldung geschickt; an die Listenadresse werden nur die Mitteilungen geschickt, die an alle Abonnenten verbreitet werden sollen.

Majordomo — Software zur Verwaltung von Mailing-Listen.

MBONE — Multicast Backbone. Teilnetz des Internets zur Übertragung von Videokonferenzen bzw. Multimedia-Rundsendungsraten.

MByte — Megabyte. 1 MByte entspricht 1024 Kilobyte.

MD5 — Message Digest 5 von Ron Rivest. Algorithmus zur gezielten und reproduzierbaren „Zerhackung" eines Datenbestandes zu einem „Hashcode" von 16 Zeichen Länge (128 Bit). Eine Ableitbarkeit der Originaldaten aus dem Hashcode ist sehr unwahrscheinlich. Einsatz u. a. in digitalen Unterschriften.

MIME — Die „Multimedia Internet Mail Extension" ist eine Spezifikation für die Übertragung von E-Mails, wenn die zu übermittelnden Daten nicht nur reinen Text enthalten. MIME wird insbesondere für Attachments, also das Anhängen von Dateien an die E-Mails, verwendet.

Modem — Ein Modulator/Demodulator kann die digitalen Signale eines Computers in analoge Signale umwandeln (Modulation), die dann über das analog funktionierende Telefonnetz übertragen werden können. Das empfangende Modem wiederum wandelt die analogen Signale in digitale um (Demodulation).

MP3 — Format zur Datenkompression von Musik im Internet. Innerhalb kurzer Zeit lassen sich Musiktitel aus dem Internet herunter- und in einen MP3-Player hineinladen.

Multicast — Versand an mehrere definierte Empfänger bzw. eine Gruppe.

Multimedia — Integration und Präsentation verschiedener Informationsdarstellungsformen wie Text, Bild, Sprache, Ton und Video. Im Offline-Bereich werden Multimedia-Produktionen meist auf CD-ROM gespeichert. Im Internet gibt es gegenwärtig noch ein eingeschränktes Multimedia-Angebot.

Multiplexing — Technik der logischen Vervielfältigung von Datenkanälen.

N

Name-Server — Auch DNS-Server genannt. Enthält Listen, in denen jedem Domain-Namen die entsprechende IP-Adresse zugeordnet wird.

Navigatoren — Andere Bezeichnung für Browser.

Netiquette — Die „Benimmregeln des Internets" definieren „korrekte" Verhaltensweisen im Netz der Netze. Das Kunstwort Netiquette setzt sich aus „Network" und „Etiquette" zusammen. Diese Regeln sind vor dem Hintergrund zu sehen, dass die Leitungen, über die Bits und Bytes geschickt werden, für alle User da sind und die vorhandene Kapazität nicht unendlich groß ist. Sie sollten daher überlegt genutzt werden.

Die schonende Nutzung der Ressourcen im Interesse aller und der partnerschaftliche Umgang mit anderen Online-Usern ist in einem Satz zusammengefasst der Gegenstand des „Netz-Knigge". Eine deutsche Netiquetten-Übersetzung wird regelmäßig in der Newsgroup „de.newusers" in aktualisierter Fassung veröffentlicht oder ist unter der Adresse http://www.chemie.fu-berlin.de/outerspace/netnews/netiquette.html zu finden.

Net-PC — Moderneres Konzept eines abgemagerten Personal-Computers (u. a. ohne Festplatte), der seine Arbeitsdaten allein aus einem Computernetz bezieht.

News — Öffentliche Nachrichten in einem Netz werden als News bezeichnet. In vielen Netzen werden News auch als Mails bezeichnet, was wiederum im Internet für persönliche Nachrichten steht. Dies führt bei netzübergreifenden Diskussionen nicht selten zu Begriffsverwirrungen.

Newsgroups — Das sogenannte „Usenet" ist eines der ältesten Dienste im Internet und besteht aus Tausenden einzelner „Newsgroups". Jede Newsgroup ist eine Art Schwarzes Brett für ein bestimmtes Thema; dort kann jeder Online-Nutzer eigene Beiträge ablegen und die Mitteilungen anderer User lesen.

Hervorgegangen ist das System aus den sogenannten „Usenet News", die sich zunächst unabhängig vom Internet entwickelt haben. Das Usenet war ursprünglich ein System von mehreren tausend Rechnern, die die Beiträge der Teilnehmer zu den einzelnen Diskussionsforen untereinander austauschten. Heute wird zwar der größte Teil des Datentransfers über das Internet abgewickelt, dennoch sind aber auch weiterhin Rechner außerhalb des Internets sowie private Mailboxnetze angebunden.

Das Newssystem besteht aus einer Vielzahl einzelner Foren, den Newsgroups. Die Gesamtzahl aller weltweit existierenden Newsgroups liegt bei weit über 10.000, der überwiegende Teil davon in englischer Sprache. Die Inhalte der einzelnen Newsgroups erkennt man an deren Namen: „de.soc.-familie" ist beispielsweise eine deutschsprachige Gruppe aus dem Bereich

Gesellschaft („soc" = society/sociology), in der Diskussionen und Informationen über den Themenkomplex „Familie" zu finden sind. Viele weitere Kürzel erleichtern das Entschlüsseln und auch das Auffinden einer bestimmten Newsgroup. Zu den wichtigsten zählen:

alt:	Alternatives bis Skurriles
comp:	Computer und was im weitesten Sinn dazu gehört
misc:	Vermischtes (miscelleanous)
rec:	Freizeit, Hobby, Unterhaltung und Spiele (recreation)
sci:	Wissenschaft (science)
talk:	Politik, Weltanschauung und ähnliche Themen

Es wird keine spezielle Software benötigt, um das Usenet zu nutzen: Alle gängigen WWW-Browser integrieren diesen Dienst. Der Surfer braucht nur die richtige Adresse seiner Gruppe, und schon hat er den aktuellen Informationsstand auf dem Bildschirm.

NIC Network Information Center (lediglich Gattungsbegriff).

NNTP Das „Network News Transfer Protocol" ist das im Usenet benutzte Datenprotokoll zur Verbreitung der Newsgroup-Meldungen.

O

OLE Object Linking and Embedding (dt.: Objektverbindung und -einbettung). Mithilfe des Dienstprogrammes OLE lassen sich Dokumente miteinander verknüpfen, sodass Änderungen an einem Dokument automatisch auch auf die verknüpften Dokumente übertragen werden.

Online So wird der Zustand der (temporär oder dauerhaft bestehenden) Verbindung zwischen dem Client-PC und dem Einwählrechner eines Online-Anbieters bezeichnet. Der Aufbau der Verbindung erfolgt via Modem oder ISDN.

Online-Banking (Home-Banking) Das Online- oder Home-Banking ermöglicht es dem Bankkunden, via T-Online, anderen Online-Diensten oder im World Wide Web seine persönlichen Bankgeschäfte am PC abzuwickeln. Die Banken forcieren aus Kosten- und Rationalisierungsgründen das Online-Banking und locken Kunden mit einer kostengünstigen Kontoführung. Da diese ihre Aufträge direkt an den Großrechner der Bank weiterleiten, entfällt für die Bank das aufwendige Bearbeiten von Belegen.

Das Risiko – gerade im Internet –, beim Übermitteln sensibler Daten von Hackern „abgehört" zu werden, ist jedoch nach wie vor erheblich. Deshalb sind als Grundvoraussetzungen für die Teilnahme am Home-Banking aus Sicherheitsgründen neben einem privaten Online-Anschluss auch ein persönliches Passwort für den Zugang zum Bankrechner, die sogenannte PIN (persönliche Identifikationsnummer), sowie eine Liste mit meist 50 sechsstelligen Zahlencodes, den TANs (Transaktionsnummern), erforderlich.

Online-Dienste

Die Verschmelzung von Online-Diensten wie T-Online, CompuServe, MSN oder AOL mit dem Internet wird immer deutlicher. Alle kommerziellen Online-Dienste öffnen ihren Mitgliedern den Zugang zum „Netz der Netze". Außerdem offerieren sie ihren Kunden ein ausgewähltes und überschaubares Online-Angebot, dessen Nutzung jedoch kostenpflichtig ist. So hat AOL diverse Foren zu allen möglichen Themenbereichen oder T-Online die meisten Online-Banken im Angebot.

Online-Shopping

Das virtuelle Einkaufen inklusive Begleichen der Rechnungen mit Cyber-Cash stellt einen der Wachstumsbereiche in der kommerziellen Nutzung des Internets dar. Egal ob Quelle, Neckermann oder Otto: Alle großen Versandhäuser sind mittlerweile im WWW zu finden. Daneben gibt es auch noch „virtuelle Einkaufszentren" wie „My World" (Karstadt), in denen verschiedene Firmen auf einen Server zusammengefasst sind und ein umfangreiches Angebot für den Surfer bereithalten.

Operating System (OS)

So lautet die englische Bezeichnung für das Betriebssystem eines Computers. Das Operating System ist ein Programm, das installiert sein muss, damit man mit einem Rechner überhaupt arbeiten und z. B. andere (Anwendungs-)Programme starten kann. Weit verbreitete Betriebssysteme sind Windows, DOS, Macintosh oder UNIX.

P

PAD

Packet Assembly/Disassembly Facility. Gerät und Schnittstelle zur Anpassung von Datenströmen zu und aus paketvermittelten Netzen.

Page

Bezeichnung für ein Angebot im WWW bzw. den Inhalt eines Hypertextdokuments im WWW, so wie es von einem Browser, z. B. Netscape, dargestellt wird.

Page Views

Maßzahl für die Nachfragehäufigkeit in Hinsicht auf ein Online-Angebot (Seitenaufrufe).

Peering

Vereinfachter Datentransport von Providern im Internet auf Gegenseitigkeitsbasis.

Peripherie	Zur Peripherie eines Computers zählen alle Zusatzgeräte und -komponenten, die nicht unmittelbar zur eigentlichen Recheneinheit gehören. Dazu gehören beispielsweise Drucker, Modem, Tastatur, Scanner oder Disketten- bzw. CD-ROM-Laufwerk.
PEM	Privacy Enhanced Mail. Standardverfahren zur Verschlüsselung und Authentifizierung von Nachrichten.
Perl	Programmiersprache, in der viele CGI-Scripts geschrieben werden.
PICS	Die Platform for Internet Content Selection ist ein von amerikanischen Wissenschaftlern entwickeltes Kennzeichnungssystem, das den Verkehr auf der Datenautobahn regeln soll. Die Forscher des Massachusetts Institute of Technology (MIT) haben eine Art „elektronisches Siegel" entwickelt, mit dem sich Internet-Angebote klassifizieren lassen.

Das System beruht auf einem Bewertungssystem, ähnlich wie es in der Film- und Videobranche bereits seit längerem verbreitet ist. Das „Siegel", mit dem die WWW-Seiten versehen werden sollen, enthält nicht nur eine Altersfreigabe, sondern klassifiziert im Detail auch deren Inhalt. Das elektronische Label wird nicht zentral vergeben, sondern kann vom Anbieter, von staatlichen Organisationen oder Kirchen erteilt werden. |
PIN	Personal Identification Number. Persönlicher Zuordnungscode für Zahlungsvorgänge.
Plug-ins	Kleine Software-Module, die Browser-Programme wie beispielsweise den Netscape Navigator durch Zusatzfunktionen erweitern, heißen Plug-ins. Nur mit ihnen lassen sich die Multimedia-Fähigkeiten des World Wide Web vollständig nutzen.
Point-to-Point Protocol (PPP)	Das Internet ist seiner Struktur nach ein Netz von Netzwerken und eigentlich nicht dafür gedacht, einzelne Computer anzuschließen. Das Point-to-Point Protocol (PPP) verschafft Online-Nutzern dennoch Zugang: Es dient dazu, Rechner über Modem- oder ISDN-Verbindungen mit anderen Rechnern so zu verbinden, dass diese zur Übertragung von Daten nach TCP/IP, dem Internet-Protokoll, genutzt werden können. Ein einzelner Rechner kann so mittels PPP eine Internetverbindung zu einem anderen Rechner bekommen, der schon eine Verbindung zum Internet hat. Die Verbindung wird also „von Punkt zu Punkt" aufgebaut.
POP	Das POP (Post Office Protocol) dient der Kommunikation mit dem elektronischen „Postamt" im E-Mail-Verkehr. Es ist ein technisches Protokoll für den Datenaustausch und die Steuerung zwischen Mail-Server und Client beim Benutzer.
PoP	PoP ist die Abkürzung für Point of Presence. Damit bezeichnet man die Zweigstellen eines ISPs, die ihn vor Ort vertreten. Je nach ISP können die PoPs Tochterfirmen oder unabhängige Wiederverkäufer sein. Technisch betreiben PoPs in der Regel neben dem Einwahl-Modem auch WWW-, FTP-, E-Mail- und Nameserver.

Presence Provider Das sind Dienstleister, die Unternehmensauftritte im WWW realisieren, also eine Firma, deren Produkte und Mitarbeiter auf einer Homepage mit eigener Domain präsentieren.

Pretty Good Privacy (PGP) Dieses Verschlüsselungsverfahren, das von dem amerikanischen Programmierer Phil Zimmermann entwickelt wurde, verwendet eine modifizierte Variante der RSA-Kodierung. Zunächst berechnet PGP eine Prüfsumme für das Dokument nach dem sog. MD5-Verfahren. Anschließend chiffriert der Absender sein Dokument nach dem RSA-Schlüssel. PGP gilt als das zur Zeit sicherste kryptographische Verfahren, um elektronische Post vor ungebetenen „Mitlesern" zu schützen.

Protokoll Kurz für Übertragungsprotokoll (Sätze von Übertragungsregeln für den technischen und logischen Datenaustausch).

Provider siehe Anbieter

Proxy Ein Proxy-Server dient im World Wide Web als „Zwischenstation" auf dem Weg vom Client zum eigentlichen WWW-Server. Der Client fordert ein Dokument in dieser Konfiguration nicht unmittelbar vom Ursprungsserver an, sondern wendet sich an den Proxy. Dieser „besorgt" das Dokument und leitet es an den Client weiter. Der Proxy tritt gegenüber dem Client als Server auf; gegenüber dem Ursprungsserver fungiert er seinerseits als Client.

Provider setzen Proxies häufig ein, um die aus dem Internet geladenen Daten ihrer Kunden zwischenzuspeichern, damit sie bei einem erneuten Zugriff nicht noch einmal komplett neu geladen werden müssen. Firmen setzen Proxy-Server häufig als Firewall ein, um den Datenfluss in die Firma hinein und aus der Firma heraus besser kontrollieren zu können.

R

RealAudio RealAudio ist ein technischer Standard der Firma Progressive Networks, der es erlaubt, Audiodaten (Ton) in Echtzeit via Internet zu übertragen.

RFC Dieses Kürzel steht für „Request for Comments". Dabei handelt es sich um einen unverbindlichen Vorschlag eines Gremiums von Internet-Teilnehmern, der sich in der Regel auf eine beabsichtigte Standardisierung oder Normierung eines neuen oder weiterentwickelten Verfahrens wie beispielsweise eines Protokolls bezieht und der mit der Einladung zu Kommentaren und Stellungnahmen versehen ist. Nach Ablauf einer Frist und angemessener Berücksichtigung eingegangener Kommentare wird dann ein gegebenenfalls modifiziertes RFC für verbindlich erklärt.

RIPE	Réseaux IP Européens ist ein Zusammenschluß europäischer Internet-Provider.
Roaming	Provider-Dienstleistung, die es dem Nutzer ermöglicht, von mehreren Einwahlpunkten aus seinen Zugang zu erreichen.
Router	Unter einem Router versteht man die Hard- und Software eines Computers, die es technisch möglich macht, unterschiedliche Datennetze miteinander zu verbinden.
Routing	Das Zuordnen/Transportieren von Daten innerhalb eines Netzes. Auch die Tätigkeit von Routern wird manchmal so genannt.
RSA	Nach seinen Erfindern Fivest Shamir Adleman benanntes verbreitetes asymmetrisches Verschlüsselungsverfahren.
RTP	Realtime Transport Protocol; Entwicklung zur Übertragung von Echtzeit-Daten (Telefonie, Videokonferenzen).

S

Search Engine (dt.: Suchmaschine)

Im Internet gibt es alles – nur kein Inhaltsverzeichnis. Suchmaschinen (auch Robot Machine oder Web Crawler genannt) verfügen über eine spezielle Software, die es dem orientierungslosen Surfer schnell erlaubt, das Netz nach seinen vorgegebenen Stichworten und Suchkriterien zu durchkämmen.

Dabei kann man grob zwischen redaktionell gepflegten und betreuten Suchmaschinen wie beispielsweise „www.web.de" oder Search Engines wie „Altavista" und „Yahoo!" unterscheiden, die lediglich „Agenten" über die angemeldeten Websites schicken, um diese mehr oder weniger sinnvoll zu katalogisieren. Moderne Search Engines haben mehrere Millionen Begriffe indiziert.

Server

Als Server wird ein Rechner bezeichnet, der im Netz Leistungen zur Verfügung stellt, also beispielsweise Dateien speichert und auf Anfrage an die Clients weitergibt oder spezielle Aufgaben wie z. B. die E-Mail-Verwaltung erledigt. Clients können andere Rechner oder Programme sein, die die Leistungen des Servers anfordern.

In Netzwerken von Firmen fungieren leistungsstarke Rechner mit Hilfe spezieller Server-Software als zentrale Schaltstellen. Ihre Daten und Programme stellen sie den angeschlossenen Clients, also den einzelnen PC-Arbeitsplätzen zur Verfügung.

SET

Secure Electronic Transaction. Standard zum sicheren und identifizierbaren Datenverkehr über das Internet.

SGML

Die Standard Generalized Markup Language ist der medienneutrale Überbegriff von Strukturierungssprachen wie z. B. HTML. Das daten- und medienneutrale Erfassen von Texten in SGML ermöglicht deren technische Umsetzung in Print-, Online- oder Offline-Medien, also z. B. in ein Buch, in ein Internet-Dokument oder auf CD-ROM. Die Mehrfachverwertung von Datenstämmen stellt insbesondere Verlage vor ganz neue technische, aber auch rechtliche Fragestellungen.

Shareware

Shareware-Programme sind solche Programme, die man vor dem Kauf für eine bestimmte Zeit auf dem heimischen PC ausprobieren kann. Die Probefrist beträgt meist 30 Tage. Danach müssen diese Programme entweder gelöscht werden, oder der Kunde muss eine Registriergebühr an den Hersteller entrichten, nach deren Bezahlung das Programm dann meist um weitere Elemente ergänzt wird.

Signature

Mit Signature wird die persönliche „Unterschrift" unter einem Dokument bezeichnet. Bei einer E-Mail spricht man auch von „Mail Signature". Diese „Unterschrift" kann die Absenderadresse oder aber auch ein kurzes Zitat, eine Erkenntnis, ein Aufruf sein. Manche Signatures sind richtige kleine Kunstwerke. Es gibt auch E-Mail-Absender, die ihre Signature täglich wechseln. Die Mail Signature erfüllt einen rein kulturellen Zweck und darf keineswegs mit der elektronischen Unterschrift (Digital Signature) verwechselt werden, die die Echtheit eines Dokuments und dessen Absenders garantiert.

Site

Eine Site (auf deutsch „Platz" oder „Landschaft") ist ein WWW-Angebot, das aus einer Homepage und mehreren Webpages besteht. Websites werden wegen ihrer laufenden Aktualisierungen auch als „Online-Baustellen" bezeichnet.

Smiley

Die Emoticons stellen eine eigene Sprache und liebenswerte Eigenheit der Internet-Gemeinde dar. Laut Wall Street Journal tauchten die ersten aus ASCII-Zeichen zusammengesetzten Smileys in den achtziger Jahren auf. Ein Emoticon (Kunstwort aus „emotion" und „icon") dient dazu, die Gefühlslage des Schreibers zu verdeutlichen beziehungsweise die subtile Ironie oder Komik einer Message zu unterstreichen.

Wahlweise das Drehen des Kopfes oder des Monitors nach links erleichtern dem Anfänger das Identifizieren der Smileys. Nachfolgend einige oft anzutreffende Exemplare:

Smiley	Bedeutung
:-)	lachen, positive Gefühlslage
:-(	dito für pessimistische Zeitgenossen
:-o	überrascht, perplex
:-I	nachdenkliche Grundhaltung
;-)	mitschwingende Ironie oder Sarkasmus
:-\	unentschlossene Haltung

SMTP Das Übertragungsprotokoll SMTP (Simple Mail Transfer Protocol) dient der Steuerung des Mailservers und der Übertragung von E-Mails an den Server. Ein SMTP-Server ist eine Art „elektronischer Postbote" für den Versand. Für das Abholen der E-Mails wird das Protokoll POP eingesetzt.

Snail-Mail So lautet die etwas abfällige Bezeichnung eingeschworener E-Mail-Nutzer gegenüber der herkömmlichen Post; auf deutsch: Schneckenpost.

Spam Mails / Spamming Bezeichnung für in Massen versandte E-Mails, die von den Empfängern nicht angefordert wurden, z. B. Werbebriefe.

SQL Secured Query Language, eine standardisierte Datenbank-Abfragesprache.

SSL Secure Socket Layer, ein Verschlüsselungsstandard, der die sichere Übermittlung von Daten über das Internet ermöglicht. Web-Server, bei denen SSL verwendet werden kann, werden per SHTTP (Secure HTTP) angesprochen.

Store-and-Forward Store-and-Forward bedeutet, dass Nachrichten oder Daten auf einem Rechner zwischengelagert und zu bestimmten Zeiten abgeholt werden können. So werden die Kosten für teure Standleitungen gespart.

Subdomain Namensbereich unterhalb einer definierten Domain.

Suchmaschine / Search-Engine Dienst im World Wide Web, mit dessen Hilfe Web-Seiten nach Stichwörtern durchsucht werden können. Viele Suchmaschinen durchforsten permanent das WWW und merken sich stichwortartige Inhalte der Seiten.

Symmetrische Verschlüsselung Verschlüsselungsverfahren, bei dem für Verschlüsselung und Entschlüsselung der Daten der gleiche Schlüssel verwendet wird.

SysOp System Operator. Der Betreuer eines Computers, Servers oder Netzwerks (auch Administrator oder Supervisor).

T

TAN Transaction Number. Einmaliger sichernder Zuordnungscode für Zahlungsaktionen.

TCP/IP Transmission Control Protocol/Internet Protocol (RFC 793/791). Standard der Datenversandtechnik im Internet. TCP/IP steht für einen Satz (Suite) verschiedener Datenübertragungsprotokolle, wobei TCP und IP die tragende Rolle zukommt.

TCP/IP

In Datenpakete zerlegt schickt das TCP (Transmission Control Protocol) die Dateien ins Netz. Den Weg finden sie mithilfe der individuellen IP(Internet Protocol)-Adresse des Zielcomputers. Dort setzt TCP die Daten wieder automatisch zusammen. Das Transmission Control Protocol enthält kurzgefasst eine Sammlung von Regeln zur Datenübertragung im Internet.

Telearbeit

Deutscher Pionier in Sachen Telearbeit ist die Stuttgarter IBM-Zentrale. In den USA sind bereits rund neun Millionen Menschen per Datenleitung mit ihrer Firma verbunden. In Deutschland will Forschungs- und Zukunftsminister Rüttgers mit dem Aktionsprogramm „Telearbeit" bis zum Jahr 2000 die Zahl der Telearbeitsplätze von derzeit 30.000 auf 800.000 steigern.

Telnet

Telnet ist einer der ältesten Internetdienste, denn es wurde bereits 1969 implementiert. Es dient zum „remote login" auf entfernten Rechnern, also zur „Fernbedienung" eines Rechners über ein Netzwerk, so als würde man am Rechner selbst arbeiten.

Telnet ist textorientiert, es werden nur Zeichen übertragen. Auch dieser Dienst basiert auf einer Client-Server-Anwendung: Auf der Seite des Benutzers wird ein Telnet-Clientprogramm benötigt, und auf der Serverseite muss ein entsprechendes Programm laufen, das auf Verbindungswünsche reagiert und ggf. die Zugangsberechtigung kontrolliert.

Während einer Telnet-Sitzung kann man die Software und andere Ressourcen (Daten, Peripheriegeräte, Netzanbindung) eines Rechners nutzen, ohne selbst an diesem sitzen zu müssen. Von einem PC mit Telnet-Client-Software kann man also beispielsweise Verbindung zu einem Unix-Rechner aufnehmen und dort vorhandene Programme nutzen. Auf diese Art und Weise wird selbst ein einfacher PC dank Telnet zu einem Hochleistungsrechner.

T-Online

Online-Dienst der Deutschen Telekom AG mit Gateway zum Internet.

Top-Level-Domain (TLD)

Maximal dreistellige Endung von Domain-Namen, die Aufschluss über das Operationsgebiet des Anbieters gibt.

Traceroute

Internet-Programm zum Protokollieren der Datenroute von versandten Nachrichten.

Transfervolumen

So wird die Datenmenge bezeichnet, die über eine Leitung, etwa von oder zu einem Web-Server, übertragen wird. Im Regelfall erfolgt die Angabe des Transfervolumens für den Zeitraum von einem Monat.

Trojanisches Pferd

So wird in EDV-Fachkreisen jede Art von Mechanismus bezeichnet, der einem Unbefugten das Eindringen in ein Computersystem erlaubt. Meist wird dies durch die Manipulation bzw. Modifikation eines bestehenden Programms erreicht oder durch die unbemerkte Installation eines Fremdprogramms auf dem Rechner, der unerlaubterweise „angezapft" werden soll.

U

Uniform Resource Locator (URL)

Das Adressierungssystem für das Internet beschreibt, wo sich eine gesuchte Information befindet. Der Uniform Resource Locator enthält den Internet-Namen des Rechners wie beispielsweise „http://www.kognos.de". Die drei „w" signalisieren, dass es sich um ein Web-Dokument handelt; http bezeichnet das verwendete Protokoll.

Protokoll	Beschreibung
http:	World-Wide-Web-Protokoll: Ein HTTP-Server wird angesprochen.
file:	Eine Web-Seite wird geladen, dabei enthält der Pfad aber keine Web-Adresse, sondern einen Dateinamen im lokalen Dateiensystem.
ftp:	File Transfer Protokoll: Ein FTP-Server wird angesprochen.
mailto:	Internet-Mail-Protokoll: Eine E-Mail wird an den angegebenen Empfänger geschickt.
news:	Internet-News-Protokoll: Beiträge einer Newsgroup werden geladen.

Unix

Bei Bell Laboratories entwickeltes sehr verbreitetes Multi-User-Programm-Betriebssystem mit integrierter Netzwerktauglichkeit. Die meisten großen Server-Rechner laufen unter dem Betriebssystem Unix; daher wird es auch im Volksmund als das „Betriebssystem des Internets" bezeichnet. Tatsächlich gibt es im Internet unterschiedliche Betriebssysteme.

Upload

Unter Upload versteht man das „Hinaufladen" einer Datei, also die Übertragung einer Datei von einem Rechner (dem „Client") auf einen Server im Internet. Zu diesem Zweck ist eigentlich das File Transfer Protocol (FTP) gedacht. Da jedoch das WWW-Protokoll HTTP unter anderem die Funktionalität von FTP umfasst, ist der Upload einer Datei entweder von einem FTP-Server oder von einem HTTP-Server aus möglich. Zum Upload, also dem schreibenden Zugriff auf einen Server, ist aber in den meisten Fällen eine Berechtigung (in Form von Benutzername und Passwort) erforderlich.

URL

Uniform Resource Locator. Bezeichnet die eindeutige Adresse eines Computers im Internet zusammen mit der dort angegebenen Information und dem zu verwendenden Übertragungsstandard.

Usenet

Mit Usenet wird das Netzwerk mit Diskussionsforum im Internet mit Newsgroups zu den verschiedensten Themen bezeichnet.

V

Verschlüsselung

Codieren eines Textes, um Unbefugten den Zugriff so weit nur möglich zu erschweren. Im WWW existieren zur Sicherheit Protokolle wie das „Secure Transmission Protocol", um eine gesicherte Verbindung aufzubauen. Der Browser warnt vor ungesicherten Verbindungen zu einem anderen Rechner über das Internet, zum Beispiel wenn Kreditkartendaten übertragen werden.

Viren

Diese folgenreichen Programme landen schnell, meist hinter harmlosen Dateien verborgen, beim Downloading aus dem Netz auf der Festplatte des PC und können den gesamten Datenbestand auf diesem Rechner vernichten. Viren-Schutzprogramme wie zum Beispiel „WebScan" von McAfee reduzieren die Gefahr einer Viren-Infektion.

Virtual Reality Modelling Language (VRML)

Neue Dimensionen im World Wide Web erschließt VRML (Virtual Reality Modelling Language). Hierbei handelt es sich um eine Sprache zur Beschreibung von virtuellen Szenerien und dreidimensionalen Animationen im WWW.

Der Benutzer kann sich mit einem VRML-fähigen WWW-Client oder einem VRML-Viewer durch diese Szenen bewegen. Durch selektierbare Objekte ist auch der Wechsel zu anderen virtuellen Szenarien möglich. Produkte oder Modelle lassen sich einfach per Mausklick von allen Seiten betrachten.

Visits

Die Anzahl der „Besuche" auf einem Web-Server sagt viel über den Informationsgehalt bzw. die Attraktivität einer Website aus. Seiten mit vielen „Gästen", wie etwa die Homepage vielgenutzter Search Engines (Bsp.: Netguide oder Altavista), sind deshalb auch begehrte „Werbeflächen" für Unternehmen, die ihr Glück mit Marketing via Internet versuchen.

W

WAIS

Der Wide Area Information Server ist ein System zur Volltextrecherche in großen Datenbeständen. Zweck der Entwicklung war die Recherche in natürlicher Sprache ohne Kenntnis von speziellen Retrievalsystemen oder -codes. Die WAIS-Architektur besteht aus vier Elementen: aus Indexierungsprogrammen, dem WAIS-Server, den WAIS-Clients und einem Protokoll für den Datenaustausch zwischen Client und Server.

Für den Benutzer lässt WAIS die Eingabe der Suchanfrage in natürlicher Sprache zu. Der Client extrahiert daraus Suchbegriffe und überträgt sie an den oder die ausgewählten Server. Auf der Anbieterseite werden WAIS-Server und Indexierungsprogramme eingesetzt. Diese Software ist zum einen für die Aufbereitung der Daten für das Retrieval zuständig, zum anderen für die Ausführung der vom Client gestellten Anfragen und die Rücksendung der Ergebnisse.

Vor allem in den USA werden nach diesem System große Datenbankbestände aufbereitet und via Internet verfügbar gemacht. Viele Forschungseinrichtungen betreiben WAIS-Server, um Datenbanken – vor allem im wissenschaftlichen Bereich – der Öffentlichkeit zur Verfügung zu stellen. Prinzipiell kann mit dem WAIS-System aber jede Datensammlung indexiert und bereitgestellt werden, wie z. B. Bibliothekskataloge.

WAN Wide Area Network

Oft als Gegensatz zu LAN gebraucht. Das WAN deckt eine größere Fläche ab. Oft verbindet es mehrere LANs über größere Entfernungen.

Website

Unter Website versteht man üblicherweise das zusammenhängende Angebot von Hypertextdokumenten (Pages) eines Informationsanbieters. Das dürfte sich mit dem Begriff der Homepage weitgehend decken.

World Wide Web (WWW)

Eine neue Zeitrechnung im „Netz der Netze" läutete 1993 der jüngste Dienst des Internets, das World Wide Web, ein. Das einfach zu bedienende und multimedial-bunte Web verdrängte die anderen, komplizierter zu handhabenden Programme wie „Gopher" oder „Archie". World Wide Web bedeutet soviel wie „weltweites Gespinst": Dieser Begriff gibt den Umfang und die Struktur des WWW zutreffend wieder.

Trockener ausgedrückt ist das WWW ein weltweit verteiltes multimediales Hypertext-System aus Texten, Tönen sowie stehenden und bewegten Bildern, die auf einer Vielzahl von Rechnern rund um die Welt gespeichert und durch das Hypertext- bzw. Hypermedia-Prinzip miteinander verknüpft sind.

Die Anfänge des WWW liegen im Europäischen Kernforschungszentrum CERN in Genf mit einem Projektvorschlag zur Verbesserung der Kommunikation unter Wissenschaftlern. Es dauerte noch vier Jahre, bis brauchbare Software zur Verfügung stand, um das WWW aufzubauen. Doch der Erfolg setzte um so rasanter ein: Während das Internet Wachstumsraten von über hundert Prozent jährlich aufweist, kommt das WWW auf über tausend Prozent!

Technisch wird das WWW durch Server realisiert, die Daten bereitstellen, und Anwender, die diese Daten mit entsprechenden Programmen, den Browsern, abrufen. Trotz der Bezeichnung „Web" ist das WWW kein eigenes Netz wie das Internet, vielmehr wird das Internet als Übertragungsmedium für die WWW-Daten genutzt.

Diese Daten können entweder vom gleichen Server stammen oder von irgendeinem anderen der vielen tausend WWW-Server auf der ganzen Welt. Millionen von HTML-Dokumenten sind durch Hyperlinks „vernetzt", sodass man sich in Sekunden von der WWW-Startseite eines deutschen Providers über ein WWW-Verzeichnis zu einem Server in Australien, von dort weiter nach Japan, Kanada oder Israel hangeln kann.

Dank HTTP, HTML und URL entstand also eine völlig neue, revolutionäre Art der Strukturierung von Daten im Internet. Zusätzliche Faszination übt das World Wide Web durch die Integration von Graphiken, aber auch durch eingebundene Videosequenzen und Audioclips aus.

WYSIWYG

Das ist die Abkürzung für: What you see is what you get (auf deutsch: Was Sie sehen ist das, was Sie erhalten). WYSIWYG-Programme stellen mit sog. Truetype-Schriften am Bildschirm ein Dokument so dar, wie es später gedruckt oder im WWW publiziert wird. Beispiele: MS-Word for Windows für gedruckte Textdokumente, Apple PageMill für WWW-Dokumente.

Z

Zertifikat

Von einer Zertifizierungsstelle beglaubigter und unterschriebener öffentlicher Schlüssel. Das Zertifikat stellt die Zuordnung des Anwenders zu dem von ihm versendeten öffentlichen Schlüssel sicher.

2

Normen

2.1	National	79
2.1.1	Bundesrecht	79
2.1.1.1	Umfangreiche Normensammlungen	79
2.1.1.1.1	Allgemein	79
2.1.1.1.2	Einzelne Rechtsgebiete	82
2.1.1.1.2.1	Arbeitsrecht	82
2.1.1.1.2.2	Baurecht	83
2.1.1.1.2.3	Datenschutzrecht	84
2.1.1.1.2.4	Entschädigungsrecht	84
2.1.1.1.2.5	Gentechnikrecht	84
2.1.1.1.2.6	Gewerblicher Rechtsschutz	84
2.1.1.1.2.7	Hochschulrecht	85
2.1.1.1.2.8	Lebensmittelrecht	85
2.1.1.1.2.9	Miet- und Immobilienrecht	85
2.1.1.1.2.10	Öffentliches Recht	86
2.1.1.1.2.11	Presserecht	86
2.1.1.1.2.12	Recht der neuen Medien	86
2.1.1.1.2.13	Recht der deutschen Einheit	87
2.1.1.1.2.14	Sozialversicherungsrecht	87
2.1.1.1.2.15	Steuerrecht	87
2.1.1.1.2.16	Tabakrecht	88
2.1.1.1.2.17	Telekommunikationsrecht	88
2.1.1.1.2.18	Umweltschutz- und Technikrecht	88
2.1.1.1.2.19	Urheberrecht	89
2.1.1.1.2.20	Verfassungsschutz	89
2.1.1.1.2.21	Wirtschaftsrecht	89
2.1.1.1.3	Gesetzgebungsvorhaben/Übersichten	90
2.1.1.2	Einzelne Normen	90
2.1.1.2.1	Normen von A bis Z	90
2.1.1.2.2	Gesetzesentwürfe	147

2.1.2	Landesrecht	147
2.1.2.1	Länderübergreifende Normensammlungen	147
2.1.2.2	Normen der einzelnen Länder	149
2.1.2.2.1	Baden-Württemberg	149
2.1.2.2.2	Bayern	151
2.1.2.2.2.1	Umfangreiche Normensammlungen	151
2.1.2.2.2.2	Einzelne Normen	151
2.1.2.2.3	Berlin	153
2.1.2.2.3.1	Umfangreiche Normensammlungen	153
2.1.2.2.3.2	Einzelne Normen	153
2.1.2.2.4	Brandenburg	156
2.1.2.2.4.1	Umfangreiche Normensammlungen	156
2.1.2.2.4.2	Einzelne Normen	157
2.1.2.2.5	Bremen	161
2.1.2.2.6	Hamburg	162
2.1.2.2.6.1	Umfangreiche Normensammlungen	162
2.1.2.2.6.2	Einzelne Normen	162
2.1.2.2.7	Hessen	164
2.1.2.2.7.1	Umfangreiche Normensammlungen	164
2.1.2.2.7.2	Einzelne Normen	164
2.1.2.2.8	Mecklenburg-Vorpommern	177
2.1.2.2.9	Niedersachsen	177
2.1.2.2.9.1	Umfangreiche Normensammlungen	177
2.1.2.2.9.2	Einzelne Normen	178
2.1.2.2.10	Nordrhein-Westfalen	180
2.1.2.2.10.1	Umfangreiche Normensammlungen	180
2.1.2.2.10.2	Einzelne Normen	181
2.1.2.2.11	Rheinland-Pfalz	183
2.1.2.2.12	Saarland	183
2.1.2.2.12.1	Umfangreiche Normensammlungen	183
2.1.2.2.12.2	Einzelne Normen	184
2.1.2.2.13	Sachsen	185
2.1.2.2.13.1	Umfangreiche Normensammlungen	185
2.1.2.2.13.2	Einzelne Normen	186

2.1.2.2.14	Sachsen-Anhalt	188
2.1.2.2.15	Schleswig-Holstein	190
2.1.2.2.15.1	Umfangreiche Normensammlungen	190
2.1.2.2.15.2	Einzelne Normen	190
2.1.2.2.16	Thüringen	192
2.2	International	194
2.2.1	Umfangreiche Normensammlungen	194
2.2.2	Einzelne Normen	199
2.2.3	Doppelbesteuerungsabkommen	202
2.2.3.1	Umfangreiche Sammlungen	202
2.2.3.2	Einzelne Doppelbesteuerungsabkommen	202
2.2.4	Europäische Union	204
2.2.4.1	Umfangreiche Normensammlungen	204
2.2.4.2	EG-Richtlinien	206
2.2.4.3	EG-Verordnungen	207

2 Normen

2.1 National
2.1.1 Bundesrecht
2.1.1.1 Umfangreiche Normensammlungen
2.1.1.1.1 Allgemein

Bundesgesetzblatt Teil I

- http://www.bundesanzeiger.de/bgbl1.htm @@@
  Der Bundesanzeiger Verlag ermöglicht auf seiner Website den Zugriff auf das Bundesgesetzblatt Teil I in einer entgeltlichen Abonnentenversion sowie einer Nur-Lese-Version im freien Zugriff. Der vollständige Text des Bundesgesetzblattes Teil I ist ab Januar 1998 im PDF-Format (Acrobat Reader) verfügbar. In der Abonnentenversion besteht die Möglichkeit der Datenentnahme.

Bundesgesetzblatt Teil I

- http://www.bgbl.maKrolog.de @@@
  Auf diesem Server der MaKrolog GmbH ist das komplette Bundesgesetzblatt Teil I seit 1949 online abrufbar. Für die Nutzung ist eine Zugangskennung erforderlich, die online erteilt wird. Der Zugriff ist kostenfrei.

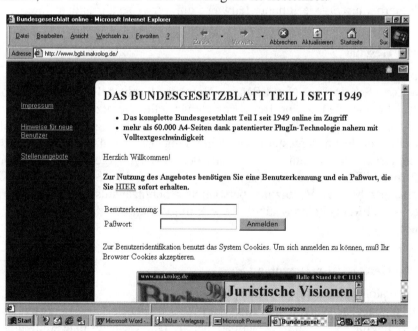

Bundesgesetzblatt Teil I und II

- http://www.jura.uni-sb.de/BGBl/ @@@
  Eine Übersicht über das Bundesgesetzblatt Teil I und Teil II mit der Möglichkeit der Volltextsuche in den Jahren 1990 bis 1997 bietet die Universität Saarbrücken.

NORMEN/NATIONAL

Allgemein   Bundesrecht

Ein Link verweist auf den Server der Macrolog Gmbh, wo die Möglichkeit besteht, bei Anmeldung, die online sofort erhältlich ist, das komplette Bundesgesetzblatt Teil I seit 1949 im Online-Zugriff zu erhalten. Trotz Anmeldung ist die Benutzung kostenlos.

Bundesgesetze und -verordnungen auf dem aktuellen Stand

@@@ – http://www.gesetze-aktuell.de/index.html
Unter „gesetze-aktuell.de" sind derzeit 114 Bundesgesetze und -verordnungen veröffentlicht (Stand 03.12.99). Die Seite wird ständig erweitert und aktualisiert. Bei jedem Gesetzeswerk ist ersichtlich, auf welchem Stand sich die Darstellung befindet. Die Suche nach Normen ist möglich über verschiedene Rubriken, wie z. B. Arbeitsrecht, Ausländerrecht, Beamtenrecht usw., wobei auch aufgelistet ist, wie viele Normen in dem jeweiligen Bereich zur Verfügung stehen. Daneben kann auch mittels einer Volltext-Suchmaschine recherchiert werden. Links verweisen auf der Startseite zum Bundesanzeiger mit den im Bundesgesetzblatt I veröffentlichten Gesetzesänderungen oder Neufassungen (Download: PDF-Reader), beginnend mit der Ausgabe 04.06.1999. Ein Newsticker listet neu aufgenommene Normen auf.

CompuServe

@@@ – http://www.compuserve.de/bc_recht/gesetze/
Auf der Website des Internet-Anbieters CompuServe stehen eine Vielzahl von Bundes- und Landesgesetzen für den Zugriff zur Verfügung. Teilweise handelt es sich hierbei um eigene Inhalte, teilweise um Verweise auf andere Internet-Server.

Deutsche Gesetze

@@ – http://www.fen.baynet.de/~na1723/job/sec/ges_texte.html
Auf dem Server Free-Net Erlangen-Nürnberg-Fürth stellt Norbert Arnoldi auf seinen Internet-Seiten eine frei zusammengestellte Gesetzessammlung zur Verfügung. Die einzelnen Gesetze sind weder alphabetisch geordnet, noch in einer einheitlichen Form dargestellt. Die Sammlung besticht aber aufgrund der enthaltenen juristischen Raritäten wie z. B. der Text zur Agenda 21 (Download als ZIP), der PSA-Benutzerverordnung (Verordnung über Sicherheit und Gesundheitsschutz bei der Benutzung persönlicher Schutzausrüstungen bei der Arbeit) oder dem EMVG (Gesetz über die elektromagnetische Verträglichkeit von Geräten).

Deutsche Gesetze zum Download

@ – http://avalon.ira.uka.de/ta/Diverses/Gesetze
Eine alphabetisch geordnete Liste mit verschiedenen Gesetzestexten steht auf dieser Internet-Seite zum Download bereit. Die Gesetzestexte sind unter Unix komprimiert; für die Benutzung ist ein passendes Programm zur Dekompression erforderlich.

NORMEN/NATIONAL

Bundesrecht — Allgemein

Haufe-Verlag

- http://haufe.de/svc/gstz/svc_gstz_main.asp @@@
  Auf dem Server der Haufe Verlagsgruppe findet man eine Auswahl wichtiger Gesetzestexte im Volltext. Genannt seien etwa das Arbeitszeitgesetz, Betriebsverfassungsgesetz, Bundesdatenschutzgesetz, ein Auszug des BGB, das Ladenschlussgesetz, das Heimarbeitsgesetz, Kündigungsschutzgesetz, Verbraucherkreditgesetz sowie das Sozialgesetzbuch 3. Buch.

Internetprojekt Saarbrücken

- http://www.jura.uni-sb.de/internet/Rechtsnormen.html @@@
  Die umfangreiche Linkliste „Rechtsnormen" des juristischen Internetprojektes Saarbrücken lohnt einen Besuch. Neben Rechtsquellen zu Menschenrechtsfragen finden sich umfangreiche Verweise auf die Verfassungen der BRD und der Länder, ausländische Verfassungen, Gesetze der Bundesrepublik Deutschland, verschiedene Landesgesetze sowie Verweise auf Server mit ausländischen Rechtssammlungen. Angegeben werden seit kurzem auch Quelle und Stand des Gesetzes.

Jurathek

- http://www.jurathek.de/ @@@
  Die Jurathek ist ein Sammelsurium verschiedenster juristischer Fachinformationen. Hier finden sich eine Normensammlung, Gerichtsurteile, Fachartikel und Checklisten. Mehrere Rechtsanwälte stellen juristisches Material zur Verfügungen. Unterschiedlichste Rechtsgebiete, wie z. B. Arbeitsrecht, Familienrecht, Insolvenzrecht, Mietrecht, Onlinerecht, Steuerrecht und Versicherungsrecht, werden dabei abgedeckt. Da jedes Rechtsgebiet von einem anderen Anwalt betreut wird, sind die Seiten nicht einheitlich strukturiert. Das „bisschen Chaos" (von den Betreibern selbst so bezeichnet) wird aber, mit Hinweis auf die Individualität der Juristen, bewusst in Kauf genommen. Dank einer einfach zu bedienenden Suchfunktion und der Möglichkeit einer „guided tour" findet man sich jedoch schnell zurecht. Neben einer juristischen Linksammlung ist die umfangreiche Normensammlung besonders hervorzuheben. Bundesgesetze, Landesgesetze, Verordnungen und auch internationale Gesetze können wahlweise alphabetisch oder nach Rechtsgebieten geordnet abgerufen werden. Auch hier leistet die Suchfunktion gute Dienste. Die einzelnen Gesetzestexte sind zum größten Teil auf dem neuesten Stand. Daneben sind auch einige Gesetzentwürfe abrufbar. In der Rubrik „Aktuelles" wird auf Neufassungen von Gesetzen hingewiesen und es werden Neuerungen innerhalb der Jurathek bekanntgegeben.

Nomos Verlag

- http://www.bundesrecht.de/ @@@
  Die Nomos Verlagsgesellschaft bietet eine Gesetzesdokumentation aus den Bereichen Zivil-, Straf- und Öffentliches Recht an. Die umfangreiche Sammlung der Stud.JUR-Nomos Texte sowie das Grundgesetz in vier Sprachen (Deutsch, Englisch, Französich, Spanisch) ist frei zugänglich. Etwa 150 Rechtsnormen (Stand Juni 1998) stehen im Volltext zur Verfügung. In der Sammlung nicht enthaltene bundes- oder landesrechtliche Normen können nur kostenpflichtig abgerufen werden.

NORMEN/NATIONAL

Arbeitsrecht Bundesrecht

TU Berlin

@@ – http://ig.cs.tu-berlin.de/rv/index.html
Eine Auswahl von Rechtsvorschriften des Landes Berlin, Rechtsvorschriften verschiedener weiterer Bundesländer, Staatsverträgen zwischen den Bundesländern sowie Rechtsvorschriften des Bundes und der EU u. a. finden sich auf der Homepage der Technischen Universität Berlin – Informatik und Gesellschaft. Befinden sich die Gesetze auf anderen Servern sind die Links als solche gekennzeichnet.

Universität Bayreuth

@@@ – http://www.uni-bayreuth.de/students/elsa/jura/geo/jurweb-d.html#bundesgesetze
Die Website der Universität Bayreuth stellt eine umfassende Liste von Gesetzen, Verordnungen und Richtlinien zur Verfügung. Neben Links auf verfassungsrechtliche Normen findet sich hier eine alphabetische Liste mit Verweisen auf eine Vielzahl bundesrechtlicher Vorschriften.

2.1.1.1.2 Einzelne Rechtsgebiete
2.1.1.1.2.1 Arbeitsrecht

Arbeitsschutz

@ – http://de.osha.eu.int/legislation/
Eine kleine Sammlung von Gesetzen und Verordnungen zum Thema „Arbeitsschutz" finden sich auf der deutschen Homepage des europäischen Informationsnetzwerkes „Sicherheit und Arbeitsschutz am Arbeitsplatz". Ein Link verweist auf entsprechende landesrechtliche Normen und auf die Datenbank Euro-lex der Europäischen Union.

Bundesministerium für Arbeit und Sozialordnung

@@@ – http://www.bma.bund.de/de/asp/gesetze/show.asp
Diese Seiten des Bundesministeriums für Arbeit und Sozialordnung bieten Zugriff auf verschiedene Gesetze aus den Bereichen Arbeit und Soziales. Verfügbar sind u. a. das Altersteilzeitgesetz, das Arbeitnehmerüberlassungsgesetz, das Arbeitsschutzgesetz nebst zugehörigen Verordnungen, das Arbeitszeitgesetz, das Betriebsverfassungsgesetz, das Bundesurlaubsgesetz sowie das Bundessozialhilfegesetz u. a.

PFIFF Personalrechtsdatenbank

@@@ – http://www.sbb.aok.de/cgi-bin/cnt
Umfangreiche Informationen zu Fragen der Sozialversicherung, dem Steuerrecht sowie vor allem dem Arbeitsrecht finden sich in der PFIFF Personalrechtsdatenbank der Stiftung Betriebsbetreuung SBB und der AOK. Nach Rechtsgebieten geordnet findet man hier einschlägige Rechtsprechung, in Leitsätzen aufbereitet. Eine umfassende Sammlung von Gesetzen und Vorschriften steht ergänzend im Volltext zum Abruf bereit. Dank der übersichtlichen Struktur des Servers ist die gewünschte Information meist schnell verfügbar. Eine ausführlich beschriebene Suchmaschine ermöglicht die Stichwortsuche innerhalb der Website.

NORMEN/NATIONAL

Bundesrecht Baurecht

Tarifarchiv Hans-Böckler-Stiftung

- http://www.boeckler.de/wsi/tarchiv/index.htm @

  Auf dieser Website des Wirtschafts- und Sozialwissenschaftlichen Instituts der Hans-Böckler-Stiftung befindet sich das WSI-Tarifarchiv, das als zentrale Dokumentationsstelle der Gewerkschaften das laufende Tarifgeschehen dokumentiert und auswertet. Hier findet man Informationen zur Funktion des deutschen Tarifsystems, eine Chronik der Tarifpolitik, eine Übersicht über ausgewählte Tarifabschlüsse der Jahre 1994 bis 1999 u. a. Die Rubrik „Tariflinks" enthält Verweise auf die Websites verschiedener Gewerkschaften und deren Publikationen.

Tarifverträge

- http://www.vrp.de/suche/jurbook/gesetzem.htm @@

  Der Verlag Recht & Praxis stellt auf dieser Internet-Seite eine umfangreiche Linkliste mit Verweisen auf Tarifverträge bereit. Die Quelle ist jeweils angegeben.

Tarifverträge – allgemeinverbindlich

- http://www.bma.de/de/arbeit/arbeitsrecht/index.htm @@@

  Eingeteilt in die verschiedenen Wirtschaftsgruppen sind die für allgemein verbindlich erklärten Tarifverträge auf den Internet-Seiten des Bundesministeriums für Arbeit abrufbar als Download im RTF-Format. Ein Verzeichnis bietet einen ersten Überblick. Die Sammlung wurde letztmalig am 1. Oktober 1999 aktualisiert.

2.1.1.1.2.2 Baurecht

Bauarchiv

- http://bauarchiv.de/NEWS_web/Bauordnung/Baurecht_Bauordnung_Startseite.htm @

  Das „Bauarchiv" stellt einige Gesetzestexte zum Baurecht zur Verfügung. Hier findet man z. B. die Wärmeschutzverordnung und den Teil B der VOB im Volltext. Auf weitere landesrechtliche Bestimmungen kann man per Hyperlink zugreifen. Die Verweise münden beim teilweise kostenpflichtigen Angebot von Refact sowie bei umwelt-online.de, welches laut Ankündigung demnächst im Ganzen kostenpflichtig wird.

Baunet

- http://www.baunet.de/baurecht/index.html @

  Auf den Internet-Seiten von „Baunet" steht ein kleine Sammmlung baurechtlicher Normen zur Verfügung. Hier findet man das Baugesetzbuch, das (inzwischen nicht mehr anwendbare) Baugesetzbuch-Maßnahmengesetz, das Energieeinsparungsgesetz, die Heizungsanlagen-Verordnung und die Wärmeschutzverordnung. Per Mausklick wird man zu den Landesbauordnungen auf dem Server „Refact" weitergeleitet.

2.1.1.1.2.3 Datenschutzrecht

Landesbeauftragte für den Datenschutz in NRW

@ – http://www.lfd.nrw.de/fachbereich/fach_3.html
Die Landesbeauftragte für den Datenschutz in Nordrhein-Westfalen stellt einige Gesetzestexte zum Themenbereich Datenschutz zur Verfügung. Es handelt sich dabei teilweise um eigene Inhalte, teilweise wird auf andere Angebote verwiesen.

2.1.1.1.2.4 Entschädigungsrecht

Recht der Entschädigungs- und Ausgleichsleistungen

@@ – http://www.snafu.de/~mf/ealgforum/ealgfrInAllg.htm
Das EALG-Forum soll der Klärung von Fragen zum Recht der Entschädigungs- und Ausgleichsleistungen einschließlich damit zusammenhängender Fragen benachbarter Rechtsgebiete dienen. Hierzu werden auf den Internet-Seiten die wichtigsten Gesetze, für die Praxis relevante Entscheidungen, für die Bearbeitung der Entschädigungsverfahren wesentliche Schreiben (Erlasse) des Bundesministeriums der Finanzen (BMF) sowie Arbeitshilfen und Materialien, insbesondere des Bundesamtes zur Regelung offener Vermögensfragen (BARoV), bereitgestellt. Daneben werden auch Abhandlung zu einzelnen Themen angeboten.

2.1.1.1.2.5 Gentechnikrecht

Bundesanstalt für Land- und Forstwirtschaft

@@@ – http://www.bba.de/gentech/report34.htm
Von der biologischen Bundesanstalt für Land- und Forstwirtschaft (BBA) werden hier europäische und nationale Regelungen für gentechnisch veränderte Organismen bereitgestellt. Es besteht Zugriff auf verschiedene Richtlinien des Rates, Richtlinien der Kommission, Entscheidungen der Kommission und des Rates sowie nationale Regelungen hinsichtlich der Umsetzung von EU-Recht.

2.1.1.1.2.6 Gewerblicher Rechtsschutz

Transpatent GmbH

@@@ – http://www.transpatent.com/gesetze/
Die Transpatent GmbH bietet eine umfassende Sammlung von Gesetzen und Verordnungen zum gewerblichen Rechtsschutz in Deutschland. Verfügbar sind u. a. das Patentgesetz nebst zugehörigen Verordnungen, das Gebrauchsmustergesetz, das Halbleiterschutzgesetz und das Sortenschutzgesetz.

Bundesrecht   Miet- und Immobilienrecht

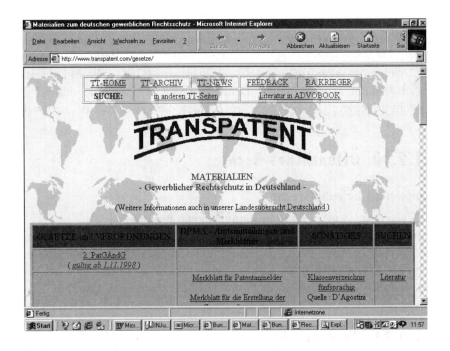

2.1.1.1.2.7 Hochschulrecht

Humboldt-Universität Berlin

- http://www.rewi.hu-berlin.de/Fachschaft/Hochschulrecht @
  Die Fachschaft Jura der Humboldt-Universität zu Berlin stellt in ihrem Dokumentationsprojekt Hochschulrecht bundes- und landesrechtliche Vorschriften sowie universitäre Regelungen aus dem Bereich des Hochschulrechts bereit. Hierzu zählen unter anderem das Hochschulrahmengesetz, das Berliner Hochschulgesetz, das Juristenausbildungsgesetz und die Verfassung der Universität.

2.1.1.1.2.8 Lebensmittelrecht

Fachschule für Lebensmitteltechnik Kulmbach

- http://www.tmt.de/~hhofmann/lmr/lmrindex.htm @
  Eine Sammlung verschiedener Gesetze und Verordnungen zum Lebensmittelrecht wird hier von der Fachschule für Lebensmitteltechnik Kulmbach bereitgestellt. Verfügbar sind u. a. das LMBG (Lebensmittel- und Bedarfsgegenstände-Gesetz), die BGVO (Bedarfsgegenstände-Verordnung), die HFLV (Hackfleisch-Verordnung) sowie das ProdHaftG (Produkthaftungsgesetz).

2.1.1.1.2.9 Miet- und Immobilienrecht

Wohnungswirtschaftliches Informationsforum

- http://www.wowi.de/info/gesetze/menu.htm @@@
  Gesetze rund um Wohnungswirtschaft und Wohnungsbau bietet das wohnungswirtschaftliche Informationsforum WoWi. Zu folgenden Bereichen stehen Nor-

men zur Verfügung: Finanzierung (BGB, PangV, VerbrKrG, Hypothekenbankgesetz), Wohnungsbauförderung (Investitions- und Eigenheimzulagengesetz), Altschuldenhilfe, Vermieten und Verwalten (MHG, II. Berechnungsverordnung, BGB, Wohnungsvermittlungsgesetz), Eigentum (GBO, Wohnungseigentumsgesetz, Erbbaurechtsverordnung), Baurecht (BauGB, Baufordersicherungsgesetz) und Recht allgemein (BGB). Zum Teil werden die Gesetzestexte auch erläutert.

2.1.1.1.2.10 Öffentliches Recht

Bestattungs- und Friedhofsrecht

@ – http://www.postmortal.de/html/bestattungsrecht_brd.html
Auf der Homepage von Postmortal, einer Initiative zur Unterstützung fortschrittlicher Formen der Bestattung, ist eine kleine Sammlung zu dieser Thematik einschlägiger Rechtsvorschriften zusammengestellt, wie z. B. das Personenstandsgesetz oder das Internationale Abkommen über Leichenbeförderung.

2.1.1.1.2.11 Presserecht

Server „Junge Medien"

@ – http://www.junge-medien.de/d/info/texte/recht/index.htm
Der Server „Junge Medien" der Jungen Presse Deutschland e. V. hat hier eine Gesetzessammlung u. a. mit Gesetzen zum Presserecht bereitgestellt.

2.1.1.1.2.12 Recht der neuen Medien

Akademie.de

@@@ – http://www.online-recht.de/vorlink.html?Gesetzeneu
Eine umfangreiche Sammlung von nationalen und internationalen Rechtsvorschriften u. a. zum Online-Recht (beispielsweise das Informations- und Kommunikationsdienstegesetz (IuKDG), das Teledienstegesetz (TDG), das Teledienste-Datenschutzgesetz (TDDSG), das Signaturgesetz (SigG) und die Signaturverordnung (SigV) werden hier von der HRP von Hase, Rosdale & Partner Unternehmensberatung GmbH ins Netz gestellt.

Rechtsanwälte Hahn und Wilmer

@@ – http://www.ra-hahn.de/datenbank2/index.html
Eine kostenlose Recherchemöglichkeit zu den wichtigsten Fragen des Internet- und Computerrechts wird hier von den RAe Hahn und Wilmer bereitgestellt. Derzeit (Stand 20.12.1999) stehen 23 Gesetzestexte zur Verfügung. Diese können nach Stichwörtern gesucht oder aus einer Liste abgerufen werden.

NORMEN/NATIONAL

Bundesrecht — Steuerrecht

Rechtsanwälte Strömer & Koll

– http://www.netlaw.de/gesetze @@
Eine umfangreiche Gesetzessammlung zum Online-Recht u. a. mit dem Bundesdatenschutzgesetz (BDSG), der Europäischen Datenschutzrichtlinie 95/46/EG vom 24. Oktober 1995, der Europäischen Fernabsatzrichtlinie 97/7/EG vom 20. Mai 1997 und der Fernmeldeüberwachungsverordnung (FÜV) stellen die Rechtsanwälte Strömer & Koll. zur Verfügung. Neu eingestellte Normen werden gekennzeichnet. Angegeben ist jeweils der aktuelle Stand des Gesetzes.

2.1.1.1.2.13 Recht der deutschen Einheit

Verträge zur deutschen Einheit

– http://www.jura.uni-sb.de/Vertraege/Einheit @
Verträge zur deutschen Einheit stehen auf dieser Seite der Universität Saarbrücken bereit.

2.1.1.1.2.14 Sozialversicherungsrecht

PFIFF Personalrechtsdatenbank

– http://www.sbb.aok.de/cgi-bin/cnt @@@
In der PFIFF Personalrechtsdatenbank der Stiftung Betriebsbetreuung SBB und der AOK steht eine umfassende Sammlung von Gesetzen und Vorschriften im Volltext zum Abruf bereit. Eine ausführlich beschriebene Suchmaschine ermöglicht die Stichwortsuche innerhalb der Website.

2.1.1.1.2.15 Steuerrecht

Bundesfinanzministerium

– http://www.bundesfinanzministerium.de/infos/steuerindex.htm @
Das Bundesministerium der Finanzen bietet zum Download das Steuerentlastungsgesetz 1999 sowie das Steueränderungsgesetz 1998.

PFIFF Personalrechtsdatenbank

– http://www.sbb.aok.de/cgi-bin/cnt @@@
Die PFIFF Personalrechtsdatenbank der Stiftung Betriebsbetreuung SBB und der AOK bietet eine umfassende Sammlung von Gesetzen und Vorschriften. Eine ausführlich beschriebene Suchmaschine ermöglicht die Stichwortsuche innerhalb der Website.

Steuernetz

– http://www.steuernetz.de/gesetze/index.html @@
Das „Steuernetz" wird von der Verlagsgruppe Praktisches Wissen ins Netz gestellt. Hier erhält man Informationen aus den Bereichen Steuer-, Wirtschafts- und Immobilienrecht. Die Nutzung der Informationen ist zum Teil kostenpflich-

tig und erfordert eine Anmeldung. Die Normensammlung zu den drei Rechtsgebieten ist jedoch kostenfrei und ohne Anmeldung abrufbar. Der Schwerpunkt liegt dabei auf den steuerrechtlichen Gesetzestexten. Die Internet-Seiten werden regelmäßig aktualisiert, so dass auch neu erlassene Gesetzestexte zur Verfügung stehen. Neben der Normensammlung werden auch kurze Beiträge zu aktuellen Themen, wie z. B. zum „Elster-Projekt", zum Steuerentlastungsgesetz oder zum Bankgeheimnis veröffentlicht.

Verwaltungsvorschrift und Erschaftssteuerrichtlinien

@ – http://www.beck.de/rsw/zeitschr/zev/Extras/index.html
Unter der Rubrik Extras/Materialien können im PDF-Format (Acrobat Reader) die allgemeinen Verwaltungsvorschriften zur Anwendung des Erbschaftssteuer- und Schenkungssteuerrechts (Erbschaftssteuerrichtlinien, ErbStR) sowie Hinweise zu den Erbschaftssteuerrichtlinien von den Internet-Seiten der ZEV (Zeitschrift für Erbrecht und Vermögensnachfolge), Verlag C. H. Beck, abgerufen werden.

2.1.1.1.2.16 Tabakrecht

Tabakrechtliche Vorschriften

@@ – http://www2.rz.hu-berlin.de/~h0444trl/index_tr.html
Die Internet-Seite von Birger Dölling beinhaltet einige rechtliche Vorschriften rund um den Themenkreis Tabak, u. a. das Tabaksteuergesetz nebst Durchführungsverordnung, die Verordnung über Tabakerzeugnisse, die Verordnung über die Kennzeichnung von Tabakerzeugnissen und über Höchstmengen von Teer in Zigarettenrauch sowie das Gesetz zum Schutze der Jugend in der Öffentlichkeit.

2.1.1.1.2.17 Telekommunikationsrecht

Arnoldi

@@ – http://www.fen.baynet.de/~na1723/comm/T1.html
Eine kleine Gesetzessammlung zum Telekommunikationsrecht kann auf den Internet-Seiten von Norbert Arnoldi abgerufen werden (Win-Format; ZIP-Dateien).

2.1.1.1.2.18 Umweltschutz- und Technikrecht

Abfallrechtliche Gesetzessammlung

@ – http://www.deponie.de/gesetze/umweltrecht.htm
Auf dem Server „Deponie.de" der Gesellschaft für Versorgungs- und Verwertungsmanagement mbH steht eine kleine Gesetzessammlung zum Abfallrecht zur Verfügung. Das Kreislaufwirtschaftsgesetz, das Bundesbodenschutzgesetz und der vollständige aktuelle Europäische Abfallkatalog (EAK) können im PDF-Format heruntergeladen werden. Die Dokumente sind auf dem Stand von Januar 1999.

UWS Umweltmanagement GmbH

– http://www.umwelt-online.de/ @@
Eine umfangreiche Vorschriften- und Regelsammlung aus dem Bereich des Umweltschutz- und Technikrechtes, z. B. zu Themen wie Abfall, Energienutzung, Anlagentechnik, Gefahrgut, Arbeits- und Immissionsschutz, findet sich auf dieser Website der UWS Umweltmanagement GmbH. Die Normen sind jedoch nur auszugsweise frei verfügbar, der Volltext ist kostenpflichtig.

2.1.1.1.2.19 Urheberrecht

Abteilung Urheberrecht des Internetprojekts Saarbrücken

– http://www.jura.uni-sb.de/urheberrecht/normen/index.html @@
Zum Urheberrecht bieten die Internet-Seiten des juristischen Internetprojektes Saarbrücken, Abteilung Urheberrecht, eine Darstellung nationaler, europäischer und internationaler Regelungen. Auf die einschlägigen Bundesgesetze, EU-Verträge und -Richtlinien sowie internationale Abkommen bestehen jeweils Verweise. Erhältlich sind so beispielsweise das Urheberrechtsgesetz (UrhG), das Verlagsgesetz, der EG-Vertrag, der Vertrag von Maastricht, die Software-Richtlinie, die Vermiet- und Verleih-Richtlinie, die Satellitenrichtlinie, das Welturheberrechtsabkommen (WUA), die revidierte Berner Übereinkunft (RBÜ), das Romabkommen (RA) sowie das Genfer Tonträgerabkommen. Teilweise wird auch auf andere Anbieter verwiesen.

2.1.1.1.2.20 Verfassungsschutz

Verfassungsschutz

– http://www.verfassungsschutz.nrw.de/cgi-bin/vs/display_berichte_idx.pl?idx= @
gesetze
Auf diesen Internet-Seiten des Verfassungsschutzes von Nordhein-Westfalen finden sich eine Vielzahl von Gesetzen, wie z. B. das Gesetz zu Artikel 10 Grundgesetz, das Gesetz zur Beschränkung des Brief-, Post- und Fernmeldegeheimnisses vom 13. August 1968, Art. 4 Abs. 16 PoststrukturG v. 8. Juni 1989, Art. 11 G zur Neuregelung d. Ausländerrechts v. 9. September 1990.

2.1.1.1.2.21 Wirtschaftsrecht

Kanzlei esb

– http://www.kanzlei.de/jurinfo.htm @@@
Die Kanzlei esb Rechtsanwälte Emmert, Schurer, Buecking in Stuttgart bietet eine Auswahl deutscher Gesetzestexte an. Der Schwerpunkt der Normensammlung liegt dabei im Wirtschaftsrecht. Neben den gängigen wirtschaftsrechtlichen Themenbereichen wie Gesellschaftsrecht, Wettbewerbsrecht, gewerblicher Rechtschutz, Steuer- und Arbeitsrecht stehen auch Normen zum EDV-Recht zur Verfügung. So findet man hier Gesetze rund um den Computer, Internet und Telekommunikation. Außerdem besteht Zugriff auf zivilrechtliche und strafrechtliche

NORMEN/NATIONAL

Gesetzgebungsvorhaben/Übersichten   Bundesrecht

Normen. Neben Gesetzestexten sind auch Tabellen abrufbar, wie z. B. die Frankfurter Tabelle zur Höhe der Reisepreisminderung bei Mängeln.
Zum Teil werden nicht nur die aktuellen Fassungen der Normen ins Netz gestellt, sondern auch ältere Fassungen, sodass bei Gesetzesänderungen die jeweils gültige Fassung abrufbar ist. Über die Normensammlung hinaus bietet der Server auch eine Sammlung wichtiger zivilrechtlicher BGH-Urteile seit 1996 an.

2.1.1.1.3 Gesetzgebungsvorhaben/Übersichten

Übersicht COMPLEX Deutschland GmbH

@@ — http://www.djn.de/djn/nachrichten/gesetzgebung/gesetz.shtml
Die COMPLEX Deutschland GmbH gibt auf den Seiten des Marktplatzes-Recht in Zusammenarbeit mit dem Deutschen Juristischen Nachrichtendienst (DJN) chronologisch geordnet Informationen zu aktuellen Gesetzgebungsvorhaben.

Übersicht Verlag Recht und Praxis

@@ — http://www.vrp.de/archiv/gesgebng/index.htm
Auf dieser Seite des Verlages Recht & Praxis sind chronologisch geordnet Informationen zu aktuellen Gesetzgebungsvorhaben abrufbar.

2.1.1.2 Einzelne Normen
2.1.1.2.1 Normen von A bis Z

AbfG (Abfallgesetz)

— http://www.fen.baynet.de/~na1723/law/abfallg.html
Gesetz über die Vermeidung und Entsorgung von Abfällen (Abfallgesetz) vom 27. August 1986 (BGBl. I S. 1410, 1501); Stand: 02/94.

— http://www.compuserve.de/bc_recht/gesetze/abfg/s1.html
Gesetz über die Vermeidung und Entsorgung von Abfällen.

AbfKlärV (Klärschlammverordnung)

— http://www.fen.baynet.de/~na1723/law/klaersch.html
Vom 15. April 1992.

AbfVerBrG (Abfallverbringungsgesetz)

— http://www.umwelt-online.de/recht/abfall/abfverbr/avg_ges.htm
Gesetz über die Überwachung und Kontrolle der grenzüberschreitenden Verbringung von Abfällen vom 30. September 1994 (BGBl. I 1994 S. 2771), zuletzt geändert mit Änderungsgesetz vom 25. August 1998 (BGBl. I 1998 S. 2455); (Auszug; Volltext kostenpflichtig).

NORMEN/NATIONAL

Bundesrecht — Normen von A bis Z

AbwAG (Abwasserabgabengesetz)

- http://www.umwelt-online.de/recht/wasser/abg_ges.htm
  Gesetz über Abgaben für das Einleiten von Abwasser in Gewässer in der Fassung vom 3. November 1994 (BGBl. I S. 3370; 1996 S. 1690; 1997 S. 582), zuletzt geändert mit Gesetz vom 25. August 1998 (BGBl. I 1998 S. 2455); (Auszug; Volltext kostenpflichtig).

AbwV (Abwasserverordnung)

- http://www.umwelt-online.de/recht/wasser/abw_vo/abw_ges.htm
  Verordnung über Anforderungen an das Einleiten von Abwasser in Gewässer vom 9. Februar 1999 (BGBl. I 1999 S. 86); (Auszug; Volltext kostenpflichtig).

ADSp (Allgemeine Deutsche Spediteurbedingungen)

- http://www.dnjv.org/adsp98.htm
  Stand 1. Juli 1998.

AEntG (Arbeitnehmer-Entsendegesetz)

- http://www.bma.de/download/gesetze/aentg.htm
  Gesetz über zwingende Arbeitsbedingungen bei grenzüberschreitenden Dienstleistungen vom 26. Februar 1996 (BGBl. I S. 227), zuletzt geändert durch Artikel 10 des Gesetzes vom 19. Dezember 1998 (BGBl. I S. 3843).

AfuG (Amateurfunkgesetz)

- http://www.kanzlei.de/afuge.htm

AGBG (AGB-Gesetz)

- http://www.gesetze-aktuell.de/agb.htm
  Gesetz zur Regelung des Rechts der Allgemeinen Geschäftsbedingungen vom 09. Dezember 1976 (BGBl. I S. 3317), zuletzt geändert durch Art. 2 des Überweisungsgesetzes vom 21. Juli 1999 (BGBl. I S. 1642).

- http://www.compuserve.de/bc_recht/gesetze/agbg/index.html
  Gesetz zur Regelung des Rechts der Allgemeinen Geschäftsbedingungen (Stand: Anfang 1995).

AHG (Altschuldenhilfe-Gesetz)

- http://www.wowi.de/info/gesetze/ahg/altschuldenhilfegesetz.htm
  Gesetz über Altschuldenhilfen für kommunale Wohnungsunternehmen, Wohnungsgenossenschaften und private Vermieter.

AKG (Allgemeines Kriegsfolgengesetz)

- http://www.snafu.de/~mf/ealgforum/normen/akg.htm
  Gesetz zur allgemeinen Regelung durch den Krieg und den Zusammenbruch des Deutschen Reiches entstandener Schäden (Allgemeines Kriegsfolgengesetz) vom

5. November 1957, zuletzt geändert durch Gesetz zur Bereinigung von Kriegsfolgengesetzen (Kriegsfolgenbereinigungsgesetz – KfbG) – vom 21. Dezember 1992 (BGBl. I S. 1747) – Auszug (§§ 1–4, 30–35, 40, 100).

Altersteilzeitgesetz

– http://www.gesetze-aktuell.de/alter.htm
Vom 23. Juli 1996 (BGBl. I S. 1078), zuletzt geändert durch Art. 3 des Zweiten Gesetzes zur Änderung des Dritten Buches Sozialgesetzbuch und anderer Gesetze vom 21. Juli 1999 (BGBl. I S. 1648).

AMBV (Arbeitsmittelbenutzungsverordnung)

– http://de.osha.eu.int/legislation/verord/arbeitsm.html
Verordnung über Sicherheit und Gesundheitsschutz bei der Benutzung von Arbeitsmitteln bei der Arbeit (Arbeitsmittelbenutzungsverordnung) vom 11. März 1997.

AMG (Arzneimittelgesetz)

– http://www.umwelt-online.de/recht/lebensmt/amg/amg_ges.htm
Gesetz über den Verkehr mit Arzneimitteln in der Fassung vom 19. Oktober 1994 (BGBl. I S. 3018; 1996 S. 2084; 1997 S. 2390, S. 2638; 1998 S. 374, 1752, 2005, 2649) (BGBl. III 2121-51-1-2); (Auszug; Volltext kostenpflichtig).

– http://www.pei.de/downloads/9amg.pdf
Das Gesetz über den Verkehr mit Arzneimitteln in der ab 1. Juli 1999 geltenden Fassung kann downgeloadet werden (Acrobat Reader) auf den Internet-Seiten des Paul-Ehrlich-Instituts in Langen (PEI).

AO (Abgabenordnung)

– http://www.datenschutz-berlin.de/recht/de/rv/fin/ao/index.htm
Vom 16. März 1976 (BGBl. I, S. 613; 1977 I, S. 269), zuletzt geändert durch Artikel 6 des Gesetzes vom 16. Juni 1998 (BGBl. I, S. 1311).

ArbGG (Arbeitsgerichtsgesetz)

– http://www.compuserve.de/bc_recht/gesetze/arbgg/index.html
Stand: Anfang 1995.

ArbNErfG (Gesetz über Arbeitnehmererfindungen)

– http://transpatent.com/gesetze/arbnerfg.html
Gesetz vom 25. Juli 1957 (BGBl. I S. 756) mit den Änderungen vom 4. September 1967 (BGBl. I S. 953), vom 15. August 1986 (BGBl. I S. 1450), vom 24. Juni 1994 (BGBl. I S. 1366), vom 5. Oktober 1994 (BGBl. I S. 2938), Inkrafttreten am 1. Januar 1999, vom 22. Dezember 1997 (BGBl. I S. 3239) sowie der Änderung durch das 2. PatGÄndG – Artikel 4 – vom 16. Juli 1998, in Kraft ab 1. November 1998 (BGBl. I S. 1833).

NORMEN/NATIONAL

Bundesrecht — Normen von A bis Z

ArbPlSchG (Arbeitsplatzschutzgesetz)
- http://www.fen.baynet.de/~na1723/law/arbplsg.html
  Gesetz über den Schutz des Arbeitsplatzes bei Einberufung zum Wehrdienst.

ArbSchG (Arbeitsschutzgesetz)
- http://www.bma.de/download/gesetze/ArbSchG.htm
  Gesetz über die Durchführung von Maßnahmen des Arbeitsschutzes zur Verbesserung der Sicherheit und des Gesundheitsschutzes der Beschäftigten bei der Arbeit vom 7. August 1996 (BGBl. I S. 1246), zuletzt geändert durch Artikel 6c des Gesetzes vom 19. Dezember 1998 (BGBl. I S. 3843).

ArbStättV (Arbeitsstättenverordnung)
- http://www.bma.de/download/gesetze/Arbeitsstaetten.htm
  Verordnung über Arbeitsstätten vom 20. März 1975, zuletzt geändert durch Verordnung vom 4. Dezember 1996 (BGBl. 1 S. 1841).

ArbZG (Arbeitszeitgesetz)
- http://www.bma.bund.de/download/gesetze/Arbeitszeit.htm
  Vom 6. Juni 1994 (BGBl. I S. 1170), zuletzt geändert durch Artikel 14a des Gesetzes vom 9. Juni 1998 (BGBl. I S. 1242).

ASiG (Arbeitssicherheitsgesetz)
- http://www.bma.de/download/gesetze/asig.htm
  Das Gesetz über Betriebsärzte, Sicherheitsingenieure und andere Fachkräfte für Arbeitssicherheit (Arbeitssicherheitsgesetz) vom 12. Dezember 1973 (BGBl. I S. 1885), zuletzt geändert durch Artikel 6d des Gesetzes vom 19. Dezember 1998 (BGBl. I S. 3843) ist auf den Internet-Seiten des Bundesministeriums für Arbeit abrufbar.

Asylbewerberleistungsgesetz
- http://www.gesetze-aktuell.de/asylbew.htm
  In der Fassung der Bekanntmachung vom 5. August 1997 (BGBl. I S. 2022), zuletzt geändert durch das Zweite Gesetz zur Änderung des Asylbewerberleistungsgesetzes vom 25. August 1998 (BGBl. I S. 2505).

AsylVfG (Asylverfahrensgesetz)
- http://www.gesetze-aktuell.de/asylvfg.htm
  In der Fassung der Bekanntmachung vom 27. Juli 1993 (BGBl. I S. 1361), zuletzt geändert durch Art. 2 des Gesetzes zur Änderung ausländer- und asylverfahrensrechtlicher Vorschriften vom 29. Oktober 1997 (BGBl. I S. 2584).

NORMEN/NATIONAL

Normen von A bis Z   Bundesrecht

AtomG (Atomgesetz)

– http://www.umwelt-online.de/recht/energie/atg_ges.htm
 Gesetz über die friedliche Verwendung der Kernenergie und den Schutz gegen ihre Gefahren in der Fassung 15. Juli 1985 (BGBl. I 1985 S. 1565; 1994 S. 1618; 1996 S. 1019; 1996 S. 1354; 1997 S. 971) verlinkt auf das Gesetz zur Änderung des Atomgesetzes und des Gesetzes über die Errichtung eines Bundesamtes für Strahlenschutz vom 6. April 1998 (BGBl. I S. 694); (Auszug; Volltext kostenpflichtig).

AufenthG/EWG (Aufenthaltsgesetz/EWG)

– http://www.gesetze-aktuell.de/aufenthg.htm
 Gesetz über Einreise und Aufenthalt von Staatsangehörigen der Mitgliedsstaaten der Europäischen Wirtschaftsgemeinschaft in der Fassung der Bekanntmachung vom 31. Januar 1980 (BGBl. I S. 116), zuletzt geändert durch Art. 1 des 4. Änderungsgesetzes vom 24. Januar 1997 (BGBl. I S. 51).

AÜG (Arbeitnehmerüberlassungsgesetz)

– http://www.gesetze-aktuell.de/aueg.htm
 Vom 07. August 1972 (BGBl. I S. 1393), zuletzt geändert durch Art. 2b des Gesetzes vom 29. Juni 1998 (BGBl. I S. 1694).

AusglLeistG (Ausgleichsleistungsgesetz)

– http://www.snafu.de/~mf/ealgforum/normen/ausglleifr.htm
 Gesetz über staatliche Ausgleichsleistungen für Enteignungen auf besatzungsrechtlicher oder besatzungshoheitlicher Grundlage, die nicht mehr rückgängig gemacht werden können i. d. F. des Entschädigungs- und Ausgleichsgesetzes vom 27. September 1994 (BGBl. I S. 2624, 2628), berichtigt durch Gesetz vom 12. Januar 1995 (BGBl. I S. 110).

AuslDÜV (Ausländerdatenübermittlungsverordnung)

– http://www.datenschutz-berlin.de/recht/de/rv/sich_o/auslduev.htm
 Verordnung über Datenübermittlungen an die Ausländerbehörden vom 18. Dezember 1990 (BGBl. I S. 2997; 1991 I S. 1216), zuletzt geändert durch Artikel 6 des Gesetzes vom 26.Mai 1997 (BGBl. I S. 1130).

AuslG (Ausländergesetz)

– http://www.gesetze-aktuell.de/auslg.htm
 Gesetz über die Einreise und den Aufenthalt von Ausländern im Bundesgebiet vom 09. Juli 1990 (BGBl. I S. 1354), zuletzt geändert durch Art. 2 des Gesetzes zur Reform des Staatsangehörigkeitsrechtes vom 15. Juli 1999 (BGBl. I S. 1618).

– http://www.datenschutz-berlin.de/gesetze/auslg/auslg.htm
 Auszug aus dem Gesetz über die Einreise und den Aufenthalt von Ausländern im Bundesgebiet vom 9. Juli 1990 (BGBl. I S. 1354), zuletzt geändert durch das Gesetz zur Änderung ausländer- und asylverfahrensrechtlicher Vorschriften vom 29. Oktober 1997 (BGBl. I S. 2584).

Bundesrecht

NORMEN/NATIONAL

Normen von A bis Z

AVBEltV (Allgemeine Bedingungen für die Elektrizitätsversorgung-Verordnung)

- http://www.fen.baynet.de/~na1723/job/avbelt.html
  Verordnung über Allgemeine Bedingungen für die Elektrizitätsversorgung von Tarifkunden (AVBEltV) vom 21. Juni 1979, veröffentlicht im BGBl. Nr. 29/1979, Teil 1 gültig ab 01. April 1980.

AZV (Arbeitszeitverordnung)

- http://wahingo.oetv-berlin.de/Bereiche/Beamte/Beamtenrecht/azvo.html
  Verordnung über die Arbeitszeit der Bundesbeamten vom 6. August 1999. Die Verordnung befindet sich auf den Internet-Seiten der Gewerkschaft ÖTV, Bezirksverwaltung Berlin.

BAföG (Bundesausbildungsförderungsgesetz)

- http://bgbl.makrolog.de
  Bundesgesetz über individuelle Förderung der Ausbildung vom 26. August 1971 (BGBl. I S. 1409), in der Fassung der Bekanntmachung vom 6. Juni 1983 (BGBl. I S. 645, ber. 1680); zuletzt geändert durch das 20. BAföGÄndG vom 07.05.1999. Das Gesetz kann nach einer kostenlosen Anmeldung mittels einer Suchmaske abgerufen werden.

- http://www.gesetze-aktuell.de/bafoeg.htm
  Bundesgesetz über individuelle Förderung der Ausbildung in der Fassung der Bekanntmachung vom 06. Juli 1983 (BGBl. I S. 645, 1680) zuletzt geändert durch Art. 1 BaföG-Änderungsgesetzes vom 07. Mai 1999 (BGBl. I S. 850).

BArchG (Bundesarchivgesetz)

- http://www.datenschutz-berlin.de/gesetze/barchg/barchg.htm
  Gesetz über die Sicherung und Nutzung von Archivgut des Bundes vom 6. Januar 1988 (BGBl. I S. 62), zuletzt geändert durch das Gesetz vom 13. März 1992.

BAT (Bundes-Angestelltentarifvertrag; Bund, Länder, Gemeinden)

- http://www.oetv-berlin.de/info/gb/bat
  Vom 23. Februar 1961 in der Fassung des 73. Änderungstarifvertrages vom 17. Juli 1996. Tarifvertrag zur Anpassung des Tarifrechts, manteltarifliche Vorschriften (BAT-O) vom 10. Dezember 1990 in der Fassung des Tarifvertrages vom 1. Februar 1996 zur Einführung der Zusatzversorgung im Tarifgebiet Ost (TV EZV-O) und des Änderungstarifvertrages Nr. 8 vom 17. Juli 1996.

Bauforderungssicherungsgesetz

- http://www.wowi.de/info/gesetze/bauforderungssicherungsgesetz/bauforderungssicherungsgesetz.htm
  Gesetz über die Sicherung der Bauforderungen.

BauGB (Baugesetzbuch)

- http://www.datenschutz-berlin.de/gesetze/baugb/inhalt.htm
  In der Fassung vom 8. Dezember 1986 (BGBl. I S. 2253) (Auszug).

- http://www.baunet.de/baurecht/htm/baugb/index.html
  Vom 8. Dezember 1986 (BGBl. I, S. 2253) zuletzt geändert am 23. November 1994 (BGBl. I S. 3486).

BauGB-MaßnahmenG (Maßnahmengesetz zum Baugesetzbuch)

- http://www.anwalt-internet.com/sommer/baumassn.htm
  Vom 28. April 1993 (BGBl. I S. 622).

- http://www.baunet.de/baurecht/htm/baugbmas/index.html
  Vom 28. April 1993 (BGBl. I, S. 622).

- http://www.umwelt-online.de/recht/bau/baugb/bmn_gs.htm
  Maßnahmengesetz zum Baugesetzbuch vom 28. April 1993 (BGBl. I S. 622); (Auszug – Volltext kostenpflichtig).

BauNVO (Baunutzungsverordnung)

- http://www.umwelt-online.de/recht/bau/bnz_ges.htm
  Verordnung über die bauliche Nutzung der Grundstücke vom 23. Januar 1990 (BGBl. I 1990 S. 132; II 1990 S. 889, 1124; 1993 S. 466); (Auszug – Volltext kostenpflichtig).

- http://www.anwalt-internet.com/sommer/baunvo.htm
  Verordnung über die bauliche Nutzung der Grundstücke vom 23. Januar 1990 (BGBl. I 1990 S. 132), zuletzt geändert am 22. April 1993 (BGBl. I S. 466).

BaustellV (Baustellenverordnung)

- http://de.osha.eu.int/legislation/verord/baustellv.html
  Verordnung über Sicherheit und Gesundheitsschutz auf Baustellen vom 10. Juni 1998.

BBG (Bundesbeamtengesetz)

- http://www.gesetze-aktuell.de/bbg.htm
  In der Fassung der Bekanntmachung vom 31. März 1999 (BGBl. I S. 675).

BBiG (Berufsbildungsgesetz)

- http://www.compuserve.de/bc_recht/gesetze/bbig/index.html
  Vom 14. August 1969 (BGBl. I S. 1112), Stand: 08/94.

Bundesrecht

BBodSchG (Bundesbodenschutzgesetz)

- http://www.fh-kehl.de/Projekte/boden/frames_boden_burecht_04.htm
  Gesetz zum Schutz vor schädlichen Bodenveränderungen und zur Sanierung von Altlasten vom 17. März 1998 (BGBl. I S. 502).

- http://www.umwelt-online.de/recht/boden/bbsg_ges.htm
  Gesetz zum Schutz vor schädlichen Bodenveränderungen und zur Sanierung von Altlasten vom 17. März 1998 (BGBl. I S. 502); (Auszug – Volltext kostenpflichtig).

BBodSchVO (Bundes-Bodenschutz- und Altlastenverordnung)

- http://www.bgbl.makrolog.de
  Vom 12.07.1999. Nach einer kostenlosen Anmeldung kann die Bundes-Bodenschutz- und Altlastenverordnung auf dem Server „makrolog.de" vom Bundesgesetzblatt Heft 36, S. 1554 abgerufen werden.

- http://www.bmu.de/infos/download/b_boden.htm
  Die Bundesbodenschutzverordnung vom 09.09.98 kann in verschiedenen Formaten (EXE 197 KB, ZIP 140 KB, PDF 167 KB) von den Internet-Seiten des Bundesministeriums für Umwelt, Naturschutz und Reaktorsicherheit downgeloadet werden. Zusätzlich steht die Begründung des Verordnungsentwurfs zur Verfügung.

BDSG (Bundesdatenschutzgesetz)

- http://www.online-recht.de/vorges.html?BDSG
  Artikel 1 des Gesetzes zur Fortentwicklung der Datenverarbeitung und des Datenschutzes vom 20. Dezember 1990 (BGBl. I S. 2954), zuletzt geändert durch Art. 2 Abs. 5 des Begleitgesetzes zum Telekommunikationsgesetz (BegleitG) vom 17. Dezember 1997 (BGBl. I S. 3108).

- http://www.bfd.bund.de/information/info1/info1.htm
  Text und Erläuterung; Stand April 1998.

- http://www.compuserve.de/bc_recht/gesetze/bdsg/index.html
  Artikel 1 des Gesetzes zur Fortentwicklung der Datenverarbeitung und des Datenschutzes vom 20. Dezember 1990 (BGBl. I S. 2954, 2955), Stand: 06/94.

- http://www.datenschutz-berlin.de/recht/de/bdsg/bdsg1.htm
  Vom 20. Dezember 1990 (BGBl. I, S. 2954), zuletzt geändert durch Art. 2 Abs. 5 des Begleitgesetzes zum Telekommunikationsgesetz (BegleitG) vom 17. Dezember 1997 (BGBl. I S. 3108).

- http://www.netlaw.de/gesetze/bdsg.htm
  Artikel 1 des Gesetzes zur Fortentwicklung der Datenverarbeitung und des Datenschutzes vom 20. Dezember 1990, (BGBl. I S. 2954, 2955), zuletzt geändert durch das Gesetz zur Neuordnung des Postwesens und der Telekommunikation vom 14. September 1994 (BGBl. I S. 2325).

- http://www.rewi.hu-berlin.de/Gesetze/bdsg.html
  Artikel 1 des Gesetzes zur Fortentwicklung der Datenverarbeitung und des Datenschutzes vom 20. Dezember 1990, BGBl. I S. 2954, 2955, zuletzt geändert durch das Gesetz zur Neuordnung des Postwesens und der Telekommunikation vom 14. September 1994, BGBl. I S. 2325.

BeamtVG (Beamtenversorgungsgesetz)

- http://www.jura.uni-sb.de/BGBl/TEIL1/1994/19943859.1.HTML
  Gesetz über die Versorgung der Beamten und Richter in Bund und Ländern (BGBl. I 1994 S. 3859).

- http://www.gesetze-aktuell.de/beamtvg.htm
  Gesetz über die Versorgung der Beamten und Richter in Bund und Ländern in der Fassung der Bekanntmachung vom 16. März 1999 (BGBl. I S. 322, 847, 2033), geändert durch Art. 6 des Bundesbesoldungs- und -versorgungsanpassungsgesetzes 1999 vom 19. November 1999 (BGBl. I S. 2198).

Befugnisse des Petitionsausschusses des Deutschen Bundestages

- http://www.fen.baynet.de/~na1723/law/peti.html
  Gesetz nach Artikel 45c des Grundgesetzes.

BerRehaG (Berufliches Rehabilitierungsgesetz)

- http://www.gesetze-aktuell.de/berrehag.htm
  Gesetz über den Ausgleich beruflicher Benachteiligungen für Opfer politischer Verfolgung im Beitrittsgebiet in der Fassung der Bekanntmachung vom 01. Juli 1997 (BGBl. I S. 1625).

BetrAVG (Gesetz zur betrieblichen Altersversorgung)

- http://www.hoefer-muelheim.de/gesetz.htm
  Das Gesetz zur betrieblichen Altersversorgung vom 19.12.74 (BGBl. I, S. 3610), geändert durch die Gesetze vom 29.03.83 (BGBl. I, S. 377), 28.11.83 (BGBl. I, S. 1377), 13.04.84 (BGBl. I, S. 601), 20.02.86 (BGBl. I, S. 297), 08.12.86 (BGBl. I, S. 2317), 18.12.89 (BGBl. I, S. 2261), durch den Einigungsvertrag vom 31.08.90 (BGBl. II, S. 889/1024) sowie durch die Gesetze vom 25.02.92 (BGBl. I, S. 297), 21.07.94 (BGBl. I, S. 1630), 05.10.94 (BGBl. I, S. 2911) in der Fassung vom 16.12.97 (BGBl. I, S. 2998) kann auf den Internet-Seiten der Höfer Vorsorge Management eingesehen werden.

Betreuungsrechtänderungsgesetz

- http://www.ruhr-uni-bochum.de/zme/Lexikon/btaendg.htm
  Gesetzesneufassung vom 25.06.1998 (BGBl. I. S. 1580).

NORMEN/NATIONAL

Bundesrecht | Normen von A bis Z

BetrVG (Betriebsverfassungsgesetz)

- http://www.bma.de/de/asp/gesetze/show.asp
  Betriebsverfassungsgesetz, zuletzt geändert durch Gesetz vom 19.12.1998 zum Download im PDF-Format.

BeurkG (Beurkundungsgesetz)

- http://www.gesetze-aktuell.de/beurkg.htm
  Vom 28. August 1969 (BGBl. I S. 1513), zuletzt geändert durch Art. 14 § 5 des Gesetzes vom 16. Dezember 1997 (BGBl. I S. 2942).

- http://www.compuserve.de/bc_recht/gesetze/beurkg/index.html
  Stand: Anfang 1995.

BewG (Bewertungsgesetz)

- http://www.compuserve.de/bc_recht/gesetze/bewg/index.html
  Stand: Anfang 1995.

BFG (Beweissicherungs- und Feststellungsgesetz)

- http://www.snafu.de/~mf/ealgforum/normen/bfg.htm
  Gesetz über die Beweissicherung und Feststellung von Vermögensschäden in der sowjetischen Besatzungszone Deutschlands und im Sowjetsektor von Berlin (Beweissicherungs- und Feststellungsgesetz) in der Fassung der Bekanntmachung vom 1. Oktober 1969 (BGBl. I S. 1897), zuletzt geändert durch Art. 15 des Gesetzes vom 17. Dezember 1990 (BGBl. I S. 2809), mit Wirkung vom 31. Juli 1992 aufgehoben (vgl. Art. 3a Nr. 1 des Gesetzes vom 24. Juli 1992 – BGBl. I S. 1389) – Auszug (§§ 1, 8, 14, 15, 16, 17, 18).

BGB (Bürgerliches Gesetzbuch)

- http://members.aol.com:/gesetz2000/webdoc38.htm#
  BürgerlichesGesetzbuchzumFamilienrecht
  Auszug; Familienrecht, §§ 1353–1717. Letzte Aktualisierung der Seite am 25. Mai 1999.

- http://www.compuserve.de/bc_recht/gesetze/bgb/index.html
  Vom 18.08.1896 (RGBl S. 195).

BildscharbV (Bildschirmarbeitsverordnung)

- http://www.bma.de/download/gesetze/Bildschirmarbeit.htm
  Verordnung über Sicherheit und Gesundheitsschutz bei der Arbeit an Bildschirmgeräten.

BImSchG (Bundesimmissionsschutzgesetz)

- http://www.compuserve.de/bc_recht/gesetze/bimschg/index.html
  Gesetz zum Schutz vor schädlichen Umwelteinwirkungen durch Luftverunreinigungen, Geräusche, Erschütterungen und ähnliche Vorgänge vom 15. März 1974

(BGBl. S. 721, 1193) in der Fassung der Bekanntmachung vom 14. Mai 1990 (BGBl. S. 880); (Stand: 02/94).

BImSchG (Bundesimmissionsschutzgesetz)

– http://www.umwelt-online.de/recht/luft/bimschg/bim_ges.htm
 Gesetz zum Schutz vor schädlichen Umwelteinwirkungen, durch Luftverunreinigungen, Geräusche, Erschütterungen und ähnliche Vorgänge in der Fassung vom 14. Mai 1990 (BGBl. I S. 880, 1193; ...; 1997 S. 808; 1998 S. 510, S. 3178); (Auszug – Volltext kostenpflichtig).

BImSchV 12. VO (Störfall-Verordnung)

– http://www.umwelt-online.de/recht/anlasi/sicher/12bv_ges.htm
 Zwölfte Verordnung zur Durchführung des Bundes-Immissionsschutzgesetzes 12. BImSchV – Störfall-Verordnung in der Fassung der Bekanntmachung vom 20. September 1991 (BGBl. I S. 1891; 1993 S. 1782, 2049; 1998 S. 723); (Auszug; Volltext kostenpflichtig).

BJagdG (Bundesjagdgesetz)

– http://www.gesetze-aktuell.de/bjagdg.htm
 In der Fassung der Bekannmachung vom 29. September 1976 (BGBl. I S. 2849), zuletzt geändert durch Art. 4 Abs. 10 des Sechsten Gesetzes zur Reform des Strafrechts vom 26. Januar 1998 (BGBl. I S. 164).

BKAG (Bundeskriminalamtgesetz)

– http://www.datenschutz-berlin.de/gesetze/sonstige/bkag.htm
 Gesetz über das Bundeskriminalamt und die Zusammenarbeit des Bundes und der Länder in kriminalpolizeilichen Angelegenheiten in der Fassung vom 7. Juli 1997 (BGBl. I S. 1650), Bundesgesetzblatt Jahrgang 1997 Teil I Nr. 46, ausgegeben zu Bonn am 10. Juli 1997.

BKatV (Bußgeldkatalog-Verordnung)

– http://www.bg-dvr.de/FAKTEN/VERKEHR/BUSSGLD/par00.htm
 Verordnung über Regelsätze für Geldbußen und über die Anordnung eines Fahrverbots wegen Ordnungswidrigkeiten im Straßenverkehr vom 4. Juli 1989 (BGBl. I S. 1305, bereinigt S. 1447), zuletzt geändert durch VO vom 25. Juni 1998 (BGBl. I S. 1654).

BKGG (Bundeskindergeldgesetz)

– http://www.gesetze-aktuell.de/bkkg.htm
 In der Fassung der Bekanntmachung vom 22. April 1999 (BGBl. I S. 770).

– http://bgbl.makrolog.de
 Stand 10.05.1999. Nach einer kostenlosen Anmeldung kann das BKGG (Heft 26, 1999, S. 1062) mittels einer Suchmaske abgerufen werden.

Bundesrecht

Normen von A bis Z

BNatSchG (Bundesnaturschutzgesetz)

- http://www.compuserve.de/bc_recht/gesetze/bnatschg/index.html
  Gesetz über Naturschutz und Landschaftspflege vom 20. Dezember 1976 (BGBl. I 1976 S. 3574 und 1977 S. 650) in der Fassung der Bekanntmachung vom 12. März 1987 (BGBl. I S. 889);Stand 03/94.

- http://www.umwelt-online.de/recht/natursch/bng/bng_ges.htm
  Gesetz über Naturschutz und Landschaftspflege in der Fassung vom 21. September 1998 (BGBl. I 1998 S. 2994); (Auszug – Volltext kostenpflichtig).

BO (Berufsordnung der Rechtsanwälte)

- http://www.kanzlei.de/berufo.htm
  Vom 29. November 1996, seit 11. März 1997 in Kraft.

BörsenG (Börsengesetz)

- http://www.compuserve.de/bc_recht/gesetze/boerseng/index.html
  Vom 22. Juni 1896 (RGBl. S. 157); Stand: 01/95.

BPersVG (Bundespersonalvertretungsgesetz)

- http://www.fen.baynet.de/~na1723/law/bpersvg.html

BRAGO (Bundesgebührenordnung für Rechtsanwälte)

- http://www.kanzlei.de/brago0.htm

- http://www.compuserve.de/bc_recht/gesetze/brago/index.html
  Stand: Anfang 1995.

BRAO (Bundesrechtsanwaltsordnung)

- http://www.compuserve.de/bc_recht/gesetze/brao/index.html
  Vom 1. August 1959 (BGBl. I 1959, S. 565); Stand: 04/95.

BRRG (Beamtenrechtsrahmengesetz)

- http://www.gesetze-aktuell.de/brrg.htm
  Rahmengesetz zur Vereinheitlichung des Beamtenrechts in der Fassung der Bekanntmachung vom 31. März 1999 (BGBl. I S. 654).

BSAVfV (Verordnung über Verfahren vor dem Bundessortenamt)

- http://transpatent.com/gesetze/sortschv.html
  Stand: Oktober 1998; vom 30. Dezember 1985 (BGBl. I 1986 S. 23) mit den Änderungen vom 18. Dezember 1986 (BGBl. I S. 2527), vom 11. Mai 1988 (BGBl. I S. 595), vom 27. Juli 1988 (BGBl. I S. 1192), vom 27. April 1993 (BGBl. I S. 548),vom 7. November 1994 (BGBl. I S. 3493) und vom 5. Oktober 1998 (BGBl. I S. 3134); in Kraft ab 14.10.1998.

NORMEN/NATIONAL

Normen von A bis Z — Bundesrecht

BSHG (Bundessozialhilfegesetz)

- http://www.bgbl.makrolog.de
  Im Bundesgesetzblatt Jahrgang 1999, Bd. 34, S. 1442 findet man das siebte Gesetz zur Änderung des Bundessozialhilfegesetzes vom 25.06.1999. Zugriff auf den Gesetzestext erhält man mittels einer Suchmaske nach einer kostenlosen Anmeldung.

- http://www.thema-altenpflege.de/gesetze/bshg.htm
  Vom 30. Juni 1961 (BGBl. I S. 815) in der Fassung der Bekanntmachung vom 23. März 1994 (BGBl. I S. 646).

BStatG (Bundesstatistikgesetz)

- http://www.datenschutz-berlin.de/recht/de/rv/bildung/bstatg.htm
  Gesetz über die Statistik für Bundeszwecke vom 22. Januar 1987 (BGBl. I, S. 462, 565), zuletzt geändert durch Artikel 2 des Gesetzes zur Durchführung der Verordnung (EWG) Nr.2186/93 des Rates vom 22. Juli 1993 über die innergemeinschaftliche Koordinierung des Aufbaus von Unternehmensregistern für statistische Verwendungszwecke vom 16. Juni 1998 (BGBl. I, S. 1300).

BTMG (Betäubungsmittelgesetz)

- http://www.compuserve.de/bc_recht/gesetze/btmg/index.html
  Stand: Anfang 1995.

Btx-Staatsvertrag (Staatsvertrag über Bildschirmtext)

- http://www.datenschutz-berlin.de/gesetze/berlin/medien/btx.htm
  Zuletzt geändert durch Artikel 6 des dritten Staatsvertrages zur Änderung rundfunkrechtlicher Staatsverträge vom 12. Dezember 1996 (GVBl. S. 525), am 31. Juli 1997 außer Kraft getreten (§ 23 Abs. 3 des Mediendienstestaatsvertrages).

BundesbesoldungsG (Bundesbesoldungsgesetz)

- http://www.fen.baynet.de/~na1723/law/bbesoldg.html

BUrlG (Bundesurlaubsgesetz)

- http://www.bma.bund.de/download/gesetze/BUrlG.htm
  In der im Bundesgesetzblatt Teil III, Gliederungsnummer 800-4, veröffentlichten bereinigten Fassung, zuletzt geändert durch Artikel 8 des Gesetzes vom 19. Dezember 1998 (BGBl. I S. 3843).

BV 2. VO (2. Berechnungsverordnung)

- http://www.wowi.de/info/gesetze/IIbv/2.berechnungsverordnung.htm
  Verordnung über wohnungswirtschaftliche Berechnungen.

Bundesrecht

BVerfGG (Bundesverfassungsgerichtsgesetz)

- http://www.gesetze-aktuell.de/bverfgg.htm
  Gesetz über das Bundesverfassungsgericht in der Fassung der Bekanntmachung vom 11. August 1993 (BGBl. I S. 1473), zuletzt geändert durch Art. 1 des Gesetzes vom 16. Juli 1998 (BGBl. I S. 1823).

- http://www.compuserve.de/bc_recht/gesetze/bverfgg/index.html
  Gesetz über das Bundesverfassungsgericht in der Fassung der Bekanntmachung vom 11.08.1993 (BGBl. I S. 1473); Stand: Anfang 1995.

- http://www.bpb.de/online/html/body_bverfgg_inhalt.html
  Gesetz über das Bundesverfassungsgericht in der Fassung der Bekanntmachung vom 11. August 1993 im PDF-Format zum Download.

BVerfSchG (Bundesverfassungsschutzgesetz)

- http://www.verfassungsschutz.de/bverfg.htm
  Gesetz über die Zusammenarbeit des Bundes und der Länder in Angelegenheiten des Verfassungsschutzes und über das Bundesamt für Verfassungsschutz, verkündet als Artikel 2 des Gesetzes zur Fortentwicklung der Datenverarbeitung und des Datenschutzes vom 20. Dezember 1990 (BGBl. I S. 2954), geändert durch § 38 Abs. 2 SicherheitsüberprüfungsG vom 20. April 1994 (BGBl. I S. 867).

- http://www.datenschutz-berlin.de/gesetze/bverfsch/bverfsch.htm
  Gesetz über die Zusammenarbeit des Bundes und der Länder in Angelegenheiten des Verfassungsschutzes und über das Bundesamt für Verfassungschutz vom 29. Dezember 1990 (BGBl. I S. 2970).

BWG (Bundeswahlgesetz)

- http://www.datenschutz-berlin.de/gesetze/bwg/bwg.htm
  Zuletzt wurde die Seite geändert am 05.02.97.

- http://www.gesetze-aktuell.de/bwg.htm
  In der Fassung der Bekanntmachung vom 23. Juli 1993 (BGBl. I S. 1288), zuletzt geändert durch das Gesetz über die allgemeine und die repräsentative Wahlstatistik bei der Wahl zum Deutschen Bundestag und bei der Wahl der Abgeordneten des Europäischen Parlaments aus der Bundesrepublik Deutschland vom 21. Mai 1999 (BGBl. I S. 1023).

BWO (Bundeswahlordnung)

- http://www.gesetze-aktuell.de/bwo.htm
  In der Fassung der Bekanntmachung vom 8. März 1994 (BGBl. I S. 495), zuletzt geändert durch das Gesetz über die allgemeine und die repräsentative Wahlstatistik bei der Wahl zum Deutschen Bundestag und bei der Wahl der Abgeordneten des Europäischen Parlaments aus der Bundesrepublik Deutschland vom 21. Mai 1999 (BGBl. I S. 1023).

NORMEN/NATIONAL

Normen von A bis Z Bundesrecht

BZRG (Bundeszentralregistergesetz)

– http://www.datenschutz-berlin.de/recht/de/rv/szprecht/bzrg.htm
 Gesetz über das Zentralregister und das Erziehungsregister in der Fassung der Bekanntmachung vom 21. September 1984 (BGBl. I, S. 1229, 1985 I, S. 195), zuletzt geändert durch Artikel 6 des Gesetzes zur Änderung der Bundesrechtsanwaltsordnung, der Patentordnung und anderer Gesetze vom 31. August 1998 (BGBl. I, S. 2600).

– http://www.compuserve.de/bc_recht/gesetze/bzrg/index.html
 Gesetz über das Zentralregister und das Erziehungsregister; Stand: Anfang 1995.

ChemG (Chemikaliengesetz)

– http://www.umwelt-online.de/recht/gefstoff/chemikal.ges/chg_ges.htm
 Gesetz zum Schutz vor gefährlichen Stoffen in der Fassung vom 25. Juli 1994 (BGBl. I 1994 S. 1703;1994 S. 1963; 1994 S. 2705; 1997 S. 1060; 1998 S. 969); (Auszug – Volltext kostenpflichtig).

DarlehensV (Darlehensverordnung)

– http://www.gesetze-aktuell.de/darlehensv.htm
 Verordnung über die Einziehung der nach dem Bundesausbildungsförderungsgesetz geleisteten Darlehen in der Fassung der Bekanntmachung vom 28. Oktober 1983 (BGBl. I 1983 S. 1340), zuletzt geändert durch Art. 3 des Gesetzes vom 7. Mai 1999 (BGBl. I 1999 S. 850).

DBBG (Gesetz über die Deutsche Bundesbank)

– http://www.compuserve.de/bc_recht/gesetze/dbbg/index.html
 Vom 26. Juli 1957 (BGBl. I 1957 S. 745) in der Fassung der Bekanntmachung vom 22.Oktober 1992 (BGBl. I S. 1782); Stand: 04/95.

DepotG (Depotgesetz)

– http://www.compuserve.de/bc_recht/gesetze/depotg/index.html
 Gesetz über die Verwahrung und Anschaffung von Wertpapieren vom 4. Februar 1937 (RGBl. I 1937, S. 171) in der Fassung der Bekanntmachung vom 11. Januar 1995 (BGBl. I S. 34); Stand: 04/95.

DNA-IFG (DNA-Identitätsfeststellungsgesetz)

– http://www.datenschutz-berlin.de/recht/de/rv/szprecht/dna.htm
 In das DNA-Identitätsfeststellungsgesetz vom 7. September 1998 (BGBl. I, S. 2646) wurden durch das Gesetz zur Änderung des DNA-Identitätsfeststellungsgesetzes vom 2. Juni 1999 (BGBl. I, S. 1242) ergänzend neue Paragraphen aufgenommen. Zu finden ist die Neufassung auf der Internet-Seite des Berliner Datenschutzbeauftragten.

DPMAVwkostV (Verordnung über Kosten beim Deutschen Patent- und Markenamt)

- http://transpatent.com/gesetze/vwkostv.html
  Vom 15. Oktober 1991 (BGBl. I S. 2013), Stand: Dezember 1998 – in der Fassung der Änderungen vom 1. April 1993 (BGBl. I S. 490), vom 12. September 1994 (BGBl. I S. 2400), vom 1. Februar 1995 (BGBl. I S. 144), vom 19. November 1995 (BGBl. I S. 1526), vom 11. Oktober 1996 (BGBl. I S. 1515) und vom 13. November 1998 (BGBl. I S. 3426).

Druckluftverordnung

- http://de.osha.eu.int/legislation/verord/druckluft.htm
  Verordnung über Arbeiten in Druckluft (Druckluftverordnung) vom 4. Oktober 1972 (BGBl. I S. 1909), letzte Änderung vom 19. Juni 1997 (BGBl. I S. 1384).

Düngemittelgesetz

- http://www.umwelt-online.de/recht/lebensmt/dmg_ges.htm
  Vom 15. November 1977 (BGBl. I S. 2134; 1989 S. 1435; 1994 S. 2705), (BGBl. III 7820-2); (Auszug – Volltext kostenpflichtig).

DVAuslG (Durchführungsverordnung Ausländergesetz)

- http://www.gesetze-aktuell.de/dvauslg.htm
  Verordnung zur Durchführung des Ausländergesetzes vom 18. Dezember 1990 (BGBl. I S. 2983), zuletzt geändert durch Verordnung vom 21. Mai 1999 (BGBl. I S. 1038).

DWD-Gesetz (Deutscher Wetterdienst Gesetz)

- http://www.gesetze-aktuell.de/dwd.htm
  Gesetz über den Deutschen Wetterdienst vom 10. September 1998 (BGBl. I S. 2871).

EGHGB (Einführungsgesetz zum Handelsgesetzbuch)

- http://www.gesetze-aktuell.de/eghgb.htm
  Vom 10. Mai 1897 (RGBl. S. 437), zuletzt geändert durch Art. 6 des Gesetzes zur Änderung des Einführungsgesetzes zur Insolvenzordnung und anderer Gesetze vom 19. Dezember 1998 (BGBl. I S. 3836).

EheG (Ehegesetz)

- http://www.kanzlei.de/eheg.htm

- http://www.compuserve.de/bc_recht/gesetze/eheg/index.html
  Stand: Anfang 1995.

NORMEN/NATIONAL

Normen von A bis Z — Bundesrecht

EigZulG (Eigenheimzulagengesetz 1997)

– http://www.steuernetz.de/gesetze/eigzulg/19990324/index.html
  Das Eigenheimzulagengesetz in der Fassung der Bekanntmachung vom 26. März 1997 (BGBl. I 1997 S. 734), zuletzt geändert durch Artikel 14 des Steuerentlastungsgesetzes 1999/2000/2002 vom 24. März 1999 (BGBl. I 1999 S. 402) auf den Seiten von Steuernetz.de, Verlagsgruppe Praktisches Wissen.

– http://www.wowi.de/info/gesetze/eigenheimzulagegesetz/eigenheimzulagegesetz.htm
  Eigenheimzulagengesetz vom 15. Dezember 1995 (BGBl. I. S. 1783) in der Fassung vom 30. Januar 1996 (BGBl. I S. 113), zuletzt geändert am 20. Dezember 1996 (BGBl. I S. 2049).

ELFG (Erblastentilgungsfonds-Gesetz)

– http://www.gesetze-aktuell.de/elfg.htm
  Das Gesetz über die Errichtung eines Erblastentilgungsfonds in der Fassung vom 16. August 1999 (BGBl. I S. 1882).

EMVG (Elektromagnetische Verträglichkeit-Gesetz)

– http://www.fen.baynet.de/~na1723/law/emvg.html
  Gesetz über die elektromagnetische Verträglichkeit von Geräten vom 18. September 1998.

– http://www.gesetze-aktuell.de/emvg.htm
  Vom 18. September 1998 (BGBl. I S. 2882).

EnEG (Energieeinsparungsgesetz)

– http://www.baunet.de/baurecht/htm/eneg/index.html
  Vom 22. Juli 1976 (BGBl. I S. 1873) zuletzt geändert am 20. Juni 1980 (BGBl. I S. 701).

– http://www.umwelt-online.de/recht/energie/eneg_ges.htm
  Gesetz zur Einsparung von Energie in Gebäuden vom 22. Juli 1976 (BGBl. I S. 1873, zuletzt geändert BGBl. I 1980 S. 701); (Auszug – Volltext kostenpflichtig).

EntFZG (Entgeltfortzahlungsgesetz)

– http://www.gesetze-aktuell.de/entgelt.htm
  Vom 26. Mai 1994 (BGBl. I S. 1014, 1065), zuletzt geändert durch Artikel 7 des Gesetzes vom 19. Dezember 1998 (BGBl. I S. 3843).

EntschG (Entschädigungsgesetz)

– http://www.snafu.de/~mf/ealgforum/normen/entschgfr.htm
  Gesetz über die Entschädigung nach dem Gesetz zur Regelung offener Vermögensfragen i. d. F. des Entschädigungs- und Ausgleichsleistungsgesetzes vom 27. September 1994 (BGBl. I S. 2624), zuletzt geändert durch Artikel 7 des Gesetzes vom 15. Juni 1998 (BGBl. I S. 1252); Stand 15. Juni 1998.

Bundesrecht

NORMEN/NATIONAL

Normen von A bis Z

EnWG (Energiewirtschaftsgesetz)

- http://www.umwelt-online.de/recht/energie/enw_ges.htm
  Gesetz über die Elektrizitäts- und Gasversorgung in der Fassung vom 24. April 1998 (BGBl. I S. 730); (Auszug – Volltext kostenpflichtig).

Erbbaurechts-Verordnung

- http://www.wowi.de/info/gesetze/erbbaurechtvo/erbbaurechtsverordnung.htm

ErbStR (Erbschaftssteuerrichtlinien)

- http://www.beck.de/rsw/zeitschr/zev/Extras/index.html
  Allgemeine Verwaltungsvorschriften zur Anwendung des Erbschaftssteuer- und Schenkungssteuerrechts.

ErfBenVO (Erfinderbenennungsverordnung)

- http://transpatent.com/gesetze/erfbenv.html
  Verordnung über die Benennung des Erfinders vom 29. Mai 1981 (BGBl. I S. 525); Stand: April 1998.

ErstrG (Erstreckungsgesetz)

- http://transpatent.com/gesetze/erstrg.html
  Gesetz über die Erstreckung von gewerblichen Schutzrechten vom 23. April 1992 (BGBl. I 1992 S. 931) mit den Änderungen vom 30. August 1994 (BGBl. II S. 1439) und vom 22. Dezember 1997 (BGBl. I S. 3239) sowie Voranzeige der Änderungen durch das 2. PatGÄndG – Artikel 7 – vom 16. Juli 1998, in Kraft ab 1. Januar 2000 (BGBl. I, S. 1834); Stand: November 1998.

EStG (Einkommenssteuergesetz)

- http://www.compuserve.de/bc_recht/gesetze/estg/index.html
  Stand: Anfang 1995.

EuroEG, Drittes (Drittes Euro-Einführungsgesetz)

- http://www.bundesfinanzministerium.de/infos/eurogeld/index.htm
  Vom 16.12.1999 (geändert am: 28.12.1999) als Word-Format als ZIP-File 32 KB und RTF-Format als ZIP-File 30 KB zum Download.

FAG (Gesetz über Fernmeldeanlagen)

- http://www.compuserve.de/bc_recht/gesetze/fag/index.html
  In der Fassung der Bekanntmachung vom 14.01.1928 (RGBl I S. 8); Stand: 06/94.

- http://www.anwalt.de/NORMEN/fag.htm
  In der Fassung der Bekanntmachung vom 3. Juli 1989 (BGBl. I S. 1455), geändert durch Art. 5 PostneuordnungsG v. 14.09.1994 (BGBl. I S. 2325) und Art. 47 MarkenrechtsreformG v. 25.10.1994 (BGBl. I S. 3082), (BGBl. III 9020-1).

FamRAendG (Familienrechtsänderungsgesetz)

- http://www.compuserve.de/bc_recht/gesetze/famraend/index.html
  Gesetz zur Vereinheitlichung und Änderung familienrechtlicher Vorschriften, Stand: Anfang 1995.

FBeitrV (Frequenznutzungbeitragsverordnung)

- http://www.fen.baynet.de/~na1723/comm/T1.html
  Download als ZIP-Datei im WinWord-Format (5 KB).

FeV (Fahrerlaubnisverordnung)

- http://www.anwalt-hls.de/fahr/fevinh.htm
  Die Seite wurde zuletzt bearbeitet am 17.11.99 (Auszug).

FFG (Filmförderungsgesetz)

- http://www.gesetze-aktuell.de/ffg.htm
  Gesetz über Maßnahmen zur Förderung des deutschen Films in der Fassung der Bekanntmachung vom 06. August 1998 (BGBl. I S. 2053).

FG (Feststellungsgesetz)

- http://www.snafu.de/~mf/ealgforum/normen/fg.htm
  Gesetz über die Feststellung von Vertreibungsschäden und Kriegssachschäden i. d. F. vom 1. Oktober 1969 (BGBl. I. S. 1885) – Auszug (§§ 12, 17, 20).

FGebV (Frequenzgebührenverordnung)

- http://www.fen.baynet.de/~na1723/comm/T1.html
  Download als ZIP-Datei im WinWord-Format (8 k).

FGG (Gesetz über die Angelegenheiten der freiwilligen Gerichtsbarkeit)

- http://www.compuserve.de/bc_recht/gesetze/fgg/index.html
  Vom 17.05.1898 (RGBl S. 189); Stand: Anfang 1995.

FGO (Finanzgerichtsordnung)

- http://www.gesetze-aktuell.de/fgo.htm
  Vom 06. Oktober 1965 (BGBl. I S. 1477), zuletzt geändert durch Art. 33 Abs. 3 des Gesetzes vom 18. Juni 1997 (BGBl. I S. 1430).

Bundesrecht

FO (Fachanwaltsordnung)

- http://www.brak.de/fao99.html
  Die neue Fachanwaltsordnung in der Fassung vom 22. März 1999, in Kraft seit 1. September 1999 steht auf den Seiten der Bundesrechtsanwaltskammer zur Verfügung.

- http://www.kanzlei.de/fanwo.htm
  Vom 10. Dezember 1996, in Kraft ab 11.03.1997.

Fremdrentengesetz

- http://www.bma.de/download/gesetze/Fremdrg.htm
  Zuletzt geändert durch Artikel 8 des Arbeitsförderungs-Reformgesetzes vom 29.4.1997 (BGBl. I S. 968).

Futtermittelgesetz

- http://www.umwelt-online.de/recht/lebensmt/fmg_ges.htm
  Vom 16. Juli 1998 (BGBl. I S. 1850), letzte Änderung von 16.06.1998 (BGBl. I S. 1304); (Auszug – Volltext kostenpflichtig).

FÜV (Fernmeldeverkehr-Überwachungs-Verordnung)

- http://www.thur.de/ulf/ueberwach/
  Letzte Änderung der Seite am 12.12.96.

- http://www.datenschutz-berlin.de/recht/de/rv/tk_med/fuev.htm
  Verordnung über die technische Umsetzung von Überwachungsmaßnahmen des Fernmeldeverkehrs in Fernmeldeanlagen, die für den öffentlichen Verkehr bestimmt sind, vom 18. Mai 1995 (BGBl. I S. 722).

- http://www.netlaw.de/gesetze/fuev.htm
  Verordnung über die technische Umsetzung von Überwachungsmaßnahmen des Fernmeldeverkehrs in Fernmeldeanlagen, die für den öffentlichen Verkehr bestimmt sind vom 18. Mai 1995 (BGBl. I S. 722).

- http://www.online-recht.de/vorges.html?FUEV
  Verordnung über die technische Umsetzung von Überwachungsmaßnahmen des Fernmeldeverkehrs in Fernmeldeanlagen, die für den öffentlichen Verkehr bestimmt sind vom 18. Mai 1995 (BGBl. I S. 722).

GastG (Gaststättenverordnung)

- http://www.gesetze-aktuell.de/gaststaetteng.htm
  In der Fassung der Bekanntmachung vom 20. November 1998 (BGBl. I S. 3418).

GbmAnmV (Gebrauchsmusteranmeldeverordnung)

- http://transpatent.com/gesetze/gbmanmv.html
  Verordnung über die Anmeldung von Gebrauchsmustern vom 12. November 1986 BGBl. I, S. 1739 in der Fassung der Änderungsverordnungen vom 4. Mai

1990 (BGBl. I, S. 858), vom 12. Juni 1992 (BGBl. I, 1051), vom 21. Oktober 1992 (BGBl. I, S. 1801), vom 10. Juni 1996 (BGBl. I, S. 846), vom 27. Juni 1997 (BGBl. I, S. 1597) und der Änderungen durch das 2. PatGÄndG – Artikel 22 – vom 16. Juli 1998, in Kraft ab 1. November 1998 (BGBl. I, S. 1839); Stand: November 1998.

GBO (Grundbuchordnung)

- http://www.compuserve.de/bc_recht/gesetze/gbo/index.html
  In der Fassung der Bekanntmachung vom 05.08.1935 (RGBl. I S. 1073); Stand: Anfang 1995.

GBV (Grundbuchverfügung)

- http://rw20hr.jura.uni-sb.de/rw20/gesetze/GBV/gbvfram2.htm
  Verordnung zur Durchführung der Grundbuchordnung in der Neufassung der Bekanntmachung vom 24. Januar 1995 (BGBl. I S. 114).

GebrMG (Gebrauchsmustergesetz)

- http://www.bolex.de/gbm_g.htm
  Neufassung vom 28. August 1986 (BGBl. I S. 1455) mit den Änderungen vom 7. März 1990 (BGBl. I S. 422), vom 20. Dezember 1991 (BGBl. II S. 1354), vom 27. März 1993 (BGBl. I S. 366) und vom 2. September 1994 (BGBl. I S. 2278).

- http://transpatent.com/gesetze/gbmg.html
  Neufassung vom 28. August 1986 (BGBl. I S. 1455) mit den Änderungen vom 7. März 1990 (BGBl. I S. 422), vom 20. Dezember 1991 (BGBl. II S. 1354), vom 27. März 1993 (BGBl. I S. 366), vom 2. September 1994 (BGBl. I S. 2278) und den Änderungen durch das 2. PatGÄndG – Artikel 3 – vom 16. Juli 1998, in Kraft ab 1. November 1998 (BGBl. I S. 1832); Stand: November 1999.

GefStoffV (Gefahrstoffverordnung)

- http://www.umwelt-online.de/recht/gefstoff/gefahrst.vo/gfv_ges.htm
  Verordnung zum Schutz vor gefährlichen Stoffen vom 26. Oktober 1993; (BGBl. I S. 1782, BGBl. I S. 1870; 1994: BGBl. I S. 1416, BGBl. I S. 1689, BGBl. I S. 2557; 1996: BGBl. I S. 818, BGBl. I S. 1502; 1997: BGBl. I S. 313, BGBl. I S. 783; 1998: BGBl. I S. 1286, 3956; 1999: BGBl. I S. 50); (Auszug – Volltext kostenpflichtig).

GemVerfG (Gesetz über Finanzhilfen des Bundes zur Verbesserung der Verkehrsverhältnisse der Gemeinden)

- http://www.compuserve.de/bc_recht/gesetze/gemverfg/s1.html

GenTG (Gentechnikgesetz)

- http://www.compuserve.de/bc_recht/gesetze/gentechg/index.html
  Gesetz zur Regelung von Fragen der Gentechnik vom 20. Juni 1990 (BGBl. I S. 1080) in der Fassung der Bekanntmachung vom 16. Dezember 1993 (BGBl. I S. 2066); Stand: 02/94.

- http://www.umwelt-online.de/recht/gefstoff/gen_tech/gen_ges.htm
  Gesetz zur Regelung der Gentechnik in der Fassung vom 16. Dezember 1993 (BGBl. I 1993 S. 2066; 1994 S. 1416; 1997 S. 2390); (Auszug – Volltext kostenpflichtig).

Geschäftsordnung des Deutschen Bundesrats

- http://www.gesetze-aktuell.de/gobr.htm
  In der Fassung der Bekanntmachung vom 26. November 1993 (BGBl. I S. 2007), geändert durch die Bekanntmachung vom 25. November 1994 (BGBl. I S. 3736).

- http://www.bpb.de/online/html/body_gobt_inhalt.html
  In der Fassung der Bekanntmachung vom 2. Juli 1980 (BGBl. I S. 1237), zuletzt geändert laut Bekanntmachung vom 30. September 1995 (BGBl. I 1995 S. 1246).

Gesetz über das Verlagsrecht

- http://www.bolex.de/verl_g.htm
  Vom 19. Juni 1901, RGBl S. 217 (BGBl. III 441-1) in der Fassung der Änderungsgesetze vom 22. Mai 1910 (RGBl. S. 793), vom 9. September 1965 (BGBl. I S. 1273), vom 5. Oktober 1994 (BGBl. I S. 2911).

Gesetz über den unmittelbaren Zwang bei Ausübung öffentlicher Gewalt durch Vollzugsbeamte des Bundes

- http://www.compuserve.de/recht/gesetze/uzwg/index.html
  In der Fassung erlassen am 10. März 1961 (BGBl. I S. 165); Stand vom 31. Januar 1996.

Gesetz über die Gewährung einer jährlichen Sonderzuwendung

- http://www.gesetze-aktuell.de/sonder.htm
  In der Fassung der Bekanntmachung vom 15. Dezember 1998 (BGBl. I S. 3642).

Gesetz über die vermögensrechtlichen Verhältnisse der Bundeswasserstraßen

- http://www.bezreg-hannover.niedersachsen.de/dez502/bwaseigg.html
  Vom 21. Mai 1951 (BGBl. I S. 352).

Gesetz über die Zeitbestimmung

- http://www.compuserve.de/recht/gesetze/zeitg/index.html
  Vom 25. Juli 1978 (BGBl. I S. 1110), zuletzt geändert durch das Gesetz vom 13. September 1994 (BGBl. I S. 2322).

NORMEN/NATIONAL

Normen von A bis Z   Bundesrecht

Gesetz über die Zusammenarbeit von Bund und Ländern in Angelegenheiten der Europäischen Union

- http://www.kanzlei.de/eubd3.htm

Gesetz über internationale Patentübereinkommen

- http://transpatent.com/gesetze/gintpue.html
  Gesetz zu dem Übereinkommen vom 27. November 1963 zur Vereinheitlichung gewisser Begriffe des materiellen Rechts der Erfindungspatente, dem Vertrag vom 19. Juni 1970 über die internationale Zusammenarbeit auf dem Gebiet des Patentwesens und dem Übereinkommen vom 5. Oktober 1973 über die Erteilung europäischer Patente vom 21. Juni 1976 (BGBl. II, S. 649, 658), in der Fassung der Änderungen vom 26. Juli 1979 (BGBl. I, S. 1269), vom 15. August 1986 (BGBl. I, S. 1446), vom 20. Dezember 1991 (BGBl. II, S. 1354), vom 23. März 1993 (BGBl. I, S. 366), und geändert durch das 2. PatGÄndG – Artikel 6 – vom 16. Juli 1998, in Kraft ab 1. November 1998 (BGBl. I, S. 1833); Stand: November 1998.

Gesetz über vermögenswirksame Leistungen für Beamte, Richter, Berufssoldaten und Soldaten auf Zeit

- http://www.gesetze-aktuell.de/verm.htm
  In der Fassung der Bekanntmachung vom 15. Dezember 1998 (BGBl. I S. 3646).

Gesetz zu Korrekturen in der Sozialversicherung und zur Sicherung der Arbeitnehmerrechte

- http://www.bma.de/de/arbeit/arbeitsrecht/index.htm
  Im PDF-Format kann der aktuelle Text des Korrekturgesetzes vom 19. Dezember 1998 von den Internet-Seiten des Bundesministeriums für Arbeit abgerufen werden.

Gesetz zum Schutz deutschen Kulturgutes gegen Abwanderung

- http://www.gesetze-aktuell.de/abw.htm
  In der Fassung der Bekanntmachung vom 8. Juli 1999 (BGBl. I S. 1754).

Gesetz zum Wiener Abkommen vom 12. Juni 1973 über den Schutz typografischer Schriftzeichen und ihre internationale Hinterlegung

- http://www.compuserve.de/bc_recht/gesetze/schriftg/s1.html

Gesetz zur Neuregelung der geringfügigen Beschäftigungsverhältnisse

- http://www.bundesfinanzministerium.de/info630.htm
  Im Word-Format als ZIP-File (32 KB) oder im RTF-Format als ZIP-File (30 KB) kann der aktuelle Gesetzestext vom 24. März 1999 abgerufen werden.

Bundesrecht

Normen von A bis Z

GewO (Gewerbeordnung)

– http://www.gesetze-aktuell.de/gewo.htm
In der Fassung der Bekanntmachung vom 22. Februar 1999 (BGBl. I S. 202), zuletzt geändert durch das Gesetz zur Öffnung der Sozial- und Steuerverwaltung für den Euro vom 24. März 1999 – Zweites Euro-Einführungsgesetz – (BGBl. I S. 385).

GewStG (Gewerbesteuergesetz)

– http://www.compuserve.de/bc_recht/gesetze/gewstg/index.html
Stand: Anfang 1995.

– http://bgbl.makrolog.de
Die Neufassung des Gewerbesteuergesetzes (Stand 19.05.1999) kann nach einer kostenlosen Anmeldung mittels einer Suchmaske abgerufen werden. Die Neufassung ist veröffentlicht im BGBl. I Heft 26, 1999, S. 1010.

GG (Grundgesetz – Englische Übersetzung)

– http://www.uni-wuerzburg.de/law/gm00000_.html

GG (Grundgesetz – Französische Übersetzung)

– http://www.bundesrecht.de/Grundgesetz/

GG (Grundgesetz – Spanische Übersetzung)

– http://www.bundesrecht.de/Grundgesetz/

GG (Grundgesetz für die Bundesrepublik Deutschland)

– http://www.bpb.de/online/html/body_gg_inhalt.html
Grundgesetz für die Bundesrepublik Deutschland in der im Bundesgesetzblatt, Teil III, Gliederungsnummer 100-1, veröffentlichten bereinigten Fassung, zuletzt geändert durch das Gesetz vom 3. November 1995 (BGBl. I S. 1492) im PDF-Format zum Download.

– http://www.datenschutz-berlin.de/recht/de/gg/index.htm
Vom 23. Mai 1949 (BGBl. I S. 1), zuletzt geändert durch das Gesetz zur Änderung des Grundgesetzes am 16. Juli 1998 (BGBl. I S. 1822).

– http://www.compuserve.de/bc_recht/gesetze/gg/index.html
Stand: 10. Mai 1996.

GG G 10 (Gesetz zu Artikel 10 Grundgesetz)

– http://www.gesetze-aktuell.de/g10.htm
Gesetz zur Beschränkung des Brief-, Post- und Fernmeldegeheimnisses vom 13. August 1968 (BGBl. I S. 949), zuletzt geändert durch Art. 2 des Gesetzes zur Änderung von Vorschriften über parlamentarische Gremien vom 17. Juni 1999 (BGBl. I S. 1334).

GGBefG (Gefahrgutbeförderungsgesetz)

– http://www.umwelt-online.de/recht/gefahr.gut/ggu_ges.htm
Gesetz über die Beförderung gefährlicher Güter vom 9. Oktober 1998 (BGBl. I 1998 S. 3114, vorherige Änderung 1998 S. 2037), (BGBl. III 9241); (Auszug – Volltext kostenpflichtig).

GmbHG (GmbH-Gesetz)

– http://www.compuserve.de/bc_recht/gesetze/gmbhg/index.html
Gesetz betreffend die Gesellschaften mit beschränkter Haftung vom 20.05.1898 (RGBl S. 846); Stand: Anfang 1995.

GMusterG (Geschmacksmustergesetz)

– http://www.copat.com/mn_ges_gschmg.htm
Von 1876, zuletzt geändert am 25.10.1994.

– http://www.compuserve.de/bc_recht/gesetze/gmustg/index.html
Vom 11. Januar 1876 (RGBl. S. 11), zuletzt geändert durch Gesetz vom 23.03.1993 (BGBl. I S. 366); Stand: 02/94.

– http://www.bolex.de/gschm_g.htm
Gesetz betreffend das Urheberrecht an Mustern und Modellen vom 11. Januar 1876 (RGBl. S. 11) in der Fassung der Änderungen vom 2. März 1974 (BGBl. I 469), vom 18. Dezember 1986 (BGBl. I S. 2501), vom 7. März 1990 (BGBl. I S. 422), vom 23. März 1993 (BGBl. I S. 366), vom 2. September 1994 (BGBl. I S. 2278) und vom 25. Oktober 1994 (BGBl. I S. 3082).

– http://transpatent.com/gesetze/gschmg.html
Vom 11. Januar 1876 (RGBl. S. 11) in der Fassung der Änderungen vom 2. März 1974 (BGBl. I 469), vom 18. Dezember 1986 (BGBl. IS. 2501), vom 7. März 1990 (BGBl. I S. 422), vom 23. März 1993 (BGBl. I S. 366), vom 2. September 1994 (BGBl. I S. 2278), vom 25. Oktober 1994 (BGBl. I S. 3082) und der Änderungen durch das 2. PatGÄndG – Artikel 13 – vom 16. Juli 1998, in Kraft ab 1. November 1998 (BGBl. I S. 1836); Stand: November 1998.

Grundwasserverordnung

– http://www.umwelt-online.de/recht/wasser/gwv_ges.htm
Verordnung zur Umsetzung der Richtlinie 80/68/EWG des Rates vom 17. Dezember 1979 über den Schutz des Grundwassers gegen Verschmutzung durch bestimmte gefährliche Stoffe vom 18. März 1997 (BGBl. I 1997 S. 542); (Auszug – Volltext kostenpflichtig).

Bundesrecht

GSG (Gerätesicherheitsgesetz)

- http://www.umwelt-online.de/recht/anlasi/gsg/gsg_ges.htm
  Gesetz über technische Arbeitsmittel in der Fassung der Bekanntmachung vom 23. Oktober 1992 zuletzt geändert durch Art. 3 Nr. 1 des Gesetzes vom 24. April 1998 (BGBl. I S. 1793; 1996 S. 1019; 1998 S. 730), (BGBl. III 8053-4-10); (Auszug – Volltext kostenpflichtig).

GSGV 3. VO (Dritte Verordnung zum Gerätesicherheitsgesetz)

- http://de.osha.eu.int/legislation/verord/GSGV-3.html
  Maschinenlärminformations-Verordnung vom 18.01.1991 (BGBl. I, S. 146), letzte Änderung durch Art. 2 Abs. 3 der Verordnung vom 12.05.1993 (BGBl. I S. 704).

GSGV 6. VO (Sechste Verordnung zum Gerätesicherheitsgesetz)

- http://de.osha.eu.int/legislation/verord/GSGV-6.html
  Verordnung über das Inverkehrbringen von einfachen Druckbehältern vom 25.06.1992 (BGBl. I S. 1171) zuletzt geändert durch Artikel 4 der Verordnung vom 28.09.1995 (BGBl. I S. 1213).

GSGV 8. VO (Achte Verordnung zum Gerätesicherheitsgesetz)

- http://de.osha.eu.int/legislation/verord/8gsgv.html
  Verordnung über das Inverkehrbringen von persönlichen Schutzausrüstungen in der seit 28. Februar 1997 geltenden Fassung.

GSGV 11. VO (Elfte Verordnung zum Gerätesicherheitsgesetz)

- http://de.osha.eu.int/legislation/verord/GSGV-11.html
  Verordnung über das Inverkehrbringen von Geräten und Schutzsystemen für explosionsgefährdete Bereiche – Explosionsschutzverordnung vom 12. Dezember 1996 (BGBl. I S. 1914).

GüKG (Güterkraftverkehrsgesetz)

- http://www.transportrecht.de/guekg.htm
  Gesetz zur Reform des Güterkraftverkehrsrechts; Stand: 22. Juli 1998.

GVG (Gerichtsverfassungsgesetz)

- http://www.compuserve.de/bc_recht/gesetze/gvg/index.html
  In der Fassung der Bekanntmachung vom 09.05.1975 (BGBl. I S. 1077); Stand: Anfang 1995.

- http://www.gesetze-aktuell.de/gvg.htm
  Vom 9. Mai 1975 (BGBl. I 1975 S. 1077, zuletzt geändert durch Art. 14 des Gesetzes vom 25. August 1998 (BGBl. I 1998 S. 2489).

GvKostG (Gerichtsvollzieherkostengesetz)

– http://home.t-online.de/home/03641442805-0001/gvkostg.htm
Stand: 01.01.99.

GWB (Gesetz gegen Wettbewerbsbeschränkungen)

– http://www.bundeskartellamt.de/gwb-text.html

HAfG (Holzabsatzfondsgesetz)

– http://www.gesetze-aktuell.de/hafg.htm
Gesetz über den Holzabsatzfonds vom 06. Oktober 1998 (BGBl. I S. 3130).

Häftlingshilfegesetz

– http://www.snafu.de/~mf/ealgforum/normen/Haeftlingshilfegesetz.htm
Gesetz über Hilfsmaßnahmen für Personen, die aus politischen Gründen außerhalb der Bundesrepublik Deutschland in Gewahrsam genommen wurden (Häftlingshilfegesetz) i. d. F. der Bekanntmachung vom 2. Juni 1993 (BGBl. III 242-1) – Auszug (§§ 1, 2, 3, 9a, 10).

HalblSchAnmV (Halbleiterschutzanmeldeverordnung)

– http://transpatent.com/gesetze/topov.html
Verordnung über die Anmeldung der Topographien von mikroelektronischen Halbleitererzeugnissen vom 4. November 1987 (BGBl. I S. 2361) in der Fassung der Änderung durch das 2. PatGÄndG – Artikel 24 – vom 16. Juli 1998, in Kraft ab 1. November 1998 (BGBl. I S. 1833); Stand: November 1998.

HalblSchG (Halbleiterschutzgesetz)

– http://transpatent.com/gesetze/topoges.html
Gesetz über den Schutz der Topographien von mikroelektronischen Halbleitererzeugnissen; vom 22. Oktober 1987 (BGBl. I S. 2294) mit den Änderungen vom 7. März 1990 (BGBl. I S. 430) und durch das 2. PatGÄndG – Artikel 11 – vom 16. Juli 1998, in Kraft ab 1. November 1998 (BGBl. I S. 1836); Stand: November 1998.

HandwO (Handwerksordnung)

– http://www.gesetze-aktuell.de/handwo.htm
In der Fassung der Bekanntmachung vom 24. September 1998 (BGBl. I S. 3074).

HärteV (Härteverordnung)

– http://www.gesetze-aktuell.de/haertev.htm
Verordnung über Zusatzleistungen in Härtefällen nach dem Bundesausbildungsförderungsgesetz vom 15. Juli 1974 (BGBl. I 1974 S. 1449), zuletzt geändert durch Art. 2 des Gesetzes vom 7. Mai 1999 (BGBl. I 1999 S. 850).

NORMEN/NATIONAL

Bundesrecht — Normen von A bis Z

HaustürG (Gesetz über den Widerruf von Haustürgeschäften)
- http://www.compuserve.de/bc_recht/gesetze/haustuer/s1.html

HeizAnlV (Heizungsanlagenverordnung)
- http://www.baunet.de/baurecht/index.html
  In der Fassung vom 22. März 1994 (BGBl. I S. 613).

HeizkostenV (Verordnung über Heizkostenabrechnung)
- http://www.as-gmbh.de/tips/gesetze/bundes.htm
  Verordnung über die verbrauchsabhängige Abrechnung der Heiz- und Warmwasserkosten, Ausgegeben zu Bonn am 26. Januar 1989.

HGB (Handelsgesetzbuch)
- http://members.aol.com:/gesetz2000/webdoc42.htm
  Zuletzt überprüft und überarbeitet am 17. März 1999.

- http://www.compuserve.de/bc_recht/gesetze/hgb/index.html
  Vom 10.05.1897 (RGBl S. 219); Stand: Anfang 1995.

HKiEntÜ (Haagener Übereinkommen über die zivilrechtlichen Aspekte internationaler Kindesentführung)
- http://patriot.net/~crouch/hague.html
  Das Haagener Übereinkommen vom 25. Oktober 1980, in Deutschland am 1. Dezember 1990 in Kraft getreten. Der Text des Übereinkommens steht in englischer und französischer Sprache zur Verfügung.

HOAI (Honorarordnung für Architekten und Ingenieure)
- http://www.anwalt-internet.com/sommer/hoai.htm
  Verordnung über die Honorare für Leistungen der Architekten und der Ingenieure vom 4. März 1991 (BGBl. I S. 533), zuletzt geändert am 21. September 1995 (BGBl. I S. 1174).

HPflG (Haftpflichtgesetz)
- http://www.compuserve.de/bc_recht/gesetze/hpflg/s1.html

HRG (Hochschulrahmengesetz)
- http://www.bmbf.de/deutsch/veroeff/gesetze/hrg.htm
  Text des Hochschulrahmengesetzes in der geltenden Fassung zum Download als komprimiertes Worddokument 37 KB. Vom 26. Januar 1976 (BGBl. I S. 185), in der Fassung der Bekanntmachung vom 9. April 1987 (BGBl. I S. 1170), zuletzt geändert durch Artikel 1 des Gesetzes vom 20. August 1998 (BGBl. I S. 2190).

- http://www.compuserve.de/bc_recht/gesetze/hrg/index.html
  In der Fassung der Bekanntmachung vom 9. April 1987 (BGBl. I S. 1170).

Hypothekenbankgesetz

- http://www.gesetze-aktuell.de/hypo.htm
  Vom 09. September 1998 (BGBl. I S. 2674).

- http://www.wowi.de/info/gesetze/hypothekenbankgesetz/
  hypothekenbankgesetz.htm
  In der Fassung der Bekanntmachung vom 19.12.1990 (BGBl. I S. 2898; 7628-1).

InsO (Insolvenzordnung)

- http://www.anwalt-hls.de/insolvenz/inhalt2.htm
  Letzte Aktualisierung der Seite am 13. Juli 1999.

- http://www.jur-online.de/insol98.htm

- http://www.kanzlei-doehmer.de/webdoc39.htm
  Vom 5. Oktober 1994 (BGBl. I S. 2866) in der Fassung vom 25.08.1998 (BGBl. I S. 2489), zuletzt geändert am 19.12.1998 (BGBl. 3839). Letzte Aktualisierung der Seite am 4. Februar 1999.

- http://rw20hr.jura.uni-sb.de/rw20/gesetze/insolvo/insfram2.htm
  Vom 5. Oktober 1994, Geltung seit 1. Januar 1999.

InsVV (Insolvenzrechtliche Vergütungsverordnung)

- http://www.bgbl.makrolog.de
  Die insolvenzrechtliche Vergütungsverordnung vom 19. August 1998 findet sich im Bundesgesetzblatt Jahrgang 1998, Teil I. Nr. 54, Seite 2205. Die Internet-Seiten können nach einer kostenlosen Anmeldung mittels einer Suchfunktion aufgerufen werden.

InvZulG 1996 (Investitionszulagengesetz 1996)

- http://www.wowi.de/info/gesetze/invzulg96/investitionszulagengesetz%201996.htm
  Investitionszulagengesetz 1996 (InvZulG 1996) in der Fassung der Bekanntmachung vom 22. Januar 1996 (BGBl. I S. 60, BStBl. I S. 107).

InvZulG 1999 (Investitionszulagengesetz 1999)

- http://www.wowi.de/info/gesetze/invzulg/investitionszulagengesetz.htm
  In der Fassung des Artikels 1 des Gesetzes zur Fortsetzung der wirtschaftlichen Förderung in den neuen Ländern (vorbehaltlich der Genehmigung der Kommission der Europäischen Gemeinschaften) mit Übersicht.

IuKDG (Informations- und Kommunikationsdienste-Gesetz)

- http://www.kanzlei.de/iukdg.htm
  Entwurf zum Informations- und Kommunikationsdienste-Gesetz, Artikel 2 zum Entwurf, Artikel 3 zum Entwurf und Artikel 4 zum Entwurf des Informations- und Kommunikationsdienste-Gesetzes.

Bundesrecht

- http://www.netlaw.de/gesetze/iukdg.htm
  Gesetz zur Regelung der Rahmenbedingungen für Informations- und Kommunikationsdienste in der Fassung des Beschlusses des Deutschen Bundestages vom 13. Juni 1997.

- http://www.online-recht.de/vorges.html?IuKDG
  Gesetz zur Regelung der Rahmenbedingungen für Informations- und Kommunikationsdienste in der Fassung des Beschlusses des Deutschen Bundestages vom 13. Juni 1997 (BT-Drs. 13/7934 vom 11.06.1997).

- http://www.uni-muenster.de/Jura.itm/netlaw/iukdg.html
  Gesetz zur Regelung der Rahmenbedingungen für Informations- und Kommunikationsdienste in der Fassung des Beschlusses des Deutschen Bundestages vom 13. Juni 1997.

JArbSchG (Jugendarbeitsschutzgesetz)

- http://www.bma.de/download/gesetze/jugend.htm
  Gesetz zum Schutze der arbeitenden Jugend vom 12. April 1976 (BGBl. I S. 965), zuletzt geändert durch Gesetz vom 24. Februar 1997 (BGBl. I S. 311).

- http://www.fen.baynet.de/~na1723/law/jarbschg.html
  Gesetz zum Schutze der arbeitenden Jugend vom 12. April 1976 (BGBl. I S. 965) zuletzt geändert am 24. Februar 1997 durch Artikel 1 des Zweiten Gesetzes zur Änderung des Jugendarbeitsschutzgesetzes (BGBl. I S. 311).

- http://www.umwelt-online.de/recht/arbeitss/arbsch/jus_ges.htm
  Gesetz zum Schutze der arbeitenden Jugend vom 12. April 1976 (BGBl. I S. 965; 1997 S. 1607; 1998 S. 188); (Auszug – Volltext kostenpflichtig).

JGG (Jugendgerichtsgesetz)

- http://www.compuserve.de/bc_recht/gesetze/jgg/index.html
  Stand: Anfang 1995.

- http://www.datenschutz-berlin.de/recht/de/rv/szprecht/jgg/index.htm
  In der Fassung der Bekanntmachung vom 11. Dezember 1974 (BGBl. I, S. 3427), zuletzt geändert durch Artikel 3 des Gesetzes zur Bekämpfung von Sexualdelikten und anderen gefährlichen Straftaten vom 26. Januar 1998 (BGBl. I, S. 160).

KatSchErwG (Gesetz über die Erweiterung des Katastrophenschutzes)

- http://www.umwelt-online.de/recht/allgemei/katsg_gs.htm
  Fassung vom 14. Februar 1990 (BGBl. I S. 230, S. 2522; 1993 S. 2409; 1994 S. 2386); (Auszug – Volltext kostenpflichtig).

KDVG (Gesetz über die Verweigerung des Kriegsdienstes mit der Waffe aus Gewissensgründen)

- http://www.rz.uni-frankfurt.de/~pati/31_001.htm
  Art. 1 Kriegsdienstverweigerungs-Neuordnungsgesetz vom 28. Februar 1983 (BGBl. I S. 203), zuletzt geändert am 17. Dezember 1990 (BGBl. I S. 2809).

KindArbSchV (Kinderarbeitsschutzverordnung)

- http://de.osha.eu.int/legislation/verord/KinderarbeitsV.htm
  Verordnung über den Kinderarbeitsschutz vom 23. Juni 1998 (BGBl. I S. 1508).

Klasseneinteilung von Waren und Dienstleistungen für die Eintragung von Marken

- http://transpatent.com/ttmklvz.html
  Neufassung mit erläuternden Anmerkungen gemäß Beschluss des Sachverständigenausschusses vom 24. bis 28. Mai 1982 (BGBl. 1983 II S. 358), gemäß Beschluss vom 21. bis 25. Oktober 1985 (BGBl. 1986 II S. 1139), gemäß Beschluss vom 15. bis 19. Oktober 1990 (BGBl. 1992 II S. 438; 1996 II S. 2660) und gemäß Beschluss vom 6. bis 10. November 1995, in Kraft getreten am 1. Januar 1997 (BGBl. 1996 II S. 2771).

KO (Konkursordnung)

- http://www.compuserve.de/bc_recht/gesetze/konkurso/index.html
  Vom 10. Februar 1877 (RGBl. S. 351); Stand: 07/94.

KrW-/AbfG (Kreislaufwirtschafts- und Abfallgesetz)

- http://www.umwelt-online.de/recht/abfall/krwabfg/krw_ges.htm
  Vom 27. September 1994 (BGBl. I 1994 S. 2705; 1996 S. 1354; 1998 S. 509, 1485, 2455); (Auszug – Volltext kostenpflichtig).

- http://www.compuserve.de/bc_recht/gesetze/krwabfg/index.html
  Gesetz zur Förderung der Kreislaufwirtschaft und Sicherung der umweltverträglichen Beseitigung von Abfällen; Stand: Oktober 1996.

KSchG (Kündigungsschutzgesetz)

- http://www.kanzlei.de/kschg.htm
  Vom 25. August 1969 (BGBl. I S. 1317), zuletzt geändert durch Gesetz vom 19. Dezember 1998 (BGBl. I S. 3843).

- http://www.gesetze-aktuell.de/kschg.htm
  Vom 25. August 1969 (BGBl. I S. 1317), zuletzt geändert durch Gesetz vom 19. Dezember 1998 (BGBl. I S. 3843).

KStG (Körperschaftssteuergesetz)

- http://bgbl.makrolog.de
  Stand 22.04.1999. Um diesen Server zu nutzen, ist eine kostenfreie Anmeldung erforderlich. Das KStG findet sich in Heft 22, Jahrgang 1999, auf Seite 817. In die Suchmaske kann zum Auffinden der Fundstelle die Heftnummer und/oder die Seitenzahl eingegeben werden.

KultGüRückG (Kulturgüterrückgabegesetz)

- http://www.gesetze-aktuell.de/kultguerueckg.htm
  Gesetz zur Umsetzung der Richtlinie 93/7/EWG des Rates über die Rückgabe von unrechtmäßig aus dem Hoheitsgebiet eines Mitgliedstaats verbrachten Kulturgütern vom 15. Oktober 1998 (BGBl. I S. 3162).

KunstUrhG (Gesetz betreffend das Urheberrecht an Werken der bildenden Künste und der Photographie)

- http://www.bolex.de/kunst_g.htm
  Vom 9. Januar 1907 (RGBl. S. 7), (BGBl. III 440-3). Das Gesetz wurde durch § 141 Nr. 5 Urheberrechtsgesetz vom 09.09.1965 (BGBl. I S. 1273) – abgedruckt unter Nr. 65 mit Wirkung vom 01.01.1966 aufgehoben, soweit es nicht den Schutz von Bildnissen betrifft. Wiedergegeben sind nur Vorschriften zum Schutz von Bildnissen, die durch Art. 145 Einführungsgesetz zum Strafgesetzbuch vom 02.03.1974 (BGBl. I S. 469) geändert worden sind.

KWG (Kreditwesengesetz)

- http://www.compuserve.de/bc_recht/gesetze/kreditwg/index.html
  Gesetz über das Kreditwesen vom 10. Juli 1961 (BGBl. I 1961 S. 881) in der Fassung der Bekanntmachung vom 30. Juni 1993 (BGBl. I S. 1082) Stand: 04/95.

Ladenschlussgesetz

- http://www.bma.de/download/gesetze/ladenschlussgesetz.htm
  Die aktuelle Fassung des Gesetzes über den Ladenschluss vom 28. November 1956 (BGBl. I S. 875), zuletzt geändert durch Artikel 1 des Gesetzes vom 30. Juli 1996 (BGBl. I S. 1186), ist auf den Internet-Seiten des Bundesministeriums für Arbeit abrufbar.

LAG (Lastenausgleichsgesetz)

- http://www.snafu.de/~mf/ealgforum/normen/lag.htm
  Gesetz über den Lastenausgleich i. d. F. vom 2. Juni 1993 (BGBl. I S. 847); Auszug.

Landwirtschaftsanpassungsgesetz

- http://www.compuserve.de/bc_recht/gesetze/landwsag/index.html
  Gesetz über die strukturelle Anpassung der Landwirtschaft an die soziale und ökologische Marktwirtschaft in der Deutschen Demokratischen Republik vom

29. Juni 1990 (GBl DDR I 1990 S. 642) in der Fassung der Bekanntmachung vom 3. Juli 1991 (BGBl. I S. 1418); Stand: 11/94.

LasthandhabV (Lastenhandhabungsverordnung)

- http://de.osha.eu.int/legislation/verord/lastenhandhabung.htm
 Verordnung über Sicherheit und Gesundheitsschutz bei der manuellen Handhabung von Lasten bei der Arbeit (Lastenhandhabungsverordnung) vom 4. Dezember 1996 (BGBl. I S. 1841).

- http://www.fen.baynet.de/~na1723/law/lasthandhabv.html
 Verordnung über Sicherheit und Gesundheitsschutz bei der manuellen Handhabung von Lasten bei der Arbeit.

- http://www.bma.de/download/gesetze/Lastenhandhabung.htm
 Verordnung über Sicherheit und Gesundheitsschutz bei der manuellen Handhabung von Lasten bei der Arbeit.

LMBG (Lebensmittel- und Bedarfsgegenständegesetz)

- http://www.tmt.de/~hhofmann/lmr/lmbgndx.htm
 Gesetz über den Verkehr mit Lebensmitteln, Tabakerzeugnissen, kosmetischen Mitteln und sonstigen Bedarfsgegenständen vom 8. Juni 1993 (BGBl. I S. 1169), zuletzt geändert durch Zweites Gesetz zur Änderung des LMBG vom 25.11.1994 (BGBl. I S. 3538), (BGBl. I S. 1186) i. d. F. der ÄndV vom 13.06.1977 (BGBl. I S. 847), der VO vom 19.12.1980 (BGBl. I S. 2313), der VO zur Neuordnung lebensmittelrechtlicher Kennzeichnungsvorschriften vom 22.12.1981 (BGBl. I S. 1625, 1661), der VO zur Änderung der Lebensmittel-Kennzeichnungsverordnung und anderer lebensmittelrechtlicher Verordnungen vom 13.03.1984 (BGBl. I S. 393) und der ÄndV vom 24.07.1992 (BGBl. I S. 1412).

- http://www.umwelt-online.de/recht/lebensmt/lebensmb.ges/lmg_ges.htm
 Gesetz über den Verkehr mit Lebensmitteln, Tabakerzeugnissen, kosmetischen Mitteln und sonstigen Bedarfsgegenständen in der Fassung vom 9. September 1997 (BGBl. I S. 2296, 2391; 1998 S. 379); (Auszug – Volltext kostenpflichtig).

LuftVG (Luftverkehrsgesetz)

- http://www.luftrecht-online.de/downtest.htm
 Vom 1. August 1922 (RGBl. I S. 681) in der Fassung der Bekanntmachung vom 27. März 1999 (BGBl. I S. 550). Das Luftverkehrsgesetz kann vom Server Luftrecht-Online als Testversion heruntergeladen werden (280 KB). In der Testversion sind noch weitere Normen angegeben, die jedoch nur kostenpflichtig zur Verfügung stehen. Stand Januar 2000.

- http://www.gesetze-aktuell.de/luftvg.htm
 In der Fassung der Bekanntmachung vom 27. März 1999 (BGBl. I S. 550).

Bundesrecht

MaBV (Makler- und Bauträgerverordnung)

- http://home.t-online.de/home/03641442805-0001/mabv.htm
  Die Makler- und Bauträgerverordnung in Auszügen (§§ 2 und 3) ist auf den Internet-Seiten der Kanzlei Fritz, Kühler, Metzner, Fuchs, Gsell und Schiller abrufbar.

MarkenG (Markengesetz)

- http://www.bolex.de/mark_g.htm
  Gesetz über den Schutz von Marken und sonstigen Kennzeichen vom 25. Oktober 1994 (BGBl. I S. 3082, I 1995 S. 156) in der Fassung des Markenrechtsänderungsgesetzes vom 19. Juli 1996 (BGBl. 1996 I S. 1014) mit der Änderung vom 28. Oktober 1996 (BGBl. 1996 I S. 1546).

- http://transpatent.com/gesetze/marken.html
  Gesetz zur Reform des Markenrechts und zur Umsetzung der Ersten Richtlinie 89/104/EWG des Rates vom 21. Dezember 1988 zur Angleichung der Rechtsvorschriften der Mitgliedstaaten über die Marken vom 25. Oktober 1994 (BGBl. I, S. 3082, 1995 I S. 156) in der Fassung des Markenrechtsänderungsgesetzes vom 19. Juli 1996 (BGBl. 1996 I, S. 1014) mit den Änderungen vom 28. Oktober 1996 (BGBl. 1996 I, S. 1546), vom 22. Juni 1998 (BGBl. I, S. 1480), durch das 2. PatGÄndG – Artikel 5 – vom 16. Juli 1998, in Kraft ab 1. November 1998 (BGBl. I, S. 1833) und durch das Gesetz zur Änderung des Gesetzes zur Neuordnung des Berufsrechts der Rechtsanwälte und Patentanwälte vom 17. Dezember 1999, in Kraft getreten am 23. Dezember 1999 (BGBl. Teil I/1999, S. 2448 f.); Neufassung des § 140 Abs. 3; Neufassung in Kraft getreten am 1. Januar 2000); Stand Januar 2000.

Markenrechtsreformgesetz

- http://ourworld.compuserve.com/Homepages/direbel/marken_g.htm
  Gesetz zur Reform des Markenrechts und zur Umsetzung der Ersten Richtlinie 89/104/EWG des Rates vom 21. Dezember 1988 zur Angleichung der Rechtsvorschriften der Mitgliedstaaten über die Marken vom 25. Oktober 1994, mit Änderungen durch das „Markenrechtsänderungsgesetz 1996" vom 19.7.96 und das „Gesetz zur Änderung des Patentgesetzes und anderer Gesetze" vom 16.07.98 (PMZ 1998, S. 387).

MarkenV (Markenverordnung)

- http://transpatent.com/gesetze/markenv.html
  Verordnung zur Ausführung des Markengesetzes vom 30. November 1994 (BGBl. I S. 3555) geändert durch Verordnungen vom 3. Dezember 1996 (BGBl. I S. 1826), vom 1. Juli 1998 (BGBl. I S. 1771) und vom 21. Dezember 1998 (BGBl. I S. 3893); Stand: Januar 1999.

NORMEN/NATIONAL

Normen von A bis Z · Bundesrecht

MarkenV (Markenverordnung)
- http://www.copat.com/mn_ges_markenv.htm
  Vom 30.11.1994.

MDStV (Staatsvertrag über Mediendienste)
- http://www.datenschutz-berlin.de/recht/de/stv/mdstv.htm#nr0

MHG (Miethöhegesetz)
- http://www.gesetze-aktuell.de/mhg.htm
  Gesetz zur Regelung der Miethöhe vom 18. Dezember 1974 (BGBl. I 1974 S. 3603, 3604), zuletzt geändert durch Art. 10 des Gesetzes vom 9. Juni 1998 (BGBl. I 1998 S. 1242).

- http://www.kanzlei.de/mhg.htm

- http://www.bmg.ipn.de/recht/gesetze/mhg/einleit.htm
  Gesetz zur Regelung der Miethöhe.

Mietrechtsänderungsgesetz 4.
- http://www.wowi.de/info/gesetze/mhg/miethoehegesetz_4.Aenderung.htm
  Viertes Gesetz zur Änderung mietrechtlicher Vorschriften (Viertes Mietrechtsänderungsgesetz) vom 21. Juli 1993.

Mikrozensusgesetz
- http://www.datenschutz-berlin.de/gesetze/barchg/mikro.htm
  Gesetz zur Durchführung einer Repräsentativstatistik über die Bevölkerung und den Arbeitsmarkt sowie die Wohnsituation der Haushalte vom 17. Januar 1996 (BGBl. I S. 34).

MitbestG (Mitbestimmungsgesetz)
- http://www.bma.bund.de/download/gesetze/MitbestG.htm
  Gesetz über die Mitbestimmung der Arbeitnehmer vom 4. Mai 1976 (BGBl. I S. 1153).

MRRG (Melderechtsrahmengesetz)
- http://www.datenschutz-berlin.de/gesetze/meldere/melderec.htm
  Vom 24. Juni 1994.

MÜG (Mietenüberleitungsgesetz)
- http://www.bmg.ipn.de/recht/gesetze/mhg/einleit.htm

MuSchG (Mutterschutzgesetz)

- http://www.fen.baynet.de/~na1723/law/muschg.html
  Gesetz zum Schutze der erwerbstätigen Mutter (Mutterschutzgesetz) in der Fassung der Bekanntmachung vom 17. Januar 1997 (BGBl. I S. 22).

- http://www.umwelt-online.de/recht/arbeitss/arbsch/mus_ges.htm
  Gesetz zum Schutze der erwerbstätigen Mutter in der Fassung vom 24.01.1997 (BGBl. I S. 23); (Auszug – Volltext kostenpflichtig).

MuSchV (Mutterschutzverordnung)

- http://www.gesetze-aktuell.de/muschv.htm
  Verordnung über den Mutterschutz für Beamtinnen in der Fassung der Bekanntmachung vom 25. April 1997 (BGBl. I S. 986).

MusterAnmV (Mustermeldeverordnung)

- http://transpatent.com/gesetze/gschanmv.html
  Verordnung über die Anmeldung von Geschmacksmustern und typographischen Schriftzeichen vom 8. Januar 1988 (BGBl. I S. 76) in der Fassung der Änderungen durch VO vom 13. August 1993 (BGBl. I S. 1506) und der Änderungen durch das 2. PatGÄndG – Artikel 24 – vom 16. Juli 1998, in Kraft ab 1. November 1998 (BGBl. I S. 1840); Stand: November 1998.

MusterRegV (Musterregisterverordnung)

- http://transpatent.com/gesetze/gschregv.html
  Verordnung über die Führung des Registers für Geschmacksmuster und typographische Schriftzeichen vom 8. Januar 1988 (BGBl. I S. 79); Stand: April 1998.

NachwG (Nachweisgesetz)

- http://www.bma.de/download/gesetze/nachwg.htm
  Gesetz über den Nachweis der für ein Arbeitsverhältnis geltenden wesentlichen Bedingungen vom 20. Juli 1995 (BGBl. I S. 946), zuletzt geändert durch Artikel 7 des Gesetzes vom 24. März 1999 (BGBl. I S. 388).

NMV 1970 (Neubaumietenverordnung 1970)

- http://www.wowi.de/info/gesetze/neuvermietungsverordnung/neuvermietungsverordnung.htm
  Verordnung über die Ermittlung der zulässigen Miete für preisgebundene Wohnungen.

NS-VEntschG (NS-Verfolgtenentschädigungsgesetz)

- http://www.snafu.de/~mf/ealgforum/normen/NS-VEntschG.htm
  NS-Verfolgtenentschädigungsgesetz vom 27. September 1994 (BGBl. I S. 2632).

- http://www.gesetze-aktuell.de/nsventschg.htm
  Vom 27. September 1994 (BGBl. I S. 2632), geändert durch das WohraumModSiG vom 17. Juli 1997 (BGBl. I S. 1823).

NZV (Netzzugangsverordnung)

- http://www.fen.baynet.de/~na1723/comm/T1.html
  Download als ZIP-Datei im WinWord-Format (13 KB).

Ökosteuergesetz

- http://www.bundesfinanzministerium.de/infos/steuerindex.htm
  Auf der Seite des Bundesfinanzministeriums kann das Gesetz zum Einstieg in die ökologische Steuerreform vom 24.03.1999 (BGBl. I S. 378) abgerufen werden. Das Gesetz enthält in Artikel 1 das Stromsteuergesetz und in Artikel 2 die Änderung des Mineralölsteuergesetzes.

Opferentschädigungsgesetz

- http://www.compuserve.de/recht/gesetze/opfentg/index.html
  Gesetz über die Entschädigung für Opfer von Gewalttaten vom 11. Mai 1976 (BGBl. I 1976, S. 1181) in der Fassung der Bekanntmachung vom 7. Januar 1985 (BGBl. I 1985 S. 1); Stand: 01/95.

OWiG (Gesetz über Ordnungswidrigkeiten)

- http://www.compuserve.de/bc_recht/gesetze/owig/index.html
  Stand: Anfang 1995.

- http://www.datenschutz-berlin.de/recht/de/rv/sich_o/owig/index.htm
  In der Fassung der Bekanntmachung vom 19. Februar 1987 (BGBl. I, S. 602), zuletzt geändert durch Artikel 3 des Gesetzes vom 25. August 1998 (BGBl. I, S. 2432).

- http://www.kanzlei.de/owig0.htm

PAngV (Preisangabeverordnung)

- http://www.netlaw.de/gesetze/preisangvo.htm
  Vom 14. März 1985 in der Fassung des Informations- und Kommunikationsdienstegesetzes vom 1. August 1997.

ParlStG (Gesetz über die Rechtsverhältnisse der Parlamentarischen Staatssekretäre)

- http://www.gesetze-aktuell.de/parlstg.htm
  Vom 24. Juli 1974 (BGBl. I S. 1538), zuletzt geändert durch das Gesetz zur Änderung des Gesetzes über die Rechtsverhältnisse der Parlamentarischen Staatssekretäre vom 15. Januar 1999 (BGBl. I S. 10).

PartG (Parteiengesetz)

- http://www.bpb.de/online/html/body_partg_inhalt.html
  Gesetz über die politischen Parteien in der Fassung der Bekanntmachung vom 31. Januar 1994 (BGBl. I S. 149) im PDF-Format zum Download.

PatAnmV (Patentanmeldeverordnung)

- http://transpatent.com/gesetze/patanmv.html
  Verordnung über die Anmeldung von Patenten vom 29. Mai 1981 (BGBl. I S. 523) in der Fassung der Änderungsverordnungen vom 12. November 1986 (BGBl. I S. 1738), vom 4. Mai 1990 (BGBl. I S. 856), vom 1. April 1993 (BGBl. I S. 426), vom 25. Oktober 1994 (BGBl. I S. 3082), vom 10. Juni 1996 (BGBl. I S. 845), vom 27. Juni 1997 (BGBl. I S. 1595, 2017) und der Änderungen durch das 2. PatGÄndG – Artikel 20 – vom 16. Juli 1998, in Kraft ab 1. November 1998 (BGBl. I S. 1839); Stand: November 1998.

PatG (Patentgesetz)

- http://transpatent.com/gesetze/patginh.html
  Bekanntmachung der Neufassung des Patentgesetzes in Deutschland vom 16. Dezember 1980 (BGBl. I 1981 S. 1) in der Fassung der Änderungen vom 15. August 1986 (BGBl. I S. 1446), vom 9. Dezember 1986 (BGBl. I S. 2326), vom 7. März 1990 (BGBl. I S. 422), vom 20. Dezember 1991 (BGBl. II S. 1354), vom 27. März 1992 (BGBl. I S. 727), vom 23. März 1993 (BGBl. I S. 366), vom 2. September 1994 (BGBl. I S. 2278), vom 25. Oktober 1994 (BGBl. I S. 3082), vom 28. Oktober 1996 (BGBl. I S. 1546) sowie der Änderungen durch das 2. PatGÄndG – Artikel 2 – vom 16. Juli 1998 (BGBl. I S. 1827); in Kraft ab 1. November 1998 und der Änderung vom 6. August 1998 (BGBl. I S. 2030); in Kraft ab 1. Oktober 1998; Stand: Februar 1999.

- http://www.bolex.de/pat_v.htm
  Bekanntmachung der Neufassung des Patentgesetzes in Deutschland vom 16. Dezember 1980 (BGBl. I 1981 S. 1) in der Fassung der Änderungsgesetze vom 15. August 1986 (BGBl. I S. 1446), vom 9. Dezember 1986 (BGBl. I S. 2326), vom 7. März 1990 (BGBl. I S. 422), vom 20. Dezember 1991 (BGBl. II S. 1354), vom 27. März 1992 (BGBl. I S. 727), vom 23. März 1993 (BGBl. I S. 366), vom 2. September 1994 (BGBl. I S. 2278), vom 25. Oktober 1994 (BGBl. I S. 3082) und vom 28. Oktober 1996 (BGBl. I S. 1546).

PatGebG (Patentgebührengesetz)

- http://transpatent.com/gesetze/patgebg.html
  Gesetz über die Gebühren des Patentamts und des Patentgerichts vom 18. August 1976 (BGBl. I S. 2188) in der Fassung der Änderungen vom 29. Januar 1979 (BGBl. I S. 126), vom 26. Juli 1979 (BGBl. I S. 1282), vom 11. Dezember 1995 (BGBl. I S. 2170), vom 15. August 1986 (BGBl. I S. 1446), vom 18. Dezember 1986 (BGBl. I S. 2501), vom 22. Oktober 1987 (BGBl. I S. 2294), vom 7. März 1990 (BGBl. I S. 422), vom 20. Dezember 1991 (BGBl. II S. 1354), vom 23. April 1992 (BGBl. I S. 938), vom 23. März 1993 (BGBl. I S. 366), vom 25. Juli 1994 (BGBl. I S. 1739, 2263), vom 25. Oktober 1994 (BGBl. I S. 3118), vom 19. Juli 1996 (BGBl. I S. 1014) durch das 2. PatGÄndG – Artikel 8 – vom

16. Juli 1998, in Kraft ab 1. November 1998 (BGBl. I, S. 1834) und durch Artikel 10 / Anhang I des Haushaltssanierungsgesetzes vom 22.12.1999, in Kraft ab 1. Januar 2000 (BGBl. Teil I/1999, S. 2534); Stand: Januar 2000.

PatGebZV (Verordnung über die Zahlung der Gebühren des Deutschen Patent- und Markenamts und des Bundespatentgerichts)

- http://transpatent.com/gesetze/patgebzv.html
  Vom 15. Oktober 1991 (BGBl. I S. 2012) in der Fassung der Änderungen vom 17. März 1994 (BGBl. I S. 612) und vom 14. September 1998 (in Kraft ab 01.11.1998), (BGBl. I S. 2875); Stand: November 1998.

Pflanzenschutz-Sachkundeverordnung

- http://www.umwelt-online.de/recht/natursch/pfl_ges.htm
  Vom 28. Juli 1987 (BGBl. I S. 1752; 1993 S. 1720) (BGBl. III 7823-5-1); (Auszug – Volltext kostenpflichtig).

Pflanzenschutzmittelverordnung

- http://www.umwelt-online.de/recht/natursch/pmv_ges.htm
  Verordnung über Pflanzenschutzmittel und Pflanzenschutzgeräte vom 17.08.1998 (BGBl. I 1998 S. 2161; letzte Änderung 1998 S. 2156); (Auszug – Volltext kostenpflichtig).

PflSchG (Pflanzenschutzgesetz)

- http://www.umwelt-online.de/recht/natursch/pfg_ges.htm
  Gesetz zum Schutz der Kulturpflanzen vom 14. Mai 1998 (BGBl. I 1998 S. 971, ber. S. 1527, S. 3512); (Auszug – Volltext kostenpflichtig).

PlanzV 90 (Planzeichenverordnung 1990)

- http://www-public.tu-bs.de:8080/~schroete/planzv
  5. Verordnung über die Ausarbeitung der Bauleitpläne und die Darstellung des Planinhalts vom 18. Dezember 1990 (BGBl. I 1991 S. 58), (BGBl. III 213-1-6).

PostG (Postgesetz)

- http://www.fen.baynet.de/~na1723/comm/T1.html
  Download als ZIP-Datei im PDF-Format (64 KB).

ProdHaftG (Produkthaftungsgesetz)

- http://www.tmt.de/~hhofmann/lmr/prodhaftg.htm
  Gesetz über die Haftung für fehlerhafte Produkte vom 15.12.1989 (BGBl. I S. 2198).

Prozesskostenhilfebekanntmachung 1999

- http://www.vrp.de/archiv/gesgebng/g9900012.htm
  Vom 6. Juni 1999 (BGBl. I S. 1268).

Bundesrecht

PSA-BV (PSA-Benutzungsverordnung)

- http://de.osha.eu.int/legislation/verord/Schutzausruestung.htm
  Verordnung über Sicherheit und Gesundheitsschutz bei der Benutzung persönlicher Schutzausrüstungen bei der Arbeit vom 4. Dezember 1996 (BGBl. I S. 1841).

RabattG (Rabattgesetz)

- http://transpatent.com/gesetze/rabattg.html
  Gesetz über Preisnachlässe vom 25. November 1933 (RGBl. 1933 I, S. 1011) in der Fassung der Änderungen vom 21. Juli 1954 (BGBl. I, S. 212), vom 11. März 1957 (BGBl. I, S. 172), vom 12. Juni 1967 (BGBl. I, S. 626), vom 2. März 1974 (BGBl. I, S. 575) und vom 25. Juli 1986 (BGBl. I, S. 1172); Stand: April 1998.

- http://www.bolex.de/rabat_g.htm
  Gesetz über Preisnachlässe vom 25. November 1933 (RGBl. I 1933 S. 1011) in der Fassung der Änderungen vom 21. Juli 1954 (BGBl. I S. 212), vom 11. März 1957 (BGBl. I S. 172), vom 12. Juni 1967 (BGBl. I S. 626), vom 2. März 1974 (BGBl. I S. 575) und vom 25. Juli 1986 (BGBl. I S. 1172).

RBerG (Rechtsberatungsgesetz)

- http://www.gesetze-aktuell.de/rberg.htm
  Vom 13. Dezember 1935 (RGBl. I S. 1478), zuletzt geändert durch Art. 1 des Gesetzes zur Änderung des Einführungsgesetzes zur Insolvenzordnung und anderer Gesetze vom 19. Dezember 1998 (BGBl. I S. 3836).

Reichs- und Staatsangehörigkeitsgesetz

- http://www.compuserve.de/recht/gesetze/rusg/index.html
  Vom 22. Juli 1913 (RGBl 1913 S. 583); Stand: 03/95.

RepG (Reparationsschädengesetz)

- http://www.snafu.de/~mf/ealgforum/normen/repg.htm
  Gesetz zur Abgeltung von Reparations-, Restitutions-, Zerstörungs- und Rückerstattungsschäden vom 12. Februar 1969 (BGBl. I S. 105); Auszug.

RGEbStV (Rundfunkgebührenstaatsvertrag)

- http://www.datenschutz-berlin.de/recht/de/stv/rgebstv.htm
  Vom 31. August 1991, zuletzt geändert durch Artikel 4 des dritten Staatsvertrages zur Änderung rundfunkrechtlicher Staatsverträge vom 12. Dezember 1996 (GVBl. Berlin, S. 525).

ROG (Raumordnungsgesetz)

- http://www.umwelt-online.de/recht/bau/rog/mog_ges.htm
  Vom 18. August 1987 (BGBl. I 1997 S. 2081 97a, 2902); (Auszug – Volltext kostenpflichtig).

NORMEN/NATIONAL

Normen von A bis Z — Bundesrecht

RStV (Rundfunkstaatsvertrag)

- http://www.datenschutz-berlin.de/gesetze/berlin/medien/rundsta.htm
  Vom 31. August 1991, zuletzt geändert durch § 22 des Staatsvertrages vom 1. August 1997 (GVBl. 1997, S. 366); (Auszug).

RStV (Rundfunkstaatsvertrag)

- http://www.alm.de/rfstvert.htm
  Vom 31. August 1991, in Kraft getreten am 1. Januar 1992, geändert am 19. August 1996, gültig ab 1. Januar 1997.

SA-BV (PSA-Benutzungsverordnung)

- http://www.bma.de/download/gesetze/Schutzausruestung.htm
  Verordnung über Sicherheit und Gesundheitsschutz bei der Benutzung persönlicher Schutzausrüstungen bei der Arbeit.

ScheckG (Scheckgesetz)

- http://www.compuserve.de/recht/gesetze/scheckg/index.html
  Vom 14.08.1933 (RGBl I S. 597); Stand: Anfang 1995.

Schriftzeichengesetz

- http://www.compuserve.de/recht/gesetze/schriftg/index.html
  Gesetz zum Wiener Abkommen vom 12. Juni 1973 über den Schutz typographischer Schriftzeichen und ihre internationale Hinterlegung vom 6. Juli 1981 (BGBl. II S. 382); zuletzt geändert durch Gesetz vom 18.12.1986 (BGBl. I S. 2501); Stand: 02/94.

SchSG (Schiffssicherheitsgesetz)

- http://www.gesetze-aktuell.de/schsg.htm
  Vom 09. September 1998 (BGBl. I S. 2860).

SchuldBBerG (DDR-Schuldbuchbereinigungsgesetz)

- http://www.snafu.de/~mf/ealgforum/normen/SchuldBBergG.htm
  Gesetz zur Behandlung von Schuldbuchforderungen gegen die ehemalige Deutsche Demokratische Republik vom 27. September 1994 (BGBl. I S. 2634), zuletzt geändert durch Artikel 5 des Gesetzes vom 17. Juli 1997 (BGBl. I S. 1830).

SchuV (Schuldverschreibungsverordnung)

- http://www.snafu.de/~mf/ealgforum/normen/schuv.htm
  Verordnung über die Erfüllung von Entschädigungs- und Ausgleichsleistungsansprüchen durch Begebung und Zuteilung von Schuldverschreibungen des Entschädigungsfonds vom 21. Juni 1995 (BGBl. I. Jahrgang 1995), zuletzt geändert durch Artikel 7 § 2 des Gesetzes vom 15. Juni 1998 (BGBl. Teil I).

Bundesrecht

SchuVVO (Schuldnerverzeichnisverordnung)
– http://www.datenschutz-berlin.de/gesetze/schuvvo/schuvv.htm
  Verordnung über das Schuldnerverzeichnis vom 15. Dezember 1994 (BGBl. I S. 3822).

SchwbAV (Schwerbehinderten-Ausgleichsabgabeverordnung)
– http://www.bma.bund.de/download/gesetze/SchwbAV.htm
  Zweite Verordnung zur Durchführung des Schwerbehindertengesetzes vom 28. März 1988 (BGBl. I S. 484), geändert durch Art. 7 des Gesetzes vom 26. Juli 1994 (BGBl. I S. 1792).

SchwbAwV (Ausweisverordnung Schwerbehindertengesetz)
– http://www.bma.bund.de/download/gesetze/SchwbAwV.htm
  Vierte Verordnung zur Durchführung des Schwerbehindertengesetzes in der Fassung der Bekanntmachung vom 25. Juli 1991 (BGBl. I S. 1739), geändert durch Artikel 6 Abs. 104 des Gesetzes vom 27. Dezember 1993 (BGBl. I S. 2378, 2417).

SchwbG (Schwerbehindertengesetz)
– http://www.bma.de/download/gesetze/schwbG.htm
  Gesetz zur Sicherung der Eingliederung Schwerbehinderter in Arbeit, Beruf und Gesellschaft in der Fassung der Bekanntmachung vom 26. August 1986 (BGBl. I S. 1421, 1550), zuletzt geändert durch Art. 9 des Gesetzes vom 19. Dezember 1997 (BGBl. I S. 3158).

SchwbWV (Werkstättenverordnung Schwerbehindertengesetz)
– http://www.bma.bund.de/download/gesetze/SchwbWV.htm
  Dritte Verordnung zur Durchführung des Schwerbehindertengesetzes vom 13. August 1980 (BGBl. I S. 1365), zuletzt geändert durch Art. 13 des Gesetzes vom 23. Juli 1996 (BGBl. I S. 1088).

SeeAufgG (Seeaufgabengesetz)
– http://www.gesetze-aktuell.de/seeaufgg.htm
  Gesetz über die Aufgaben des Bundes auf dem Gebiet der Seeschiffahrt in der Fassung der Bekanntmachung vom 18. September 1998 (BGBl. I S. 2986).

SG (Soldatengesetz)
– http://www.fen.baynet.de/~na1723/law/sg.html
  Gesetz über die Rechtsstellung der Soldaten.

SGB I (Sozialgesetzbuch I)

- http://www.bma.de/download/gesetze/SGB1.htm
  Sozialgesetzbuch Erstes Buch Allgemeiner Teil zuletzt geändert durch Artikel 2 des Rentenreformgesetzes 1999 (RRG 1999) vom 16. Dezember 1997 (BGBl. I S. 2998).

SGB III (Sozialgesetzbuch III)

- http://www.bma.bund.de/download/gesetze/SGB3.htm
  Sozialgesetzbuch Drittes Buch Arbeitsförderung, zuletzt geändert durch Artikel 1 des Gesetzes vom 21. Juli 1999 (BGBl. I S. 1648).

SGB III – 2. ÄndG (Zweites SGB III – Änderungsgesetz)

- http://www.bma.bund.de/download/gesetze/2sgbaendg.htm
  Das Dritte Buch Sozialgesetzbuch – Arbeitsförderung – (Artikel 1 des Gesetzes vom 24. März 1997, BGBl. I S. 594, 595), geändert durch Artikel 7 des Gesetzes vom 7. Mai 1999 (BGBl. I S. 850), zuletzt geändert durch das zweite Gesetz zur Änderung des Dritten Buches Sozialgesetzbuch und anderer Gesetze vom 21. Juli 1999 (BGBl. vom 26.07.1999, Teil I, S. 1648).

SGB IV (Sozialgesetzbuch Artikel I Viertes Buch)

- http://www.bma.de/download/gesetze/sgb4.htm
  Gemeinsame Vorschriften für die Sozialversicherung, zuletzt geändert durch Artikel 1 des Gesetzes vom 24. März 1999 (BGBl. I S. 388).

SGB VI (Sozialgesetzbuch VI)

- http://www.bma.de/download/gesetze/SGB6.htm
  Sozialgesetzbuch Sechstes Buch Gesetzliche Rentenversicherung, zuletzt geändert durch das Gesetz zur Neuregelung der geringfügigen Beschäftigungsverhältnisse vom 24. März 1999 (BGBl. I S. 388).

SGB VII (Sozialgesetzbuch VII)

- http://www.bma.de/download/gesetze/SGB7.htm
  Sozialgesetzbuch Siebtes Buch Gesetzliche Unfallversicherung, zuletzt geändert durch Artikel 3 des Gesetzes über die Berufe des psychologischen Psychotherapeuten und des Kinder- und Jugendlichenspsychotherapeuten, zur Änderung des Fünften Buches Sozialgesetzbuch und anderer Gesetze vom 16. Juni 1998 (BGBl. I S. 1311).

SGB VIII (Sozialgesetzbuch VIII)

- http://www.fen.baynet.de/~na1723/law/sgb_8.html
  Sozialgesetzbuch Achtes Buch Kinder- und Jugendhilfe vom 26. Juni 1990 (BGBl. I S. 1163, 1166) in der Fassung der Bekanntmachung vom 3. Mai 1993 (BGBl. I S. 637).

SGB X (Sozialgesetzbuch X)

- http://www.bma.de/download/gesetze/SGB10.htm
  Sozialgesetzbuch Zehntes Buch Verwaltungsverfahren, Schutz der Sozialdaten, Zusammenarbeit der Leistungsträger und ihre Beziehungen zu Dritten, zuletzt geändert durch Artikel 1a des Gesetzes vom 6. August 1998 (BGBl. I S. 2022).

SGB XI (Sozialgesetzbuch XI)

- http://www.bma.de/download/gesetze/SGB11.htm
  Sozialgesetzbuch Elftes Buch Gesetz zur sozialen Absicherung des Risikos der Pflegebedürftigkeit (Pflege-Versicherungsgesetz – PflegeVG) vom 26. Mai 1994, zuletzt geändert durch Artikel 1 des Vierten Gesetzes zur Änderung des Elften Buches Sozialgesetzbuch vom 21. Juli 1999 (BGBl. I S. 1656).

SGG (Sozialgerichtsgesetz)

- http://www.gesetze-aktuell.de/sgg.htm
  In der Fassung vom 23. September 1975 (BGBl. I 1975 S. 2535), zuletzt geändert durch Art. 12 des Gesetzes vom 31. August 1998 (BGBl. I 1998 S. 2600).

SigG (Signaturgesetz)

- http://www.netlaw.de/gesetze/sigg.htm
  Gesetz zur digitalen Signatur; Artikel 3 des Gesetzes Regelung der Rahmenbedingungen für Informations- und Kommunikationsdienste vom 13. Juni 1997.

- http://www.online-recht.de/vorges.html?SigG
  Gesetz zur digitalen Signatur, Artikel 3 des Informations- und Kommunikations-Gesetzes (BT-Drs. 13/7934 vom 11.06.1997).

SigV (Signaturverordnung)

- http://www.iid.de/rahmen/sigv.html
  Verordnung zur digitalen Signatur in der Fassung des Beschlusses der Bundesregierung vom 8. Oktober 1997.
- http://www.online-recht.de/vorges.html?SigV
  Verordnung zur digitalen Signatur in der Fassung des Beschlusses der Bundesregierung vom 8. Oktober 1997.

- http://www.netlaw.de/gesetze/sigv.htm
  Verordnung zur digitalen Signatur vom 08. Oktober 1997.

SolZG (Solidaritätszuschlagsgesetz)

- http://www.kanzlei.de/solzg.htm

SortenschutzG (Sortenschutzgesetz)

- http://transpatent.com/gesetze/sortschg.html
  Vom 11. Dezember 1985 (BGBl. I S. 2170) mit den Änderungen vom 7. März 1990 (BGBl. I S. 430), vom 27. März 1992 (BGBl. I S. 727), vom 23. Juli 1992

(BGBl. I S. 1367), vom 27. April 1993 (BGBl. I S. 547), vom 2. September 1994 (BGBl. I S. 2293), vom 25. Oktober 1994 (BGBl. I S. 3082) sowie der Änderungen durch das Gesetz zur Änderung des Sortenschutzgesetzes vom 17. Juli 1997 (BGBl. I S. 1854) Bekanntmachung der Neufassung vom 19. Dezember 1997 (BGBl. I S. 3164); Stand: August 1998.

StAG (Staatsangehörigkeitsgesetz)

– http://www.gesetze-aktuell.de/stag.htm
Vom 22. Juli 1913 (RGBl. S. 583), in der im BGBl. III, Gliederungsnummer 102-1, veröffentlichten bereinigten Fassung, zuletzt geändert durch das Gesetz zur Reform des Staatsangehörigkeitsrechts vom 15. Juli 1999 (BGBl. I S. 1618).

Steuerentlastungsgesetz 1999/2000/2002

– http://www.bundesfinanzministerium.de/infos/steuerreform.htm
Das Steuerentlastungsgesetz 1999/2000/2002 vom 04.03.1999 (BGBl. I S. 402) steht auf diesen Seiten zum Download zur Verfügung. Der Text kann in verschiedenen Formaten als Zip-Datei oder selbstentpackend abgerufen werden.

StGB (Strafgesetzbuch)

– http://www.bib.uni-mannheim.de/bib/jura/gesetze/stgb-inh.shtml
Das Strafgesetzbuch vom 15. Mai 1871 (RGBl. S. 127) in der Fassung der Bekanntmachung vom 13. November 1998 (BGBl. I, 3322), zuletzt geändert durch das Gesetz zur Neuregelung des Schutzes von Verfassungsorganen des Bundes vom 11. August 1999 (BGBl. I, 1818 [1819]) auf dem Stand vom 17. August 1999 ist auf den Internet-Seiten der Bereichsbibliothek Rechtswissenschaft in Zusammenarbeit mit der Fakultät für Rechtswissenschaft, Lehrstuhl für Strafrecht und Kriminologie, abrufbar.

StPO (Strafprozessordnung)

– http://www.datenschutz-berlin.de/recht/de/rv/szprecht/stpo/index.htm
Vom 7. April 1987 (BGBl. I, S. 1074, 1319), zuletzt geändert durch Artikel 10 des Dritten Gesetzes zur Änderung der Bundesnotarordnung und anderer Gesetze vom 31. August 1998 (BGBl. I, S. 2585).

StrlSchV (Strahlenschutzverordnung)

– http://www.umwelt-online.de/recht/energie/strahlen/ssv_ges.htm
Verordnung über den Schutz vor Schäden durch ionisierende Strahlen in der Fassung vom 30. Juni 1989 (BGBl. I S. 1321, ber. S. 1926; 1990 S. 607; 1990 II S. 885, 1116; 1993 I S. 1432; 1993 I S. 2378; 1994 I S. 1416; 1994 I S. 1963; 1996 I S. 1172; 1997 S. 2113 97a), (BGBl. III 751-1-1); (Auszug – Volltext kostenpflichtig).

Stromeinspeisungsgesetz

- http://www.umwelt-online.de/recht/energie/ein_ges.htm
  Gesetz über die Einspeisung von Strom aus erneuerbaren Energien in das öffentliche Netz vom 7. Dezember 1990 (BGBl. I S. 2633; 1994 S. 1618; 1998 S. 730), (BGBl. III 754-9); (Auszug – Volltext kostenpflichtig).

STUG (Stasi-Unterlagen-Gesetz)

- http://www.datenschutz-berlin.de/recht/de/rv/allg/stug.htm
  Gesetz über die Unterlagen des Staatssicherheitsdienstes der ehemaligen Deutschen Demokratischen Republik vom 20. Dezember 1991 (BGBl. I S. 2272), zuletzt geändert durch das Vierte Gesetz zur Änderung des Stasi-Unterlagen-Gesetzes (4. StUÄndG) vom 19. Dezember 1998 (BGBl. I, S. 3778).

STUG (Stasi-Unterlagen-Gesetz)

- http://www.gesetze-aktuell.de/stug.htm
  Gesetz über die Unterlagen des Staatssicherheitsdienstes der ehemaligen Deutschen Demokratischen Republik vom 20. Dezember 1991 (BGBl. I S. 2272), zuletzt geändert durch Art. 4 des Gesetzes zur Änderung der Vorschriften über parlamentarische Gremien vom 17. Juni 1999 (BGBl. I S. 1334).

StVG (Straßenverkehrsgesetz)

- http://www.datenschutz-berlin.de/recht/de/rv/sich_o/stvg1.htm
  In der Fassung der Bekanntmachung vom 19. Dezember 1952 (BGBl. I, S. 837 bzw. BGBl. III, Gliederungsnummer 9231-1), zuletzt geändert durch Artikel 1 des Gesetzes zur Änderung des Straßenverkehrsgesetzes vom 27. April 1999 (BGBl. I, S. 795).

- http://www.anwalt-hls.de/fahr/stvginh.htm
  In der ab 01.01.1999 geltenden Fassung.

StVO (Straßenverkehrsordnung)

- http://www.gesetze-aktuell.de/stvo.htm
  Vom 16.11.1970 (BGBl. I S. 1565; 1971 S. 38), zuletzt geändert durch Art. 1 der 29. Verordnung zur Änderung straßenverkehrsrechtlicher Vorschriften vom 25. Juni 1998 (BGBl. I S. 1654).

- http://www.datenschutz-berlin.de/gesetze/strasse/stvo.htm
  Vom 16. November 1970 (BGBl. I. S. 1565, 1971 S. 38), (BGBl. III 9233-1), zuletzt geändert durch Gesetz vom 14. Februar 1996 (BGBl. I S. 216).

StVollzG (Strafvollzugsgesetz)

- http://www.datenschutz-berlin.de/recht/de/rv/szprecht/stvollzg/index.htm
  Vom 16. März 1976 (BGBl. I, S. 581, 2088, 1977 I, S. 436), zuletzt geändert durch Artikel 1 des Vierten Gesetzes zur Änderung des Strafvollzugsgesetzes (4.StVollzGÄndG) vom 26. August 1998 (BGBl. I, S. 2461).

NORMEN/NATIONAL

Normen von A bis Z │ Bundesrecht

StVZO (Straßenverkehrs-Zulassungs-Ordnung)
– http://www.fen.baynet.de/~na1723/law/fs/eu-fs.html
Auszug (§§ 5, 15d, 18 Nr. 4a, 34, 42, § 72 Abs. 2 bezüglich § 5 Abs. 1 zu Klasse 1b (Leichtkrafträder).

StVZO VerwVO zu § 15 (Straßenverkehrs-Zulassungs-Ordnung)
– http://www.kanzlei.de/flensb.htm
Verwaltungsverordnung zu § 15 Straßenverkehrszulassungsordnung.

SÜP (Sicherheitsüberprüfungsgesetz)
– http://www.datenschutz-berlin.de/gesetze/sueg/sueg.htm
Gesetz über die Voraussetzungen und das Verfahren von Sicherheitsüberprüfungen des Bundes vom 20. April 1994 (BGBl. I S. 867).

SVG (Soldatenversorgungsgesetz)
– http://www.gesetze-aktuell.de/svg.htm
Gesetz über die Versorgung für die ehemaligen Soldaten der Bundeswehr und ihre Hinterbliebenen in der Fassung der Bekanntmachung vom 06. Mai 1999 (BGBl. I S. 882, 1491), geändert durch Art. 7 des Bundesbesoldungs- und -Versorgungsanpassungsgesetzes 1999 vom 19. November 1999 (BGBl. I S. 2198).

TA Lärm (Technische Anleitung zum Schutz gegen Lärm)
– http://www.umwelt-online.de/recht/luft/tlaer_fs.htm
Sechste Allgemeine Verwaltungsvorschrift zum Bundes-Immissionsschutzgesetz vom 26. August 1998 (GMBl. 1998 S. 503); (Auszug – Volltext kostenpflichtig).

TA Luft (Technische Anleitung zur Reinhaltung der Luft)
– http://www.umwelt-online.de/recht/luft/bimschg/vwv/ta_luft/ta_ges.htm
Erste Allgemeine Verwaltungsvorschrift zum Bundes-Immissionsschutzgesetz vom 27. Februar 1986 (GMBl. S. 95, ber. S. 202); (Auszug – Volltext kostenpflichtig).

Tarifvertrag zur Telearbeit bei der Telekom AG
– http://www.onforte.de/html/tv-tele.htm
Zwischen Telekom AG und Deutscher Postgewerkschaft wurde nach erfolgreicher Erprobungsphase Anfang Oktober 1998 ein Tarifvertrag zur Telearbeit bei der Telekom AG abgeschlossen. Der Vertragstext mit und ohne Anlagen ist auf den Internet-Seiten von OnForTe, einem Projekt der Postgewerkschaft, der IG Medien sowie der Gewerkschaft Handel, Banken und Versicherungen abrufbar.

TDDSG (Teledienstedatenschutzgesetz)

- http://www.netlaw.de/gesetze/tddsg.htm
  Gesetz über den Datenschutz bei Telediensten (Artikel 2 des Gesetzes Regelung der Rahmenbedingungen für Informations- und Kommunikationsdienste vom 13. Juni 1997).

- http://www.online-recht.de/vorges.html?TDDSG
  Gesetz über den Datenschutz bei Telediensten Artikel 2 des Informations- und Kommunikations-Gesetzes (BT-Drs. 13/7934 vom 11.06.1997).

TDG (Teledienstegesetz)

- http://www.netlaw.de/gesetze/tdg.htm
  Gesetz über die Nutzung von Telediensten (Artikel 1 des Gesetzes Regelung der Rahmenbedingungen für Informations- und Kommunikationsdienste vom 13. Juni 1997).

- http://www.online-recht.de/vorges.html?TDG
  Gesetz über die Nutzung von Telediensten Artikel 1 des Informations- und Kommunikations-Gesetzes (BT-Drs. 13/7934 vom 11.06.1997).

TDSV (Telekommunikationsdienstunternehmen-Datenschutzverordnung)

- http://www.datenschutz-berlin.de/gesetze/medien/tdsv.htm
  Verordnung über den Datenschutz für Unternehmen, die Telekommunikationsdienstleistungen erbringen vom 12. Juli 1996 (BGBl. I S. 982).

- http://www.netlaw.de/gesetze/tdsv.htm
  Verordnung über den Datenschutz für Unternehmen, die Telekommunikationsdienstleistungen erbringen, vom 12. Juli 1996 (BGBl. I S. 982).

- http://www.online-recht.de/vorges.html?TDSV
  Verordnung über den Datenschutz für Unternehmen, die Telekommunikationsdienstleistungen erbringen (BGBl. I 1996 S. 982–987) vom 19.07.96.

Tegernseer Gebräuche

- http://www.ihb.de/Teg-geb/teg_frm.htm
  Gebräuche im inländischen Handel mit Rundholz, Schnittholz, Holzwerkstoffen und anderen Holzwerkstoffen.

TEngtV (Telekommunikations-Entregulierungsverordnung)

- http://www.fen.baynet.de/~na1723/comm/T1.html
  Download als ZIP-Datei im WinWord-Format (7 KB).

TKG (Telekommunikationsgesetz)

- http://www.netlaw.de/gesetze/tkg.htm
  Vom 25. Juli 1996 (BGBl. I 1120).

- http://www.online-recht.de/vorges.html?TKG
  Vom 31. Juli 1996 (BGBl. Teil I Nr. 39/1120), geändert durch das Gesetz vom 17. Dezember 1997 (BGBl. I S. 3108).

TKV (Telekommunikations-Kundenschutzverordung)

- http://www.netlaw.de/gesetze/tkv.htm
  Vom 1. Januar 1998.

TKZulV (Telekommunikationszulassungsverordnung)

- http://www.fen.baynet.de/~na1723/comm/T1.html
  Download als ZIP-Datei im WinWord-Format (18 KB).

TRG (Transportrechtsreformgesetz)

- http://www.transportrecht.de/trg.htm
  Stand: 29. Juni 1998.

TrinkwV (Trinkwasserverordnung)

- http://www.umwelt-online.de/recht/boden/tvo_ges.htm
  Verordnung über Trinkwasser und über Wasser für Lebensmittelbetriebe in der Fassung vom 5. Dezember 1990 (BGBl. I S. 2612; 1991 S. 227; 1993 S. 278; 1998 S. 699); (Auszug – Volltext kostenpflichtig).

TUDLV (Telekommunikations-Universaldienstleistungsverordnung)

- http://www.fen.baynet.de/~na1723/comm/T1.html
  Download als ZIP-Datei im WinWord-Format (4 KB).

TVG (Tarifvertragsgesetz)

- http://www.fen.baynet.de/~na1723/law/tvg.html

UAG (Umweltauditgesetz)

- http://www.umwelt-online.de/recht/oekoaudt/uag_ges.htm
  Gesetz zur Ausführung der Verordnung (EWG) Nr. 1836/93 des Rates vom 29. Juni 1993 über die freiwillige Beteiligung gewerblicher Unternehmen an einem Gemeinschaftssystem für das Umweltmanagement und die Umweltbetriebsprüfung vom 7. Dezember 1995 (BGBl. I S. 1591; 1998 S. 3836); (Auszug – Volltext kostenpflichtig).

ÜG (Überweisungsgesetz)

- http://www.sidi.de/info-rom/allgemei/ueg.htm
  Vom 21. Juli 1999 (BGBl. I 1999 S. 1642). Die Norm steht auf dem Server „Sidi Blume", einem Arbeitsschutz-Dienstleister, zur Verfügung.

Bundesrecht

UIG (Umweltinformationsgesetz)

- http://www.datenschutz-berlin.de/gesetze/uig/uig.htm
  Vom 8. Juli 1994 (BGBl. I S. 1490), (BGBl. III 2129-24).

UmweltHG (Umwelthaftgesetz)

- http://www.fen.baynet.de/~na1723/law/umwelthg.html

Umweltverträglichkeitsprüfungsgesetz

- http://www.compuserve.de/recht/gesetze/uvpg/index.html
  Gesetz über die Umweltverträglichkeitsprüfung vom 12. Februar 1990 (BGBl. I S. 205), (Artikel 1 des Gesetzes zur Umsetzung der Richtlinie des Rates vom 27. Juni 1985 über die Umweltverträglichkeitsprüfung bei bestimmten öffentlichen und privaten Projekten (85/337/EWG); Stand: 03/94.

Urheberrechtswahrnehmungsgesetz

- http://www.transpatent.com/gesetze/urhwg.html
  Gesetz über die Wahrnehmung von Urheberrechten und verwandten Schutzrechten vom 9. September 1965 (BGBl. I S. 1294) in der Fassung der Änderungen vom 23. Juni 1970 (BGBl. I S. 805), vom 2. März 1974 (BGBl. I S. 469), vom 24. Juni 1985 (BGBl. I S. 1137), vom 19. Dezember 1985 (BGBl. I S. 2355), vom 25. Juli 1994 (BGBl. I S. 1739), vom 23. Juni 1995 (BGBl. I S. 842) und vom 8. Mai 1998 (BGBl. I S. 902).

UrhG (Urheberrechtsgesetz)

- http://gutenberg.aol.de/info/urhg.txt
  Gesetz über Urheberrecht und verwandte Schutzrechte.

- http://www.bolex.de/urh_g.htm
  Gesetz über Urheberrecht und verwandte Schutzrechte vom 9. September 1965 (BGBl. I S. 1273), (BGBl. III 440-1).

- http://www.gesetze-aktuell.de/urhg.htm
  Gesetz über das Urheberrecht und verwandte Schutzrechte vom 09. September 1965 (BGBl. I S. 1273), zuletzt geändert durch Art. 12 des 2. Patentgesetz-Änderungsgesetz vom 16. Juli 1998 (BGBl. I S. 1827).

UrlGG (Urlaubsgeldgesetz)

- http://www.gesetze-aktuell.de/urlgg.htm
  Gesetz über die Gewährung eines jährlichen Urlaubsgeldes in der Fassung der Bekanntmachung vom 15. Dezember 1998 (BGBl. I S. 3648).

NORMEN/NATIONAL

Normen von A bis Z Bundesrecht

UStG (Umsatzsteuergesetz)

– http://bgbl.makrolog.de
 Die Neufassung des Umsatzsteuergesetzes vom 09.06.1999 kann nach einer kostenlosen Anmeldung mittels einer Suchmaske abgerufen werden. Die Neufassung ist veröffentlicht im BGBl. I, Nr. 30, S. 1270 ff.

UVPG (Gesetz über die Umweltverträglichkeitsprüfung)

– http://www.fen.baynet.de/~na1723/law/uvpg.html

– http://www.umwelt-online.de/recht/allgemei/umwelt/uvp/uvp_ges.htm
 Vom 12. Februar 1990 (BGBl. I 1990 S. 205; 1997 S. 2081), (BGBl. III 2129-20); (Auszug – Volltext kostenpflichtig).

UWG (Gesetz gegen den unlauteren Wettbewerb)

– http://transpatent.com/gesetze/uwg.html
 Gesetz gegen den unlauteren Wettbewerb vom 7. Juni 1909 (RGBl. S. 499) in der Fassung der Änderungen vom 21. Juli 1965 (BGBl. I S. 625), vom 25. Juni 1969 (BGBl. I S. 645), vom 26. Juni 1969 (BGBl. I S. 633), vom 23. Juni 1970 (BGBl. I S. 805), vom 2. März 1974 (BGBl. I S. 469), vom 10. März 1975 (BGBl. I S. 685), vom 15. Mai 1986 (BGBl. I S. 721), vom 25. Juli 1986 (BGBl. I S. 1169), vom 22. Oktober 1987 (BGBl. I S. 2294), vom 7. März 1990 (BGBl. I S. 422), vom 17. Dezember 1990 (BGBl. I S. 2840), vom 25. Juli 1994 (BGBl. I S. 1738), vom 2. September 1994 (BGBl. I S. 2278), vom 5. Oktober 1994 (BGBl. I S. 2911), vom 25. Oktober 1994 (BGBl. I S. 3121), vom 13. August 1997 (BGBl. I S. 2040) und vom 22. Juni 1998 (BGBl. I S. 1481); Stand: Juni 1998.

– http://www.bolex.de/uw_g.htm
 Vom 7. Juni 1909 (RGBl. S. 499) in der Fassung der Änderungen vom 21. Juli 1965 (BGBl. I S. 625), vom 25. Juni 1969 (BGBl. I S. 645), vom 26. Juni 1969 (BGBl. I S. 633), vom 23. Juni 1970 (BGBl. I S. 805), vom 2. März 1974 (BGBl. I S. 469), vom 10. März 1975 (BGBl. I S. 685), vom 15. Mai 1986 (BGBl. I S. 721), vom 25. Juli 1986 (BGBl. I S. 1169), vom 22. Oktober 1987 (BGBl. I S. 2294), vom 7. März 1990 (BGBl. I S. 422), vom 17. Dezember 1990 (BGBl. I S. 2840), vom 25. Juli 1994 (BGBl. I S. 1738), vom 2. September 1994 (BGBl. I S. 2278, vom 5. Oktober 1994 (BGBl. I S. 2911) und vom 25. Oktober 1994 (BGBl. I S. 3121).

VbF (Verordnung über brennbare Flüssigkeiten)

– http://www.umwelt-online.de/recht/gefstoff/vbf_ges.htm
 Verordnung über Anlagen zur Lagerung, Abfüllung und Beförderung brennbarer Flüssigkeiten zu Lande vom 13. Dezember 1996 (BGBl. I S. 1938, ber. 1997 S. 447); (Auszug – Volltext kostenpflichtig).

Bundesrecht

VerbrKrG (Verbraucherkreditgesetz)

- http://www.wowi.de/info/gesetze/verbraucherkreditgesetz/verbraucherkreditgesetz.htm
  Verbraucherkreditgesetz vom 17.12.1990 (BGBl. I S. 2840, verkündet als Art. 1 Gesetz über Verbraucherkredite).

VereinsG (Gesetz zur Regelung des öffentlichen Vereinsrechts)

- http://208.211.229.143/soznetz/lexikon/vrn283.htm#hd284
  Vom 5. August 1964 (BGBl. I S. 593), zuletzt geändert durch Gesetz vom 28. Oktober 1994 (BGBl. I S. 3186).

Vergaberichtlinie

- http://www.denic.de/doc/faq/vergaberichtlinie.html
  Richtlinie zur Vergabe von deutschen Internet-Domains; Stand: 15. Mai 1997, überarbeitete Fassung vom 1. November 1997.

Vergütungsrichtlinien für Arbeitnehmererfindungen

- http://transpatent.com/gesetze/rlarberf.html
  Richtlinien für die Vergütung von Arbeitnehmererfindungen im privaten Dienst vom 20. Juli 1959, einschließlich der Änderungen durch die Richtlinie vom 1. September 1983 (BAnz. Nr. 169); Stand: April 1998.

VerkaufsprospektG (Wertpapier-Verkaufsprospektgesetz)

- http://www.bawe.de/down/verkprg.doc
  In der Fassung der Bekanntmachung vom 9. September 1998 (BGBl. I S. 2701), zuletzt geändert durch Artikel 2 des Gesetzes zur weiteren Fortentwicklung des Finanzplatzes Deutschland (Drittes Finanzmarktförderungsgesetz) vom 24. März 1998 (BGBl. I S. 529).

VerkProspVO (Verkaufsprospekt-Verordnung)

- http://www.bawe.de/down/verkprvo.doc
  Verordnung über Wertpapier-Verkaufsprospekte zuletzt geändert durch Gesetz zur weiteren Fortentwicklung des Finanzplatzes Deutschland (Drittes Finanzmarktförderungsgesetz) vom 24. März 1998 (BGBl. I S. 529).

VermBG 5. (Fünftes Vermögensbildungsgesetz)

- http://www.bma.de/download/gesetze/vermbg.htm
  Fünftes Gesetz zur Förderung der Vermögensbildung der Arbeitnehmer in der ab 1. Januar 1999 geltenden Fassung.

VermG (Vermögensgesetz)

- http://www.gesetze-aktuell.de/vermg.htm
  Gesetz zur Regelung offener Vermögensfragen in der Fassung der Bekanntmachung vom 21. Dezember 1998 (BGBl. I S. 4026).

NORMEN/NATIONAL

Normen von A bis Z | Bundesrecht

Verordnung über Kundeninformationspflichten

– http://www.bgbl.makrolog.de
Vom 30.07.1999. Nach einer kostenlosen Anmeldung steht die Verordnung im Bundesgesetzblatt im Heft 41 auf S. 1730 auf dem Server „makrolog.de" zur Verfügung.

Verordnung zur Durchführung des Gesetzes über Preisnachlässe (Rabattgesetz)

– http://www.bolex.de/dvrab_g.htm
Vom 21. Februar 1934 (RGBl. I S. 120), (BGBl. III 43511).

VersammlG (Versammlungsgesetz)

– http://www.uni-oldenburg.de/~markobr/VersG.html
Gesetz über Versammlungen und Aufzüge in der Fassung der Bekanntmachung vom 15. November1978 (BGBl I S. 1789), zuletzt geändert durch das Gesetz zur Neuregelung des Schutzes von Verfassungsorganen des Bundes vom 26. August 1999 (BGBl. I S. 1818).

Vertrag über die abschließende Regelung in Bezug auf Deutschland

– http://www.jura.uni-sb.de/Vertraege/Einheit/ein3_m0.htm
Einigungsvertrag

Verwarnungsgeldkatalog

– http://www.kanzlei.de/verwg-0.htm
Vom 12.6.1975, VkBl. 1975, Seite 342 zuletzt geändert durch VV vom 25.6.1998 (BAnz. Nr. 117 S. 9044).

VOB (Verdingungsordnung für Bauleistungen)

– http://bauarchiv.de/NEWS_web/Bauordnung/VOB/VOB_Startseite.htm
Teil B der Verdingungsordnung für Bauleistungen – DIN 1961 – (Allgemeine Vertragsbedingungen für die Ausführung von Bauleistungen) steht kann im Volltext von den Internet-Seiten des Bauarchivs abgerufen werden.

VOF (Verdingungsordnung für freiberufliche Leistungen)

– http://www.fen.baynet.de/~na1723/law/vof.html
Vom 12. Mai 1997.

VVG (Versicherungsvertragsgesetz)

– http://members.aol.com:/gesetz2000/webdoc37.htm#
Versicherungsvertragsgesetz-VVG
Gesetz über den Versicherungsvertrag vom 30. Mai 1908 (RGBl. I S. 263), zuletzt geändert am 21. Juli 1994 (BGBl. I S. 1630).

VwGO (Verwaltungsgerichtsordnung)

- http://www.jura.uni-sb.de/BIJUS/vwgo/
  Vom 21. Januar 1960 (BGBl. I, S. 17) , zuletzt geändert durch Gesetz vom 31. August 1998 (BGBl. I, S. 2600) auf dem Stand April 1999. Die VwGO liegt auch in französischer Fassung vor.

VwKostG (Verwaltungskostengesetz)

- http://www.gesetze-aktuell.de/vwkostg.htm
  Vom 23.6.1970 (BGBl. I 1970 S. 821), zuletzt geändert durch Art. 4 des Gesetzes vom 05. Oktober 1994 (BGBl. I 1994 S. 2911).

VwRehaG (Verwaltungsrechtliches Rehabilitierungsgesetz)

- http://www.gesetze-aktuell.de/vwrehag.htm
  Gesetz über die Aufhebung rechtsstaatswidriger Verwaltungsentscheidungen im Beitrittsgebiet und die daran anknüpfenden Folgeansprüche in der Fassung der Bekanntmachung vom 01. April 1997 (BGBl. I 1997 S. 1620).

VwVfG (Verwaltungsverfahrensgesetz)

- http://www.fen.baynet.de/~na1723/law/vwvfg.html

- http://www.gesetze-aktuell.de/vwvfg.htm
  In der Fassung der Bekanntmachung vom 21. September 1998 (BGBl. I S. 3050).

VwVG (Verwaltungsvollstreckungsgesetz)

- http://www.gesetze-aktuell.de/vwvg.htm
  Vom 27. April 1953 (BGBl. I S. 157), zuletzt geändert durch Art. 2. Abs. 1 Zweite Zwangsvollstreckungsnovelle vom 17. Dezember 1997 (BGBl. I S. 3039).

VwZG (Verwaltungszustellungsgesetz)

- http://www.gesetze-aktuell.de/vwzg.htm
  Vom 03. April 1952 (BGBl. I 1952 S. 379), zuletzt geändert durch Art. 8 des Gesetzes vom 31. August 1998 (BGBl. I 1998 S. 2585).

WaffG (Waffengesetz)

- http://transpatent.com/mustklvz.html
  § 7 Abs. 8 GeschmMG, § 4 MusterRegV mit Unterklassen nach § 4 Abs. 2 MusterRegV gemäß Sonderdruck des Deutschen Patentamtes (R 5705 9.91).

- http://www.fen.baynet.de/~na1723/law/waffg.html
  Warenklassen für Geschmacksmuster; Einteilung der Warenklassen für Geschmacksmuster

WärmeschutzV (Wärmeschutzverordnung)

— http://www.baunet.de/baurecht/htm/waermes/index.html
Verordnung über einen energiesparenden Wärmeschutz bei Gebäuden vom 2. September 1994 (BAnz. Nr. 166a S. 11).

Wasch- und Reinigungsmittelgesetz

— http://www.umwelt-online.de/recht/wasser/wrmg_ges.htm
Gesetz über die Umweltverträglichkeit von Wasch- und Reinigungsmitteln vom 5. März 1987 (BGBl. I S. 875; 1994 S. 1440); (Auszug – Volltext kostenpflichtig).

WaStrG (Bundeswasserstraßengesetz)

— http://www.bezreg-hannover.niedersachsen.de/dez502/bwasstrg.html
In der Fassung vom 23.08.1990 (BGBl. I S. 1818), zuletzt geändert durch Gesetz vom 06.07.98 (BGBl. I S. 1782).

WBeauftrG (Wehrbeauftragtengesetz)

— http://www.fen.baynet.de/~na1723/law/wehrbg.html
Gesetz über den Wehrbeauftragten des Deutschen Bundestages (Gesetz zu Artikel 45b des Grundgesetzes).

WEG (Wohnungseigentumsgesetz)

— http://www.wowi.de/info/gesetze/weg/wohnungseigentumsgesetz.htm

Wehrbeschwerdeordnung

— http://www.fen.baynet.de/~na1723/law/wbo.html
In der Fassung der Bekanntmachung vom 11. September 1972 (BGBl. I S. 1737, ber. BGBl. I S. 1906), geändert durch Art. 3 BeteiligungsG v. 16.01.1991 (BGBl. I S. 47).

Wehrdisziplinarordnung

— http://www.fen.baynet.de/~na1723/law/wdo.html
In der Fassung der Bekanntmachung vom 4. September 1972 (BGBl. I S. 1665), zuletzt geänd. durch Gesetz zur Änderung wehrpflichtrechtlicher, soldatenrechtlicher, beamtenrechtlicher und anderer Vorschriften v. 24.07.1995 (BGBl. I S. 964).

Wertpapier-Verkaufsprospektgesetz

— http://www.bawe.de/ges_neu.htm#a1
Wertpapier-Verkaufsprospektgesetz in der Fassung der Bekanntmachung vom 9. September 1998 (BGBl. I S. 2701) zuletzt geändert durch Artikel 2 des Gesetzes zur weiteren Fortentwicklung des Finanzplatzes Deutschland (Drittes Finanzmarktförderungsgesetz) vom 24. März 1998 (BGBl. I S. 529).

WHG (Wasserhaushaltsgesetz)

- http://www.umwelt-online.de/recht/wasser/whg/whg_ges.htm
  Gesetz zur Ordnung des Wasserhaushalts, Fassung vom 12. November 1996 (BGBl. I S. 1695; 1998 S. 832, 2455; (Auszug – Volltext kostenpflichtig).

WoBindG (Wohnungsbindungsgesetz)

- http://www.wowi.de/info/gesetze/wohnungsbindungsgesetz/wobindg01.htm
  Gesetz zur Sicherung der Zweckbestimmung von Sozialwohnungen (BGBl. I S. 2166, ber. S. 2319).

WoGenVermG (Wohnungsgenossenschaften-Vermögensgesetz)

- http://www.wowi.de/info/gesetze/texte/wogenvermg.htm
  Gesetz zur Regelung vermögensrechtlicher Angelegenheiten der Wohnungsgenossenschaften in der Fassung der Bekanntmachung vom 26. Juni 1994 (BGBl. I S. 1437).

WoGG (Wohngeldgesetz)

- http://www.gesetze-aktuell.de/wogg.htm
  Vom 14. Dezember 1970 (BGBl. I S. 1637), zuletzt geändert durch Art. 1 des Gesetzes vom 16. Juli 1998 (BGBl. I S. 1860).

WoStatG (Wohnungsstatistikgesetz)

- http://www.datenschutz-berlin.de/gesetze/barchg/wostatg.htm
  Gesetz über gebäude- und wohnungsstatistische Erhebungen vom 18. März 1993.

WoVermG (Gesetz zur Regelung der Wohnungsvermittlung)

- http://www.bmg.ipn.de/recht/gesetze/wovermg/wovermg.htm

WpDPV (Wertpapierdienstleistungs-Prüfungsverordnung)

- http://www.bawe.de/ges_neu.htm#a2
  Verordnung über die Prüfung der Wertpapierdienstleistungsunternehmen nach § 36 des Wertpapierhandelsgesetzes vom 6. Januar 1999 (BGBl. I S. 4).

WPflG (Wehrpflichtgesetz)

- http://www.fen.baynet.de/~na1723/law/wpflg.html
  Wehrpflichtgesetz in der Fassung der Bekanntmachung vom 15. Dezember 1995.

- http://www.gesetze-aktuell.de/wehrpf.htm
  In der Fassung der Bekanntmachung vom 15. Dezember 1995 (BGBl. I S. 1756), zuletzt geändert durch Art. 6 Abs. 7 des Gesetzes vom 25. März 1997 (BGBl. I S. 726).

NORMEN/NATIONAL

Normen von A bis Z — Bundesrecht

WpHG (Gesetz über den Wertpapierhandel)

- http://www.bawe.de/down/wphg.doc
  In der Fassung der Bekanntmachung vom 9. September 1998 (BGBl. I S. 2708) zuletzt geändert durch Artikel 2 des Gesetzes zur Umsetzung der EG-Einlagensicherungsrichtlinie und der Anlegerentschädigungsrichtlinie vom 16. Juli 1998 (BGBl I S. 1842).

WpHMV (Wertpapierhandel-Meldeverordnung)

- http://www.bawe.de/ges_neu.htm#a2
  Verordnung über die Meldepflichten beim Handel mit Wertpapieren und Derivaten (Wertpapierhandel-Meldeverordnung – WpHMV) vom 21. Dezember 1995, zuletzt geändert durch Verordnung zur Änderung der Wertpapierhandel-Meldeverordnung vom 17. März 1998 (BGBl. I S. 519).

WStG (Wehrstrafgesetz)

- http://www.fen.baynet.de/~na1723/law/wstg.html
  Wehrstrafgesetz in der Fassung der Bekanntmachung vom 24. Mai 1974 (BGBl. 1 S. 1213), geändert durch Gesetz vom 21.12.1979 (BGBl. 1 S. 2326).

ZDG (Zivildienstgesetz)

- http://www.fen.baynet.de/~na1723/law/zdg.html
  Gesetz über den Zivildienst der Kriegsdienstverweigerer in der Fassung der Bekanntmachung vom 28. September 1994 (BGBl. I S. 2811), zuletzt geändert durch Artikel 13 des Gesetzes vom 7. August 1996 (BGBl. I S. 1254, 1312).

ZPO (Zivilprozessordnung)

- http://www.fen.baynet.de/~na1723/law/zpo.html

- http://www.gesetze-aktuell.de/zivilrecht.htm
  Aktueller Gesetzestext in vier Abschnitten. Stand: 21. Mai 1999.

ZSEG (Gesetz über die Entschädigung von Zeugen und Sachverständigen)

- http://home.t-online.de/home/03641442805-0001/zseg.htm
  Stand: 17.12.97.

Zugabeverordnung

- http://www.bolex.de/zugabe_g.htm
  Verordnung des Reichspräsidenten zum Schutze der Wirtschaft vom 9. März 1932 (RGBl. I S. 121), (BGBl. III S. 4341).

2.1.1.2.2 Gesetzesentwürfe

BDSG (Referentenentwurf zum Bundesdatenschutzgesetz)

- http://www.dud.de/dud/doks/bdsg97ei.htm
  Novellierung des Bundesdatenschutzgesetzes – Inhaltsübersicht – (Referentenentwurf, Stand 07.04.1998).

- http://www.lrz-muenchen.de/~rgerling/gesetze/bdsg99ai.htm
  Den Referentenentwurf (Stand 11.03.1999) zur Novellierung des Bundesdatenschutzgesetzes (BDSG) findet man auf den Seiten von Rainer W. Gerling, Dozent an der FH München.

FernAG (Referentenentwurf Fernabsatzgesetz)

- http://www.bmj.bund.de/download/fernag.doc
  Das Bundesjustizministerium stellt den Referentenentwurf vom 31. Mai 1999 zum Fernabsatzgesetz auf seinen Internet-Seiten zur Verfügung.

- http://www.computerundrecht.de/bmj_fernag.htm
  Der Referentenentwuf vom 31. Mai 1999 ist auf den Internet-Seiten der Zeitschrift „Computer und Recht" abrufbar.

Gesetz zur Förderung der Selbstständigkeit

- http://www.franchiserecht.de/eusgb.htm
  Auf den Internet-Seiten des Forums Franchiserecht findet sich der Gesetzesentwurf der Fraktionen SPD und Bündnis 90/Die Grünen, Bundestagsdrucksache 14/1855 vom 26.10.1999, zu den Änderungen SGB IV und SGB VI. Die maßgeblichen Passagen sind blau gekennzeichnet.

MNOG (Mietrechtsneuordnungsgesetz)

- http://www.beck.de/rsw/zeitschr/nzm/index.html
  Entwurf eines Gesetzes zur Neuordnung des Mietrechts.

2.1.2 Landesrecht
2.1.2.1 Länderübergreifende Normensammlungen

Denkmalschutzgesetze deutscher Bundesländer

- http://denkmalpflege.com/gesetze.htm @
  Auf den Internet-Seiten des Denkmalpflege-Fachverlag stehen die Denkmalschutzgesetze einiger Bundesländer zur Verfügung, namentlich das von Baden-Württemberg, Bayern, Berlin, Brandenburg, Freistaat Sachsen, Niedersachsen, Mecklenburg-Vorpommern, Sachsen-Anhalt und Thüringen.

NORMEN/NATIONAL

Länderübergreifende Sammlungen — Landesrecht

Jugendpresse

@ — http://www.jugendpresse.de/bvj/recht/gesetze.htm#sa
Der Bundesverband Jugendpresse e. V. veröffentlicht auf seinen Internet-Seiten die Landesgesetze und -verordnungen aller 16 Bundesländer betreffend die Jugendpresse. Abrufbar sind neben den jeweiligen Landespressegesetz, die einschlägigen Bestimmungen aus den Schulgesetzen und -verordnungen. Einige bundesrechtliche Gesetze und Vorschriften sowie der Pressekodex des Deutschen Presserats runden den Auftritt ab.

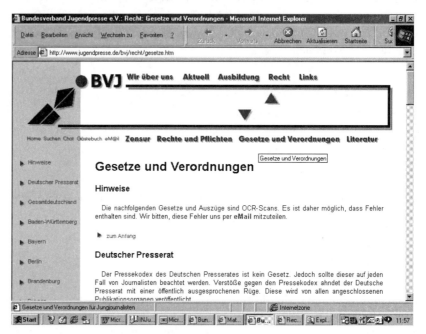

Juristenausbildungsvorschriften einzelner Bundesländer

@@ — http://www.vrp.de/suche/jurbook/ausbild.htm
Eine umfangreiche Linksammlung mit Vorschriften für die juristische Ausbildung der einzelnen Bundesländer hat veröffentlicht der Verlag Recht & Praxis auf seinen Internet-Seiten. Die Quelle der Vorschriften ist jeweils angegeben.

Vorschriften der Bundesländer

@@ — http://www.uni-bayreuth.de/students/elsa/jura/geo/jurweb-d-laender.html#bw
Auf diesen Seiten der Universität Bayreuth findet sich eine Linkliste auf verschiedene landesrechtliche Vorschriften der 16 Bundesländer, insbesondere hinsichtlich der Juristenausbildung, sowie auf einige länderübergreifenden Normen.

2.1.2.2 Normen der einzelnen Länder
2.1.2.2.1 Baden-Württemberg

BodSchG (Bodenschutzgesetz)

- http://www.umwelt-online.de/recht/boden/laender/bw/bschg_gs.htm
  Gesetz zum Schutz des Bodens vom 24.06.1991 (GBl. BW 1991 S. 434, geändert GBl. BW 1994 S. 653); (Auszug – Volltext kostenpflichtig).

- http://www.fh-kehl.de/Projekte/Boden/frames_boden_bw_01.htm
  Gesetz zum Schutz des Bodens vom 24. Juni 1991 (GBl. 1991 S. 434), zuletzt geändert durch Gesetz vom 12. Dezember 1994 (GBl. S. 653).

Bußgeldkatalog Umwelt

- http://www.uvm.baden-wuerttemberg.de/uvm/abt2/bussgeldkatalog/bussgeld_umwelt.htm
  Auf den Seiten des Ministerium für Umwelt und Verkehr Baden-Württemberg findet man den Bußgeldkatalog Umwelt für Baden-Württemberg. Der Bußgeldkatalog besteht aus sechs Dokumenten und kann im PDF-Format heruntergeladen werden; Stand 24.06.1999.

Denkmalschutzgesetz

- http://denkmalpflege.com/ba_wue.htm
  Gesetz zum Schutz der Kulturdenkmale.

GebührenVO (Gebührenverordnung)

- http://www.lfk.de/gstz4_fr.htm
  Verordnung der Landesanstalt für Kommunikation Baden-Württemberg (LfK) über die Festsetzung der Gebührensätze für ihre Amtshandlungen in der Fassung vom 15.11.1999.

JAPrO (Verordnung der Landesregierung Baden-Württemberg über die Ausbildung und Prüfung der Juristen)

- http://www.jura.uni-freiburg.de/studinfo/japro.htm
  Vom 9. Juli 1984 (GBl. 1984 S. 480) in der Fassung vom 29. März 1993 (GBl. 1993 S. 217) in Kraft getreten am 9. April 1993.

Jugendschutzrichtlinien

- http://www.lfk.de/gstz5_fr.htm
  Richtlinien der Landesmedienanstalten zur Gewährleistung des Jugendschutzes; Stand: 16. Dezember 1997.

NORMEN/NATIONAL

Baden-Württemberg — Landesrecht

LAbfG (Landesabfallgesetz)

– http://www.umwelt-online.de/recht/abfall/laender/bw/abfg_ges.htm
Gesetz über die Vermeidung und Entsorgung von Abfällen und die Behandlung von Altlasten in Baden-Württemberg in der Fassung vom 15. Oktober 1996 (GBl. 1996 S. 617; 1997 S. 470; 1998 S. 422, 1999 S. 292); (Auszug – Volltext kostenpflichtig).

LArchG (Landesarchivgesetz)

– http://www.rzuser.uni-heidelberg.de/~n31/benutzer/archivbw.htm
Gesetz über die Pflege und Nutzung von Archivgut vom 27. Juli 1987 in der geänderten Fassung vom 12. März 1990 (GBl. 1987 S. 230).

LDSG (Landesdatenschutzgesetz)

– http://www.schwaben.de/home/tichy/ldsgbawu.txt
Gesetz zum Schutz personenbezogener Daten vom 27. Mai 1991 (Gesetzblatt für Baden-Württemberg, 14. Juni 1991, S. 277 ff.).

LKatSG (Landeskatastrophenschutz)

– http://www.umwelt-online.de/recht/allgemei/laender/bw/kat1.htm
Gesetz über den Katastrophenschutz in der Fassung vom 19. Mai 1987 (GBl. 1987 S. 213; 1991 S. 277; 1995 S. 515; 1999 S. 305); (Auszug – Volltext kostenpflichtig).

LMedienG (Landesmediengesetz Baden-Württemberg)

– http://www.compuserve.de/bc_recht/gesetze/lmedieng/index.html
Vom 17. März 1992.

NutzungsplanVO (Verordnung der Landesanstalt für Kommunikation über die Ausweisung und Zuweisung von Übertragungskapazitäten)

– http://www.lfk.de/nutz_pl.htm
Vom 15. November 1999.

Pressegesetz

– http://www.jugendpresse.de/bvj/recht/lpg_bw.htm
Pressegesetz des Landes Baden-Württemberg vom 01.02.1964.

UG (Universitätsgesetz)

– http://www.compuserve.de/bc_recht/gesetze/unigbw/index.html
Gesetz über die Universitäten im Lande Baden-Württemberg in der Neufassung des Gesetzes vom 10. Januar 1995 (Ges.Bl. 1995/S. 1 ff).

NORMEN/NATIONAL

Landesrecht — Bayern

Verfassung

- http://www.lpb.bwue.de/bwverf/bwverf.htm
  Vom 11. November 1953 (GBl. S. 173), zuletzt geändert am 15. Februar 1995 (GBl. S. 269).

Werberichtlinien der Landesmedienanstalten

- http://www.lfk.de/gstz6_fr.htm
  Gemeinsame Richtlinien der Landesmedienanstalten für die Werbung, zur Durchführung der Trennung von Werbung und Programm und für das Sponsoring im Fernsehen vom 16. Dezember 1997.

2.1.2.2.2 Bayern
2.1.2.2.2.1 Umfangreiche Normensammlungen

Bayerisches Gesetz- und Verordnungsblatt

- http://www.bayern.de/GVBL/   @
  Leider können nur die Inhaltsverzeichnisse des Bayerischen Gesetz- und Verordnungsblattes seit 1998 auf den Internet-Seiten des Freistaates Bayern eingesehen werden. Herausgegeben werden diese von der Bayerischen Staatskanzlei.

2.1.2.2.2.2 Einzelne Normen

BayAbfG (Bayerisches Abfallwirtschaftsgesetz)

- http://www.umwelt-online.de/recht/abfall/laender/bay/abfg_ges.htm
  Gesetz zur Vermeidung, Verwertung und sonstigen Entsorgung von Abfällen in Bayern, Fassung vom 9. August 1996 (GVBl. 1996 S. 396; 1999 S. 36); (Auszug – Volltext kostenpflichtig).

BayBO (Bayerische Bauordnung)

- http://www.umwelt-online.de/recht/bau/laender/bay/bo_ges.htm
  In der Fassung vom 4. August 1997 (GVBl. S. 434; ber. 1998 S. 270, 1998 S. 439); (Auszug – Volltext kostenpflichtig).

BayDSchG (Denkmalschutzgesetz)

- http://denkmalpflege.com/bayerngesetz.htm
  Gesetz zum Schutz und zur Pflege der Denkmäler vom 25. Juni 1973 (BayRS 2242-1-K).

BayDSG (Bayerisches Datenschutzgesetz)

- http://www.datenschutz-bayern.de/recht/baydsg.htm
  Vom 23. Juli 1993, geändert durch das Gesetz zur Anpassung von Landesrecht an die Änderungen der Verfassung des Freistaates Bayern vom 10. Juli 1998 (GVBl. S. 385).

NORMEN/NATIONAL

Bayern   Landesrecht

- http://www.rewi.hu-berlin.de/Datenschutz/Gesetze/BayDSG.html
  Vom 23. Juli 1993.

- http://www.leo.org/~elmar/BayDSG.html
  Vom 23. Juli 1993.

BayEUG (Bayerisches Gesetz über das Erziehungs- und Unterrichtswesen)

- http://www.stmukwk.bayern.de/schule/bayeug/index.html

BayKatSG (Katastrophenschutzänderungsgesetz)

- http://www.umweltschutzrecht.de/recht/allgemei/laender/bay/99_4.htm#3
  Gesetz zur Änderung des Bayerischen Katastrophenschutzgesetzes und anderer sicherheitsrechtlicher Vorschriften vom 12. April 1999 (GVBl. 1999 S. 130).

BayKSG (Bayerisches Katastrophenschutzgesetz)

- http://www.umwelt-online.de/recht/anlasi/sicher/k_by_gs.htm
  Vom 24. Juli 1996 (GVBl. 1996 S. 282; 1999 S. 130); (Auszug – Volltext kostenpflichtig).

JAPO (Ausbildungs- und Prüfungsordnung für Juristen)

- http://www.justiz.bayern.de/ljpa/japo/inhalt.html
  In der Fassung der Bekanntmachung vom 16. April 1993 (GVBl. S. 335), geändert durch Verordnungen vom 20. Juni 1995 (GVBl. S. 321) und vom 20. Mai 1998 (GVBl. S. 285).

Pressegesetz

- http://www.jugendpresse.de/bvj/recht/lpg_bay.htm
  Pressegesetz des Landes Bayern vom 3. Oktober 1949.

SchulbauV (Schulbauverordnung)

- http://www.stmukwk.bayern.de/schule/bau.html
  Verordnung über den Bau (Neu-, Um- und Erweiterungsbauten) öffentlicher Schulen und privater Ersatzschulen im Zuständigkeitsbereich des Bayerischen Staatsministeriums für Unterricht, Kultus, Wissenschaft und Kunst vom 30. Dezember 1994 (GVBl. 1995 S. 61, KWMBl. I 1995 S. 74).

Verfassung des Freistaats Bayern

- http://www.bayern.landtag.de/wissen/verf/verf_f.htm
  Vom 2. Dezember 1946.

NORMEN/NATIONAL

Landesrecht　　　　　　　　　　　　　　　　　　　　　　　Berlin

2.1.2.2.3 Berlin
2.1.2.2.3.1 Umfangreiche Normensammlungen

Berliner Datenschutzbeauftragter

- http://www.datenschutz-berlin.de/recht/bln/rv/index.htm　　　　@@@
  Der Berliner Datenschutzbeauftragte informiert auf seiner Website über Fragen des Datenschutzes in verschiedenen Rechts- und Gesellschaftsbereichen. Unter verschiedenen Rubriken, beispielsweise Arbeitsrecht und öffentlicher Dienst, Bau-, Planungs- und Wohnungsrecht, Kultur, Schul- und Wissenschaftsrecht, werden einzelne Rechtsvorschriften des Landes Berlin zum Download bereitgestellt.

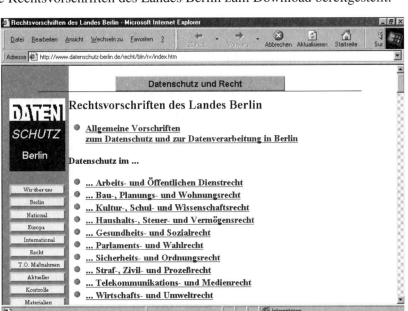

2.1.2.2.3.2 Einzelne Normen

AGBImSchG (Ausführungsgesetz zum Bundes-Immissionsschutzgesetz)

- http://www.datenschutz-berlin.de/gesetze/berlin/sonstige/immision.htm
  Vom 26. Januar 1993 (GVBl. S. 40, 50).

AGGVG (Gesetz zur Ausführung des Gerichtsverfassungsgesetzes)

- http://www.datenschutz-berlin.de/gesetze/berlin/aggvg/aggvg.htm
  Vom 23. März 1992 (GVBl. 1992 S. 73).

ArchGB (Archivgesetz des Landes Berlin)

- http://www.datenschutz-berlin.de/gesetze/berlin/archgb/archgb.htm
  Gesetz über die Sicherung und Nutzung von Archivgut des Landes Berlin vom 29. November 1993 (GVBl. S. 576), zuletzt geändert durch Gesetz vom 15. Oktober 1999 (GVBl. Nr 45 S. 564).

NORMEN/NATIONAL

Berlin   Landesrecht

Azubi-AuswahlVO (Auszubildende-Auswahlverordnung)

– http://www.datenschutz-berlin.de/gesetze/berlin/sonstige/azubivo.htm
  Verordnung über das Auswahlverfahren für Auszubildende in den Ausbildungsberufen Fachangestellte/Fachangestellter für Bürokommunikation und Verwaltungsfachangestellte/Verwaltungsfachangestellter vom 19. November 1993 (GVBl. S. 596).

BlnDSG (Berliner Datenschutzgesetz)

– http://www.datenschutz-berlin.de/recht/bln/blndsg/blndsg.htm
  Gesetz zum Schutz personenbezogener Daten in der Berliner Verwaltung vom 17. Dezember 1990 (GVBl. 1991 S. 16, 54), zuletzt geändert durch Gesetz vom 3. Juli 1995 (GVBl. 1995 S. 404).

– http://www.rewi.hu-berlin.de/Datenschutz/Gesetze/blndsg.html
  Gesetz zum Schutz personenbezogener Daten in der Berliner Verwaltung in der Fassung v. 17. Dezember 1990 (GVBl. 1991, S. 16, 54), zuletzt geändert durch Gesetz vom 3. Juli 1995 (GVBl. 1995, S. 404).

BlnKatSchG (Berliner Katastrophenschutzgesetz)

– http://www.umweltschutzrecht.de/recht/allgemei/laender/bln/k_bln.htm
  Gesetz über die Gefahrenabwehr bei Katastrophen vom 11. Februar 1999 (GVBl. 1999 S. 78).

BO (Berufsordnung der Ärztekammer Berlin)

– http://www.datenschutz-berlin.de/gesetze/berlin/sonstige/aerzte.htm
  Vom 24. Januar 1996 (ABl. S. 4192).

DSchG Bln (Denkmalschutzgesetz Berlin)

– http://denkmalpflege.com/berlingesetz.htm
  Gesetz zum Schutz von Denkmalen in Berlin vom 22. Dezember 1977 (GVBl. S. 2510), geändert durch das Gesetz vom 30. November 1981 (GVBl. S. 1470).

Gesetz über Datenverarbeitung im Bereich der Kulturverwaltung

– http://www.datenschutz-berlin.de/gesetze/berlin/sonstige/kultur.htm
  Vom 26. Januar 1993 (GVBl. S. 49).

IFG (Berliner Informationsfreiheitsgesetz)

– http://www.datenschutz-berlin.de/recht/bln/ifg/ifg.htm
  Gesetz zur Förderung der Informationsfreiheit im Land Berlin vom 15. Oktober 1999 (GVBl. 1999, Nr. 45, S. 561).

IVG (Informationsverarbeitungsgesetz)

- http://www.datenschutz-berlin.de/gesetze/berlin/ivg/ivg.htm
  Gesetz über die Informationsverarbeitung bei der allgemeinen Verwaltungstätigkeit in der Fassung vom 9. Oktober 1992 (GVBl. S. 305), zuletzt geändert durch Gesetz vom 12. März 1997 (GVBl. S. 69).

LfvG (Gesetz über das Landesamt für Verfassungsschutz)

- http://www.datenschutz-berlin.de/gesetze/berlin/lfvg/lfvg.htm
  Gesetz über das Landesamt für Verfassungsschutz (LfVG) vom 26. Januar 1993 (GVBl. S. 33) in der vom 2. Dezember 1994 an geltenden Fassung.

LStUG (Berliner Landes-Stasi-Unterlagengesetz)

- http://www.datenschutz-berlin.de/recht/bln/rv/allg/lstug.htm
  Gesetz über den Landesbeauftragten zur Aufarbeitung der Unterlagen des Staatssicherheitsdienstes der ehemaligen Deutschen Demokratischen Republik im Land Berlin vom 20. November 1992 (GVBl. S. 335), zuletzt geändert am 5. November 1997.

LWG (Landeswahlgesetz Berlin)

- http://www.datenschutz-berlin.de/gesetze/berlin/wahl/landwg.htm
  Gesetz über die Wahlen zum Abgeordnetenhaus und zu den Bezirksverordnetenversammlungen vom 25. September 1987, zuletzt geändert durch Gesetz vom 3. Juli 1995 (GVBl. S. 400).

LWO (Landeswahlordnung Berlin)

- http://www.datenschutz-berlin.de/gesetze/berlin/wahl/landwo.htm
  Wahlordnung für die Wahlen zum Abgeordnetenhaus und zu den Bezirksverordnetenversammlungen vom 8. Februar 1988 (GVBl. S. 373), zuletzt geändert durch Verordnung vom 3. August 1995 (GVBl. S. 540).

MG (Gesetz über das Meldewesen)

- http://www.datenschutz-berlin.de/gesetze/berlin/meldege/melde.htm
  Vom 26. Februar 1985 (GVBl. 1985 S. 507), zuletzt geändert durch Gesetz über Volksinitiative, Volksbegehren und Volksentscheid vom 11. Juni 1997 (GVBl. S. 304).

OrdZG (Gesetz über die Zuständigkeit der Ordnungsbehörden DVO)

- http://www.datenschutz-berlin.de/gesetze/berlin/ordzg/ordzg.htm
  ASOG vom 23. November 1992 (GVBl. 1992 S. 350), zuletzt geändert durch Gesetz vom 19. Juli 1994 (GVBl. 1994 S. 241).

Pressegesetz

- http://www.jugendpresse.de/bvj/recht/lpg_b.htm
  Pressegesetz des Landes Berlin vom 15. Juni 1965.

NORMEN/NATIONAL

Brandenburg   Landesrecht

PrüffristenVO (Verordnung über Prüffristen bei polizeilicher Datenspeicherung)

– http://www.datenschutz-berlin.de/gesetze/berlin/asog/teil4.htm
  Vom 22. Februar 1993 (GVBl. 1993 S. 103).

Stadtplanungsdatenverarbeitungsgesetz

– http://www.datenschutz-berlin.de/gesetze/berlin/stadtplr/stadtpl.htm
  Gesetz über die Datenverarbeitung für Zwecke der räumlichen Stadtentwicklung, Stadt- und Regionalplanung und bodenwirtschaftlicher Aufgaben vom 2. November 1994 (GVBl. S. 444).

StudentendatenVO (Verordnung zur Erhebung und Verarbeitung personenbezogener Daten der Studienbewerber, Studenten und Prüfungskandidaten für Verwaltungszwecke der Hochschulen)

– http://www.datenschutz-berlin.de/gesetze/berlin/bildung/hochvo.htm
  Vom 11. Dezember 1993 (GVBl. S. 628).

Verfassung

– http://www.datenschutz-berlin.de/gesetze/berlin/verfass/verfass.htm
  Vom 23. November 1995 (GVBl. S. 779), zuletzt geändert durch Erstes Gesetz zur Änderung der Verfassung von Berlin vom 14. Juni 1996 (GVBl. S. 233).

VermDVG (Vermögensrechtsdatenverarbeitungsgesetz)

– http://www.datenschutz-berlin.de/gesetze/berlin/vermdvg/vermdvg.htm
  Gesetz über die Datenverarbeitung im Regelungsbereich des Vermögensgesetzes in Berlin vom 12. Juli 1995.

2.1.2.2.4 Brandenburg
2.1.2.2.4.1 Umfangreiche Normensammlungen

Innenministerium des Landes Brandenburg

@@@ – http://www.brandenburg.de/land/mi/recht/
  Auf den Internet-Seiten des Innenministeriums des Landes Brandenburg steht eine umfassende Auswahl landesrechtlicher Vorschriften zum Download bereit. Neben der Verfassung des Landes Brandenburg sind verschiedene Vorschriften erhältlich aus den Bereichen staatliche Organisation, allgemeine innere Verwaltung, Recht des öffentlichen Dienstes, öffentliche Sicherheit und Ordnung, Datenschutz, Zivil-Katastrophen- und Brandschutz, Feuerwehren, Körperschaften, Stiftungen und Anstalten des öffentlichen Rechts, Statistik, Gesundheit, Jugend, Familie, Sport, Umweltschutz und Kultur sowie Landesplanung, Bau- und Wohnungswesen und Verkehr.

Landesrecht Brandenburg

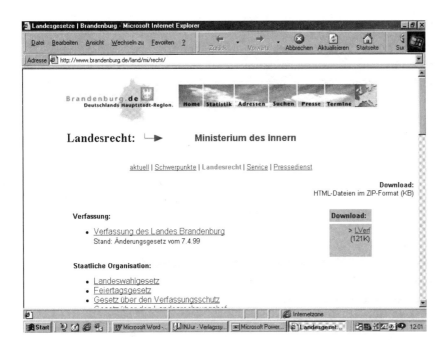

2.1.2.2.4.2 Einzelne Normen

AIG (Akteneinsichts- und Informationszugangsgesetz)

- http://www.brandenburg.de/land/mi/recht/aig.htm
  (GVBl. I/1998 S. 46).

AmtsO (Amtsordnung für das Land Brandenburg)

- http://www.brandenburg.de/land/mi/recht/kommverf/3amtso/start.htm
  Vom 15. Oktober 1993 (GVBl. I S. 450), geändert durch Art. 4 des 1. BbgFRG vom 30.06.1994, (GVBl. I S. 230) und durch das Gesetz zur Förderung freiwilliger Gemeindezusammenschlüsse vom 8. April 1998.

BbgAbfG (Brandenburgisches Abfallgesetz)

- http://www.umwelt-online.de/recht/abfall/laender/brandbg/labf_ges.htm
  Vom 6. Juni 1997 (GVBl. 1997 S. 40; 1999 S. 162); (Auszug – Volltext kostenpflichtig).

BbgDSG (Brandenburgisches Datenschutzgesetz)

- http://www.brandenburg.de/land/lfdbbg/gesetze/bbgdsg.htm
  Gesetz zum Schutz personenbezogener Daten im Land Brandenburg in der Fassung der Bekanntmachung vom 9. März 1999 (GVBl. I S. 66).

BbgFHGPol (Brandenburgisches Polizeifachhochschulgesetz)

- http://www.brandenburg.de/land/mi/recht/fhpol/index.htm
  Gesetz über die Errichtung einer Fachhochschule der Polizei vom 21. Dezember 1998 (GVBl. I/1998 S. 270).

NORMEN/NATIONAL

Brandenburg   Landesrecht

BbgJAG (Brandenburgisches Juristenausbildungsgesetz)

– http://141.89.32.20/u/jurfak/rechtbbg/bbgjag.htm
  Gesetz über die Juristenausbildung im Land Brandenburg vom 24. Dezember 1992 (GVBl. I S. 578).

BbgKatSG (Brandenburgisches Katastrophenschutzgesetz)

– http://www.brandenburg.de/land/mi/recht/katsg/index.htm
  Katastrophenschutzgesetz des Landes Brandenburg vom 11. Oktober 1996, zuletzt geändert durch Artikel 1 des Gesetzes zur Änderung des Brandenburgischen Katastrophenschutzgesetzes und des Vorschaltgesetzes zum Immissionsschutz vom 28. Juni 1999 (GVBl. I S. 258).

BbgKWahlG (Brandenburgisches Kommunalwahlgesetz)

– http://www.brandenburg.de/land/mi/recht/kwg/index.htm
  Gesetz über die Kommunalwahlen im Land Brandenburg in der Neufassung vom 20.05.1998 (GVBl. I/ 98 S. 130).

BbgLWahlG (Brandenburgisches Landeswahlgesetz)

– http://www.brandenburg.de/land/mi/recht/wahlg/index.htm
  Wahlgesetz für den Landtag Brandenburg vom 2. März 1994 (GVBl. I/ 94 S. 38) Anlage zu § 15 Abs. 1 (Wahlkreise), neugefasst durch WKÄndG vom 23.10.1998 (GVBl. I/ 98 S. 210).

BbgPOG (Polizeiorganisationsgesetz)

– http://www.brandenburg.de/land/mi/recht/pog/inhalt.htm
  Gesetz über die Organisation und die Zuständigkeit der Polizei im Land Brandenburg vom 20. März 1991 (GVBl. S. 82), zuletzt geänd. durch Art. 4 d. Gz. Neuordn. d. Polizeirechts i. L. Bbg v. 19.03.1996 (GVBl. I S. 74).

BbgPolG (Brandenburgisches Polizeigesetz)

– http://www.brandenburg.de/land/mi/recht/pag/inhalt.htm
  Gesetz über die Aufgaben und Befugnisse der Polizei im Land Brandenburg vom März 1996, zuletzt geändert durch das Gesetz vom 26. Mai 1999 (GVBl. I S. 171).

BbgStatG (Brandenburgisches Statistikgesetz)

– http://www.brandenburg.de/land/mi/recht/statges.htm
  Gesetz über die Statistik im Land Brandenburg vom 11. Oktober 1996 (GVBl. I/ 96 S. 294).

BbgVerfSchG (Brandenburgisches Verfassungsschutzgesetz)

– http://www.brandenburg.de/land/mi/recht/verfsch/index.htm
  Gesetz über den Verfassungsschutz im Land Brandenburg vom 5. April 1993 (GVBl. I/ 93 S. 78).

Landesrecht — Brandenburg

BedGVO (Bedarfsgewerbeordnung)

- http://www.brandenburg.de/liaa/badenwrt/bwsbgvo.htm
  Verordnung der Landesregierung Baden-Württembergs über die Zulassung der Beschäftigung von Arbeitnehmern an Sonn- und Feiertagen (Bedarfsgewerbeverordnung) vom 16. November 1998.

BSchG (Brandschutzgesetz)

- http://www.brandenburg.de/land/mi/recht/bsg/start.htm
  Gesetz über den Brandschutz und die Hilfeleistung bei Unglücksfällen und öffentlichen Notständen des Landes Brandenburg in der Fassung der Bek. vom 9. März 1994 (GVBl. I S. 65).

DBeschrV (Verordnung zur Dateibeschreibung)

- http://www.brandenburg.de/land/lfdbbg/gesetze/dbeschrv.htm
  Vom 4. September 1996 (GVBl. II S. 695).

Denkmalschutzgesetz

- http://denkmalpflege.com/brandengesetz.htm
  Gesetz über den Schutz und die Pflege der Denkmale und Bodendenkmale im Land Brandenburg vom 22. Juli 1991.

FTG (Feiertagsgesetz)

- http://www.brandenburg.de/land/mi/recht/ftagg.htm
  Gesetz über die Sonn- und Feiertage vom 21. März 1991 (GVBl. S. 44), zuletzt geändert durch 2. ÄndG v. 07.04.1997 (GVBl. I S. 32).

GO (Gemeindeordnung)

- http://www.brandenburg.de/land/mi/recht/kommverf/1go/index.htm
  Gemeindeordnung für das Land Brandenburg vom 15. Oktober 1993 (GVBl. I S. 398), geändert durch Artikel 3 des 1. BbgFRG vom 30. Juni 1994 (GVBl. I S. 230), zuletzt geändert durch Art. 3 des Gesetzes zur Verbesserung der rechtlichen Rahmenbedingungen kommunaler Daseinsvorsorge im Land Brandenburg vom 07.04.1999 (GVBl. I, S. 90).

HundehV (Hundehalterverordnung)

- http://www.brandenburg.de/land/mi/recht/_vo/hundvo.htm
  Ordnungsbehördliche Verordnung über das Führen und Halten von Hunden vom 12. Juni 1998 (GVBl. II/ 98 S. 418).

NORMEN/NATIONAL

Brandenburg   Landesrecht

JAPO (Ausbildungs- und Prüfungsordnung für Juristen im Land Brandenburg)

– http://viadrina.euv-frankfurt-o.de/vialupus/jur_fak/allgem/lex/jao.htm

Ladenschlussverordnung

– http://www.brandenburg.de/liaa/badenwrt/bwslavo.htm
  Verordnung der Landesregierung Baden-Württembergs über den Ladenschluss vom 16. Oktober 1996 (GBl. S. 658) zuletzt geändert durch Verordnung vom 8. Februar 1999 (GBl. S. 86).

LKrO (Landkreisordnung für das Land Brandenburg)

– http://www.brandenburg.de/land/mi/recht/kommverf/2lkro/start.htm

LRHG (Landesrechnungshofgesetz)

– http://www.brandenburg.de/landesrechnungshof/lrhg.htm
  Gesetz über den Landesrechnungshof Brandenburg vom 27. Juni 1991 (GVBl. S. 256), zuletzt geändert durch das 2. LRHÄndG vom 8. Dezember 1997 (GVBl. I S. 116).

OBG (Ordnungsbehördengesetz)

– http://www.brandenburg.de/land/mi/recht/obg/index.htm
  Gesetz über Aufbau und Befugnisse der Ordnungsbehörden vom 13. Dezember 1991 (GVBl. S. 636), zuletzt geändert durch das am 25. Mai 1996 in Kraft getretene Gesetz zur Änderung des Ordnungsbehördengesetzes vom 22. Mai 1996 (GVBl. I S. 172), (GVBl. I S. 266 – Neufassung).

PersVG (Landespersonalvertretungsgesetz)

– http://www.brandenburg.de/land/mi/recht/persvg/psvginh.htm
  Personalvertretungsgesetz für das Land Brandenburg vom 15. September 1993.

Pressegesetz

– http://www.jugendpresse.de/bvj/recht/lpg_brd.htm
  Pressegesetz des Landes Brandenburg vom 13. Mai 1993 (GVBl. I S. 162).

– http://www.rewi.hu-berlin.de/Gesetze/lpg_brb.html
  Vom 13. Mai 1993 (GVBl. I S. 162).

Stabilisierungsgesetz

– http://www.brandenburg.de/land/mi/recht/stab_g.htm
  Artikel 1 des Gesetzes zur rechtlichen Stabilisierung der Zweckverbände für Wasserversorgung und Abwasserbeseitigung und zur Änderung des Gesetzes über kommunale Gemeinschaftsarbeit im Land Brandenburg vom 6. Juli 1998 (GVBl. I S. 162).

StiftG Bbg (Stiftungsgesetz für das Land Brandenburg)

- http://www.brandenburg.de/land/mi/recht/stg/index.htm
  Vom 27. Juni 1995, geändert durch Art. 2d des Gesetzes über die Änderung stiftungsrechtlicher Vorschriften v. 01.07.1996 (GVBl. I S. 241).

Verfassung

- http://www.brandenburg.de/land/mi/recht/lverf/index.htm
  Vom 20. August 1992 (GVBl. I S. 298), zuletzt geändert durch Gesetz vom 7. April 1999, (GVBl. I/99 S. 98).

- http://www.landtag.brandenburg.de/
  Vom 20. August 1992 (GVBl. I S. 298), zuletzt geändert durch Artikel 1 des Gesetzes vom 24. Juni 1997 (GVBl. I S. 68).

VwVfGBbg (Verwaltungsverfahrensgesetz Brandenburg)

- http://www.brandenburg.de/land/mi/recht/vwvfg/index.htm
  Bekanntmachung der Neufassung des Verwaltungsverfahrensgesetzes für das Land Brandenburg vom 4. August 1998 (GVBl. I/ 98 S. 178).

VwVGBbg (Verwaltungsvollstreckungsgesetz für das Land Brandenburg)

- http://www.brandenburg.de/land/mi/recht/vwvgbb.htm
  Vom 18. Dezember 1991 (GVBl. I/91 S. 661), zuletzt geändert durch Gesetz zur Ausführung der Insolvenzordnung und zur Anpassung von Rechtsvorschriften an die Insolvenzordnung vom 26.11.1998 (GVBl. II/98 S. 218, 219).

2.1.2.2.5 Bremen

BremHG (Bremisches Hochschulgesetz)

- http://www-user.uni-bremen.de/kram/archiv/gesetze/BremHG-Endfassung-korr1.html
  Neufassung vom 20. Juli 1999 (Bekanntmachung: Brem.GBl. S. 183, 05.08.1999).

JAPG (Juristenausbildungs- und -prüfungsgesetz)

- http://www1.uni-bremen.de/~jura/gesetze/japg.htm
  Gesetz über die erste juristische Staatsprüfung und den juristischen Vorbereitungsdienst.

Pressegesetz

- http://www.jugendpresse.de/bvj/recht/lpg_br.htm
  Pressegesetz der freien Hansestadt Bremen.

2.1.2.2.6 Hamburg
2.1.2.2.6.1 Umfangreiche Normensammlungen

Hamburgische Datenschutzvorschriften

@ — http://www.hamburg.de/Behoerden/HmbDSB/Recht/gesetze.htm
Die Hansestadt Hamburg stellt hier eine Sammlung Hamburgischer Datenschutzvorschriften ins Netz, unter anderem das Hamburgische Datenschutzgesetz, das Hamburgische Verwaltungsverfahrensgesetz (HmbVwVfG), das Hamburgische Meldegesetz (HmbMG), das Gesetz über die Datenverarbeitung der Polizei, das Hamburgische Verfassungsschutzgesetz (HmbVerfSchG) und das Hamburgische Beamtengesetz (HmbBG); Stand: 13.06.1997.

Hamburgischer Bildungsserver

@ — http://lbs.hh.schule.de/schulgesetz/welcome.htm
Verschiedene Vorschriften zum Hamburgischen Schulrecht finden sich auf dem HBS, dem Hamburgischen Bildungsserver. Neben dem Hamburgischen Schulgesetz und Erläuterungen dazu sind auch verschiedene Verordnungen abrufbar. Letzte Aktualisierung der Seite erfolgte am 24.09.1999.

2.1.2.2.6.2 Einzelne Normen

Gesetz über die Datenverarbeitung der Polizei

— http://www.hamburg.de/Behoerden/HmbDSB/Recht/poldvg.htm
Stand: 13.06.1997.

Gesetz über die Eintragung gleichgeschlechtlicher Partnerschaften

— http://www.lsvd.de/recht/hamburg.html
Vom 14. April 1999 (Hamburger Gesetz- und Verordnungsblatt 1999, S. 69)

HmbArchG (Hamburgisches Archivgesetz)

— http://www.hamburg.de/Behoerden/HmbDSB/Recht/archg.htm
Stand: 13.06.1997.

HmbBauO (Hamburgische Bauordnung)

— http://www.comlink.de/~joachim/jlr-hbo.html
Vom 1. Juli 1986 (GVBl. S. 183).

HmbBG (Hamburgisches Beamtengesetz)

— http://www.hamburg.de/Behoerden/HmbDSB/Recht/bg.htm
Stand: 13.06.1997.

NORMEN/NATIONAL

Landesrecht — Hamburg

HmbDSG (Hamburgisches Datenschutzgesetz)
- http://www.rewi.hu-berlin.de/Datenschutz/Gesetze/hmbdsg.html
  Vom 5. Juli 1990.

HmbKrebsRG (Hamburgisches Krebsregistergesetz)
- http://www.hamburg.de/Behoerden/HmbDSB/Recht/krebsrg.htm
  Stand: 13.06.1997.

HmbMedienG (Hamburgisches Mediengesetz)
- http://www.hamburg.de/Behoerden/HmbDSB/Recht/medieng.htm
  Stand: 13.06.1997.

HmbMG (Hamburgisches Meldegesetz)
- http://www.hamburg.de/Behoerden/HmbDSB/Recht/mg.htm
  Stand: 13.06.1997.

HmbStatG (Hamburgisches Statistikgesetz)
- http://www.hamburg.de/Behoerden/HmbDSB/Recht/statg.htm
  Stand: 13.06.1997.

HmbVerfSchG (Hamburgisches Verfassungsschutzgesetz)
- http://www.hamburg.de/Behoerden/LfV/gesetz.htm
  Vom 7. März 1995, geändert am 22. Mai 1996, zuletzt geändert am 27. August 1997.

HmbVwVfG (Hamburgisches Verwaltungsverfahrensgesetz)
- http://www.hamburg.de/Behoerden/HmbDSB/Recht/vwvfg.htm
  Stand: 13.06.1997.

HmbVwVG (Verwaltungsvollstreckungsgesetz)
- http://www.comlink.de/~joachim/jlr-vvg.html
  Vom 13. März 1961, zuletzt geändert 14.04.1993 (GVBl. S. 83).

JAO (Juristenausbildungsordnung)
- http://www.comlink.de/~joachim/jlr-jao.html
  Vom 10. Juli 1972 (GVBl. S. 133, 148, 151), zuletzt geändert am 05.12.1995 (GVBl. S. 363).

Pressegesetz
- http://www.jugendpresse.de/bvj/recht/lpg_hh.htm
  Pressegesetz des Landes Hamburg vom 29.01.1965 (GVBl. S. 15).

NORMEN/NATIONAL

Hessen Landesrecht

SOG (Gesetz zum Schutz der öffentlichen Sicherheit und Ordnung)
- http://www.comlink.de/~joachim/jlr-sog.html
  Vom 14. März 1966 (GVBl. S 77), zuletzt geändert am 01.07.1993 (GVBl. S. 149).

Verfassung
- http://www.comlink.de/~joachim/jlr-hv.html
  Vom 6. Juni 1952 (BL I 100a), zuletzt geändert durch Gesetz vom 20.06.1996 (GVBl. HH 1996, 133).

2.1.2.2.7 Hessen
2.1.2.2.7.1 Umfangreiche Normensammlungen

Justus-Liebig-Universität Giessen

@@@ - http://landesrecht.recht.uni-giessen.de/Landesgesetze_Gliederung/landesgesetzekurz.htm
  Einen Auszug des Hessischen Landesrechtes findet man auf dem Webserver der Professur für öffentliches Recht II und Steuerrecht, Fachbereich Rechtswissenschaft der Justus-Liebig-Universität Giessen. Nach Themenbereichen geordnet besteht Zugriff auf verschiedene Vorschriften aus den Bereichen Staatsorganisation, Ausführungen von Bundesrecht, allgemeines Verwaltungsrecht, Polizei- und Ordnungsrecht, besonderes Ordnungsrecht, öffentlicher Dienst, Kommunalrecht, Planungs- und Baurecht, Umwelt- und Wasserrecht sowie Kultur und Unterricht. Die Gesetze und Rechtsverordnungen sind zudem nach Stichworten alphabetisch geordnet verfügbar.

2.1.2.2.7.2 Einzelne Normen

AGInsO (Hessisches Ausführungsgesetz zur Insolvenzordnung)
- http://landesrecht.recht.uni-giessen.de/2_rechtspflege/210-77-AGInso/AGInso.htm
  Vom 18. Mai 1998 (GVBl. I S. 191, 278).

Bannmeilengesetz (Gesetz über die Bannmeile des Hessischen Landtags)
- http://www.landtag.hessen.de/gesetze/texte/bannmeilengesetz.html
  Vom 25. Mai 1990 (GVBl. I S. 173), verkündet am 31. Mai 1990.

Denkmalschutzgesetz (Gesetz zum Schutze der Kulturdenkmäler)
- http://landesrecht.recht.uni-giessen.de/7_Kultus/76-4-denkmalg/denkmalg.html
  Vom 23. September 1974 GVBl. I S. 450 (in der Fassung vom 5. September 1986 (GVBl. I S. 262, 270).

NORMEN/NATIONAL

Landesrecht — Hessen

DV-VerbundG (Datenverarbeitungsverbundgesetz)
- http://landesrecht.recht.uni-giessen.de/30_allgemeines/300-32-verbundg/verbundg.htm
  Vom 22. Juli 1988 (GVBl. I S. 287).

EigBGes (Eigenbetriebsgesetz)
- http://landesrecht.recht.uni-giessen.de/33_kommunalwesen/331-6-eigbges/eigbges.html
  Vom 9. März 1957 (GVBl. S. 19) in der Fassung vom 9. Juni 1989 (GVBl. I S. 154).

FAG (Finanzausgleichsgesetz)
- http://landesrecht.recht.uni-giessen.de/4_Finanzwesen/41-16-fag/fag.html
  Gesetz zur Regelung des Finanzausgleichs vom 20. Dezember 1977 (GVBl. I S. 481) in der Fassung vom 18. März 1997 (GVBl. I S. 58).

GastVO (Gaststättenverordnung)
- http://landesrecht.recht.uni-giessen.de/5_wirtschaft_und_gewerbe/512-52-gastvo/gastvo.htm
  Verordnung zur Ausführung des Gaststättengesetzes vom 21. April 1971 (GVBI. I S. 97).

- http://www.hessen.de/gvbl/5_wirtschaft_und_gewerbe/512-52-gastvo/gastvo.htm
  Verordnung zur Ausführung des Gaststättengesetzes vom 21. April 1971 (GVBl. I S. 97).

GaVO (Garagenverordnung)
- http://landesrecht.recht.uni-giessen.de/36_raumordnung/361-102-GaVO/GaVO.htm
  Verordnung über den Bau und Betrieb von Garagen und Stellplätzen vom 16. November 1995 (GVBl. I S. 514).

Geschäftsordnung des Hessischen Landtags
- http://landesrecht.recht.uni-giessen.de/1_verfassung_und_staatsaufbau/12-14-gescholt/gescholt.htm
  Vom 7. April 1999 (GVBl. I S. 294).

- http://www.landtag.hessen.de/gesetze/geschaefts_uebersicht.html
  Vom 16. Dezember 1993 (GVBl. I S. 628), in Kraft gesetzt und geändert durch Beschluss des Landtags vom 5. April 1995 (GVBl. I S. 183), geändert durch Beschluss des Landtags vom 30. Mai 1995 (GVBl. I S. 412).

Gesetz über den Hessischen Rundfunk
- http://landesrecht.recht.uni-giessen.de/7_Kultus/74-1-rundfg/rundfg.htm
  Vom 2. Oktober 1948 (GVBl. S. 123).

- http://www.hessen.de/gvbl/7_Kultus/74-1-rundfg/rundfg.htm
  Vom 2. Oktober 1948 (GVBl. S. 123).

Gesetz über den Staatsgerichtshof

- http://landesrecht.recht.uni-giessen.de/1_Verfassung_und_Staatsaufbau/
  14-4-staatsgh/staatsgh.htm
  Vom 30. November 1994 (GVBl. I S. 684).

Gesetz über die Bannmeile des Hessischen Landtags

- http://landesrecht.recht.uni-giessen.de/1_Verfassung_und_Staatsaufbau/
  12-12-bannmeile/bannmeileG.htm
  Vom 25. Mai 1990 (GVBl. I S. 173).

Gesetz über die Eingliederung staatlicher Umweltbehörden in die Regierungspräsidien

- http://landesrecht.recht.uni-giessen.de/8_Landwirtschaft_und_Forsten_
  Umweltschutz/800-43-einureg/einureg.htm
  Vom 15. Juli 1997 (GVBl. I S. 233).

Gesetz über die Entziehung der Freiheit geisteskranker, geistesschwacher, rauschgift- oder alkoholsüchtiger Personen

- http://landesrecht.recht.uni-giessen.de/35_gesundheitswesen/352-1-feg/feg.html
  Vom 19. Mai 1952 (GVBl. S. 111).

Gesetz über die Mittelstufe der Verwaltung und den Landeswohlfahrtsverband Hessen

- http://landesrecht.recht.uni-giessen.de/30_allgemeines/300-5-mittelsg/mittelsg.htm
  Vom 7. Mai 1953 (GVBl. S. 93).

Gesetz zur Änderung des Hessischen Schulgesetzes und anderer Gesetze und zur Neugliederung der Staatlichen Schulämter

- http://www.bildung.hessen.de/anbieter/km/recht/schamt/index2.htm
  Auszug; in der Fassung vom 15. Mai 1997 (GVBl. I S. 143, 204).

Gesetz zur Neuorganisation der Gewerbeaufsichtsverwaltung in Hessen

- http://landesrecht.recht.uni-giessen.de/5_Wirtschaft_und_Gewerbe/510-15-neuorg/
  neuorg.htm
  Vom 25. Februar 1993 (GVBl. I S. 49).

Gesetz zur Neuregelung des Hochschulrechts und zur Änderung anderer Rechtsvorschriften

- http://www.hmwk.hessen.de/hhg/default.htm
  Gesetz vom 09.11.1998, zuletzt geändert am 29.06.1999, in Kraft getreten am 14.07.1999.

NORMEN/NATIONAL

Landesrecht — Hessen

HAbwAG (Hessisches Ausführungsgesetz zum Abwasserabgabengesetz)

– http://landesrecht.recht.uni-giessen.de/8_Landwirtschaft_und_Forsten_
 Umweltschutz/85-24-habwag/habwag.htm
 Vom 17. Dezember 1980 (GVBl. I S. 540) in der Fassung vom 22. Mai 1997 (GVBl. I S. 248).

HAG/BSHG (Hessisches Ausführungsgesetz zum Bundessozialhilfegesetz)

– http://landesrecht.recht.uni-giessen.de/34_fuersorge/34-8-basg/basg.html
 Vom 28. Mai 1962 (GVBl. I S. 273) in der Fassung vom 16. September 1970 (GVBl. I S. 573).

HAKA (Hessisches Ausführungsgesetz zum Kreislaufwirtschafts- und Abfallgesetz)

– http://landesrecht.recht.uni-giessen.de/8_Landwirtschaft_und_Forsten_
 Umweltschutz/89-22-haka/haka.htm
 Vom 23. Mai 1997 (GVBl. 1997 I S. 173).

– http://www.umwelt-online.de/recht/abfall/laender/hes/haka1.htm
 Vom Mai 1997 (GVBl. I 1997 S. 173; 1997 S. 232); (Auszug – Volltext kostenpflichtig).

HAltlastG (Hessisches Altlastengesetz)

– http://landesrecht.recht.uni-giessen.de/8_Landwirtschaft_und_Forsten_
 Umweltschutz/89-18-altlastg/Altlastg.html
 Gesetz über die Erkundung, Sicherung und Sanierung von Altlasten vom 20. Dezember 1994 (GVBl. I S. 764).

HAltPflG (Hessisches Altenpflegegesetz)

– http://landesrecht.recht.uni-giessen.de/35_gesundheitswesen/353-48-AltPflG/
 altpflg.htm
 Vom 12. Dezember 1997 (GVBl. I S. 452).

HBG (Hessisches Beamtengesetz)

– http://landesrecht.recht.uni-giessen.de/32_oeffentlicher_dienst/320-20-hbg/
 hbg.htm
 Vom 21. März 1962 (GVBl. S. 173), in der Fassung vom 11. Januar 1989 (GVBl. I S. 26).

– http://www.hessen.de/gvbl/32_oeffentlicher_dienst/320-20-hbg/hbg.htm
 Vom 21. März 1962 (GVBl. S. 173) in der Fassung vom 11. Januar 1989 (GVBl. I S. 26).

NORMEN/NATIONAL
Hessen　　　　　　　　　　　　　　　　　　　　　　　Landesrecht

HBKG (Hessisches Gesetz über den Brandschutz, die Allgemeine Hilfe und den Katastrophenschutz)

– http://landesrecht.recht.uni-giessen.de/31_oeffentliche_sicherheit/312-12-hbkg/hbkg.htm
   Vom 17. Dezember 1998 (GVBl. I S. 530).

HBO (Hessische Bauordnung)

– http://landesrecht.recht.uni-giessen.de/36_raumordnung/361-97-hbo/hbo.htm
   Vom 20. Dezember 1993 (GVBl. I S. 655).

– http://www.hessen.de/gvbl/36_raumordnung/361-97-hbo/hbo.htm
   Vom 20. Dezember 1993 (GVBl. I S. 655).

HDSG (Hessisches Datenschutzgesetz)

– http://landesrecht.recht.uni-giessen.de/30_allgemeines/300-28-hdsg/hdsg.htm
   Vom 11. November 1986 (GVBl. I S. 309) in der Fassung vom 7. Januar 1999 (GVBl. I S. 98).

– http://www.hessen.de/gvbl/30_allgemeines/300-28-hdsg/hdsg.htm
   Vom 11. November 1986 (GVBl. I S. 309).

HEG (Hessisches Enteignungsgesetz)

– http://landesrecht.recht.uni-giessen.de/30_allgemeines/303-8-heg/heg.htm
   Vom 4. April 1973 (GVBl. I S. 107).

HENatG (Hessisches Naturschutzgesetz)

– http://landesrecht.recht.uni-giessen.de/8_Landwirtschaft_und_Forsten_Umweltschutz/881-17-hnatg/hnatg.htm
   Hessisches Gesetz über Naturschutz und Landschaftspflege vom 19. September 1980 (GVBl. I S. 309) in der Fassung vom 16. April 1996 (GVBl. I S. 145).

HessAbgG (Hessisches Abgeordnetengesetz)

– http://landesrecht.recht.uni-giessen.de/1_Verfassung_und_Staatsaufbau/12-11-abgeordG/AbgeordG.htm
   Gesetz über die Rechtsverhältnisse der Abgeordneten des Hessischen Landtags vom 18. Oktober 1989 (GVBl. I S. 261).

– http://www.landtag.hessen.de/gesetze/abgeordnetengesetz_inhalt.html
   Gesetz über die Rechtsverhältnisse der Abgeordneten des Hessischen Landtags vom 18. Oktober 1989 (GVBl. I S. 261), zuletzt geändert durch Gesetz vom 20. Dezember 1995 (GVBl. I S. 557, 1996 I S. 8).

NORMEN/NATIONAL

Landesrecht — Hessen

HessAGVwGO (Hessisches Gesetz zur Ausführung der Verwaltungsgerichtsordnung)
- http://landesrecht.recht.uni-giessen.de/2_Rechtspflege/212-5-hagvwgo/hagvwgo.htm
  Vom 6. Februar 1962 (GVBl. S. 13) in der Fassung vom 27. Oktober 1997 (GVBl. I S. 381).

Hessisches Ausführungsgesetz zum Gesetz über Personalausweise
- http://landesrecht.recht.uni-giessen.de/31_oeffentliche_sicherheit/311-9-personal/personal.htm
  Vom 20. Juli 1994 (GVBl. I S. 293).

Hessisches Ausführungsgesetz zum Gesetz zu Artikel 10 Grundgesetz (G 10)
- http://landesrecht.recht.uni-giessen.de/1_Verfassung_und_Staatsaufbau/18-2-verfsch/verfsch.htm
  Vom 16. Dezember 1969 (GVBl. I S. 303).

Hessisches Fraktionsgesetz
- http://landesrecht.recht.uni-giessen.de/1_verfassung_und_staatsaufbau/12-13-hfrakg/hfrakg.htm
  Gesetz über die Rechtsstellung und Finanzierung der Fraktionen im Hessischen Landtag vom 5. April 1993 (GVBl. I S. 106).

- http://www.landtag.hessen.de/gesetze/texte/fraktionsgesetz.html
  Vom 5. April 1993 (GVBl. I S. 106).

Hessisches Gesetz über Freiheit und Recht der Presse
- http://landesrecht.recht.uni-giessen.de/7_Kultus/74-2-presseg/presseg.htm
  Vom 23. Juni 1949 (GVBl. S. 75); verkündet am 15. Juli 1949 in der Fassung der Bekanntmachung vom 20. November 1958 (GVBl. S. 183, 189).

Hessisches Hochschulgesetz
- http://landesrecht.recht.uni-giessen.de/7_kultus/70-205-hhg/hhg.htm
  Vom 3. November 1998 (GVBl. I S. 431).

Hessisches Nachbarrechtsgesetz
- http://landesrecht.recht.uni-giessen.de/2_Rechtspflege/231-36-nachbarr/nachbarr.htm
  Vom 24. September 1962 (GVBl. I S. 417).

Hessisches Personalvertretungsgesetz
- http://landesrecht.recht.uni-giessen.de/32_oeffentlicher_dienst/326-9-hpvg/hpvg.htm
  Vom 24. März 1988 (GVBl. I S. 103).

NORMEN/NATIONAL

Hessen Landesrecht

Hessisches Sammlungsgesetz

– http://landesrecht.recht.uni-giessen.de/31_oeffentliche_sicherheit/316-15-hsammg/hsammg.htm
Vom 27. Mai 1969 (GVBl. I S. 71).

Hessisches Schulgesetz

– http://www.hessen.de/gvbl/7_Kultus/72-123-schulg/schulg.htm
Vom 17. Juni 1992 (GVBl. I S. 233), zuletzt geändert durch Gesetz vom 15. Mai 1997 (GVBl. I S. 143, 204).

– http://landesrecht.recht.uni-giessen.de/7_Kultus/72-123-schulg/schulg.htm
Vom 17. Juni 1992 (GVBl. I S. 233).

Hessisches Sparkassengesetz

– http://landesrecht.recht.uni-giessen.de/5_Wirtschaft_und_Gewerbe/54-9-sparkg/sparkg.htm
Vom 10. November 1954 (GVBl. S. 197) in der Fassung vom 24. Februar 1991 (GVBl. I S. 78).

Hessisches Stiftungsgesetz

– http://landesrecht.recht.uni-giessen.de/2_Rechtspflege/232-7-hstiftg/hstiftg.htm
Vom 4. April 1966 (GVBl. I S. 77).

Hessisches Straßengesetz

– http://www.hessen.de/gvbl/6_Verkehr/60-6-strg/strg.htm
Vom 9. Oktober 1962 (GVBl. I S. 437).

– http://landesrecht.recht.uni-giessen.de/6_Verkehr/60-6-strg/strg.htm
Vom 9. Oktober 1962 (GVBl. I S. 437).

HessVwVG (Hessisches Verwaltungsvollstreckungsgesetz)

– http://landesrecht.recht.uni-giessen.de/30_allgemeines/304-12-hvwvg/hvwvg.htm
Vom 4. Juli 1966 (GVBl. I S. 151).

HessVwZG (Hessisches Verwaltungszustellungsgesetz)

– http://landesrecht.recht.uni-giessen.de/30_allgemeines/304-11-hvwzg/hvwzg.htm
Vom 14. Februar 1957 (GVBl. S. 9).

Landesrecht — Hessen

HGlG (Hessisches Gleichberechtigungsgesetz)
- http://landesrecht.recht.uni-giessen.de/32_oeffentlicher_dienst/320-134-hglg/hglg.htm
  Hessisches Gesetz über die Gleichberechtigung von Frauen und Männern und zum Abbau von Diskriminierungen von Frauen in der öffentlichen Verwaltung vom 21. Dezember 1993 (GVBl. I S. 729).

HGO (Hessische Gemeindeordnung)
- http://landesrecht.recht.uni-giessen.de/33_kommunalwesen/331-1-hgo/hgo.htm
  Vom 25. Februar 1952 (GVBl. S. 11) in der ab 1. April 1993 geltenden Fassung (GVBl. 1992 I S. 534).

- http://www.hessen.de/gvbl/33_kommunalwesen/331-1-hgo/hgo.htm
  Vom 25. Februar 1952 (GVBl. S. 11) in der ab 1. April 1993 geltenden Fassung (GVBl. 1992 I S. 534).

HGruwAG (Hessisches Grundwasserabgabengesetz)
- http://landesrecht.recht.uni-giessen.de/8_Landwirtschaft_und_Forsten_Umweltschutz/85-36-hgruwag/hgruwag.htm
  Hessisches Gesetz über die Erhebung einer Abgabe für Grundwasserentnahmen vom 17. Juni 1992 (GVBl. I S. 209).

HKHG (Hessisches Krankenhausgesetz 1989)
- http://landesrecht.recht.uni-giessen.de/35_gesundheitswesen/351-38-hkhg/hkhg.htm
  Gesetz zur Neuordnung des Krankenhauswesens in Hessen vom 18. Dezember 1989 (GVBl. I S. 452).

HKO (Hessische Landkreisordnung)
- http://landesrecht.recht.uni-giessen.de/33_kommunalwesen/332-1-hko/hko.htm
  Vom 25. Februar 1952 (GVBl. S. 37) in der ab 1. April 1993 geltenden Fassung (GVBl. 1992 I S. 569).

HLPG (Hessisches Landesplanungsgesetz)
- http://landesrecht.recht.uni-giessen.de/36_raumordnung/360-14-hlpg/hlpg.htm
  Vom 29. November 1994 (GVBl. I S. 707).

HMG (Hessisches Meldegesetz)
- http://landesrecht.recht.uni-giessen.de/31_oeffentliche_sicherheit/311-7-hmg/hmg.htm
  Vom 14. Juni 1982 (GVBl. I S. 126) in der Fassung vom 19. März 1999 (GVBl. I S. 274).

NORMEN/NATIONAL

Hessen　　　　　　　　　　　　　　　　　　　　　　　　　　Landesrecht

HRDG (Hessisches Rettungsdienstgesetz 1998)

- http://landesrecht.recht.uni-giessen.de/35_gesundheitswesen/351-53-hrdg/hrdg.htm
  Gesetz zur Neuordnung des Rettungsdienstes in Hessen vom 24. November 1998 (GVBl. I S. 499).

HRiG (Hessisches Richtergesetz)

- http://landesrecht.recht.uni-giessen.de/2_Rechtspflege/22-5-richterg/richterg.htm
  Vom 19. Oktober 1962 (GVBl. I S. 455) in der Fassung vom 11. März 1991(GVBl. I S. 54).

- http://www.hessen.de/gvbl/2_Rechtspflege/22-5-richterg/richterg.htm
  Vom 19. Oktober 1962 (GVBl. I S. 455) in der Fassung vom 11. März 1991 (GVBl. I S. 54).

HSchG (Hessisches Schulgesetz)

- http://www.bildung.hessen.de/anbieter/km/recht/hschg/index2.htm
  Vom 17. Juni 1992 (GVBl. I S. 233), zuletzt geändert durch das Erste Gesetz zur Qualitätssicherung in hessischen Schulen vom 30. Juni 1999 (GVBl. I S. 354).

HSOG (Hessisches Gesetz über die öffentliche Sicherheit und Ordnung)

- http://landesrecht.recht.uni-giessen.de/31_oeffentliche_sicherheit/310-63-hsog/hsog.htm
  Vom 26. Juni 1990 (GVBl. I S. 197, 534) in der Fassung vom 31. März 1994 (GVBl. I S. 174, 284).

HundeVO (Gefahrenabwehrverordnung über das Halten von Hunden)

- http://landesrecht.recht.uni-giessen.de/31_oeffentliche_sicherheit/310-78-hundevo/hundevo.htm
  Vom 15. August 1997 (GVBl. I S. 279).

HVwKostG (Hessisches Verwaltungskostengesetz)

- http://landesrecht.recht.uni-giessen.de/30_allgemeines/305-5-hvwkostg/hvwkostg.htm
  Vom 11. Juli 1972 (GVBl. I S. 235) in der Fassung vom 3. Januar 1995 (GVBl. I S. 2).

HVwVfG (Hessisches Verwaltungsverfahrensgesetz)

- http://landesrecht.recht.uni-giessen.de/30_allgemeines/300-15-hvwvfg/hvwvfg.htm
  Vom 1. Dezember 1976 (GVBl. I S. 454; 1977 I S. 95) in der Fassung vom 4. März 1999 (GVBl. I S. 222).

NORMEN/NATIONAL

Landesrecht Hessen

HWG (Hessisches Wassergesetz)

- http://landesrecht.recht.uni-giessen.de/8_Landwirtschaft_und_Forsten_Umweltschutz/85-7-hwg/hwg.htm
  Vom 6. Juli 1960 (GVBl. S. 69, 177) in der Fassung vom 22. Januar 1990 (GVBl. I S. 114).

- http://www.hessen.de/gvbl/8_Landwirtschaft_und_Forsten_Umweltschutz/85-7-hwg/hwg.htm
  Vom 6. Juli 1960 (GVBl. S. 69, 177) in der Fassung vom 22. Januar 1990 (GVBl. I S. 114).

InvFondsG (Investitionsfondsgesetz)

- http://landesrecht.recht.uni-giessen.de/33_kommunalwesen/330-10-invfonfg/invfondg.htm
  Gesetz über den Hessischen Investitionsfonds vom 15. Juli 1970 (GVBl. I S. 403) in der Fassung vom 18. Dezember 1987 (GVBl. 1988 I S. 51).

JAG (Juristenausbildungsgesetz)

- http://landesrecht.recht.uni-giessen.de/32_oeffentlicher_dienst/322-67-jag/jag.htm
  Gesetz über die juristische Ausbildung vom 12. März 1974 (GVBl. I S. 157) in der Fassung vom 19. Januar 1994 (GVBl. I S. 74).

- http://www.uni-giessen.de/mug/7/60-01-1.htm
  Gesetz über die juristische Ausbildung in der Fassung vom 7. November 1985 in der Änderungsfassung vom 01. Dezember 1993.

JAO (Juristische Ausbildungsordnung)

- http://landesrecht.recht.uni-giessen.de/32_oeffentlicher_dienst/322-78-jao/jao.htm
  Verordnung zur Ausführung des Juristenausbildungsgesetzes vom 6. Oktober 1975 (GVBl. I S. 223) in der Fassung vom 8. August 1994 (GVBl. I S. 334).

KAG (Gesetz über kommunale Abgaben)

- http://landesrecht.recht.uni-giessen.de/33_kommunalwesen/334-7-kag/kag.htm
  Vom 17. März 1970 (GVBl. I S. 225).

KGG (Gesetz über kommunale Gemeinschaftsarbeit)

- http://landesrecht.recht.uni-giessen.de/33_kommunalwesen/330-9-kgg/kgg.htm
  Vom 16. Dezember 1969 (GVBl. I S. 307).

KostAusglVO (Kostenausgleichsverordnung)

- http://landesrecht.recht.uni-giessen.de/35_gesundheitswesen/353-49-kostausglvo/kostausglvo.htm
  Verordnung über die Durchführung des Kostenausgleichsverfahrens nach § 23 Hessisches Altenpflegegesetz vom 27. Dezember 1997 (GVBl. I S. 484).

NORMEN/NATIONAL

Hessen Landesrecht

LärmVO (Gefahrenabwehrverordnung gegen Lärm)

– http://landesrecht.recht.uni-giessen.de/31_oeffentliche_sicherheit/310-73-laermvo/laermvo.htm
Vom 16. Juni 1993 (GVBl. I S. 257).

LWG (Landtagswahlgesetz)

– http://landesrecht.recht.uni-giessen.de/1_verfassung_und_staatsaufbau/16-4-lwg/lwg.htm
Gesetz über die Wahlen zum Landtag des Landes Hessen vom 18. September 1950 (GVBl. S. 171) in der Fassung vom 19. Februar 1990 (GVBl. I S. 58).

LWO (Landeswahlordnung)

– http://landesrecht.recht.uni-giessen.de/1_Verfassung_und_Staatsaufbau/16-23-lwahlo/lwahlo.htm
Vom 29. September 1981 (GVBl. I S. 323) in der Fassung vom 26. Februar 1998 (GVBl. I S. 101).

NVO (Nebentätigkeitsverordnung)

– http://landesrecht.recht.uni-giessen.de/32_oeffentlicher_dienst/320-25-nvo/nvo.htm
Verordnung über die Nebentätigkeit der Beamten im Lande Hessen vom 12. Februar 1965 (GVBl. I S. 41) in der Fassung vom 21. September 1976 (GVBl. I S. 403).

PolOrgVO (Verordnung über die Organisation und Zuständigkeit der hessischen Polizei)

– http://landesrecht.recht.uni-giessen.de/31_oeffentliche_sicherheit/310-80-polorgv/polorgvo.htm
Vom 14. November 1997 (GVBl. I S. 404).

Pressegesetz

– http://www.jugendpresse.de/bvj/recht/lpg_he.htm
Pressegesetz des Landes Hessen.

Regelsatzverordnung

– http://landesrecht.recht.uni-giessen.de/34_fuersorge/34-40-vfestregsoz/Verordnung.htm
Verordnung zur Festsetzung der Höhe der Regelsätze in der Sozialhilfe vom 10. Juli 1997 (GVBl. I S. 258).

SperrzeitVO (Verordnung über die Sperrzeit)

– http://landesrecht.recht.uni-giessen.de/31_oeffentliche_sicherheit/310-22-sperrzvo/sperrzvo.htm
Vom 19. April 1971 (GVBl. I S. 96).

Landesrecht

Trägerbestimmungs-Verordnung

- http://landesrecht.recht.uni-giessen.de/8_landwirtschaft_und_forsten_ umweltschutz/89-23-traegervo/traegervo.htm
  Verordnung zur Bestimmung des Zentralen Trägers nach § 11 des Hessischen Ausführungsgesetzes zum Kreislaufwirtschafts- und Abfallgesetz vom 12. Juni 1997 (GVBl. I S. 196).

Verfassung

- http://www.landtag.hessen.de/gesetze/verfassung_inhalt.html
  Verfassung des Landes Hessen vom 1. Dezember 1946 (GVBl. S. 229), berichtigt (GVBl. 1947 S. 106; 1948 S. 68), geändert durch Gesetze vom 22. Juli 1950 (GVBl. S. 131) und vom 23. März 1970 (GVBl. I S. 281), geändert und ergänzt durch Gesetze vom 20. März 1991 (GVBl. I S. 101 und 102).

- http://www.hessen.de/gvbl/10_1Verfassung/10-1-verfass/verfass.htm
  Verfassung des Landes Hessen vom 1. Dezember 1946 (GVBl. 1946 S. 229).

- http://www.rz.uni-frankfurt.de/~pati/hv/hv_text.htm
  Verfassung des Landes Hessen vom 1. Dezember 1946 (GVBl. I S. 229, berichtigt GVBl. 1947, S. 106) geändert durch G. v. 22.07.1950 (GVBl. I S. 131), G. v. 23.03.1970 (GVBl. S. 281), G. v. 20.03.1991 (GVBl I S. 101), zuletzt geändert durch G. v. 20.3.1991 (GVBl I S. 102).

Verkündungsgesetz

- http://landesrecht.recht.uni-giessen.de/1_Verfassung_und_Staatsaufbau/ 15-7-verkueng/verkueng.htm
  Gesetz über die Verkündung von Rechtsverordnungen, Organisationsanordnungen und Anstaltsordnungen vom 2. November 1971 (GVBl. I S. 258).

Verordnung über die Beseitigung von pflanzlichen Abfällen außerhalb von Abfallbeseitigungsanlagen

- http://landesrecht.recht.uni-giessen.de/8_Landwirtschaft_und_Forsten_ Umweltschutz/89-3-abesa/Abesa.html
  Vom 17. März 1975 (GVBl. I S. 48).

Verordnung über die Bestimmung der zuständigen Behörden nach dem Bundes-Bodenschutzgesetz

- http://landesrecht.recht.uni-giessen.de/8_landwirtschaft_und_forsten_ umweltschutz/89-25_VO_bodenschG/VO-bodenschG.htm
  Vom 9. März 1999 (GVBl. I S. 188).

Verordnung über die Bestimmung von Insolvenzgerichten

- http://landesrecht.recht.uni-giessen.de/2_rechtspflege/210-76-insger/insger.htm
  Vom 9. Juli 1997 (GVBl. I S. 259).

NORMEN/NATIONAL

Hessen   Landesrecht

Verordnung über die Übertragung von Aufgaben der Landesverwaltung von der Kreisstufe auf Gemeinden

– http://landesrecht.recht.uni-giessen.de/30_allgemeines/300-4-uebertrvo/uebertrvo.htm
 Vom 1. April 1953 (GVBl. S. 45).

Verordnung über die Verteilung der Aufgaben der Landesverwaltung auf der Kreisstufe

– http://landesrecht.recht.uni-giessen.de/30_allgemeines/300-3-aufgabverteilvo/Aufgabverteilvo.html
 Vom 24. März 1953 (GVBl. S. 39).

Verordnung über die Zulassung zum juristischen Vorbereitungsdienst

– http://landesrecht.recht.uni-giessen.de/32_oeffentlicher_dienst/322-115-zulass_juristen/zulass_juristen.htm
 Vom 26. Mai 1998 (GVBl. I S. 224).

Verordnung über die Zuständigkeit der Wasserbehörden

– http://landesrecht.recht.uni-giessen.de/8_landwirtschaft_und_forsten_umweltschutz/85-50-WasserBehZustaendgk/wasserbehzustdgk.htm
 Vom 21. August 1997 (GVBl. I S. 296).

Verordnung zur Aufhebung der Smog-Verordnung

– http://landesrecht.recht.uni-giessen.de/31_oeffentliche_sicherheit/310-61-aufhebungsvo-smogvo/aufhsmogvo.htm
 Vom 17. März 1998 (GVBl. I S. 62).

Verordnung zur Bestimmung von straßenverkehrsrechtlichen Zuständigkeiten

– http://landesrecht.recht.uni-giessen.de/6_Verkehr/61-49-strassevo/strassevo.htm
 Vom 16. Dezember 1997 (GVBl. I S. 466).

Verordnung zur Regelung von Zuständigkeiten nach dem Bundesimmissionsschutzgesetz

– http://landesrecht.recht.uni-giessen.de/5_Wirtschaft_und_Gewerbe/510-17-zvobisg/Zvobisg.htm
 Vom 22. August 1997 (GVBl. I S. 346).

Wahlprüfungsgesetz

– http://landesrecht.recht.uni-giessen.de/1_Verfassung_und_Staatsaufbau/16-1-wahlpruefG/wahlpruefG.htm
 Vom 5. August 1948 (GVBl. S. 93).

– http://www.landtag.hessen.de/gesetze/texte/wahlpruefungsgesetz.html
 Vom 5. August 1948 (GVBl. S. 93), verkündet am 3. September 1948.

Zuweisungsverordnung

- http://landesrecht.recht.uni-giessen.de/31_oeffentliche_sicherheit/
310-26-zuweisvo/zuweisvo.htm
Verordnung über die Zuweisung von Aufgaben der Gefahrenabwehr an die allgemeinen Ordnungsbehörden vom 18. Juli 1972 (GVBl. I S. 255).

2.1.2.2.8 Mecklenburg-Vorpommern

AbfAlG (Abfallwirtschaftsgesetz)

- http://www.umwelt-online.de/recht/abfall/laender/mc_pom/labf1.htm
Abfallwirtschafts- und Altlastengesetz für Mecklenburg-Vorpommern in der Fassung vom 15. Januar 1997 (GVOBl. M-V 1997 S. 43); (Auszug; Volltext kostenpflichtig).

DSchG M.V (Denkmalschutzgesetz)

- http://denkmalpflege.com/meckpogesetz.htm
Gesetz zum Schutz und zur Pflege der Denkmale im Lande Mecklenburg-Vorpommern vom 30. November 1993.

JAG (Juristenausbildungsgesetz)

- http://www.jura.uni-sb.de/studienrecht/jag-mv.htm
Gesetz über die Juristenausbildung im Land Mecklenburg-Vorpommern vom 16. Dezember 1992.

LBauO MV (Landesbauordnung Mecklenburg-Vorpommern)

- http://www.sidiblume.de/info-rom/bau/laender/mv/bo_ges.htm
Vom 6. Mai 1998 (GVOBl. M-V S. 468).

Pressegesetz

- http://www.jugendpresse.de/bvj/recht/lpg_mcpom.htm
Pressegesetz des Landes Mecklenburg-Vorpommern.

2.1.2.2.9 Niedersachsen
2.1.2.2.9.1 Umfangreiche Normensammlungen

Wasserrecht

- http://www.bezreg-hannover.niedersachsen.de/dez502/home502.html @@
„Viel Spaß beim Surfen. Wasser gibt es auf unseren Seiten nämlich reichlich!" – nach dieser Begrüßung informiert das Dezernat 502, Wasserwirtschaft und Wasserrecht der Bezirksregierung Hannover unterhaltsam und unbürokratisch über den Schutz des Wasser sowie den Schutz vor Wasser. Für Juristen ist vor allem die Rubrik „Wasserrecht" interessant. Dort wird ein kurzer Überblick über das niedersächsische Wasserrecht gegeben – einschlägige Paragraphen sind mit dem

NORMEN/NATIONAL

Niedersachsen   Landesrecht

Gesetzestext hinterlegt – mit weiterführenden Literaturhinweisen sowie einer Übersicht der wichtigsten Rechtsvorschriften im Volltext.

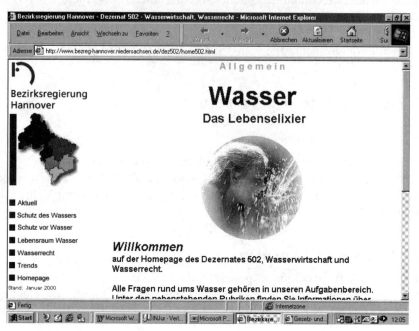

2.1.2.2.9.2 Einzelne Normen

Denkmalschutzgesetz

– http://denkmalpflege.com/niedersagesetz.htm
  Niedersächsisches Denkmalschutzgesetz vom 30. Mai 1978 (Nieders. GVBl. S. 517), geändert durch Artikel 43 des Gesetzes vom 22. März 1990 (Nieders. GVBl. S. 101).

DSTMVO (Verordnung zur Regelung des Gemeingebrauchs)

– http://www.bezreg-hannover.niedersachsen.de/dez502/dstmvo.html#top
  Vom 18.10.1995 (Nds. MBl. S. 1128).

Geschäftsordnung für den Niedersächsischen Landtag

– http://www.landtag-niedersachsen.de/Gesetze/go.htm

Landeswahlgesetz

– http://www.landtag-niedersachsen.de/Gesetze/gesetze.htm

NArchG (Niedersächsisches Archivgesetz)

– http://www.nananet.de/institut/stadtarchiv/seiten/archivgesetz.html
  Gesetz über die Sicherung und Nutzung von Archivgut in Niedersachsen vom 25. Mai 1993.

NORMEN/NATIONAL

Landesrecht — Niedersachsen

NBodSchG (Niedersächsisches Bodenschutzgesetz)

– http://www.umweltschutzrecht.de/recht/boden/laender/nds/bschg.htm
Vom 19. Februar 1999 (GVBl. 1999 S. 46).

NDSG (Niedersächsisches Datenschutzgesetz)

– http://www.niedersachsen.de/MI80.htm
Vom 17. Juni 1993, (Nieders. GVBl. Nr. 19/1993, S. 141 ff., ausgegeben am 28.06.1993), (in der Fassung der Änderung vom 28.11.1997, Nds.GVBl. Nr. 22/1997, S. 489).

Niedersächsische Verfassung

– http://www.jura.uni-sb.de/Gesetze/NSV/

– http://www.landtag-niedersachsen.de/Gesetze/gesetze.htm

Niedersächsisches Abgeordnetengesetz

– http://www.landtag-niedersachsen.de/Gesetze/abgeordnetengesetz.htm

Niedersächsisches Landeswahlgesetz

– http://www.landtag-niedersachsen.de/Gesetze/landeswahlgesetz.htm

Niedersächsisches Volksabstimmungsgesetz

– http://www.landtag-niedersachsen.de/Gesetze/volksabstimmungsgesetz.htm

NWG (Niedersächsisches Wassergesetz)

– http://www.bezreg-hannover.niedersachsen.de/dez502/nwgueb01.html
In der Fassung vom 25.03.1998 (Nds. GVBl. S. 347), zuletzt geändert durch Gesetz vom 21.01.1999 (Nds. GVBl., S. 10).

Pressegesetz

– http://www.jugendpresse.de/bvj/recht/lpg_ns.htm
Pressegesetz des Landes Niedersachsen.

WHG (Wasserhaushaltsgesetz)

– http://www.bezreg-hannover.niedersachsen.de/dez502/whg96txt.html
Gesetz zur Ordnung des Wasserhaushalts in der Fassung der Bekanntmachung vom 12. November 1996 (BGBl. I S. 1696), zuletzt geändert durch Gesetz vom 25.08.1998 (BGBL. I S. 2455).

Zust.VO NWG (Zuständigkeitsverordnung Niedersächsisches Wassergesetz)

– http://www.bezreg-hannover.niedersachsen.de/dez502/zustvo.html
Verordnung über Zuständigkeiten auf dem Gebiet des Wasserrechts vom 09.03.1999 (Nds. GVBl. S. 70).

2.1.2.2.10 Nordrhein-Westfalen
2.1.2.2.10.1 Umfangreiche Normensammlungen

Bundes- und nordrhein-westfälische Landesgesetze

@ – http://www.nrw.de/politik/sublinks_gesetze.htm
Die Regierung des Landes Nordrhein-Westfalen präsentiert auf ihrer Internet-Seite eine stattliche Anzahl von Bundes- und nordrhein-westfälischen Landesgesetzen. Teilweise wird auch auf andere Server verwiesen.

Gesetzes- und Verordnungsblatt und Ministerialblatt

@@@ – http://www.im.nrw.de/gv/GVstart.htm
Auf der Homepage des Innenministeriums von Nordrhein-Westfalen ist der Zugriff auf das Ministerialblatt NRW (MBl. NRW) ab der Ausgabe Sommer 1998 und auf das Gesetzes- und Verordnungsblatt NRW (GV. NRW.) ab der Ausgabe September 1997 möglich. Jedes Blatt ist bereits am Tage der Verkündung mit seinem gesamten Inhalt im Internet verfügbar. Ausgenommen von der elektronischen Wiedergabe sind teilweise Tabellen u. a. Beim Besuch der Seite leider nicht funktionstüchtig war die Sammlung Gesetz- und Verordnungsblatt (SGV. NRW.), die eine systematisch angelegte Sammlung des gesamten Landesrechts NRW beinhalten soll. Eine Sammlung aller geltenden und im Teil I des MBl. NRW. veröffentlichten Erlasse (Sammlung Ministerialblatt. SMBl. NRW.) ist angelegt, wird zur Zeit aber noch nicht angeboten. Auf alle sonstigen geltenden Gesetze und Verordnungen des Landes NRW ist der Zugriff kostenpflichtig. Es ist der Erwerb einer CD-ROM oder die Einrichtung eines Guthabenkontos zur Abrechnung erforderlich.

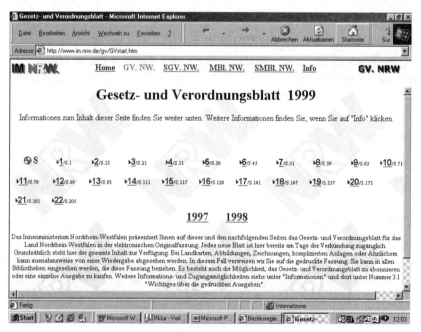

Landesrecht — Nordrhein-Westfalen

2.1.2.2.10.2 Einzelne Normen

ArchivG (Archivgesetz)

- http://www.archive.nrw.de/archive/staatl/archivges/gesetz.html
  Gesetz über die Sicherung und Nutzung öffentlichen Archivguts im Land Nordrhein-Westfalen vom 16. Mai 1989.

BauO NW (Bauordnung für das Land Nordrhein-Westfalen)

- http://www.dortmund.netsurf.de/~jsteinfe/js_lbo1.htm
  Vom 7. März 1995.

- http://www.umwelt-online.de/recht/bau/laender/nrw/bo_ges.htm
  Vom 7. März 1995 (GV. NW. 1995 S. 218 ber. 982); (Auszug – Volltext kostenpflichtig).

DSG NW (Datenschutzgesetz Nordrhein-Westfalen)

- http://www.lfd.nrw.de/fachbereich/fach_3_1.html
  Gesetz zum Schutz personenbezogener Daten in der Fassung des Gesetzes zur Fortentwicklung des Datenschutzes (GFD) vom 15. März 1988 (GV. NW. S. 160), geändert durch Gesetz vom 22. November 1994 (GV. NW. S. 1064)

Gesetz über die Ausführung des Gesetzes zu Artikel 10 Grundgesetz

- http://www.verfassungsschutz.nrw.de/cgi-bin/vs/display_berichte_entry.pl?idx=gesetze&src=vs_g10nw.dat
  Vom 11. März 1969 (GV NW 1969 S. 146), geändert durch Gesetz v. 19.06.1979 (GV NW S. 472), § 15 VSG NW v. 21.07.1981 (GV NW S. 406), Gesetz v. 04.11.1986 (GV NW S. 679).

Gesetz zum Staatsvertrag über Mediendienste

- http://www.uni-muenster.de/Jura.itm/netlaw/mdsvnw.html
  Vom 27. Juni 1997.

JAG (Juristenausbildungsgesetz)

- http://www.uni-muenster.de/Jura/jagnw1.html
  Gesetz über die juristischen Staatsprüfungen und den juristischen Vorbereitungsdienst in der Fassung der Bekanntmachung vom 8. November 1993 (GVBl. NW S. 924).

JAO (Juristenausbildungsordnung)

- http://www.uni-muenster.de/Jura/jaonw1.html
  Verordnung zur Durchführung des Gesetzes über die juristischen Staatsprüfungen und den juristischen Vorbereitungsdienst in der Fassung der Bekanntmachung vom 8. November 1993 (GVBl. NW S. 932).

NORMEN/NATIONAL

Nordrhein-Westfalen — Landesrecht

KV (Kommunalverfassung)

– http://www.nrw.de/cgi-bin/nrwsuche.pl?file=politik/gesetze/kv_nrw/plkvgo01.htm&such=Kommunalverfassung&auswahl=Gesamt&maxwort=50&maxdocs=25&maxzeil=10
Die Kommunalverfassung für das Land Nordrhein-Westfalen.

LAbfG (Landesabfallgesetz)

– http://www.umwelt-online.de/recht/abfall/laender/nrw/labfg_gs.htm
Abfallgesetz für das Land Nordrhein-Westfalen vom 21. Juni 1988 (GV. NW. S. 250; 1995 S. 134; 1998 S. 666); (Auszug – Volltext kostenpflichtig).

LWG (Landeswassergesetz)

– http://www.umwelt-online.de/recht/wasser/laender/nrw/lwg_ges.htm
Wassergesetz für das Land Nordrhein-Westfalen in der Fassung der Bekanntmachung vom 25. Juni 1995 (GVBl. NW. S. 384), (GVBl. NW. 1995 S. 248); (Auszug – Volltext kostenpflichtig).

Pressegesetz

– http://www.jugendpresse.de/bvj/recht/lpg_nrw.htm
Pressegesetz des Landes Nordrhein-Westfalen vom 24. Mai 1966 (GV.NW 2250).

SÜG NW (Sicherheitsüberprüfungsgesetz)

– http://www.verfassungsschutz.nrw.de/cgi-bin/vs/display_berichte_entry.pl?idx=gesetze&src=vs_sueg.dat
Gesetz über die Voraussetzungen und das Verfahren von Sicherheitsüberprüfungen des Landes Nordrhein-Westfalen vom 7. März 1995 (GV NW S. 210 – SGV NW 12).

UG (Universitätsgesetz)

– http://www.verwaltung.uni-wuppertal.de/law/ug.html
Gesetz über die Universitäten des Landes Nordrhein-Westfalen in der Fassung der Bekanntmachung vom 3. August 1993.

– http://www.verwaltung.uni-wuppertal.de/law/ug.html
Gesetz über die Universitäten des Landes Nordrhein-Westfalen in der Fassung der Bekanntmachung vom 3. August 1993.

Verfassung

– http://www.nrw.de/cgi-bin/nrwsuche.pl?file=politik/gesetze/lv_nrw/pllvin.htm&such=Verfassung&auswahl=Gesamt&maxwort=50&maxdocs=25&maxzeil=10
Verfassung für das Land Nordrhein-Westfalen vom 28. Juni 1950.

NORMEN/NATIONAL

Landesrecht — Saarland

VSG NW (Verfassungsschutzgesetz Nordrhein-Westfalen)
- http://www.verfassungsschutz.nrw.de/cgi-bin/vs/display_berichte_entry.pl?idx=gesetze&src=vs_vsgnw.dat
 Gesetz über den Verfassungsschutz in Nordrhein-Westfalen vom 20. Dezember 1994.

2.1.2.2.11 Rheinland-Pfalz

JAG (Landesgesetz über die juristische Ausbildung)
- http://www.uni-trier.de/uni/fb5/jag.htm
 Vom 30. November 1993.

JAPO (Juristische Ausbildungs- und Prüfungsordnung)
- http://www.uni-trier.de/uni/fb5/japo.htm
 Vom 29. Dezember 1993.

LArchG (Landesarchivgesetz)
- http://www.landeshauptarchiv.de/wirueberuns/lag.html
 Vom 5. Oktober 1990.

LDSG (Landesdatenschutzgesetz)
- http://www.rewi.hu-berlin.de/Datenschutz/Gesetze/rp-ldsg.html
 Vom 5. Juli 1994 (GVBl. S. 293, BS 204-1).

Pressegesetz
- http://www.jugendpresse.de/bvj/recht/lpg_rlp.htm
 Pressegesetz des Landes Rheinland-Pfalz.

2.1.2.2.12   Saarland
2.1.2.2.12.1 Umfangreiche Normensammlungen

Saarländische Rechtsvorschriften zur Juristenausbildung
- http://rw20hr.jura.uni-sb.de/scripts/webplus.exe?Script=/webplus/Normen/Jura.wml   @@
 Verschiedene Rechtsvorschriften für die Juristenausbildung im Saarland, präsentiert von Prof. Dr. Helmut Rüßmann, zeigen den Weg vom Studium bis zur Habilitation an der Universität des Saarlandes.

Saarländischer Landtag
- http://www.jura.uni-sb.de/Landtag-Saar/hauptmen/gesetze/gesetze.htm   @@
 Der saarländische Landtag stellt in Kooperation mit dem Institut für Rechtsinformatik der Universität des Saarlandes unter Leitung von Prof. Dr. Maximilian

Herberger eine Sammlung von Gesetzen und Rechtsvorschriften mit saarländischem Bezug zur Verfügung. Der Stand der Normen ist jeweils angegeben.

2.1.2.2.12.2 Einzelne Normen

Arbeitsschutzzuständigkeitsverordnung

- http://www.mifags.saarland.de/arbeitsschutz/recht/zustarbs.htm
  Verordnung über Zuständigkeiten nach dem Arbeitsschutzgesetz vom 24. Juli 1997.

Bedürfnis-Gewerbeverordnung

- http://www.mifags.saarland.de/arbeitsschutz/recht/bedürfnis.htm
  Verordnung über Ausnahmen von der Sonn- und Feiertagsruhe in den Bedürfnis-Gewerben (Bedürfnis-Gewerbeverordnung) vom 4. September 1997.

Gesetz Nr. 795 über Zuständigkeiten nach dem Gesetz über den Ladenschluss

- http://www.mifags.saarland.de/arbeitsschutz/recht/ZustLad.htm
  Gesetz Nr. 795 über Zuständigkeiten nach dem Gesetz über den Ladenschluss

LSchlV 1. (Erste Ladenschlussverordnung)

- http://www.mifags.saarland.de/arbeitsschutz/recht/erstela.htm
  Verordnung über den Ladenschluss (Erste Ladenschlussverordnung) vom 27. November 1963.

LSchlV 4. (Vierte Ladenschlussverordnung)

- http://www.mifags.saarland.de/arbeitsschutz/recht/viertela.htm
  Verordnung über die Festsetzung der Öffnungszeiten für den Sonntagsverkauf am 24. Dezember (Vierte Ladenschlussverordnung) vom 2. November 1967.

LSchlVO 5. (Fünfte Ladenschlussverordnung)

- http://www.mifags.saarland.de/arbeitsschutz/recht/fuenftela.htm
  Verordnung über den Verkauf bestimmter Waren an Sonn- und Feiertagen sowie an Samstagen in Kur-, Ausflugs-, Erholungs- und Wallfahrtsorten (Fünfte Ladenschlussverordnung) vom 21. August 1978.

LSchlVO 6. (Sechste Ladenschlussverordnung)

- http://www.mifags.saarland.de/arbeitsschutz/recht/sechstela.htm
  Verordnung über die Festsetzung der Verkaufszeiten für den Verkauf bestimmter Waren an Sonn- und Feiertagen (Sechste Ladenschlussverordnung) vom 2. Oktober 1997.

NORMEN/NATIONAL

Landesrecht Sachsen

LWG (Landtagswahlgesetz)

– http://www.jura.uni-sb.de/Landtag-Saar/hauptmen/gesetze/g1232.htm
  Vom 19. Oktober 1988 (Amtsbl. S. 1313).

LWO (Landeswahlordnung)

– http://www.jura.uni-sb.de/Landtag-Saar/hauptmen/gesetze/lwo.htm
  Vom 23. Juni 1989.

Pressegesetz

– http://www.jugendpresse.de/bvj/recht/lpg_saar.htm
  Pressegesetz des Saarlandes vom 12. Mai 1965 (Amtsbl. S. 409).

SPolG (Saarländisches Polizeigesetz)

– http://www.jura.uni-sb.de/Landtag-Saar/hauptmen/gesetze/spolg/index.htm
  In der Fassung des Gesetzes Nr. 1364 zur Änderung des Saarländischen Polizeigesetzes vom 14.02.1996.

– http://www.jura.uni-sb.de/Gesetze/spolg
  Eine Übersicht über verschiedene Fassungen des saarländischen Polizeigesetzes (SPolG) sowie seiner Vorläufergesetze steht hier zum Abruf bereit.

Verfassung

– http://www.jura.uni-sb.de/Landtag-Saar/hauptmen/verfassg/verf-idx.htm
  Vom 15. Dezember 1947 (Amtsbl. S. 1077) in der Fassung vom 27. März 1996.

2.1.2.2.13 Sachsen
2.1.2.2.13.1 Umfangreiche Normensammlungen

Sächsische Gesetze

– http://rks2.urz.tu-dresden.de/jfoeffl5/gesetze2.htm @@
  Auf der Homepage des Lehrstuhls von Prof. Trute an der Juristischen Fakultät der TU-Dresden sind aus einer sehr übersichtlichen Liste derzeit mehr als 20 sächsische Gesetze abrufbar. Die Vorschriften können durch Klick auf den entsprechenden Haken entweder als Textdokument downgeloadet werden (der Umfang der Datei ist angegeben) oder man kann mittels Hyperlink auf die Internet-Seiten anderer Anbieter zugreifen. Die Quelle ist jeweils angegeben. Zusammengestellt und gut gepflegt wird dieses empfehlenswerte Angebot von Jurastudent Michael Heise.

SV Saxonia

– http://www.recht-sachsen.de/ @@
  Die Website des SV Saxonia, Verlag für Wirtschaft, Politik und Kultur GmbH ermöglicht kostenlosen Zugriff auf die neuesten sächsischen Rechtsvorschriften. Online einsehbar sind die jeweils aktuellen Ausgaben des sächsischen Gesetz-

Sachsen — Landesrecht

und Verordnungsblattes sowie des sächsischen Amtsblattes und des Sonderdruckes des sächsischen Amtsblattes. Diese können jeweils in PDF-Format (Acrobat Reader) heruntergeladen werden.

2.1.2.2.13.2 Einzelne Normen

ArbSchGZuVO (Sächsisches Arbeitsschutzgesetz-Zuständigkeitsverordnung)

– http://www.sachsen.de/deutsch/wirtschaft/liaa/arbschg.htm
 Verordnung des Sächsischen Staatsministeriums für Wirtschaft und Arbeit über die Zuständigkeit nach dem Arbeitsschutzgesetz (SächsArbSchGZuVO) vom 4. August 1997 (SächsGVBl. S. 540).

AtStrZuVO (Zuständigkeitsverordnung Atom- und Strahlenschutzrecht)

– http://www.sachsen.de/deutsch/wirtschaft/liaa/atstrzv.htm
 Verordnung des Sächsischen Staatsministeriums für Umwelt und Landesentwicklung über die Zuständigkeiten zum Vollzug atom- und strahlenschutzrechtlicher Vorschriften vom 1. Juli 1995 (SächsGVBl. S. 243).

Denkmalschutzgesetz

– http://denkmalpflege.com/sachsengesetz.htm
 Denkmalschutzgesetz des Freistaates Sachsen.

GSGASZuV (Gerätesicherheits-Zuständigkeitsverordnung)

– http://www.sachsen.de/deutsch/wirtschaft/liaa/gsgaszuv.htm
 Verordnung des Sächsischen Staatsministeriums für Wirtschaft und Arbeit über die Zuständigkeiten nach dem Gerätesicherheitsgesetz und nach der Gewerbeordnung auf dem Gebiet des Arbeitsschutzes (GSGASZuV) vom 22. März 1994.

OwiZuVO (Ordnungswidrigkeitenzuständigkeitsverordnung)

– http://www.sachsen.de/deutsch/wirtschaft/liaa/owizv.htm
 Verordnung der Sächsischen Staatsregierung über die Zuständigkeit nach dem Gesetz über Ordnungswidrigkeiten (OwiZuVO) vom 2. Juli 1993 (SächsGVBl. S. 561).

Pressegesetz

– http://www.jugendpresse.de/bvj/recht/lpg_s.htm
 Pressegesetz des Landes Sachsen vom 3. April 1992.

RHG (Rechnungshofgesetz)

– http://www.sachsen.de/deutsch/buerger/rechnungshof/rechhog.html
 Gesetz über den Rechnungshof des Freistaates Sachsen vom 11. Dezember 1991, geändert durch Erstes Gesetz zur Änderung des Gesetzes über den Rechnungshof des Freistaates Sachsen (1. Rechnungshofänderungsgesetz – 1. RHÄndG) vom 11.12.1995.

Landesrecht

Sachsen

RöVZuVO (Röntgenverordnung-Zuständigkeitsverordnung)

- http://www.sachsen.de/deutsch/wirtschaft/liaa/roeverod.htm
  Verordnung des Sächsischen Staatsministeriums für Wirtschaft und Arbeit über die Zuständigkeiten nach der Röntgenverordnung (RöVZuVO) vom 11. März 1994 (SächsGVBl. S. 750).

SächsBO (Sächsische Bauordnung)

- http://www.umweltschutzrecht.de/recht/bau/laender/sa/bo1.htm
  Vom 18. März 1999 (SächsGVBl. 1999 S. 86).

SächsFFG (Sächsisches Frauenfördergesetz)

- http://www.et.htwk-leipzig.de/frau/sffg.html
  Gesetz zur Förderung von Frauen und der Vereinbarkeit von Familie und Beruf im öffentlichen Dienst im Freistaat Sachsen vom 31.März 1994.

SächsGewODVO (Sächsische Gewerbeordnung-Durchführungsverordnung)

- http://www.sachsen.de/deutsch/wirtschaft/liaa/d-gewo.htm
  Verordnung der Sächsischen Staatsregierung zur Durchführung der Gewerbeordnung (SächsGewODVO) vom 28. Januar 1992 (SächsGVBl. S. 40).

SächsGO (Sächsische Gemeindeordnung)

- http://rks2.urz.tu-dresden.de/jfoeffl5/gesetze/gemo/gemo.htm
  Vom 21. April 1993 (SächsGVBl. S. 301, ber. S. 445), zuletzt geändert durch Gesetz vom 13. Dezember 1996 (SächsGVBl. S. 531).

- http://www.recht-sachsen.de/Gbl1.htm
  Die Bekanntmachung der Neufassung der Gemeindeordnung für den Freistaat Sachsen vom 14.06.1999 (Sächsische GVBl, Heft 13, S. 345) steht auf den Internet-Seiten des SV Saxonia Verlags für Wirtschaft, Politik und Kultur GmbH zur Verfügung. Für das Lesen der Texte benötigt man den Adobe Reader, der kostenfrei heruntergeladen werden kann.

SächsHkaG (Sächsisches Heilberufekammergesetz)

- http://www.slaek.de/kamgesez.htm
  Gesetz über Berufsausübung, Berufsvertretungen und Berufsgerichtsbarkeit der Ärzte, Zahnärzte, Tierärzte und Apotheker im Freistaat Sachsen vom 24. Mai 1994.

SächsNRG (Sächsisches Nachbarrechtsgesetz)

- http://home.t-online.de/home/RAHilpuesch/nachbar1.htm
  Vom 11. November 1997 (Sächs. GVBl. 1997 S. 582).

SächsVSG (Sächsisches Verfassungsschutzgesetz)

- http://www.sachsen.de/verfassungsschutz/lfvaufgg.htm
  Gesetz über den Verfassungsschutz im Freistaat Sachsen vom 16.10.1992.

SmAsZuVO (Sozial-medizinische Arbeitsschutz Zuständigkeitsverordnung)

- http://www.sachsen.de/deutsch/wirtschaft/liaa/sozmedas.htm
  Verordnung der Sächsischen Staatsregierung über die Zuständigkeit auf dem Gebiet des sozialen und medizinischen Arbeitsschutzes vom 8. Juli 1993 (SächsGVBl. S. 565).

SMWA-VerlängerungsVwV 1997

- http://www.sachsen.de/deutsch/wirtschaft/liaa/verlvor.htm
  Verwaltungsvorschrift des Sächsischen Staatsministeriums für Wirtschaft und Arbeit zur Verlängerung der Geltungsdauer von Verwaltungsvorschriften des Sächsischen Staatsministeriums für Wirtschaft und Arbeit des Jahres 1997 (SMWA-VerlängerungsVwV 1997) vom 26. November 1997 (SächsABl. S. 1264).

Verfassung

- http://www.tu-dresden.de/jfoeffl5/verfass/uebersicht.html
  Vom 27. Mai 1992 (Sächs. GVBl. S. 243).

Verwaltungsvorschrift über die Einrichtung von fünf Gewerbeaufsichtsämtern und zwei Außenstellen und einem Landesinstitut für Arbeitsschutz und Arbeitsmedizin

- http://www.sachsen.de/deutsch/wirtschaft/liaa/errricht.htm
  Verwaltungsvorschrift des Sächsischen Staatsministeriums für Wirtschaft und Arbeit über die Einrichtung von fünf Gewerbeaufsichtsämtern und zwei Außenstellen und einem Landesinstitut für Arbeitsschutz und Arbeitsmedizin vom 7. Februar 1992 (SächsABl. S. 504).

2.1.2.2.14 Sachsen-Anhalt

AbgG LSA (Abgeordnetengesetz Sachsen-Anhalt)

- http://www.landtag.sachsen-anhalt.de/gesetze/abgeg.htm
  Gesetz über die Rechtsverhältnisse der Mitglieder des Landtages von Sachsen-Anhalt in der Fassung der Bekanntmachung vom 21. Juli 1994 (GVBl. LSA S. 908), zuletzt geändert durch Gesetz vom 12. November 1999 (GVBl. LSA S. 348).

BauO LSA (Bauordnung)

- http://www.sidiblume.de/info-rom/bau/laender/lsa/bo_ges.htm
  Vom 23. Juni 1994 (GVBl. LSA Nr. 31 S. 723), geändert durch Gesetz vom 24.11.1995 (GVBl. LSA S. 339).

NORMEN/NATIONAL

Landesrecht — Sachsen-Anhalt

Denkmalschutzgesetz
- http://denkmalpflege.com/sa_anh.htm
  Denkmalschutzgesetz des Landes Sachsen-Anhalt vom 21. Oktober 1991 (GVBl.LSA Nr. 33 / 1991, ausgegeben am 28.10.1991).

Fraktionsgesetz SAn
- http://www.landtag.sachsen-anhalt.de/gesetze/fraktg.html
  Gesetz über die Rechtsstellung und die Finanzierung der Fraktionen im Landtag von Sachsen-Anhalt vom 5. November 1992 (GVBl. LSA S. 768).

Geschäftsordnung des Landtages von Sachsen-Anhalt
- http://www.landtag.sachsen-anhalt.de/gesetze/gescho.htm
  Vom 25. Mai 1998, geändert durch Beschluss des Landtages vom 18. Juni 1998 und 12. November 1998.

LWG (Landeswahlgesetz)
- http://www.landtag.sachsen-anhalt.de/gesetze/wahlg.htm
  Wahlgesetz des Landes Sachsen-Anhalt in der Fassung der Bekanntmachung vom 26. Juni 1997 (GVBl. LSA S. 594).

Pressegesetz
- http://www.jugendpresse.de/bvj/recht/lpg_sa.htm
  Pressegesetz des Landes Sachsen-Anhalt.

PRG LSA (Gesetz über privaten Rundfunk in Sachsen-Anhalt)
- http://www.lra.de/prglsa.html
  Vom 03. November 1997 geändert durch G. z. Abbau von Benachteiligungen v. Lesben und Schwulen v. 22. Dezember 1997 (GVBl S. 1072).

UAG (Untersuchungsausschussgesetz)
- http://www.landtag.sachsen-anhalt.de/gesetze/unausg.html
  Gesetz über die Einsetzung und das Verfahren von Untersuchungsausschüssen vom 29. Oktober 1992 (GVBl. LSA S. 757).

Verfassung
- http://www.landtag.sachsen-anhalt.de/gesetze/l_verf.htm
  Vom 16. Juli 1992 (GVBl. LSA Nr. 31/1992, ausgegeben am 17.7.1992.

2.1.2.2.15 Schleswig-Holstein
2.1.2.2.15.1 Umfangreiche Normensammlungen

Landesregierung Schleswig-Holstein

@@@ – http://193.101.67.34/landesrecht/lrecht.htm
Auf dem Server der Landesregierung von Schleswig-Holstein findet sich die Möglichkeit, nach Suchbegriffen im gesamten Landesrecht (ca. 1.800 Gesetze und Verordnungen) zu recherchieren. Zu den einzelnen Themenbereichen Staat und Verfassungsrecht, Verwaltungsrecht, Rechtspflege, Zivilrecht und Strafrecht, Verteidigung und Wehrerfassung, Finanzwesen, Wirtschaftsrecht, Landwirtschaft und Naturschutz, Arbeitsrecht und Sozialversicherung sowie Verkehrswesen können die jeweils einschlägigen Rechtsnormen im Volltext abgerufen werden.

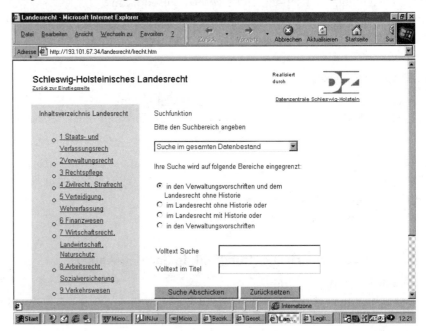

2.1.2.2.15.2 Einzelne Normen

BauPrüfVO (Bautechnische Prüfungsverordnung)

– http://www.sidiblume.de/info-rom/bau/laender/sh/baupruefvo.htm
Landesverordnung über die bautechnische Prüfung von Bauvorhaben vom 2. November 1995 (Gl.-Nr.: 2130-2-29, GVOBl. Schl.-H. 1995 S. 355), zuletzt geändert mit Gesetz v. 24.10.1996 (GVOBl. S. 652).

BaustellV (Baustellenverordnung)

– http://www.sidiblume.de/info-rom/arbeitss/arb_vo/bau_ges.htm
Verordnung über Sicherheit und Gesundheitsschutz auf Baustellen vom 10. Juni 1998.

Landesrecht — Schleswig-Holstein

BauVorlVO (Bauvorlagenverordnung)
- http://www.sidiblume.de/info-rom/bau/laender/sh/bauvorlvo.htm
  Landesverordnung über Bauvorlagen im bauaufsichtlichen Verfahren vom 17. Juli 1975 (Gl.-Nr.: 2130-2-16, GVOBl. Schl.-H. 1975 S. 208), zuletzt geändert mit LVO v. 13.08.1984 (GVOBl. S. 156).

DSVO (Datenschutzverordnung)
- http://www.rewi.hu-berlin.de/Datenschutz/DSB/SH/material/recht/dsvo/dsvo.htm
  Landesverordnung über die Sicherheit und Ordnungsmäßigkeit automatisierter Verarbeitung personenbezogener Daten vom 12. September 1994 (GS Schl.-H. II, Gl. Nr. 204-2-1).

EltBauVO (Landesverordnung über den Bau von Betriebsräumen für elektrische Anlagen)
- http://www.sidiblume.de/info-rom/bau/laender/sh/eltbauvo.htm
  Vom 11. Dezember 1974 (Gl.-Nr.: 2130-2-14, GVOBl. Schl.-H. 1974 S. 492).

FeuVO (Feuerungsverordnung)
- http://www.sidiblume.de/info-rom/bau/laender/sh/feuv.htm
  Landesverordnung über Feuerungsanlagen vom 6. März 1996 (Gl.-Nr.: 2130-2-31, GVOBl. Schl.-H. 1996 S. 308).

GarVO (Garagenverordnung)
- http://www.sidiblume.de/info-rom/bau/laender/sh/garv.htm
  Landesverordnung über den Bau und Betrieb von Garagen vom 30. November 1995 (Gl.-Nr.: 2130-2-30, GVOBl. Schl.-H. 1996 S. 67), zuletzt geändert mit Gesetz vom 18.09.1997 (GVOBl. S. 455).

Gesetz zur Ausführung des Baugesetzbuchs
- http://www.sidiblume.de/info-rom/bau/laender/sh/agbaugb.htm
  (GS Schl.-H. II, Gl. Nr. 2130-11; GVOBl. Schl.-H. S. 303).

JAO (Landesverordnung über die Ausbildung der Juristinnen und Juristen)
- http://www.uni-kiel.de/Dezernat140-2/sta/2_4.htm
  Vom 17. April 1997 (GVOBl. Schl.-H. S. 279).

LDSG (Landesdatenschutzgesetz)
- http://www.rewi.hu-berlin.de/Datenschutz/DSB/SH/material/recht/ldsg/ldsg.htm
  Schleswig-Holsteinisches Gesetz zum Schutz personenbezogener Informationen vom 30. Oktober 1991 (GS Schl.-H. II, Gl.Nr. 204-2) zuletzt geändert am 13. März 1996 (GVOBl. Schl.-H. S. 300).

NORMEN/NATIONAL

Thüringen — Landesrecht

Pressegesetz

- http://www.jugendpresse.de/bvj/recht/lpg_sh.htm
  Pressegesetz des Landes Schleswig-Holstein.

SHAbfWG (Schleswig-Holsteinisches Abfallwirtschaftsgesetz)

- http://www.umweltschutzrecht.de/recht/abfall/laender/sh/labf1.htm#p3a
  Abfallwirtschaftsgesetz für das Land Schleswig-Holstein, Fassung vom 18. Januar 1999 (GVOBl. 1999 S. 26).

SvVO (Sachverständigenverordnung)

- http://www.sidiblume.de/info-rom/bau/laender/sh/sachvo.htm
  Landesverordnung über bauaufsichtlich anerkannte Sachverständige für die Prüfung technischer Anlagen und Einrichtungen vom 23. April 1996 (Gl.-Nr.: 2130-9-7, GVOBl. Schl.-H. 1996 S. 434).

VkVO (Verkaufsstättenverordnung)

- http://www.sidiblume.de/info-rom/bau/laender/sh/vkvo.htm
  Landesverordnung über den Bau und Betrieb von Verkaufsstätten vom 4. Dezember 1997 (Gl.-Nr.: 2130-9-11, GVOBl. Schl.-H. 1998 S. 3).

VStättVO (Landesverordnung über den Bau und Betrieb von Versammlungsstätten)

- http://www.sidiblume.de/info-rom/bau/laender/sh/vstattr.htm
  7. VO-LBO vom 22. Juni 1971 i.d.F.d.B. v. 31.12.1971 (Gl.-Nr.: 2130-2-9, GVOBl. Schl.-H. 1971 S. 365), zuletzt geändert mit Gesetz v. 24.10.1996 (GVOBl. S. 652).

WasBauPVO (Wasserbauprüfungsverordnung)

- http://www.sidiblume.de/info-rom/bau/laender/sh/wasbaupvo.htm
  Landesverordnung zur Feststellung der wasserrechtlichen Eignung von Bauprodukten und Bauarten durch Nachweise nach der Landesbauordnung vom 19. März 1999 (Gl.-Nr.: 2130-9-12, GVOBl. Schl.-H. 1999 S. 87).

2.1.2.2.16 Thüringen

FSG (Förderschulgesetz)

- http://www.thueringen.de/tkm/hauptseiten/grup_schulwesen/gesetze/fosg/thfog.htm
  Gesetz über die Förderschulen in Thüringen vom 21. Juli 1992, zuletzt geändert durch Gesetz vom 15. Dezember 1998.

Landesrecht — Thüringen

Heilberufegesetz
- http://medizinrecht.de/medizinarztrecht/gesetze/thueringen_heilberufegesetz1992.htm
  Gesetz über die Berufsvertretungen, die Berufsausübung, die Weiterbildung und die Berufsgerichtsbarkeit der Ärzte, Zahnärzte, Tierärzte und Apotheker vom 7. Januar 1992.

Pressegesetz
- http://www.jugendpresse.de/bvj/recht/lpg_th.htm
  Pressegesetz des Landes Thüringen.

Schulgesetz
- http://www.thueringen.de/tkm/hauptseiten/grup_schulwesen/gesetze/schulg/thschulg.htm
  Vom 6. August 1993, geändert durch Gesetz vom 16. Dezember 1996.

ThDSchG (Thüringer Denkmalschutzgesetz)
- http://denkmalpflege.com/thueringengesetz.htm
  Gesetz zur Pflege und zum Schutz der Kulturdenkmale im Land Thüringen vom 7. Januar 1992.

ThEBG (Thüringer Erwachsenenbildungsgesetz)
- http://www.thueringen.de/tkm/hauptseiten/grup_schulwesen/gesetze/ebg/thebg.htm
  Vom 23. April 1992 (GVBl. S. 148), geändert durch Gesetz vom 27. November 1997 (GVBl. S. 425).

ThürBO (Thüringer Bauordnung)
- http://www.sidiblume.de/info-rom/bau/laender/th/bo_ges.htm
  Vom 3. Juni 1994 (GVBl. Nr. 19 S. 553).

ThürSchFG (Thüringer Gesetz über die Finanzierung der staatlichen Schulen)
- http://www.thueringen.de/tkm/hauptseiten/grup_schulwesen/gesetze/schfg/thschfg.htm
  Vom 21. Juli 1992 (GVBl. S. 366), zuletzt geändert durch Gesetz vom 15. Dezember 1998 (GVBl. S. 421).

ThürSchfTG (Thüringer Gesetz über Schulen in freier Trägerschaft)
- http://www.thueringen.de/tkm/hauptseiten/grup_schulwesen/gesetze/privsg/thsft.htm
  Vom 23. März 1994 (GVBl. S. 323), geändert durch Art. 3 des Gesetzes vom 13. Juni 1997 (GVBl. S. 223–225).

NORMEN/INTERNATIONAL

Umfangreiche Sammlungen

TRG (Thüringer Rundfunkgesetz)

- http://webcache.ibu.de/TLM/tlr2_3.htm
  Vom 4. Dezember 1996.

Verfassung

- http://www.thueringen.de/verfassg/verf.htm
  Vom 25. Oktober 1993.

2.2 International
2.2.1 Umfangreiche Normensammlungen

Amnesty International

@@ — http://www.amnesty.de/rechte/f_index.htm
Amnesty International gibt hier einen Überblick über internationale Abkommen zu den Menschenrechten. Die allgemeine Erklärung der Menschenrechte (UNO) ist in Volltext abrufbar, ebenso der internationale Pakt über bürgerliche und politische Rechte, die Europäische Konvention zum Schutze der Menschenrechte und Grundfreiheiten sowie die Europäische Sozialcharta.

Französische Gesetze und Anwälte

@ — http://www.jura.uni-sb.de/france/Law-France/index.html
Die Universität Saarbrücken bietet hier eine Linksammlung mit Verweisen auf diverse französische Gesetze, Unternehmen und Anwälte.

Französische Gesetzestexte Legifrance

@@@ — http://www.legifrance.gouv.fr/citoyen/index.ow
Eine umfangreiche Sammlung von französischen Gesetzes- und sonstigen Rechtstexten findet sich auf dieser Internet-Seite von Legifrance. Sehr gut gepflegt wird dieses Verzeichnis vom Journal Officiel de la République Française. Die Texte sind auf dem neuesten Stand und werden jeweils eine Woche nach der Veröffentlichung im Journal Officiel aktualisiert. Die Sammlung ist nicht nur in französischer, sondern zum Teil auch in deutscher, englischer, spanischer und italienischer Sprache verfügbar.

NORMEN/INTERNATIONAL

Umfangreiche Sammlungen

Human Rights Library

- http://www1.umn.edu/humanrts @@
  Die University of Minnesota bietet mit ihrer „Human Rights Library" Zugriff auf eine Vielzahl von Verträgen, internationalen Vereinbarungen und sonstigen Materialien zum Thema Menschenrechte, derzeit mehr als 6.000 Dokumente. Mit einer Suchmaschine kann die umfangreiche eigene Bibliothek nach Stichwörtern durchsucht werden.

Human Rights Web

- http://www.hrweb.org/legal/undocs.html @@
  Auf dieser Seite des Human Rights Web findet sich eine Sammlung mit Verweisen auf englischsprachige Internet-Seiten mit Menschenrechtsabkommen der Vereinten Nationen.

Internationale Konventionen „Rules of Warware"

- http://www.tufts.edu/fletcher/multi/warfare.html @
  Hier finden sich Konventionen aus dem Bereich „Rules of Warware" sowie Rüstungskontrolle und z. B. die Genfer Konvention in englischer Sprache.

Internationale Verfassungen

- http://www.uni-wuerzburg.de/law/index.html @
  Auf dieser Internet-Seite der Universität Würzburg findet sich eine Vielzahl von Links auf die Verfassungen anderer Länder von Albanien bis Zimbabwe.

NORMEN/INTERNATIONAL

Umfangreiche Sammlungen

Internationale Verträge zum Thema Handelsbeziehungen
@@ – http://www.tufts.edu/fletcher/multi/trade.html
Von der TUFTS-University Massachusetts werden hier internationale Vereinbarungen und Verträge zum Thema Handel und Handelsbeziehungen bereitgestellt. Dazu gehören u. a. GATT-Abkommen sowie die Pariser Verbandsübereinkunft zum Schutz des gewerblichen Eigentums.

Internationale Zoll- und Handelsabkommen
@@ – http://www.jura.uni-augsburg.de/ilpa/index.html
Das im Aufbau befindliche „International Law Project" der juristischen Fakultät der Universität Augsburg bietet unter Leitung von Prof. Dr. Heintschel von Heinegg Zugriff auf internationale Zoll- und Handelsabkommen. Künftig sollen hier bi- und multilaterale völkerrechtliche Verträge, an denen die Bundesrepublik Deutschland beteiligt ist, in einer deutschen Fassung zur Verfügung stehen.

Irische Gesetze
@ – http://www.ucc.ie/ucc/depts/law/irishlaw/
Auf dieser Internet-Seite des University College Cork finden sich zahlreiche Verweise zu juristischen Inhalten das irische Recht betreffend, u. a. die irische Verfassung, Informationen zum Rechts- und Gerichtssystem, Verweise auf Universitäten. Mit einer eigenen Suchmaschine kann der Server nach der gewünschten Information durchsucht werden.

Isländische Gesetze
@@ – http://brunnur.stjr.is/interpro/dkm/dkm.nsf/pages/english
Auf diesem Webserver des isländischen Ministeriums für Justiz und geistliche Angelegenheiten finden sich umfassende Verweise zum isländischen Recht. Die Verfassung sowie diverse andere Gesetze können im Volltext abgerufen werden.

Österreichische Rechtsnormen
@@ – http://www.parlinkom.gv.at/pd/frames/gesetz_m.html
Auf den Internet-Seiten des österreichischen Parlaments finden sich neben allgemeinen Informationen über das Parlament, die Parlamentarier und Gremien auch Verweise auf österreichische Rechtsnormen. Abrufbar sind beispielsweise im Volltext das Bundesverfassungsgesetz, das Finanzverfassungsgesetz, das Parteiengesetz sowie diverse Vorschriften den National- und Bundesrat betreffend.

Österreichisches Bundes- und Landesrecht
@@@ – http://www.ris.bka.gv.at/
Wesentliche Teile des österreichischen verwaltungsinternen Rechtsinformationssystems (RIS) werden vom Bundeskanzleramt seit Juni 1997 kostenlos veröffentlicht. Darunter findet sich in der Datenbank Bundesrecht das österreichische Recht zu ca. 92 % (!) erfasst. Novellierungen werden nach ihrer Kundmachung eingearbeitet, so dass immer die aktuelle Fassung einsehbar ist. Darüber hinaus besteht die Möglichkeit in historische Fassungen Einsicht zu nehmen. Die Datenbank Bundesgesetzblätter enthält alle Ausgaben – mit zwei- bis dreiwöchiger

Einarbeitungszeit –, die seit 1983 kundgemacht wurden. Die Daten enthalten aus speicherungstechnischen Gründen allerdings keine Grafiken u.ä. Das Landesrecht von folgenden Bundesländern ist in der dritten Datenbank enthalten: Salzburg, Burgenland, Tirol, Kärnten, Vorarlberg, Oberösterreich, Steiermark, Niederösterreich und Wien. Mithilfe der „Gesamtabfrage" besteht die Möglichkeit, einen Begriff in allen RIS-Applikationen zu suchen.

Rechtsquellen der Menschenrechte

– http://www.tufts.edu/fletcher/multi/humanRights.html @@@
Auf dieser Seite der TUFTS-University Massachusetts, befindet sich eine Vielzahl von Verweisen auf englischsprachige Rechtsquellen zu den Menschenrechten.

Schweizer Gesetze

– http://www.gesetze.ch @
Eine kleine, aber sehr übersichtlich gestaltete Sammlung von Schweizer Gesetzestexten stellt die Softwarefirma optobyte zur Verfügung. Derzeit können abgerufen werden: Obligationenrecht (OR), Zivilgesetzbuch (ZGB), Schuldbetreibung und Konkurs (SchKG), Strafgesetzbuch (StGB), Bundesverfassung (BV), Urheberrecht (URG), Datenschutz (DSG) und Mehrwertsteuerverordnung (MWSTV). Es besteht die Möglichkeit einer Volltextsuche über alle Gesetzestexte; die Suche kann aber auch auf ein Gesetz beschränkt werden.

Schweizerisches Bundesrecht

– http://www.admin.ch/ch/d/sr/sr.html @@@
Die Bundesbehörden der Schweizerischen Eidgenossen, die Confoederatio Helvetica, bietet eine systematische Sammlung des Bundesrechts an. Die Sammlung ist in den drei Amtssprachen geführt und nach Sachgebieten geordnet. Es finden sich darin die in der Amtlichen Sammlung veröffentlichten und noch geltenden

NORMEN/INTERNATIONAL

Umfangreiche Sammlungen

Erlasse, völkerrechtlichen und interkantonalen Verträge, internationalen Beschlüsse sowie Kantonsverfassungen. Die schweizerischen Normen können im PDF-Format heruntergeladen werden. Der Server stellt die Normensammlung zur Zeit (Stand Januar 2000) testweise zur Verfügung. Bisher ist die Nutzung noch gratis, eventuell soll aber in nächster Zeit eine Nutzungsgebühr erhoben werden.

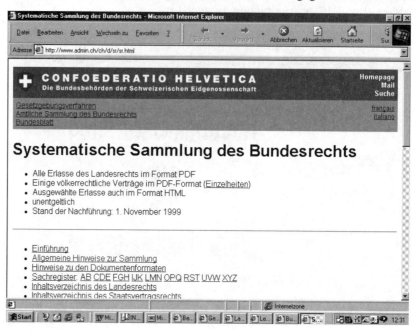

TUFTS-University Massachusetts

@ – http://www.tufts.edu/fletcher/multi/diplomatic.html
Die TUFTS-University, Massachusetts, stellt auf dieser Seite verschiedene internationale Konventionen diplomatische Beziehungen betreffend in englischer Sprache bereit. Abzurufen sind u. a. die Wiener Konvention über diplomatische Beziehungen.

United States Code

@@@ – http://uscode.house.gov/
Auf den Internet-Seiten des Office of the Law Revision Counsel findet sich der United States Code, in welchem die allgemeinen und derzeit geltenden Gesetze der Vereinigten Staaten niedergelegt sind. Es besteht die Möglichkeit den United States Codes downzuloaden und darin mittels einer Suchmaschine zu recherchieren.

Universität Utrecht

@@ – http://www.jb.law.uu.nl/jb-vol/treaties.html
Auf dieser Seite der Universität Utrecht findet sich eine Linksammlung mit Verweisen auf internationale Verträge und Vereinbarungen.

US-Normen

- http://www.law.cornell.edu
Die Cornell Law School, New York, bietet auf ihrer Website umfangreiche Linksammlungen zum US-amerikanischen Bundesrecht sowie dem Recht verschiedener Bundesstaaten.

2.2.2 Einzelne Normen

Agenda 21

- http://www.fen.baynet.de/~na1723/job/sec/ges_texte.html
Download als ZIP-Datei.

Belgische Verfassung

- http://www.jura.uni-sb.de/Gesetze/BV/

- http://www.senate.be/senbeldocs/constitution/const_de.html
Koordinierter Text vom 17. Februar 1994, zuletzt geändert am 7. Mai 1999 (Belgisches Staatsblatt vom 29. Mai 1999).

Dänische Verfassung

- http://dorit.ihi.ku.dk/~peterr/grundlov.html
Originaltext und englische Übersetzung.

EPÜ (Übereinkommen über die Erteilung europäischer Patente)

- http://www.european-patent-office.org/epc97/index_d.htm
Vom 5. Oktober 1973 in der Fassung der Akte zur Revision von Artikel 63 EPÜ vom 17. Dezember 1991 und der Beschlüsse des Verwaltungsrats der Europäischen Patentorganisation vom 21. Dezember 1978, vom 13. Dezember 1994, vom 20. Oktober 1995, vom 5. Dezember 1996 und vom 10. Dezember 1998.

EPÜ-Durchführungsverordnung (Durchführungsverordnung zum Übereinkommen über die Erteilung europäischer Patente)

- http://www.european-patent-office.org/reg_impl/deutsch/tocd_fr/ind_fr.htm
Unter dem Button „Unterlagen für Anmelder" ist auf den Internet-Seiten des Europäischen Patentamtes die Durchführungsverordnung zum EPÜ abrufbar.

Europäische Berufsordnung für Rechtsanwälte

- http://www.kanzlei.de/eura.htm
Stand: 28.10.1988.

Französische Verfassung

- http://www.uni-wuerzburg.de/law/fr00000_.html
Originaltext.

NORMEN/INTERNATIONAL

Einzelne Normen

GK (Genfer Flüchtlingskonvention)

- http://www.fen.baynet.de/~na1723/law/genfkon.html
  Abkommen über die Rechtsstellung der Flüchtlinge vom 28. Juli 1951; zugestimmt und veröffentlicht durch Gesetz vom 1. September 1953 (BGBl. II S. 559).

Irische Verfassung

- http://www.uni-wuerzburg.de/law/ei00000_.html
  Originaltext.

Japanische Verfassung

- http://www.ntt.co.jp/japan/constitution/
  Originaltext und englische Übersetzung.

Kroatische Verfassung

- http://www.vlada.hr/english/docs-constitution.html
  Verfassung der Republik Kroatien (22.12.1990) in englischer Übersetzung.

Lettische Verfassung

- http://www.rewi.hu-berlin.de/Gesetze/lvconstgr.html
  Deutsche Übersetzung der Lettischen Verfassung, angenommen in der Plenarsitzung der konstituierenden Versammlung vom 15. Februar 1922.

Mexikanische Verfassung

- http://insight.mcmaster.ca/org/efc/pages/law/cons/Constitutions/Mexico/constitution-mex.html
  Originaltext (31 de enero de 1917).

NAFTA

@@ - http://www.legal.gsa.gov/legal27qnafta.htm
  Hier findet man das Nordamerikanische Freihandelsabkommen (NAFTA) im Volltext sowie weitere Verweise auf Internet-Seiten mit weiteren Informationen zum NAFTA.

Niederländische Verfassung

- http://www.eur.nl/frg/grondwet.html
  Originaltext.

Nordatlantikvertrag

- http://www.fen.baynet.de/~na1723/law/NatlantV.html
  Vom 4. April 1949 (BGBl. 1955 II S. 289, i. d. F. des Protokolls v. 17.10.1951, BGBl. 1955 II S. 293).

NORMEN/INTERNATIONAL

Einzelne Normen

Norwegische Verfassung
- http://www.w3.org/People/howcome/lover/grundlov.html
  Originaltext.

Österreichisches Bundesverfassungsgesetz
- http://www.idv.uni-linz.ac.at/b-vg/b-vg-inh.htm
  Stand: 10. April 1995.

Polnische Verfassung
- http://www.sejm.gov.pl/english/konstytucja/kon1.htm
  Englische Übersetzung der polnischen Verfassung vom 2. April 1997.

Schengener Abkommen
- http://radbruch.jura.uni-mainz.de/jur_res_auf_rad/schengen.html
  Übereinkommen zur Durchführung des Übereinkommens von Schengen vom 14. Juni 1985 zwischen den Regierungen der Staaten der Benelux Wirtschaftsunion, der Bundesrepublik Deutschland und der Französischen Republik betreffend den schrittweisen Abbau der Kontrollen an den gemeinsamen Grenzen vom 19. Juni 1990. In englischer Sprache.

Schweizer Bundesverfassung
- http://www.admin.ch/ch/d/sr/101/index.html
  Vom 18. April 1999 (Stand am 26. Oktober 1999).

Spanische Verfassung
- http://alcazaba.unex.es/constitucion/indice.html
  Originaltext.

Südafrikanische Verfassung
- http://www.uni-wuerzburg.de/law/sf00000_.html
  Originaltext.

Tschechische Verfassung
- http://www.psp.cz/cgi-bin/eng/docs/laws/constitution.html
  Verfassung der Tschechischen Republik vom 16. Dezember 1992 in englischer Übersetzung.

Ugandische Verfassung
- http://www.uganda.co.ug/Content.htm
  Verfassung der Republik Uganda, 1995.

UN-Kaufrecht

– http://ruessmann.jura.uni-sb.de/rw20/gesetze/CISG/introd.htm
 Übereinkommen der Vereinten Nationen über Verträge über den internationalen Warenkauf (UN-Kaufrecht), verabschiedet am 11. April 1980 in Wien.

UN-Kinderkonvention

– http://www.amnesty.de/rechte/kinder.htm
 Kinderkonvention der Vereinten Nationen; UN-Übereinkommen über die Rechte des Kindes; für die Bundesrepublik Deutschland in Kraft getreten durch Gesetz vom 17.02.1992 (BGBl. II S. 121).

Verfassung der USA

– http://www.law.cornell.edu/constitution/constitution.overview.html

Year 2000 Information and Readiness Disclosure Act

– http://lawpublish.com/s2392.html
 Eine einheitliche Regelung zur Jahr-2000-Problematik wurde bereits 1998 in den USA im „Year 2000 Information and Readiness Disclosure Act" getroffen. Vom 14.07.1998 bis 14.07.2001 werden unter bestimmten Voraussetzungen alle ausdrücklich gekennzeichneten Äußerungen zum Jahr-2000-Problem von der Haftung freigestellt, außer im Falle bewusst wahrheitswidriger Angaben.

Zypriotische Verfassung

– http://www.kypros.org/Constitution/
 Verfassung der Republik Zypern in englischer Sprache.

2.2.3 Doppelbesteuerungsabkommen
2.2.3.1 Umfangreiche Sammlungen

Doppelbesteuerungsabkommen

@@@ – http://www.bff-online.de/dbatxt.htm
 Das Bundesamt für Finanzen stellt auf dieser Seite alle derzeit geltenden Doppelbesteuerungsabkommen sowie eine Übersicht über laufende Verhandlungen/künftige Abkommen zum Download bereit.

2.2.3.2 Einzelne Doppelbesteuerungsabkommen

DBA Bolivien

– http://www.jura.uni-sb.de/BGBl/TEIL2/1994/19941086.A20.HTML
 Gesetz zu dem Abkommen vom 30. September 1992 zwischen der Bundesrepublik Deutschland und der Republik Bolivien zur Vermeidung der Doppelbesteuerung auf dem Gebiet der Steuern vom Einkommen und vom Vermögen (BGBl. II 1994 S. 1086).

NORMEN/INTERNATIONAL

Doppelbesteuerungsabkommen — DBA einzelner Länder

DBA Dänemark

- http://www.tyskret.com/dbadk.htm
  Abkommen zwischen der Bundesrepublik Deutschland und dem Königreich Dänemark zur Vermeidung der Doppelbesteuerung und über gegenseitige Amts- und Rechtshilfe auf dem Gebiete der Steuern vom Einkommen und vom Vermögen sowie der Gewerbesteuer und der Grundsteuer vom 30. Januar 1962, anwendbar für Sachverhalte bis 1996.

DBA Dänemark

- http://www.tyskret.com/dbadk_.htm
  Abkommen zwischen der Bundesrepublik Deutschland und dem Königreich Dänemark zur Vermeidung der Doppelbesteuerung bei den Steuern vom Einkommen und vom Vermögen sowie bei den Nachlass-, Erbschaft- und Schenkungssteuern und zur Beistandsleistung in Steuersachen vom 22. November 1995 (BGBl. 1996 II S. 2566 ff.).

DBA Frankreich

- http://www.jura.uni-sb.de/bijus/doppelsteuer
  Deutsch-Französisches Doppelbesteuerungsabkommen geändert durch das Revisionsprotokoll vom 9. Juni 1969 (BGBl. II S. 719) und durch das Zusatzabkommen vom 28. September 1989 (BGBl. II S. 772).

DBA Großbritannien

- http://www.ross.dircon.co.uk/ger.htm
  Abkommen vom 26. November 1964 zwischen der Bundesrepublik Deutschland und dem Vereinigten Königreich von Großbritannien und Nordirland zur Vermeidung der Doppelbesteuerung und zur Verhinderung der Steuerverkürzung in deutscher und englischer Sprache; Stand: 27. Juni 1998.

DBA Indien

- http://www.jura.uni-sb.de/BGBl/TEIL2/1996/19960707.A20.HTML
  Abkommen zwischen der Bundesrepublik Deutschland und der Republik Indien zur Vermeidung der Doppelbesteuerung auf dem Gebiet der Steuern vom Einkommen und vom Vermögen (BGBl. II 1996 S. 707–723).

DBA Indonesien

- http://www.jura.uni-sb.de/BGBl/TEIL2/1991/19911087.A20.HTML
  Abkommen zwischen der Bundesrepublik Deutschland und der Republik Indonesien zur Vermeidung der Doppelbesteuerung auf dem Gebiet der Steuern vom Einkommen und vom Vermögen (BGBl. II 1991 S. 1087–1102).

DBA Mexiko

- http://www.jura.uni-sb.de/BGBl/TEIL2/1993/19931966.A20.HTML
  Gesetz zu dem Abkommen vom 23. Februar 1993 zwischen der Bundesrepublik Deutschland und den Vereinigten Mexikanischen Staaten zur Vermeidung der Doppelbesteuerung auf dem Gebiet der Steuern vom Einkommen und vom Vermögen (BGBl. II 1993 S. 1966).

DBA Norwegen

- http://www.tyskret.com/dbdeno.htm
  Abkommen zwischen der Bundesrepublik Deutschland und dem Königreich Norwegen zur Vermeidung der Doppelbesteuerung und über gegenseitige Amtshilfe auf dem Gebiet der Steuern vom Einkommen und vom Vermögen vom 4. Oktober 1991 (BGBl. 1993 Teil II S. 972).

DBA Russische Föderation

- http://www.jura.uni-sb.de/BGBl/TEIL2/1996/19962710.A20.HTML
  Gesetz zu dem Abkommen vom 29. Mai 1996 zwischen der Bundesrepublik Deutschland und der Russischen Föderation zur Vermeidung der Doppelbesteuerung auf dem Gebiet der Steuern vom Einkommen und vom Vermögen (BGBl. II 1996 S. 2710).

DBA Schweden

- http://www.tyskret.com/dbadsw.htm
  Abkommen zwischen der Bundesrepublik Deutschland und dem Königreich Schweden zur Vermeidung der Doppelbesteuerung bei den Steuern vom Einkommen und vom Vermögen sowie bei den Erbschafts- und Schenkungssteuern und zur Leistung gegenseitigen Beistands bei den Steuern (Deutsch-schwedisches Steuerabkommen) vom 14. Juli 1992.

DBA Ukraine

- http://www.jura.uni-sb.de/BGBl/TEIL2/1996/19960499.A20.HTML
  Abkommen zwischen der Bundesrepublik Deutschland und der Ukraine zur Vermeidung der Doppelbesteuerung auf dem Gebiet der Steuern vom Einkommen und vom Vermögen (BGBl. II 1996 S. 499–514).

2.2.4 Europäische Union
2.2.4.1 Umfangreiche Normensammlungen

EU-Server

@@@ - http://europa.eu.int/abc/obj/treaties/de/detoc.htm
  Auf dieser Seite des Servers der Europäischen Union befinden sich die derzeit gültigen Verträge, Rechtsakte, Entschließungen und Erklärungen der EU.

NORMEN/INTERNATIONAL

Europäische Union — Umfangreiche Normensammlungen

Europäische Rechtsnormen
- http://www.kanzlei.de/euror.htm   @

  Auf den Seiten der Kanzlei Emmert, Schurer, Buecking in Stuttgart steht eine Sammlung europarechtlicher Normen zur Verfügung. Hier finden sich die Verträge von Maastricht und Amsterdam, das Bundesgesetz zur Europäischen Union, das Gesetz über die Zusammenarbeit von Bund und Ländern sowie die Artikel 1 bis 16 des Euro-Einführungsgesetzes.

Europäische Verträge
- http://ue.eu.int/de/summ.htm   @@

  Nützlich ist auf dieser Internet-Seite des Rates der Europäischen Union die Rubrik „Verträge" sowie die Rubrik „Abkommen", unter der im Volltext in elf Sprachen die derzeit gültigen europäischen Verträge abrufbar sind, u. a. der Vertrag über die Europäische Union, der Vertrag zur Gründung der Europäischen Gemeinschaft sowie verschiedene sonstige Verträge und Rechtsakte, Entschließungen und Erklärungen.

Richtlinien für die Prüfung im Europäischen Patentamt
- http://www.european-patent-office.org/guidelines/deutsch/index.htm

  Der Präsident des Europäischen Patentamts hat gemäß Artikel 10 Absatz 2 Buchstabe a des Europäischen Patentübereinkommens mit Wirkung vom 1. Juni 1978 die Richtlinien für die Prüfung im Europäischen Patentamt erlassen. Diese Richtlinien werden regelmäßig aktualisiert, Änderungen sind gekennzeichnet.

Recht der Europäischen Union
- http://europa.eu.int/eur-lex/de/index.html   @@@

  Den wohl umfassendsten Überblick über das Recht der Europäischen Union findet man auf diesen Internet-Seiten mit Zugriff auf das Amtsblatt der EU (Veröffentlichungen der letzten 45 Tage), Verträge und sonstiges Gemeinschaftsrecht. Der Fundstellennachweis des geltenden Gemeinschaftsrechts bietet die Möglichkeit, nach Rechtsgebieten geordnet oder alphabetisch Zugriff auf die jeweils einschlägigen Rechtsgrundlagen zu nehmen. Die neueste Rechtsprechung des EuGH kann nach Aktenzeichen, Datum, Parteien, Sachgebiet sowie Stichwörtern durchsucht werden. Die vorhandenen Quellen sind jeweils im Volltext verfügbar.

NORMEN/INTERNATIONAL

EG-Richtlinien   Europäische Union

2.2.4.2   EG-Richtlinien

Entwurf der Electronic-Commerce-Richtlinie

– http://europa.eu.int/comm/dg15/en/media/eleccomm/eleccomm.htm
Die Europäische Kommission überarbeitete ihren Entwurf für eine Europäische Richtlinie zum E-Commerce. Klare Regelungen werden insbesondere zu Spam und zu Vertragsabschlüssen im Internet getroffen. Auf dem Server ist der geänderte Vorschlag veröffentlicht.

Entwurf der EU-Wasserrahmenrichtline

– http://www.bezreg-hannover.niedersachsen.de/dez502/eurahmrl.html
Stand Juli 1999.

Entwurf einer Richtlinie für digitale Unterschriften

– http://europa.eu.int/comm/dg15/en/media/sign/index.htm
Die bisher veröffentlichten Entwürfe zu europaweit einheitlichen Standards für die elektronische Unterschrift im Internet-Handel waren teilweise auf Widerstand gestoßen. Anfang Dezember verständigten sich die Minister der 15 EU-Staaten in Brüssel auf einen neuen Entwurf. Die digitalen Signaturen sollen sowohl beim elektronischen Handel als auch im elektronischen Schriftverkehr mit Behörden und Ämtern für Sicherheit sorgen und handschriftlichen Unterschriften gleich gestellt werden. Die Umsetzung in Deutschland soll im nächsten Jahr vollzogen sein. Man darf auch die endgültige Fassung gespannt sein. Der Volltext der informellen Version kann auf der Internet-Seite der EU-Kommission als PDF-File (37–43 KB) in englischer und französischer Sprache downgeloadet werden.

Europäische Union · EG-Verordnungen

Richtlinie 93/43/EG des Rates über Lebensmittelhygiene vom 14. Juni 1993

- http://www.tmt.de/~hhofmann/lmr/rlmhyg.htm
  (ABl. Nr. 1175/1).

Richtlinie 97/7/EG des Europäischen Parlaments und des Rates vom 20. Mai 1997 über den Verbraucherschutz bei Vertragsabschlüssen im Fernabsatz

- http://www.netlaw.de/gesetze/fernrili.htm

Richtlinie des Rates 86/278/EWG über den Schutz der Umwelt und insbesondere der Böden bei der Verwendung von Klärschlamm in der Landwirtschaft vom 12. Juni 1986

- http://www.fh-kehl.de/Projekte/boden/frames_eu_normen_01.htm
  Richtlinie 86/278/EWG (ABl. Nr. L 181 vom 4. Juli 1986, S. 6), geändert durch RL 91/692/EWG (ABl. EG Nr. L 377 S. 48).

2.2.4.3 EG-Verordnungen

Verordnung (EG) Nr. 216/96 der Kommission vom 5. Februar 1996 über die Verfahrensordnung vor den Beschwerdekammern des Harmonisierungsamts für den Binnenmarkt (Marken, Muster und Modelle)

- http://www.oami.eu.int/de/aspects/reg216-96/reg.htm

Verordnung (EG) Nr. 2868/95 der Kommission vom 13. Dezember 1995 zur Durchführung der Verordnung (EG) Nr. 40/94 des Rates über die Gemeinschaftsmarke

- http://www.oami.eu.int/de/aspects/reg2868/reg.htm

Verordnung (EG) Nr. 2869/95 der Kommission vom 13. Dezember 1995 über die an das Harmonisierungsamt für den Binnenmarkt (Marken, Muster und Modelle) zu entrichtenden Gebühren

- http://www.oami.eu.int/de/aspects/reg2869/reg.htm

Verordnung (EG) Nr. 40/94 des Rates vom 20. Dezember 1993 über die Gemeinschaftsmarke

- http://www.copat.com/mn_ges_egvom.htm

NORMEN/INTERNATIONAL

EG-Verordnungen   Europäische Union

3

Rechtsprechung

3.1	National	211
3.1.1	Rechtsprechungssammlungen allgemein	211
3.1.1.1	Entscheidungssammlungen (Volltext)	211
3.1.1.2	Leitsatzsammlungen	216
3.1.1.3	Pressemitteilungen	218
3.1.1.4	Urteilssammlungen (Sonstige)	218
3.1.2	Rechtsprechung einzelner Rechtsgebiete	221
3.1.2.1	Arbeitsrecht	221
3.1.2.2	Ausländerrecht	224
3.1.2.3	Baurecht	225
3.1.2.4	Berufsrecht	225
3.1.2.5	Betreuungsrecht	225
3.1.2.6	Betriebsverfassungsrecht	226
3.1.2.7	Computerrecht	227
3.1.2.8	Erbrecht	227
3.1.2.9	Europarecht und Völkerrecht	228
3.1.2.10	Familienrecht	230
3.1.2.11	Freiheitsentziehungsrecht	233
3.1.2.12	Gebühren und Kosten	233
3.1.2.13	Gewerblicher Rechtsschutz	233
3.1.2.14	Handels- und Gesellschaftsrecht	234
3.1.2.15	Kaufrecht	235
3.1.2.16	Kartellrecht	235
3.1.2.17	Landwirtschaftsrecht	236
3.1.2.18	Medizinrecht	236
3.1.2.19	Miet- und Immobilienrecht	237
3.1.2.20	Öffentliches Recht	240
3.1.2.21	Prozessrecht	240
3.1.2.22	Recht der Neuen Medien	241
3.1.2.23	Reiserecht	243

3.1.2.24	Sozialrecht	244
3.1.2.25	Staatskirchenrecht	245
3.1.2.26	Steuerrecht	245
3.1.2.27	Straf- und Strafprozessrecht	248
3.1.2.28	Transportrecht	249
3.1.2.29	Verfassungsrecht	249
3.1.2.30	Verkehrsrecht	251
3.1.2.31	Verwaltungsrecht	252
3.1.2.32	Vormundschaftsrecht	254
3.1.2.33	Wettbewerbsrecht	254
3.1.2.34	Wirtschaftsrecht	254
3.1.2.35	Zivilrecht	255
3.2	International	257

3 Rechtsprechung

3.1 National
3.1.1 Rechtsprechungssammlungen allgemein
3.1.1.1 Entscheidungssammlungen (Volltext)

BGH-free

- http://www.rws-verlag.de/bgh-free/indexfre.htm @@@
 Der RWS-Verlag ermöglicht auf seinen Internet-Seiten unter der Rubrik „BGH-free" den kostenfreien und vollständigen Zugang zu allen seit Anfang 1999 ergangenen Zivilrechtsentscheidungen des Bundesgerichtshofs. Ausgenommen werden Einzelfallentscheidungen, die nicht mit einem Leitsatz versehen sind. Ins Netz gestellt werden die vom BGH im Vormonat zur Veröffentlichung freigegebenen Entscheidungen am 8. eines jeden Monats. Abgerufen werden können die Entscheidungen mittels einer Volltextsuchmaschine, einer Monatsübersicht und über eine Übersicht nach Rechtsgebieten/Senaten (von AGB bis hinzu Zwangsvollstreckung unter Angabe des Senats). Ausgewertet sind alle Entscheidungen ab 1. Januar 1999.

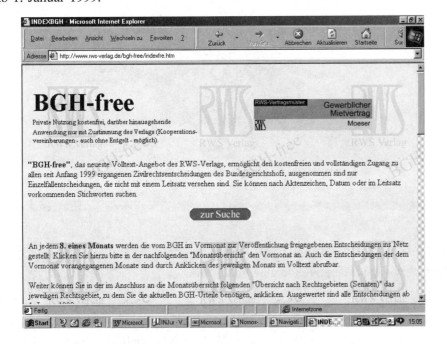

BGH

- http://urteile.kanzlei.de/bghindex.htm @@@
 Auf den Internet-Seiten der Kanzlei Emmert &. Co. kann mittels einer komfortablen Datenbanksuche auf sämtliche BGH-Leitsatzentscheidungen seit Mitte 1996 kostenlos zugegriffen werden. Für diese Recherche ist ein Gastzugang eingerichtet. Der Abruf der Entscheidungen im Volltext ist kostenpflichtig.

RECHTSPRECHUNG/NATIONAL

Entscheidungssammlungen | Rechtsprechungssammlungen allgemein

BVerfG

@@@ – http://www.bundesverfassungsgericht.de/entscheidungen/frames/
Seit dem 20. September 1999 ist das Bundesverfassungsgericht (BVerfG) unter gleichnamiger Adresse online. Neben den Pressemitteilungen des Gerichts der Jahre 1999 und 1998 ist das Herzstück des Angebots die Entscheidungssammlung, die künftig alle zwei Tage aktualisiert werden soll. Veröffentlicht sind die Entscheidungen beginnend mit dem 1. Januar 1998. Die Entscheidungen können im Volltext abgerufen werden. Der Entscheidungstext ist amtlich und entspricht demjenigen, den das Gericht auf Anfrage versendet. Die Entscheidungen sind darüber hinaus digital signiert. Die Sammlung ist sehr übersichtlich gestaltet: Die neuesten Entscheidungen sind nach Aktenzeichen und Datum aufgelistet, frühere Entscheidungen können mittels eines Kalenders nach deren Datum abgerufen werden. Leider steht keine Suchmaschine für eine Recherche nach Stichworten, Aktenzeichen usw. zur Verfügung.

BVerfG, BVerwG, BGHZ, BGHSt, EuGH

@@@ – http://www.uni-wuerzburg.de/glaw/index.html
Das German Case Law Projekt (GLAW) der Universität Würzburg stellt in einer umfangreichen Sammlung ausgewählte Entscheidungen deutscher Gerichte (BVerfG, BGHZ, BVerwG, BGHSt, EuGH) zur Verfügung, gelegentlich mit einer kurzen englischen Übersetzung der Leitsätze und wichtigen Entscheidungsgründen. Alle publizierten Entscheidungen stehen in einem ZIP-Archiv zum Download bereit.

Deutscher Juristischer Nachrichtendienst

@@ – http://www.complex.de/djn/nachrichten/rechtsprechung/recht.shtml
Auf den Seiten „Marktplatz Recht" stellt der Deutsche Juristische Nachrichtendienst, eine Kooperation der Hans Soldan GmbH und COMPLEX Deutschland GmbH, eine Sammlung aktueller, vorwiegend obergerichtlicher Entscheidungen

zur Verfügung. Die Urteile sind teilweise im Volltext, mit Kurzbeschreibung oder als Leitsatz abrufbar. Die Sammlung der Leitsätze reicht zurück bis Mai 1997. Datum der Entscheidung, Aktenzeichen und die einschlägige Rechtsvorschrift sind jeweils angegeben.

Entschädigungs- und Ausgleichsleistungen

- http://www.snafu.de/~mf/ealgforum/ealgfrInAllg.htm @
Eine kleine Rechtsprechungsübersicht zum Recht der Entschädigungs- und Ausgleichsleistungen ist auf den Internet-Seiten des EALG-Forums abrufbar. Die Sammlung ist nach Gerichten geordnet. Die Entscheidungen stehen mit Leitsätzen, Gründen und weiteren Literaturhinweisen zur Verfügung.

Finanzdienstleistungen

- http://www.money-advice.de/de/content.html @@@
FIS (Financial Service Information System) ist ein unabhängiges verbraucherorientiertes Informationssystem, das mit seinen ökonomischen und juristischen Inhalten die gesamte Thematik zum Finanzdienstleistungsbereich abdeckt. Schwerpunkt der juristischen Datenbanken von FIS ist die Urteils-Nachweisdatenbank, welche Nachweise über aktuell 2.500 Urteile zum Finanzdienstleistungssektor vom Amtsgericht bis zum Bundesgerichtshof (BGH) und Bundesverfassungsgericht enthält. In der Urteilssammlung werden systematisch Entscheidungen aller Instanzen bis hin zum europäischen Gerichtshof zu den Themen Kredit und Finanzierung, Geldanlage und Zahlungsverkehr zusammengetragen. Nach den Urteilen kann mit Hilfe einer detaillierten Suchmaske recherchiert werden. Zusätzlich bietet FIS für zentrale Entscheidungen des BGH eine BGH-Volltextdatenbank (Stand Juli 1999).

Haufe Verlag

- http://haufe.de/svc/urtl/svc_urtl.asp @@
Eine große Sammlung von Entscheidungen mit Kurzzusammenfassungen, Leitsätzen und/oder im Volltext stellt der Haufe Verlag online zur Verfügung. Die Urteile sind eingeteilt in die Bereiche Betriebliche Praxis, Computerpraxis, Geld und Steuern, Geschäftsführer-Spezial, Immobilien, Personal, Arbeit und Soziales, Rechnungswesen und Controlling sowie Rechts- und Steuerberatung. Die Entscheidungen sind versehen mit Gerichtsangabe, Aktenzeichen und Datum und können nach Stichworten (nicht alphabetisch) abgerufen werden.

Kanzlei Alavi & Koll.

- http://www.afs-rechtsanwaelte.de/ @@@
Die Kanzlei Alavi, Frösner und Stadler aus Freising bietet in der Rubrik „Urteile" eine Sammlung ausgewählter juristischer Fachinformationen zu verschiedenen Themen an. Hier finden sich Urteile aus den Rechtsgebieten EDV-, Online-, Telekommunikations-, Zivil-, Arbeits-, Banken- und Öffentliches Recht. Zusätzlich können Urteile des LG Landshut abgerufen werden. Neu eingestellte Urteile werden besonders gekennzeichnet. Die Entscheidungen sind mit Gericht, Datum, Aktenzeichen und zum Teil mit Leitsätzen versehen und können mit Sachverhalt und den Entscheidungsgründen abgerufen werden. Neben den Rechtsprechungs-

RECHTSPRECHUNG/NATIONAL

Entscheidungssammlungen — Rechtsprechungssammlungen allgemein

sammlungen stehen auch Aufsätze aus den oben genannten Rechtsgebieten zum Download bereit. Eine Suchfunktion erleichtert das Auffinden der einzelnen Stellen. Die Sammlung wird laufend aktualisiert.

Kanzlei Warlies, Grimm, Nittel

@@@ – http://www.anwalt-wgn.de/rechtspr.htm

Die Kanzlei Warlies, Grimm, Nittel in Halle an der Salle bietet eine Sammlung wichtiger Entscheidungen aus den Rechtsgebieten Kapitalanlage- und Immobilienrecht an. Rechtsprechungsdatenbanken zum Wirtschaftsrecht und Verwaltungsrecht sind noch im Aufbau. Die umfangreiche Entscheidungssammlung zum Kapitalanlagerecht ist unterteilt in Bankenhaftung, Haftung des Vertriebs, Prospekthaftung und Sonstiges. Unter Sonstiges finden sich Urteile zum Haustürwiderrufgesetz, zur Rechtsschutzversicherung, zum WEG-Recht und zum Steuerrecht. Unter der Rubrik Immobilienrecht stehen Urteile zum Mietrecht zur Verfügung. Die Entscheidungen sind zum Teil mit Tatbestand und Gründen versehen, zum Teil steht jedoch nur der Leitsatz zur Verfügung. Die Internet-Seiten der Kanzlei werden regelmäßig überarbeitet und neue Urteile eingestellt.

LG Magdeburg

@ – http://home.t-online.de/home/lg-md/

Neben Pressemitteilungen finden sich eine Reihe von Entscheidungen des Landgerichts Magdeburg auf dessen Internet-Seiten zum Abruf bereit. Teilweise sind die Urteile in Leitsätzen, teilweise aber auch als Volltext erhältlich. Angeboten werden Entscheidungen der Wirtschaftsstrafkammern, der Straf- und Zivilkammern, Entscheidungen in Kosten-, Miet- und Gesamtvollstreckungssachen sowie in Rehabilitierungsangelegenheiten.

Nomos Verlagsgesellschaft

@@@ – http://www.nomos.de/nomos/dbs/recht_db.htm

Die Nomos-Rechtsprechungsdatenbank ist eine Testdatenbank und enthält z.Zt. ca. 500 Urteile aus dem Rechtsprechungsteil der Zeitschrift „Neue Justiz" (Heft 10/96–7/97). Neben den Leitsätzen sind für einige Urteile auch die jeweiligen Volltexte abrufbar. Mit Hilfe einer Sucheingabemaske kann recherchiert werden. Die Suche kann auf einzelne Rechtsgebiete (Arbeitsrecht, Berufsrecht, Bürgerliches Recht, Kostenrecht, Strafprozessrecht, Strafrecht, Urheberrecht, Verfassungsrecht, Verwaltungsrecht) beschränkt werden oder es kann in allen Rechtsbereichen gesucht werden. Im Feld „Gericht" kann nach der Kurzbezeichnung eines Gerichts und/oder dem Gerichtsort gesucht werden, wie z. B. nach allen Urteilen des „LG Magdeburg" bzw. nach den Urteilen aller Gerichte, die in Magdeburg ansässig sind. Es ist auch möglich, nur z. B. nach Landgerichtsurteilen zu suchen. Daneben ist die Suche nach Aktenzeichen, Datum der Entscheidung, der einschlägigen Rechtsvorschrift und dem Leitsatz (nach Suchbegriffen) möglich. Die gefundenen Urteile erhält man „absteigend" nach Datum sortiert (d. h., das aktuellste Urteil steht an erster Stelle) aufgelistet. Einige Urteile sind als Volltext in der Online-Datenbank erhältlich.

RECHTSPRECHUNG/NATIONAL

Rechtsprechungssammlungen allgemein — Entscheidungssammlungen

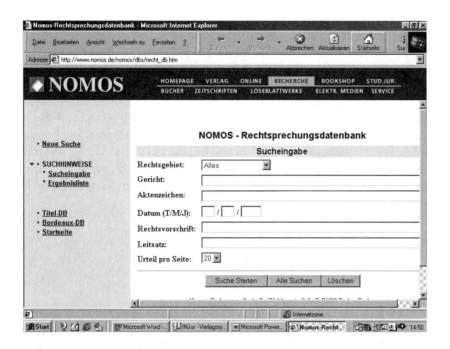

Obergerichtliche Rechtsprechung

- http://www.report-online.de/inhalt_php.html @@
  Auf den Internet-Seiten von Report-Online sind obergerichtliche Urteile seit 1998 recherchierbar. Es sind die Leitsätze der Entscheidungen von allen Bundesgerichten seit dem Jahr 1998 und seit 1999 die Entscheidungen des OLG Dresden und Köln sowie des Bayerischen Obersten Landesgerichts frei einsehbar. Den Volltext erhält nur der registrierte Nutzer. Darüber hinaus wird ein Einzelbezug per E-Mail für diejenigen angeboten, die noch keine Abonnenten sind.

OLG Nürnberg

- http://www.justiz.bayern.de/olgn/fr_recht.htm @@@
  Der Webserver des bayerischen Staatsministeriums der Justiz bietet hier eine Übersicht der Rechtsprechung des Oberlandesgerichtes Nürnberg nach Schwerpunkten geordnet. Unter den Rubriken Familie und Kinder, Straße und Verkehr, Versicherungsrecht, Wettbewerbsrecht, Strafrecht, Zivilprozessrecht, Schadensersatzrecht u. a. sind die Entscheidungen des OLG Nürnberg zum Teil im Volltext, zum Teil als Leitsatz oder Presseinfo abrufbar.

Verlag Recht und Praxis

- http://www.vrp.de/archiv/rechtspr/index.htm @
  Eine umfangreiche Sammlung vorwiegend höchstrichterlicher Rechtsprechung kann auf den Seiten des Verlages Recht und Praxis eingesehen werden. Die Entscheidungen sind teilweise als Volltext oder mit Kurzbeschreibung und gegebenenfalls Anmerkungen nach Stichwörtern und Gericht/Aktenzeichen und Datum abrufbar. Leider ist das Verzeichnis nicht systematisch geordnet.

RECHTSPRECHUNG/NATIONAL

Leitsatzsammlungen · Rechtsprechungssammlungen allgemein

ZIP

@@@ – http://www.rws-verlag.de/zipdat/down.htm
Die Leitsatzdatenbank der Zeitschrift für Wirtschaftsrecht (ZIP), Rubrik „ZIP-Dat", erschließt durch eine Volltextsuche alle Leitsätze der ZIP seit 1980. Recherchiert werden kann nach Stichworten, Paragraphen, Gericht oder dem Datum der Entscheidungsverkündung. Im Anschluß an den Leitsatz besteht die Möglichkeit über den ZIP-Urteilsdienst den Volltext der angezeigten Entscheidung und ihrer EwiR-Kommentare kostenpflichtig online zu beziehen. Zusätzlich werden im ZIPDat-Insolvenzservice verlagsübergreifend Fundstellen aller Aufsätze und Leitsätze zum neuen Insolvenzrecht präsentiert. Dieser Service steht unter der wissenschaftlichen Leitung von Prof. Dr. Reinhard Bork.

3.1.1.2 Leitsatzsammlungen

ARD Ratgeber Recht

@@@ – http://www.wdr.de/tv/recht/rechtneu/rn9901/rnindex.htm
Der WDR Köln bietet mit seinem ARD Ratgeber Recht in übersichtlicher Darstellung neben dem Zugriff auf Beiträge der Fernsehsendung Ratgeber Recht eine umfangreiche Entscheidungssammlung zu folgenden 14 Bereichen: „Arbeit", „Soziales", „Familie", „Miete", „Prozess", „Strafrecht", „Verbraucher", „Versicherung", „Staat und Verfassung", „Verkehr", „Reise", „Steuern", „Erbschaft" und „Lustiges" (mit Entscheidungen wie z. B. „Wer länger arbeitet, wird bestraft"). Nach Stichwörtern geordnet finden sich von der Redaktion des ARD Ratgeber Recht aufgearbeitete Leitsätze der jeweiligen Urteile unter Angabe des berührten Rechtsbereichs, dem Aktenzeichen, dem Entscheidungsdatum und dem Zeitpunkt, zu dem die jeweilige Entscheidung in die Sammlung eingestellt wurde. Darüber hinaus sind neue Entscheidungen gekennzeichnet. Die Darstellung ermöglicht einen schnellen und effektiven Zugriff auf die im jeweiligen Rechtsbereich gewünschte Information.

BGH (Mai 1997 – Februar 1999)

@@@ – http://www.complex.de/aktuell/index.htm
Die COMPLEX Deutschland GmbH, ein juristischer Rechercheservice, stellt auf ihren Internet-Seiten die Leitsätze des BGH vom 06.05.97 bis 02.02.99 zur Verfügung. In einer Übersicht können nach Datum geordnet die Leitsätze mit Aktenzeichen und einschlägigem Aktenzeichen abgerufen werden. Teilweise wird auf das Angebot des Deutschen Juristischen Nachrichtendienstes (DJN, eine Kooperation zwischen der Hans Soldan GmbH und COMPLEX), verwiesen, dessen Leitsätze auf den Seiten des Marktplatzes Recht liegen.

BGH (seit März 1998)

@@@ – http://www.complex.de/djn/nachrichten/rechtsprechung/ls.htm
Abrufbar ist auf diesen Seiten des Marktplatzes Recht der Hans Soldan GmbH in Zusammenarbeit mit COMPLEX Deutschland GmbH eine Übersicht der BGH-Leitsätze seit 19.03.98. Neben dem Leitsatz sind ferner Datum, Aktenzeichen und die einschlägige Rechtsvorschrift angegeben.

Rechtsprechungssammlungen allgemein

Leitsatzsammlungen

JurPage

– http://privat.schlund.de/j/jurpage/leit/leit.htm @@

Klaus Berneiser stellt auf der Internet-Seite JurPage eine ordentliche Sammlung von Leitsätzen aus den Rechtsgebieten Betreuungs-, Erb- und Freiheitsentziehungsrecht, Grundbuch-, Vormundschafts- und Wohnungseigentumsrecht zur Verfügung. Die Entscheidungen in den einzelnen Bereichen sind übersichtlich gegliedert nach Themen und Stichwörtern. Neben dem Leitsatz sind Datum, Gericht, die einschlägigen Rechtsvorschriften sowie die Literaturfundstelle der Zeitschrift, in welcher die Entscheidung besprochen wurde, angegeben. Die Leitsatzsammlung kann auch downgeloaded werden. Informiert wird der Leser ferner über das Datum der letzten Aktualisierung der Internet-Seiten.

MDR

– http://www.mdr.ovs.de/recht.htm @

Die Monatsschrift für Deutsches Recht (MDR) bietet auf dieser Seite eine Zusammenstellung ausgewählter Rechtsprechung in Leitsätzen aus den Bereichen Vertragsrecht, Miet- und Immobilienrecht, Bau- und Nachbarrecht, Kfz-Recht und Verkehr, Versicherungsrecht, Haftungsrecht, Familien- und Erbrecht, Arbeitsrecht, Handels- und Gesellschaftsrecht, Bank- und Kreditsicherungsrecht, Wettbewerbsrecht und gewerblicher Rechtsschutz, Verfahrensrecht, Gebühren und Kosten, Zwangsvollstreckung und Insolvenz sowie Berufsrecht. Angegeben sind jeweils neben den Leitsätzen die einschlägigen Rechtsbestimmungen, Aktenzeichen, Gericht und Datum der Entscheidung.

Personalrechtsdatenbank PFIFF

– http://www.sbb.aok.de/cgi-bin/cnt @@@

Umfangreiche Informationen zu Fragen der Sozialversicherung, dem Steuerrecht sowie dem Arbeitsrecht finden sich in der PFIFF Personalrechtsdatenbank der Stiftung Betriebsbetreuung SBB und der AOK. Nach Rechtsgebieten geordnet findet man hier einschlägige Rechtsprechung in Leitsätzen aufbereitet. Dank der übersichtlichen Struktur des Servers ist die gewünschte Information meist schnell verfügbar. Eine ausführlich beschriebene Suchmaschine ermöglicht die Stichwortsuche innerhalb der Website.

ZAP

– http://www.zap-verlag.de/abfrage-leitsaetze/abfrage.html @@@

Der Verlag für die Rechts- und Anwaltspraxis ermöglicht mit seiner ZAP-Leitsatzdatenbank den Zugriff auf wichtige höchst- und obergerichtliche Entscheidungen ab dem Jahr 1989. Recherchierbar sind die Leitsätze mit Hilfe einer Suchmaschine. Die Leitsätze sind jeweils redaktionell überarbeitet und teilweise mit Hinweisen auf Volltextfundstellen versehen. Die ZAP Volltextdatenbank bietet den Zugriff auf die Volltexte bundesgerichtlicher Entscheidungen ab dem Jahr 1998, leider nur noch in einer Demoversion.

3.1.1.3 Pressemitteilungen

Bundes- und Landesgerichte

@@@ – http://www.jura.uni-sb.de/Entscheidungen/Bundesgerichte/
Eine Liste mit Verweisen auf die aktuellen Pressemitteilungen, die Pressemitteilungen aus 1999 des Bundesverfassungsgerichts (BVerfG), Bundesgerichtshofs (BGH), Bundesverwaltungsgerichts (BVerwG), Bundesfinanzhofs (BFH), Bundesarbeitsgerichts (BAG) und Bundessozialgerichts (BSG) sowie des VGH Baden-Württemberg, Sächsischen LAG Chemnitz, FG Cottbus und OLG Frankfurt wird hier jeweils unter Angabe des Datums der letzten Änderung von der Universität Saarbrücken zusammengestellt. Ferner können ausgewälte Pressemitteilungen aus dem Jahr 1995 (BVerfG, BGH, BVerwG, BAG, BFH), 1996 (BVerfG, BGH, BVerwG, BAG, BFH, BSG und OLG Frankfurt), 1997 (BVerfG, BGH, BVerwG, BAG, BFH, BSG und VGH Baden-Württemberg, LAG Chemnitz, FG Cottbus, VGH Kassel, OLG Frankfurt) und 1998 (BVerfG, BGH, BVerwG, BAG, BFH, BSG und VGH Baden-Württemberg, LAG Chemnitz, FG Cottbus, OLG Frankfurt) abgerufen werden.

Bundesgerichte

@@ – http://www.dashoefer.de/urteile/
Eine Zusammenstellung der aktuellen Pressemitteilungen der deutschen Bundesgerichte (Pressemitteilungen) stellt der Verlag Dashöfer GmbH auf seiner Homepage zur Verfügung. Nach Kategorien geordnet können die Pressemitteilungen aus den Bereichen Geschäftsführung, Finanz- und Rechnungswesen, Personalwesen, Lohnbuchhaltung, Bauwesen und Hausverwaltung abgerufen werden.

3.1.1.4 Urteilssammlungen (Sonstige)

Bauplattform

@ – http://www.construction.de/encyclop/recht.html
Auf den Internet-Seiten der Bauplattform, ein Projekt der SITEC Schröter Informationstechnik und der GWB Projektmamagement AG, findet sich eine Leitsatzsammlung zum Arbeits-, Architekten-, Miet- und Steuerrecht. Teilweise werden die Entscheidungen mit dem Leitsatz zur Verfügung gestellt, zum Teil wird der Inhalt der Entscheidung zusammengefasst. Gericht, Aktenzeichen und stellenweise das Datum werden angegeben.

RECHTSPRECHUNG/NATIONAL

Rechtsprechungssammlungen allgemein — Urteilssammlungen

BayObLG

- http://www.jura.uni-muenchen.de/Gerichtsentscheidungen/BayObLG @@
  Die juristische Fakultät der Universität München stellt hier eine Auswahl von ca. 30 Entscheidungen des BayObLG vorwiegend aus den Bereichen Wohnung/ Miete und Straßenverkehr bereit. Aufgelistet sind die Entscheidungen nach Schlagwörtern, wie z. B. Einsicht und Reue schützen nicht (immer) vor Strafe, Schüsse in der Dunkelheit („Laserpistole" für Geschwindigkeitsmessungen), sowie dem Aktenzeichen. Per Mausklick erhält man eine Kurzbeschreibung sowie das Datum der Entscheidung.

Focus

- http://focus.de/E/EG/eg.htm?sernr=0001 @@
  Auf dieser Internet-Seite des Nachrichtenmagazin Focus können aus einer Urteilsdatenbank etwa 1.200 rechtskräftige Gerichtsentscheidungen der vergangenen Monate aus den Bereichen Schule und Studium, Arbeitsvertrag, Gehalt, Kündigung, Arbeitslosigkeit, Urlaub, Krankheit u. v. m. abgerufen werden. Eine Suchmaschine unterstützt den Besucher bei der Suche nach bestimmten Urteilen. Die einzelnen Urteile sind jeweils knapp in übersichtlicher Form zusammengefasst; Gericht und Aktenzeichen sind jeweils angegeben.

Jusline GmbH & Co. KG

- http://www.jusline.de/jus.info.urteilinks.html @@@
  Eine umfangreiche juristische Linksammlung findet sich auf den Internet-Seiten der österreichischen Jusline GmbH & Co. KG im Bereich „Rechtsprechung". Geordnet alphabetisch nach Stichworten findet man Links zu derzeit 56 Rechtsbereichen von A wie Anlage/ Anlagebetrug bis Z wie Zivilrecht. Allerdings beschränken sich die Verweise nicht nur auf Rechtsprechungsdatenbanken, wie z. B. unter dem Stichwort „Arbeitsrecht" die Pressemitteilungen des BAG, sondern man erhält von der Jusline GmbH angebotene kostenpflichtige Musterverträge, wie z. B. zu Arbeitnehmererfindungen, ein Verzeichnis mit auf Arbeitsrecht spezialisierten Rechtsanwälten sowie ein Verzeichnis von Tarifverträgen etc. Auch wenn insofern die Systematik nicht durchgehalten ist, ist der Umfang des Angebots doch beachtlich und nützlich.

Kanzlei Merten und Kollegen

- http://www.merten-und-kollegen.de/urteile.htm
  Die Kanzlei Merten & Kollegen in Völklingen veröffentlicht auf ihrem Server interessante Entscheidungen aus gängigen Rechtsgebieten. Berücksichtigt werden insbesondere die höchstrichterliche Rechtsprechung sowie die Rechtsprechung saarländischer Gerichte. Die Entscheidungen werden kurz zusammengefasst und weitgehend mit Fundstellenhinweisen und Aktenzeichen versehen. Aus folgenden Rechtsgebieten stehen zur Zeit Entscheidungen zur Verfügung: Verkehrsrecht, Miet- und Pachtrecht, Bergschadensrecht, Vertragsrecht, Ehe- und Familienrecht, Erbrecht, allgemeines Zivilrecht/Zwangsvollstreckungsrecht, Arbeits- und Sozialrecht, Computerrecht, Verwaltungsrecht, Straf- und Ordnungswidrigkeitenrecht, Reisevertragsrecht und Kaufvertragsrecht. Die Internet-Seiten werden regelmäßig überarbeitet und aktualisiert.

RECHTSPRECHUNG/NATIONAL

Urteilssammlungen | Rechtsprechungssammlungen allgemein

RECHTplus

@@@ – http://www.rechtplus.de/urteile/index.html

Die Jucom Rechtsinformationssysteme GmbH in Zusammenarbeit mit der Marketing und Communikation Agentur Svarovsky stellt in ihrer Rubrik „Urteils-Datenbank" ca. 3.650 Urteile (Stand 18.11.1999) u. a. aus den Rechtsgebieten Arbeitsrecht (gewerblich), Arbeitsrecht (privat), Sozial-, Verkehrs-, Wirtschafts-, Wettbewerbs-, Familien- und Erbrecht, Computer und EDV, Onlinerecht, Reise & Tourismus, Steuerrecht, Mietrecht (gewerblich), Mietrecht (privat) zur Verfügung. Beim Klicken auf das gewünschte Rechtsgebiet erhält man in einem Frame alle Urteile nach Stichwörtern gegliedert. Neben einer Kurzbeschreibung der Entscheidung sind Datum, Aktenzeichen und ein Literaturhinweis, in welcher Zeitschrift und auf welcher Seite das Urteil besprochen wurde, vorhanden. Ferner ist das Datum der letzten Aktualisierung der Sammlung angegeben.

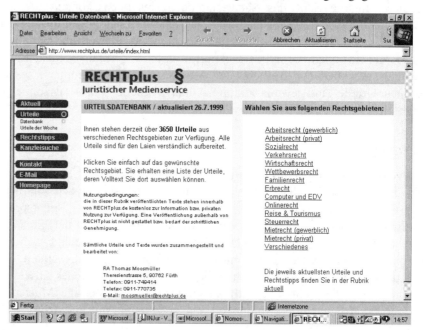

Wirtschafts- und Steuerrecht

@ – http://www.weltrecht.de/aktuelle_urteile/frameset.htm

Ca. je 30 Kurzbesprechungen zu aktuellen wirtschafts- und steuerrechtlichen Entscheidungen finden sich auf den Internet-Seiten von www.weltrecht.de. Die Artikel können nach Stichworten, wie z. B. VOB und AGB bei Bauprozessen, abgerufen werden. Neben dem Gericht ist das Aktenzeichen, in den wenigsten Fällen allerdings das Datum der Entscheidung angegeben. Die Autoren der Beiträge sind überwiegend Anwälte der Hamburger Sozietät Dr. Schwarz, v. Saldern, Diekmann.

ZDF

@@@ – http://www.zdf.de/ratgeber/wiso/service/urteile/index.html

Die Website des ZDF-Magazins WISO bietet Zugriff auf eine umfassende Urteilsdatenbank mit einer komfortablen Suche über die Rubriken Arbeit und Soziales, Familie und Gesundheit, Bauen und Wohnen, Steuern und Finanzen

Einzelne Rechtsgebiete Arbeitsrecht

u. a. Über eine Stichwortsuche gelangt man schnell zu dem gewünschten Urteil in dem jeweiligen Themenbereich. Neben der umfassenden Urteilsdatenbank bietet die Website Zugriff auf aktuelle Urteile, die in Zusammenarbeit mit dem Anwaltsuchservice ausgewählt wurden. Die übersichtliche Darstellung und hohe Aktualität zeichnen diesen Server besonders aus.

3.1.2 Rechtsprechung einzelner Rechtsgebiete
3.1.2.1 Arbeitsrecht

Entscheidungssammlung BAG

- http://www.report-online.de/content.php3?gericht=Bundesarbeitsgericht   @@@
  Seit Mitte 1998 sind die Urteile des Bundesarbeitsgerichts in Kassel recherchierbar. Die Leitsätze sind frei zugänglich. Der Volltext kann nur von registrierten Nutzern eingesehen werden. Es besteht aber auch die Möglichkeit die Entscheidungen kostenpflichtig im Einzelbezug anzufordern.

Entscheidungssammlung Mobbing

- http://www.mobbing-zentrale.de/urteile.html   @
  Die Mobbing-Zentrale e. V., gegründet 1998 mit dem Ziel, Anlaufstelle für Mobbing-Opfer zu sein, stellt eine kleine Sammlung arbeitsrechtlicher Entscheidungen zum Thema Mobbing zur Verfügung. Die Entscheidungen sind mit Gericht, Datum, Aktenzeichen und Leitsatz versehen und können mit einem zusammengefassten Sachverhalt und Entscheidungsgründen (Detailinformation) abgerufen werden. Zusätzlich stehen Texte zum Thema Mobbing zur Verfügung.

RECHTSPRECHUNG/NATIONAL

Arbeitsrecht • Einzelne Rechtsgebiete

Entscheidungssammlung zum Individual- und Kollektivarbeitsrecht

@@@ – http://www.uni-koeln.de/jur-fak/instsozr/lehre.htm

Diese vorlesungsbegleitende Entscheidungssammlung zum Arbeitsrecht ist durchaus auch für den juristischen Praktiker interessant. Es handelt sich um eine Zusammenstellung grundlegender neuerer Entscheidungen, getrennt in die Bereiche Individual- und Kollektivarbeitsrecht. Die Sammlung enthält ca. je 50 Entscheidungen im Volltext. Aufgelistet nach Stichworten (leider nicht in alphabetischer Reihenfolge) können die Entscheidungen unter Angabe von Gericht, Datum und Literaturhinweisen eingesehen bzw. als Word-Datei downgeloadet werden. Die gesamte Liste der Entscheidungen mit Leitsätzen lässt sich auch komplett herunterladen. Veröffentlicht sind diese Entscheidungssammlung auf den Internet-Seiten des Forschungsinstituts für Sozialrecht der Universität Köln unter Leitung von Prof. Dr. jur. Dres. Jur. h.c. Peter Hanau.

Entscheidungssammlung zur Mitbestimmung des Betriebsrats bei Arbeitnehmerüberwachung

@ – http://www.bbges.de/dsb/urteile.htm

Eine spezielle Sammlung von Bundesarbeitsgerichtsentscheidungen betreffend die Mitbestimmungsrechte des Betriebsrates bei Einführung und Anwendung von technischen Einrichtungen, die (auch) dazu bestimmt sind, das Verhalten oder die Leistung der Arbeitnehmer zu überwachen gemäß § 87 Abs. 1 Nr. 6 BetrVG, ist veröffentlicht auf den Seiten des Berliner Betriebs für zentrale gesundheitliche Aufgaben (BBGes). Vorangestellt ist eine Übersicht der publizierten Entscheidungen, versehen mit Leitsatz, Gericht und Aktenzeichen. Auf die meisten Urteile in Auszügen kann man mittels Hyperlink zugreifen, leider sind nicht alle Links funktionstüchtig. Die Seite wurde am 2. Juni 1999 zuletzt gewartet.

Informationssammlung BMD Media

@@ – http://www.arbeitsrecht.de/

Auf diesem Internet-Server der BMD Media GmbH finden sich umfangreiche Informationen zum Thema Arbeitsrecht. Neben Linksammlungen zu aktueller Rechtsprechung und Gesetzgebung, den Arbeitsgerichten, juristischen Fakultäten sowie Fachanwälten und Anwälten mit dem Schwerpunkt Arbeitsrecht bietet dieser Server eine eigene Suchmaschine für die Suche nach dem gewünschten Stichwort.

Leitsatzsammlung Arbeit

@@@ – http://www.wdr.de/tv/recht/rechtneu/rn9901/rn0100s.htm

Der WDR Köln stellt in seiner Rubrik „Arbeit" derzeit mehr als 400 Entscheidungen (Stand 18.11.99) nach Stichwörtern geordnet – wie z. B. „Gefälligkeitsatteste", „Ausländische Putzhilfe" – zur Verfügung. Die Urteile sind jeweils mit von der Redaktion ARD Ratgeber Recht versehenen Leitsätzen abrufbar. Ferner werden Aktenzeichen, Datum der Entscheidung und Zeitpunkt des Einstellens in die Datenbank angegeben.

RECHTSPRECHUNG/NATIONAL

Einzelne Rechtsgebiete — Arbeitsrecht

Leitsatzsammlung PFIFF Personalrechtsdatenbank
- http://www.sbb.aok.de/cgi-bin/cnt?4755#4756 @@@
  Eine äußerst umfangreiche Urteilssammlung findet sich auf den Internet-Seiten der PFIFF Personal-rechtsdatenbank (Stand Ende August 1999). Das Stichwort „Arbeitsrecht-Urteile" untergliedert sich in die Themen „Grundbegriffe", „Besondere Formen des Arbeitsverhältnisses", „Pflichten aus dem Ar-beitsvertrag", „Arbeitsvergütung", „Arbeitszeit", „Urlaub", „Besondere Arbeitsverhältnisse" und „Beendigung des Arbeitsverhältnisses". Die Urteile sind in Leitsätzen mit Aktenzeichen, Gericht und Datum sowie weiterführenden Informationen abrufbar.

Leitsatzsammlung RAe Göhringer
- http://www.cs-ka.de/ra.goehringer/arrech.htm @
  Aktuelle kleine Rechtsprechung zum Arbeitsrecht, explizit zum Verfahrensrecht, Arbeitsvertragsrecht, Betriebsverfassungs- und Mutterschaftsrecht, findet man auf diesen Internet-Seiten der Rechtsanwälte Göhringer, Karlsruhe. Eine Stichwortsuche erleichtert das Auffinden der gewünschten Entscheidung. Die Entscheidungen sind in Leitsätzen wiedergegeben, die Fundstelle ist jeweils zitiert.

Pressemitteilungen des BAG (seit 1995)
- http://www.jura.uni-sb.de/Entscheidungen/Bundesgerichte/BAG/ @@@
  Eine umfangreiche Sammlung der Pressemitteilungen des Bundesarbeitsgerichts (BAG) ab dem Jahr 1995 können von den Seiten des juristischen Internetprojekts der Universität Saarbrücken abgerufen werden. Das Datum der letzten Aktualisierung ist angegeben.

Pressemitteilungen des BAG 1999
- http://www.arbeitsrecht.de/presse/index.htm @@
  Chronologisch geordnet erhält man auf dieser Internet-Seite von arbeitsrecht.de, einer Informationsplattform rund ums Arbeitsrecht, die Pressemitteilungen des Bundesarbeitsgerichts von 1999.

Pressemitteilungen des LAG Chemnitz (seit 1997)
- http://www.jura.uni-sb.de/Entscheidungen/LAG_Chemnitz/index.html @
  Die Universität Saarbrücken hält auf ihren Seiten des juristischen Internetprojekts die Pressemitteilungen des LAG Chemnitz ab dem Jahr 1997 zum Abruf bereit. Das Datum der letzten Aktualisierung der Liste ist angegeben. Leider ist die Sammlung bisher noch äußerst spärlich.

Urteilssammlung Arbeit und Ausbildung
- http://focus.de/E/EG/EGA/ega.htm?zu2=0045&zu1=0001&res=job @@
  Auf dieser Seite des Nachrichtenmagazins Focus können Entscheidungen zu Arbeit und Ausbildung der vergangenen Monate abgerufen werden, unterstützt durch eine Suchmaschine als auch gegliedert in die Bereiche Schule und Stu-

RECHTSPRECHUNG/NATIONAL

Ausländerrecht Einzelne Rechtsgebiete

dium, Arbeitsvertrag, Gehalt, Kündigung, Arbeitslosigkeit, Urlaub, Krankheit, Arbeitsklima und Sonstiges. Nach Zeitpunkt des Erlasses geordnet erhält man die Entscheidungen mit Aktenzeichen in Leitsätzen und einer Kurzbeschreibung.

Urteilssammlung Gewerbliches Arbeitsrecht

@@@ — http://www.rechtplus.de/urteile/nav_urteile/_nav_arb_gew.htm
Auf den Seiten der Firma Jucom Rechtsinformationssysteme GmbH finden sich über 400 Urteile zum gewerblichen Arbeitsrecht. In einer langen Liste sind die Entscheidungen nach Stichworten aufgeführt („Versteuerung einer Abfindung"); das Datum der letzten Aktualisierung der Sammlung ist angegeben. Die Urteile sind erhältlich mit Kurzbeschreibung, Aktenzeichen, Datum der Entscheidung und einem Literaturhinweis, in welcher Zeitschrift das Urteil besprochen wurde.

Urteilssammlung Personal, Arbeit und Soziales

@@ — http://haufe.de/svc/urtl/svc_urtl_main.asp?tn=5
Abrufbar nach Stichworten findet sich eine größere Sammlung von Urteilen zu Personal, Arbeit und Soziales auf den Internet-Seiten des Haufe Verlags. Die Urteile sind versehen mit Gerichtsangabe, Aktenzeichen, Datum und Kurzzusammenfassungen, Leitsätzen und/oder im Volltext.

Urteilssammlung Privates Arbeitsrecht

@@@ — http://www.rechtplus.de/urteile/_arbeitsrecht_privat.htm
Ca. 400 Urteile (Stand 18.11.99) zum „privaten" Arbeitsrecht finden sich auf den Internet-Seiten von RECHTplus, eingestellt von RA Thomas Moosmüller. Aufgelistet nach Stichworten wie z. B. „Zeugnis, verspätete Erteilung" können die Urteile mit Kurzbeschreibung und den Gerichtsangaben abgerufen werden. Ferner findet sich ein Hinweis, in welchen Zeitschriften die Entscheidung veröffentlicht wurde. Der Stand der letzten Aktualisierung ist angegeben.

3.1.2.2 Ausländerrecht

Rechtsprechungsübersicht AusländerInnen

@@ — http://www.lsvd.de/recht/liausl.html#
Eine Rechtsprechungsübersicht mit Erläuterungen zum Thema „AusländerInnen", insbesondere zu Abschiebeschutz, Arbeitserlaubnis, Asylrecht, Aufenthaltsbewilligung, -befugnis und -erlaubnis, der Befreiung von Versagungsgründen nach § 9 AuslG, der Einreise ohne erforderliches Visum, dem Regelversagungsgrund der fehlenden Sicherung des Lebensunterhalts, der Sperrfrist für die Wiedereinreise und der Verpflichtungserklärung nach § 84 AuslG, findet sich auf den Internet-Seiten des Lesben- und Schwulenverbandes Deutschland. Letztes Update war am 17. Dezember 1999.

RECHTSPRECHUNG/NATIONAL

Einzelne Rechtsgebiete   Betreuungsrecht

3.1.2.3   Baurecht

Leitsatzsammlung Bau- und Nachbarrecht

- http://www.mdr.ovs.de/recht.htm   @
  Erst einige wenige Urteile in Leitsätzen sind unter der Rubrik „Bau- und Nachbarrecht" auf den Seiten der Zeitschrift MDR des Dr. Otto Schmidt Verlages nach Stichworten abrufbar. Angegeben sind ferner Aktenzeichen, Gericht, Datum der Entscheidung sowie die einschlägigen Rechtsvorschriften.

Leitsatzsammlung Baurecht

- http://www.baunet.de/urteile/index.html   @
  Auf den Seiten der BauNet Informationsgesellschaft mbH finden sich einige ausgewählte Urteile als Leitsatz mit Aktenzeichen, Gericht und Datum rund ums Bauen nach Stichwörtern („Stürzt ein Baugerüst ein ...") abrufbar.

Urteilssammlung Bauen und Wohnen

- http://focus.de/E/EG/eg.htm?sernr=0003   @@
  Das Nachrichtenmagazin bietet in seiner Rubrik „Bauen und Wohnen" rechtskräftige Entscheidungen nach Stichwörtern geordnet und untergliedert in die Bereiche „Haus- und Grundstückskauf", „Eigentumswohnung", „Baurecht und Baumängel", „Steuer und Finanzierung", „Makler", „Nachbarschaft" und „Sonstiges" (z. B. „Dachlawine: Schadensersatz für beschädigtes Auto"). Die Entscheidungen sind mit Aktenzeichen und Kurzbeschreibung abrufbar.

3.1.2.4   Berufsrecht

Leitsatzsammlung Berufsrecht

- http://www.mdr.ovs.de/recht.htm   @
  Wenige ausgewählte Entscheidungen in Leitsätzen sind unter der Überschrift „Berufsrecht" auf den Seiten der Zeitschrift MDR des Dr. Otto Schmidt Verlages abrufbar. Die Urteile sind nach Stichwörtern wie z. B. „Klebezettel auf Aktendeckel keine ausreichende Fristenkontrolle", geordnet und als Leitsätze zusammengefasst. Die einschlägigen Rechtsvorschriften, das Gericht, Datum der Entscheidung und das Aktenzeichen sind angegeben.

3.1.2.5   Betreuungsrecht

Leitsatzsammlung JurPage

- http://privat.schlund.de/j/jurpage/betr/betrmenu.htm   @@@
  Klaus Berneiser bietet auf seiner Internet-Seite „JurPage" eine stattliche Sammlung von Leitsätzen zum Betreuungsrecht. Die Sammlung ist untergliedert in die Bereiche „Prozessrecht" (Stellung des Verfahrenspflegers, allgemeine Verfahrensvorschriften, Beschwerdeinstanz) und „Materielles Betreuungsrecht" (Einrichtung einer Betreuung, Rechtsstellung des Betreuers im allgemeinen, Totalbetreuung, Gesundheitsfürsorge und Unterbringung/unterbringungsähnliche Maßnahmen, Zwangssterilisation, Aufenthaltsbestimmung, Vermögenssorge, Postkontrolle,

RECHTSPRECHUNG/NATIONAL

Betriebsverfassungsrecht | Einzelne Rechtsgebiete

Vergütung und Auslagenersatz) und nach Stichwörtern abrufbar. Neben dem Leitsatz sind jeweils angegeben das Datum und Gericht, die einschlägige Rechtsprechung, die Fundstelle in juristischen Zeitschriften sowie der Stand der letzten Aktualisierung.

3.1.2.6 Betriebsverfassungsrecht

Urteilssammlung Betriebsratsarbeit

@ – http://www.betriebsrat.com/PG03Recht/Urteile/default.htm
Eine kleine Sammlung von Urteilen zu den Themen „Kosten der BR-Arbeit", „BR-Tätigkeit", „Fortbildung", „Mitbestimmung" und „Mitbestimmungsrechte" ist hier eingestellt. Verantwortlich für dieses Web-Angebot ist W.A.F. – Institut für Betriebsräte-Fortbildung.

Urteilssammlung für Betriebsräte

@ – http://www.gsp.de/br/
Die Rechtsanwälte Gaidies, Steen & Partner stellen auf Ihrer Internet-Seite einige, für Betriebsräte relevante Entscheidungen zur Verfügung. Teilweise sind die Entscheidungen mit Anmerkungen versehen. Die Entscheidungen können, soweit bereits veröffentlicht, telefonisch in der Kanzlei angefordert werden.

Urteilssammlung zum Betriebsverfassungsgesetz

@@@ – http://www.igmetall.de/recht_und_rat/rechtsdatenbank/index.html
Auf der Homepage der IG Metall finden sich unter der Rubrik „Recht und Rat" zahlreiche Entscheidungen zum Betriebsverfassungsgesetz in Kurzzusammenfassungen. Die Rechtsdatenbank ist sortiert nach Entscheidungsdatum, Stichwörtern und Paragraphen. Das Datum der letzten Aktualisierung ist angegeben. Auf aktuelle Entscheidungen wird separat hingewiesen.

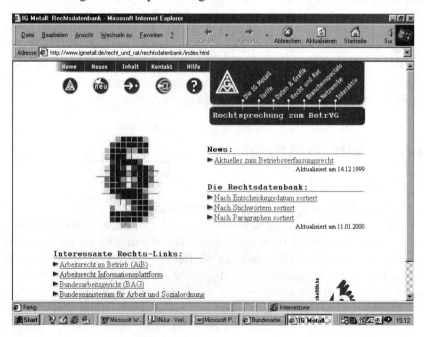

3.1.2.7 Computerrecht

Entscheidungssammlung Kanzlei Alavi & Koll.

- http://www.afs-rechtsanwaelte.de/urteile.htm#EDV @@
  Die Kanzlei Alavi & Koll. präsentiert derzeit knapp 20 Urteile mit Tatbestand, Entscheidungsgründen und von der Kanzlei verfassten Leitsätzen zum EDV-Recht unter Angabe des Stichwortes und Gerichts. Neu eingestellte Urteile werden gekennzeichnet.

Urteilssammlung Computer und EDV

- http://www.rechtplus.de/urteile/_computer_edv.htm @@@
  Derzeit (Stand 07.12.99) bietet die Jucom Rechtsinformationssysteme GmbH Zugriff auf ca. 80 Urteile aus dem Bereich Computerrecht. Nach Stichwörtern aufgelistet sind die Urteile unter Angabe des Gerichts mit einer Kurzbeschreibung abrufbar, ferner sind Datum und Aktenzeichen angeführt, ebenso wie Literaturangaben, in welchen Zeitschriften die Entscheidung besprochen wurde. Die Seiten werden regelmäßig aktualisiert.

Urteilssammlung EDV-Recht

- http://www.eav-online.de/Recht/urteil.html @
  Die E@V stellt auf ihren Internet-Seiten ein paar ausgewählte Urteile zum EDV-Recht nach Stichwörtern aufgelistet, wie z. B. „Kein Schadensersatz bei Datenverlust", bereit. Die Urteile werden in Kurzform für Laien verständlich dargestellt.

Urteilssammlung Rechtsinformatik

- http://www.jura.uni-sb.de/jurpc/gesamtl.htm @
  Die Online-Zeitschrift Jur-PC der Internet Zeitschrift für Rechtsinformatik unter Leitung von Prof. Dr. Maximilian Herberger bietet nicht nur Fachbeiträge zu diesem Thema, sondern auch mehrere Urteile, die aus einer Gesamtliste der Veröffentlichungen nach Jahrgängen abgerufen werden können. Alle Informationen, so auch die Leitsätze mit Gründen, reichen bis ins Jahr 1997 zurück.

3.1.2.8 Erbrecht

Leitsatzsammlung Erbschaft

- http://www.wdr.de/tv/recht/rechtneu/rn9901/rn1300s.htm @
  Eine kleine Sammlung von Urteilen in Leitsätzen stellt die Redaktion von ARD Ratgeber Recht zur Verfügung. Sehr übersichtlich können die Urteile nach Stichworten alphabetisch aufgelistet unter Angabe von Gericht und Überschrift abgerufen werden. Angegeben ist ferner die Literaturfundstelle, sowie der Zeitpunkt des Einstellens in die Datenbank.

RECHTSPRECHUNG/NATIONAL

Europarecht und Völkerrecht   Einzelne Rechtsgebiete

Leitsatzsammlung JurPage

@@ – http://privat.schlund.de/j/jurpage/erb/erbmenu.htm
Auf den Internet-Seiten „JurPage" von Klaus Berneiser findet sich eine Sammlung von derzeit ca. 65 Leitsätzen Erbrecht. Die Entscheidungen sind nach Stichwörtern abrufbar (wie z. B. „Erbeinsetzung unter auflösender Bedingung"). Ferner sind angegeben das Datum und Gericht, die einschlägige Rechtsprechung und die Fundstelle in juristischen Zeitschriften. Über den Stand der letzten Aktualisierung der Sammlung wird informiert, neu in das Verzeichnis aufgenommene Entscheidungen werden gekennzeichnet.

Urteilssammlung RECHTplus

@@ – http://www.rechtplus.de/urteile/_erbrecht.htm
Zugriff auf derzeit ca. 40 Urteile zum Erbrecht bietet die Jucom Rechtsinformationssysteme GmbH (aktueller Stand: 18.11.98). Die Auflistung der Entscheidungen erfolgt nach Stichwörtern. Erhältlich ist eine Kurzbeschreibung des Urteils, Datum und Aktenzeichen der Entscheidung sowie Literaturangaben, in welchen Zeitschriften die Entscheidung besprochen wurde. Die Seiten werden regelmäßig aktualisiert.

3.1.2.9   Europarecht und Völkerrecht

Deutsche Rechtsprechung zum Völkerrecht und Europarecht 1986–1993

@@@ – http://www.virtual-institute.de/de/r8693/r8693_1.cfm
Über das Virtuelle Institut (VI) des Max-Planck-Instituts für Völkerrecht ist nun die Publikation „Deutsche Rechtsprechung zum Völkerrecht und Europarecht 1986–1993" von Giegerich/ Philipp/ Polakiewicz/ Rädler/ Zimmermann als durchsuchbarer Volltext abrufbar. Dabei werden verstreut veröffentlichte Entscheidungen in ihren wesentlichen Passagen im Wortlaut wiedergegeben. Die Veröffentlichung bietet damit einen repräsentativen Überblick über den deutschen Beitrag zu den Hilfsmitteln der Völkerrechtsfindung im Sinne von Art. 38 Abs. 1 Buchst. d des Statuts des Internationalen Gerichtshofs. Aufgenommen wurden vorwiegend rechtskräftige Entscheidungen. Die Auswahl wurde danach getroffen, wie bedeutsam oder aufschlussreich oder repräsentativ für die deutsche Rechtsprechung ihre Aussagen sind. Die Wiedergabe der Entscheidungen gliedert sich in der Regel in deutsche und englische Leitsätze, Einleitung, Entscheidungsauszüge und ggf. Hinweise. Auf Kommentierungen wurde verzichtet. Den Abschluss der Übersicht bildet ein Entscheidungsverzeichnis in folgender Reihenfolge: Gerichtsbarkeit, Gericht, Entscheidungsdaten und Aktenzeichen. Die Jahrgänge 1994 ff. sind zur Zeit in Bearbeitung.

RECHTSPRECHUNG/NATIONAL

Einzelne Rechtsgebiete | Europarecht und Völkerrecht

Entscheidungen der Human Rights Chamber von Bosnien und Herzegovina

– http://www.gwdg.de/~ujvr/hrch/hrch.htm @@@

Es ist vorgesehen, die Entscheidungen der Chamber of Human Rights von Bosnien und Herzegovina im Internet zum Abruf zur Verfügung zu stellen. Bis die dafür erforderlichen Einrichtungen zur Verfügung stehen publiziert das Institut für Völkerrecht in Göttingen auf den Internet-Seiten der Gesellschaft für wissenschaftliche Datenverarbeitung Göttingen (GWDG) die „Decisions on Admissibility and on the Merits" von September 1996 bis Juli 1999. Die Entscheidungen sind aufgelistet nach dem Datum ihres Erlasses mit Aktenzeichen und Parteien. Bis Dezember 1998 wurden allein 1.482 Fälle registriert. Eine Zusammenfassung der Aktivitäten des Gerichts, Presseerklärungen, der Jahresbericht 1996–1997 und der Jahresbericht 1998 stehen ebenso im Internet zur Verfügung. Die Leitung dieses Projekts in englischer Sprache liegt bei Prof. Dr. Dr. h. c. Dietrich Rauschning, Direktor des Instituts für Völkerrecht und Mitglied der Human Rights Chamber.

Entscheidungssammlung EGMR

– http://www.echr.coe.int @@@

Der Server des Europäischen Gerichtshofs für Menschenrechte (EGMR) in Straßburg bietet Entscheidungen in Englisch und Französisch. Ferner können Pressemitteilungen abgerufen werden, eine Liste der neuesten Entscheidungen. Eine Suche nach Entscheidungen ist nach Stichwörtern, Datum usw. möglich.

Entscheidungssammlung EuGH

– http://www.jura.uni-sb.de/FB/LS/Weth/InfEA/rseugh/de/rseugh.htm @@@

Auf dem Server der Universität Saarbrücken betreibt Prof. Dr. Stephan Weth eine Informationsstelle für Europäisches Arbeitsrecht. Darin findet sich u. a. ein

RECHTSPRECHUNG/NATIONAL

Familienrecht　　　　　　　　　　　　　　　　　　　　　　　　Einzelne Rechtsgebiete

Register der Entscheidungen des EuGH in alphabetischer Sortierung nach Kurzbezeichnungen, eine Rubrik mit aktuellen Entscheidungen sowie kommentierte „Highlights". Die Entscheidungen können im Volltext eingesehen werden.

Entscheidungssammlung EuGH und EuG

@@@ – http://europa.eu.int/cj/de/jurisp/index.htm
Die Judikatur des Europäischen Gerichtshofes (EuGH) und des Gerichts erster Instanz der Europäischen Gemeinschaften (EuG) wird in jüngerer Zeit auf dem Server des Europäischen Gerichtshofs publiziert – und zwar sowohl in Deutsch als auch in Englisch. Mit einer Suchmaschine können die einschlägigen Entscheidungen nach Aktenzeichen, Datum, Parteien, Sachgebiet sowie mit Stichwörtern im Volltext recherchiert werden.

Entscheidungssammlung Gericht erster Instanz in Beamtensachen

@@@ – http://europa.eu.int/jurisp/cgi-bin/formfonct.pl?lang=de&numaff=T-68%
Die neuesten Urteile des Gerichts erster Instanz in Beamtensachen von 1998-03-04 bis 1999-11-10 können auf dem Server der Europäischen Union mittels einer Suchmaske abgerufen werden. Recherchiert werden kann nach Aktenzeichen, Datum, Parteien sowie Suchwörtern im Urteil und in der Zusammenfassung. Der vollständige Wortlaut ist in der Verfahrenssprache veröffentlicht, die Zusammenfassungen in allen Amtssprachen.

3.1.2.10 Familienrecht

Entscheidungssammlung Ehegattenunterhalt

@ – http://privat.schlund.de/i/isuv/urteilsb.htm
Auf den Internet-Seiten des ISUV/VDU e. V. (Interessenverband Unterhalt- und Familienrecht) sind einige ausgewählte Urteile im Volltext in der Urteilsdatenbank zum Ehegattenunterhalt abrufbar aus einer fortlaufenden Liste.

Entscheidungssammlung zum Haagener Übereinkommen

@@@ – http://www.hiltonhouse.com/File.htm
Der kalifornische Rechtsanwalt William M. Hilton sammelt weltweit Entscheidungen zum Haagener Übereinkommen über die zivilrechtlichen Aspekte internationaler Kindesentführung vom 25. Oktober 1980 und veröffentlicht sie auf seiner Internet-Seite. Derzeit sind die Zusammenfassungen von ca. 380 Entscheidungen in englischer Übersetzung abrufbar. Darunter befinden sich auch 29 deutsche Entscheidungen zu internationalen Kindesentführungen – selektierbar unter der Adresse http://www.hiltonhouse.com/cases/29decisions_frg.txt – die im November 1992 zusammengestellt wurden.

RECHTSPRECHUNG/NATIONAL

Einzelne Rechtsgebiete — Familienrecht

Leitsatzsammlung Familie

- http://www.wdr.de/tv/recht/rechtneu/rn9901/rn1000s.htm @@@
  Derzeit ca. 120 Entscheidungen (Stand 18.11.99) in Leitsätzen mit Aktenzeichen und Datum aus dem Bereich „Familie" können von den Internet-Seiten des WDR, bearbeitet von der Redaktion ARD Ratgeber Recht, abgerufen werden. Die Entscheidungen sind dabei nach Stichwörtern, wie z. B. „Angeheirateter Familienname", „Foto statt Umgangsrecht", geordnet.

Leitsatzsammlung Familien- und Erbrecht

- http://www.mdr.ovs.de/recht.htm @
  Einige wenige Entscheidungen sind unter der Überschrift „Familien- und Erbrecht", wie z. B. zur Verjährung von Zugewinnausgleichsansprüchen, auf den Seiten der Zeitschrift MDR des Dr. Otto Schmidt Verlages abrufbar. Die Urteile sind in Leitsätzen zusammengefasst. Die einschlägigen Rechtsbestimungen, Gericht, Datum der Entscheidung und Aktenzeichen sind jeweils angegeben.

Leitsatzsammlung FamRZ

- http://www.famrz.de/e01.htm @@@
  Die Zeitschrift für das gesamte Familienrecht, FamRZ, stellt eine Sammlung von Leitsätzen des BVerfG und der obersten Bundesgerichte mit familienrechtlichem Bezug zur Verfügung. Aufgelistet ist die Sammlung nach rechtsprechenden Organen sowie nach Sachgebieten, wie z. B. Namensrecht, Unterhalt, Grober Undank u. a. Die Leitsätze können mit Aktenzeichen und Datum abgerufen werden. Neu eingestellte Leitsätze sind durch eine rote Unterlegung kenntlich gemacht. Die Seiten der FamRZ werden regelmäßig aktualisiert.

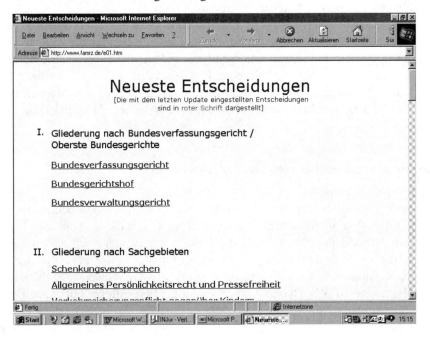

RECHTSPRECHUNG/NATIONAL

Familienrecht — Einzelne Rechtsgebiete

Urteilssammlung Adoptiv- und Pflegekinder

@@@ — http://www.moses-online.org/Infodienst/Recht/Rechtsprechung/rechtsuche.htm
Der Moses Online Informationsdienst bietet auf seinen Seiten eine Suchmaske für die Recherche nach Urteilen zum Adoptions- und Pflegekinderrecht. Es kann nach Stichwörtern, Normen, Aktenzeichen und Gericht gesucht werden. Erhältlich ist eine Kurzbeschreibung sowie eine Literaturfundstelle; die Angabe des Volltextes der Entscheidungen ist den registrierten Benutzern von Moses Online vorbehalten. Aktueller Stand der Datenbank ist derzeit der 19.12.99.

Urteilssammlung Aufsichtspflicht

@ — http://www.johannesstift-berlin.de/jugend/Recht/recht01.htm
Einige ausgewählte Urteile im Volltext zur Aufsichtspflicht hat Werner Müller auf den Seiten der Jugendhilfe des Evangelischen Johannesstifts Berlin zusammengestellt. Darüber hinaus sind die Literaturfundstellen angegeben.

Urteilssammlung Partnerschaft und Familie

@@ — http://focus.de/E/EG/EGA/ega.htm?zu2=0045&zu1=0001&res=job
Unter der Rubrik „Partnerschaft und Familie" bietet der Urteilsdienst von Focus Entscheidungen aus den letzten Monaten. Gegliedert in die Unterrubriken „Nichteheliche Gemeinschaft", „Scheidung und Unterhalt", „Kinder", „Kinder- und Erziehungsgeld" und „Sonstiges", erhält man die Entscheidungen nach Datum sortiert mit Aktenzeichen und Kurzbeschreibung.

Urteilssammlung RECHTplus

@@@ — http://www.rechtplus.de/urteile/_familienrecht.htm
Die Jucom Rechtsinformationssysteme GmbH bietet auf ihren Seiten Zugriff auf derzeit ca. 300 Urteile zum Familienrecht. Die Entscheidungen sind nach Stichwörtern – von Abfindungskosten, Sonderausgaben bis Zwangssterilisierung, Behinderte aufgelistet. Man erhält eine Kurzbeschreibung des jeweiligen Urteils, das Datum, Aktenzeichen und Literaturangaben, in welchen Zeitschriften die Entscheidung besprochen wurde. Das Datum der letzten Aktualisierung ist angegeben.

Urteilssammlung Rechtsfragen aus der Jugendhilfe

@@ — http://www.ifis-consult.de/html/body_j_akt.html
Auf den Internet-Seiten von ifis-consult können Informationen rund um die Jugendhilfe abgerufen werden. Ifis-consult steht für das Institut zur Förderung innovativer Sozialpolitik, welches die Unterstützung von Fachkräften der sozialen Arbeit sowie Institutionen der Jugend- und Sozialhilfe zum Ziel hat. In der Rubrik Rechtsfragen finden sich, ausgehend von Gerichtsentscheidungen, nützliche Hinweise zu den Themen Tagesbetreuung/Tagespflege, Hilfe zur Erziehung und Personensorge sowie sonstige aktuelle Urteile. Zusätzlich steht eine Übersicht über gesetzliche Änderungen zu diesem Themenbereich zur Verfügung.

RECHTSPRECHUNG/NATIONAL

Einzelne Rechtsgebiete   Gewerblicher Rechtsschutz

3.1.2.11 Freiheitsentziehungsrecht

Leitsatzsammlung JurPage

– http://privat.schlund.de/j/jurpage/frei/freimenu.htm @
Eine kleine Sammlung von Leitsätzen speziell zum Thema „Freiheitsentziehung" hat Klaus Berneiser auf den Internet-Seiten „JurPage" zusammengestellt. Die Entscheidungen sind nach Stichwörtern abrufbar. Ferner sind angegeben das Datum und Gericht, die einschlägige Rechtsprechung und die entsprechende Fundstelle in juristischen Zeitschriften. Über den Stand der letzten Aktualisierung der Sammlung wird informiert, neu in das Verzeichnis aufgenomene Entscheidungen werden gekennzeichnet.

3.1.2.12 Gebühren und Kosten

Leitsatzsammlung Gebühren und Kosten

– http://www.mdr.ovs.de/recht.htm @
Einige wenige ausgewählte Entscheidungen unter der Überschrift „Gebühren und Kosten" finden sich auf den Internet-Seiten der Zeitschrift MDR des Dr. Otto Schmidt Verlages. Die Urteile sind in Leitsätzen mit Aktenzeichen, Gericht, Datum der Entscheidung und den einschlägigen Rechtsvorschriften abrufbar.

3.1.2.13 Gewerblicher Rechtsschutz

Entscheidungssammlung HABM (Beschwerdekammern)

– http://www.oami.eu.int/de/marque/decis.htm @@@
Im Volltext und in chronologisch absteigender Reihenfolge sind die Entscheidungen der Beschwerdekammern des Harmonisierungsamtes für den Binnenmarkt (HABM) online einsehbar. Die Sammlung beginnt mit Entscheidungen im Dezember 1997. Nicht alle Entscheidungen sind ins Deutsche übersetzt. Sonstige Sprachen sind Englisch, Französisch, Italienisch und Spanisch.

Entscheidungssammlung HABM (Widerspruchsabteilungen)

– http://www.oami.eu.int/de/guide.htm @@@
Die Entscheidungen des Harmonisierungsamtes für den Binnenmarkt (HABM) sind online im Volltext und chronologisch in absteigender Reihenfolge abrufbar. Die Seiten werden laufend aktualisiert. Die Sammlung beginnt mit Entscheidungen von Oktober 1997. Die Entscheidungen stehen in verschiedenen Sprachen (Englisch, Französisch, Italienisch, Deutsch, Spanisch) zur Verfügung; nicht alle sind ins Deutsche übersetzt.

Leitsatzsammlung BPatG

– http://www.deutsches-patentamt.de/bpatg/entscheidungen/frmain.html @
Eine Reihe von ausgewählten Entscheidungen in Leitsätzen des Bundespatentgerichts (BPatG) finden sich auf den Seiten des Deutschen Patentamtes. Abge-

RECHTSPRECHUNG/NATIONAL

Handels- und Gesellschaftsrecht Einzelne Rechtsgebiete

rufen werden können Entscheidungen der Technischen Beschwerdesenate, Nichtigkeitssenate, Markensenate, Gebrauchsmuster des Beschwerdesenats und des Juristischen Beschwerdesenats.

Urteilssammlung des Europäischen Patentamts (Beschwerdekammern)

@@@ – http://www.european-patent-office.org/case_law/deutsch/index.htm
Einen wahrlich „reichen Schatz an Informationen" bietet die dritte Auflage der Veröffentlichung „Rechtsprechung der Beschwerdekammern des Europäischen Patentamts", die online einsehbar ist. Die Entscheidungen sind auf dem Stand Ende 1997, berücksichtigt wurden aber auch interessante Entwicklungen der ersten Jahreshälfte 1998. Die Entscheidungen sind systematisch gegliedert und mit Kurzzusammenfassungen wiedergegeben.

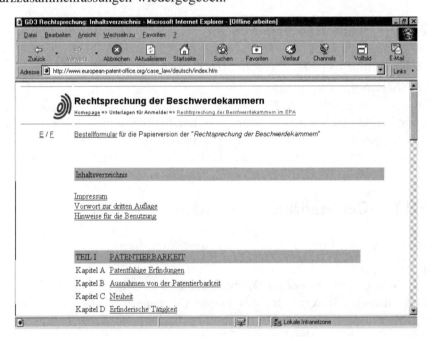

3.1.2.14 Handels- und Gesellschaftsrecht

Entscheidungssammlung EuGH

@@@ – http://www.iri.uni-hannover.de/eugh-sammlung/index.htm
Auf den Internet-Seiten des Instituts für Rechtsinformatik der Universität Hannover finden sich derzeit 57 ausgewählte EuGH-Entscheidungen zum Handels- und Gesellschaftsrecht. Die Entscheidungen sind jeweils im Volltext mit Fundstelle abrufbar. Sie sind in einer Übersichtsliste nach Namen sortiert, die sich in der Regel aus den Namen der Prozessparteien zusammensetzt. Die Entscheidungssammlung kann als ZIP-Datei von dem FTP-Server komplett geladen werden (ca. 600 KB).

RECHTSPRECHUNG/NATIONAL

Einzelne Rechtsgebiete   Kartellrecht

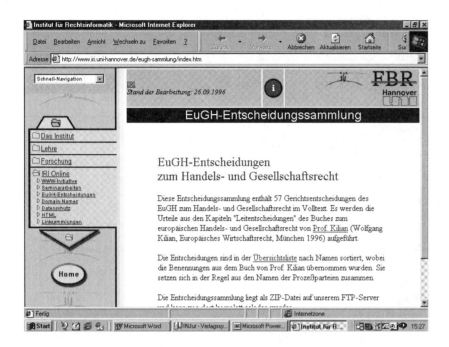

3.1.2.15 Kaufrecht

Rechtsprechungsübersicht Allgemeine Geschäftsbedingungen

- http://www.snafu.de/~joerg.passmann/Internet.Recht/Datenbank/rspr-agbg.html   @@
  Jörg Passmann bietet auf seinen Internet-Seiten eine Übersicht zur Rechtsprechung bzgl. allgemeiner Geschäftsbedingungen. Tabellarisch aufgelistet sind Gericht, Datum, Aktenzeichen, Leitsatz und Literaturfundstelle.

3.1.2.16 Kartellrecht

Entscheidungssammlung BGH und KG Berlin

- http://www.fu-berlin.de/iww/publikationen/kartellentscheidungen-b.htm   @@
  Auf diesen Internet-Seiten der FU Berlin stehen kartellrechtliche Entscheidungen des BGH und des Kammergerichts Berlin im Volltext zum Download im PDF-Format bereit.

Entscheidungssammlung Bundeskartellamt

- http://www.bundeskartellamt.de/entscheidungen.html   @@@
  Das Bundeskartellamt stellt aktuelle Entscheidungen der Oberlandesgerichte und des Bundesgerichtshofs zum Kartellrecht bereit. Die Entscheidungen stammen aus den Gebieten Fusionskontrolle, Vergabe-Recht und sonstiges Kartellrecht. Die einzelnen Entscheidungen stehen im Volltext im PDF-Format zum Download zur Verfügung. Soweit einzelne Entscheidungen fehlen, liegt noch keine öffentliche Version vor.

RECHTSPRECHUNG/NATIONAL

Landwirtschaftsrecht Einzelne Rechtsgebiete

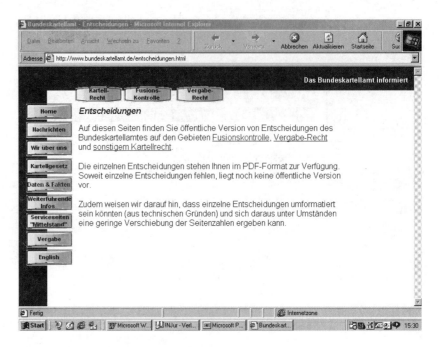

3.1.2.17 Landwirtschaftsrecht

Leitsatzsammlung Landwirtschaftsrecht

@@@ — http://www.jura.uni-passau.de/ifl/urteile.html
Eine Übersicht zu Entscheidungen zum Landwirtschaftsrecht der Zivil-, öffentlichen-, Sozial- und Finanzgerichte in Leitsätzen findet sich auf den Internet-Seiten der Universität Passau aufgelistet nach Gericht, Datum und einschlägigen Bestimmungen.

3.1.2.18 Medizinrecht

Urteilssammlung Medizinrecht

@@@ — http://www.medizinrecht.de/start.htm
Kern dieses medizinrechtlichen Webangebotes ist eine Urteilsdatenbank zu den Bereichen Medizin-/Arztrecht, Versicherungs-/Sozialrecht, Arzneimittel-/Apothekenrecht, Pflegerecht und Medizinprodukterecht. Die Leitsätze, Angaben zum Gericht und das Verkündungsdatum der Entscheidung werden kostenlos in einer Trefferliste nach einer Registrierung angezeigt; um sich den Volltext zusenden zu lassen, hat man anschließend die Auswahl zwischen zwei Zahlungsmodellen (Einzelabrechnung, Abrechnungskonto). Außerdem kann ein Recherchedienst in Anspruch genommen werden.

RECHTSPRECHUNG/NATIONAL

Einzelne Rechtsgebiete — Miet- und Immobilienrecht

3.1.2.19 Miet- und Immobilienrecht

Entscheidungssammlung Berliner Mietergemeinschaft

– http://www.bmg.ipn.de/urteile/archiv.htm @@@
Auf den Seiten der Berliner Mietergemeinschaft findet sich eine nach Schlagworten alphabetisch geordnete Sammlung von Entscheidungen zum Mietrecht. Der Leitsatz sowie Datum und Aktenzeichen der Entscheidung werden angegeben. Der Sachverhalt und die Entscheidungsgründe werden von einem Rechtsanwalt zusammengefasst und zum Teil mit Anmerkungen versehen.

Leitsatzsammlung Immobilien

– http://www.koelner-hausundgrund.de/biblio/bi-h-01.htm @@@
Der Kölner Haus- und Grundbesitzerverein (von 1888) bietet unter dem Titel „Alles was Recht ist" eine äußerst umfangreiche Datenbank mit Urteilen zu allem, was Immobilien betreffen kann. Untergliedert ist die Datenbank in die Bereiche „Allgemeines Mietrecht A–M und N–Z", „Bauförderung", „Baurecht", „Betriebskosten", „Berechnung der Wohnfläche", „Formvertragsklauseln im Mietvertrag", „Instandhaltungskosten – Erhöhung der Pauschale", „Kündigung des Mietverhältnisses", „Nachbarschaft", „Schönheitsreparaturen", „Sozialer Wohnungsbau", „Städtebaurecht", „Steuern", „Verfahrensrecht", „Verkauf/Kauf von Wohnung und Grundstück", „Versicherungsrecht/Haftung", „Verkehrssicherungspflicht", „Vermietung", „Verwaltungsrecht" und „Wohnungseigentum". Innerhalb der Bereiche sind die Urteile nach Stichwörtern alphabetisch aufgelistet. Die Entscheidungen sind abrufbar in Leitsätzen. Datum, Gericht und Aktenzeichen sind angegeben. Die Datenbank wird laufend erweitert und Inhaltsänderungen werden angezeigt.

RECHTSPRECHUNG/NATIONAL

Miet- und Immobilienrecht **Einzelne Rechtsgebiete**

Leitsatzsammlung Miet- und Immobilienrecht

@ – http://www.mdr.ovs.de/recht.htm

Einige Urteile zum Miet- und Immobilienrecht sind unter gleichnamiger Rubrik auf den Internet-Seiten der Zeitschrift MDR (Monatsschrift für Deutsches Recht) des Verlages Dr. Otto Schmidt abrufbar. Angegeben sind die Leitsätze, das Aktenzeichen, Gericht, Datum der Entscheidung und die einschlägigen Rechtsbestimmungen.

Leitsatzsammlung Miete

@@@ – http://www.wdr.de/tv/recht/rechtneu/rn9901/rn0300s.htm

Von den Internet-Seiten des WDR Köln können derzeit mehr als 200 Urteile (Stand 18.11.99) zum Bereich „Miete" abgerufen werden. Die Entscheidungen sind von der Redaktion des ARD Ratgeber Recht mit Leitsätzen versehen; ferner sind Aktenzeichen, Datum der Entscheidung und Zeitpunkt des Einstellens in die Datenbank angegeben. Die Entscheidungen können nach Stichwörtern, wie z. B. „Stinkende Biotonnen" und „Bienen im Dachstuhl", abgerufen werden.

Leitsatzsammlung Mietgebrauch

@@@ – http://www.vrp.de/archiv/beitrag/b9900020.htm

Von A wie Antenne bis Z wie Zufahrt findet sich eine Leitsatzsammlung mit Gerichts- und Literaturfundstelle zum Mietgebrauch auf den Internet-Seiten des Verlags Recht und Praxis. Die Sammlung wurde zusammengestellt von Rechtsanwalt Thomas Hannemann, Karlsruhe, ein Auszug aus: Hannemann/Wiek, Handbuch der Mietrechtsentscheide, Stand: April 1999.

Leitsatzsammlung Wohnungseigentumsrecht

@@@ – http://privat.schlund.de/j/jurpage/wng/leiwong.htm

Eine äußerst umfangreiche Leitsatzsammlung zum Wohnungseigentumsrecht stellt Klaus Berneiser auf den Internet-Seiten „JurPage" zum Abruf bereit. Die Entscheidungen sind in die Bereiche Wohnungseigentümerversammlung (Einberufung, Versammlungsort, Vertretung, Abstimmung, Protokollierung), Verwaltungsbeitrag, Gemeinschaftsordnung/Grundbuch, Wohngeld und Kostenverteilungsschlüssel (Haftung von Voreigentümer und Erwerber, Sonstiges), Gemeinschaftseigentum, Gebrauchsregelung, Sondereigentum, Sondernutzung, Zweckbestimmung von Räumen, Bauliche Veränderungen (Antennen), Instandhaltung und Instandsetzung, Rechte und Pflichten der Wohnungseigentümer untereinander, Rechte und Pflichten des Verwalters, Zustimmung zur Veräußerung, Beschlussanfechtung und Verfahrensrecht gegliedert und nach Stichwörtern aufgelistet. Neben Datum, Gericht und einschlägiger Rechtsprechung sind auch die konkreten Literaturfundstellen der Entscheidung angegeben. Über den Stand der letzten Aktualisierung der Sammlung wird informiert, neu in das Verzeichnis aufgenommene Entscheidungen werden gekennzeichnet.

Leitssatzsammlung Verkehrssicherungspflichten des Grundstückeigentümers

@@ – http://www.vrp.de/archiv/beitrag/b9900013.htm

Dr. Uwe Twiehaus stellt eine Rechtsprechungsübersicht zu den Verkehrssicherungspflichten des Grundstückeigentümers im Winter bei Privatgrundstücken und

RECHTSPRECHUNG/NATIONAL

Einzelne Rechtsgebiete | Miet- und Immobilienrecht

öffentlichen Verkehrsflächen zusammen. Die Entscheidungen sind mit Gericht, Datum und Aktenzeichen angegeben. Neben dem Leitsatz sind die Gründe auszugsweise wiedergegeben. Es finden sich auch weitere Hinweise, wie z. B., ob das Urteil bereits rechtskräftig ist.

Urteilssammlung Mietrecht (gewerblich)
– http://www.rechtplus.de/urteile/_mietrecht_gewerblich.htm @@@
Die Jucom Rechtsinformationssysteme hält auf ihren Internet-Seiten, nach Stichwörtern von „Architekt, Baugrundprüfung" bis zu „Zwischenvermietung und Mieterschutz" aufgelistet, mehr als derzeit 126 Urteile zum gewerblichen Mietrecht bereit. Die Seiten werden regelmäßig aktualisiert, das Datum ist jeweils angegeben. Neben einer Kurzbeschreibung des Urteils sind ferner das Aktenzeichen, Datum der Entscheidung und Literaturhinweise, in welchen Zeitschriften das Urteil besprochen wurde, angegeben.

Urteilssammlung Deutscher Mieterbund
– http://www.mieterbund.de/frame/aktuell_body.html @@
Auf den Internet-Seiten des Deutschen Mieterbundes findet sich in der Rubrik „Mietrecht aktuell" eine Sammlung von „mieterfreundlichen" Entscheidungen. Die Entscheidungen sind von der Redaktion zusammengefasst, mit Gericht und Aktenzeichen angegeben sowie alphabetisch nach Stichworten, z. B. „Doppelter Schlüssel", „Eigenbedarf" und „Satellitschüssel", geordnet.

Urteilssammlung Mieten und Vermieten
– http://focus.de/E/EG/eg.htm?sernr=0003 @@
Untergliedert in die Rubriken „Mietvertrag", „Miethöhe und Nebenkosten", „Untermiete und Wohngemeinschaft", „Mietmängel und Mietminderung", „Reparaturen und Modernisierung", „Kündigung", „Makler", „Haustiere" und „Sonstiges" finden sich in der Datenbank von Focus rechtskräftige Entscheidungen der vergangenen Monate mit Angabe des Aktenzeichens und einer Kurzbeschreibung.

Urteilssammlung Mietrecht (Privat)
– http://www.rechtplus.de/urteile/_mietrecht_privat.htm @@@
Von „Abfallentsorgung, Bringpflicht" bis zu „Zwischenzähler, ungeeichte" finden sich derzeit knapp 500 Urteile (Stand 18.11.99) aufgelistet nach Stichworten, abrufbar mit Gerichtsangabe, Datum, Aktenzeichen und Literaturfundstelle auf der Internet-Seite von RECHTplus. Veröffentlicht und gepflegt wird dieses Angebot von Rechtsanwalt Thomas Moosmüller. Der Stand der letzten Aktualisierung ist angegeben.

Urteilssammlung rund um die Immobilie
– http://haufe.de/svc/urtl/svc_urtl_main.asp?tn=4 @@
Nach Stichworten wie z. B. „Verbilligte Vermietung an Tochter" ist eine ordentliche Sammlung von Urteilen rund um das Thema „Immobilien" auf den Inter-

RECHTSPRECHUNG/NATIONAL

Öffentliches Recht · Einzelne Rechtsgebiete

net-Seiten des Haufe Verlags abrufbar. Die Urteile sind versehen mit Gerichtsangabe, Aktenzeichen, Datum und Kurzzusammenfassungen, Leitsätzen und/oder im Volltext.

3.1.2.20 Öffentliches Recht

Entscheidungssammlung Bestattungsrecht

@ – http://www.postmortal.de/html/rechtsprechung.html
Auf den Internet-Seiten von Postmortal, einer Initiative zur Unterstützung fortschrittlicher Formen der Bestattung, findet sich eine kleine Rechtsprechungssammlung zum Thema „Der Tod in der Rechtsprechung". Abrufbar sind Urteile, wie z. B. das des OVG NW zur Umbettung einer Leiche, im Volltext.

Entscheidungssammlung Sonntagsverkauf

@@@ – http://www.rws-verlag.de/volltext/ladvo.htm
Auf den Seiten des RWS-Verlages findet sich eine Auflistung der jüngst zur Frage der Zulässigkeit des Sonntagsverkaufs ergangenen Entscheidungen. Alle Entscheidungen sind im Volltext veröffentlicht.

3.1.2.21 Prozessrecht

Leitsatzsammlung Prozess

@@ – http://www.wdr.de/tv/recht/rechtneu/rn9901/rn0400s.htm
Unter den Stichwörtern, wie z. B. „Handy im Gerichtssaal" und „Verspätete Klage", findet sich, mit Leitsätzen von der Redaktion ARD Ratgeber Recht versehen, auf den Internet-Seiten des WDR Köln eine Sammlung von derzeit ca. 70 Entscheidungen (Stand 18.11.99) zum Bereich „Prozess". Es sind jeweils Aktenzeichen, Datum der Entscheidung, Zeitpunkt des Einstellens in die Datenbank angegeben.

Leitsatzsammlung Verfahrensrecht

@ – http://www.mdr.ovs.de/recht.htm
Einige Entscheidungen in Leitsätzen zum Verfahrensrecht finden sich auf den Internet-Seiten der Zeitschrift MDR (Monatsschrift für Deutsches Recht) des Verlages Dr. Otto Schmidt. Die Urteile sind nach Stichwörtern, wie z. B. „Fehlerhaftes zweites Versäumnisurteil", und der Angabe der einschlägigen Rechtsbestimmungen abrufbar. Ferner sind angegeben Gericht, Aktenzeichen und Datum der Entscheidung.

Urteilssammlung Prozessrecht

@@ – http://focus.de/E/EG/eg.htm?sernr=0096
Zu Form und Verfahren finden sich in der Rubrik „Prozessrecht" der Datenbank des Magazins Focus rechtskräftige Entscheidungen aus den vergangenen Monaten nach Stichwörtern abrufbar, mit Kurzbeschreibung und Aktenzeichen.

3.1.2.22 Recht der Neuen Medien

Entscheidungssammlung Rechtsanwälte Flick & Saß

- http://www.flick-sass.de/urteile.html @@
  Die Rechtsanwälte Guido Flick & Albrecht Saß veröffentlichen ca. 30 Entscheidungen rund um das Thema „Internet". Die Entscheidungen sind eingeteilt in die Bereiche „Domain-Namen", „Wettbewerbsrecht", „Haftung für Inhalte" und „Sonstiges" und sind aufgelistet mit Stichwort, Gericht, Datum, Aktenzeichen und Art der Entscheidung. Neu eingestellte Urteile und Beschlüsse sind gekennzeichnet. Viele Urteile sind größtenteils im Volltext und mit eigenen Leitsätzen der Kanzlei sowie mit Fundstellenangabe versehen abrufbar. Der Benutzer wird durch Verlinkung auf Tenor, Tatbestand und Entscheidungsgründe gut durch die Texte geführt.

Entscheidungssammlung Akademie.de

- http://www.online-recht.de/es.html @@
  Online-Recht (Netlaw, Cyberlaw) ist der Oberbegriff für die rechtlichen Aspekte und Probleme, die sich aus dem Betrieb und der Benutzung von Computernetzen ergeben. Diese Entscheidungssammlung zum Online-Recht gliedert sich in neun Bereiche (Kennzeichen-, Arbeits-, Verfahrens-, Standes-, Vertrags-, Wettbewerbs-, Straf- und Urheberrecht sowie Sonstiges). Die Entscheidungen können mittels einer Suchmaschine recherchiert werden. Nach Gerichten geordnet ist es möglich, die Entscheidungen nach Leitsätzen (derzeit 179) oder alle Entscheidungen im Überblick in einer Liste einzusehen. Teilweise stehen die Entscheidungen als Volltext zur Verfügung. „Online-recht.de" ist eine Initiative von „akademie.de", die zum Ziel hat, praxisrelevantes Internet-Wissen zu vermitteln.

Entscheidungssammlung Domain-Namen

- http://www.inet.de/denic/urteil.html @@@
  Eine umfangreiche Sammlung von Entscheidungen im Zusammenhang mit Domain-Namen stellt die inet (Internet Aktiengesellschaft) auf ihren Seiten zum Abruf bereit. In einer tabellarischen Übersicht sind das Gericht und die streitige Domain aufgelistet und wird unterschieden, ob es sich um einen Beschluß oder ein Urteil handelt. Beim Klicken auf die Domain erhält man die Entscheidung als Leitsatz. Bei einigen Entscheidungen kann auch auf den Volltext zugegriffen werden. Neu eingestellte Entscheidungen sind gekennzeichnet. Zusätzlich finden sich auch einige Urteile aufgelistet, die im Zusammenhang mit dem Internet-Umfeld stehen.

Entscheidungssammlung Kanzlei Alavi &. Koll

- http://www.afs-rechtsanwaelte.de/urteile.htm#Online @@
  Eine gemischte Sammlung aus ca. 30 Urteilen und Aufsätzen, wie z. B. zum Vertragsschluß per Mausklick, ist auf den Internet-Seiten der Kanzlei Alavi & Koll. zum Online- und Telekommunikationsrecht bereitgestellt. Aufgelistet nach Stichworten, wie z. B. „Zulässigkeit von Netto-Preisangaben im Internet" und unter Angabe des Gerichts können die Urteile mit Tatbestand und Entscheidungsgründen eingesehen werden. Neben eigenen Leitsätzen der Redaktion finden sich auch Aktenzeichen und Datum der Entscheidung.

RECHTSPRECHUNG/NATIONAL

Recht der Neuen Medien · Einzelne Rechtsgebiete

Entscheidungssammlung Netlaw

@@@ – http://www.netlaw.de/urteile/index.html
Die Rechtsanwälte Strömer & Koll bieten auf dieser Internet-Seite eine umfangreiche Entscheidungssammlung deutscher Gerichte zum Online-Recht. Die Sammlung ist untergliedert in die Bereiche Vertrags- und Markenrecht, Wettbewerbsrecht/Standesrecht, Urheber-, Datenschutz- und Arbeitsrecht, Strafrecht/Unerlaubte Handlung und Sonstige Rechtsgebiete. Abrufbar sind Leitsatz, Gericht und Aktenzeichen sowie Datum der Entscheidung. Neu eingestellte Entscheidungen sind gekennzeichnet. Per Hyperlink ist bei vielen Entscheidungen der Volltext abrufbar.

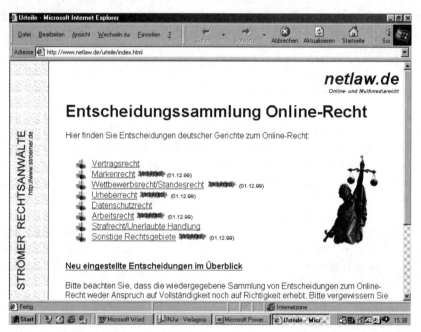

Leitsatzsammlung Online-Recht

@@@ – http://www.gravenreuth.de/recht.html
Etwa 250 Leitsätze zum Thema Online-Recht stehen auf den Seiten der Kanzlei Gravenreuth, München, zur Verfügung. Die Leitsätze sind mit Gericht, Aktenzeichen und Datum versehen sowie nach den „Namen" der Urteile sortiert. Eine Suchfunktion ermöglicht das rasche Auffinden der gesuchten Stelle. Neu eingestellte Urteile sind gekennzeichnet.

Leitsatzsammlung Rechtsanwälte Fritz, Köhler, Metzner, Fuchs, Gsell & Schiller

@@ – http://home.t-online.de/home/ra.schiller/entree.htm
Die Datenbank auf der Seite der überörtlichen Kanzlei Fritz, Köhler, Metzner, Fuchs, Gsell & Schiller zum „Onlinerecht" beinhaltet derzeit ca. 150 teilweise kommentierte Leitsätze zu den Kategorien Allgemeines, Arbeits-, Kauf-, Marken-, Namens-, Patent-, Prozess-, Standes-, Steuer-, Straf-, Urheber- und Wettbewerbsrecht. Angegeben sind das entscheidende Gericht, Datum, Aktenzeichen, Fundstelle sowie Schlagwörter zu der Entscheidung.

Einzelne Rechtsgebiete

Leitsatzsammlung Rechtsanwälte Hahn & Wilmer

– http://www.ra-hahn.de/datenbank2/1.html @@@
 Eine nützliche Recherchemöglichkeit zu den wichtigsten Fragen des Computer- und Internet-Rechts bieten die Rechtsanwälte Hahn & Wilmer auf ihren Internet-Seiten. Ca. 300 Urteile in Leitsätzen sind abrufbar in einer alphabetischen Liste bzw. können mittels einer Volltextsuche recherchiert werden.

Urteilssammlung Computer und Kommunikation

– http://focus.de/E/EG/eg.htm?sernr=0047 @@
 Das Magazin Focus listet in seiner Datenbank unter der Rubrik „Computer und Kommunikation" gegliedert in die Bereiche „Urheberrecht und Datenschutz", „Hardware und Software", „Online", „Fax und Telefon" und „Sonstiges" rechtskräftige Entscheidungen, nach dem Zeitpunkt ihres Erscheinens geordnet, unter Angabe von Stichwörtern auf. Der Besucher findet beispielsweise in der Rubrik „Online" die Entscheidungen „Internet: Keine Gegendarstellung einforderbar" sowie „Web-Werbung: Gekreuzigtes Schwein stört öffentlichen Frieden" u. a. mit Kurzbeschreibung und Aktenzeichen.

Urteilssammlung Online-Recht

– http://www.rechtplus.de/urteile/_onlinerecht.htm @@
 Derzeit sind ca. 40 Urteile aus dem Bereich „Online" auf den Internet-Seiten der Jucom Rechtsinformationssysteme GmbH abrufbar. Aufgelistet findet der Besucher die Urteile nach Stichwörtern (z. B. „Onlinesex, Teurer Sexdialog"). Angegeben ist neben Gericht, Aktenzeichen, Datum der Entscheidung und Literaturhinweisen, in welchen Zeitschriften das Urteil besprochen wurde. Die Seiten werden regelmäßig aktualisiert.

3.1.2.23 Reiserecht

Leitsatzsammlung Reise

– http://www.wdr.de/tv/recht/rechtneu/rn9901/rn1100s.htm @@@
 Derzeit sind auf den Internet-Seiten des WDR Köln ca. 80 Entscheidungen (Stand 18.11.99) unter der Rubrik „Reise" abrufbar. Aufbereitet sind die Urteile von der Redaktion des ARD Ratgebers Recht. Die Entscheidungen sind geordnet nach Stichwörtern wie z. B. „Fischvergiftung als allgemeines Lebensrisiko" und „Ausbleiben des zugesicherten Windes" und zusammengefaßt in Leitsätzen. Zusätzlich sind Aktenzeichen, Datum der Entscheidung, die tangierten Rechtsgebiete und der Zeitpunkt des Einstellens in die Datenbank angegeben.

Urteilssammlung Reise & Tourismus

– http://www.rechtplus.de/urteile/_reiserecht.htm @@
 Nach Stichwörtern, wie z. B. „Rückflug, verfrüht", gegliedert sind derzeit ca. 60 Urteile aus dem Bereich „Reise" auf den Internet-Seiten der Jucom Rechtsinformationssysteme GmbH abrufbar (Stand 18.11.99). Neben einer Kurzbeschreibung des Urteils sind ferner das Aktenzeichen, Datum der Entscheidung und Literatur-

hinweise, in welchen Zeitschriften das Urteil besprochen wurde, angegeben. Der Stand der letztmaligen Aktualisierung der Sammlung ist angegeben.

Urteilssammlung Reise, Auto und Verkehr

@@ – http://focus.de/E/EG/eg.htm?sernr=0044
Geordnet nach Stichwörtern wie z. B. „Fernreisen: Einheimische sind kein Reisemangel", „Reisemangel: Wanzen im Bett" und „Reisegepäck: Koffer weg, Geld zurück", finden sich in der Datenbank des Magazins Focus rechtskräftige Entscheidungen in der Rubrik „Reisemängel und Preisminderung". Die neuesten Entscheidungen werden mitsamt Aktenzeichen und Kurzbeschreibung zuoberst aufgelistet. Ferner finden sich die Rubriken „Reisebuchung und Kündigung", „Bußgelder und Fahrverbote", „Unfall und Diebstahl" und „Sonstiges".

3.1.2.24 Sozialrecht

Entscheidungssammlung BayLSG

@ – http://www.baylsg.de/entscheidungen.htm
Einige ausgewählte Entscheidungen des Bayerischen Landessozialgerichts (BayLSG) können auf dessen Internet-Seiten im Volltext eingesehen werden. Die Entscheidungen sind nach Rubriken wie „Opferentschädigungsgesetz" geordnet und mit Aktenzeichen und Stichworten aufgelistet. Neu eingestellte Urteile sind unübersehbar blinkend gekennzeichnet.

Entscheidungssammlung BSG

@@ – http://www.report-online.de/content.php3?gericht=Bundessozialgericht
Auf den Internet-Seiten von Report-Online sind die Urteile des Bundessozialgerichts seit Mitte 1998 recherchierbar. Die Leitsätze sind frei zugänglich, der Volltext kann nur vom registrierten Nutzer eingesehen werden. Der kostenpflichtige Bezug einzelner Entscheidungen wird angeboten.

Entscheidungssammlung Landessozialgerichtsbarkeit Saarland

@@@ – http://www.jura.uni-sb.de/Sozialgerichtsbarkeit/
Eine informative Darstellung der Landessozialgerichtsbarkeit für das Saarland bietet die Universität Saarbrücken. Neben aktuellen Pressemitteilungen und einer jeweils zum „Urteil des Monats" gekürten sozialgerichtlichen Entscheidung findet sich eine nach Rechtsgebieten geordnete Sammlung von Urteilen der Sozialgerichte des Saarlandes. Diese können im Volltext abgerufen werden.

Entscheidungssammlung Sozialgerichtsbarkeit Nordrhein-Westfalen

@@@ – http://www.lsg.nrw.de/recherche/index.html
Auf der Homepage der Sozialgerichtsbarkeit Nordrhein-Westfalen findet der Leser eine Sammlung von Entscheidungen im Volltext. Die Navigation in der Entscheidungssammlung erfolgt mit Hilfe einer Auswahlliste oder als Volltextsuche. Die Auswahlliste ist gegliedert in Fachbereiche der Sozialgerichtsbarkeit wie „Kassenarztrecht" und „Pflegeversicherung". Die Entscheidungen können

RECHTSPRECHUNG/NATIONAL

Einzelne Rechtsgebiete — Steuerrecht

aber auch nach Jahreszahl und Aktenzeichen abgerufen werden. Der Entscheidung vorangestellt sind jeweils die Entscheidungsdaten sowie eine Kurzzusammenfassung.

Leitsatzsammlung Soziales

– http://www.wdr.de/tv/recht/rechtneu/rn9901/rn0200s.htm @@
Nach Stichwörtern von A wie Abgabe bis Z wie Zivildienst geordnet kann auf den Internet-Seiten des WDR eine Sammlung von ca. 160 Urteilen (Stand 18.11.99) in Leitsätzen abgerufen werden. Veröffentlicht sind die Entscheidungen von der Redaktion der Sendung Ratgeber Recht unter Angabe von Gericht, Datum, Titel, Literaturfundstelle und dem Datum, zu welchem Zeitpunkt die Entscheidung in die Sammlung aufgenommen wurde.

Pressemitteilungen BSG (seit 1995)

– http://www.jura.uni-sb.de/Entscheidungen/Bundesgerichte/ @@@
Einen Überblick über die Entscheidungen des Bundessozialgerichts ab dem Jahr 1995 erhält man auf den Seiten des juristischen Internetprojekts Saarbrücken. Nach Jahren geordnet sind dort die Pressemitteilungen des Gerichts abrufbar. Der Stand der letzten Aktualisierung ist angegeben.

Urteilssammlung RECHTplus

– http://www.rechtplus.de/urteile/_sozialrecht.htm @@@
In der Rubrik „Sozialrecht" findet man unter dem Stichwort „Allergiker, Krankenkasse" auf den Seiten von RECHTplus, einem Angebot der Jucom Rechtsinformationssysteme GmbH, eine Kurzbeschreibung des Urteils, Aktenzeichen und die Fundstelle, in welcher Zeitschrift die Entscheidung besprochen wurde. Insgesamt enthält die Rubrik ca. 130 Urteile (Stand 18.11.99). Das Datum der letzten Aktualisierung der Sammlung ist angegeben.

3.1.2.25 Staatskirchenrecht

Leitsatzsammlung BVerfG

– http://www.uni-trier.de/~ievr/SUCHEN.HTML @@@
Die Universität Tier ermöglicht neben einem umfassenden Überblick über Entscheidungen des Bundesverfassungsgerichtes zum Staatskirchenrecht die Stichwortsuche mit einer eigenen Suchmaschine. Die mehr als 500 Entscheidungen sind jeweils nur im Leitsatz verfügbar. Um alle Entscheidungen anzuzeigen, ist das Eingabefeld leer zu lassen und die Suche zu aktivieren.

3.1.2.26 Steuerrecht

Entscheidungssammlung BFH

– http://www.mio-verlag.de/ @@@
Der Mio-Verlag veröffentlicht auf seinen Internet-Seiten aktuelle Entscheidungen des Bundesfinanzhofs zum Einkommensteuerrecht im Volltext. In einer Inhalts-

RECHTSPRECHUNG/NATIONAL

Steuerrecht — Einzelne Rechtsgebiete

übersicht sind alle Urteile und Beschlüsse des BFH nach Paragraphen des EStG absteigend sortiert bis Anfang 1995 aufgelistet. Daneben steht eine Liste der neu eingearbeiteten Entscheidungen geordnet nach ihrer Veröffentlichungsreihenfolge im Bundessteuerblatt zur Verfügung. Bei Beurteilung ist der aktuelle Stand der 8. November 1999. Zum kostenlosen Download im Help-Format stehen ferner bereit die BFH-Leitsätze 1998 bis zum 01.09.1998 nach dem üblichen Suchsystem und einem Index nach Aktenzeichen.

Entscheidungssammlung BFH

@ – http://www.refact.de/

Die Firma ATM, Dresden, bietet mehrere Möglichkeiten, die Urteile des Bundesfinanzgerichtshofs zu recherchieren: Über ein Inhaltsverzeichnis, über eine Suche nach Stichwörtern und eine nach Aktenzeichen. Gegenstand sind Urteile seit 1970, allerdings ist eine Einsicht nur möglich, wenn man sich für mindestens einen Monat registrieren läßt (und die – allerdings günstige – Gebühr bezahlt).

Entscheidungssammlung BFH

@@ – http://www.report-online.de/content.php3?gericht=Bundesfinanzhof

Seit Mitte 1998 sind die Urteile des Bundesfinanzhofs in München recherchierbar. Die Leitsätze sind frei zugänglich, der Volltext kann nur vom registrierten Nutzer eingesehen werden. Ein kostenpflichtiger Bezug von Einzelentscheidungen ist möglich.

Entscheidungssammlung Buchhaltung-online

@@ – http://www.debit.de/rewe/jusfibu.htm

Der Server Buchhaltung-online bietet in seiner Rubrik „Urteile" eine Entscheidungssammlung zu dem Bereich Steuerrecht an. Nach Stichworten geordnet finden sich neben dem Aktenzeichen, dem Gericht und dem Datum nicht nur die Leitsätze, sondern zum größten Teil auch die zugrundeliegenden Sachverhalte und die Entscheidungsgründe. Leider ist die Entscheidungssammlung seit Oktober 1998 nicht mehr aktualisiert worden.

Entscheidungssammlung Vereinssteuerrecht

@@@ – http://www.iq-consult.com/soznetz/steuerrecht/index.html

In einer umfangreichen Liste, alphabetisch nach Stichworten geordnet, stellt das soziokulturelle Netz auf den Internet-Seiten von IQ-Consult Urteile, Pressemitteilungen und Verwaltungsanweisungen von Finanzgerichten und -behörden auf dem Gebiet der Vereinsbesteuerung zur Verfügung. Was hinter dem jeweiligen Stichworten abrufbar ist, ist leider nicht gekennzeichnet. Die Urteile sind im Volltext veröffentlicht und sind versehen mit Aktenzeichen, Gericht und Datum. Eine Suche nach Stichworten ist möglich.

Leitsatzsammlung Steuern

@@ – http://www.wdr.de/tv/recht/rechtneu/rn9901/rn1200s.htm

Von „Hundesteuer ist verfassungsgemäß" bis zu „Lodenmantel steuerlich absetzbar?" sind auf den Seiten des WDR Köln ca. 100 steuerrechtliche Entscheidungen (Stand 18.11.99) nach Stichwörtern geordnet im Bereich „Finanzen" abrufbar. Die Urteile sind in Leitsätzen, verfasst von der Redaktion des ARD Ratgebers Recht, mit Angabe der tangierten Rechtsgebiete, Aktenzeichen und Datum der Entscheidung abrufbar.

Pressemitteilungen des BFH (seit 1995)

- http://www.jura.uni-sb.de/Entscheidungen/Bundesgerichte/ @@
Ausgewählte Pressemitteilungen des Bundesfinanzhofs ab dem Jahr 1995 finden sich auf den Seiten des juristischen Internetprojekts der Universität Saarbrücken. Der Stand der letzten Aktualisierung ist angegeben.

Pressemitteilungen des FG Cottbus (seit 1998)

- http://www.jura.uni-sb.de/Entscheidungen/fg_cottbus/index.html @
Einige ausgewählte Entscheidungen des Finanzgerichts Cottbus ab dem Jahr 1997 finden sich auf den Seiten des juristischen Internetprojekts Universität Saarbrücken. Der Stand der letzten Aktualisierung ist angegeben.

Urteilssammlung Geld und Steuern

- http://haufe.de/svc/urtl/svc_urtl_main.asp?tn=3 @
Einige Urteile mit Kurzzusammenfassungen, Leitsätzen und/oder im Volltext sind veröffentlicht auf den Internet-Seiten des Haufe Verlags zum Thema „Geld und Steuern". Die Urteile sind abrufbar nach Stichworten wie z. B. „Begleitperson bei Kinderkuren" in einer nicht alphabetischen Liste.

Urteilssammlung Steuern und Finanzen

- http://focus.de/E/EG/eg.htm?sernr=0004 @@
Das Nachrichtenmagazin Focus hält Entscheidungen der letzten Monate bereit, untergliedert in die Bereiche „Lohn- und Einkommensteuer", „Sonstige Steuern", „Kredite und Darlehen", „Bürgschaften und Sicherheiten", „Geldanlage und Anlagebetrug", „Bankgebühren", „Bankenhaftung" und „Sonstiges". Die Entscheidungen inkl. Aktenzeichen sind aufgelistet nach dem Zeitpunkt ihres Erlasses und werden kurz vorgestellt.

Urteilssammlung Steuerrecht

- http://www.rechtplus.de/urteile/_steuerrecht.htm @@@
Die Jucom Rechtsinformationssysteme hält auf ihren Internet-Seiten nach Stichwörtern aufgelistet derzeit ca. 360 Urteile zum Steuerrecht bereit (Stand 18.11.99). Neben einer Kurzbeschreibung des Urteils sind auch die sonstigen Gerichtsangaben wie Aktenzeichen, Datum der Entscheidung und Literaturhinweise aufgeführt. Es wird ferner darauf verwiesen, in welchen Zeitschriften das Urteil besprochen wurde. Das Datum der letztmaligen Aktualisierung der Sammlung ist angegeben.

3.1.2.27 Straf- und Strafprozessrecht

Entscheidungssammlung Berliner Strafurteile

@@ — http://www.strafverteidiger-berlin.de/rechtsprechung/index.html
In der Rechtsprechungsdatenbank der Vereinigung Berliner Strafverteidiger e. V. stehen ausgewählte Strafurteile der Berliner Gerichte zur Verfügung. Nach den Entscheidungen kann mittels einer Suchfunktion recherchiert werden. Die veröffentlichten Entscheidungen werden im Volltext und ausschließlich anonymisiert wiedergegeben.

Entscheidungssammlungen BGHSt

@ — http://www.uni-wuerzburg.de/glaw/indxbs.html
Eine umfangreiche Liste der Entscheidungen des Bundesgerichtshofs in Strafsachen findet sich auf diesen Internet-Seiten des Projekts GLAW der Universität Würzburg. Ausgewählte Entscheidungen sind im Volltext einsehbar.

Entscheidungssammlung Obergerichtliche Rechtsprechung

@@ — http://www.uni-bayreuth.de/departments/rep-web/aktuell.html
Eine Sammlung ausgewählter obergerichtlicher Entscheidungen zum Strafrecht im Volltext findet sich auf dieser Internet-Seite der Universität Bayreuth. Die Entscheidungen stehen im Bezug zur universitären Strafrechtsausbildung. Die Auswahl wurde unter didaktischen Gesichtspunkten getroffen und richtet sich an die Studierenden der Universität Bayreuth.

Entscheidungssammlung Strafvollzug

@@ — http://www.knast.net/kn/cgi/a.cgi?pref=0000000/prev=i%3DAmaterialien/i=B00001880
Einige höchstrichterliche Entscheidungen zum Strafvollzug im Volltext finden sich auf den Internet-Seiten „knast.net". Eine Schnellsuche nach Stichworten ist möglich.

Leitsatzsammlung Strafrecht

@@@ — http://www.wdr.de/tv/recht/rechtneu/rn9901/rn0800s.htm
Der WDR Köln stellt auf seinen Internet-Seiten eine Sammlung von Entscheidungen, in Leitsätzen von der Redaktion ADR Ratgeber Recht aufbereitet, zum Abruf bereit. Unter der Rubrik „Strafrecht" finden sich nach Stichwörtern, wie z. B. „Rechtsbeugung in DDR" und „Cannabis im Schrebergarten", geordnet derzeit ca. 150 Leitsätze (Stand 18.11.99) unter Angabe von Aktenzeichen, Datum und Zeitpunkt des Einstellens in die Datenbank.

Einzelne Rechtsgebiete

RECHTSPRECHUNG/NATIONAL

Verfassungsrecht

Pressemitteilungen Obergerichte

- http://www.jura.uni-muenchen.de/Institute/Strafrecht/Volk/Strafrecht_Gerichte.html @
  Die juristische Fakultät der Universität München stellt auf dieser Internet-Seite Pressemitteilungen zum Thema Strafrecht des Bundesverfassungsgerichts, des Bundesgerichtshofs, des Generalbundesanwalts beim Bundesgerichtshof sowie diverse OLG-Pressemitteilungen zum Abruf bereit.

Pressemitteilungen BGH und Generalbundesanwalt

- http://www.jura.uni-sb.de/Entscheidungen/Bundesgerichte/BGH
  Auf dieser Internet-Seite finden sich Pressemitteilungen des Bundesgerichtshofs (BGH) aus dem Jahr 1999, geordnet nach Zivil- und Strafsenat, sowie Pressemitteilungen des Generalbundesanwaltes beim BGH.

3.1.2.28 Transportrecht

Leitsatzsammlung Transportrecht

- http://www.transportweb.de @
  Unter der Rubrik „Verkehrs-Rundschau" und dort wieder unter „Recht" sind einige – knapp zehn – aktuelle Leitsätze transportrechtlich relevanter Entscheidungen eingestellt.

3.1.2.29 Verfassungsrecht

Entscheidungssammlung BayVerfGH

- http://www.jura.uni-passau.de/fakultaet/lehrstuehle/Bethge/OeRimWWW/BayVerfGH.html @@
  Die Universität Passau stellt auf dieser Internet-Seite ausgewählte Entscheidungen des bayerischen Verfassungsgerichtshofs im Volltext bereit. Leider ist die Auswahlliste noch nicht sehr umfangreich.

Entscheidungssammlung BVerfG

- http://www.report-online.de/content.php3?gericht=Bundesverfassungsgericht @
  Auf den Seiten von „Report-Online" ist es möglich, Urteile des Bundesverfassungsgerichts seit Anfang 1999 in Leitsätzen zu recherchieren. Der Bezug der Volltexte ist kostenpflichtig.

Entscheidungssammlung BVerfG Universität Passau

- http://www.jura.uni-passau.de/fakultaet/lehrstuehle/Bethge/OeRimWWW @@@
  Ausgewählte Entscheidungen des Bundesverfassungsgerichts aus den Jahren 1995–1999 finden sich auf diesen Internet-Seiten der juristischen Fakultät der Universität Passau des Lehrstuhls von Prof. Dr. Herbert Bethke. Die Entscheidungen sind jeweils in Volltext abrufbar.

RECHTSPRECHUNG/NATIONAL

Verfassungsrecht	Einzelne Rechtsgebiete

Entscheidungssammlung BVerfG Universität Würzburg

@@@ – http://www.uni-wuerzburg.de/glaw/index.html
Die Universität Würzburg bietet in ihrem Index „German Case Law" einen Überblick über sämtliche Entscheidungen des Bundesverfassungsgerichts. Die Darstellung orientiert sich an der amtlichen Sammlung BVerfGE. Die Entscheidungen sind teilweise komplett im Volltext abrufbar.

Entscheidungssammlung hessischer Staatsgerichtshof

@ – http://www.jura.uni-passau.de/fakultaet/lehrstuehle/Bethge/OeRimWWW/HessStGH.html
Auf der Internet-Seite der juristischen Fakultät der Universität Passau sind Entscheidungen des hessischen Staatsgerichtshofs im Volltext einsehbar. Leider ist die Auswahlliste derzeit noch eingeschränkt.

Entscheidungssammlung und Pressemitteilungen des BVerfG

@@@ – http://www.bundesverfassungsgericht.de/entscheidungen/frames/
Die Pressemitteilungen der Jahre 1999 und 1998 sowie die Entscheidungen im Volltext beginnend mit dem 1. Januar 1998 stellt das Bundesverfassungsgericht online zur Verfügung. Die neuesten Entscheidungen sind nach Aktenzeichen und Datum aufgelistet, frühere Entscheidungen können mittels eines Kalenders nach deren Datum abgerufen werden. Leider steht keine Suchmaschine für eine Recherche nach Stichworten, Aktenzeichen usw. zur Verfügung.

Leitsatzsammlung Staat und Verwaltung

@@@ – http://www.wdr.de/tv/recht/rechtneu/rn9901/rn0900s.htm
Im Bereich „Verfassung und Verwaltung" können auf den Seiten des WDR Köln ca. 500 Urteile (Stand 18.11.99) nach Stichwörtern (wie z. B. „Verfassungsmäßigkeit der Rechtschreibreform", „Besetzung eines Verfassungsgerichts") geordnet abgerufen werden. Die Redaktion ARD Ratgeber Recht versieht die Urteile jeweils mit einem Leitsatz und ordnet sie dem entsprechenden Rechtsgebiet zu. Weiterhin sind angegeben Aktenzeichen, Datum der Entscheidung und Zeitpunkt des Einstellens in die Datenbank.

Pressemitteilungen des BVerfG (seit 1995)

@@ – http://www.jura.uni-sb.de/Entscheidungen/Bundesgerichte/
Auf den Seiten des juristischen Internetprojekts der Universität Saarbrücken sind die Pressemitteilungen des Bundesverfassungsgerichts ab dem Jahr 1995 abrufbar. Das Datum der letzten Aktualisierung ist angegeben.

Pressemitteilungen VGH Nordrhein-Westfalen

@ – http://www.jura.uni-muenster.de/VGH/Presse/presse.htm
Auf diesem Server der Universität Münster können einige Pressemitteilungen des Verfassungsgerichtshofs für das Land Nordrhein-Westfalen der Jahre 1994–1999 abgerufen werden. Der Stand der letzten Aktualisierung ist angegeben.

RECHTSPRECHUNG/NATIONAL

Einzelne Rechtsgebiete — Verkehrsrecht

Urteilssammlung BVerfG

- http://www.ku-eichstaett.de/GGF/PolwissI/BVERFGE.htm @

  Die katholische Universität Eichstätt, Lehrstuhl für Politikwissenschaft I, informiert in einem tabellarischen Überblick über Entscheidungen des Bundesverfassungsgerichts aus den Bereichen abstraktes Normenkontrollverfahren, Organklageverfahren sowie Bund-Länder-Streitigkeiten. Die jeweiligen Entscheidungen sind nach der amtlichen Sammlung BVerfGE zitiert mit Antragsdatum, Gegenstand, Antragsteller, Antragsgegner, Gegengutachten und Entscheidungsformel.

3.1.2.30 Verkehrsrecht

Leitsatzsammlung Arbeitsgemeinschaft Verkehrsrecht

- http://www.verkehrsrecht.de/urteile.htm @@@

  Der Urteilsinformationsservice der Arbeitsgemeinschaft Verkehrsrecht im DAV und der Firma Softnet bietet einen Überblick über Urteile aus verkehrsrechtlich relevanten Bereichen. Es können verschiedene neue Urteile, z. B. zu Führerschein und Fahrverbot, Kauf und Leasing, Straf- und Bußgeldsachen u. a., abgerufen werden. Die Urteile sind nach Stichwörtern geordnet und jeweils mit Entscheidungsdatum, Aktenzeichen und kurzem Leitsatz angegeben. Daneben steht der Jahresbericht des VDA im Volltext zum Abruf bereit. Besonders nützlich ist der E-Mail-Service, den die ARGE anbietet. Bei Eintrag in die E-Mail-Mailing-List werden automatisch neue Tipps und Urteile an den Interessenten versandt.

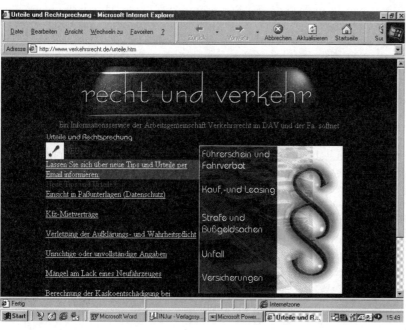

Leitsatzsammlung Kfz-Recht und Verkehr

@ – http://www.mdr.ovs.de/recht.htm
Auf den Seiten der Zeitschrift MDR des Verlages Dr. Otto Schmidt sind einige wenige Urteile in Leitsätzen unter der Überschrift „Kfz-Recht und Verkehr" abrufbar. Neben den einschlägigen Rechtsvorschriften sind ferner Aktenzeichen, Datum der Entscheidung und das jeweilige Gericht angegeben.

Leitsatzsammlung Verkehr

@@@ – http://www.wdr.de/tv/recht/rechtneu/rn9901/rn0600s.htm
Derzeit können auf den Internet-Seiten des WDR Köln unter der Rubrik „Verkehr" mehr als 200 Entscheidungen in Leitsätzen (Stand 18.11.99), mit Aktenzeichen und Datum abgerufen werden. Geordnet und aufbereitet sind die Entscheidungen nach Stichwörtern wie beispielsweise „Gutachterkosten" und „Aufstellen von Blumenkübeln" von der Redaktion des ARD Ratgebers Recht.

Urteilssammlung Verkehrsrecht

@@@ – http://www.rechtplus.de/urteile/_verkehrsrecht.htm
Auf den Internet-Seiten der Jucom Rechtsinformationssysteme GmbH können ca. 550 Urteile (Stand 18.11.99) im Bereich „Verkehrsrecht" abgerufen werden. Aufgelistet nach Stichwörtern, wie z. B. „Wildunfall, Teilkasko", kann eine Kurzbeschreibung des Urteils, teilweise das Datum der Entscheidung und Aktenzeichen abgerufen werden. Ferner ist angegeben, in welcher Zeitschrift das Urteil veröffentlicht wurde und wann die Sammlung das letzte Mal aktualisiert wurde.

3.1.2.31 Verwaltungsrecht

Entscheidungssammlung BVerwG

@@ – http://www.report-online.de/content.php3?gericht=Bundesverwaltungsgericht
Seit Ende 1998 sind die Urteile des BVerwG Berlin recherchierbar. Die Leitsätze sind frei zugänglich, der Volltext kann nur vom registrierten Nutzer eingesehen werden. Der kostenpflichtige Bezug einzelner Urteile ist möglich.

Entscheidungssammlung BVerwG (1953–1997)

@ – http://www.uni-wuerzburg.de/glaw/indxvw.html
Die Entscheidungen des BVerwG von 1953–1997 finden sich nach Zeitpunkt des Erlasses geordnet mit Angabe des Aktenzeichens und Stichwort aufgelistet im Projekt GLAW der Universität Würzburg. Einige wenige ausgewählte Entscheidungen sind im Volltext erhältlich.

Entscheidungssammlung VG Frankfurt

@@@ – http://www.rz.uni-frankfurt.de/vg-frankfurt/
Eine Leitsatzdatenbank der Rechtsprechung des Verwaltungsgerichts Frankfurt mit der Möglichkeit der Volltextrecherche findet man auf dieser Internet-Seite der Universität Frankfurt. Die Benutzung der Rechtsprechungsdatenbank ist dank des leicht zu handhabenden Suchinterface einfach. Derzeit sind 13 Entscheidun-

gen im Volltext (Stand 06.12.1999) veröffentlicht. Gibt man in die Suchmaske „Index-Suche" das Wort „Volltext" ein, erhält man eine Liste aller im Volltext vorhandenen Entscheidungen.

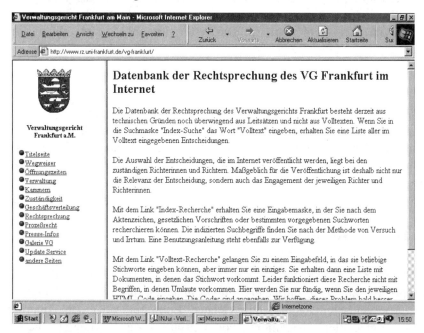

Pressemitteilungen BVerwG (seit 1995)

– http://www.jura.uni-sb.de/Entscheidungen/Bundesgerichte/ @
Ausgewählte Pressemitteilungen des Bundesverwaltungsgerichts seit 1999 sind auf den Seiten des juristischen Internetprojekts Saarbrücken abrufbar. Der Stand der letzten Aktualisierung ist angegeben.

Pressemitteilungen OVG Nordrhein-Westfalen

– http://www.jura.uni-muenster.de/ovg/Presse/presse.htm @@
Auf diesen Internet-Seiten der juristischen Fakultät der Universität Münster finden sich Pressemitteilungen des Oberverwaltungsgerichts für das Land Nordrhein-Westfalen seit 1996.

Pressemitteilungen Verwaltungsgericht Mainz

– http://www.vgmainz.rlp.de/ @
Ausgewählte Presse- und Entscheidungsmitteilungen beginnend mit dem Jahr 1999 finden sich auf den Internet-Seiten des Verwaltungsgerichts Mainz. Die Mitteilungen sind nach dem Datum ihres Erlasses und nach Stichworten aufgelistet.

Pressemitteilungen Verwaltungsgerichte Baden-Württemberg

– http://www.justiz.baden-wuerttemberg.de/vg/aktuelles.html @
Auf dem Server der Justiz Baden-Württemberg sind die Pressemitteilungen der Verwaltungsgerichte seit 1997 verfügbar.

Pressemitteilungen VerwGH Nordrhein-Westfalen

@ – http://www.jura.uni-muenster.de/vgh/Presse/presse.htm
Die Pressemitteilungen des Verwaltungsgerichtshofs für das Land Nordrhein-Westfalen sind auf diesen Seiten der juristischen Fakultät der Universität Münster ab dem Jahr 1994 abrufbar. Durch die Angabe der jeweiligen Fundstelle können die Urteile bei Bedarf recherchiert werden.

Pressemitteilungen VGH Baden-Württemberg (seit 1997)

@ – http://www.jura.uni-sb.de/Entscheidungen/VGH_BW/index.html
Ausgewählte Pressemitteilungen des Verwaltungsgerichtshofs von Baden-Württemberg ab dem Jahr 1997 sind aufgelistet auf den Seiten des juristischen Internetprojekts der Universität Saarbrücken. Der Stand der letzten Aktualisierung ist angegeben.

3.1.2.32 Vormundschaftsrecht

Leitsatzsammlung JurPage

@ – http://privat.schlund.de/j/jurpage/vorm/vormmenu.htm
Zum Vormundschaftsrecht stellt Klaus Berneiser auf den Internet-Seiten „JurPage" eine kleine Sammlung von Leitsätzen zur Verfügung. Die Entscheidungen sind nach Stichwörtern abrufbar. Ferner sind angegeben das Datum und Gericht, die einschlägige Rechtsprechung und die entsprechende Literaturfundstelle. Über den Stand der letzten Aktualisierung der Sammlung wird informiert, neu in das Verzeichnis aufgenommene Entscheidungen werden gekennzeichnet.

3.1.2.33 Wettbewerbsrecht

Urteilssammlung Wettbewerbsrecht

@@@ – http://www.rechtplus.de/urteile/_wettbewerbsrecht.htm
Derzeit über 280 Urteile (Stand 18.11.99) zum Wettbewerbsrecht können auf den Internet-Seiten der Jucom Rechtsinformationssysteme GmbH abgerufen werden. Nach Stichwörtern aufgelistet, wie z. B. „Zugabe, Vielfliegerbonus", ist eine Kurzbeschreibung, teilweise das Datum und das Aktenzeichen der Entscheidung sowie eine Literaturangabe, in welcher Zeitschrift das Urteil besprochen wurde, erhältlich. Der Stand der letzten Aktualisierung der Entscheidungssammlung ist angegeben.

3.1.2.34 Wirtschaftsrecht

Entscheidungssammlung Rechnungswesen und Controlling

@ – http://haufe.de/svc/urtl/svc_urtl_main.asp?tn=6
Eine kleine Urteilssammlung, geordnet nach Stichworten wie z. B. „Berichtigung fehlerhafter Bilanzansätze" zu Rechnungswesen und Controlling findet sich auf

RECHTSPRECHUNG/NATIONAL

Einzelne Rechtsgebiete   Zivilrecht

den Internet-Seiten des Haufe Verlags. Die Urteile sind versehen mit Gerichtsangabe, Aktenzeichen, Datum und Kurzzusammenfassungen, Leitsätzen und/oder im Volltext.

Entscheidungssammlung zur betrieblichen Praxis

- http://haufe.de/svc/urtl/svc_urtl_main.asp?tn=1   @
  Von „Haftungsbeschränkung einer GbR" bis hinzu „Betriebsunterbrechung im Rahmen von Gaststättenbewirtschaftung" ist eine kleine Sammlung von Urteilen zur betrieblichen Praxis mit Kurzzusammenfassungen, Leitsätzen und/oder im Volltext unter Angabe des Gerichts, Aktenzeichens und Datums auf den Internet-Seiten des Haufe Verlags veröffentlicht.

Urteilssammlung RECHTplus

- http://www.rechtplus.de/urteile/_wirtschaftsrecht.htm   @@@
  Von „Abbuchungsverfahren, Beweislast" bis „Zwangsvollstreckung, Rechtsgeschäfte" findet sich auf den Internet-Seiten der Jucom Rechtsinformationssysteme GmbH eine umfangreiche Sammlung von derzeit ca. 620 Urteilen rund um das „Wirtschaftsrecht" (Stand 18.11.99). Die Urteile sind dabei nach Stichworten aufgelistet. Erhältlich ist eine Kurzbeschreibung, Datum und Aktenzeichen der Entscheidung sowie eine Literaturangabe, in welcher Zeitschrift das Urteil besprochen wurde. Der Stand der letzten Aktualisierung der Datenbank ist angegeben.

3.1.2.35 Zivilrecht

Entscheidungssammlung Franchiserecht

- http://www.franchiserecht.de/   @@@
  Das Forum Franchiserecht ist eine Einrichtung des Deutschen Franchise Nehmer Verbandes e.V. (DFNV). Auf seinen Internet-Seiten finden sich in der Rubrik „Recht" verschiedene Datenbanken zum Franchiserecht. So findet sich z. B. eine Entscheidungssammlung zum Franchiserecht, aufgelistet nach Gericht, Datum, Aktenzeichen und Stichwörtern. Teilweise sind die Entscheidungen nur als Leitsatz abrufbar, zum Teil aber auch im Volltext mit Kürzungen und/oder mit Hinweisen der Redaktion. Eine weitere Datenbank beinhaltet sonstige Entscheidungsnachweise zum Franchiserecht mit Verweisen auf Fundstellen. Die darin blau markierten Entscheidungen stehen mit Entscheidungsgründen in der Entscheidungssammlung, die rot markierten Entscheidungen sind dort mit Leitsätzen verfügbar. Auf der Homepage wird unter „Recht aktuell" zusätzlich auf neue Entscheidungen hingewiesen.

RECHTSPRECHUNG/NATIONAL

Zivilrecht Einzelne Rechtsgebiete

Entscheidungssammlung Kanzlei Alavi &. Koll

@ – http://www.afs-rechtsanwaelte.de/urteile.htm#Allgemeines
Eine kleine Sammlung von Urteilen zum allgemeinen Zivilrecht mit Tatbestand und Entscheidungsgründen, sowie mit eigenen Leitsätzen versehen, stellt die Kanzlei Alavi & Koll. auf ihren Kanzleiseiten bereit. Abgerufen werden können die Urteile nach Stichwörtern („Bruce Springsteen") und Gericht. Angegeben sind jeweils auch Aktenzeichen und Datum der Entscheidung. Neu eingestellte Urteile sind gekennzeichnet.

Leitsatzsammlung Hunderecht

@@@ – http://www.geocities.com/~german-k-9/recht.htm#inhalt
Eine Sammlung von Leitsätzen mit Aktenzeichen rund um das Thema Hunde von „Hundehaltung in Mietwohnung" bis „Streitwert Wohnungshund" findet sich auf diesen Internet-Seiten der Firma Amarok.

Leitsatzsammlung Verbraucher

@@@ – http://www.wdr.de/tv/recht/rechtneu/rn9901/rn0700s.htm
Derzeit ca. 520 Urteile in Leitsätzen (Stand 18.11.99), von der Redaktion ARD Ratgeber Recht aufbereitet, können nach Stichwörtern (z. B. „Die 500 besten Anwälte", „Niedrige Handy-Preise") geordnet von den Seiten des WDR Köln abgerufen werden. Die Darstellung ist übersichtlich und enthält neben dem Leitsatz das Aktenzeichen, Datum und Zeitpunkt des Einstellens in die Datenbank.

Leitsatzsammlung Versicherung

@@@ – http://www.wdr.de/tv/recht/rechtneu/rn9901/rn0500s.htm
Auf den Internet-Seiten des WDR Köln können ca. 180 Entscheidungen (Stand 18.11.99) rund um den Bereich „Versicherung" abgerufen werden. Die Urteile

sind von der Redaktion Ratgeber Recht nach Stichwörtern geordnet (z. B. „Nachtrunk nach Unfall", „Mehrtägiges Parken in Italien") und unter Angabe von Aktenzeichen und Datum in Leitsätzen zusammengefaßt. Ferner ist der Zeitpunkt der Einstellung in die Sammlung angegeben.

Leitsatzsammlung Vertragsrecht

- http://www.mdr.ovs.de/recht.htm @
Der Verlag Dr. Otto Schmidt stellt auf der Homepage der Zeitschrift MDR (Monatsschrift für Deutsches Recht) einige Urteile zum Vertragsrecht in Leitsätzen zum Abruf bereit. Neben dem Leitsatz sind die einschlägigen Rechtsvorschriften, das Aktenzeichen, Gericht und Datum der Entscheidung angegeben.

Urteilssammlung Kaufen und Kleingedrucktes

- http://focus.de/E/EG/eg.htm?sernr=0005 @@
Urteile zum Themenbereich „Geschäftsbedingungen" mit Kurzbeschreibungen und Aktenzeichen, nach dem Zeitpunkt ihres Erlasses geordnet, finden sich in der Urteilsdatenbank des Magazins Focus. In der Rubrik „Sonstiges" erhält man Urteile querbeet zur Handy-Werbung, zum Rechtsrat am Telefon usw.

Urteilssammlung Versicherungen

- http://focus.de/E/EG/eg.htm?sernr=0005 @@
Urteile wie z. B. zur Problematik des Kasko-Versicherungsschutzes („Die Hasenfalle" und „Kein Schutz, wenn ein Kind im Auto den Schnuller braucht") finden sich in der Urteilsdatenbank von Focus in der Rubrik „Auto" mit Kurzbeschreibung, Aktenzeichen und nach dem Zeitpunkt des Erlasses geordnet. Weitere Rubriken sind: „Unfall", „Krankheit", „Rente", „Arbeitslosigkeit", „Hausrat" und „Sonstiges".

Urteilssammlung zum Räumen und Streuen

- http://www.compuserve.de/recht/ressort1/winter.html @
Jedes Jahr bescheren vereiste und verschneite Fußwege den Juristen jede Menge Arbeit in Form von Schadensersatz- und Schmerzensgeldansprüchen von Passanten oder Hausbewohnern, die sich bei Stürzen verletzen. Rechtzeitig zum Wintereinbruch 1999 hat der Deutsche Mieterbund in Köln auf den Internet-Seiten von CompuServe die wichtigsten Urteile zusammengefasst, wie z. B.: Wer muss räumen oder streuen? Wo und wann muss geräumt oder gestreut werden?

3.2 International

Entscheidungssammlung französischer oberster Gerichte

- http://www.legifrance.gouv.fr/citoyen/index.ow @@@
Auf den Internet-Seiten von Legifrance werden die aktuellen Entscheidungen der obersten französischen Gerichte im Volltext veröffentlicht. Es finden sich aber auch viele ältere Gerichtsurteile. Die Sammlung ist in französischer, teilweise aber auch in deutscher, englischer, spanischer und italienischer Sprache verfügbar.

RECHTSPRECHUNG

International

Entscheidungssammlung italienisches Verfassungsgericht und Oberster Kassationshof

@@@ – http://www.giustizia.it/cassazione/giurisprudenza/giuris.html

Eine Auswahl wichtiger Entscheidungen des italienischen Verfassungsgerichts sowie des obersten Kassationshofs im Volltext ist auf den Internet-Seiten des italienischen Justizministeriums in der Rubrik „Banca die Cassazione" übersichtlich veröffentlicht. Aufgelistet sind die Entscheidungen in chronologischer Reihenfolge. Neu eingestellt Entscheidungen sind gekennzeichnet. Die Entscheidungen stehen nur in der Landessprache zur Verfügung.

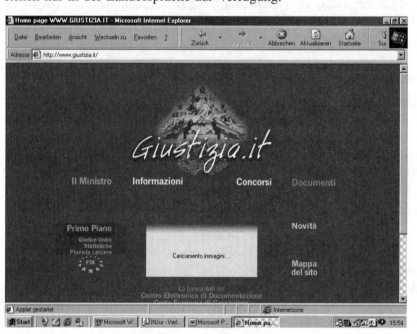

Entscheidungssammlung österreichische Judikatur

@@@ – http://www.ris.bka.gv.at/

Seit Juni 1997 kostenlos im Internet verfügbar sind wesentliche Teile des österreichischen verwaltungsinternen Rechtsinformationssystems (RIS). In verschiedenen Datenbanken wird vom Bundeskanzleramt u. a. folgende Judikaturdokumentationen sowohl als Rechtssätze als auch im Volltext angeboten: die Entscheidungen des Verfassungsgerichtshofs fast vollständig seit 1980, die Entscheidungen des Verwaltungsgerichtshofs fast vollständig seit 1990 sowie wesentliche Urteile davor, die Entscheidungen des unabhängigen Verwaltungssenats mit der Judikatur der neun unabhängigen Verwaltungssenate mit ausgewählten Urteilen seit 1991, die Entscheidungen des unabhängigen Bundesasylsenats mit ausgewählten Urteilen seit 1998, die Entscheidungen des Umweltsenats und die Entscheidungen des Bundesvergabeamtes und der Bundesvergabekontrollkommission in der Datenbank „Vergabekontrolle". Mittels einer „Gesamtabfrage" kann in allen Datenbanken gesucht werden.

RECHTSPRECHUNG
International

Entscheidungssammlung schweizer Bundesgerichtsentscheide

– http://www.eurospider.ch/BUGE/ @@@
Zugriff auf die Bundesgerichtsentscheide der Jahre 1975 bis 1999 im Volltext in Deutsch, Englisch und Italienisch erhält man auf dem Server der Eurospider Information Technology AG, einer Spin-Off-Firma der ETH Zürich. Die Firma wurde gegründet zur Kommerzialisierung des Informationssuchsystems, entwickelt unter Leitung von Prof. Peter Schäuble. Nach den Entscheidungen kann auf unterschiedliche Weise recherchiert werden. Zur Verfügung steht zum einen eine Volltextsuche, außerdem können die Entscheidungen über das Gesetzesregister 111–120 und 121 ff. oder über ein Stichwortverzeichnis zu diesen Registern abgerufen werden. Als dritte Möglichkeit besteht Zugriff auf die Urteile über den Index 101–125 indem man den gewünschten Band anklickt. Seit März 1999 ist die Suchfunktion verbessert. Man kann die Volltextsuche auf die Leitsätze (Regesten) und/oder eine bestimmte Zeitperiode einschränken oder nach einer Artikelreferenz recherchieren. Außerdem besteht die Möglichkeit, die Anzeige der Suchresultate auf die Leitsätze zu beschränken. Die Entscheidungssammlung wird regelmäßig aktualisiert.

RECHTSPRECHUNG
International

Fachbeiträge

4.1	Fachbeitragssammlungen allgemein	265
4.2	Fachbeiträge einzelner Rechtsgebiete	267
4.2.1	Abfallrecht	267
4.2.2	Anwaltliches Berufsrecht	268
4.2.3	Arbeitsrecht	270
4.2.3.1	Umfangreiche Fachbeitragssammlungen	270
4.2.3.2	Einzelne Fachbeiträge	271
4.2.3.2.1	Beendigung von Arbeitsverhältnissen	271
4.2.3.2.2	Geringfügige Beschäftigung	272
4.2.3.2.3	Scheinselbstständigkeit	273
4.2.3.2.4	Telearbeit	275
4.2.3.2.5	Sonstiges	277
4.2.4	Ausländerrecht	278
4.2.5	Bankenrecht	279
4.2.6	Baurecht	279
4.2.7	Betreuungsrecht	281
4.2.7.1	Umfangreiche Fachbeitragssammlungen	281
4.2.7.2	Einzelne Fachbeiträge	282
4.2.8	Bodenschutzrecht	282
4.2.9	Darlehens- und Kreditsicherungsrecht	283
4.2.10	Datenschutzrecht	283
4.2.10.1	Umfangreiche Fachbeitragssammlungen	283
4.2.10.2	Einzelne Fachbeiträge	284
4.2.11	EDV-Recht	285
4.2.11.1	Umfangreiche Fachbeitragssammlungen	285
4.2.11.2	Einzelne Fachbeiträge	286

4.2.12	Energierecht	289
4.2.13	Erbrecht	289
4.2.14	Euro	290
4.2.15	Familienrecht	291
4.2.15.1	Umfangreiche Fachbeitragssammlungen	291
4.2.15.2	Einzelne Fachbeiträge	291
4.2.16	Gesellschaftsrecht	292
4.2.16.1	Umfangreiche Fachbeitragssammlungen	292
4.2.16.2	Einzelne Fachbeiträge	292
4.2.17	Gesundheits- und Pflegerecht	293
4.2.17.1	Umfangreiche Fachbeitragssammlungen	293
4.2.17.2	Einzelne Fachbeiträge	293
4.2.18	Gewerblicher Rechtsschutz	294
4.2.18.1	Umfangreiche Fachbeitragssammlungen	294
4.2.18.2	Einzelne Fachbeiträge	295
4.2.19	Internationales Recht	295
4.2.20	Immobilienrecht	296
4.2.21	Judikative	296
4.2.22	Kaufrecht	296
4.2.23	Kommunalrecht	297
4.2.24	Konkurs- und Insolvenzrecht	298
4.2.24.1	Umfangreiche Fachbeitragssammlungen	298
4.2.24.2	Einzelne Fachbeiträge	299
4.2.25	Kryptografie	300
4.2.25.1	Umfangreiche Fachbeitragssammlungen	300
4.2.25.2	Einzelne Fachbeiträge	301
4.2.26	Medizinrecht	301
4.2.27	Mietrecht	301

4.2.28	Öffentliches Recht	302
4.2.29	Polizei- und Ordnungsrecht	304
4.2.30	Produkthaftung	305
4.2.31	Prozessrecht	305
4.2.32	Recht der neuen Medien	307
4.2.32.1	Umfangreiche Fachbeitragssammlungen	307
4.2.32.2	Einzelne Fachbeiträge	308
4.2.32.2.1	Domain-Namen	308
4.2.32.2.2	E-Commerce	309
4.2.32.2.3	Haftung	310
4.2.32.2.4	Online-Auktionen	312
4.2.32.2.5	Online-Vertrag	313
4.2.32.2.6	Urheberrecht	313
4.2.32.2.7	Sonstiges	314
4.2.33	Reiserecht	317
4.2.34	Sozialrecht	318
4.2.34.1	Umfangreiche Fachbeitragssammlungen	318
4.2.34.2	Einzelne Fachbeiträge	318
4.2.35	Steuerrecht	319
4.2.35.1	Umfangreiche Fachbeitragssammlungen	319
4.2.35.2	Einzelne Fachbeiträge	319
4.2.36	Strafprozessrecht	323
4.2.37	Strafrecht	324
4.2.37.1	Umfangreiche Fachbeitragssammlungen	324
4.2.37.2	Einzelne Fachbeiträge	324
4.2.38	Telekommunikationsrecht	327
4.2.38.1	Umfangreiche Fachbeitragssammlungen	327
4.2.38.2	Einzelne Fachbeiträge	327
4.2.39	Umweltrecht	328

4.2.40	Urheberrecht	329
4.2.40.1	Umfangreiche Fachbeitragssammlungen	329
4.2.40.2	Einzelne Fachbeiträge	329
4.2.41	Vereinsrecht	330
4.2.42	Verfassungsrecht	330
4.2.43	Verkehrsrecht	331
4.2.43.1	Umfangreiche Fachbeitragssammlungen	331
4.2.43.2	Einzelne Fachbeiträge	333
4.2.44	Versicherungsrecht	334
4.2.45	Völkerrecht	335
4.2.46	Wettbewerbsrecht	335
4.2.46.1	Umfangreiche Fachbeitragssammlungen	335
4.2.46.2	Einzelne Fachbeiträge	335
4.2.47	Wirtschaftsrecht	337
4.2.48	Zwangsvollstreckung	337
4.2.49	Sonstiges	337

FACHBEITRÄGE

Allgemein

4 Fachbeiträge

4.1 Fachbeitragssammlungen allgemein

CompuServe Recht und Steuern

– http://www.compuserve.de/recht/ressort1/ @@@
Der Business-Provider CompuServe wartet mit einem umfangreichen juristischen Angebot auf. Zu vierzehn Rechtsgebieten (Arbeits-, EDV-, Multimedia-, Steuer- und Wettbewerbsrecht, Tax, Öffentliches Recht, Versicherungsrecht, Mergers and Acquisitions, Europa-, Telekommunikations- und Gesellschaftsrecht, U.S. Telecom/IT Law, Medizin- und Lebensmittelrecht) werden Fachbeiträge aus der Praxis angeboten, zusätzlich gibt es eine Rubrik „Aktuelle Praxisbeiträge". Weitere Hinweise (wie ein „Link der Woche" oder eine sonstige Nachricht) runden den Einstieg in den Bereich „Recht und Steuern" ab. Die Beiträge werden von Autoren eingestellt, die überwiegend sehr renommierten Kanzleien angehören. Informationen zum jeweiligen Autor und zur Kanzlei sind nur einen Klick entfernt. Nützlich ist auch das Archiv, in dem Beiträge aus den vergangenen Monaten, nach Rechtsgebiet und Datum sortiert, eingestellt sind. Alle Information ist kostenlos.

Cybercourt

– http://www.cybercourt.de/control.htm @@@
Auf den Internet-Seiten der IT/Legal Group/Rechtsanwälte Heuking, Kühn, Heussen, Woitek in München stehen informative Dokumente hauptsächlich zu den Themenbereichen Internet- und EDV-Recht zur Verfügung. So sind beim Online-Recht z. B. Beiträge zum E-Commerce, zur Domain .com bei Städtenamen, zu Unterlassungsansprüchen des Markeninhabers bei registrierten Domains, zur Produkthaftung für Internet-Angebote und viele weitere Beiträge abrufbar. Informationen zum rechtlichen Qualitätsmanagement, zur Haftung für

FACHBEITRÄGE

Allgemein

Software, zum Jahr-2000-Problem und Fragen zum Lizenzrecht stehen neben weiteren rechtlichen Beiträgen unter dem Stichwort „EDV-Recht" zur Verfügung. Dem Jahr 2000 ist zusätzlich eine eigene Rubrik gewidmet. Neu eingestellte Beiträge sind außerdem in der Rubrik „Aktuelles" einsehbar. Neben dem IT-Recht stehen Dokumente aus anderen Rechtsgebieten bereit, so z. B. rechtliches Risikomanagement, Zusammenarbeit zwischen Unternehmensberatern und Rechtsanwälten, Haftungsrisiken des GmbH-Geschäftsführers, Altlastenhaftung nach dem neuen Bundesbodenschutzgesetz und rechtliches Projektmanagement für Bauvorhaben. Informieren kann man sich auch über Cybercourt, ein privates Schiedsgericht, das sich zum Ziel gesetzt hat, bei rechtlichen Streitigkeiten aus dem Bereich der Informationstechnologie zu vermitteln. Umfangreiche Informationen zu Venture-Capital und Mediation in Unternehmen vervollständigen das Internet-Angebot. Im Aufbau ist zur Zeit die Rubrik Mergers & Aquisition. Die Seiten werden regelmäßig aktualisiert und neue Beiträge eingestellt.

Diskussionsforum DAV

@@ – http://www.anwaltverein.de/

Im Diskussionsforum des Deutschen Anwaltvereins unter Federführung von Dr. Leupold LL.M. und Dr. Bräutigam aus der Kanzlei Nörr Stiefenhofer & Lutz können derzeit ca. 20 Beiträge zum Strafrecht, Medienrecht, Datenschutzrecht, Urheberrecht und allgemeinen Zivilrecht eingesehen werden. Leider wurde der letzte Beitrag bereits am 22.01.99 eingestellt.

Forum Deutsches Recht

@@ – http://www.recht.de/

Auf dem Server „Forum Deutsches Recht" des Rechtsanwaltes Achim Stamm, Bad Nauheim, besteht die Möglichkeit, Diskussionsbeiträge zu ca. 30 Rechtsgebieten zu schreiben und einzusehen. Neue Rubriken sind Leasing-, Luft-, Miet-, Reise-, Renten- und Scheidungsrecht. Teilweise werden die Foren von Rechtsanwälten betreut. Der Index Recht bietet alphabetisch nach Rechtsgebieten geordnet umfangreiche Verweise auf weitere Internet-Seiten zu über 50 Rechtsgebieten. Dabei ermöglicht eine eigene Suchmaschine das gezielte Auffinden der gewünschten Information. Die aktuellen Meldungen geben einen Überblick über Informationen aus den Bereichen Politik, Wirtschaft und Recht.

Kanzlei Hök

@@@ – http://www.dr-hoek.de/fachinfo.htm

Auf den Internet-Seiten der Kanzlei Hök stehen juristische Fachinformationen, vor allem zum Thema Grundstückserwerb im In- und Ausland, zum Baurecht und Internationalen Privatrecht zur Verfügung. Hier finden sich Beiträge von Rechtsanwalt Dr. Götz-Sebastian Hök, Lehrbeauftragter an der FHTW, Berlin, zum zivilen Baurecht, zur Vollstreckung in Deutschland und in Spanien, zum Europa-Recht, zur grenzüberschreitenden Forderungseintreibung, zu den Besonderheiten beim Grundstückserwerb in den neuen Bundesländern, zur konsularischen Tätigkeit, zur Verbraucherinsolvenz und zum Internationalen Privatrecht. Die einzelnen Beiträge sind sehr detailliert und umfangreich. Eine Rechtsprechungsdatenbank zum Bau- und Grundstücksrecht und Internationalen Privatrecht ist zur Zeit im Aufbau. Die Internet-Seiten werden regelmäßig überarbeitet.

FACHBEITRÄGE

Einzelne Rechtsgebiete   Abfallrecht

PFIFF Personalrechtsdatenbank

– http://www.sbb.aok.de/cgi-bin/cnt   @@@
  Daß sich hinter den fünf Gliederungspunkten Sozialversicherungsrecht, Steuerrecht, Arbeitsrecht-Texte und -Urteile sowie Gesetze und Vorschriften eine Datenbank mit 17.000 Dokumenten verbirgt, darunter eine riesige Sammlung an Fachtexten, würde man bei dem unscheinbaren Auftritt der PFIFF Personalrechtsdatenbank, einer Initiative der Stiftung AOK, nicht vermuten. Beispielsweise findet man unter der Rubrik „Arbeitsrecht-Texte" die Untergliederung nach „Grundbegriffe", „Arbeitnehmerähnliche Personen", „Berufliche Gliederung der Arbeitnehmer", „Arbeit und Angestellte", „Leitende Angestellte", „Arbeitnehmer im öffentlichen Dienst", „Die zu ihrer Berufsausbildung beschäftigten Personen", „Arbeitgeber", „Betrieb und Unternehmen". Unter dem Bereich „Grundlagen" findet man dann über 50 Einzelfälle von Arbeitnehmern, wie z. B. Croupier, Fußballer, Toilettenpächter etc.. Daneben ist eine Stichwortsuche mit Hilfe einer Suchmaschine möglich.

RECHTplus – RechtsTipps

– http://www.rechtplus.de/Tipps/index.html   @@
  Auf den Internet-Seiten von RECHTplus, einem Internet-Projekt der Firma Jucom Rechtsinformationssystem und der Agentur Svarovski, ist unter der Rubrik „Rechtstipps" eine Sammlung von derzeit ca. 350 Kurzbeiträgen (Stand 18.11.99). Die Beiträge u.a. zu den Bereichen Arbeits-, Verkehrs-, Wirtschafts-, Wettbewerbs-, Familien- und Erbrecht, Computer und EDV, Reise & Tourismus, Steuer- und Mietrecht stammen alle aus der Feder von Rechtsanwalt Thomas Moosmüller. Diese richten sich vorwiegend an den juristischen Laien, geben aber auch dem Profi einen schnellen Überblick in die jeweilige Rechtsmaterie.

Verlag Recht und Praxis

– http://www.vrp.de/archiv/beitrag/index.htm   @@
  Auf den Internet-Seiten des Verlags Recht und Praxis stehen im Bereich „Archiv" alle beim Verlag veröffentlichten Pressemitteilungen sowie die früheren Ausgaben der elektronischen Zeitschriften „Recht und Praxis Digital" und „Steuern Online" zur Verfügung. Weiterhin werden in unregelmäßigen Abständen informative Beiträge, auch zu sehr aktuellen juristischen Themen, veröffentlicht. Das Archiv reicht zurück bis März 1998.

4.2 Fachbeiträge einzelner Rechtsgebiete
4.2.1 Abfallrecht

Abfallverwertung

– http://www.compuserve.de/recht/ressort1/oerecht/oerecht16.html   @@
  „Was bedeutet Abfallverwertung?" fragt Dr. Clemans Weidemann in seiner Kommentierung des Gerichtsurteils zum sog. Bergversatz. Nur wenn geplante Entsorgungsmaßnahmen gesetzliche Anforderungen erfüllen, darf der jeweilige Besitzer seinen Abfall privatwirtschaftlich entsorgen. Gegenstand des Artikels ist der Fall eines Salzbergwerkes. Der Beitrag ist auf dem Stand Februar 1999.

4.2.2 Anwaltliches Berufsrecht

Anwalt und Marketing: Strategien zur Mandantengewinnung

@ – http://www.benten.de/csg/pub/f4010_de.html
Da die Märkte auch für die Anwaltschaft immer enger werden, motiviert der Unternehmensberater Dr. phil. rel. Heinz G. Benten in seinem Beitrag „Anwalt und Marketing" zur kreativen Mandatengewinnung. Darin beschreibt er, wie das Leitbild, Leistungsprofil, Ambiente, Größe, Ansehen, Personalstruktur und Organisation der Kanzlei zu einer erfolgreichen Werbebotschaft zusammenfasst werden können. Ausgehend von den rechtlichen Rahmenbedingungen liefert dieser Aufsatz einige hilfreiche Denk- und Handlungsansätze, wie z. B. bei der Suche nach der optimalen Werbung, den Werbeeffekten des Anwaltsschreibens, zur eigenen Homepage u. v. m. (Stand 15. Mai 1999).

Anwaltswerbung auf der Homepage

@ – http://www.tyskret.com/ra-werb.htm
Ist ein Gästebuch auf der Homepage eines Anwalts erlaubt? Dürfen dort Umsatzzahlen angegeben werden? Diesen und weiteren Fragen zur anwaltlichen Werbung im Internet auf der Grundlage des § 43b BRAO widmet sich Rechtsanwalt Dr. Walter Scheuerl auf den Internet-Seiten der Rechtsanwaltskanzlei Sagawe & Klages.

Anwaltswerbung und Rechtsberatung in Internet

@@@ – http://www.fu-berlin.de/jura/netlaw/publikationen/beitraege/ws96-strack01.html
Auf den Seiten der Freien Universität Berlin findet sich der Beitrag „Anwaltswerbung und Rechtsberatung im Internet" von stud. jur. Christian Strack. Der Beitrag, der im Rahmen einer Projektarbeit erstellt wurde, setzt sich mit den standesrechtlichen Anforderungen auseinander, die an den Internet-Auftritt einer Kanzlei zu stellen sind. Es werden die Grundzüge des anwaltlichen Werbeverbots und deren Auswirkungen auf das Internet dargestellt. Der Autor befasst sich dabei auch mit der Konkurrenz durch ausländische Rechtsanwälte auf internationaler Ebene. Weiter wird auf die Rechtsberatung im Internet eingegangen, die wiederum durch standesrechtliche Vorschriften eingeschränkt wird. Der Beitrag stammt aus dem Jahr 1998, ist aber dennoch informativ. Er kann als Word-Dokument downgeloadet werden (66 KB).

Anwaltswerbung und Standesrecht

@@ – http://www.kanzlei.de/rar.htm
Angesichts des großen Online-Booms der letzten Monate gewinnt das Internet immer mehr an Bedeutung für Werbung und Image auch von Freiberuflern. Dabei stoßen sie jedoch auf Probleme mit den zuständigen Vertretern der Berufskammern, die darin teilweise Verletzungen des Standesrechts sehen. Dieser Thematik hat sich die Kanzlei Emmert Schurer Buecking & Koll. in ihrem Beitrag angenommen.

FACHBEITRÄGE

Einzelne Rechtsgebiete | Anwaltliches Berufsrecht

Das anwaltliche Zertifikat für Qualitätsmanagementsysteme

– http://www.advocert.de/action.html @

Auf den Internet-Seiten von AdvoCert wird in der Rubrik „QM-Elemente" eine anwaltskanzleispezifische Interpretation der Anforderungen der DIN EN ISO 9001 für ein Qualitätsmanagementsystem gegeben, wie z. B. zur Kanzlei- und Aktenführung, zu Kooperationen, Fortbildung usw. Die Datei steht im Format Word 6.0 zum Download zur Verfügung. Daneben kann als Hilfe zum Aufbau eines Qualitätsmanagements eine Liste von 50 wichtigen Auditfragen abgerufen werden. Darüber hinaus findet sich unter „Veröffentlichungen" eine Literaturliste zum Thema des Qualitätsmanagements in der Rechtsanwaltskanzlei im weitesten Sinne (Stand Juni 1999). AdvoCert, eine Zertifizierungsgesellschaft für Rechtsanwälte, ist eine Tochter des Deutschen Anwaltverlags & Institut der Anwaltschaft GmbH, die ihrerseits zu je 50 % eine Tochter des Deutschen Anwaltvereins e. V. und der Hans Soldan GmbH ist.

Fachanwalt für Verwaltungsrecht

– http://www.camelot.de/~hera/fachravwr.html @@

Die Einführung der Bezeichnung „Fachanwalt für Verwaltungrecht" sorgte einerseits für Klarheit, zugleich aber auch Rechtsunsicherheit, ausgelöst durch die Beschlüsse des Bundesverfassungsgerichts vom 14.07.1987 und ein Urteil des Bundesgerichtshofs vom 14.05.1990. Deren Inhalte sind jedoch weniger Gegenstand des Beitrages als eine Reihe von Gesetzen zur Änderung des Berufsrechts und Vorschriften der Bundesrechtsanwaltsordnung. Autor dieses sehr langen und im März 1999 veröffentlichten Beitrages ist Dr. Christian Heinze.

Qualitätskanzlei mit Zertifikat

– http://www.benten.de/csg/pub/f5010_de.html @@

Der Unternehmensberater Dr. phil. rel. Heinz G. Benten setzt sich in seinem Beitrag „Die Qualitätskanzlei mit Zertifikat" kritisch mit der Frage auseinander, ob die Zertifizierung nach DIN EN ISO 9001 für das hochwertige Qualitätsmanagement einer Anwaltskanzlei notwendig ist. Der Autor stellt den personellen und wirtschaftlichen Aufwand einer Zertifizierung dar. Die rechtlichen Probleme, z. B. Auswirkungen auf die anwaltliche Verschwiegenheitspflicht, die die Inanspruchnahme von Fremdberatern und Zertifizierern mit sich bringt, werden kurz skizziert. Untersucht wird weiter, ob die für die Zertifizierung vorausgesetzten Qualitätsstandards für die Bewertung des Qualitätsmanagements einer Anwaltskanzlei sinnvoll sind und mit dem anwaltlichen Berufsrecht in Einklang stehen.

Qualitätsmanagement für Rechtsanwälte

– http://www.dr-lapp.de/qm.htm @

Der 49. Deutsche Anwaltstag in Frankfurt wurde dominiert von den Fragen „Was ist Qualitätsmanagement?", „Was ist ISO?", „Was ist Zertifizierung?" und „Braucht der Anwalt das?". Den Kurzvortrag zur Mitgliederversammlung des Mannheimer Anwaltsvereins am 14.05.1997 zu den Ergebnissen des Anwaltstages von Dr. Thomas Lapp ist auf dessen Internet-Seiten nachzulesen.

FACHBEITRÄGE

Arbeitsrecht   Einzelne Rechtsgebiete

Rechtsanwaltssozietät

@@@ – http://www.vrp.de/archiv/beitrag/b9800012.htm
Umfangreiche Informationen sowie eine Checkliste zur anwaltlichen Berufsausübung und Kanzleiformen als Sozietät stellt hier Rechtsanwalt Christoph Hamm zur Verfügung. Untergliedert ist der Beitrag in Begriffserklärungen, Voraussetzungen, Rechtsform, Haftung, Sozietätsvertrag und überörtliche Sozietät.

Zertifizierung und Berufsrecht

@@ – http://www.brak.de/aktuelles/qualitaet.html
Wer nicht haften will muß organisieren – nach der Rechtsprechung des BGH zur Anwaltshaftung hat der Anwalt seine Kanzlei so zu organisieren, daß typische Fehler wie Fristversäumnissen nicht vorkommen dürften. Anhand von Beispielen zeigt Rechtsanwalt Dieter Fasel, Memmingen, auf den Internet-Seiten der Bundesrechtsanwaltskammer den Zusammenhang zwischen Qualitätssicherung und Berufsrecht, wie z. B. bei der Verschwiegenheitspflicht und Interessenkollision, auf. Gleichzeitig setzt er sich kritisch mit den Zertifizierungssystem der ISO-Normen auseinander und fordert Qualitätssicherungssysteme, die seiner Ansicht nach dem anwaltlichen Berufsrecht besser entsprechen.

Zertifizierung und Haftung

@@ – http://www.brak.de/aktuelles/zertifiz.html
Rechtsanwalt und Notar Bernd Häusler, Berlin, setzt sich in diesem Beitrag mit Fragen der Zertifizierung und Anwaltshaftung auf den Internet-Seiten der Bundesrechtsanwaltskammer auseinander.

4.2.3 Arbeitsrecht
4.2.3.1 Umfangreiche Fachbeitragssammlungen

Kanzlei Bender, Zahn, Tigges

@@ – http://www.bender-zahn-tigges.de/deutsch/arbeitsrecht/arbeitsrecht.html
Mehrere arbeitsrechtliche Abhandlungen stehen auf den Internet-Seiten der Kanzlei Bender, Zahn, Tigges zur Verfügung. Derzeit sind zu folgenden Themen Beiträge abrufbar: 630-DM-Job, Scheinselbstständigkeit, betriebsbedingte Kündigung, Nachweis bei krankheitsbedingter Arbeitsunfähigkeit, Arbeitsunfähigkeitsbescheinigung bei Erkrankung im Ausland und ordentliche Kündigung bei Arbeitsunfähigkeit eines Arbeitnehmers.

PFIFF Personalrechtsdatenbank

@@@ – http://www.sbb.aok.de/cgi-bin/cnt
Die PFIFF Personalrechtsdatenbank bietet auf ihren Internet-Seiten unter der Rubrik „Arbeitsrecht-Texte" eine äußerst umfangreiche Sammlung von Fachbeiträgen mit Literatur- und Rechtsprechungshinweisen. Die Rubrik untergliedert sich in „Grundbegriffe", „Besondere Formen des Arbeitsverhältnisses", „Pflichten aus dem Arbeitsvertrag", „Arbeitsvergütung", „Arbeitszeit", „Urlaub", „Be-

FACHBEITRÄGE

Einzelne Rechtsgebiete Arbeitsrecht

sondere Arbeitsverhältnisse" und „Beendigung des Arbeitsverhältnisses". Mittels einer Suchmaschine kann auch nach einzelnen Begriffen gesucht werden.

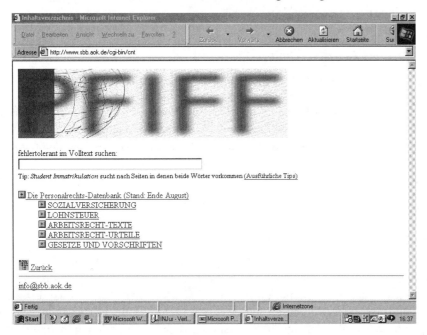

4.2.3.2 Einzelne Fachbeiträge
4.2.3.2.1 Beendigung von Arbeitsverhältnissen

Abfindungsanrechnung

– http://home.t-online.de/home/0405110370/artikel.htm   @

Von Manfred Confurius, Rechtsanwalt aus Hamburg, stammt der Beitrag zum Thema „Anrechnung von Abfindungen aus Aufhebungsverträgen auf andere Abfindungen". Er kommt darin zu dem Schluss, daß eine gegenseitige Anrechnungsmöglichkeit nur dann anzunehmen ist, wenn zweifelsfrei feststeht, daß die Abfindungsleistungen identischen Zwecken dienen.

Anrechnung der Abfindung auf Arbeitslosengeld

– http://www.vrp.de/archiv/rupdig/mai97/beitrag/bt050.htm   @

Durch das Gesetz zur Änderung von Fördervoraussetzungen im AFG vom 18.12.92 war ein neuer § 117 a AFG eingeführt worden, der den Gesamtkomplex weiter rechtlich kompliziert und die Vergleichsspielräume verengt hat. Dr. Ulrich Seibert versucht, Licht in das rechtliche Dunkel zu bringen. Der Beitrag, ein Auszug aus dem Praxishandbuch Arbeitsrecht" von Düwel/Rieble/Weyand, Verlag Recht und Praxis, wurde online im Mai 1997 veröffentlicht.

Aufhebungsverträge

– http://www.compuserve.de/recht/ressort1/arbeitsrecht/arbeit6.html   @@

„Werden Aufhebungsverträge unbezahlbar?", fragt Markus Künzel und vermutet, wenn die geplanten Änderungen wie im Referentenentwurf des Steuerent-

FACHBEITRÄGE

Arbeitsrecht   Einzelne Rechtsgebiete

lastungsgesetzes auch verabschiedet werden, wird dies zu gravierenden Veränderungen bei der Abwicklung von Arbeitsverhältnissen führen. Eingestellt wurde der Artikel im November 1998.

Beendigung des Arbeitsverhältnisses

@@ — http://www.sbb.aok.de/cgi-bin/cnt?3623?4376#4377
Die Kündigung steht gewöhnlich am Ende eines Arbeitsverhältnisses. Auf den Internet-Seiten der PFIFF-Personalrechtsdatenbank finden sich umfangreiche Informationen zu den verschiedenen Formen (personenbedingte, verhaltensbedingte, betriebsbedingte, außerordentliche, solche von Auszubildenden, Wehr- und Zivildienstleistenden sowie Schwerbehinderten etc.). Die Themen Kündigungsfristen, Kündigungserklärung, Kündigungsschutzprozess, Betriebsratsbeteiligung sowie Personalakte/Zeugnis werden gesondert behandelt.

Kündigungsschutz

@@ — http://www.compuserve.de/recht/ressort1/arbeitsrecht/arbeit8.html
„Kündigungsschutz – Zurück in die Vergangenheit", so die Überschrift dieses Beitrages von Christopher Melms. Zunächst fragt man sich, ob das Fragezeichen am Ende des Titels vergessen wurde, ob es sich also bei der kleinen Abhandlung um eine positive oder negative Beantwortung einer solchen handelt. Dies ist nicht der Fall: In sechs kurzen Abschnitten wird dargelegt, inwiefern die zu Jahresbeginn erfolgten Änderungen den Stand von 1996 wiederherstellen. Eingestellt wurde der Beitrag im Februar 1999.

4.2.3.2.2 Geringfügige Beschäftigung

„Das Ende der Kleinverdiener" – die Neuregelung der 630-Mark-Verträge

@@ — http://www.compuserve.de/recht/ressort1/arbeitsrecht/arbeit13.html
Rechtsanwalt Dr. Christopher Melms stellt in seinem Beitrag „Das Ende der Kleinverdiener – die Neuregelung der 630-Mark-Verträge" vom 21.04.1999 kurz und knapp die wichtigsten Neuregelungen und die Konsequenzen für den Arbeitgeber dar: Wann liegt eine geringfügige Beschäftigung nunmehr vor, welche Gestaltungsmöglichkeiten gibt es im Bereich der Rentenversicherung, welche besonderen Beitragspflichten gelten im Rahmen der Kranken-, Arbeitslosen- und Pflegeversicherung und welche steuerlichen Verpflichtungen entstehen?

Geringfügige Beschäftigungsverhältnisse ab 01.04.1999

@@@ — http://www.beck.de/rsw/zeitschr/dstr/Archiv/dstr1799/Blick/wildhirt.htm
Im Volltext ist der Beitrag von Dipl.-Kfm. und StB Bernd Wildhirt „Geringfügige Beschäftigungsverhältnisse ab 01.04.1999" aus der Zeitschrift Deutsches Steuerrecht (DStR) auf den Internet-Seiten des Beck Verlages abrufbar. Darin findet sich ein Überblick über die Neuerungen, insbesondere die gesetzlichen Grundlagen, Änderungen bei der Lohnsteuer (Freistellungsbescheinigung, Pauschalierung, Lohnsteuerkarte, die Auswirkungen auf die Jahreseinkommensteuer der Aushilfen, die wesentlichen Änderungen zum bisherigen Verfahren) und die Änderungen in der Sozialversicherung (volle Sozialversicherungspflicht, Pau-

schalierung, Aufstockung der Rentenbeiträge). Tabellarisch stellt er Fallkonstellationen zu den nunmehr zu entrichtenden Sozialversicherungsabgaben dar und untergliedert nach Aushilfen mit und ohne Hauptbeschäftigung. Schließlich werden die unveränderten Regelungen zur Teilzeitbeschäftigung bei kurzfristiger Beschäftigung und mehreren geringfügigen Beschäftigungen erläutert.

Neuregelung der geringfügigen Beschäftigungsverhältnisse
- http://www.bender-zahn-tigges.de/deutsch/arbeitsrecht/neuregelung_630 job.html @@
Auf dem Server der Kanzlei Bender, Zahn, Tigges steht ein Beitrag von April 1999 zum Gesetz zur Neuregelung der geringfügigen Beschäftigungsverhältnisse zur Verfügung. Rechtsanwalt Gerhard Kronisch erläutert die sozialversicherungsrechtlichen Neuerungen ebenso wie die steuerlichen Änderungen und die arbeitsrechtlichen Auswirkungen.

4.2.3.2.3 Scheinselbstständigkeit

Fragebögen zur Ermittlung der Scheinselbstständigkeit
- http://www.igmedien.de/material/etc/befrag4.html @
In einem Beitrag mit dem Thema „Informationeller Striptease durch Fragebögen zum Status von Freien Mitarbeitern" informiert die IG Medien darüber, was konkret in derartigen Fragebögen gefragt werden darf, ohne das Recht auf Achtung und Entfaltung der Persönlichkeit zu verletzen, wie z. B., ob eine Versicherung in einer Künstlerkasse abgeschlossen ist, ob eine Tätigkeit als freier Mitarbeiter auch für andere Unternehmen erbracht wird u. a.

Freie Mitarbeit und Scheinselbstständigkeit
- http://www.gecon.de/Tipps+Trends/Scheinselb1.htm @@
Das Gutachten der Rechtsanwälte Bährle & Partner für den Bundesverband der Selbstständigen (BVD) kann auf den Internet-Seiten der GeCon Business Consulting als Word-Dokument heruntergeladen werden (289 KB). Mit zahlreichen Praxisbeispielen und Tipps untermauert, werden die Rechtslage vor dem 01.01.1999 und die neue Gesetzeslage dargestellt. Hier finden sich auch Hinweise darauf, wie die ausgeübte Tätigkeit umzugestalten ist, um das Greifen der gesetzlichen Vermutung zu vermeiden, wie z. B. durch einen Zusammenschluss mehrerer Alleinunternehmer oder die Einstellung eines geringfügig Beschäftigten.

Probleme der Scheinselbstständigkeit am Beispiel von Außendienstmitarbeitern
- http://www.beck.de/rsw/zeitschr/dstr/Archiv/dstr13/Blick/wagner.htm @@
Auf den Seiten der Zeitschrift DStR des Verlages C.H. Beck befaßt sich Rechtsanwalt Dr. Klaus-R. Wagner mit dem arbeits- und sozialrechtlichen „Korrekturgesetz" und der Scheinselbstständigkeit am Beispiel von Außendienstmitarbeitern. Von den sozialversicherungsrechtlichen Änderungen unberührt bleibt die rechtliche Einordnung sogenannter „Scheinselbstständiger" im Arbeits-, Steuer- und Zivilrecht. Zu unterscheiden ist zwischen Rechtsverhältnissen, die in unverjährter Vergangenheit bereits abgeschlossen worden sind und eventuell zu steuer-

FACHBEITRÄGE

Arbeitsrecht · Einzelne Rechtsgebiete

lichen bzw. sozialversicherungsrechtlichen Nachdeklarationspflichten führen können, und solchen Rechtsverhältnissen, die zwar in der Vergangenheit begründet wurden, in der Gegenwart aber noch andauern oder in der Gegenwart neu abgeschlossen werden sollen. Der Beitrag will für beide Konstellationen Hilfestellung geben.

Scheinselbstständigkeit – neue Gesetzeslage

@@ – http://www.compuserve.de/recht/ressort1/arbeitsrecht/scheinse.html
„Das neue Gesetz zur Scheinselbstständigkeit", ein umfangreicher Beitrag von Rechtsanwalt und Fachanwalt für Arbeitsrecht Dr. Alexius Leuchten, München, und Rechtsanwalt Dr. Mark Zimmer, Berlin, erläutert nach einer kurzen Übersicht über die bisherige Rechtsprechung folgendes: die Abgrenzung zwischen Arbeitnehmern und Selbstständigen, die neue Gesetzeslage und die Probleme bei der Auslegung des Gesetzes sowie bei der Behandlung bestehender sowie künftiger Vertragsverhältnisse. Veröffentlichungsdatum ist Februar 1999.

Scheinselbstständigkeit aus der Sicht der Interessenvertretung

@@ – http://www.igmedien.de/pg/freie/scheinselbst/990327.html
Unter dem Titel „Scheinselbstständigkeit: Was können Betriebs- und Personalräte tun?" erläutern Goetz Buchholz und Nicole Weber auf den Internet-Seiten der IG Medien den Zweck der neuen gesetzlichen Regelung – ein auch für Juristen durchaus informativer Beitrag. Die Autoren erörtern die Chancen und problematischen Auswirkungen in der Praxis. Es wird zudem auch auf Besonderheiten in Kleinbetrieben eingegangen. Neben Themen wie z. B. Auftragskürzung und Gesundheitsschutz werden die Rechte des Betriebsrats bei Fragebogenaktionen der Unternehmen zur Feststellung der Scheinselbstständigkeit erläutert. Abschließend finden sich Hinweise auf mögliche Regelungen zwischen Betriebsrat und Geschäftsleitung sowie für eine Betriebsvereinbarung am Beispiel einer Zeitungsredaktion.

Scheinselbstständigkeit oder Arbeitnehmer

@@ – http://www.compuserve.de/recht/ressort1/arbeitsrecht/arbeit7.html
„Arbeitnehmer oder Selbstständiger?", fragt Christopher Melms und versucht, Licht in das Dunkel der Verhältnisse zu bringen. Das endet damit, dass er empfiehlt, bestehende Vertragsverhältnisse genauestens zu überprüfen. Veröffentlicht wurde der Aufsatz im Dezember 1998.

Scheinselbstständigkeit und ihre Folgen

@@ – http://www.sey.de/n-tv/
Informationen zum Thema „Die Scheinselbstständigkeit und ihre Folgen" der n-tv-Sendung „Steuern transparent" unter fachlicher Beratung und Unterstützung von Schitag Ernst & Young vom 24.04.1999 kann auf der gleichnamigen Internet-Seite nachgelesen werden. Der Beitrag steht als PDF-File zur Verfügung. Erläutert werden die wesentlichen Merkmale der Scheinselbstständigkeit, welche Personengruppe von der Neuregelung betroffen ist, die Ermittlung der Bemessungsgrundlage für die Sozialversicherung, die Konsequenzen für den Auftraggeber bei Vorliegen von Scheinselbstständigkeit und dessen Rückgriffsrechte ge-

Einzelne Rechtsgebiete | Arbeitsrecht

genüber dem Arbeitnehmer sowie die Konsequenzen im Steuerrecht für Arbeitnehmer und Arbeitgeber etc.

Selbstständigkeit des Franchise-Nehmers
- http://www.beck.de/rsw/zeitschr/dstr/Archiv/dstr13/Blick/flohr.htm @@
„Überlegungen zur Sicherstellung der Selbstständigkeit des Franchise-Nehmers und Gestaltung des Franchise-Vertrages" stellt Rechtsanwalt Dr. Eckhard Flohr auf den Seiten der Zeitschrift DStR an. Er bezieht dabei sowohl den Kriterienkatalog in der seit dem 01.01.1999 geltenden Fassung der Vorschrift des § 7 IV Ziff. 1–4 SGB IV sowie die Grundsätze der vielbeachteten Eismann-Beschlüsse des BAG vom 16.07.1997 und des BGH vom 04.11.1998 ein.

4.2.3.2.4 Telearbeit

Beratung bei der Einrichtung von Telearbeitsplätzen
- http://www.vrp.de/archiv/beitrag/b9900051.htm @@
Bei der Beratung zur Vorbereitung der Einrichtung von Telearbeitsplätzen im Unternehmen ist der Beitrag von Justizrat Dr. Klaus Zieger, Schwanebeck, empfehlenswert. Der Autor zeigt unter Berücksichtigung der rechtlichen Aspekte auf, dass es vorrangig darum geht, die Vorteile dieser Arbeitsform herauszustellen und die Risiken aufzuzeigen und zu minimieren. Bei dem Beitrag handelt es sich um einen Auszug aus dem „Anwaltshandbuch zur rechtlich Beratung von Unternehmen" der Autoren Jäger und von Briel. Der aktuelle Stand wird mit August 1999 angegeben.

Grundlagen der Telearbeit
- http://www.telearbeits-management.de/Informationsangebot/Inhalt_TA_ @
Grundlagen.htm
Die Betreiber des Competence-Centers Telearbeit sind das Fraunhofer Anwendungszentrum für Logistikorientierte Betriebswirtschaft (ALB) und der Lehrstuhl für Wirtschaftsinformatik der Universität Paderborn. „Neulinge und Interessierte" können mittels eines detaillierten Inhaltsverzeichnisses Informationen zu den Grundlagen der Telearbeit abrufen.

Juristische Aspekte der Telearbeit
- http://www.flexible-unternehmen.de/fbwedde.htm @@
Der Verfasser des Fachbeitrages „Digitale Arbeit und analoges Recht – juristische Aspekte der Telearbeit", Dr. Peter Wedde, ist Professor für Arbeitsrecht und Recht der Informationsgesellschaft an der FH Frankfurt. In seinem Artikel stellt er fest, dass Telearbeit auf rechtlicher Ebene nach wie vor mit erheblichen Unsicherheiten verbunden ist. Während die Besetzung von Telearbeitsplätzen mit neu eingestelltem Personal kaum Probleme verursacht, gestaltet sich die Umwandlung von bestehenden Arbeitsverhältnissen in Telearbeitsplätze problematischer. Das gilt besonders dann, wenn diese Änderungen gegen den Willen der Mitarbeiter durchgesetzt werden sollen. Außerdem thematisiert der Autor Probleme des Arbeitsschutzes, der Haftung und der Datensicherheit.

FACHBEITRÄGE

Arbeitsrecht Einzelne Rechtsgebiete

Telearbeit – Bewertung

@ – http://www.jura.uni-tuebingen.de/~moeschel/seminar97nonnenmann.htm

Der Lehrstuhl für Bürgerliches Recht, Handels- und Wirtschaftsrecht, Europarecht und Rechtsvergleichung der Universität Tübingen hat hier die Seminararbeit „Telearbeit – eine juristische und ökonomische Bewertung" von Michael Nonnenmann veröffentlicht. Es werden u. a. die verschiedenen Arten der Telearbeit definiert, sowie die Marktbedeutung (Auswirkungen auf Wettbewerbsfähigkeit, Investitionen, Arbeitsorganisation, Beschäftigung) und soziale Aspekte (Integration von behinderten Menschen, Verhältnis Berufstätigkeit & Familie, Scheinselbstständigkeit) analysiert. Im Kapitel Rechtsfragen wird u. a. auf folgende Themen genauer eingegangen: Möglichkeit des Arbeitgebers, Arbeitnehmer zur Telearbeit zu verpflichten, Recht auf Rückkehr an den „alten" Arbeitsplatz, Leistungskontrolle und Persönlichkeitsrecht, Aufwandsersatz, unfallversicherungs- und haftungsrechtliche Fragen. Obwohl die Seminararbeit bereits 1997 erschienen ist, behandelt sie sehr interessante Aspekte der Telearbeit, die in den Grundzügen immer noch aktuell sind.

Telearbeit – ein Leitfaden für die Praxis

@@ – http://www.bmwi.de/infogesellschaft.html#telearbeit

Dieser Leitfaden (Stand Juli 1998), der von verschiedenen Bundesministerien getragen wird, hat zum Ziel, Arbeitnehmer, Arbeitnehmervertretung und Arbeitgeber in die Lage zur versetzen, die für sie geeignete Form der Telearbeit zu finden und umzusetzen. Konkret wird dabei auf Formen der Telearbeit, organisatorische und personelle Aspekte, technische Voraussetzungen und rechtliche Fragen bei der Einführung und Gestaltung der Telearbeit (arbeitsrechtliche und arbeitsschutzrechtliche Fragen, steuerliche Aspekte, Telearbeit in Mietwohnungen usw.) eingegangen. Darüber hinaus findet sich eine Musterbetriebsvereinbarung/Musterdienstvereinbarung für Telearbeiter. Der Leitfaden wird durch Checklisten und interessante Praxisbeispiele angereichert. Die ca. 1,3 MB große PDF-Datei beinhaltet 174 Seiten – das Warten lohnt sich.

Telearbeit – Gefährdungspotenzial

@@ – http://www.jura.uni-sb.de/jurpc/aufsatz/19990065.htm

Roman G. Weber setzt sich in seinem Artikel vom April 1999 mit neuen Gefährdungspotenzialen der Telearbeit auseinander. Obwohl diese neue Arbeitsform das Risiko einer möglichen Beeinträchtigung des informationellen Selbstbestimmungsrechts mit sich bringt, wird festgehalten, dass die Telearbeit ein geeignetes Mittel ist, den Anforderungen eines sich stets ändernden Arbeitsmarktes gerecht zu werden.

Telearbeit in der öffentlichen Verwaltung

@@ – http://hamburg.de/Behoerden/FB/Amt6/Telearbeit/welcome.html

Telearbeit wird zunehmend auch in der öffentlichen Verwaltung erprobt. Ein Modellprojekt mit 14 Telearbeitsarbeitsplätzen wurde vor kurzem in der hamburgischen Verwaltung durchgeführt und erfolgreich abgeschlossen. Ausführliche Informationen zu diesem Projekt wie z. B. auch die mit den Gewerkschaften vereinbarten Rahmenbedingungen für die Erprobung der Telearbeit oder ein Muster für Einzelvereinbarungen sind auf dieser Internet-Seite zu finden. Der Abschlussbericht ist für Dezember 1999 angekündigt.

Telearbeit und Recht

- http://www.anwaltsforum.de/gebiete/arbeits/telearbeitundrecht/telearbeit&recht.htm
  In seinem Artikel „Telearbeit und Recht" vom 10.12.1997 setzt sich Ralph Namislo, Rechtsanwalt in Bad Neuenahr, mit Arbeitgeberfragen, Betriebsratsinteressen und Arbeitnehmerfragen im Zusammenhang mit Telearbeit auseinander.

Telearbeitsformen und ihre Rechtsverhältnisse

- http://user.cs.tu-berlin.de/~uzadow/recht/telearb.html
  In seinem Aufsatz „Formen der Telearbeit und ihre Rechtsverhältnisse" setzt sich Thomas Roth zunächst mit der Definition von Begriffen rund um die Telearbeit auseinander und behandelt anschließend Rechtsfragen zum Urheberrecht, Arbeitsverhältnis oder Scheinselbstständigkeit, die im Zusammenhang mit der Telearbeit auftreten. Der Beitrag ist auf dem Stand Mai 1997.

4.2.3.2.5 Sonstiges

Änderungen im Arbeits- und Sozialversicherungsrecht

- http://www.vrp.de/archiv/beitrag/index.htm
  In vier Teilen findet sich der Fachbeitrag von Franz Josef Düwell, Richter am BAG, zu den Änderungen des Sozialversicherungsrechts aufgrund des Gesetzes zu Korrekturen in der Sozialversicherung und zur Sicherung der Arbeitnehmerrechte auf den Seiten von Verlag Recht und Praxis. Es handelt sich dabei um einen Auszug aus dem Praxishandbuch Arbeitsrecht: Düwell/Rieble/Weyand, Stand: Februar 1999).

Arbeitsrechtliche Gefahren

- http://www.spormann.de/arbeit.htm
  Auf dieser Internet-Seite ist ein kurzer Artikel mit dem Titel „Arbeitsrechtliche Gefahren für AG-Vorstände und GmbH-Geschäftsführer", verfasst von Rechtsanwalt Marc Thomas, zu finden.

Bildschirmarbeitsplatz

- http://www.luchterhand.de/HLV_IP.NSF/3a8c967ee1be6761412567b5007c702d/4cf55b5e459c4a9b412567d2004678c6?OpenDocument
  Ende 1999 lief die Übergangsfrist zur Überprüfung von Bildschirmarbeitsplätzen ab. Nach der nun für alle Unternehmen mit mehr als zehn Beschäftigten geltenden Bildschirmarbeitsplatzverordnung ist im Detail vorgeschrieben, wie der Bildschirm, der Schreibtisch, die raumklimatischen Bedingungen und die Software gestaltet sein müssen. Was ein Unternehmen tun muss, um den gesetzlichen Anforderungen gerecht zu werden, findet sich in einem „Informationsbrief" auf den Internet-Seiten des Luchterhand Verlags.

FACHBEITRÄGE

Ausländerrecht Einzelne Rechtsgebiete

Geschlechterdiskriminierung

@ – http://www.compuserve.de/recht/ressort1/arbeitsrecht/arbeit5.html
Noch unter der Regierung Kohl wurde eine Neuregelung des Verbots der Geschlechterdiskriminierung erlassen, die Gegenstand der Ausführungen von Markus Künzel ist. Der Beitrag wurde im November 1998 publiziert.

Mutterschutz

@@@ – http://www.vrp.de/archiv/rupdig/apr96/beitrag/weyand.htm
Dieser sehr ausführliche Artikel von Dr. Joachim Weyand, Frankfurt/M., setzt sich mit dem Anspruch auf Mutterschutz bei krankheitsbedingtem Beschäftigungsverbot auseinander. Veröffentlicht ist der Beitrag mit Stand April 1996 auf den Internet-Seiten des Verlages Recht und Praxis.

Tarifwechsel

@@ – http://www.compuserve.de/recht/ressort1/arbeitsrecht/arbeit9.html
Zum Tarifwechsel bei Umwandlung von Unternehmen schreibt Dr. Alexius Leuchten. Der erste Abschnitt beschäftigt sich mit der Fortgeltung von Tarifverträgen, der zweite mit Rechtsfolgen für Betriebsvereinbarungen bei Umwandlungen. Einstellungsdatum ist Februar 1999.

4.2.4 Ausländerrecht

Arbeitsgenehmigungsrecht

@@ – http://www.uni-konstanz.de/FuF/ueberfak/fzaa/german/internetpublikationen/OM-Arbeitserlaubnisrecht.html
Eine Übersicht zum Arbeitsgenehmigungsrecht (Gegenstand, Rechtsgrundlagen und Informationen zur Verordnung über die Arbeitsgenehmigung für ausländische Arbeitnehmer) von Olav Müller steht auf den Seiten des Forschungszentrums für internationales und europäisches Ausländer- und Asylrecht zur Verfügung.

Migration

@@@ – http://www.uni-konstanz.de/FuF/ueberfak/fzaa/german/internetpublikationen/AKreramig.html
Auf den Internet-Seiten des Forschungszentrums für internationales und europäisches Ausländer- und Asylrecht beschreibt Arnold Koschorreck die rechtlichen Rahmenbedingungen einer Migrationspolitik in der Bundesrepublik Deutschland sowohl zur Primärmigration (Ökonomische Migration, Migration zum Zwecke der Partizipation am hiesigen Sozialleistungssystem [insb. Sozialhilfebezug], politische Migration) als auch zur Sekundärmigration (soziale Migration, humanitäre Migration). Stand der letzten Aktualisierung ist August 1999.

Einzelne Rechtsgebiete   **FACHBEITRÄGE**

                                                                  Baurecht

Schwule und lesbische AusländerInnen

– http://www.lsvd.de/recht/auratg.html @@@
Der Ratgebertext der Bundesarbeitsgemeinschaft für schwule Juristen (BASJ) für „Schwule und lesbische AusländerInnen" steht in drei Teilen auf deren Internet-Seiten zur Einsicht und zum Download zur Verfügung. Darin finden sich Erläuterungen zu Visum, PosititivstaatlerInnen, BürgerInnen der EG-, der EFTA-Staaten und der USA, zu Anträgen auf Aufenthaltserlaubnis (bei illegalem Aufenthalt, von AusländerInnen mit Besuchsvisum, von PositivstaatlerInnen, von AusländerInnen mit Aufenthaltsbewilligung und von AsylbewerberInnen), zur Arbeitsgenehmigung, zum Asylrecht und zum Abschiebeschutz. Der Beitrag wurde zuletzt am 11. November 1999 aktualisiert. Die Seiten werden regelmäßig upgedated.

4.2.5 Bankenrecht

Grenzüberschreitender Zahlungsverkehr

– http://enterprise.rz.uni-potsdam.de/u/lswelter/zahlverk.htm @@
Professor Dr. Reinhard Welter beschreibt in seinem umfangreichen Beitrag auf den Internet-Seiten der Juristischen Fakultät der Universität Potsdam, Lehrstuhl für Bürgerliches Recht, Deutsches und Internationales Wirtschaftsrecht und Steuerrecht, die rechtlichen Rahmenbedingungen grenzüberschreitenden Zahlungsverkehrs. Der Text ist z. T. in Englisch und beinhaltet auch Richtlinien und offizielle Empfehlungen.

4.2.6 Baurecht

Änderungen von Bau- und Raumordnungsrecht

– http://members.aol.com/erichbauer/rb/b.html @@
Der vollständige Titel dieses Beitrages von Erich Bauer lautet: „Die wichtigsten städtebaulichen Änderungen des Gesetzes zur Änderung des Baugesetzbuches und zur Neuregelung des Gesetzes zur Raumordnung (Bau- und Raumordnungsgesetz BauROG 1998)". Die Erläuterungen beziehen sich auf hessische Gemeinden. Die Änderungen traten zu Jahresbeginn 1998 in Kraft, der Beitrag stammt vom August 1998.

Bau- und Fachplanungsrecht

– http://www.beck.de/rsw/baurecht/index.html @@@
Ein Rechtsprechungsbericht von Prof. Dr. Bernhard Stüer, Rechtsanwalt und Notar, Fachanwalt für Verwaltungsrecht und Honorarprofessor an der Universität Osnabrück, zum Thema Bau- und Fachplanungsrecht, veröffentlicht im „Handbuch des Bau- und Fachplanungsrechts", kann von den Internet-Seiten des C. H. Beck Verlags in WinWord oder im PDF-Format heruntergeladen werden. Der 44seitige Beitrag gibt vor allem einen Überblick über die planungsrechtliche Rechtsprechung des BVerwG der Jahre 1997–1998.

FACHBEITRÄGE
Baurecht   Einzelne Rechtsgebiete

Baurecht und Änderung der VwGO

@@ — http://members.aol.com/erichbauer/rb/v.html
Wie wirken sich die Änderungen durch das 6. Gesetz zur Änderung der VwGO und anderer Gesetze auf das Baurecht aus? – Dieser Frage geht Erich Bauer in seinem Artikel vom November 1996 nach und berücksichtigt dabei besonders die Tätigkeit hessischer Gemeinden in diesem Bereich.

BayVO 1998 – die wichtigsten Regelungen

@ — http://bauarchiv.de/NEWS_web/Bauordnung/Bauordnung/BAUBayBO/baybo.htm
Seit dem Inkrafttreten der BayBO 1994 am 1. Juni 1994 und dem neu eingeführten Genehmigungsfreistellungsverfahren sind (bis einschließlich Juli 1997) 34.685 Wohnbauvorhaben genehmigungsfrei geplant worden, d. h. rund ein Drittel aller Wohnbauvorhaben. Dr. Wolfgang Dölker, Dipl.-Ing. Friedrich Amann, Swen Graf v. Bernstorff, Henning Jäde und Dr.-Ing. Wolfgang Schubert sowie Dr. Josef Weiß erläutern die deutliche Ausweitung des Genehmigungsfreistellungsverfahrens ab Jahresbeginn 1998 durch die BayBO 1998.

Eisenbahnkreuzungsrecht – Kurzübersicht

@ — http://www.camelot.de/~hera/EKrR.html
Eine Kurzübersicht über das Eisenbahnkreuzungsrecht wurde von Rechtsanwalt Dr. Christian Heinze im November 1998 veröffentlicht. Neben einem knappen Überblick zur Rechtsproblematik bietet der Beitrag ein umfangreiches Fundstellenverzeichnis sowie eine Übersicht der einschlägigen Rechtsquellen.

Fabrik- und Lagerverkauf

@@ — http://www.compuserve.de/recht/ressort1/oerecht/oerecht06.html
Nach welchen Regeln sich die Erteilung der erforderlichen Baugenehmigung für Fabrik- und Lagerverkaufshallen, sog. Factory Outlet Center, richtet, erörtert Dr. Wolfram Sander in seinem Beitrag vom 30.11.98 auf den Internet-Seiten von CompuServe.

Hessisches Erschließungsbeitragsrecht

@@ — http://members.aol.com/erichbauer/rb/e.html
Rechtsbeistand Erich Bauer stellt auf seiner Homepage die Abrechnung von Erschließungsbeiträgen unter Berücksichtigung des hessischen Landesrechts dar. Er geht dabei insbesondere auf die Voraussetzungen für die Beitragserhebung ein und grenzt den Erschließungsbeitrag sachlich und räumlich von anderen zu erhebenden Beiträgen ab. Ein weiteres Kapitel beschäftigt sich mit der Verteilung der Beiträge auf die Grundstücke. Der sehr umfangreiche Aufsatz wurde im Januar 1999 publiziert. Der zur Einsicht des Textes erforderliche Acrobat Reader steht zur Verfügung.

Planfeststellung

- http://www.camelot.de/~hera/PlanfR.html @@
  Eine kurze Einführung in das Planfeststellungsrecht gibt Dr. Christian Heinze aus München. Dem Artikel vorangestellt sind diverse Rechtsquellen. Veröffentlichungsdatum ist November 1998.

Raumordnung

- http://www.compuserve.de/recht/ressort1/oerecht/oerecht12.html @
  Zum 01.01.1998 ist das neue ROG in Kraft getreten, das der Verwirklichung von Raumordnungsplänen besonderen Stellenwert zumisst. Dr. Johannes Niewerth, LL.M, setzt sich mit den Inhalten und ihren Konsequenzen auseinander (Januar 1999).

Sächsische Bauordnung – Anmerkungen zur Neufassung

- http://www.burgstaedt.de/architekt-teichmann/sbo.htm @
  Mit dem 1. Mai 1999 ist das „Gesetz zur Vereinfachung des Baurechts im Freistaat Sachsen" in Kraft getreten. Anmerkungen und Auszüge zu wichtigen Inhalten der neuen sächsischen Bauordnung, insbesondere zum Baugenehmigungsverfahren und zur Einführung von Bearbeitungsfristen im Verfahren stellt das Architekturbüro Teichmann zur Verfügung.

Schiedsgerichtsverfahren

- http://home.t-online.de/home/schiedsger._f._priv._baurecht/info.htm @@
  Das Schiedsgericht für Privates Baurecht Deutschland in Bad Honnef bietet auf seinen Internet-Seiten einen Überblick über das Schiedsgerichtsverfahren. Zu den wichtigsten zu beachtenden Punkten, wie etwa Zulässigkeit, Verfahren, Gericht, Vereinbarung, erhält man kurze Informationen. Abrufbar ist auch ein Beitrag zum Schiedsgerichtsvertrag. Die Schiedsgerichtsordnung steht im Volltext zur Verfügung.

4.2.7 Betreuungsrecht
4.2.7.1 Umfangreiche Fachbeitragssammlungen

Kurzbeiträge zum Betreuungsrecht

- http://www.ruhr-uni-bochum.de/zme/Lexikon/btrindex.htm @@@
  Auf den Internet-Seiten des Dipl.-Sozialarbeiters und -Verwaltungswirts Horst Deinert stehen umfangreiche Kurzinformationen zum Betreuungsrecht zur Verfügung: Von der Einführung, den Grundzügen und der Systematik des seit 1992 geltenden Betreuungsrechts, Voraussetzungen, Verfahren, Heilbehandlungen und Haftung, Behördenbetreuung bis hin zu den Reformvorschlägen des Betreuungsrechts, Literatur- und Rechtsprechungshinweisen. Der Stand der letzten Aktualisierung ist angegeben.

FACHBEITRÄGE

Bodenschutzrecht																			Einzelne Rechtsgebiete

4.2.7.2   Einzelne Fachbeiträge

Änderung des Betreuungsrechts

@@ – http://www.ruhr-uni-bochum.de/zme/Lexikon/reform.htm
Wissenswertes zum Betreuungsrechtsänderungsgesetz, seinen wesentlichen Inhalten und seiner Vorgeschichte findet sich auf diesen Seiten des Dipl.-Verwaltungswirt, Dipl.-Sozialarbeiter Horst Deinert, Duisburg. Neben dem Gesetzestext der geänderten Bestimmungen sind umfangreiche Erläuterungen und weiterführende Links (etwa zur Stellungnahme des Vormundschaftsgerichtstages e. V.) vorhanden. Die Ausführungen sind auf dem Stand Juli 1998.

Das neue Betreuungsrecht

@@ – http://www.bmj.bund.de/betreu/betreu_1.htm
Das Betreuungsrecht regelt Rechtsfragen im Zusammenhang mit erwachsenen Menschen, die aufgrund einer psychischen Krankheit oder einer körperlichen, geistigen oder seelischen Behinderung nicht in der Lage sind, ihre Angelegenheiten selbst zu regeln. Durch das am 1. Januar 1992 in Kraft getretene und am 1. Januar 1999 in Teilbereichen geänderte Betreuungsgesetz soll den Betroffenen – bei einem größtmöglichen Maß an Selbstbestimmung, Schutz und Fürsorge gewährleistet werden. Das Bundesministerium der Justiz stellt dazu auf seinen Internet-Seiten eine Broschüre über die Grundzüge des Betreuungsrechts als Download (Word- und PDF-Format) zur Verfügung.

4.2.8   Bodenschutzrecht

Bundes-Bodenschutz- und Altlastenverordnung

@ – http://www.compuserve.de/recht/ressort1/oerecht/oerecht32.html
Fast fünf Monate nach dem Inkrafttreten des Regelungswerkes des Bundes-Bodenschutzgesetzes zum 1. März 1999 hat die Bundesregierung am 16. Juli 1999 die Bundes-Bodenschutz- und Altlastenverordnung (BBodSchV) vom 12. Juli 1999 verkündet (BGBl. I, S. 1554). Die Verordnung ist von zentraler Bedeutung für die Anwendung des Bundes-Bodenschutzgesetzes (BBodSchG). Mit ihr werden die Anforderungen der gesetzlichen Regelungen konkretisiert und das BBodSchG in zentralen Bereichen erst anwendbar gemacht. Nähere Erläuterungen zu den einzelnen Bestimmungen der Verordnung finden sich in dem Beitrag von Rechtsanwalt Dr. Markus Deutsch i(Stand 26.07.99) auf den Internet-Seiten von CompuServe.

Bundesbodenschutzgesetz

@@ – http://www.compuserve.de/recht/ressort1/oerecht/oerecht19.html
Inkrafttreten des Bundesbodenschutzgesetzes – Bundeseinheitliche Vorgaben für die Behandlung von Altlasten, so titelt Dr. Johannes Nienwert, LL.M im März 1999. Der befaßt sich in seinem Beitrag mit dem BBodSchG und dem noch ausstehenden untergesetzlichen Regelwerk, welche bundeseinheitliche Maßstäbe für die in der Praxis außerordentlich wichtige Behandlung von Altlasten und altlastenverdächtigen Flächen schaffen. In den vergangenen Jahren hatte sich wegen des Fehlens bundeseinheitlicher Vorgaben unterschiedliches Landesrecht entwickelt.

FACHBEITRÄGE

Einzelne Rechtsgebiete Datenschutzrecht

4.2.9 Darlehens- und Kreditsicherungsrecht

Recht der Sicherungsgeschäfte

- http://www.bender-zahn-tigges.de/deutsch/bankrecht/GLOB.html @@
  Anläßlich der Entscheidung des großen Senats in Zivilsachen des BGH vom 27.11.1997 mit dem Thema „Ende der Verunsicherung im Recht der Sicherungsgeschäfte" erläutert RA Dr. Michael Tigges aus der Kanzlei Bender, Zahn, Tigges in seinem Beitrag die wesentliche Kernaussage der Entscheidung und arbeitet die Änderungen der bisherigen Rechtslage heraus. Der Beitrag, Stand Juni 1998, wurde in der Zeitschrift „Deutsches Steuerrecht" (DStR) 1998 auf Seite 714 veröffentlicht.

4.2.10 Datenschutzrecht

4.2.10.1 Umfangreiche Fachbeitragssammlungen

Datenschutzinformationen online

- http://www.cybercourt.de/datsch.htm @@
  Die Kanzlei Heuking und Kollegen in München stellt auf ihrer Internet-Seite nützliche Informationen zum Datenschutz zur Verfügung. Folgende Beiträge sind derzeit veröffentlicht: Umgang der Provider mit Kundendaten, Einverständnis zu Telefonwerbung bei Kontoeröffnung (Anmerkungen zum Urteil des BGH vom 16.3.1999 – XI ZR 76/98), relevante Begriffe des Datenschutzes und Einwilligungsklauseln zur Datenspeicherung. Die Seiten über den Datenschutz sind auf dem Stand vom 25. September 1999.

Konferenz der Datenschutzbeauftragten des Bundes und der Länder

- http://www.datenschutz-berlin.de/doc/de/konf/index.htm#58 @@
  Auf den Internet-Seiten des Berliner Datenschutzbeauftragten stehen verschiedene Dokumente zu den jährlichen Konferenzen der Datenschutzbeauftragten des Bundes und der Länder zur Verfügung. Die 58. Konferenz tagte am 07. und 08. Oktober 1999 unter dem Vorsitz des Landesbeauftragten für den Datenschutz Mecklenburg-Vorpommern in Rostock. Themen der Konferenz waren: Täter-Opfer-Ausgleich, Eckpunkte der deutschen Kryptopolitik, Europäische Grundrechtscharta, Gesundheitsreform 2000, DNA-Analyse, Aufbewahrung des Schriftgutes der ordentlichen Gerichtsbarkeit und der Justiz, freie Telekommunikation für Bürger, Wirtschaft und Behörden, Zugriff auf Verbindungsdaten der Telekommunikation durch Strafverfolgungsbehörden und Videoüberwachung. Auf den Internet-Seiten können die Medieninformationen, Beschlüsse und Entschließungen der 58. Konferenz aber auch die der vorangegangenen Konferenzen bis zum Jahr 1982 abgerufen werden. Die Seiten wurden letztmals im Oktober 1999 aktualisiert.

4.2.10.2 Einzelne Fachbeiträge

Datenschutz

@ — http://www.compuserve.de/recht/ressort1/edvrecht/edv34.html
Die grundsätzliche Frage, was ist Datenschutz und warum ist er so wichtig, wird hier von RA Dr. Benno Heussen der Kanzlei Heuking Kühn Lüer Heussen und Wojtek erörtert. Nach Klärung des Datenbegriffes werden datenbezogene und personenbezogene Rechte dahingehend analysiert, welchen Schutz sie genießen und welche Bedeutung dieser Schutz für die freie Entfaltung des Einzelnen hat. Der Beitrag wurde im Dezember 1998 auf den Internet-Seiten von CompuServe eingestellt.

Datenschutz im Internet

@@ — http://www.baden-wuerttemberg.datenschutz.de/internet-merkblatt.html
Ein umfangreicher Beitrag zum Thema Datenschutz im Internet ist auf den Seiten des Datenschutzbeauftragten des Landes Baden-Württemberg veröffentlicht. Ein Schwerpunkt des Beitrags liegt bei den Datenschutzrisiken. Erläutert werden hier unter anderem die Sicherheitsmängel des Internet-Übertragungsstandards, das Abhören von Informationen und die Bildung von Persönlichkeitsprofilen. Weiter enthält der Beitrag auch Empfehlungen für den Schutz des eigenen PCs vor Angriffen aus dem Internet und Tippps für die Nutzung der Internet-Dienste. Das Dokument stammt vom Oktober 1998, ist aber nach wie vor sehr aktuell.

Datenschutz und Telekommunikation

@@ — http://www.bfd.bund.de/information/infos.html
Die umfangreiche Broschüre (158 Seiten!) des Bundesbeauftragten für den Datenschutz gibt einen Überblick über die Datenschutzrechte der Bürger im Zusammenhang mit der Nutzung von Telekommunikationsdiensten. Hier kann man sich z. B. über zulässige Inhalte von Vertragsvordrucken und über die Nutzung der Daten für Werbezwecke informieren. Neben den Grundsätzen des Datenschutzes werden das Telekommunikationsgesetz und die Teledienste-Datenschutzverordnung erläutert. Im Anhang sind Gesetzes- und Verordnungstexte, der „Fangschaltungsbeschluss" des Bundesverfassungsgerichts, SCHUFA-Klauseln, Entschließungen der 54. Konferenz der Datenschutzbeauftragten und die Anschriften der Datenschutzbeauftragten des Bundes und der Länder abgedruckt. Das Dokument kann als PDF-Datei downgeloadet werden und stammt vom September 1999.

Die Zukunft des Datenschutzrechts

@@@ — http://www.rewi.hu-berlin.de/Datenschutz/DSB/SH/material/themen/divers/wieweitr.htm
Dr. Helmut Bäumler stellt in seinem Beitrag „Wie geht es weiter mit dem Datenschutz?" die Komplexität des Datenschutzrechtes dar. In seinem „Blick zurück" sieht er das Datenschutzrecht als Reaktion auf die Computertechnik. Aufgrund der sich immer weiter entwickelnden Technik hat dies zur Folge, dass sich auch das Datenschutzrecht – um Rechtssicherheit gewährleisten zu können – parallel dazu entwickeln muss. Mit zunehmender Kompliziertheit und Undurchschaubarkeit der Datenverarbeitung hat dies auch Auswirkungen auf die Arbeit der Da-

tenschutzbeauftragten. Der Beitrag steht auf den Internet-Seiten des Landesbeauftragten für Datenschutz Schleswig-Holstein auf dem Server der Humbold-Universität Berlin zur Verfügung.

Gewährleistung des Datenschutzes durch die Gesundheitsreform 2000

– http://www.aktiv.org/DVD/texte/gvk2000.html @@

Dr. Thilo Weichert, Vorsitzender der Deutschen Vereinigung für Datenschutz e. V., hat anlässlich der Sachverständigenanhörung des Ausschusses für Gesundheit am 22. September 1999 Stellung zum Entwurf des Gesetzes zur Reform der gesetzlichen Krankenversicherung ab dem Jahr 2000 (GKV-Gesundheitsreform 2000) BT-Drs. 14/1245 der Fraktionen SPD und Bündnis 90/Die Grünen genommen. Im Mittelpunkt stand dabei der Schutz der Sozialdaten der Patienten. Weichert sieht dabei die Notwendigkeit einer kompletten SGB V-Revision unter Stärkung der Patientenrechte und Berücksichtigung der neuesten rechtlichen und technischen Möglichkeiten. Abschließend erfolgt eine Darstellung und Kommentierung zu einzelnen geplanten, datenschutzrechtlich relevanten Regelungen. Die Stellungnahme ist auf den Seiten der Deutschen Vereinigung für Datenschutz e. V. abrufbar.

Teledienstedatenschutzgesetz

– http://www.compuserve.de/recht/ressort1/edvrecht/edv25.html @@

Was dürfen Provider mit meinen Daten machen? Nicht viel: Das verbraucherfreundliche TDDSG macht einen kommerziellen Handel mit Nutzerprofilen oder Personendaten nahezu unmöglich. Offen bleibt jedoch, inwieweit sich die strengen Regeln praktisch und technisch durchsetzen lassen, da sie bei strenger Auslegung von fast allen Servern heute noch verletzt werden. Bereitgestellt wurde der Aufsatz auf den Internet-Seiten von CompuServe im November 1998 von Rechtsanwalt Dr. Benno Heussen, Kanzlei Heuking Kühn Lüer Heussen Wojtek.

4.2.11 EDV-Recht

4.2.11.1 Umfangreiche Fachbeitragssammlungen

JurPC

– http://www.jurpc.de/ @@@

Die Online-Zeitschrift JurPC zum Thema Rechsinformatik wird herausgegeben von Prof. Dr. Herberger. Das Angebot ist thematisch weit gefaßt: Zu allem aus der Schnittmenge von Computer und Recht findet sich hier etwas, wobei sich die Beiträge der monatlich erscheinenden Ausgaben – kostenfrei – einsehen lassen. Neben der aktuellen Veröffentlichung sind die der Jahr 1997–1999 recherchierbar – seit dieser Zeit wird JurPC auschießlich als Online-Zeitschrift herausgegeben. JurPC stellt seit Ende Oktober 1999 nun in einem neu angelegten Archiv alle Hefte und damit alle Beiträge der Jahrgänge 1989 bis 1996 online als Faksimili zur Verfügung. Das zur Ansicht erforderliche Plug-In kann kostenlos downgeladet werden. Im neuen Archiv besteht die Möglichkeit, alle Hefte zunächst nach Jahrgang sowie innerhalb der Jahrgänge nach Heftnummer zu durchsuchen. Innerhalb der jeweiligen Hefte werden dann wiederum alle einzelnen Beiträge

FACHBEITRÄGE

EDV-Recht   Einzelne Rechtsgebiete

aufgelistet und können von dort aus direkt aufgerufen werden. Daneben können die Hefte über einen Link gezielt nach Autoren bzw. Gerichten sowie auch nach speziellen Themen durchsucht werden, die ihrerseits alphabetisch geordnet sind. Ferner ist eine gleichermaßen alphabetisch geordnete Schlagwortliste der Dokumente vorhanden. Sollte man trotzdem einen Beitrag vermissen, besteht im neuen Angebot die Möglichkeit einer Volltextrecherche.

4.2.11.2   Einzelne Fachbeiträge

EDV und Verwaltungsgerichtsbarkeit

@ – http://www.jura.uni-sb.de/jurpc/aufsatz/19990036.htm
Dr. Alexander Jannasch, Richter am VGH Baden-Württemberg und EDV-Beauftragter des Gerichts, legt in diesem Beitrag vom März 1999 seine Erfahrungen bei der Einführung und beim Einsatz vernetzter PCs in der baden-württembergischen Verwaltungsgerichtsbarkeit dar. Dabei wird u. a. auf den Stand der Hard- und Software, die Organisation der Vernetzung und auf Datenbankzugriffsmöglichkeiten eingegangen. Der Beitrag wurde veröffentlicht in der Online-Zeitschrift JurPC.

EDV-Wartungsverträge

@@@ – http://www.synergy.verlag.de/odb/00263.htm
In diesem Beitrag erörtert Dr. Peter Herz, welche rechtlichen Gestaltungsmöglichkeiten bei EDV-Wartungsverträgen existieren und auf welche Punkte man besonders achten soll, insbesondere beim Pflegevertrag, bei Elektronik- und Datenträgerversicherungen, wie der Wartungs- und Pflegevertrag rechtlich einzuordnen ist, welche Unterschiede beim Formular- und Individualvertrag gelten. Eine Checkliste für den Wartungsvertrag ist abrufbar.

FACHBEITRÄGE

Einzelne Rechtsgebiete | EDV-Recht

Hardware-Wartungsverträge

- http://www.rechtplus.de/ratgeber/edv/edvrw.htm @@
  In seinem Beitrag „Hardware-Wartungsverträge" führt Rechtsanwalt Thomas Moosmüller den Leser auf den Internet-Seiten von RECHTplus in die damit zusammenhängende Problematik ein, erläutert die rechtliche Einordnung, allgemeine Geschäftsbedingungen, Vertragsdauer, Preisgleitklauseln, Vorauszahlungspflicht, den Ausschluss von Wartungsleistungen, Gewährleistung, Haftung, Zurückbehaltungsrecht, Übertragung von Leistungspflichten, Reaktionszeit, Systemveränderungen, Verbrauchsmaterial, Fahrtzeiten und Vertragsbeendigung. Abgerundet wird der Beitrag durch Quellenhinweise.

Jahr 2000 – Überblick über haftungsrechtliche Fragen

- http://www.bartsch-partner.de/themen/sw_2000/cr_4_98_1.de.html @@@
  Das Jahr 2000 erzeugt im Hinblick auf die Umstellung der Softwareprogramme eine Fülle haftungsrechtlicher Fragen. RA Michael Bartsch gibt in seinem Beitrag „Software und das Jahr 2000 – haftungsrechtliche Probleme" einen Überblick über die verschiedenen Haftungsgrundlagen. So kommen eine Haftung aus Vertrag (Kauf-, Werk- oder Softwarepflegevertrag) oder Zusicherung und eine Produkthaftung in Betracht. Daneben ist aber auch eine Haftung des Beraters oder anderer Einzelpersonen denkbar. Der Beitrag wurde in der Zeitschrift „Computer und Recht" im April 1998 veröffentlicht.

Jahr 2000-Problem: Am 1. Januar ist der Weltuntergang

- http://www.netlaw.de/newsletter/news9903/y2000.htm @@
  Was passiert am 1. Januar 2000? Die Meinungen reichen von „Nichts" bis „Weltuntergang". Auf dem G8 Gipfel Mitte 1998 wurde immerhin die Ansicht vertreten, daß das Jahr-2000-Problem ein „wesentliches Problem für die internationale Gemeinschaft" darstellt. Rechtsreferendar Jörg Heidrich aus der Kanzlei Strömer Rechtsanwälte beschäftigt sich in seinem Beitrag „Software und das Jahr 2000 Problem" mit dem juristischen Sprengstoff der hinter dem vorrangig technischen Problem steckt.

Jahr-2000-Problem – eine juristische Bestandsaufnahme

- http://www.jura.uni-sb.de/jurpc/aufsatz/19980112.htm @@@
  Michael Fröhlich stellt in seinem Beitrag „Das Jahr-2000-Problem – eine juristische Bestandsaufnahme" zunächst die Frage, was in den ersten Sekunden des 1. Januar 2000 geschehen wird, um dann auf die juristischen Aspekte der zu erwartenden technischen Fehlfunktionen einzugehen. Angesichts der enormen Kosten, die die Umstellungen der Software verursacht, stellt sich die Frage, wer hierfür aufzukommen hat. Auf diese Thematik geht der Autor im Kapitel „Das Recht der Leistungsstörungen" ein und prüft mögliche Ansprüche des Softwarekäufers bzw. -bestellers. Wer für mögliche Schäden, hervorgerufen durch einen Totalausfall der Systeme, haftet wird in einem weiteren Kapitel dargestellt. Unterschieden wird dabei zwischen Schäden an anderen Rechtsgütern und Schäden am Produkt selbst. Die urheberrechtlichen Bewertungen bei nötigen Eingriffen in die Softwareprogramme schließen den ausführlichen Beitrag ab. Die Abhandlung wurde in der Zeitschrift „JurPC" veröffentlicht und im August 1998 online gestellt.

FACHBEITRÄGE

EDV-Recht   Einzelne Rechtsgebiete

Jahr-2000-Problem – technische Grundlagen

@@ – http://www.bartsch-partner.de/themen/sw_2000/cr_4_98_2.de.html
Wer sich über die juristischen Aspekte des „Jahr-2000-Problems" hinaus über die technischen Hintergründe informieren will, dem sei der Beitrag von Dietmar Hildebrand auf den Internet-Seiten der Kanzlei Bartsch & Partner empfohlen. Der Verfasser stellt die Geschichte des Problems, die technischen Grundlagen und Möglichkeiten zur Beseitigung technischer Probleme kurz dar.

Jahr-2000-Problem – Tipps für Softwarekäufer

@@ – http://www.aachen.ihk.de/Kurzinfo/ku_j2000.htm
Die IHK Aachen hat sich mit den rechtlichen Fragestellungen hinsichtlich der Fehlfunktionen von Computerprogrammen beschäftigt. Neben den Gewährleistungsansprüchen bei den verschiedenen Vertragstypen enthält der Beitrag Tipps für das Verhalten der Käufer bzw. Besteller. Die Anforderungen an eine bindende Zusicherung der Jahr-2000-Fähigkeit und die Auskunftsansprüche werden dargestellt. Eine Checkliste aus Kundensicht enthält alle relevanten Prüfungspunkte in Bezug auf Altverträge und Neuverträge.

Jahr-2000-Problematik

@@@ – http://www.graefe-partner.de/iuk/index.html
Auf den Seiten der Kanzlei Graefe & Partner steht umfangreiches Informationsmaterial zur Jahr-2000-Problematik zur Verfügung. Hier finden sich ein Beitrag von Rechtsanwältin Karola Wollner über die Möglichkeit des software-nutzenden Unternehmens und des beauftragten selbstständigen Programmierers, sich gegen das Risiko einer Systemfehlfunktion versichern zu lassen. Das bestehende Haftungsrisiko des freiberuflich tätigen Programmierers und die Möglichkeit, dieses durch eine geeignete Vertragsgestaltung zu minimieren, wird in zwei Abhandlungen von Rechtsanwalt Dr. Ralf Imhof dargestellt. Das Haftungsrisiko von Führungskräften, Management und Aufsichtsrat ist Thema weiterer Beiträge von Bernd Harder bzw. Dr. Oermann. Checklisten zur Vertragsgestaltung und Versicherung sowie ein Experten-Chat runden den Internet-Auftritt zu diesem Thema ab.

Jahr-2000-Problematik – Lösungsansätze

@@ – http://www.jura.uni-sb.de/jurpc/aufsatz/19990016.htm
In der Fachliteratur sind bisher nur Beiträge erschienen, die das Jahr-2000-Problem (J2P) hinsichtlich der juristischen Problematik betrachten oder die technischen Hintergründe des Problems beschreiben. Dieser Bericht soll einen Lösungsansatz des J2P anhand eines Geschäftsbereiches der Hewlett-Packard Medical Products Group veranschaulichen und über Umfang, Art und Kosten der Tätigkeiten informieren. Als Ergebnis wird von Susanne und Michael Stefan u.a. festgehalten, dass die Problematik nicht nur als Übel, sondern auch Chance gesehen und bearbeitet werden kann (Januar 1999).

Einzelne Rechtsgebiete

Mindestrechte beim Kauf von Software

– http://www.rechtplus.de/ratgeber/edv/edvrm.htm @

Rechtsanwalt Thomas Moosmüller führt in seinem Beitrag „Mindestrecht beim Kauf von Software" verständlich in die Problematik ein und listet übersichtlich auf, was jedem Käufer von (Standard-)Programmen erlaubt, was dem Käufer von Computerprogrammen nicht erlaubt ist und welche Einschränkungen bei Lizenzverträgen gelten. Der Beitrag ist veröffentlicht bei RECHTplus.

Software-Verwendung

– http://www.compuserve.de/recht/ressort1/edvrecht/edv41.html @

Spätestens beim Kauf eines neuen PCs steht jeder Nutzer vor dem Problem, dass der teuer erstandene PC bereits nach zwei Jahren schon wieder hoffnungslos veraltet ist. Was soll aber nun der Anwender machen, der sich einen neuen PC kauft, und die Software weiter einsetzen will, die Software aber auf dem Markt gar nicht mehr erhältlich ist? Welche Möglichkeiten dem Käufer zur Verfügung stehen, erläutert Rechtsanwalt Dr. Benno Heussen aus der Kanzlei Heuking Kühn Lüer Heussen in seinem Beitrag zu (OEM-)Software. Veröffentlicht wurde der Artikel im Februar 1999 auf den Internet-Seiten von CompuServe.

4.2.12 Energierecht

Betrieb von Windenergieanlagen

– http://www.anwalt-kiel.de/aufs0011.htm @@

In letzter Zeit mehren sich vor allem aus den Reihen der großen Energieversorgungsunternehmen, aber auch in der breiten Öffentlichkeit, kritische Stimmen zum Betrieb von Windenergieanlagen. In dieser Situation fühlen sich potenzielle Betreiber von Windenergieanlagen oftmals hilflos bei der Frage, ob eine Windenergieanlage errichtet werden soll. Dr. Jörg Niedersberg, Fachanwalt für Verwaltungsrecht in Kiel, gibt hierzu Information. Der Beitrag stammt vom Oktober 1997 und steht im Volltext (nur) als Download (Word-Format) zur Verfügung.

Windenergie und Mobilfunk

– http://www.anwalt-kiel.de/aufs0010.htm @@

Windenergieanlagen können gleichzeitig auch Standorte von Mobilfunk-Antennenvorrichtungen sein. Dr. Jörg Niedersberg, Fachanwalt für Verwaltungsrecht, Kiel, zeigt hierzu die rechtlichen Probleme, insbesondere in den Verhältnissen Grundstückseigentümer – Anlagenbetreiber, Anlagenbetreiber – Genehmigungsbehörde und Anlagenbetreiber – Mobilfunknetzbetreiber, auf. Der Beitrag vom Oktober 1997 steht ausschließlich als Download (Word-Format) zur Verfügung.

4.2.13 Erbrecht

Einführung in das Erbrecht

– http://www.rechtplus.de/ratgeber/erbrecht/erbrecht.htm @@

In 25 Kapiteln gibt Rechtsanwalt Thomas Moosmüller auf den Internet-Seiten von RECHTplus eine umfassende Einführung in das Erbrecht in einer auch für

FACHBEITRÄGE

Euro   Einzelne Rechtsgebiete

Laien verständlichen Darstellung. Neben Begriffserklärungen finden sich Ausführungen zu Testierfähigkeit des Erblassers und persönliche Errichtung von Verfügungen von Todes wegen, dem ordentlichen öffentlichen Testament, dem eigenhändigen (privaten) Testament, den Vor- und Nachteilen der Testamentsformen, den außerordentlichen Testamenten, dem Widerruf des Testaments, dem Erbvertrag, dem gemeinschaftlichen Testament, der Auslegung der Verfügung von Todes wegen, Nichtigkeit und Anfechtung, dem Ausschluß von der Erbfolge, Vor- und Nacherbschaft, Erbverzicht, Ausschlagung und Annahme der Erbschaft, Vermächtnis und Auflage, dem Pflichtteil, der Rechtsstellung des Erben, der Miterbengemeinschaft, dem Erbschein, zur gesetzlichen Erbfolge, Fällen zum Verwandtenerbrecht, dem Erbrecht des Ehegatten und des nichtehelichen Kindes sowie zur Pflichtteilsberechnung.

Erben und Vererben

@@   – http://www.bmj.bund.de/erben/e_i.htm
Welche vorsorglichen Regelungen man treffen sollte, um sicherzugehen, dass das Vermögen nach dem Tod in die richtigen Hände gelangt, darüber informiert eine Broschüre des Bundesministeriums der Justiz. Die Broschüre mit Stand Oktober 1999 steht als PDF-File zum Download zur Verfügung (550 KB).

4.2.14   Euro

2. Bericht des ASWWU zur Einführung des Euro

– http://www.bundesfinanzministerium.de/infos/eurogeld/download/download.htm
Der zweite Bericht des Arbeitsstabes Europäische Wirtschafts- und Währungsunion des Bundesfinanzministeriums und der Bundesministerien (ASWWU) vom 27.03.1998 kann von den Seiten des Bundesfinanzministeriums abgerufen werden. Die Broschüre läßt sich im RTF-Format, als Zip-Datei oder unkomprimiert herunterladen.

3. Bericht des ASWWU zur Einführung des Euro

– http://www.bundesfinanzministerium.de/brosch.htm
Der dritte Bericht des Arbeitsstabes Europäische Wirtschafts- und Währungsunion des Bundesfinanzministeriums und der Bundesministerien vom 21.04.1999 steht zum Dowload bereit. Die Broschüre ist entweder als zip-komprimierte RTF-Datei oder als selbstentpackende RTF-EXE-Datei abrufbar.

Drittes Euro-Einführungsgesetz

@@   – http://www.bundesfinanzministerium.de/infos/eurogeld/index.htm
Auf den Seiten des Bundesfinanzministeriums steht der Entwurf eines Gesetzes über die Änderung währungsrechtlicher Vorschriften infolge der Einführung des Euro-Bargeldes (Drittes Euro-Einführungsgesetz) zur Verfügung. Daneben können auch die Erläuterungen zu diesem Entwurf eingesehen werden. Beide Informationsbroschüren wurden am 16.03.1999 eingestellt. Sie stehen als Zip-Datei im Word- oder im RTF-Format zum Download bereit.

FACHBEITRÄGE

Einzelne Rechtsgebiete — Familienrecht

Euro-Newsletter
- http://www.vrp.de/online/euro/index.htm @@
 Der Verlag Recht und Praxis bietet zu Fragen rund um den Euro nicht nur eine Online-Version des Buches „Die Eurowährung verstehen: Daten, Fakten, Hintergründe" von Prof. Dr. Ingo Böbel, sondern auch die Möglichkeit, online einen monatlich erscheinenden Euro-Newsletter zu abonnieren. Mit entsprechender Benutzerkennung und Passwort können frühere Ausgaben des Euro-Newsletters eingesehen werden. Eine Linkliste verweist auf weitere Websites mit europarechtlichen Inhalten.

4.2.15 Familienrecht
4.2.15.1 Umfangreiche Fachbeitragssammlungen

Kindesentziehung ins Ausland
- http://www.auswaertiges-amt.de/3_auspol/12/3-12-5A.htm @
 Jährlich werden dem Auswärtigen Amt zwischen 70 und 100 Fälle bekannt, in denen Kinder gegen den Willen eines Elternteils ins Ausland mitgenommen oder von dort aus nicht ins Inland zurückgebracht werden. Einen ersten Überblick bei Kindesentziehung ins Ausland und Hilfe, die das Auswärtige Amt in diesen Fällen bieten kann, gewinnt man auf dessen Internet-Seiten. Informiert wird darüber, unter welchen Voraussetzungen eine strafrechtliche Verfolgung bei Kindesentziehung möglich ist, welches Gericht bei internationalen Entführungen zuständig ist, sowie über die Einleitung von Sorgerechtsverfahren, das Haagener Übereinkommen u.s.w.

4.2.15.2 Einzelne Fachbeiträge

Das neue Kindschaftsrecht
- http://www.bmj.bund.de/kind_neu/kind.htm @@
 Eine detaillierte Broschüre mit Informationen zum ab dem 1. Juli 1998 geltenden neuen Kindschaftsrecht können auf den Seiten des Bundesministeriums der Justiz heruntergeladen werden. Fragen und Antworten findet man insbesondere zum Abstammungsrecht, zum Recht der elterlichen Sorge, zum Umgangsrecht, zum Namensrecht und zu den Neuregelungen im gerichtlichen Verfahren.

Die Reform des Kindschaftsrechts
- http://www.vrp.de/archiv/beitrag/b9800001.htm @@@
 Zur Reform des Kindschaftsrechts, in Kraft getreten am 1. Juli 1998, findet sich auf diesen Internet-Seiten ein umfangreicher Beitrag von Richter am Amtsgericht Gießen/Bonn, Klaus-Jürgen Grün. Zum materiellen Recht werden erläutert das Abstammungsrecht, die elterliche Sorge, die Ablösung der Amtspflegschaft durch die Beistandschaft, das Umgangs- und Namensrecht, die Legitimation und Adoption sowie der Unterhalt nichtehelicher Eltern. Verfahrensrechtlich findet man Informationen zur Änderung der gerichtlichen Zuständigkeit, der örtlichen Zuständigkeit für Scheidungsfolgesachen bei Anhängigkeit einer Ehesache, der

FACHBEITRÄGE

Gesellschaftsrecht   Einzelne Rechtsgebiete

Aufhebung des Zwangsverbundes für die Sorgerechtsregelung sowie zum „Anwalt des Kindes". In einem dritten Teil werden die weiteren Gesetzesänderungen im Rahmen der Reform des Kindschaftsrechts erörtert.

Kindesunterhaltsgesetz – Neuregelung

@@@ – http://www.vrp.de/archiv/beitrag/b9800003.htm
Richter Klaus-Jürgen Grün vom Amtsgericht Gießen/Bonn erläutert in seinem Beitrag die Neuregelung des Rechts des Kindesunterhalts durch das Kindesunterhaltsgesetz (KindUG). Insbesondere beschreibt er die Vereinheitlichung der Rechtslage für eheliche und nichteheliche Kinder, die Regelbeträge, die Dynamisierung des Unterhalts, das vereinfachte Verfahren, die verbesserten prozessualen Auskunftsmöglichkeiten, die einstweilige Anordnung in isolierten Unterhaltsverfahren, sonstige Änderungen und Übergangsregelungen. Der Beitrag, ein Auszug aus dem Leitsatzkommentar zum Familienrecht, Hülsmann/Klattenhoff/Runge, Verlag Recht und Praxis, ist auf dem Stand Juni 1998.

4.2.16 Gesellschaftsrecht
4.2.16.1 Umfangreiche Fachbeitragssammlungen

Anwalts-GmbH

@@ – http://www.vrp.de/archiv/beitrag/index.htm
Rechtsanwältin Dagmar Knigge erläutert in vier aktuellen Beiträgen die Besonderheiten der Anwalts-GmbH, insb. deren Entwicklung und Zulässigkeit, Haftung, steuerliche und sozialversicherungsrechtliche Behandlung, Postulationsfähigkeit, Anforderungen an Satzung/Gesellschaftsvertrag (Grundsätzliches, Geschäftsführung und Vertretung, Übertragung von Geschäftsanteilen, Rechtsnachfolge, Haftpflichtversicherung, Firma, Sitz). Die Beiträge sind veröffentlicht auf den Internet-Seiten des Verlages Recht und Praxis.

4.2.16.2 Einzelne Fachbeiträge

Aktiengesellschaft: Übertragende Auflösung

@@ – http://www.compuserve.de/recht/ressort1/gesellschaftsrecht/archiv.html
Das BayObLG traf eine grundlegende Entscheidung zu den Einwendungen einiger Kleinaktionäre gegen die Übertragung des gesamten Vermögens einer Aktiengesellschaft mit Zustimmung der Hauptversammlung auf die Hauptaktionärin und anschließender Auflösung der Aktiengesellschaft. (Az. 3 Z BR 37/98). Kommentiert wird der Beschluß und seine Konsequenzen von Dr. Ralf Thaeter, LL. M, Kanzlei Gleiss Lutz Hootz Hirsch, Berlin (Stand: März 1999).

Euro-Einführung und Aktiengesellschaft

@ – http://www.vrp.de/archiv/beitrag/b9900004.htm
Prof. Dr. Axel Jäger erläutert in diesem Beitrag einige Auswirkungen der Euro-Einführung auf die Aktiengesellschaft. Im Vordergrund steht dabei die Anpas-

sung des Gesellschaftsrechts. Es handelt sich bei dem Beitrag um einen Auszug aus dem Handbuch Jäger/von Briel, Anwaltshandbuch zur rechtlichen Beratung von Unternehmen, Verlag Recht und Praxis, Stand: März 1999.

Stock Options

– http://www.compuserve.de/recht/ressort1/gesellschaftsrecht/gesrecht03.html @@
Stock Options dienen der Verwirklichung des Shareholder-Value-Gedankens. Sie können rechtlich in sehr verschiedener Form gestaltet und auf die konkreten Bedürfnisse des Unternehmens zugeschnitten werden. Dr. Bodo Rieger, Kanzlei Gleiss Lutz Hootz Hirsch, Stuttgart, behandelt zwei Möglichkeiten, namentlich die „Klassische" Stock Option und die Phantom Stocks, und ordnet sie in die rahmenrechtlichen Bedingungen in Deutschland ein. Der Beitrag wurde im März 1999 auf den Internet-Seiten von CompuServe veröffentlicht.

Virtuelle Internet-Hauptversammlung

– http://www.compuserve.de/recht/ressort1/gesellschaftsrecht/archiv.html @@
Wie ist eine Hauptversammlung im Internet zu beurteilen, als Evolution oder Revolution – dies fragt Dr. Stefan Mutter, Kanzlei Gleiss Lutz Hootz Hirsch, Stuttgart, in seinem Beitrag vom März 1999. Zur Zeit sind solchen Ideen durch das Aktiengesetz enge Grenzen gesetzt, die Rechtsentwicklung steht hier noch ganz am Anfang. Die Zukunfts-Szenarien sind jedoch mehr als nur interessante Spielerei.

4.2.17 Gesundheits- und Pflegerecht
4.2.17.1 Umfangreiche Fachbeitragssammlungen

Rechtsfragen im Gesundheits- und Pflegebereich

– http://www.graefeundpartner.de/java/gup/index.html @
Auf dieser Seite der Rechtsanwaltskanzlei Graefe und Partner finden sich verschiedene Beiträge zu aktuellen Themen aus dem Gesundheits- und Pflegerecht, u. a. zur Frage der Werbung von Ärzten sowie der Homepage eines Arztes im Internet, Krankenhäusern und der Einschaltung von externen Archivunternehmen sowie Chancen einer Zusammenarbeit zwischen Dermatologie und Kosmetik.

4.2.17.2 Einzelne Fachbeiträge

Life-Style-Medikamente

– http://www.compuserve.de/recht/ressort1/oerecht/oerecht13.html @@
Den „Life-Style"-Arzneimitteln ist nicht nur ihr zweischneidiger Anwendungsbereich gemein, sondern auch die vergleichsweise hohen Kosten, die für die Behandlung entstehen. Angesichts der knappen Finanzsituation stellt die Verordnung dieser teuren Arzneimittel auf Kosten der gesetzlichen Krankenversicherung ein Problem dar. Eine Auseinandersetzung, insbesondere im Hinblick auf den Ausschluss des Arzneimittels Viagra von der Verordnungsfähigkeit zu Lasten

FACHBEITRÄGE

Gewerblicher Rechtsschutz Einzelne Rechtsgebiete

der gesetzlichen Krankenversicherung liefert Dr. Raimund Buchner mit seinem im Januar 1999 auf den Internet-Seiten von CompuServe veröffentlichten Beitrag.

4.2.18 Gewerblicher Rechtsschutz
4.2.18.1 Umfangreiche Fachbeitragssammlungen

Informationen zu den Schutzrechten

@@@ – http://www.patentanwaltskanzlei.de/
Die Patentanwälte Türk und Kollegen in Düsseldorf stellen umfangreiches Informationsmaterial zu Patenten, Marken, Gebrauchs- und Geschmacksmustern und Arbeitnehmererfindungen online zur Verfügung. In den jeweiligen Rubriken können zunächst allgemeine Informationen abgerufen werden. Hier werden die Grundbegriffe erläutert und zum Teil mit Beispielen versehen (wie z. B. zur Patentanmeldung oder zur Vergütung von Arbeitnehmererfindungen); die betreffenden Normen sind als Link angegeben. Bei den deutschen und internationalen Normen handelt es sich zum einen um eigenes Material, zum größten Teil wird man aber zu anderen Servern, insbesondere zu Transpatent.com, weitergeleitet. Formulare und Merkblätter stehen per Hyperlink zu anderen Anbietern zur Verfügung.

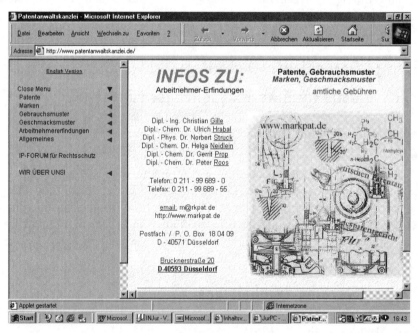

Informationszentrum Patente

@@@ – http://www.lgabw.de/ip/index.htm
Das Informationszentrum Patente (IP) ist eine Servicestelle des Landesgewerbeamtes Baden-Württemberg und bietet auf ihren Internet-Seiten umfassende Informationen zum Gewerblichen Rechtsschutz an. Man kann sich hier über den Schutz von Erfindungen oder Unternehmenskennzeichen und die dazu notwendigen amtlichen Verfahren informieren und praxisnahe Beiträge von Patentanwäl-

ten einsehen. Die umfangreiche Rubrik „Beiträge zum Gewerblichen Rechtsschutz" enthält zur Zeit folgende Publikationen: Erfindungen, Patente und Gebrauchsmuster; Europapatent und PCT; Patentanmeldungen in den USA; Technische Schutzrechte in Japan; Geschmacksmusterschutz; Das neue deutsche Markengesetz; Gemeinschaftsmarke Europäische Union; Erfindungen von Arbeitnehmern; Lizenzverträge; Urheberrecht; Software; Nachahmung als unlauterer Wettbewerb; Produktpiraterie. Eine Übersicht über die weiteren, leider nicht online zur Verfügung stehenden Bestände und Dokumente des IP ist abrufbar. In der Rubrik „Fragen & Antworten" findet sich eine Zusammenstellung zum Schutz von technischen Erfindungen (Patente und Gebrauchsmuster), von Namen, Logos und anderen Unternehmenskennzeichen (Marken) und von Designerschöpfungen (Geschmacksmuster). Eine Linkliste verweist auf weitere Internet-Ressourcen zum Gewerblichen Rechtsschutz. Mithilfe einer Suchfunktion kann man rasch auf die benötigten Dokumente zugreifen. Die Seiten des IP sind auf dem Stand von Mai 1999 und werden regelmäßig aktualisiert.

4.2.18.2 Einzelne Fachbeiträge

Arbeitnehmererfindung

– http://transpatent.com/ra_krieger/arberfin.html @@
  Eine Übersicht über das Gesetz über Arbeitnehmererfindungen gibt Rechtsanwalt Dr. H. Jochen Krieger, Düsseldorf, in dem hier abrufbaren Beitrag. Neben Ausführungen zum Begriff der Arbeitnehmererfindung sowie den Rechten und Pflichten bei Diensterfindungen macht der Autor Ausführungen über die unbeschränkte und beschränkte Inanspruchnahme, die Festsetzung der Vergütung nebst Bemessungsgrundlage sowie zum schiedsgerichtlichen Verfahren.

Überblick über Gewerblichen Rechtsschutz

– http://ourworld.compuserve.com/homepages/direbel/#Inhalt @
  Auf der Homepage von Dipl. Ing. Dieter Rebel, Patentprüfer und Dozent, steht Grundlagenwissen zum Gewerblichen Rechtsschutz zur Verfügung. Die wichtigsten Informationen, z. B. Voraussetzungen, notwendige Bestandteile einer Anmeldung, Prüfungsverfahren und Kosten werden stichwortartig zusammengestellt und vermitteln einen ersten Überblick. Gesetzestexte (Patentgesetz, Gebrauchsmustergesetz, Geschmacksmustergesetz und Markengesetz) können abgerufen werden. Die Informationen sind auf dem Stand von Ende 1998.

4.2.19 Internationales Recht

Europäisches und sonstiges überstaatliches Recht

– http://www.rewi.hu-berlin.de/HFR/Ordner_1.html @@
  Im Forum Recht der Humboldt-Universität Berlin findet sich eine Sammlung von Fachbeiträgen zum Themenkomplex europäisches und sonstiges überstaatliches Recht. Die Beiträge sind im Volltext oder in einer übersichtlichen Kurzfassung der Herausgeber verfügbar.

FACHBEITRÄGE

Immobilienrecht   Einzelne Rechtsgebiete

4.2.20 Immobilienrecht

Merkblatt zum Immobilienerwerb in Spanien

@ — http://www.vrp.de/archiv/beitrag/b9900045.htm
Was beim Kauf einer Villa im sonnigen Spanien beachtet werden sollte, z. B. welche Bescheinigungen vor Vertragsschluss vorliegen sollten, kann in einem kurzem Merkblatt auf den Internet-Seiten des Verlags Recht und Praxis abgerufen werden. Der Beitrag von den Rechtsanwälten Gomoll und Partner, Hamburg, wurde am 23.08.1999 eingestellt.

Rückabwicklung von Immobilienverkäufen und Schadensersatzpflicht

@@ — http://www.bender-zahn-tigges.de/deutsch/immorecht/immorecht.html
Rechtsanwalt Antonius Evers kommentiert auf den Internet-Seiten der Kanzlei Bender, Zahn, Tigges zwei Entscheidungen. Zum einen stellt er das BGH-Urteil vom 26. September 1997 zur Rückabwicklung von Immobilienverkäufen wegen unrichtiger Angaben über steuerliche Vorteile dar. Zum anderen geht er auf das Urteil des LG München I vom 13.03.1998 ein. Nach dieser Entscheidung besteht eine Schadensersatzpflicht nach den Grundsätzen der Prospekthaftung bei unvollständigen und irritierenden Angaben über die Vermietung des Objekts. Beide Beiträge, Stand 12/98, wurden in der Tageszeitung „Die Welt" veröffentlicht.

4.2.21 Judikative

Bundesverfassungsgericht und BGH-Richter

@@ — http://www.rewi.hu-berlin.de/HFR/Ordner_2.html
Zum Themenkomplex Judikative stellt die juristische Fakultät der Humboldt-Universität zu Berlin folgende Fachbeiträge zur Verfügung: Thilo Brandner: Das Bundesverfassungsgericht und der Dissens über die Divergenz (erschienen: 20. Februar 1998), Jutta Limbach: Das Bundesverfassungsgericht als politischer Machtfaktor (erschienen: 6. November 1996) sowie Rainer Schröder/Fred Bär: Theorie vom BGH-Richter und Sinner Fru (erschienen: 15. Mai 1997).

4.2.22 Kaufrecht

Gebrauchtwagenkauf

@@ — http://www.rechtplus.de/ratgeber/kaufrecht/kfzkauf.htm
Was es beim Gebrauchtwagenkauf zu beachten gilt, insbesondere bzgl. der Verschleißteile, des Haftungsausschlusses, bei Zusicherungen und Täuschung durch den Verkäufer, beschreibt Rechtsanwalt Thomas Moosmüller in seinem Beitrag „Tipps zum Gebrauchtwagenkauf" auf den Internet-Seiten von RECHTplus.

Kaufrecht und Gewährleistung

@@ — http://www.rechtplus.de/ratgeber/kaufrecht/kaufre.htm
Auf den Seiten von RECHTplus, einem Projekt der Jucom Rechtsinformationssysteme GmbH, führt Rechtsanwalt Thomas Moosmüller in die Grundlagen des

Einzelne Rechtsgebiete

FACHBEITRÄGE

Kommunalrecht

allgemeinen Kaufrechts ein. Er erläutert die Pflichten der Vertragsparteien, die Gewährleistungsansprüche, Allgemeine Geschäftsbedingungen und Garantieleistungen. Sehr nützlich sind die Musterverträge (z. B. Mustervertrag über den Kauf eines gebrauchten PKW), die sowohl in das entsprechende Kapitel eingegliedert, als auch im Anhang in einer Übersicht aufgelistet sind.

4.2.23 Kommunalrecht

Abfallvermeidungsklauseln im Friedhofsrecht

– http://www.postmortal.de/html/abfall_friedhofsrecht.html   @ @
Die ökologische Bedeutung gemeindlicher Bestattungsplätze ist zunehmend Anlass intensiver Auseinandersetzungen, inbesondere die Verwendung von Kunststoffprodukten im Rahmen der durch die Nutzungsberechtigten vorzunehmenden Grabpflege. Angesichts der anfallenden Abfallmengen sind in die Friedhofssatzungen entsprechende Abfallvermeidungsklauseln aufgenommen worden. Zur Rechtmäßigkeit solcher kommunaler Klauseln nimmt Dr. jur. Tade Matthias Spranger in seinem Beitrag Stellung. Veröffentlicht wurde der Beitrag in Natur und Recht, 1998, S. 185 ff.

Auftragsvergabe an kommunale Eigengesellschaften

– http://www.compuserve.de/recht/ressort1/oerecht/oerecht15.html   @ @
Das „Arnheim"-Urteil des EuGH vom 10.11.1998 war in der deutschen Tagespresse zunächst undifferenziert als Stärkung der Kommunalwirtschaft interpretiert worden: Der EuGH habe Gemeinden und anderen öffentlichen Körperschaften gleichsam einen Freibrief erteilt, Aufträge ohne Ausschreibung an Tochtergesellschaften zu vergeben. Das Urteil wird in diesem Beitrag kommentiert von Dr. Olaf Otting (Februar 1999) auf den Internet-Seiten von CompuServe.

Beratung in der Gemeinde

– http://home.t-online.de/home/Dr.Herbert_und_Koch/beratung.htm   @ @ @
In diesem Artikel, von Rechtsanwalt Dr. Alexander Herbert selbst als Langfassung bezeichnet, reflektiert der den Umstand, dass in den Kommunen Formen der Beratung, vor allem durch Bildung von Gremien, installiert werden, die in den Gemeindeordnungen nicht vorgesehen sind. Damit wird nämlich ein Meinungsaustausch zwischen Vertretern der Kommune und Privaten institutionalisiert, der rechtliche Grenzen hat.

Friedhofszweck als Grenze zusätzlicher Grabgestaltungsvorschriften

– http://www.postmortal.de/html/die_grenze_der_grabgestaltungs.html   @
Dr. jur. Tade Matthias Spranger untersucht anhand der Rechtsprechung des Verwaltungsgerichtshofs Baden-Württemberg, welchen Grenzen kommunale Satzungsgeber bei sogenannten zusätzlichen Grabgestaltungsvorschriften vor dem Hintergrund der anerkannten Grundsätze des Grabgestaltungsrechts unterliegen (Quelle: Verwaltungsblätter für Baden Württemberg, 1998, 454 ff.).

FACHBEITRÄGE

Konkurs- und Insolvenzrecht Einzelne Rechtsgebiete

Petitionsrecht in der Kommune

@@ – http://home.t-online.de/home/Dr.Herbert_und_Koch/petit.htm
Dr. Alexander Herbert, Offenbach, geht in seinem umfangreichen Beitrag der Frage nach, ob die Gemeindevertretung wie eine Volksvertretung Petitionsadressat sein kann. Von der Beantwortung dieser Frage hängt es ab, ob sich eine Gemeindevertretung – unabhängig von ihrer Entscheidungskompetenz in der Sache – inhaltlich mit allen Anliegen befassen darf (und muß), die im Wege einer Petition an sie herangetragen werden.

4.2.24 Konkurs- und Insolvenzrecht
4.2.24.1 Umfangreiche Fachbeitragssammlungen

Arbeitskreis für Insolvenzrecht

@@@ – http://www.insolvenzverein.de/archiv/Archiv.htm
Eine umfangreiche Fachbeitragssammlung rund um das Thema Insolvenz steht im Archiv des Berlin-Brandenburger Arbeitskreises für Insolvenzrecht e. V. zur Verfügung. Die einzelnen Abhandlungen, wie z. B. „Das Anfechtungsrecht des Insolvenzverwalters" von Prof. Dr. Christoph Paulus, „Gesetzliche Änderungen außerhalb der Insolvenzordnung" von RA Andreas Ziegenhagen und „Steuerliche Aspekte und Gestaltungsinstrumente im Rahmen von gerichtlichen und außergerichtlichen Sanierungen" von RA Detlef Olufs können im Volltext abgerufen werden. Zusätzlich können Presseerklärungen und Ergebnisse verschiedener Veranstaltungen des Arbeitskreises eingesehen werden.

Fachanwalt für Insolvenzrecht

@@ – http://www.rws-verlag.de/volltext/fachan6.htm
Die Satzungsversammlung der Bundesrechtsanwaltskammer hat am 22. März 1999 (14.00 Uhr) die Einzelheiten der Anforderungen zur Führung der neuen

Bezeichnung „Fachanwalt für Insolvenzrecht" beschlossen. Einzelheiten zu den Anforderungen und Erläuterungen zum Beschluß können auf den Seiten des RWS-Verlages abgerufen werden.

Inhalt und Ziele der Insolvenzvergütungsordnung

- http://www.rws-verlag.de/volltext/insvv.htm @@
  Die am 1. Januar 1999 in Kraft tretende Insolvenzrechtliche Vergütungsverordnung vom 19. August 1998 ist im Bundesgesetzblatt Nr. 54 vom 24. August 1998, BGBl I, 2205, verkündet worden. Erläuterungen hierzu, insbesondere deren Inhalt und Ziel, finden sich auf den Seiten des RWS-Verlages. Am Ende des Dokumentes befindet sich der Verordnungstext.

4.2.24.2 Einzelne Fachbeiträge

Die neue Insolvenzordnung

- http://www.bmj.bund.de/misc/m_insol.htm @
  Zum Download bereit ist auf den Seiten des Bundesministeriums der Justiz ein kurzer Überblick über die am 1. Januar 1999 in Kraft getretene neue Insolvenzordnung.

Erste gerichtliche Erfahrungen mit dem Verbraucherinsolvenzverfahren

- http://www.rws-verlag.de/volltext/zvall2.htm @@@
  In seinem Beitrag „Erste gerichtliche Erfahrungen mit dem Verbraucherinsolvenzverfahren", veröffentlicht in der Zeitschrift für Wirtschaftsrecht (ZIP) 1999, 125, schildert Dr. jur. RiAG Heinz Vallender nicht nur die ersten Erfahrungen mit der neuen Insolvenzordnung aus der Sicht eines Insolvenzrichters, sondern befaßt sich auch mit wiederholt auftretenden Fehlern bei der Antragstellung. Als Hauptursache für die geringe Anzahl von Insolvenzanträgen sieht er die noch ungeklärte Finanzierungsfrage des außergerichtlichen und gerichtlichen Verfahrens. Die besonderen Zulässigkeitsvoraussetzungen gemäß § 305 Abs. 1 InsO werden ausführlich erläutert.

Möglichkeiten der wirtschaftlichen Sanierung von Privathaushalten

- http://www.kanzlei-doehmer.de/webdoc46.htm#Lexikon der Insolvenz @@
  Eine Diplomarbeit zum Thema Insolvenzrecht mit dem Titel „Überschuldung und Schuldnerberatung in Deutschland unter Berücksichtigung der neuen Insolvenzordnung; neue Möglichkeiten der wirtschaftlichen Sanierung von Privathaushalten" hat Lars Rath auf den Seiten der Fachhochschule Fulda ins Internet gestellt. Obwohl die Diplomarbeit aus dem Jahr 1996 stammt, ist sie auch heute noch aktuell, da die neue Insolvenzordnung bereits berücksichtigt wurde. Die ausführliche Erörterung der gesetzlichen Regelungen macht einen Großteil der Diplomarbeit aus. Dargestellt werden aber auch die Verschuldungssituation privater Haushalte und die verschiedenen Hilfsmöglichkeiten, wie z. B. die Schuldnerberatung.

FACHBEITRÄGE

Kryptografie   Einzelne Rechtsgebiete

Überblick über Änderungen und Neuregelungen der Insolvenzordnung

@@@ – http://www.zeuner.com/Insolvenzrecht.htm
Die Kanzlei Kleimann, Schürmann, Zeuner, Schwerin veröffentlicht auf ihren Seiten einen umfangreichen Beitrag zur neuen Insolvenzordnung. Neben dem Gesetzestext werden die wesentlichen Neuregelungen dargestellt. Der Beitrag ist in verschiedene Kapitel, wie z. B. Aussonderung, Insolvenzplan und Verbraucherinsolvenz, unterteilt und gewährt einen guten Überblick über die neue Gesetzeslage seit 1. Januar 1999.

Verbraucherinsolvenz

@@ – http://www.rechtplus.de/ratgeber/insolvenz/insolvenz.htm
Das ab dem 01.01.1999 geltende neue Insolvenzrecht sieht ein eigenes Verbraucherinsolvenzverfahren vor, das unter bestimmten Voraussetzungen zu einer Restschuldbefreiung führen kann. Die verschiedenen Stufen hierzu, die außergerichtliche Schuldbereinigung, das gerichtliche Verfahren über den Schuldenbereinigungsplan und das vereinfachte Verbraucherinsolvenzverfahren erläutert Rechtsanwalt Thomas Moosmüller auf den Internet-Seiten von RECHTplus.

Vergütung des Rechtsanwaltes im Insolvenzverfahren

@@@ – http://www.vrp.de/archiv/beitrag/
In sechs Teilen informiert der Bürovorsteher Andreas Jelinsky über „Die Vergütung des Rechtsanwalts im neuen Insolvenzverfahren" auf den Seiten des Verlags Recht und Praxis. Die einzelnen Teile wurden in der „BRAGO-effektiv" seit Juni 1999 veröffentlicht. In Teil 1 werden die einzelnen Gebühren gemäß der BRAGO und der Gegenstandswert erläutert. In Teil 2 geht Jelinsky auf die einzelnen Tätigkeiten im Insolvenzverfahren ein. Der dritte Teil enthält Berechnungsbeispiele zur Verdeutlichung der Gebührenberechnung, und im vierten Teil beschreibt er die Gebühren für die Tätigkeit im eröffneten Insolvenzverfahren. Teil 5 erläutert die Gebühren für die Anmeldung einer Insolvenzforderung, Teil 6 schließlich die Gebühren für Tätigkeit im Restschuldbefreiungs- und Beschwerdeverfahren.

4.2.25   Kryptografie
4.2.25.1   Umfangreiche Fachbeitragssammlungen

Fragen der Kryptografie

@@ – http://zeus.gmd.de/~schreck/crypto.html
Auf dieser Seite des Institute for Applied Information Technology (FIT) finden sich überwiegend in englischer Sprache Beiträge zu Fragen der Kryptografie sowie diesbezüglich verbreiteter Software.

FACHBEITRÄGE

Einzelne Rechtsgebiete — Mietrecht

4.2.25.2 Einzelne Fachbeiträge

Staatliche Reglementierung des Einsatzes von Verschlüsselungsverfahren

- http://www.datenschutz-berlin.de/to/krypto.htm @@@
  Betrachtungen zu Grenzen und Möglichkeiten der staatlichen Reglementierung des Einsatzes von Verschlüsselungsverfahren finden sich auf dieser Internet-Seite des Datenschutzbeauftragten des Landes Berlin. Bei diesem Beitrag handelt es sich um ein Arbeitspapier der AG Kryptografie des AK Technik (Stand: September 1996).

4.2.26 Medizinrecht

Medizinrechts-Lexikon

- http://www.uni-mainz.de/~horn/einmal.htm @
  Das „Juristische Einmaleins des Medizinrechts" findet sich auf der privaten Internet-Seite von Dr. med. Horn auf dem Server der Universität Mainz. Informiert wird darüber, was jeder Mediziner und jeder Patient an juristischem Basiswissen haben sollte. Eingestellt wurde die Seite im August 1997.

Ungenehmigte Verfügung der Krankenhäuser über Fehlgeborene

- http://www.postmortal.de/html/fehlgeborene.html @@
  In seinem Aufsatz „Die ungenehmigte Verfügung der Krankenhäuser über Fehlgeborene" untersucht Dr. jur. Tade Matthias Spranger, inwieweit eine Verletzung der verfassungsmäßig geschützten Menschenwürde und die Mißachtung des elterlichen Verfügungsrechts durch die Krankenhauspraxis der „Entsorgung" und „Nutzung" von Fehlgeborenen vorliegt (Quelle: MedR 1999, Heft 5).

4.2.27 Mietrecht

Eigenbedarfskündigung

- http://www.rechtplus.de/ratgeber/mietrecht/eigenb.htm @
  Rechtsanwalt Thomas Moosmüller erläutert in seinem Beitrag die Eigenbedarfskündigung unter Angabe der einschlägigen Rechtsprechung sowie Literaturfundstellen.

Entwicklung des Mietrechts

- http://www.wowi.de/info/history/mieten/mietgesetzentwicklung.htm @
  Die historische Entwicklung des Mietrechts von 1950 bis 1995 in tabellarischer Darstellung zeigt Prof. Kofner, Hochschule für Technik, Wirtschaft und Sozialwesen Zittau/Görlitz auf. Auf die in der Übersicht Bezug genommenen Vorschriften besteht eine Zugriffsmöglichkeit mittels Hyperlink. Das Originaldokument kann im Word97-Format mit Quellenangaben auf den Internet-Seiten des Wohnungswirtschaftlichen Informationssystems downgeloaded werden.

FACHBEITRÄGE

Öffentliches Recht   Einzelne Rechtsgebiete

Kündigung durch den Mieter

@ — http://www.rechtplus.de/ratgeber/mietrecht/kuend.htm
In welchen Fällen eine Kündigung durch den Mieter möglich ist, insbesondere bei Mieterhöhung, Modernisierung, Gesundheitsgefährdung und Tod des Ehegatten, erläutert Rechtsanwalt Thomas Moosmüller in diesem Beitrag auf den Internet-Seiten von RECHTplus. Darüber hinaus weist er auf die Besonderheiten bei bestimmten Berufsgruppen, wie z. B. Soldaten, hin sowie auf Vereinbarungen bzgl. eines Nachmieters.

Mietkaution

@ — http://www.rechtplus.de/ratgeber/mietrecht/kaution.htm
In seinem Beitrag „Was ist eine Mietkaution" erläutert Rechtsanwalt Thomas Moosmüller auf den Internet-Seiten von RECHTplus die wichtigsten Fragen zu diesem Themenbereich, wie z. B.: Wo ist die Mietkaution gesetzlich geregelt, wann ist sie zu erbringen, wieviel Kaution darf verlangt werden, wann wird sie fällig, welche Arten gibt es, wie muß sie der Vermieter verwahren, darf der Mieter die Kaution „abwohnen" und wann bekommt der Mieter sie zurück?

Nebenkosten

@ — http://www.rechtplus.de/ratgeber/mietrecht/nkost.htm
Häufiger Streitpunkt zwischen Vermieter und Mieter sind die vom Mieter zu tragenden Nebenkosten. Welche Kosten können überhaupt auf den Mieter umgelegt werden und in welcher Höhe? Hinweise zu diesem Themenbereich, insbesondere in den Fällen Grundsteuer, Verwaltungskosten, Kosten für Fahrstuhl/Aufzug, Mehrkosten für Gewerberäume, Straßenreinigung/Müllabfuhr, Wartungskosten, Gartenpflege, Versicherung, Hauswart/Hausmeister, Verteilung der Nebenkosten etc., gibt Rechtsanwalt Thomas Moosmüller auf den Internet-Seiten von RECHTplus.

Vergleichsmietenbegriff

@ — http://www.wowi.de/info/gesetze/mietrecht/vergleichsmietenbegriff.htm
In einem Kurzbeitrag erörtert Prof. Kofner, Studiengang Wohnungs- und Immobilienwirtschaft, auf den Internet-Seiten des Wohnungsrechtlichen Informationsforums den Vergleichsmietenbegriff des Gesetzes zur Regelung der Miethöhe, § 2 Abs. 1 Satz 1 Nr. 2 MHRG.

4.2.28 Öffentliches Recht

Fachplanungsrecht 1997 und 1998 – Rechtsprechungsbericht

@@ — http://home.t-online.de/home/stueer/fpr9798.htm
Infolge des einigungsbedingten Ausbaus der Verkehrsinfrastruktur ist das Fachplanungsrecht derzeit Gegenstand zahlreicher Gerichtsentscheidungen. Für die vielfältigen grundsätzlichen Rechtsfragen bei der Planung der „Verkehrsprojekte Deutsche Einheit" ist gemäß § 5 Abs. 1 VerkPBG das Bundesverwaltungsgericht erst- und letztinstanzlich zuständig. In ihrem Beitrag „Fachplanungsrecht 1997 und 1998" skizzieren Rechtsanwalt und Notar Prof. Dr. Bernhard Stüer (Mün-

ster/Osnabrück) und Stefan Rude (Berlin) deshalb schwerpunktmäßig die Entscheidungen dieses Gerichts aus diesen Jahren, berücksichtigen aber auch wesentliche Entscheidungen aus den Vorjahren und solche der Verfassungs- und Instanzgerichte. Sie kommen zu dem Schluss, dass sich das Fachplanungsrecht nach einigen Kursausschlägen nunmehr konsolidiert hat. Der Beitrag ist erschienen im Deutschen Verwaltungsblatt, Heft 8/1999.

Gutachten zum Ladenschluss der Sozialforschungsstelle Dortmund

- http://www.sfs-dortmund.de/projekte/ladenschluss/index.htm @@@
  Anlässlich der Änderung des Ladenschlussgesetzes hat der Deutsche Bundestag die Bundesregierung aufgefordert, nach Ablauf von drei Jahren einen Bericht über die Erfahrungen mit den erweiterten Öffnungsmöglichkeiten vorzulegen. Zur Vorbereitung dieses Berichts wurde neben dem ifo-Institut auch das Landesinstitut Sozialforschungsstelle Dortmund vom Bundesministerium für Arbeit und Sozialordnung beauftragt, die Auswirkungen der neuen Ladenöffnungszeiten auf die Beschäftigung im Einzelhandel zu untersuchen. Die wichtigsten Ergebnisse des Gutachtens unter der Leitung von Heike Jacobsen und Ellen Hilf werden in einer Kurzfassung vorgestellt (Stand Oktober 1999). Der Beitrag kann auch als WinWord8.0-, als PDF-, RTF- und als Postscript-Dokument downgeloadet werden (60 KB).

Gutachten zum Ladenschluss des ifo-Instituts

- http://www.ifo.de/orcl/dbssi/12-10_1.htm @@
  Das Gutachten des Instituts für Wirtschaftsforschung (ifo) in München zum Thema „Effekte der Liberalisierung des Ladenschlussgesetzes im Einzelhandel und im Verbraucherverhalten", das sich auf umfangreiche Recherchen sowohl beim Einzelhandel als auch bei den Verbrauchern stützt, hat festgestellt, dass mit der Liberalisierung vor drei Jahren positive Wohlfahrtseffekte verbunden waren. Die Untersuchung zeigt ferner, dass die Liberalisierung von dem überwiegenden Teil der Verbraucher positiv aufgenommen wurde und auch die Interessengruppen sich weiteren Öffnungsschritten nicht mehr grundsätzlich verschließen. Die Pressemitteilung mit Empfehlungen des Instituts vom 12. Oktober 1999 ist auf dessen Internet-Seiten abrufbar.

Sonn- und Feiertagsarbeit unter der Geltung des Arbeitszeitgesetzes

- http://194.245.102.226/HBV.nsf/DOCS/snvnud59 @@
  Der grundsätzlich arbeitsfreie Sonn- und Feiertag gehört auch im Zeitalter der hochtechnisierten und global vernetzten Gesellschaft noch immer zu den kulturellen Grundwerten. Dies darf allerdings nicht darüber hinwegtäuschen, dass die Arbeit an Sonn- und Feiertagen längst zu einem unverzichtbaren Bestandteil der Gesellschaftswirklichkeit geworden ist. Prof. Dr. Reinhard Richardi und Dr. Georg Annuß von der Universität Regensburg stellen in ihrem Beitrag „Sonn- und Feiertagsarbeit unter der Geltung des Arbeitszeitgesetzes" die verfassungsrechtlichen Grundlagen dar und analysieren den neuen § 10 Abs. 4 ArbZG sowie die Verordnungsermächtigung des § 13 Abs. 1, 2 ArbZG unter besonderer Berücksichtigung der auf ihrer Grundlage ergangenen Bedarfsgewerbeverordnung des Landes Nordrhein-Westfalen. Der Beitrag ist auf den Internet-Seiten der Gewerkschaft Handel, Banken und Verkehr veröffentlicht (Stand 1999).

FACHBEITRÄGE

Polizei- und Ordnungsrecht Einzelne Rechtsgebiete

Vergaberecht – Erste Entscheidungen zur Neuregelung

@@@ – http://www.compuserve.de/recht/ressort1/oerecht/oerecht27.html
Seit dem 01.01.1999 ist das Vergaberechtsänderungsgesetz in Kraft. Der Rechtsschutz eines Bieters gegen den öffentlichen Auftraggeber richtet sich nunmehr nach den §§ 97 ff. GWB. Im Nachprüfungsverfahren entscheiden auf der ersten Ebene Vergabekammern. Beschwerde gegen deren Beschlüsse ist beim Vergabesenat des zuständigen Oberlandesgerichts zu erheben. Erste Entscheidungen der Vergabekammern liegen mittlerweile vor. Die Vergabekammer des Bundes gab am 22.03.1999 (Az. VK 1 – 5/99) der Beschwerde eines britischen Münzprägebetriebes gegen die Bundesschuldenverwaltung statt, bei der es um die Vergabe von Aufträgen für die Herstellung von EURO-Münzen ging. Rechtsanwalt Dr. Olaf Otting nimmt zu dieser Entscheidung in seinem Beitrag vom 25.05.1999 auf den Internet-Seiten von CompuServe Stellung und kommt zu dem Schluß, daß die Rechtsprechung zu einer tendenziell eher großzügigen Auslegung der Zulässigkeitsvoraussetzungen von Nachprüfungsantrag und Rechtsmitteln im Nachprüfungsverfahren neigt.

Zuwendungsvertrag und Leistungsvertrag

@@ – http://www.fh-fulda.de/bldw/goetz.htm
Neue Begriffe wie „Produktbeschreibung" und „Produktgruppen" sorgen in der sozialen Arbeit nach wie vor für Verwirrung. Bei der Frage, ob die Finanzierung per Bescheid, Zuwendungsvertrag oder Leistungsvertrag geregelt werden soll und muss, gibt es einige Stolpersteine, die umgangen sein wollen. In seiner juristischen Arbeitshilfe für die Praxis erläutert Michael Goetz die grundlegenden Unterschiede in den Regelungsinhalten und Rechtsfolgen. Der Autor ist Mitarbeiter des Paritätischen Wohlfahrtsverbandes-Gesamtverband e. V.

Personenbeförderungsrecht – Übersicht

@ – http://www.camelot.de/~hera/PBefR.html
Rechtsanwalt Dr. Christian Heinze benennt zunächst einige Rechtsquellen zum Beförderungsrecht (Europarecht, Bundesrecht, Landesrecht) und gibt anschließend eine Übersicht über den Stand in diesem Rechtsbereich, namentlich zum Öffentlichen Personen-Nahverkehr und zum Individualverkehr. Abschließend wird eine Literaturauswahl vorgestellt. Veröffentlicht wurde diese Seite im November 1998.

4.2.29 Polizei- und Ordnungsrecht

Kampfmittelräumung

@@ – http://www.compuserve.de/recht/ressort1/oerecht/archiv.html
Wer trägt die Kosten für Kampfmittelräummaßnahmen? – Dazu äußerte sich das BVerwG durch einen Beschluss vom 18.06.98 (AZ.: 1 B 178/97), der in diesem im Dezember 1998 eingestellten Beitrag von Dr. Bernhard Busch, Kanzlei Gleiss Lutz Hootz Hirsch, Stuttgart, kommentiert wird.

4.2.30 Produkthaftung

Instruktionspflichtverletzungen

- http://www.jura.uni-sb.de/jurpc/aufsatz/19980158.htm @@@
  Bei Instruktionsfehlern ist man schnell geneigt, zuerst nur an die Produkthaftung zu denken. Als Grundlage für wettbewerbsrechtliche, vertragliche und strafrechtliche Aspekte werden Instruktionsfehler jedoch zunehmend zum Gegenstand juristischer Auseinandersetzungen, je mehr soziale Strukturen durch die technologische Entwicklung beeinflußt werden. Dieser umfangreiche Artikel von Godehard Pötter (Oktober 1998), veröffentlicht in der Online-Zeitschrift JurPC, erläutert die wesentlichen Fragestellungen und Einbeziehung der Rechtsprechung.

4.2.31 Prozessrecht

Beratungs- und Prozesskostenhilfe

- http://home.t-online.de/home/lg-md1/pkhp1.htm @
  Auf den Internet-Seiten des Landesgerichts Magdeburg ist ein Faltblatt vom 23. März 1997 zur Beratungs- und Prozesskostenhilfe abrufbar. Beantwortet wird, wer Hilfe erhält, wie und von wem er beraten wird, worin die Hilfe besteht und in welchen Angelegenheiten man sich beraten lassen kann sowie was sie kostet.

Beweisrecht elektronischer Dokumente

- http://rw20hr.jura.uni-sb.de/rw20/people/ruessmann/Elbeweis/elbeweis.htm#Inhalt121 @@@
  Ist das deutsche Beweisrecht rückständig, weil es elektronische Dokumente den Regeln des Augenscheinbeweises unterwirft und nicht den für schriftliche Dokumente geltenden Regeln des Urkundenbeweises? Zur Beantwortung dieser Frage findet sich hier nicht nur ein kurzer Beitrag, sondern ein kleines Buch, das von Prof. Dr. Helmut Rüßmann, Universität Saarland, eingestellt wurde.

Internationale Rechtsstreitigkeiten

- http://www.tyskret.com/taktik.htm @@
  Taktische Überlegungen zu internationalen Rechtsstreitigkeiten findet man auf den Internet-Seiten der Rechtsanwälte Sagawe und Klages (Stand September 1998): angefangen von dem regelmäßigen Gerichtsstand am Sitz des Schuldners, über den Erfüllungsort als Gerichtsstand bis hin zu den Vorteilen der Klage am eigenen Gerichtsstand und den Nachteilen der Vollstreckbarkeitserklärung.

Klagebefugnis

- http://home.t-online.de/home/Dr.Herbert_und_Koch/insich.htm @
  Mit der Klagebefugnis von Gremien befaßt sich Rechtsanwalt Dr. Alexander Herbert, Offenbach am Main, mit diesem Beitrag zur Diskussion des „In-Sich-Prozesses".

FACHBEITRÄGE

Prozessrecht │ Einzelne Rechtsgebiete

Verfahrensbeteiligungsrechte von Vereinen und Verbänden

@@ – http://home.t-online.de/home/Dr.Herbert_und_Koch/rschutz.htm
Der vollständige Titel dieses Aufsatzes lautet: „§ 29 Abs. 1 BNatSchG: Verfahrensbeteiligung als „formelles" oder „materielles subjektives" Recht. Der Autor Rechtsanwalt Dr. Alexander Herbert erörtert die Frage, ob und gegebenenfalls wie sich am Verwaltungsverfahren beteiligende Vereine und Verbände gegen eine Verletzung ihrer Beteiligungsrechte zur Wehr setzen können.

Mahnbescheid

@ – http://www.rechtplus.de/ratgeber/mahn/mahn.htm
In seinem Beitrag „Mahnbescheid – was tun" gibt Rechtsanwalt Thomas Moosmüller einen kurzen Überblick über das mahngerichtliche Verfahren auf den Seiten von RECHTplus.

Mathematik des Zeugenbeweises

@@@ – http://rw20hr.jura.uni-sb.de/rw20/people/ruessmann/Nagel/frame.htm
Die Überschrift nennt zwei Bereiche, die sich wie Feuer und Wasser zu verhalten scheinen: auf der einen Seite die mit der Logik exakteste Wissenschaft, auf der anderen Seite das unzuverlässigste Beweismittel. Kann man beide miteinander verbinden? Prof. Helmut Rüßmann führt es in einem umfangreichen Beitrag, der bereits 1987 in gedruckter Form veröffentlicht wurde, vor.

Strategien der raschen Forderungstitulierung und -beitreibung

@@@ – http://www.vrp.de/archiv/beitrag/b9800021.htm
In seinem Beitrag informiert Rechtsanwalt Dirk Lohnbeck über die Änderungen für die mit dem Forderungseinzug befaßten Anwaltskanzleien und Inkassobüros, welche mit der Einführung zentraler Mahngerichte in Bayern zum 01.01.99 einhergehen. Insbesondere widmet er sich der bundesweit interessanten unternehmerischen Fragestellung, ob der Forderungseinzug im eigenen Hause noch zeitgemäß ist oder ob nicht auch auf diesem Gebiet Outsourcing zu mehr Effizienz einerseits und erheblicher Kosteneinsparung andererseits führt. Der Beitrag wurde veröffentlicht auf den Internet-Seiten des Verlages Recht und Praxis.

Vergleichsgebühren

@@ – http://www.vrp.de/archiv/beitrag/b9900022.htm
Mit den Gebühren beim Vergleich beschäftigt sich Rechtsanwalt Dr. Peter Xanke. Sein Beitrag vom April 1999, abgedruckt in „Brago-effektiv" Nr. 4, 1999, wird auf den Internet-Seiten des Verlags für Recht und Praxis online veröffentlicht. Der Autor stellt zunächst die Tatbestandsmerkmale und Arten des Vergleichs dar. Anhand von Beispielen wird die Gebührenberechnung erläutert. Dabei geht er auch auf den Sonderfall bei Unfallprozessen ein.

FACHBEITRÄGE

Einzelne Rechtsgebiete — Recht der neuen Medien

4.2.32 Recht der neuen Medien
4.2.32.1 Umfangreiche Fachbeitragssammlungen

„Safer-Surfen" im Internet

– http://www.rewi.hu-berlin.de/Datenschutz/DSB/SH/material/themen/safesurf/safer/sitemap.htm @@@
Das Informationsblatt der Europäischen Verbraucherzentrale und des Landesbeauftragten für Datenschutz Schleswig-Holstein wirbt für mehr „Selbst-Sicherheit" im Internet. Themen des Merkblatts sind die Browser-Konfiguration, der Virenschutz und PC-Firewalls. Erläutert werden Begriffe wie „Cookies", „Java", „JavaScript" oder „ActiveX". Ergänzt werden die Informationen durch praktische Empfehlungen zur Absicherung des eigenen PCs und seiner Daten gegen Gefahren aus dem Internet. Die Informationen können von den Seiten der Humboldt-Universität Berlin abgerufen werden.

Deutscher Multimedia-Verband

– http://www.dmmv.de/pgs/diskussionsforum03_99.htm @@@
Zum Thema „Rechtsverletzende Inhalte im Internet: Verantwortlichkeit von Anbietern, Providern und Mitarbeitern" hat der Arbeitskreis Recht des Deutschen Multimedia-Verbandes im März 1999 in Hamburg ein Diskussionsforum veranstaltet. Die Vorträge der Referenten stehen zum Download auf den Seiten des Verbandes bereit. So findet sich dort z. B. der Vortrag „Produkt- und Produzentenhaftung im Multimediarecht" von Dr. jur. Frank Eikmeier, von RA Jens Röhrborn „Wettbewerbsrecht im Internet" und der Beitrag von RA Dr. Andreas Freitag „Systematik und Funktionsweise der Multimedia-Haftungsregelung § 5 TDG / § 5 MDStV". Die Dokumente können im Word-Format und zum Teil im Zip- oder Powerpoint-Format heruntergeladen werden.

Kanzlei Bender, Zahn, Tigges

– http://www.bender-zahn-tigges.de/deutsch/onlinerecht/onlinerecht.html @@@
Eine umfangreiche Sammlung von Beiträgen rund um den Bereich „Online-Recht" von RA Dr. Andreas Freitag stehen auf den Internet-Seiten der Kanzlei Bender, Zahn, Tigges zur Verfügung. Themen sind u.a. „Die Haftung der Internet-Service-Provider beim Hosting", „Die Impressumspflicht und Gegendarstellung im Internet", „Verbraucherschutz im E-Commerce", „Direktmarketing per E-Mail", „Standesrechtgemäße Selbstdarstellung im Internet", „Kryptoregulierung und Grundrechte", „Vertragsschluss im Internet" und „Multimediaproduktionen und Urheberrecht".

Online-Banking

– http://www.money-advice.de/de/themen_internet.html @
Online-Banking wird für immer mehr Bankkunden interessant. Doch damit sind auch neue Risiken verbunden. Das Institut für Finanzdienstleistungen e. V. (IFF) hat in ihrer internationalen Datenbank FIS (Finanzdienstleistungen-Informationssystem) Money Advice eine Vielzahl von wichtigen und interessanten Beiträgen zum Online-Banking zusammengestellt. Hier kann man erfahren, für wen sich

FACHBEITRÄGE

Recht der neuen Medien | Einzelne Rechtsgebiete

Online-Banking überhaupt lohnt und welche Gefahren damit verbunden sind. Bei den Beiträgen handelt es sich in der Regel um Summaries der in verschiedenen Zeitschriften und Büchern veröffentlichten Beiträge. Die Summaries sind mit Autor, Titel, Quelle und Datum versehen.

Rechtsgeschäftliches Handeln und Auftreten im Internet

@@@ – http://www.vrp.de/archiv/beitrag/index.htm
Prof. Axel Weber stellt in 5 Teilen die Besonderheiten des rechtsgeschäftlichen Handelns und Auftretens im Internet auf den Seiten des Verlages Recht und Praxis dar. Angefangen mit der Rechtslage in Deutschland unterteilt er diesen Problemkreis in die Bereiche „Domains als schutzwürdige Namensrechte", „Vertragsschluß durch elektronisch übermittelte Willenserklärungen", „Wettbewerbs-" und „Urheberrecht". Die Beiträge wurden 1998 veröffentlicht.

Sicherheit im Internet – Sicherheit in der Technologiegesellschaft

@@@ – http://www.sicherheit-im-internet.de/home.phtml
„Sicherheit im Internet – Sicherheit in der Technologiegesellschaft" – dieses Ziel hat sich eine Initiative des Bundesministeriums für Wirtschaft und Technologie, des Bundesministeriums des Inneren und des Bundesamtes für Sicherheit in der Informationstechnik gesetzt. In der Rubrik „Aktuelle News" finden sich überwiegend eigene Beiträge, die das Thema kurz umreißen. Weiterführend und zur Vertiefung wird dann auf andere Internet-Seiten per Hyper-Link verwiesen. Ausführlich und mit Tipps für Nutzer versehen sind die Beiträge zum „Thema des Monats". Aktuelle Warnhinweise vor Computer-Viren und eine Linkliste runden das sehr informative Angebot ab.

4.2.32.2 Einzelne Fachbeiträge
4.2.32.2.1 Domain-Namen

Domain-Namen – Rechtsprechungsüberblick

@@ – http://www.online-recht.de/voror.html?Domains
Die Rechtsprechung hat inzwischen in zahlreichen Entscheidungen Stellung zum Streit um Domain-Namen bezogen. Zwar fehlt es immer noch an höchstrichterlichen Urteilen, es läßt sich jedoch bei den meisten Detail-Problemen bereits eine klare Tendenz erkennen. Der Beitrag von Thomas Nuthmann auf den Internet-Seiten von Online-Recht wurde verfaßt, um allen Interessierten eine Orientierung über den Stand der Rechtsprechung zu ermöglichen.

Vergabe von Domain-Namen

@@@ – http://www.inet.de/denic/bettinger.html
Auf dieser Internet-Seite ist ein Vortrag von Rechtsanwalt Torsten Bettinger abrufbar mit dem Thema „Kennzeichenrecht im Cyberspace: Der Kampf um die Domain-Namen". Es wird das Domain-Namen-System beschrieben, deren Struktur und Bedeutung sowie die Vergabe von Domain-Namen, insb. das Erteilungsverfahren, erläutert. Im zweiten Teil werden die Rechtsprobleme wie der Schutz von Marken, geschäftlichen Bezeichnungen und Namen gegen die Benutzung als

Domain-Namen, Internationale Konfliktfälle sowie die selbstständige Schutzfähigkeit von Domain-Namen erläutert. Der Beitrag ist eine erweiterte Fassung eines Vortrags, der am 23.09.1996 im Rahmen einer gemeinsamen Veranstaltung der Arbeitsgruppen „Urheberrechtliche Probleme der Digitalisierung, Multimedia und interaktive Systeme" sowie „Neuordnung des Markenrechts" am Max-Planck-Institut für ausländisches und internationales Patent-, Urheber- und Wettbewerbsrecht in München gehalten wurde. Der Aufsatz erschien in GRUR Int. 1997 (Heft 5, Seite 402ff) und ist auch in englischer Fassung erhältlich.

4.2.32.2.2 E-Commerce

E-Commerce

– http://www.compuserve.de/recht/ressort1/edvrecht/edv35.html @@
„E-Commerce Richtlinienvorschlag der Europäischen Kommission", so lautet der vollständige Titel dieses Beitrages (Fundstelle CR 1998, 783f.), der auf der von Rechtsanwalt Dr. Benno Heussen, Kanzlei Heuking Kühn Lüer Heussen Wojtek, München, betreuten Internet-Seite von CompuServe veröffentlicht ist. Gegenstand sind fünf zentrale Bereiche einer Richtlinie, deren Ziel es ist, rechtliche Hindernisse im grenzüberschreitenden Handel, insbesondere bei der „Online"-Erbringung von Dienstleistungen, zu beseitigen. Eingestellt wurde der Beitrag im Dezember 1998.

Electronic Commerce – Rechtsfragen

– http://www.rechtsforum.de/genfiles/aufs2.asp @@
Die im Geschäftsleben durch das Internet ermöglichte neue Art, nicht nur mündlich, sondern via E-Mail miteinander zu kommunizieren, Geschäftskontakte zu knüpfen, zu verhandeln, Verträge zu schließen wird „electronic commerce" genannt. Wenn in diesem Geschäftsbereich wirtschaftliche Interessen aufeinanderstoßen, wird es juristisch schnell komplex. Hier gibt der im November 1998 auf den Internet-Seiten des Rechtsforums eingestellte Beitrag von Ass. jur. Wolfgang Engel wissenswerte Informationen.

Grundstein für einheitliche E-Commerce-Regeln gelegt

– http://www.gbde.org/ @@
Weltweit führende Unternehmen haben sich in einem einmaligen Konsultationsverfahren, dem „Global Business Dialogue on Electronic Commerce" (GBDe), auf grundlegende Regeln für den elektronischen Handel verständigt. Sie fordern Regierungen auf, den „Flickenteppich widersprüchlicher nationaler Regelungen" zu beseitigen und stattdessen eindeutige grenzüberschreitende Vorschriften zu erlassen, mit denen das Vertrauen der Konsumenten in den E-Commerce gestärkt wird. Im GBDe erzielten mehrere hundert Unternehmen und Unternehmensverbände einen Konsens auf folgenden Gebieten: Authentifizierung und Sicherheit, Konsumentenvertrauen, Inhalte und Werbung, Informationsstruktur, Urheberrechtsschutz, Gerichtsbarkeit, Haftung, Datenschutz sowie Steuern und Zölle. Mehr Informationen gibt es auf der offiziellen Homepage.

Kreditkartenzahlung online – Haftungsfragen

@@ – http://www.compuserve.de/recht/ressort1/edvrecht/edv33.html
Im Beitrag „Haftung bei Kreditkartenzahlung im Internet" auf den Internet-Seiten von CompuServe werden Mißbräuche bei dieser Form der Zahlung dargelegt und die Haftungsverhältnisse zwischen Kartenaussteller und Kunde sowie zwischen Kartenaussteller und Händler näher beleuchtet. Verfasst wurde der Beitrag von Rechtswalt Dr. Benno Heussen, Kanzlei Heuking Kühn Lüer Heussen Wojtek, München. Er kommt dabei zu dem Schluss, daß das Bezahlen mit Kreditkarte bei Internet-Geschäften für den Verbraucher regelmäßig kein Haftungsrisiko begründet. Veröffentlicht wurde der Beitrag im Dezember 1998.

Rechtsfragen des elektronischen Geschäftsverkehrs

@@ – http://www.ivo-geis.de/documents/elektrgeschaeftsverkehr.html
Mit Rechtsfragen des elektronischen Geschäftsverkehrs befaßt sich Rechtsanwalt Dr. Ivo Geis in dem hier abrufbaren Beitrag, der Online-Version seines Referats zu diesem Thema. Behandelt werden Fragen rechtswirksamer elektronischer Erklärung, Beweiskraft elektronischer Dokumente im Prozess, Bedeutung und Auswirkung der digitalen Signatur, Rechtsfragen der Verschlüsselung sowie Fragen der Haftung der Online-Informationsanbieter.

Verbraucherschutz im E-Commerce

@@ – http://www.bmj.bund.de/misc/m_22_99.htm
Die Bundesjustizministerin Prof. Dr. Herta Däubler-Gmelin (SPD) will gemäß einer Pressemitteilung vom 7. Juni 1999 den Verbraucherschutz im Versandhandel und im elektronischen Geschäftsverkehr verbessern. Der Gesetzentwurf, der die EG-Fernabsatzrichtlinie vom Mai 1997 in nationales Recht umsetzen soll, sieht Verbraucherschutz vor allem durch umfassende Informationspflichten der Unternehmen und Widerrufsrechte der Verbraucher vor, die sich in Deutschland bereits in anderen Bereichen wie Haustürgeschäfte oder Verbraucherkreditverträge bewährt haben. Änderungen sind demzufolge geplant im AGB-Gesetz, BGB, Fernunterrichtungsgesetz sowie anderen Verbraucherschutzvorschriften. Der Gesetzentwurf des Fernabsatzgesetzes (FernAG) kann unter dieser Adresse als MS Word 97-Dokument (ca. 360 KB) oder als Adobe Acrobat File (ca. 310 KB) abgerufen werden.

4.2.32.2.3 Haftung

Freispruch im Fall Somm

@ – http://www.akademie.de/news/langtext.html?id=3162&thema=12&NewsBegin=6
Das vom ehemaligen Geschäftsführer von CompuServe Deutschland, Felix Somm, angestrengte Berufungsverfahren gegen seine Verurteilung wegen der Mittäterschaft bei der Verbreitung von strafbaren Schriften pornografischen Inhalts ging schon nach einem Tag mit einem Freispruch zu Ende. Das als Justizskandal bezeichnete Urteil aus dem Jahr 1998 konnte damit aus der Welt geschafft werden (Urteil des Landgerichts München I vom 17.11.1999).

Einzelne Rechtsgebiete

Recht der neuen Medien

Haftung im Internet

- http://www.kanzlei.de/inethaft.htm @@

  Auf den Internet-Seiten der Kanzlei Emmert, Schurer, Buecking in Stuttgart findet sich der Beitrag „Haftung im Internet". Die haftungsrechtliche Verantwortlichkeit im Internet, insbesondere die des Host- bzw. Service-Providers wird untersucht. Der Autor stellt dar, inwieweit das Teledienstgesetz (TDG) und der Mediendienste-Staatsvertrag (MDStV) zu einer Haftungsreduzierung führen können. Das Prinzip der Verantwortlichkeit und der Haftungsmaßstab werden erläutert, und es wird auf die Zumutbarkeit und Möglichkeit der Verhinderung rechtswidriger Inhalte sowie Beweislastfragen eingegangen.

Multimedia-Haftungsregelungen

- http://www.dmmv.de/pgs/diskussionsforum03_99.htm @@

  Zur Systematik und Funktionsweise der Multimedia-Haftungsregelungen § 5 TDG und § 5 MDStV stehen die Vortragsunterlagen, insbesondere Übersichten zu den Haftungsregelungen, von Rechtsanwalt Dr. Andreas Freitag auf den Internet-Seiten des Deutschen Multimedia-Verbands zur Verfügung. Der Vortrag wurde im Rahmen einer Veranstaltung des Arbeitskreises Recht im März 1999 gehalten. Die Unterlagen können als Word-Dokument mit 58 KB downgeloadet werden.

Rechtliche Verantwortung im Internet

- http://www.jura.uni-wuerzburg.de/lst/sieber/mmr/§5mmrbei_dt.HTM @@@

  Die rechtliche Verantwortung im Internet ist Thema der gleichnamigen Abhandlung von Prof. Dr. Ulrich Sieber, Universität Würzburg. Sie wurde als Beilage in der Zeitschrift Multimedia und Recht, Heft 2, 1999 veröffentlicht. Der Autor skizziert zunächst die Problemstellung bei der Haftung im Internet und geht dann auf die kompetenzrechtlichen und dogmatischen Grundlagen der rechtlichen Verantwortung und deren Anwendung auf das Internet ein. Die Abhandlung gibt einen zusammenfassenden Überblick über die Grundlagen, Ziele und die Auslegung von § 5 TDG und § 5 MDStV.

Urteil des AG München „CompuServe"

- http://www.beck.de/mmr/Materialien/compuserve-urteil.htm @@@

  Die Anmerkung von Prof. Dr. Ulrich Sieber sowie eine Kurzfassung zum ebenso berühmten wie umstrittenen Urteil des Amtsgerichts München vom 28. Mai 1998 (Gesch.-Nr. 8340 Ds 465 Js 173158/95) in der Strafsache gegen den ehemaligen Geschäftsführer Felix Somm wegen der Verbreitung pornografischer Schriften ist auf den Seiten der Zeitschrift MMR veröffentlicht. Der Beitrag erschien in der MMR Heft 8/98 S. 429. Das Urteil in der Originalfassung kann als PDF-Datei (ca. 2,6 MB) unter http://www.jura.uni-wuerzburg.de/lst/sieber/article.htm von den Seiten der Juristischen Fakultät der Universität Würzburg downgeloadet werden.

FACHBEITRÄGE

Recht der neuen Medien   Einzelne Rechtsgebiete

4.2.32.2.4 Online-Auktionen

AGB-Recht und Beweisprobleme bei Online-Auktionen

@@ — http://www.cybercourt.de/online/www45.htm

Rechtsanwalt Dr. Benno Heussen, Vorsitzender der Arbeitsgemeinschaft Informationstechnologie im Deutschen Anwaltverein, warnt vor Auktionen im Internet: „Wer etwas anbietet und daraufhin den Zuschlag erhält, muss sich aber darüber im Klaren sein, dass er damit noch lange kein Geld hat, und wer etwas ersteigern konnte, hat keinerlei Rechtssicherheit, die Gegenstände auch wirklich zu bekommen". In diesem Beitrag werden die Besonderheiten des AGB-Rechts und die bei Online-Auktionen auftretenden Beweisprobleme erläutert. Er wurde erarbeitet von der IT/LEGAL GROUP der Rechtsanwälte Heuking Kühn Lüer Heussen Wojtek, München.

Gestaltungsvarianten und Rechtsrahmen bei Versteigerungen im Internet

@@ — http://www.graefe-partner.de/ecom/auktionenimnetz.htm

Auf den Internet-Seiten der Rechtsanwaltskanzlei Gräfe & Partner findet sich dieser Beitrag von Rechtsanwältin Silke Naaf zum neuen Trend des Internet-Shoppings mit seinen Gestaltungsvarianten und dessen Rechtsrahmen. Sie zieht den Vergleich zur herkömmlichen Auktion, erläutert die gewerberechtliche Einordnung und informiert über die sonstigen Besonderheiten der Online-Auktionen wie Preisangabe, Mängel der Kaufsache, Treuhandmodell, Haftung für die Inhalte, Werberecht und abschließend den Schutz der Daten. Der Text kann auch downgeloadet werden (51 KB).

Internet-Auktionen im rechtsfreien Raum – ein Überblick

@@ — http://www.welt.de/daten/1999/09/28/0928nc131106.htx

Von Pit Klein stammt der Beitrag auf den Internet-Seiten der „Welt" vom 28. September 1999, der einen guten Überblick über die derzeitige Verfahrensweise von Web-Auktionshäusern und den rechtlichen Streit, der über dem Online-Verkauf entbrannt ist, bietet. Ursache dafür sind neben der Unübersichtlichkeit der Angebote und der damit verbundenen mangelhaften Kontrolle auch die unzureichenden Sicherheitsvorkehrungen. Es ist kein Problem, anonym zu bleiben und digitale Spuren im Internet zu verwischen. Der Bundesverband der Kunstversteigerer plant einen Musterprozess gegen die virtuellen Auktionshäuser, die nach seiner Ansicht gewerberechtlich keinesfalls als Versteigerung anzusehen seien und deshalb diese Bezeichnung auch nicht führen dürften.

Leitfaden für Verbraucher bei Online-Auktionen

@ — http://www.dr-lapp.de/auktion.htm

Was bei Online-Auktionen zu beachten ist erläutert Rechtsanwalt Dr. Thomas Lapp in seinem gleichnamigen Beitrag. Er informiert darüber welche Gewährleistungsrechte dem Käufer zustehen, was bei mangelhafter Ware zu tun ist, wie man vom Vertrag zurücktreten oder die Sache umtauschen kann, welche Zahlungsweise zu empfehlen ist und was geschieht, wenn man sich vertippt hat.

FACHBEITRÄGE

Einzelne Rechtsgebiete | Recht der neuen Medien

Online-Versteigerung und Gewerberecht

– http://www.ra-hahn.de/datenbank2/2.17.html @@@
Auf den Internet-Seiten von Rechtsanwalt Hahn ist der Beitrag „Online-Versteigerungen und Gewerberecht" vom 09. Oktober 1999 veröffentlicht. Der Verfasser vertritt dabei die Ansicht, dass Online-Auktionen in der bisher üblichen Form gleich gegen mehrere Vorschriften der Versteigererverordnung bzw. des § 34b GewO verstoßen. Insbesondere die persönliche Leitung der Auktion entspreche nicht den Besichtigungsvorschriften und der Schriftformerfordernis bei Geboten und Verträgen zwischen Einlieferer und Versteigerer. Inwieweit die Versteigererverordnung und § 34b GewO überhaupt Anwendung finden, wird aufführlich erörtert.

Rechtliche Seite von Online-Auktionen

– http://www.netlaw.de/newsletter/news9903/auktionen.htm @@@
Im Newsletter April – Juni 1999 der Kanzlei Strömer & Witthöfft ist der Beitrag von Assessorin Ute Rossenhövel zur rechtlichen Seite von Online-Auktionen veröffentlicht. Angesichts des Urteils des LG Hamburg vom 14. April 1999 (Az.: 315 O 144/99; rechtskräftig) ist allerdings die Zukunft solcher Auktionen äußerst fraglich. In diesem Fall wandte sich der Fachverband zur Förderung gewerblicher Interessen gegen den Warenabsatz des Auktionators „Ricardo.de". Das Gericht lehnte zwar die Unterlassungsklage gegen den Verkauf von Neuwaren ab, stellte aber dennoch fest, dass die Hamburger eine „Auktion im Sinne der Gewerbeverordnung" veranstalten. Nach Auffassung des Gerichts ist eine Online-Auktion als Versteigerung anzusehen.

4.2.32.2.5 Online-Vertrag

Problematik der Online-Verträge

– http://www.rechtplus.de/ratgeber/online/onlr.htm @@
Rechtsanwalt Thomas Moosmüller erläutert in dem Beitrag „Online-Verträge – Zusammenkommen und rechtliche Probleme" (Stand 13.02.97) die elektronische Willenserklärung, die Anfechtung elektronischer Willenserklärungen, Erklärung durch Dritte, Widerruf und Zugang der elektronischen Willenserklärung, Beweislastprobleme, Einbeziehung von AGB und Schriftformerfordernis. Der Beitrag behandelt zuletzt die Sonderproblematik bei Geschäften mit Auslandskontakten und schließt mit Quellenhinweisen. Zur Verfügung steht der Beitrag auf den Internet-Seiten von RECHTplus.

4.2.32.2.6 Urheberrecht

Juristische Probleme bei der Verwendung von Frames

– http://www.netlaw.de/newsletter/news9903/frames.htm @@
Die Einführungen neuer Techniken im World Wide Web bringt auch neue juristische Probleme mit sich. Rechtsanwalt Tobias H. Strömer und Rechtsreferendar Jörg Heidrich aus der Kanzlei Strömer Rechtsanwälte beschäftigen sich im Newsletter April – Juni 1999 mit der juristischen Seite der Verwendung von

Frames. Da die Beurteilung von Sachverhalten in diesem Bereich immer auch technische Kenntnisse der Materie voraussetzt, werden die auftauchenden Begriffe und die damit verbundenen Problemstellungen jeweils zunächst kurz erläutert. Im Anschluss stellen die Autoren verschiedene Urteile zu Frames dar und gehen auf die Verstöße gegen Urheberrechte und Wettbewerbsrecht ein. Der Beitrag kann zusätzlich als MS Word97-Datei mit Fußnoten downgeloadet werden.

Urheberrecht und die Mulitmedia-Haftungsregelungen § 5 TDG/§ 5 MDStV

@@ – http://www.dmmv.de/pgs/diskussionsforum03_99.htm
In Übersichten erläutert Rechtsanwalt Dr. Andreas Freitag das Verhältnis Urheberrecht und Multimedia-Haftungsregelungen (§ 5 TDG/§ 5 MDStV). Der Vortrag mit gleichnamigem Titel wurde im Rahmen einer Veranstaltung des Deutschen Multimedia-Verbands im März 1999 gehalten. Die Übersichten stehen als Word-Datei (55 KB) zur Verfügung.

Urheberrechte bei der Erstellung eigener Webseiten

@@@ – http://www.scientificconsulting.de/infoschul/kurzleitfaden.htm
Zur Problematik der Urheberrechte bei der Erstellung eigener Webseiten findet man einen umfangreichen „Kurzleitfaden" der Assessoren Jan Kaestner und Berthold Hilderink, Wissenschaftliche Mitarbeiter des Instituts für Informations-, Telekommunikations- und Medienrecht, Zivilrechtliche Abteilung, Prof. Dr. Thomas Hoeren, mit Literaturhinweisen. Letztmalig wurde der Beitrag Januar 1999 aktualisiert. Das Dokument kann auch als Word-Dokument downgeloaded werden.

Urheberrechtliche Probleme und Internet

@@ – http://www.jura.uni-muenchen.de/Institute/internet_II.html
Mit urheberrechtlichen Fragestellungen und dem Internet befaßt sich Prof. Dr. Matthias Schwarz, Rechtsanwalt und Wirtschaftsprüfer in München, in einem umfangreichen Beitrag auf den Internet-Seiten der juristischen Fakultät der Universität München. Der Autor gibt weiterhin einen Überblick über US-amerikanische Entscheidungen zum Urheberrecht im Internet und beurteilt Speicher- und Kommunikationsprozesse im Internet aus urheberrechtlicher Sicht (Stand Juni 1996).

4.2.32.2.7 Sonstiges

Beweisrecht

@@@ – http://rw20hr.jura.uni-sb.de/rw20/people/ruessmann/Elbeweis/elbeweis.htm
Der hier abrufbare Fachbeitrag zum Beweisrecht elektronischer Dokumente von Prof. Dr. Helmut Rüßmann, Universität des Saarlandes, setzt sich mit dem deutschen Beweisrecht und dem Beweiswert von elektronischen Dokumenten auseinander.

FACHBEITRÄGE

Einzelne Rechtsgebiete | Recht der neuen Medien

Internet und Völkerrecht

– http://www.jura.uni-sb.de/jurpc/aufsatz/19990035.htm @@@
In „Der virtuelle Raum – sein völkerrechtlicher Status" kommt James Alexander zu dem Schluß, daß sich die Staaten der Aufgabe zu stellen haben, ihre Rechtsordnungen neu zu überdenken. Dabei ist jedoch keine Revolution zu befürchten, sondern nur eine konsequente Anpassung erwünscht. Online wurde der Beitrag im Februar 1999 auf den Internet-Seiten der Zeitschrift JurPC gestellt. Der Autor ist Wissenschaftlicher Mitarbeiter des Laboratoire de Droit Economique (Centre de Recherche Public – Centre Universitaire/Luxembourg) und Doktorand an der Pariser Universität Panthéon-Sorbonne.

Medienrechtlicher Überblick

– http://www.compuserve.de/recht/ressort1/multimedia/mm8.html @@
Der umfangreiche Beitrag von Rechtsanwalt Dr. Thomas Stögmüller, Kanzlei Clifford Chance, „Medien und Online-Dienst zwischen Recht und Praxis" vom Januar 1999 gibt einen Überblick über urheber-, presse- und multimediarechtlich relevante Vorschriften unter Berücksichtigung des Einsatzes von Online-Diensten. Veröffentlicht ist der Artikel auf den Internet-Seiten von CompuServe.

Musik aus dem Internet

– http://www.compuserve.de/recht/ressort1/edvrecht/edv43.html @@
„MP3-Musikdateien im Internet – rechtliche Aspekte", so lautet der Titel des Artikels in der von der Rechtsanwaltskanzlei Heuking Kühn Lüer Heussen und Wojtek in München betreuten Rubrik auf dem Server CompuServe. Angesprochen werden das Vervielfältigungsrecht des Urhebers, die Möglichkeiten, Kopien für den eigenen Bedarf zu erstellen, sowie die Problematik, Links auf MP3-Webseiten zu legen. Als Fundstelle wird angegeben: Strömer, in: PC Online 1/99.

Österreich verbietet Spam

– http://www.akademie.de/news/langtext.html?id=2193&thema=3&NewsBegin=0 @
Weit über den Rahmen der umzusetzenden EU-Fernabsatzrichtlinie hinaus geht Österreich mit seiner Änderung des Telekommunikationsgesetzes. Danach ist die unverlangte Zusendung von Massenwerbung per E-Mail zukünftig in Österreich de facto verboten. Nach einem gemeinsamen Antrag aller fünf Parlamentsparteien hat am 6. Juli 1999 der Justizausschuß des österreichischen Parlaments eine entsprechende Abänderung des Telekommunikationsgesetzes beschlossen. Das Zusenden elektronischer Post als Massensendung zu Werbezwecken ist danach nur bei vorheriger Zustimmung des Adressaten erlaubt. Für den Fall von Zuwiderhandlungen sind hohe Geldstrafen vorgesehen.

Presse und Internet

– http://www.dmmv.de/pgs/diskussionsforum03_99.htm @@
Der Vortrag von RA Dr. Thomas Graefe zum Thema „Internet, Haftung und Presse" vom März 1999 steht als Word-Datei (57 KB) auf den Internet-Seiten des Deutschen Multimedia-Verbands zur Verfügung. Im Rahmen dieser Thematik werden die Grundbegriffe, die Anwendbarkeit des Mediendienstestaatsvertrags,

FACHBEITRÄGE

Recht der neuen MedienEinzelne Rechtsgebiete

die Anbieterkennzeichnungspflicht, der Anspruch auf Gegendarstellung, die Trennung von Werbung und Angebot sowie die einschlägigen Jugendschutzvorschriften erläutert.

Problemstellungen des Internets

@@ – http://www.jura.uni-muenchen.de/Institute/internet_I.html
Mit Merkmalen, Entwicklungstendenzen und Problemstellungen des Internets befaßt sich Prof. Dr. Matthias Schwarz, Rechtsanwalt und Wirtschaftsprüfer, in seinem umfangreichen Beitrag auf der Seite der juristischen Fakultät der Universität München. Neben wirtschaftlichen Erwartungen und der Geschichte und Kennzeichen des Internets behandelt der Autor auch Kostenfragen, Trends und rechtliche Fragestellungen, etwa urheberrechtliche und datenschutzrechtliche Probleme. Der Beitrag wurde im Juni 1996 eingestellt.

Produkt- und Produzentenhaftung im Multimediarecht

@@@ – http://www.dmmv.de/pgs/diskussionsforum03_99.htm
Der Vortrag von Rechtsanwalt Dr. jur. Frank Eikmeier im Rahmen einer Veranstaltung des Deutschen Multimedia-Verbands im März 1999 zum Thema Produkt- und Produzentenhaftung im Multimediarecht kann auf deren Internet-Seiten als Word-Datei (63 KB) oder Zip-Datei (11 KB) herunter geladen werden. Der Beitrag behandelt insbesondere die verschuldensab- und unabhängige Produkthaftung, die deliktsrechtliche Haftung für Informationen und Software, die Haftung des Content- und Serviceproviders, den Download von Software, die Pflichten der Provider bei verschuldensabhängiger Produkthaftung, die Frage, ob Software eine Sache und wer Hersteller von Software ist, die Verantwortlichkeit für Informationen sowie Rechtsfolgen des Produkthaftungsgesetzes.

Rechtsfragen des Internets

@ – http://www.dfn.de/dfn/erklaerungen/jur-problem_ToC.html
Mit verschiedenen juristischen Fragen rund um das Internet (Lizenzrecht, Datenschutz, Presserecht, Urheberrecht, Patentrecht) befasst sich dieser Beitrag von Rainer W. Gerling, Max-Planck-Gesellschaft, München. Letztmalig wurde diese Seite im April 1999 geändert.

Strafbarkeit von Online-Anbietern

@@@ – http://www.rechtsforum.de/genfiles/aufs1.asp
Gegenstand dieses Beitrages von Rechtsanwalt Dr. Christian Pelz, Fachanwalt für Strafrecht, München, (Februar 1999) ist das Strafverfahren gegen den früheren Geschäftsführer der CompuServe Deutschland GmbH. Dieses hatte Pilotfunktion, war es doch in Deutschland das erste Verfahren gegen einen Online-Anbieter im Zusammenhang mit der Verbreitung strafbarer Inhalte im Internet. Der Volltext ist als PDF abrufbar.

FACHBEITRÄGE

Einzelne Rechtsgebiete — Reiserecht

Veranwortlichkeit für Hyperlinks

- http://www.compuserve.de/recht/ressort1/edvrecht/edv24.html @@
  Die Beantwortung der Frage der Verantwortlichkeit für das Setzen eines Links, ist komplex, da diese Problematik eine Vielzahl von Rechtsgebieten berührt. So ist das Strafrecht betroffen, ebenso sind zivilrechtliche Unterlassungs-, Beseitigungs- und Schadensersatzansprüche von der Verantwortlichkeit abhängig. Außerdem können durch das bloße Setzen eines Links Urheberrechte verletzt und marken-, namens- und wettbewerbsrechtliche Verstöße begangen werden. Der Beitrag „Wann bin ich für Links verantwortlich" versucht zu klären, auch wenn die Rechtslage noch offen ist. Als Quelle ist Bettinger/Freytag, Computer und Recht 1998, Heft 9, Seite 545 ff. aufgeführt. Betreut wird die Rubrik auf dem Server CompuServe von der Rechtsanwaltskanzlei Heuking Kühn Lüer Heussen Wojtek, München.

Verbraucherschutz

- http://www.compuserve.de/recht/ressort1/edvrecht/archiv.html @
  „Verbraucherschutz im Internet" so der Titel des Beitrags aus der Rechtsanwaltskanzlei Heuking Kühn Lüer Heussen und Wojtek, München, wurde im Januar 1999 auf den Internet-Seiten von CompuServe eingestellt. Das Thema ist eine von der EU erlassene Richtlinie, die den Verbraucher auch im Internet besser schützten soll. Diese sogenannte Fernabsatzrichtlinie muß vom deutschen Gesetzgeber bis spätestens Juni 2000 in nationales Recht umgesetzt werden.

Verschwiegenheitsverpflichtung im Internet

- http://www.tyskret.com/sicher9.htm @@
  Die Rechtsanwälte Sagawe und Klages beschäftigen sich in dem hier abrufbaren Beitrag mit der Verschwiegenheitsverpflichtung des Rechtsanwalts im Online-Netz. Dabei werden Fragen im Zusammenhang mit Recherchen im Internet, dem Anbieten einer Homepage sowie weiteren Kommunikationsformen im Internet erörtert. Der Beitrag ist eine Zusammenfassung eines Vortrages aus dem Herbst 1996.

Wettbewerbsrecht im Internet

- http://www.dmmv.de/pgs/diskussionsforum03_99.htm @@
  Zum Thema „Wettbewerbsrecht im Internet" referierte Rechtsanwalt Jens Röhrborn im Rahmen einer Veranstaltung des Deutschen Multimedia-Verbands im März 1999. Der Beitrag kann im Powerpoint-Format (861 KB) oder als Zip-Datei heruntergeladen werden.

4.2.33 Reiserecht

Geltendmachung von Reisemängeln

- http://www.rechtplus.de/ratgeber/reise/reise.htm @
  Was es bei der Geltendmachung von Reisemängeln vor, während und nach der Reise zu beachten gilt, erläutert hier Rechtsanwalt Thomas Moosmüller auf den Seiten von RECHTplus.

FACHBEITRÄGE

Sozialrecht | Einzelne Rechtsgebiete

4.2.34 Sozialrecht
4.2.34.1 Umfangreiche Fachbeitragssammlungen

PFIFF Personalrechtsdatenbank

@@@ — http://www.sbb.aok.de/cgi-bin/cnt
Unter der Rubrik „Sozialrecht" stellt die PFIFF Personalrechtsdatenbank, die mit insgesamt 17.000 Dokumenten umfangreichste Sammlung von Informationen zum Personalrecht im Internet, zahlreiche Fachbeiträge zum Sozialrecht zur Verfügung. Die Rubrik untergliedert sich in „Rechtsprechung, Besprechungsergebnisse, Gemeinsame Rundschreiben", „Betriebsdienst", „Versicherung", „Beiträge", „Meldungen", „Entgeltfortzahlung", „Auskunfts- und Nachweispflicht", „Leistungen", „Marktübersicht" und „Tabellen". Mittels einer Suchmaschine kann auch nach einzelnen Begriffen gesucht werden.

4.2.34.2 Einzelne Fachbeiträge

Änderungen in der Sozialgesetzgebung: Scheinselbstständigkeit und arbeitnehmerähnliche Scheinselbstständigkeit

@@ — http://www.bdue.de/bd_htm/aktuell/schein.htm
Nützliche Informationen des Bundesverbandes der Dolmetscher und Übersetzer e. V. zu den Änderungen in der Sozialgesetzgebung finden sich auf dieser Seite. Zusätzlich zu Erläuterungen zur Abgrenzung der Merkmale von Scheinselbstständigkeit werden Argumentationshilfen bei der Einlegung eines Widerspruchs gegen die Annahme der Scheinselbstständigkeit gegeben, wie z. B. der Nachweis des eigenen unternehmerischen Auftretens am Markt durch Visitenkarten u. ä. Zuletzt wurde diese Seite am 01.10.99 aktualisiert.

Neue sozialversicherungsrechtliche Regelungen

@@@ — http://www.bundesfinanzministerium.de/info630.htm
Als PDF-Datei (68 KB) können in Broschürenform Informationen zur Neuregelungen in der Sozialversicherung wie z. B. bei kurzfristiger Beschäftigung oder Saisonbeschäftigung, bei geringfügiger Nebenbeschäftigung und Haupterwerb oder bei mehreren geringfügigen Beschäftigungen, bei geringfügiger Alleinbeschäftigung und zur Kranken- und Rentenversicherung sowie zum Verfahren von den Internet-Seiten des Bundesfinanzministeriums abgerufen werden. Hinsichtlich der Besteuerung werden die drei Möglichkeiten des Steuerrechts – die Freistellung von der Besteuerung, der Besteuerung nach Lohnsteuerkarte sowie der Pauschalbesteuerung – erläutert.

Schutz von Bestattungsguthaben

@ — http://www.postmortal.de/html/bestattungsguthaben.html
Inwieweit der Zugriff des Sozialhilfeträgers auf Bestattungsguthaben rechtswidrig und unpraktikabell ist, untersucht Dr. jur. Tade Matthias Spranger in seinem in Sozialrecht + Praxis 1999, S. 18 ff. veröffentlichten Beitrag.

FACHBEITRÄGE

Einzelne Rechtsgebiete | Steuerrecht

Sozialgerichtliches Verfahren

- http://www.lsg.nrw.de @@
  Auf den Internet-Seiten der Landessozialgerichtsbarkeit Nordrhein-Westfalen finden sich nützliche Informationen zum Aufbau der Gerichtsbarkeit und ein Überblick über den Ablauf des Verfahrens.

Umfang der Kostentragungspflicht nach § 15 BSHG

- http://www.postmortal.de/html/paragraph15_bshg.html @@
  Die Übernahme von Bestattungskosten durch den Sozialhilfeträger ist nach wie vor umstritten. Anhand der jüngsten Entscheidung des Bundesverwaltungsgerichts zu § 15 BSHG erarbeitet Dr. jur. Tade Matthias Spranger Lösungsmöglichkeiten für die relevantesten Konfliktlagen. Der Beitrag wurde veröffentlicht in ZfSH/SGB, Sozialrecht in Deutschland und Europa 1998, S. 334 ff.

4.2.35 Steuerrecht
4.2.35.1 Umfangreiche Fachbeitragssammlungen

PFIFF Personalrechtsdatenbank

- http://www.sbb.aok.de/cgi-bin/cnt @@@
  Zahlreiche Fachbeiträge zum Steuerrecht bietet die PFIFF Personalrechtsdatenbank. Neben allgemeinen Informationen erhält man Fachbeiträge mit Literatur- und Rechtsprechungsverweisen zu „Arbeitsverhältnis und -lohn", „Lohnsteuerabzug durch den Arbeitgeber", „Rechte und Pflichten des Arbeitnehmers", „Kindergeld", „Vermögensbildung", „Rechte und Pflichten der Finanzverwaltung", „Sonstige Steuern", „Verwaltungsanweisungen", „Rechtsprechung" und „Revisionen". Eine Volltextsuche nach Stichwörtern ist möglich.

4.2.35.2 Einzelne Fachbeiträge

Erbschaftssteuerrichtlinien

- http://www.beck.de/rsw/zeitschr/zev/Extras/index.html @
  Unter der Rubrik Extras/Materialien der Zeitschrift für Erbrecht und Vermögensnachfolge (ZEV) können im PDF-Format (Acrobat Reader steht zur Verfügung) Hinweise zu den Erbschaftssteuerrichtlinien abgerufen werden.

Fördergebietsgesetz: Sonderabschreibungen

- http://www.compuserve.de/recht/ressort1/steuerrecht/steuern25.html @@
  Der vollständige Titel dieses Beitrages lautet „Sonderabschreibungen nach dem Fördergebietsgesetz – Modernisierung nach Übergang von Nutzen und Lasten". Ausgangspunkt der Ausführungen von Lothar Ponzer, Kanzlei Maierhofer & Partner, ist eine Stellungnahme des OFD Frankfurt am Main vom 23. September 1998 zur Behandlung der Sanierungs- und Modernisierungsmaßnahmen bei Erwerb von Gebäuden. Der Beitrag mit Stand März 1999 ist veröffentlicht auf den Internet-Seiten von CompuServe.

FACHBEITRÄGE

Steuerrecht   Einzelne Rechtsgebiete

Informationsbroschüre zum Steuerentlastungsgesetz und zur Ökologischen Steuerreform

@@   –   http://www.bundesfinanzministerium.de/infos/steuerindex.htm
Auf der gleichen Seite des Bundesfinanzministeriums findet sich unter dem Titel „Familie entlasten – Arbeitsplätze sichern – Umwelt schützen" eine Informationsbroschüre zum Steuerentlastungsgesetz und zur Ökologischen Steuerreform. Die Broschüre kann als PDF-Datei, zip-komprimiert (119 KB) oder als selbstentpackende EXE-Datei (138 KB) heruntergeladen werden. Der dazu erforderliche Acrobat Reader ist erhältlich.

Kfz-Steuer

@   –   http://www.bundesfinanzministerium.de/infos/kfz.htm
Die seit Juli 1997 gültige neue Kfz-Steuer, die den Schadstoffausstoß zur Grundlage hat, wird hier dargestellt. Eine Tabelle über die einzelnen Steuersätze ist Bestandteil der Seite.

Kinderbetreuungskosten

@@   –   http://www.compuserve.de/recht/ressort1/steuerrecht/steuern19.html
„Gleichbehandlung von in ehelicher Gemeinschaft lebenden Eltern zu Alleinerziehenden bezüglich Kinderbetreuungskosten sowie des Haushaltsfreibetrages – zum Urteil des Bundesverfassungsgerichts vom 19. Januar 1999" – so der vollständige Titel dieser kurzen Abhandlung von Wirtschaftsprüfer und Steuerberater Bernhard Brantl, Kanzlei Maierhofer & Partner (Januar 1999) auf den Internet-Seiten von CompuServe. Im Mittelpunkt steht die Frage, inwieweit die einzelnen Entlastungen nicht nur für die Zukunft, sondern auch für die Vergangenheit Anwendung finden könnten. Auch auf die vom Steuerpflichtigen eventuell zu veranlassenden Maßnahmen wird eingegangen.

Öko-Abgaben

@@   –   http://www.compuserve.de/recht/ressort1/oerecht/oerecht14.html
Die durch den Regierungswechsel zu Rot-Grün verstärkte Einführung von Umweltabgaben wirft einige rechtliche Fragen auf. Dieser Beitrag von Rechtsanwalt Dr. Wolfram Sander, Kanzlei Gleiss Lutz Hootz Hirsch, Stuttgart, (Stand Januar 1999), auf den Internet-Seiten von CompuServe, will einen kurzen Überblick über den theoretischen und rechtsdogmatischen Hintergrund von Umweltabgaben geben und so den notwendigen fachlichen „Unterbau" für die aktuelle Diskussion liefern.

Scheinselbstständigkeit

@@   –   http://www.compuserve.de/recht/ressort1/steuerrecht/steuern18.html
Gegenstand der Betrachtung dieses Beitrags ist das umstrittende Gesetz vom 19.12.1998, das Korrekturen in der Sozialversicherung und zur Sicherung der Arbeitnehmerrechte beinhaltet. Zentral sind die jetzt neu definierten Abgrenzungen zwischen Selbstständigen und Arbeitnehmern. Der Autor ist Dr. Michael Best, der Artikel wurde im Januar 1999 verfasst.

Einzelne Rechtsgebiete

FACHBEITRÄGE

Steuerrecht

Steuerentlastungsgesetz 1999/2000/2002 – Änderungen der Erbfolgebesteuerung

– http://iww.de/rechtsanwaelte/beitrag/926510495.html @@@
Die Änderungen der Erbfolgebesteuerung und die Besteuerung von Spekulationsgeschäften stellt der Diplom-Betriebswirt (FH) K. Warnke in seinem Beitrag „Steuerentlastungsgesetz 1999/2000/2002: Wichtige Änderungen bei der Erbfolgebesteuerung" dar. Verdeutlicht werden die Änderungen zusätzlich anhand von Beispielen.

Steuerentlastungsgesetz 1999/2000/2002 – Auswirkungen

– http://www.bundesfinanzministerium.de/scripts/scr_presse/doc_show.asp?dokumentid=658&kategorie=2 @@@
In dieser Informationsbroschüre des Bundesministeriums für Finanzen soll anhand von zehn Beispielen exemplarisch belegt werden, daß das Steuerentlastungsgesetz und das Ökosteuergesetz bei voller Wirksamkeit die Masse der Unternehmen dauerhaft entlastet. Dies soll im besonderen Maße für kleine Handwerksbetriebe gelten. Die Broschüre ist auf dem Stand März 1999.

Steuerentlastungsgesetz 1999/2000/2002 – Einschränkung des Vorsteuerabzugs

– http://www.compuserve.de/recht/ressort1/steuerrecht/steuern26.html @@@
Das vom Bundestag beschlossene Steuerentlastungsgesetz 1999/2000/2002 sieht unter anderem erhebliche Einschränkungen des Vorsteuerabzugsrechts von Unternehmern vor. Die geänderten Regelungen finden seit 1. April 1999 Anwendung. Der Beitrag von Wolfgang Heinze, Kanzlei Maierhofer & Partner, mit dem Titel „Steuerentlastungsgesetz 1999/2000/2002 – Einschränkung des Vorsteuerabzugs für Verpflegungsmehraufwendungen, Reise- und Umzugskosten und einen gemischt genutzten Geschäfts- oder Dienstwagen" befasst sich mit eben diesen Änderungen und gibt Hinweise auf Gestaltungsmöglichkeiten. Eingestellt wurde der Artikel im März 1999 auf den Internet-Seiten von CompuServe.

Steuerentlastungsgesetz 1999/2000/2002 – Erläuterungen zu den Finanzierungsmaßnahmen

– http://www.bundesfinanzministerium.de/infos/steuerindex.htm @@
Erläuterungen zu den wichtigsten Finanzierungsmaßnahmen im Steuerentlastungsgesetz bietet das Bundesfinanzministerium an. In Tabellenform werden die einzelnen Maßnahmen zunächst Rechtsnormen zugeordnet und dann in einem fortlaufenden Text näher erläutert. Die RTF-Datei kann als Zip-Datei oder als selbstentpackende EXE-Datei heruntergeladen werden. Der erforderliche Acrobat Reader steht zur Verfügung.

Steuerentlastungsgesetz 1999/2000/2002 – Modifikation der Verlustverrechnungsmöglichkeit

– http://www.compuserve.de/recht/ressort1/steuerrecht/steuern32.html @@@
Auf dem Server CompuServe findet sich ein Beitrag von W. Heinze zum Thema „Modifikation der Verlustverrechnungsmöglichkeiten im Rahmen der Einkommensteuerfestsetzung durch das Steuerentlastungsgesetz 1999/2000/2002" vom

FACHBEITRÄGE
Steuerrecht   Einzelne Rechtsgebiete

04.05.1999. Die Änderungen, die sich innerhalb der bislang geltenden Systematik des horizontalen und vertikalen Verlustausgleiches ergeben, werden ausführlich dargestellt.

Steuererklärung via Internet

@ – http://www.bundesfinanzministerium.de/fachveroeff/AbtIV/elster.htm
Die Finanzverwaltungen der Länder und das Bundesfinanzministerium verfolgen das Ziel, die Abgabe und Bearbeitung von Steuererklärungen durch den Einsatz moderner Kommunikationsmittel bürgerfreundlicher und weniger verwaltungsaufwendig zu gestalten. Sie haben deshalb das Verfahren „ELektronische STeuerERklärung (ELSTER)" als bundeseinheitliche Software entwickelt. Informationen dazu gibt das Bundesfinanzministerium. Bei der EDV-Stelle der Oberfinanzdirektion München kann das Softwareprogramm angefordert werden (http://www.elster.de).

Steuerhaftung GmbH-Geschäftsführer

@@@ – http://www.compuserve.de/recht/ressort1/steuerrecht/steuern11.html
Unkenntnis vieler GmbH-Geschäftsführer in Haftungsangelegenheiten ist Fakt, so Lothar Pozner, Kanzlei Maierhofer & Partner, München, in diesem Beitrag vom November 1998. Es werden die gesetzlichen Grundlagen, aus denen sich eine steuerliche Haftung ergibt, sowie einige Entscheidungen zur Geschäftsführerhaftung kurz dargestellt. Daran schließen sich Ausführungen über Gestaltungsmöglichkeiten zur Risikoverringerung an. Der Beitrag ist veröffentlicht auf den Internet-Seiten von CompuServe.

Steuerlicher Abzug eines Privat-PC

@@ – http://www.compuserve.de/recht/ressort1/steuerrecht/steuern27.html
Immer mehr Steuerpflichtige benutzen in der privaten Wohnung einen eigenen PC für berufliche Zwecke. Sind diese Aufwendungen abzugsfähig? Der Beitrag beschäftigt sich mit dem hierzu veröffentlichten rechtskräftigen Urteil des FG Rheinland-Pfalz vom 16.9.1998 unter Einbeziehung der Auffassung der Finanzverwaltung zu dieser Thematik. Die Autoren Dr. Best und Brantl, Kanzlei Maierhofer & Partner, veröffentlichten ihre Ausführungen im März 1999 auf den Internet-Seiten von CompuServe.

Steuern im Internet

@@ – http://www.bender-zahn-tigges.de/deutsch/steuerrecht/interne1.html
Mit „Steuern im Internet" beschäftigt sich Rechtsanwalt Dr. Guido Holler. Die Publikation vom Dezember 1997, veröffentlicht in der Zeitschrift „NET-Investor", kann auf den Internet-Seiten der Kanzlei Bender, Zahn, Tigges abgerufen werden. Der Autor untersucht, ob eine traditionelle Besteuerung auch auf Internet-Geschäfte übertragbar ist.

Einzelne Rechtsgebiete

FACHBEITRÄGE

Strafprozessrecht

Steuerrecht im Arbeits- und Sozialrecht

– http://www.sbb.aok.de/cgi-bin/cnt?1574#1575 @@
 Auf diesen Seiten der PFIFF Personalrechtsdatenbank finden sich steuerliche Hinweise im Arbeits- und Sozialrecht. Im Einzelnen sind es allgemeine Informationen, wie z. B. über Arbeitslohn, Lohnsteuerabzug, Vermögensbildung u. a.

Teilwertabschreibung

– http://www.compuserve.de/recht/ressort1/steuerrecht/steuern17.html @@@
 Wohl keine Maßnahme der neuen rot-grünen Bundesregierung ihm Rahmen des Steuerentlastungsgesetzes 1999/2000/2002 erhitzt die Gemüter aus Wirtschaft und Fachwelt so sehr wie das geplante Verbot der Teilwertabschreibung mit gleichzeitiger Einführung eines Wertaufholungsgebotes. Mit den Problemstellungen im Einzelnen wie auch im Generellen sowie mit den Bedenken gegen diese Änderung befasst sich dieser Beitrag von Berhard Brantl, Kanzlei Maierhofer & Partner, München, verfasst im Januar 1999.

Umwandlungsrecht – Bereinigung

– http://www.vrp.de/archiv/rupdig/apr96/beitrag/weyand.htm @@
 Franz Josef Düwell, Richter am BAG, erläutert in seinem umfangreichen Artikel die Bereinigung des Umwandlungsrechts. Während früher bei der Aufspaltung von Betriebsvermögen die in der Bilanz versteckten Differenzen zwischen Buch- und Verkehrswert der Anlagen und Immobilien (sogenannte stille Reserven) besteuert wurden, ist im neuen Umwandlungsrecht u. a. geregelt, unter welchen Voraussetzungen Auf- und Abspaltungen steuerfrei bleiben. Der Beitrag mit Stand April 1996 ist veröffentlicht auf den Internet-Seiten des Verlages Recht und Praxis.

Vorsteuerabzug bei Gründung einer Kapitalgesellschaft

– http://www.compuserve.de/recht/ressort1/steuerrecht/steuern13.html @@
 Welche Abzugsmöglichkeiten bestehen bei der Gründung einer GmbH und wie verhält es sich mit der Rechnungsausstellung bei einer GmbH in der Gründungsphase – diese Fragen werden auf der Grundlage dazu ergangener Entscheidungen der Finanzgerichte zu beantworten versucht. Berhard Brantl, Kanzlei Maierhofer & Partner, München, stellt diesen Beitrag im Dezember 1998 auf den Internet-Seiten von CompuServe ein.

4.2.36 Strafprozessrecht

Biostatistische Spurensuche

– http://www.uni-mainz.de/FB/Medizin/Rechtsmedizin/molgen/statist.htm @
 Ist eine tatverdächtige Person als Spurenleger nicht auszuschließen, dann ist eine biostatistische Abschätzung der Häufigkeit von Merkmalskombinationen angeraten. Die Grundlagen dieser Berechnungen basieren auf allgemein anerkannten populationsgenetischen Regeln. Informationen zum Thema „Biostatiosche Interpretation von Spurenbefunden" finden sich auf den Internet-Seiten des Mainzer Instituts für Rechtsmedizin (Stand: September 1996).

FACHBEITRÄGE

Strafrecht   Einzelne Rechtsgebiete

DNA-Gutachten im Gerichtsverfahren

@ — http://www.uni-mainz.de/FB/Medizin/Rechtsmedizin/molgen/sach.htm
In sechs Punkten fasst Prof. Dr. med. Christian Rittner den Beweiswert eines DNA-Gutachtens im Gerichtsverfahren zusammen. Dieser Kurztext auf der Homepage des Mainzer Instituts für Rechtsmedizin stammt vom September 1996.

4.2.37 Strafrecht
4.2.37.1 Umfangreiche Fachbeitragssammlungen

Publikationen Rechtsanwalt Dr. Sommer

@@ — http://www.dr-sommer.de/documents/publikationen.html
Rechtsanwalt Dr. Ulrich Sommer, Fachanwalt für Strafrecht, veröffentlicht auf seinen Internet-Seiten einige seiner Publikationen. Abrufbar sind die Beiträge „Auswirkung des Schengener Übereinkommens für die Strafverteidigung" (Februar 1999), „Verurteilung nach Einsatz eines polizeilichen Lockspitzels" (Januar 1999), „Das Auskunftsverweigerungsrecht des gefährdeten Zeugen" (Januar 1998), „Strafverteidigung in Europa"(April 1997), „Anmerkung zur Entscheidung des Europäischen Gerichtshofs für Menschenrechte zur gerichtlichen Sperrung von V-Leuten" (1997), „Wenn der Staatsanwalt klingelt, ist Schweigen Gold" (September 1996), „Verteidigung und Dolmetscher" (1995) sowie „Maßnahmen des Strafverteidigers in der Hauptverhandlung" (1994).

Strafverteidigung

@@ — http://www.strafverteidiger-berlin.de/forum/index.html#beitraege
Eine Sammlung verschiedener Beiträge zum Strafrecht stellt die Vereinigung Berliner Strafverteidiger e. V. bereit. Der Schwerpunkt liegt dabei bei der Strafverteidigung. Erörtert werden z. B. die Verteidigung von Ausländern oder die Verteidigung im Maßregelvollzug. Es wird aber auch die Homepage der Gefangenen in der JVA Tegel vorgestellt. In einem weiteren Beitrag wird eine neue Kriminalpolitik gefordert.

4.2.37.2 Einzelne Fachbeiträge

Berechnung von Geldstrafen

@ — http://www.spormann.de/geld.htm
Die meisten Strafverfahren enden mit der Verurteilung zu einer Geldstrafe. Wie die Strafe berechnet wird und worauf es ankommt, insbesondere bei der Bemessung der Anzahl der Tagessätze, der Höhe des jeweiligen Tagessatzes, was zum Nettoeinkommen zählt, welche Einkommensverhältnisse maßgeblich sind usw. erläutert verständlich Rüdiger Spormann, Rechtsanwalt und Fachanwalt für Strafrecht, in seinem Beitrag „Wie Geldstrafen berechnet werden".

FACHBEITRÄGE

Einzelne Rechtsgebiete — Strafrecht

Computerkriminalität

– http://www.uni-trier.de/uni/fb5/jaeger/vortrag.html @@
Nicht nur dem Nutzer von Computersystemen eröffnen sich neue Möglichkeiten, auch Kriminellen bieten sich Chancen. Der Autor Stefan Jäger argumentiert, bei der Bekämpfung krimineller Machenschaften komme es darauf an, präventiv zu wirken und international vorzugehen. Leider steht der Beitrag (1997 bereits als Vortrag gehalten) in schwarzer Schrift auf dunkelgrauem Hintergrund, das macht das Lesen etwas anstrengend.

Einsatz qualifizierter Scheinaufkäufer

– http://www.zollkriminalamt.de/zkainfos.htm @@
Der ca. 55 Seiten starke Aufsatz von Prof. Dr. Volker Krey mit dem Titel „Rechtsprobleme des Einsatzes qualifizierter Scheinaufkäufer im Strafverfahrensrecht", erschienen in der ZKA-Schriftenreihe kann von den Internet-Seiten des Zollkriminalamtes downgeloadet werden (PDF-Datei 236 KB). Der Beitrag ist auf dem Stand 1994.

Europäisches Amt für Betrugsbekämpfung

– http://www.bundesfinanzministerium.de/scripts/scr_presse/doc_show.asp?dokumentid=695&kategorie=1 @
Am 6. Mai 1999 beschloss das Europäische Parlament, ein neues Amt zur Betrugsbekämpfung gegen Subventionsmissbrauch und Unregelmäßigkeiten in den Mitgliedsstaaten, aber auch für die Bekämpfung von Korruption und Mißwirtschaft innerhalb der Organe und Institutionen der Europäischen Union einzurichten. Erläuterungen zum neuen Amt – in der französischen Abkürzung OLAF (Office de lutte antifraude) – und dessen Zuständigkeits- und Aufgabenbereich finden sich auf den Internet-Seiten des Bundesministeriums der Finanzen.

Jugendstrafrecht

– http://home.t-online.de/home/konrad.breunig/jugrecht.htm @@@
Konrad Breunig, RiAG Bayreuth, stellt in seinem Beitrag das Jugendgerichtsgesetz vor und bietet so einen umfassenden Überblick über das Jugendstrafrecht. Der Autor definiert zunächst die einschlägigen Begriffe, geht dann auf die Folgen einer Straftat ein und erläutert das System der Rechtsfolgen des JGG. Die einzelnen Rechtsfolgen – Erziehungsmaßregeln, Zuchtmittel und Jugendstrafe – werden ausführlich dargestellt. Ebenso werden hier die Aussetzungsmöglichkeiten einer Jugendstrafe erläutert. Weitere Kapitel beschäftigen sich mit der Zuständigkeit des Gerichts und den verfahrensrechtlichen Besonderheiten. Der Anwendung des Jugendstrafrechts auf Heranwachsende ist ebenfalls ein Kapitel gewidmet. Abschließend geht der Autor auf die Rechtsmittel ein. Der Beitrag gewährt einen umfassenden Gesamtüberblick über das Jugendstrafrecht. Die letzte Änderung erfolgte am 25.07.1999.

FACHBEITRÄGE

Strafrecht　　　　　　　　　　　　　　　　　　　　　　　　Einzelne Rechtsgebiete

Rechtsfolgen einer Straftat

@@@　– http://www.uni-konstanz.de/rtf/kis/sanks97.htm
Eine ausführliche Darstellung der strafrechtlichen Sanktionen steht auf den Internet-Seiten der Universität Konstanz zur Verfügung. Wolfgang Heinz behandelt in seinem Beitrag „Das strafrechtliche Sanktionensystem und die Sanktionierungspraxis in Deutschland 1882–1997" die Rechtsfolgen einer Straftat. Der Beitrag ist in die Kapitel „Das strafrechtliche Sanktionssystem des deutschen Strafrechts", „Beschreibung und Analyse der Sanktionspraxis anhand der amtlichen Rechtspflegestatistik" und „Entwicklung der Sanktionspraxis in Deutschland" unterteilt. Die Aussagen sind mit zahlreichen Schaubildern verdeutlicht, auf die per Link zugegriffen werden kann. Eine abschließende Zusammenfassung, ein Abkürzungsverzeichnis und ein Glossar runden diesen Fachbeitrag ab. Der Beitrag ist auf dem Stand Berichtsjahr 1997.

Taktik der Strafverteidigung

@@　– http://www.spormann.de/taktik.htm
Ausführungen zur Taktik der Strafverteidigung im Ermittlungs- und Hauptverfahren gibt Rechtsanwalt Rüdiger Spormann, Rechtsanwalt und Fachanwalt für Strafrecht, Düsseldorf, in dem hier abrufbaren Beitrag.

Verteidigung im Maßregelvollzug

@@@　– http://www.strafverteidiger-berlin.de/forum/wagner.html
Mit der Verteidigung im Maßregelvollzug befaßt sich der gleichnamige Beitrag von Bernd Wagner auf den Internet-Seiten der Vereinigung Berliner Strafverteidiger e. V. Der Beitrag ist in zwei Teile gegliedert: In Teil eins geht der Autor auf das Maßregelvollzugsrecht ein und erläutert die Unterbringung nach §§ 63, 64 StGB aus juristischer und aus therapeutischer Sicht. Im zweiten Teil werden die Rechtschutzmöglichkeiten im Maßregelvollzug dargestellt. Anhand eines abschließenden Beispiels werden die Problembereiche nochmals aufgezeigt.

Verteidigung von Ausländern

@@@　– http://www.strafverteidiger-berlin.de/forum/rubbert_01.html
Martin Rubbert beschäftigt sich in seinem ausführlichen Beitrag „Ausländerrechtliche Aspekte bei der Verteidigungsvorbereitung" vor allem mit aufenthaltsrechtlichen Problemen. Er erklärt zunächst die verschiedenen Arten der Aufenthaltsgenehmigung und geht dann auf die unterschiedlichen Ausweisungstatbestände ein. Der Beitrag ist eine schriftliche Darstellung des im Rahmen der Veranstaltung „Verteidigung von Ausländern" der Berliner Strafverteidigervereinigung am 13.05.1998 gehaltenen Referats.

Verteidigungsfehler mangels ausländerrechtlicher Kenntnisse

@@@　– http://www.strafverteidiger-berlin.de/forum/jung_01.html
Auf den Internet-Seiten der Vereinigung Berliner Strafvertreidiger e. V. steht ein Beitrag von RA Rüdiger Jung mit dem Titel „Vermeidbare Verteidigungsfehler durch mangelnde ausländerrechtliche Kenntnisse" zur Verfügung. Anhand eines Beispiels werden die wichtigsten Punkte bei der Verteidigung von Ausländern erläutert und vermeidbare Verteidigungsfehler aufgezeigt.

FACHBEITRÄGE

Einzelne Rechtsgebiete   Telekommunikationsrecht

4.2.38   Telekommunikationsrecht
4.2.38.1   Umfangreiche Fachbeitragssammlungen

OECD-Publikationen zur Telekommunikation

- http://www.oecd.org/dsti/sti/it/cm/index.htm @@
  Die Organisation für wirtschaftliche Zusammenarbeit und Entwicklung (OECD) stellt auf dieser Homepage zahlreiche Informationen zur Telekommunikation auf nationaler und internationaler Ebene zur Verfügung. Im Forum „Activities" finden sich aktuelle Meldungen zu nationalen Telekommunikations-Regelungen der Mitgliedsstaaten und weiterführende Links. Themen wie Telefonieren per Internet, weltweite Telekommunikations-Infrastruktur und andere interessante Studien (z. B. „A Review of Market Openness and Trade in Telecommunications") stehen in der Rubrik „Reports" im Mittelpunkt. An harte Fakten gelangt man im Forum „Statistics"; dort sind aussagekräftige Internet- und E-Commerce-Indikatoren genauso vertreten wie die aktuelle Telekommunikations-Datenbank (kostenpflichtig). Bei den genannten Publikationen handelt es sich sowohl um kostenlose wie auch um kostenpflichtige Texte.

4.2.38.2   Einzelne Fachbeiträge

Kommission überarbeitet Rechtsrahmen für den Bereich elektronische Kommunikation

- http://europa.eu.int/comm/dg13/electrocomm.htm @@
  Am 10. November 1999 hat die Kommission ein Paket von vier Übereinkünften angenommen, um eine Prüfung des bestehenden Regelungsrahmens für elektronische Kommunikation in Gang zu setzen, um die Position Europas im internationalen Wettbewerb zu stärken. Bereits jeder vierte neue Arbeitsplatz entsteht in der Informationsgesellschaft. In den vier Mitteilungen schlägt die Kommission vor, noch bestehende Hindernisse beim Marktzugang abzubauen sowie Lizensierungsverfahren zu vereinfachen und zu beschleunigen. Die derzeit 20 europäischen Rechtsvorschriften sollen auf sechs reduziert werden. Die Übereinkünfte sind teilweise als PDF-Dateien, teilweise als HTML-Files auf den Seiten der Europäischen Kommission herunterzuladen.

Markterschließung durch ausländische Telekommunikationsunternehmen

- http://www.compuserve.de/recht/ressort1/tkrecht/tkrecht07.html @@
  Werden sich ausländische Telekommunikationsunternehmen auf dem attraktiven deutschen Markt dauerhaft durchsetzen können? Welche Chancen und Risiken birgt diese Entwicklung in sich? In ihrem Beitrag vom Januar 1999, der über rein juristische Ausführungen hinausgeht, widmen sich die Rechtsanwälte Dr. Thomas Tschentscher, LL.M. und Dr. Jochen Engelhardt, LL.M., Kanzlei Bruckhaus Westrick Heller Löber, Frankfurt/Main, dieser Fragestellung auf den Internet-Seiten von CompuServe.

FACHBEITRÄGE

Umweltrecht   Einzelne Rechtsgebiete

Regulatorische Behandlung von Verbindungs- und Teilnehmernetzen

@@@ – http://www.compuserve.de/recht/ressort1/tkrecht/tkrecht04.html
Die Deutsche Telekom AG (DTAG) verweigerte, trotz entgegenstehender ausdrücklicher Anordnungen durch die Regulierungsbehörde, seit März 1998 den Abschluß von Zusammenschaltungsvereinbarungen mit Verbindungsnetzbetreibern. Die Rechtsanwälte Dr. Michael Esser-Wellié und Dr. Ellen Braun, Kanzlei Bruckhaus Westrick Heller Löber, Brüssel/Düsseldorf kommentieren dies in einem Beitrag vom Januar 1999 auf den Internet-Seiten von CompuServe.

Teilnehmerdaten

@ – http://www.compuserve.de/recht/ressort1/tkrecht/tkrecht06.html
Die Deutsche Telekom AG (DTAG) ist, wie alle anderen Telekommunikationsunternehmen auch, verpflichtet, die Teilnehmerdaten Wettbewerbern zugänglich zu machen, die diese für einen Auskunftsdienst verwenden wollen. Dafür darf die DTAG nur ein Entgelt verlangen, „das sich an den Kosten der effizienten Bereitstellung orientiert". Ebenso hat sich die DTAG nun bereit erklärt, bestimmte Datensätze – z.B. Nebenstellen-Rufnummern – an Wettbewerber zu geben. Über die Hintergründe informiert dieser Beitrag von Rechtsanwalt Konrad Hummel-Groß-Carzenburg, Kanzlei Clifford Chance, Frankfurt/Main, auf den Internet-Seiten von CompuServe (Stand Januar 1999).

Teledienstegesetz

@ – http://www.compuserve.de/recht/ressort1/edvrecht/edv29.html
Das TDG hat sich zur Aufgabe gemacht, einheitliche und wirtschaftliche Rahmenbedingungen für die verschiedenen Nutzungsmöglichkeiten der elektronischen Informations- und Kommunikationsdienste zu schaffen. Das TDG beabsichtigt außerdem die Schließung von Regelungslücken im Verbraucherschutz sowie die Klarstellung von Verantwortlichkeiten der Diensteanbieter. Veröffentlicht wurde der Beitrag „Was regelt das Teledienstegesetz?" im Dezember 1998 auf den Internet-Seiten von CompuServe von Dr. Benno Heussen, Kanzlei Heuking Kühn Lüer Heussen Wojtek, München.

4.2.39   Umweltrecht

Ausgleich zwischen Sanierungsverantwortlichen

@@@ – http://home.t-online.de/home/Dr.Herbert_und_Koch/altlast.htm
In „Der Ausgleich zwischen mehreren Sanierungsverantwortlichen nach dem Abfallrecht der Länder Hessen, Thüringen und Rheinland-Pfalz" setzt sich Rechtsanwalt Dr. Alexander Herbert in einem umfangreichen Beitrag mit dem Problem auseinander, daß sich ehemalige Mieter, die Altlasten verursacht haben, Finanzierungen oftmals widersetzen und dadurch Grundstückseigentümer belasten.

Umweltlexikon

@ – http://www.bayern.de/STMLU/lexikon/index.htm
Nicht ausschließlich juristisch ausgerichtet ist das umfangreiche Online-Umweltlexikon des Bayerischen Umweltministeriums, aber durchaus informativ. Hier

Einzelne Rechtsgebiete   Urheberrecht

findet jeder Umweltinteressierte Informationen von A wie Abfackeln bis hinzu Z wie Zyklon. Mittels Suche und (auch herunterladbarer) Übersicht findet man sich gut zurecht.

Zulassungsverfahren für Industrieanlagen
– http://www.kanzlei.de/umwrgfe.htm @@
Die Kanzlei Emmert, Schurer und Bücking bietet auf Ihren Internet-Seiten einen guten Überblick über die Zulassungsverfahren für Industrieanlagen (Genehmigungsverfahren). Weitere Informationen zum förmlichen Verfahren bei Genehmigungsbedürftigen, zur betrieblichen und behördlichen Überwachung der Anlage sowie Ausführungen zu den genehmigungsfreien Anlagen unter besonderer Berücksichtigung der Pflichten der Betreiber sind nur einen Klick entfernt.

4.2.40 Urheberrecht
4.2.40.1 Umfangreiche Fachbeitragssammlungen

Lizenzrecht
– http://www.bender-zahn-tigges.de/deutsch/lizenzrecht/licensing.html @@@
An den 2. Licensingtagen Anfang Februar 1999 in Frankfurt/Main haben sich auch Anwälte der Kanzlei Bender, Zahn, Tigges beteiligt. Deren Vorträge können von der Homepage der Kanzlei abgerufen werden. Folgende Beiträge stehen zur Verfügung: „Michael Schumacher gegen Mona Lisa – die rasante Entwicklung des Lizenzmarktes", „Licensing und Kartellrecht im europäischen Binnenmarkt", „Licensing und Franchise-Verträge als Kooperationspartner", „Licensing und Steuerrecht – Besteuerung von Lizenzgeschäften" und „Licensing und/oder Sponsoring".

4.2.40.2 Einzelne Fachbeiträge

Besteuerung von Lizenzgeschäften
– http://www.bender-zahn-tigges.de/deutsch/lizenzrecht/a-lizenz-steuer.html @@
In seinem Beitrag „Licensing und Steuerrecht – Besteuerung von Lizenzgeschäften" beschäftigt sich Rechtsanwalt Dr. Guido Holler auf den Internet-Seiten der Kanzlei Bender, Zahn, Tigges mit den Grundzügen der Besteuerung von Lizenzgeschäften (Stand Februar 1999).

Entwicklung des Lizenzrechts
– http://www.bender-zahn-tigges.de/deutsch/lizenzrecht/a-lizenz-entwickl.html @@
Unter der Überschrift „Michael Schumacher gegen Mona Lisa" stellt Rechtsanwalt Dr. Andreas Freitag auf den Internet-Seiten der Kanzlei Bender, Zahn, Tigges die rasante Entwicklung des Lizenzmarktes, die Rechtsentwicklung der letzten Jahre und ihre Bedeutung für das Licensing dar. Der Beitrag ist vom Februar 1999.

FACHBEITRÄGE

Vereinsrecht — Einzelne Rechtsgebiete

4.2.41 Vereinsrecht

Lexikon zum Vereinsrecht

@@@ – http://www.nonprofit-management.de/knowhow.htm
Im Forum für Vereine und Nonprofitorganisationen, einem Projekt der IQ-Consult sind umfangreiche Informationen und Beiträge zum Vereinsrecht zur Verfügung gestellt. Im Lexikon zur Vereinsorganisation wird detailliert über die Gründung eines Vereins und die Aufnahme der Vereinstätigkeit informiert. Schwerpunkte sind dabei die Satzung, die Finanzierung, die Buchführung und steuerrechtliche Fragen. Die Beiträge können entweder in einem fortlaufendem Text eingesehen oder nach Stichworten aufgerufen werden. Es stehen auch Mustertexte zur Verfügung, wie z. B. eine Musteranmeldung zur Eintragung ins Vereinsregister, eine Mustersatzung für einen eingetragenen Verein oder eine Satzung für einen gemeinnützigen Verein. Die einschlägigen Gesetzestexte sind ebenfalls abrufbar. Das Lexikon kann in einer Offlineversion heruntergeladen werden. Im Lexikon der Vereinsbesteuerung werden die steuerlichen Auswirkungen behandelt. Nach Stichworten alphabetisch geordnet können einzelne Lexikonbeiträge abgerufen werden. Auch hier kann man auf Mustertexte zurückgreifen. Darüber hinaus stehen Urteile, Pressemitteilungen und Verwaltungsanweisungen von Finanzgerichten und -behörden zur Verfügung. Die Entscheidungen sind nach Stichworten alphabetisch geordnet oder können mittels einer Suchfunktion abgerufen werden.

Recht und Steuern

@ – http://www.vereinsweb.de/VM/Data/vm_recht.html
Auf den Seiten des vereinsweb.de finden Sie rund um das Vereinsrecht ca. 20 Beiträge zu Recht und Steuern, wie z. B. „Die Grundlagen der Vereinssatzung", „Gemeinnützigkeit: Welche allgemeinen Voraussetzungen muß ein Verein erfüllen?".

4.2.42 Verfassungsrecht

50 Jahre Grundgesetz

@ – http://www.mohr.de/jrnl/jz/jzaufsatz.htm
Auf den Seiten des Mohr Siebeck Verlages steht die Abhandlung „Das Grundgesetz nach 50 Jahren: bewährt und herausgefordert" von Professor Dr. Christian Strack zum Download als Datei im PDF-Format bereit. Die Bewährung des Grundgesetzes wird anhand von Beispielen gezeigt: Bundesstaatlichkeit, parlamentarisches Regierungssystem, Staat und Bürger, Europäische Union. Die Abhandlung wurde im Mai 1999 in der Juristenzeitung (JZ) veröffentlicht.

4.2.43 Verkehrsrecht
4.2.43.1 Umfangreiche Fachbeitragssammlungen

Bundesministerium für Verkehr, Bau- und Wohnungswesen

– http://www.bmvbw.de/index.htm? @@
Das Bundesministerium für Verkehr, Bau- und Wohnungswesen hat in Kooperation mit Baunctz.de nützliche Informationen zum Verkehrsrecht zusammengestellt. Interessant ist insbesondere der Beitrag zum neuen EU-Führerschein und der neuen Fahrerlaubnis. Erläutert werden hier die Voraussetzungen für die Erteilung des EU-Führerscheins, das neue Punktesystem, die medizinisch-psychologische Untersuchung und sonstige Neuerungen. Ein Auszug aus dem Bußgeldkatalog ist in Tabellenform vorhanden. Zu verschiedenen Stichwörtern wie „Geschwindigkeit", „Vorfahrt/Verkehrszeichen" und „Abstand" können Informationen zu Bußgeld, Geldstrafe, Punkten im Verkehrszentralregister und Fahrverboten abgerufen werden. Nützlich sind die Angaben zu Baustellen auf den Autobahnen. Zur Verfügung stehen außerdem das Investitionsprogramm 1999–2002, der ÖPNV-Bericht und der Fahrradverkehrsbericht 1998. Das Bundesministerium informiert zudem über Telematik im Verkehr, Gefahrguttransporte, Schiffahrt und Luftverkehr.

Wegweiser durch den verkehrsrechtlichen Paragraphen-Dschungel

– http://focus.de/D/DL/DLD/DLDB/dldb.htm @@@
Einen Wegweiser durch den Paragraphen-Dschungel findet man auf den Internet-Seiten von Focus-online. Hier stehen zunächst allgemeine Informationen, z. B. über das richtige Verhalten bei Polizeikontrollen, über die Leistungen der Verkehrsrechtsschutzversicherungen und ein Vergleich der 33 Verkehrsrechtsschutzversicherungen zur Verfügung. Thema einer weiteren Rubrik ist das Verkehrsstrafrecht. Hier stehen unter anderem der Verwarnungs- und Bußgeldkatalog, die Verkehrsrechtsänderungen ab Juli 1998 und die neuen Maßnahmen im Flensburger Punktesystem zum Abruf bereit. In der Rubrik „Ausland" werden die verkehrsrechtlichen Unterschiede in Europa und die Kosten für Verkehrsverstöße im Ausland dargestellt. Hier kann man sich auch darüber informieren, ob ein Führerscheinentzug bald grenzüberschreitend möglich ist und was bei einer Schadensregelung im Ausland zu beachten ist. Die Rubrik „Ratgeber" bietet Informationen zum Punkteabbau, zur medizinisch-psychologischen Untersuchung und zum Führerschein auf Probe.

Geschwindigkeitsmessungen

– http://www.informatik.fernuni-hagen.de/import/thi2/mitarbeiter/speed.html @@
Der Informatiker Mathias Hehn hat online seine Abhandlung über die Messung von Fahrzeuggeschwindigkeiten veröffentlicht. Dargestellt werden zunächst die verschiedenen Techniken des Messverfahrens. In diesem Kapitel werden auch die Funktionsweisen und die Fehlermöglichkeiten der Messsysteme erläutert. Rechtliche Erläuterungen bilden ein weiteres Kapitel. Der Autor geht hier neben allgemeinen rechtlichen Themen wie z. B Auswertung des Lichtbildes, Akteneinsicht, Fahrtenbuch, Anordnung des Verkehrsunterrichts insbesondere auf die Geschwindigkeitsmessung ein. Hier werden die Polizeirichtlinien, die Eichung der

Geräte, der Mindestinhalt der gerichtlichen Entscheidungen, die Sachkunde des Richters, die Messung durch Kommunen und die Geschwindigkeitsermittlung durch Nachfahren behandelt.

Verkehrsunfälle im Ausland

@@@ – http://www.kanzlei.de/unfall.htm

Die Kanzlei Emmert, Schurer, Bücking stellt die Informationen zu den Besonderheiten bei Verkehrsunfällen in Deutschland, Österreich, Frankreich und der Schweiz zur Verfügung. Hier erfährt man z. B., dass in Italien der Hausfrauenschaden ersetzt wird und dass in Frankreich auch bei hohen Sachschäden für die Polizei keine Verpflichtung besteht, den Unfall aufzunehmen. Das richtige Verhalten am Unfallort, die Ansprüche des Geschädigten und die Abwicklung eines Verkehrsunfalles werden ebenfalls erörtert.

Neues Führerscheinrecht

@@@ – http://www.polizei-bw.de/verkehr/fs/index.htm

Auf den Internet-Seiten (Stand: 03.03.99) der Polizei Baden-Württembergs finden sich umfangreiche und übersichtliche Informationen zu dem am 01.01.1999 in Kraft getretenen Euro-Führerschein (Führerscheinklassen, Führerschein auf Probe, Einschluß von Klassen, Vergleich alt – neu, Bild des neuen Führerscheins, Übergangsfristen).

Verkehrsthek

@@@ – http://www.jurathek.de/fahr/

In der umfangreichen juristischen Datenbank „Jurathek" findet sich auch die „Verkehrsthek". Die Seiten beschäftigen sich mit den Themen Führerschein und Verkehrsrecht und gehen neben strafrechtlichen auch auf zivil-, verwaltungs- und sozialrechtliche Fragestellungen ein. Obwohl die Seiten noch im Aufbau sind, steht bereits jetzt eine respektable Anzahl an verschiedenen Materialien zur Verfügung. In der Rubrik „Führerschein und Fahrerlaubnis" können neben Auszügen aus einem im Entstehen begriffenen Buchmanuskript auch zahlreiche Einzelaufsätze über den Fahrerlaubnisentzug und über die MPU abgerufen werden. So kann man sich hier z. B. über die Wiedererteilung des Führerscheins oder der Fahrerlaubnis, das Zusammentreffen von straf- und verwaltungsrechtlichen Entscheidungen über die Fahreignung und über Mängel von Fahrereignungsgutachten informieren. Eine weitere Rubrik beschäftigt sich mit den gesetzlichen und sonstigen Vorschriften und gibt einen Überblick über die neuen gesetzlichen Regelungen. Abgerundet wird das Internet-Angebot durch Links zu verkehrsrechtlichen Informationen innerhalb der Jurathek aber auch im www. Redaktionell wird das Internet-Angebot von Rechtsanwalt Michael Hettenbach aus Ludwigsburg betreut.

Strafzettel.de

@@@ – http://www.strafzettel.de

Entgegen dem etwas irreführenden Domain-Namen „Strafzettel.de" beschränkt sich Rechtsanwalt Goetz Gruner aus Berlin auf seinen Internet-Seiten nicht nur auf Ordnungswidrigkeits- und strafrechtliche Fragen, sondern deckt die breite

FACHBEITRÄGE

Einzelne Rechtsgebiete — *Verkehrsrecht*

Palette rund um Auto und Straßenverkehrsrecht ab. Ausführlich behandelt werden die Verkehrsordnungswidrigkeiten. Hier stehen neben Erläuterungen zu den gesetzlichen Grundlagen und rechtlichen Ausführungen zu Einzelproblemen auch einschlägige Gerichtsentscheidungen (jeweils mit Gerichtsangaben, kurzem Sachverhalt und Gründen) zur Verfügung. Per Link können der Verwarnungsgeld- und der Bußgeldkatalog abgerufen werden. In einer weiteren Rubriken wird das Recht der Fahrerlaubnis erörtert. Hier lassen sich Gesetzes- und Verordnungstexte abrufen. In weiteren Rubriken werden zivilrechtliche Probleme, wie sie beim Autokauf, Werkstattbesuch oder Verkehrsunfall entstehen können, ebenso erörtert wie solche aus dem Bereich des Kfz-Versicherungsrechts. Ergänzt wird der Internet-Auftritt durch einige Musterformulare.

Verkehrsregelungen

- http://www.bg-dvr.de/faktframe.html @@
  Auf den Internet-Seiten des Infosystems Verkehr BD/DVR, ein Angebot des Deutschen Verkehrssicherheitsrats e. V. und der gewerblichen Berufsgenossenschaften, finden sich umfangreiche Hinweise zu Geschwindigkeitsregelungen, Geschwindigkeitsmessverfahren, Drogen und Medikamente im Straßenverkehr, insbesondere Alkohol, Jugendliche im Straßenverkehr u. v. m.

4.2.43.2 Einzelne Fachbeiträge

Cannabis und Führerschein

- http://www.anwalt-hls.de/haschisch.htm @
  Dieser zuletzt im November 1999 geänderte Beitrag von Rechtsanwalt Michael Hettenbach überprüft die Auffassung, ob denn das BVerfG tatsächlich den Haschischkonsum quasi freigegeben habe.

Drogen und Medikamente im Straßenverkehr

- http://www.bg-dvr.de/FAKTEN/DMS/inhalt.htm @@
  An dieser Stelle befindet sich ein ganzes Buch zum Thema Drogen und Medikamente im Straßenverkehr. Davon ist allerdings nur Kapitel 6 juristischer Thematik gewidmet. In diesem Kapitel wird sich in einem Abschnitt zu rechtlichen Aspekten, in drei anderen zu Nachweismethoden geäußert. Verantwortet wird dieses sehr hochwertige Webangebot vom Deutschen Verkehrssicherheitsrat e. V. und gewerblichen Berufsgenossenschaften.

Verkehrsunfall wegen Handy

- http://www.compuserve.de/recht/ressort1/arbeitsrecht/arbeit10.html @@
  „Teueres Telefonieren am Steuer – Haftung eines LKW-Fahrers wegen eines beim Telefonieren mit einem Handy verursachten Verkehrsunfalls" –, so der Titel eines Aufsatzes von Rechtsanwalt Markus Künzel, Fachanwalt für Arbeitsrecht, Kanzlei Beiten Burkhardt Mittl & Wegener, München. Der zentrale Rechtsbegriff dieser Ausführungen ist der der Fahrlässigkeit. Einstellungsdatum auf den Internet-Seiten von CompuServe ist März 1999.

FACHBEITRÄGE

Versicherungsrecht   Einzelne Rechtsgebiete

4.2.44 Versicherungsrecht

Abgrenzung private Haftpflicht- und KFZ-Haftpflichtversicherung

@ – http://www.compuserve.de/recht/ressort1/versicherung/versicherung13.html
Jemand verletzt mit einem Go-Cart eine andere Person – welche Versicherung muss Schadensersatz leisten? Die Rechtsanwälte Alpmann/Fröhlich kommentieren in ihrem Beitrag vom Februar 1999 ein Urteil des OLG Hamburg (Urt. v. 5.8.1998, AZ.: 5 U 99/98 (rechtskräftig), OLG Report 1999, 1) auf den Internet-Seiten von CompuServe.

Lebensversicherungsvertrag bei Ausfüllung von Dritten

@@ – http://www.compuserve.de/recht/ressort1/versicherung/versicherung12.html
Kann ein Versicherter wirksam einen Lebensversicherungsvertrag abschließen, wenn er ihn blanko unterschrieben hat und die weitere Ausfüllung Dritten überlassen hat? Diese Frage verneinte der BGH in seinem Urteil vom 9. Dezember 1998 (AZ.: IV ZR 306/97). In dem Beitrag „Vertrag über Lebensversicherung unwirksam, wenn der Versicherte den Antrag blanko unterschreibt und die weitere Ausfüllung Dritten überläßt (§ 159 VVG)" kommentieren die Rechtsanwälte Alpmann/Fröhlich, Münster/Emsdetten diese Entscheidung auf den Internet-Seiten von CompuServe (Stand: Februar 1999).

Leistungsfreiheit von Kaskoversicherern

@@ – http://www.compuserve.de/recht/ressort1/versicherung/versicherung16.html
Oft werden Versicherte aufgrund von Angst vor weiteren Kosten davon abgehalten, ihre Ansprüche gegen Versicherungen durchzusetzen. Dies gilt auch gerade, wenn letztere sich auf ihre Leistungsfreiheit zurückziehen. Ein Urteil des BGH vom 28.11.1998 (AZ.: IV ZR 257/97), das von Rechtsanwalt Hagen Ebert kommentiert wird (März 1999), zeigt, dass sich die Mühe, dagegen vorzugehen, oft lohnt, da, wie in diesem Fall, die im VVG normierten Voraussetzungen nicht vorlagen. Der Beitrag steht auf den Internet-Seiten von CompuServe zur Verfügung.

Nachweis eines HWS-Syndrom

@@ – http://www.compuserve.de/recht/ressort1/versicherung/versicherung17.html
Reicht es aus, Schmerzensgeld aus einem diagnostzierten HWS-Syndrom geltend zu machen, wenn die Diagnose nur auf der Grundlage von Befragungen erfolgte und weiterhin die Möglichkeit besteht, wonach das Syndrom auch auf Vorschädigungen zurückzuführen ist? Darüber hatte das AG Duisburg in seinem Urteil vom 23.04.1998 (AZ.: 45/2 C 550/971, zfs 1999, 57 § 847 BGB) zu entscheiden. Ein Kommentar zu diesem Urteil ist veröffentlicht von den Rechtsanwälten Alpmann/Fröhlich in ihrem Beitrag „Anforderungen an den Nachweis eines HWS-Syndroms" auf den Internet-Seiten von CompuServe (Stand März 1999).

Einzelne Rechtsgebiete

FACHBEITRÄGE

Wettbewerbsrecht

Schmerzensgeld bei geringer Überlebensdauer

- http://www.compuserve.de/recht/ressort1/versicherung/versicherung18.html @@
  Bei diesem Beitrag der Rechtsanwälte Alpmann/Fröhlich vom März 1999 handelt es sich um eine Kommentierung des Urteils des SchlHOLG vom 14.05.1998, bei dem den Klägern, den Eltern ihres tödlich verunglückten Sohnes, mehr als nur ein symbolisches Schmerzensgeld zugesprochen wurde (AZ.: 7 U 87/96 (rkr.), OLG Report 1999, 46 § 847 BGB). Der Beitrag ist veröffentlicht auf den Internet-Seiten von CompuServe.

4.2.45 Völkerrecht

RAVE

- http://www.jura.uni-duesseldorf.de/rave/d/syslistd.htm @@@
  Das Kürzel RAVE steht für „Rechtsprechung und Aufsätze zum Völker- und Europarecht" und ist ein von Prof. Juliane Kokott betreutes Projekt, bei dem unter anderem in Fachzeitschriften publizierte Beiträge systematisch archiviert werden. Ein kleiner Teil der geführten Einträge ist auch online mittels Links abrufbar. Der Themenbereich bringt es mit sich, dass die meisten dieser Einträge in einer Fremdsprache verfasst sind.

4.2.46 Wettbewerbsrecht
4.2.46.1 Umfangreiche Fachbeitragssammlungen

Wettbewerbsrecht – Das Lehrbuch

- http://www.compuserve.de/recht/ressort1/wettbewerbsrecht/lehrbuch00.html @@
  Auf den Seiten von CompuServe erscheinen in unregelmäßigen Abständen kurze Beiträge der Kanzlei Beiten Burkhardt Mittl & Wegener, München, in denen jeweils ein praktisch wichtiges Problem des unlauteren Wettbewerbs zusammenfassend dargestellt wird. Ziel ist dabei die praktische Verwendbarkeit, und nicht die Bereicherung der wissenschaftlichen Diskussion. Angestrebt wird weiterhin, in Zukunft einen kompletten Überblick in Form einer Loseblatt-Sammlung zu bieten. Bisher finden sich leider erst drei Beiträge zur Umweltwerbung, zu Kopplungsangeboten und zur vergleichenden Werbung.

4.2.46.2 Einzelne Fachbeiträge

Anwaltshotline unter 0190-Servicenummer

- http://www.compuserve.de/recht/ressort1/wettbewerbsrecht/wettbewerb8.html @@
  „Anwaltshotline unter 0190-Servicenummer weiter umstritten", diagnostiziert Rechtsanwalt Dr. Andreas Peschel-Mehner, Kanzlei Schwarz Kurtze Schniewind Kelwing Wicke, München, in seinem Beitrag von November 1998 auf den Internet-Seiten von CompuServe. Durch widerstreitende Urteile verschiedener Oberlandesgerichte für ein und denselben Sachverhalt ist hier erhebliche Rechtsunsicherheit entstanden.

FACHBEITRÄGE

Wettbewerbsrecht   Einzelne Rechtsgebiete

Canon-Entscheidung des EuGH zur Verwechslungsgefahr

@@ – http://www.compuserve.de/recht/ressort1/wettbewerbsrecht/wettbewerb7.html
Der Europäische Gerichtshof (EuGH) hat in seiner Canon-Entscheidung eine Klarstellung zu einer wichtigen Frage des deutschen Markenrechts getroffen. Ein jüngeres Zeichen muss einem älteren dann weichen, wenn Verwechslungsgefahr zwischen beiden Zeichen besteht. Welche Kriterien hierzu erfüllt sein müssen, wird im Beitrag von Rechtsanwalt Dr. Bernahrd von Listow, Kanzlei Beiten Burkhardt Mittl & Wegener, München, auf den Internet-Seiten von CompuServe erläutert (Stand November 1998).

Progressive Werbeformen – Rubbelaktion

@@ – http://www.compuserve.de/recht/ressort1/wettbewerbsrecht/wettbewerb6.html
Weiteres liberales BGH-Urteil für wettbewerbsrechtliche Beurteilung progressiver Werbeformen-"Rubbelaktion" –, so der Titel des Aufsatzes von Rechtsanwalt Dr. Andreas Peschel-Mehner, Kanzlei Schwarz Kurtze Schniewind Kelwing Wicke, München, publiziert im November 1998 auf den Internet-Seiten von CompuServe. Nach Auffassung des Autors ist ein am 05.02.1998 ergangenens Urteil des BGH zu begrüßen, da auf die am Markt vorherrschenden Realitäten eingegangen und ein aufgeklärteres und realistischeres Bild des durchschnittlichen Verbrauchers zugrunde gelegt wird.

Sittenwidrigkeit werbefinanzierter Telefongespräche

@ – http://www.vrp.de/archiv/afp/1999/a0000290.htm
Aufsehen hat das Urteil des 15. Zivilsenats des LG Berlin vom 20.07.1999 erregt. Private Telefonfirmen dürfen danach keine Gratis-Telefongespräche mit Werbepausen anbieten. Die Werbeunterbrechungen stellen einen „sittenwidrigen Eingriff in die Privatsphäre" dar, da sie „unfreiwillig hingenommen" werden müssen. Die Hintergründe und die Zusammenfassung der Entscheidung können auf den Internet-Seiten des Verlags für Recht und Praxis abgerufen werden.

Vergaberecht – Erste Entscheidungen zur Neuregelung

@@@ – http://www.compuserve.de/recht/ressort1/oerecht/oerecht27.html
Seit dem 01.01.1999 ist das Vergaberechtsänderungsgesetz in Kraft. Der Rechtsschutz eines Bieters gegen den öffentlichen Auftraggeber richtet sich nunmehr nach den §§ 97 ff. GWB. Im Nachprüfungsverfahren entscheiden auf der ersten Ebene Vergabekammern. Beschwerde gegen deren Beschlüsse ist beim Vergabesenat des zuständigen Oberlandesgerichts zu erheben. Erste Entscheidungen der Vergabekammern liegen mittlerweile vor. Die Vergabekammer des Bundes gab am 22.03.1999 (Az. VK 1 – 5/99) der Beschwerde eines britischen Münzprägebetriebes gegen die Bundesschuldenverwaltung statt, bei der es um die Vergabe von Aufträgen für die Herstellung von EURO-Münzen ging. Rechtsanwalt Dr. Olaf Otting nimmt zu dieser Entscheidung in seinem Beitrag vom 25.05.1999 auf den Internet-Seiten von CompuServe Stellung und kommt zu dem Schluss, dass die Rechtsprechung zu einer tendenziell eher großzügigen Auslegung der Zulässigkeitsvoraussetzungen von Nachprüfungsantrag und Rechtsmitteln im Nachprüfungsverfahren neigt.

FACHBEITRÄGE

Einzelne Rechtsgebiete Sonstiges

Vergaberechtneuregelung

– http://www.vrp.de/archiv/beitrag/b9900014.htm @@
In seinem Beitrag erläutert Rechtsanwalt Hans-Peter Burchardt die Neuregelung des Vergaberechts, insbesondere die nunmehr seit 1. Januar 1999 geltenden neuen Rechtsgrundlagen, die Überwachungsinstanzen, Nachprüfungsverfahren, das vorläufige Verbot der Zuschlagserteilung, die neuen Schadensersatzansprüche und Kosten des Nachprüfungsverfahrens. Veröffentlicht ist dieser Beitrag auf den Internet-Seiten des Verlages Recht und Praxis.

4.2.47 Wirtschaftsrecht

Rechtliche Entwicklungen im Wirtschaftsbereich

– http://www.bender-zahn-tigges.de/deutsch/publikationen.html @@@
Die Kanzlei Bender, Zahn und Tigges veröffentlicht auf ihren Seiten in loser Zeitfolge Artikel, Berichte und Kommentierungen über interessante rechtliche Entwicklungen. Die Beiträge werden von den Anwälten bzw. von Gastautoren geschrieben. Der Schwerpunkt der Publikationen liegt im Wirtschaftsrecht (Bank- und Kreditsicherungsrecht, Lizenzrecht, Immobilienrecht u. a.). Es finden sich aber auch Fachbeiträge zu den Themenbereichen Steuerrecht, Arbeitsrecht und Neue Medien.

4.2.48 Zwangsvollstreckung

Zwangsvollstreckung und Euro

– http://www.vrp.de/archiv/beitrag/b9900002.htm @
In einer übersichtlichen Darstellung erläutert Dipl.-Rpfl. Ernst Riedel, welche Grundsätze für die Zwangsvollstreckung während der Übergangszeit des Euro vom 01. Januar 1999 bis zum 01. Januar 2002 gelten. Zur Verfügung steht der Artikel auf den Internet-Seiten des Verlages Recht und Praxis.

4.2.49 Sonstiges

Diskont- und Lombardsatz

– http://www.bundesbank.de @
Nützliche Hinweise zur Nachfolge für den Diskont- bzw. Lombardsatz, welche seit dem 1. Januar 1999 nicht mehr festgesetzt werden, bietet die Rubrik „FAQ" auf den Seiten der Bundesbank.

Nutzungsmöglichkeiten des Internets für Juristen

– http://www.jura.uni-passau.de/jurcom.html @@
Informative Ausführungen zu den Nutzungsmöglichkeiten des Internets für Juristen finden sich auf dieser Internet-Seite der juristischen Fakultät der Universität Passau. Der Beitrag gibt eine kurze Einführung in das Internet, speziell für Juristen ohne detaillierte Computerkenntnisse, und erklärt die verschiedenen juristischen Dienste im Internet.

FACHBEITRÄGE

Sonstiges Einzelne Rechtsgebiete

Spracherkennungssoftware für Rechtsanwälte

@@ – http://www.spiegel.de/netzwelt/technologie/0,1518,45157,00.html
Wer mit dem Gedanken spielt, sich eine Diktiersoftware zuzulegen, kann sich über Freud und Leid bei deren Einsatz auf den Internet-Seiten des Magazins „Spiegel" vorab informieren. Ein Rechtsanwalt beschreibt seine Erfahrungen im Umgang mit Spracherkennungssoftware in dem Beitrag „Der Rechtsanwalt als Diktator". Der Beitrag ist der zweite Teil einer Reihe zum Thema Spracherkennung und wurde am 6. Oktober 1999 online veröffentlicht. Teil eins („Babelfish, bitte kommen!") kann unter der Adresse http://www.spiegel.de/netzwelt/technologie/nf/0,1518,44742,00.html abgerufen werden.

5

Arbeitshilfen

5.1	Arbeitshilfensammlungen allgemein	341
5.2	Arbeitshilfen einzelner Rechtsgebiete	343
5.2.1	Anwaltliches Berufsrecht	343
5.2.2	Arbeitsrecht	343
5.2.2.1	Umfangreiche Arbeitshilfensammlungen	343
5.2.2.2	Einzelne Arbeitshilfen	345
5.2.3	Arbeitsgerichtsprozessrecht	349
5.2.4	Ausländer- und Asylrecht	349
5.2.5	Baurecht	349
5.2.6	Betreuungsrecht	350
5.2.7	EDV-Recht	350
5.2.8	Erbrecht	351
5.2.8.1	Umfangreiche Arbeitshilfensammlungen	351
5.2.8.2	Einzelne Arbeitshilfen	351
5.2.9	Euro	352
5.2.10	Familienrecht	353
5.2.11	Gebühren und Gerichtskosten	357
5.2.12	Gesellschaftsrecht	358
4.2.13	Gesetzgebungsverfahren	360
5.2.14	Gewerblicher Rechtsschutz	360
5.2.14.1	Umfangreiche Arbeitshilfensammlungen	360
5.2.14.2	Einzelne Arbeitshilfen	360
5.2.15	Handelsrecht	361
5.2.15.1	Umfangreiche Arbeitshilfensammlungen	361
5.2.15.2	Einzelne Arbeitshilfen	362
5.2.16	Kaufrecht	362
5.2.16.1	Umfangreiche Arbeitshilfensammlungen	362
5.2.16.2	Einzelne Arbeitshilfen	362

5.2.17	Konkurs- und Insolvenzrecht	363
5.2.18	Mandatsverhältnis	364
5.2.19	Miet- und Pachtrecht	364
5.2.20	Öffentliches Recht	366
5.2.21	Prozessrecht	367
5.2.22	Recht der neuen Medien	368
5.2.23	Reiserecht	368
5.2.24	Sozialrecht	369
5.2.25	Steuerrecht	371
5.2.25.1	Umfangreiche Arbeitshilfensammlungen	371
5.2.25.2	Einzelne Arbeitshilfen	372
5.2.26	Strafrecht	375
5.2.27	Strafprozessrecht	375
5.2.28	Vereinsrecht	376
5.2.29	Verkehrsrecht	376
5.2.29.1	Umfangreiche Arbeitshilfensammlungen	376
5.2.29.2	Einzelne Arbeitshilfen	377
5.2.30	Verlagsrecht	379
5.2.31	Verwaltungsprozessrecht	380
5.2.32	Wettbewerbsrecht	380
5.2.33	Zivilrecht	380
5.2.34	Zivilprozessrecht	382
5.2.34.1	Umfangreiche Arbeitshilfensammlungen	382
5.2.34.2	Einzelne Arbeitshilfen	382
5.2.35	Zwangsvollstreckung	382
5.2.36	Sonstiges	382

5 Arbeitshilfen

5.1 Arbeitshilfensammlungen allgemein

Berechnungsprogramme für Juristen

– http://edvgt.jura.uni-sb.de/software/nilgsoft.htm @@
„Juristische Berechnungsprogramme zum Mitnehmen" gibt es auf den Internet-Seiten des Deutschen EDV-Gerichtstages. Zur Verfügung gestellt sind die Programme zur Berechnung von Gerichtsgebühren, Anwaltsgebühren, Gebühren des Gerichtsvollziehers, Bremsweg, Anhalteweg und Sicherheitsabstand sowie ein reiserechtliches Expertensystem als Windows-Hilfe, ein Programm zur Übersendung von Kurznachrichten an D2-Teilnehmer u. a. von Dr. Volker Nilgens. Wie man diese Programme auf einer 1,44 MB Diskette abspeichern kann, wird ausführlich erläutert.

Musterformularsammlung CompuServe

– http://www.compuserve.de/recht/ressort3/inhalt11.html @@
Verschiedene Verträge „für den täglichen Gebrauch" werden auf den Internet-Seiten von CompuServe als PDF-Dateien angeboten. Derzeit stehen folgende Muster zur Verfügung: Vollmacht, Kaufvertrag über ein gebrauchtes Kraftfahrzeug (mit Zusicherung von Eigenschaften), Mietminderung (wegen Mängeln), Mustermietvertrag (angepasst), Ermächtigung eines Minderjährigen zur Eingehung eines Dienst- oder Arbeitsverhältnisses, Mahnung (mit Verzugssetzung und Verzugssetzung mit Androhung weiterer Maßnahmen), Bürgschaftserklärung (einfache, selbstschuldnerische und selbstschuldnerische mit Verzicht auf die Einrede gemäß § 770 BGB), Ehevertrag mit Gütertrennung, Parnerschaftsvertrag (mit Grundbucherklärung; Mietwohung) und Berliner Testament. Der zum Betrachten und Ausdrucken der Verträge erforderliche Adobe Acrobat Reader kann auf der gleichen Seite heruntergeladen werden.

Musterverträge für Arbeits-, Berater-, Softwarevertrag u.a.

– http://www.aachen.ihk.de/Down/down_ver.htm @@@
Die Industrie- und Handelskammer Aachen veröffentlicht auf ihren Internet-Seiten derzeit folgende Musterformulare und -verträge: Arbeitsvertrag für Arbeiter und Angestellte ohne Tarifbindung, Gründung einer GmbH (Beispielsatzung) von Notar Thilo von Trotha, Aachen, Muster eines GmbH-Geschäftsführervertrags, Mustervertrag einer Gesellschaft des bürgerlichen Rechts, Beispiel eines Handelsvertretervertrages, Muster eines Dienstleistungsvertrages (Beratervertrag), eines Software-Service-Vertrages, eines Software-Überlassungsvertrages und eines Maschinenliefervertrages. Die Muster können auch downgeloadet werden.

Musterverträge für den täglichen Gebrauch

– http://www.zap-verlag.de/online-dienste/iusgratis/vertragsmuster/ @@
vertragsmuster.html
Verschiedene Formularmuster „für den täglichen Gebrauch" können auf den Internet-Seiten des ZAP-Verlags eingesehen werden. Zur Verfügung stehen fol-

ARBEITSHILFEN

Allgemein

gende Muster: Kaufvertrag, BGB-Gesellschaftsvertrag, Qualifiziertes Arbeitszeugnis, Arbeitsrechtlicher Aufhebungsvertrag, Vergleich zur Vermeidung eines Prozesses, Ehegattenerbvertrag, Trennungsvereinbarung bei Auszug eines Ehegatten, Strafbewehrte Unterlassungserklärung sowie Abmahnung durch den Arbeitgeber. Die Muster sind auf dem Stand von 1998.

Musterverträge und -formulare

@@ – http://www.ra-schiller.de
Eine ordentliche Sammlung von derzeit 10 Musterverträgen und -formularen ist auf den Internet-Seiten der überörtlichen Rechtsanwaltskanzlei Fritz, Köhler, Metzner, Fuchs, Gsell und Schiller unter dem Button „Muster"abrufbar. Zur Verfügung stehen folgende Muster: Kaufvertrag Pkw (Käufer- und verkäuferfreundliche Version), Mietvertrag über eine Wohnung, Pachtvertrag, BGB-Gesellschaftsvertrag, GmbH-Gründungsprotokoll und -Vertrag (Einmann-GmbH), GmbH-Vertrag (mehrere Gesellschafter), Vollmacht, Vollmacht Strafrecht, Haftungs- und Zahlungsvereinbarung.

Musterverträge, -briefe und Checklisten

@@ – http://www.steuernetz.de/gratis_dokumente/index.html
Die Verlagsgruppe Praktisches Wissen bietet auf den Seiten des Steuernetzes verschiedene Musterverträge und Checklisten aus den Bereichen Steuer-, Gesellschafts- und Mietrecht zum kostenlosen Download an. Aus dem Bereich Steuern sind Checklisten zur bilanziellen Behandlung von Baumaßnahmen, zur Ermittlung der zu versteuernden Kosten eines Dienstwagens, zu Schuldzinsen bei Vermietungen, ein Muster-Darlehensvertrag sowie ein „ABC" des Erhaltungsaufwandes abrufbar. Aus dem Gesellschaftsrecht stehen eine Kommentierung zur Bürgschaft, eine Vertragshilfe zu Kapitalerhöhungen aus Gesellschaftsmitteln und eine Checkliste zu den Tantiemen eines Geschäftsführers zum Download bereit. Für das Rechtsgebiet Mietrecht stehen ein Mustertext zur Vereinbarung eines Kabelanschlusses bzw. einer Parabolantenne, ein Musterbrief zur Abmahnung wegen unterlassener Räum- und Streupflicht, eine Checkliste für die Nebenkosten einer Heizungsanlage und eine Praxis-Kommentierung zum Thema Auswirkungen der Euro-Einführung auf die Mietverhältnisse zur Verfügung. Weitere Arbeitshilfen sind nur kostenpflichtig nach einer Registrierung abrufbar.

Rechtstipps

@ – http://www.rechtplus.de/tipps/index.html
Auf den Internet-Seiten von RECHTplus, einem gemeinsamen Projekt der Jucom Rechtsinformationssysteme GmbH und der Agentur Svarovski finden sich derzeit ca. 350 Rechtstipps (Stand 18.11.99) zu den Bereichen Arbeits-, Erb-, Familien- und Mietrecht, Reise und Tourismus, Steuer-, Verkehr- und Wirtschaftsrecht sowie Sonstiges. Die Darstellung von Rechtsanwalt Thomas Moosmüller richtet sich vorwiegend an den juristischen Laien, bietet aber auch dem Profi einen schnellen Überblick in die jeweilige Problematik.

ARBEITSHILFEN

Einzelne Rechtsgebiete | Arbeitsrecht

Tabellen für die Rechtspraxis

- http://www.legalis.de/portaltest/701.html @@
  Derzeit sind folgende „Tabellen für die Rechtspraxis", entnommen aus dem gleichnamigen Handbuch von Dospil/Hanhörster, auf den Internet-Seiten von Legalis abrufbar: Anfechtungsfristen, Fristen im Arbeitsgerichts-, Straf-, Verwaltungs- und Zivilprozess. Weitere Musterverträge und Checklisten sowie PC-Workshops sind angekündigt.

5.2 Arbeitshilfen einzelner Rechtsgebiete
5.2.1 Anwaltliches Berufsrecht

Mustervertrag Sozietät

- http://www.vrp.de/archiv/beitrag/b9800012.htm @@
  Eine Checkliste zum Sozietätsvertrag, als Anregung, welche Punkte darin aufgenommen werden sollten, ist integriert in dem gleichnamigen Beitrag zu diesem Thema von Rechtsanwalt Christoph Hamm vom September 1998.

5.2.2 Arbeitsrecht
5.2.2.1 Umfangreiche Arbeitshilfensammlungen

MIRTI-Handbook zur Einführung von Telearbeit

- http://www.telework-mirti.org/handbook/tedesco/ @@@
  Dieses elektronische Handbuch ist im Rahmen des EU-Projektes MIRTI (Models of Industrial Relations in Telework Innovation) entstanden, das die Untersuchung und Entwicklung von Empfehlungen und Richtlinien für die vertraglichen sowie regulativen Rahmenbedingungen einer Weiterentwicklung von Telearbeit in Europa beinhaltet. Ziel ist es, praktische Hilfen für Arbeitgeber, Arbeitnehmer und öffentliche Einrichtungen anzubieten. Neben grundlegenden Informationen zur Telearbeit findet man vor allem etliche Fallstudien und kollektive Vereinbarungen zur Telearbeit aus verschiedenen Ländern, wie der Bundesrepublik Deutschland, Schweden, Österreich, Großbritannien, Italien und Australien. Es besteht die Möglichkeit die vollständigen Texte von rund zwanzig aktuellen Kollektiv-Verträgen einzusehen, die vor kurzem zwischen Arbeitgebern und den Arbeitnehmervertretern ausgehandelt wurden. Teilweise stehen diese auch in englischer Sprache zur Verfügung. Parallel hierzu erhält man anhand knapper Zusammenfassungen der Texte einen Überblick über die wesentlichen Kriterien, sodass ein Vergleich der Gemeinsamkeiten (und Unterschiede) der wichtigsten Themen und Konzepte, wie z. B. Regelungen zu Arbeitsstunden oder zur Erstattung von Fahrtkosten, anhand von Stichworten möglich ist. Es finden sich aber auch konkrete Anleitungen für die jeweils beteiligten Akteure zur schrittweisen Einführung von Telearbeit. Eine Übersicht „Telearbeit von A bis Z" und eine kommentierte Linksammlung zu internationalen Angeboten runden diese gelungenen Informationsseiten ab.

ARBEITSHILFEN

Arbeitsrecht   Einzelne Rechtsgebiete

Musterformulare Arbeitszeugnisse

@@ – http://www.betriebsrat.com/PG06Download/inhaltsverzeichnis.htm
Auf den Internet-Seiten des W.A.F, dem Institut für Betriebsratsbildung, können zahlreiche Muster-Arbeitszeugnisse abgerufen werden, so z. B.: Arbeitszeugnisse für Führungskräfte und leitende Angestellte, für gewerblich, kaufmännisch Angestellte und für Auszubildende und Praktikanten. Die Dateien werden in den Formaten txt und zip angeboten.

Musterformulare Betriebsratswahl

@@@ – http://www.betriebsrat.com/PG06Download/inhaltsverzeichnis.htm
W.A.F., das Institut für Betriebsratsfortbildung, hat hier kostenlos diverse Mustervordrucke eingestellt, so zur Bestellung des Wahlvorstandes und zu allen Wahlausschreibungen. Außerdem gibt es Muster eines Wahlvorschlages, Stimmzettel, Merkblätter, Wahlniederschrift, Benachrichtigungschreiben, Bekanntmachungen, Einladung zur konstituierenden Sitzung usw. Die Dateien werden in den Formaten txt und zip zum Download angeboten.

Mustervertragsammlung PFIFF Personalrechtsdatenbank

@@@ – http://www.sbb.aok.de/cgi-bin/cnt?3623#3624
Die PFIFF Personalrechtsdatenbank stellt auf ihren Internet-Seiten zahlreiche Musterverträge zur Verfügung. Es können folgende Musterverträge abgerufen werden: Freie Mitarbeit, Angestellter, Leitender Angestellter, Ausbildungsvertrag, Praktikanten, Arbeitsplatzteilung, Befristeter Arbeitsvertrag, Nebenbeschäftigung, Arbeitszeitvereinbarungen, Fortbildungsvertrag. Die Musterverträge stehen jeweils unter den einzelnen Gliederungspunkten der Datenbank zur Verfügung.

Mustervertragssammlung für Arbeitsverhältnisse

@@@ – http://ww.hwk-konstanz.de/service/vertraege.html
Eine große Anzahl von Musterverträgen für Arbeitsverhältnisse können bei der Handwerkskammer in Konstanz als Winword-Dokument downgeloadet werden: Arbeitsvertrag für Arbeiter/Angestellte (17 KB, mit Tarifbindung 14 KB), befristeter Arbeitsvertrag für Arbeiter/Angestellte nach dem Beschäftigungsförderungsgesetz (BeschFG) (17 KB, mit Tarifbindung 15 KB), Teilzeit-Arbeitsvertrag (geringfügige Beschäftigung) (6 KB), Ehegatten-Arbeitsvertrag (6 KB), Vorvertrag zum zukünftigen Berufsausbildungsvertrag (8 KB). Darüber hinaus finden sich ein Einstellungsfragebogen für geringfügig entlohnte Aushilfen (34 KB) sowie Informationen zum Berufsausbildungsvertrag. Ein Online-Formular zur Einreichung des schriftlichen Ausbildungsvertrags vor Beginn der Berufsausbildung kann direkt abgesandt werden.

Scheinselbstständigkeit

@ – http://www.scheinselbstaendigkeit.de/
Neben einer Zusammenfassung der aktuellen Kommissionsberichte und einer Linkliste zum Thema Scheinselbstständigkeit bietet Rechtsanwalt Michael W. Felser ein Diskussionsforum, ein nützliches Literaturverzeichnis und einen interaktiven Fragebogen zur Überprüfung der Scheinselbstständigkeit der IHK Köln an.

ARBEITSHILFEN

Einzelne Rechtsgebiete　　　　　　　　　　　　　　　　　　　　　　　　Arbeitsrecht

Tarife

- http://www.igmetall.de/tarife/index.html　　　　　　　　　　　　　　@@
  Auf der Homepage der IG Metall ist unter der Rubrik „Tarife" Wissenswertes über die Berechnung von Tarifeinkommen, über Tarifverträge und die Tarifpolitik zu finden. Über die Tarifdatenbank können für verschiedene Berufsgruppen nach Wirtschaftsbereichen geordnet Gehälter, Zuschläge, Arbeitszeit und Kündigungsschutzbestimmungen abgerufen werden.

5.2.2.2　Einzelne Arbeitshilfen

Adressensammlung Arbeitsgerichte

- http://www.fachanwalt-arbeitsrecht.de/adressen.htm　　　　　　　　　@
  Die Adressen sämtlicher deutscher Arbeitsgerichte mit Telefon- und Faxnummern hat der Rechtsanwalt und Fachanwalt für Arbeitsrecht Hans-Georg Rumke hier eingestellt.

Berechnungsprogramm Lohnabrechnung Demoversion 1999

- http://www.beck.de/download/index.html　　　　　　　　　　　　　@
  Vom Server des Verlages C. H. Beck kann eine Demoversion des Lohnabrechnungsprogrammes 1999 von Spitzenberger/Zeitelhöfer abgerufen werden. Hiermit lassen sich die Lohn- und Gehaltsabrechnungen aller Lohnarten berechnen und erstellen. Der praktische Einsatz erfordert den Erwerb der Vollversion.

Musterformular Abmahnung

- http://www.zap-verlag.de/online-dienste/iusgratis/vertragsmuster/abmahnung.html　　@
  Ein kurzes Abmahnschreiben des Arbeitgebers gegenüber seinem Angestellten steht als Muster auf den Internet-Seiten des ZAP-Verlages zur Verfügung.

Musterformular Qualifiziertes Arbeitszeugnis

- http://www.zap-verlag.de/online-dienste/iusgratis/vertragsmuster/　　　　@
  arbeitszeugnis.html
  Eine knappe Mustervorlage für ein qualifiziertes Arbeitszeugnis kann von den Internet-Seiten des ZAP-Verlages abgerufen werden.

Mustervereinbarung Arbeitszeit

- http://www.sbb.aok.de/pfiff/350014.html　　　　　　　　　　　　　@@

Mustervereinbarung Einrichtung von Telearbeitsplätzen (alternierend)

- http://www.dbi-berlin.de/dbi_ber/bib_ma/telearb/musterte.htm　　　　　@@
  Ein Beispiel für eine Muster-Dienstvereinbarung über die Einrichtung von Telearbeitsplätzen ist veröffentlicht im Beratungsdienst Bibliotheksmanagement (Stand 24.08.1998).

ARBEITSHILFEN

Arbeitsrecht   Einzelne Rechtsgebiete

Mustervereinbarung Telearbeitsplatz

@   –   http://hamburg.de/Behoerden/FB/Amt6/Telearbeit/muster.htm
Das Muster einer Einzelvereinbarung zur Einrichtung eines Telearbeitsplatzes ist auf den Internet-Seiten der Stadt Hamburg abrufbar. Der Vertrag wurde im Rahmen der Erprobung von Telearbeit in der hamburgischen Verwaltung 1999 verwendet.

Mustervertrag Angestellter

@@   –   http://www.sbb.aok.de/pfiff/313007.html
Ein Vertragsmuster für einen Arbeitsvertrag im Angestelltenverhältnis ist abrufbar auf den Internet-Seiten der PFIFF-Personalrechtsdatenbank.

Mustervertrag Anstellung

@@   –   http://www.annotext.de/jurhilfe/muster.htm
Die Firma AnNoText stellt auf ihrer Homepage einen Anstellungsvertrag zum download (80 KB) bereit.

Mustervertrag Arbeitsplatzteilung

@@   –   http://www.sbb.aok.de/pfiff/321023.html
Ein Grundmuster eines Arbeitsvertrags über Arbeitsplatzteilung (Job-sharing) ist abrufbar auf den Internet-Seiten der PFIFF-Personalrechtsdatenbank.

Mustervertrag Arbeitsvertrag mit Arbeitnehmer ohne Tarifbindung

@@   –   http://www.aachen.ihk.de/Down/mu_arbei.htm
Die IHK Aachen hat auf ihren Internet-Seiten ein Muster eines Arbeitsvertrages für Arbeiter oder Angestellte ohne Tarifbindung veröffentlicht.

Mustervertrag Aufhebung eines Arbeitsverhältnisses

@@@   –   http://www.zap-verlag.de/online-dienste/iusgratis/vertragsmuster/aufhebungsvertrag.html
Aus dem Vertragsmusterhandbuch für Rechtsanwälte (1998) entstammt das Vertragsmuster für einen arbeitsrechtlichen Aufhebungsvertrag auf den Internet-Seiten des ZAP-Verlages.

Mustervertrag Ausbildung

@@   –   http://www.sbb.aok.de/pfiff/317004.html
Ein Grundmuster eines Ausbildungsvertrages steht in der PFIFF-Personalrechtsdatenbank zur Verfügung.

Mustervertrag Befristetes Arbeitsverhältnis

@@   –   http://www.sbb.aok.de/pfiff/321024.html
Auf den Internet-Seiten der PFIFF-Personalrechtsdatenbank ist ein Mustervertrag für ein befristetes Arbeitsverhältnis abrufbar.

ARBEITSHILFEN

Einzelne Rechtsgebiete — Arbeitsrecht

Mustervertrag Fortbildung
- http://www.sbb.aok.de/pfiff/373003.html @@
  Abrufbar aus der PFIFF-Personalrechtsdatenbank ist ein Mustervertrag zur Fortbildung.

Mustervertrag Freie Mitarbeit
- http://www.sbb.aok.de/pfiff/312004.html @@
  Die PFIFF-Personalrechtsdatenbank, eine Stiftung der AOK, stellt auf Ihren Internet-Seiten einen Mustervertrag für Freie Mitarbeit zur Verfügung.

Mustervertrag Freie Mitarbeit
- http://www.onforte.de/Freie/vert_mus.htm @@
  Ein Vertragsmuster für eine auf unbestimmte Zeit vorgesehene freie Tätigkeit kann von den Internet-Seiten der Freienberatung der IG Medien Bayern abgerufen werden.

Mustervertrag Leitender Angestellter
- http://www.sbb.aok.de/pfiff/315002.html @@
  Ein Vertragsmuster für einen Leitenden Angestellten ist abrufbar aus der PFIFF-Personalrechtsdatenbank.

Mustervertrag Nebenbeschäftigung
- http://www.sbb.aok.de/pfiff/321025.html @@
  In der PFIFF-Personalrechtsdatenbank ist ein Mustervertrag für Nebenbeschäftigung abrufbar.

Mustervertrag Praktikant
- http://www.sbb.aok.de/pfiff/317005.html @@
  Ein Vertragsmuster bei Beschäftigung eines Praktikanten ist veröffentlicht in der PFIFF-Personalrechtsdatenbank, einer Stiftung der AOK.

Mustervertrag Teilzeitarbeit von Familienangehörigen
- http://steuern-online.de/mv.htm @@@
  Der Verlag für Deutsche Steuerberater AG stellt ein Vertragsmuster für einen Teilzeitarbeitsvertrag mit Ehepartnern oder Kindern, Stand 11/98, zum Herunterladen bereit. Für den Download kann zwischen verschiedenen Dateiformaten gewählt werden.

ARBEITSHILFEN

Arbeitsrecht   Einzelne Rechtsgebiete

Online Themenbrief

@ – http://www.forum-verlag.de/cgi-local/htm_perl.pl?HTMFile=thb_frame
Hier veröffentlicht der Forum Verlag seinen Online Themenbrief „Arbeitsrecht". Nach der Registrierung kann der Benutzer für DM 29,– 24 Stunden lang die Titel sämtlicher Themenbrief-Ausgaben nach Themengebieten durchsuchen.

Terminvorschau BAG

@ – http://www.arbeitsrecht.de/termin.htm
Auf dieser Seite befindet sich eine Terminvorschau des 1. Quartals des Bundesarbeitsgerichtes.

Verjährung im Arbeitsrecht

@@ – http://www.legalis.de/portaltest/Verjaehrung%20im%20Arbeitsrecht.html
Die Verjährungsfristen für arbeitsrechtliche Ansprüche werden in tabellarischer Form auf den Internet-Seiten von Legalis veröffentlicht. Die Tabelle wurde aus dem Handbuch „Tabellen für die Rechtspraxis" von Dopsil/Hanhörster entnommen.

Weiterbildung

@@ – http://weiterbildung.net/gesetze
Der Server Weiterbildung.net enthält verschiedene Informationen zu Fragen der beruflichen Weiterbildung, etwa Fördermöglichkeiten, Zuschüsse u. ä. Daneben ist eine Gesetzessammlung zum Arbeits- und Sozialrecht vorhanden.

ARBEITSHILFEN

Einzelne Rechtsgebiete — Baurecht

5.2.3 Arbeitsgerichtsprozessrecht

Fristen im Arbeitsgerichtsprozess

- http://www.legalis.de/portaltest/Fristen%20im%20Arbeitsgerichtsprozess.htm @@
  Sämtliche prozessuale Fristen im Arbeitsgerichtsprozess können in Tabellenform von den Internet-Seiten von Legalis abgerufen werden. Die Tabelle wurde aus dem Handbuch „Tabellen für die Rechtspraxis" von Dopsil/Hanhörster entnommen.

5.2.4 Ausländer- und Asylrecht

Das deutsche Ausländerrecht

- http://www.uni-konstanz.de/FuF/ueberfak/fzaa/german/internetpublikationen/CKAuslR3D.html @@@
  Eine graphische Darstellung des Ausländerrechts auf drei Seiten von Christian Klos findet sich auf den Internet-Seiten des Forschungszentrums für internationales und europäisches Ausländer- und Asylrecht (Graphik 1: Aufenthalt aus humanitären Gründen; Graphik 2: Recht der Arbeitsaufnahme in der Bundesrepublik; Graphik 3: Aufenthaltsrechtliches System des Familiennachzugs). Die Graphiken werden allerdings nur im JPEG-Format in grober Auflösung angeboten, können jedoch beim Forschungszentrum angefordert werden.

5.2.5 Baurecht

Bau-Lexikon

- http://www.construction.de/encyclop/lex/begriffe.htm @
  Nützliche Begriffserläuterungen sowie Definitionen von „Baufertigstellung" bis „Wohnung" finden sich auf den Internet-Seiten der Bauplattform, einem Projekt der SITEC Schröter Informationstechnik und der GWB Projektmanagement AG.

DIN-Spiegel

- http://www.baunet.de/din-spiegel/index.html
  Auf dieser Website der BauNet Informationsgesellschaft mbH befindet sich ein DIN-Spiegel mit bautechnisch relevanten Din-Normen, z. B. zu Anstrichstoffen, Brauchwasserversorgungsanlagen, Stoffnormen etc.

Leitfaden zur baurechtlichen Zulässigkeit

- http://www.compuserve.de/recht/ressort3/Brinkmann/bauen.htm @@
  Im Rahmen eines Projektes an der Fachhochschule für Verwaltung und Rechtspflege Oldenburg wurde von der Projektgruppe „Baurecht" der Leitfaden „Es darf gebaut werden" erarbeitet. Er soll in erster Linie Bürgern wichtige Informationen und Hinweise für Bauvorhaben geben und ist als schneller Überblick für „Nicht-Baurechtler" sicher interessant. Insbesondere werden in dieser Online-Broschüre die gesetzlichen Vorschriften zur Baugenehmigung, sowie verschie-

dene planungsrechtliche Möglichkeiten und der Ablauf des Genehmigungsverfahrens erläutert. Die einschlägigen Paragraphen sind mit dem Gesetzestext unterlegt. Der Leitfaden ist auf dem Stand vom Januar 1998.

Schiedgerichtsvertragsmuster

@@@ – http://home.t-online.de/home/schiedsger._f._priv._baurecht/vertrag.htm
Eine Mustervorlage für einen Schiedsgerichtsvertrag kann auf den Internet-Seiten des Schiedsgerichts für Privates Baurecht eingesehen oder als WinWord-Dokument downgeloadet werden.

5.2.6 Betreuungsrecht

Online-Lexikon Betreuungsrecht

@@@ – http://www.ruhr-uni-bochum.de/zme/Lexikon/btrindex.htm
Auf den Internet-Seiten des Dipl.-Sozialarbeiters und -Verwaltungswirts Horst Deinert steht ein umfangreiches Online-Lexikon zum Betreuungsrecht u. a. mit zahlreichen Mustern und Checklisten zur Verfügung. Folgende Muster können insbesondere abgerufen werden: Vollmacht zur Vermeidung einer Betreuung, Altersvorsorgevollmacht, Betreuerverfügung, Antrag für Aufwandspauschale und Sozialbericht. Zu dem Bereichen Betreuerbestellung, Eltern als Betreuer, Betreuerpflichten, unterbringungsähnliche Maßnahmen, vormundschaftsgerichtliche Genehmigungen, Heilbehandlung, Ärztegespräche, Vermögenssorge, Wohnungsangelegenheiten, Tod des Betreuten, Haftungsrecht, Unterbringungsverfahren stehen Checklisten zur Verfügung.

5.2.7 EDV-Recht

Musterformular Fehlermeldung

@ – http://www.eav-online.de/Recht/formular.html
Auf den Internet-Seiten von E@V kann ein Formular zur Fehlermeldung bei Hard- bzw. Software als Word-Dokument abgerufen werden.

Mustervertrag EDV-Beratung

@@ – http://www.aachen.ihk.de/Down/mu_edvbe.htm
Ein Muster für einen EDV-Beratervertrag veröffentlicht die IHK Aachen auf ihren Internet-Seiten.

Mustervertrag Software-Service

@@ – http://www.aachen.ihk.de/Down/mu_soft.htm
Ein Vorschlag für die Ausgestaltung eines Software-Service-Vertrages ist auf den Internet-Seiten der IHK Aachen zu finden.

ARBEITSHILFEN

Einzelne Rechtsgebiete — Erbrecht

Mustervertrag Software-Überlassung

– http://www.aachen.ihk.de/Down/mu_ware.htm @@
Ein Muster für einen Software-Überlassungsvertrag steht auf den Internet-Seiten der IHK Aachen zur Verfügung. Es stehen mehrere Alternativen für die Ausgestaltung eines solchen Vertrages zur Verfügung, wie z. B. zur Gewährleistung oder dem Umfang der Nutzung.

5.2.8 Erbrecht
5.2.8.1 Umfangreiche Arbeitshilfensammlungen

Musterverträge und -formulare zum Testament

– http://home.t-online.de/home/03641442805-0001/musttest.htm @@
Verschiedene Mustertexte mit Erläuterungen zur Errichtung eines einfachen Testaments, eines Vermächtnisses, einer Auflage, eines gemeinsamen und Berliner Testaments sowie ein Mustertext zur Anordnung der Testamentsvollstreckung finden sich auf den Internet-Seiten der Kanzlei Fritz, Kühler, Metzner, Fuchs, Gsell und Schiller. Die Mustertexte finden sich in einem fortlaufenden Text.

5.2.8.2 Einzelne Arbeitshilfen

Merkblatt Belgien über den Erbfall von oder mit Ausländern

– http://www.vrp.de/archiv/rupdig/nov96/beitrag/bt051.htm @@@
Auf den Internet-Seiten des Verlages Recht und Praxis findet sich ein umfangreiches Merkblatt Belgien von Rechtsanwalt Simon Reich, Antwerpen, vom November 1996 zum Erbfall von oder mit Ausländern zum Erbfall und Erbrecht, Erbschaft- und Schenkungssteuerrecht sowie Beratungshinweise zur Testamentsgestaltung und Planung im Bereich des Güterrechts und der Vermögensanlage.

Musterformular eigenhändiges Testament

– http://www.lsvd.de/recht/test.html @
Auf den Internet-Seiten des Lesben- und Schwulenverbandes Deutschland steht ein kurzes Muster für ein eigenhändiges Testament zugunsten des Lebenspartners zur Verfügung (Stand Dezember 1997).

Mustervertrag Berliner Testament

– http://www.compuserve.de/recht/ressort3/inhalt11.html @
Eine Mustervorlage für ein Berliner Testament steht als PDF-Datei zum Download auf den Internet-Seiten von CompuServe bereit.

Mustervertrag Ehegattenerbvertrag

– http://www.zap-verlag.de/online-dienste/iusgratis/vertragsmuster/erbvertrag.html @@
Dem Vertragsmusterhandbuch für Rechtsanwälte, 1998, von Notar a. D. Dr. Peter Limmer und Notar Dr. Hans-Frieder Krauß entnommen ist das Vertragsmuster für einen Ehegattenerbvertrag.

Mustervertrag Erbvertrag

@ — http://www.lsvd.de/recht/erbv.html
Ein Vertragsmuster für einen Erbvertrag auf dem Stand Dezember 1997 kann auf den Internet-Seiten des Lesben- und Schwulenverbands Deutschlands abgerufen und downgeloadet werden.

Verjährung im Erbrecht

@@ — http://www.legalis.de/portaltest/Verjaehrung%20im%20Erbrecht.html
Legalis stellt auf ihren Internet-Seiten die Verjährungsfristen im Erbrecht in tabellarischer Form zur Verfügung. Die Tabelle wurde aus dem Handbuch „Tabellen für die Rechtspraxis" von Dopsil/Hanhörster entnommen.

5.2.9   Euro

Euro-Umrechnungstabelle

— http://europa.eu.int/euro/html/dossiers/00232/html/index-DE.html
Der amtliche Umrechnungskurs Euro/DM steht seit dem 1.1.1999 fest: 1 Euro = 1,95583 DM. Eine tabellarische Übersicht über die amtlichen Umrechnungskurse Euro/nationale Währung bietet die Europäische Kommission an.

Jahres- und Monatsberichte der Europäischen Zentralbank

— http://www.bundesbank.de/ezb/de/monatsbericht/oeffent/index.htm
Die Europäische Zentralbank hat die Verantwortung für die gemeinsame Geldpolitik der elf Euro-Teilnehmer übernommen. Die Monatsberichte 1999 sowie der Jahresbericht 1998 können im PDF-Format heruntergeladen werden und ermöglichen einen interessanten Einblick in deren Arbeit.

GmbH-Euro-Rechner

@@ — http://www.jura.uni-duesseldorf.de/euro/welcome.html
Gemäß § 86 GmbH-Gesetz (Euro-Einführungsgesetz) unterliegen die vor Einführung des Euro bestehenden GmbHs derzeit keinem Zwang, innerhalb eines bestimmten Zeitraums ihr Stammkapital und ihre Geschäftsanteile von DM auf Euro umzustellen. Dennoch gibt es Gesellschaften, die schon jetzt auf Euro umstellen wollen. Die Umstellung nach dem Umrechnungskurs Euro/DM führt allerdings zu „krummen" Euro-Beträgen. Glatte Beträge durch eine minimale Kapitalerhöhung können mit Hilfe dieses Rechenprogramms erzielt werden.

ARBEITSHILFEN

Einzelne Rechtsgebiete   Familienrecht

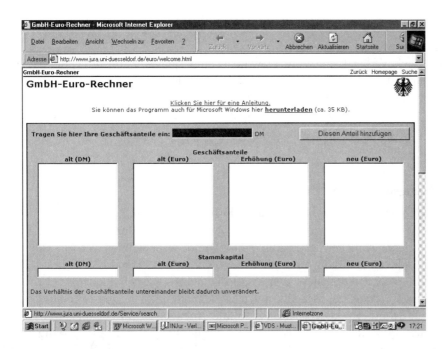

Umsatzsteuer-Umrechnungskurse

– http://www.bundesfinanzministerium.de/scripts/scr_presse/dokumentationen.asp
  Aktuelle Informationen über die gemäß § 16 II UStG festgesetzten Umsatzsteuer-Umrechnungskurse bietet das Bundesfinanzministerium an. Die Umrechnungskurse werden zu Beginn jeden Monats für den vorhergegangenen Monat eingestellt.

Währungsumrechnung

– http://europa.eu.int/eurobirth/index_de.html   @
  Auf den Seiten der Europäischen Kommission findet sich ein so genannter Euro-Rechner. Damit können die nationalen Währungen der an der Währungsunion teilnehmenden Länder in Euro umgerechnet werden. Der Euro-Rechner ist ähnlich einem Taschenrechner zu bedienen.

5.2.10 Familienrecht

Berechnungsprogramm Unterhalt

– http://home.t-online.de/home/MichaelBrinkmann/   @@@
  Eine Excel-Datei, mit der man alle Arten von Unterhaltsansprüchen (Kindes-, Ehegatten/Geschiedenen-, Verwandtenunterhalt) berechnen kann inkl. Einkommens-, Mangelfall- und öffentlich-rechtlicher Vergleichsberechnung stellt Michael Brinkmann auf seine Internet-Seiten zur Verfügung. Es sind keine Vorkenntnisse erforderlich. Durch kleine rote Pfeile sind Felder gekennzeichnet, hinter denen nähere Beschreibungen zur Berechnung oder Begriffserläuterungen liegen. Das Berechnungsprogramm kann als Excel-Datei 7.0/97 (183 KB) oder 5.0/95 (148 KB) downgeloadet werden. Angekündigt sind erläuternde Informationen zum Unterhaltsrecht.

ARBEITSHILFEN

Familienrecht — Einzelne Rechtsgebiete

Berechnungsprogramm Unterhalt Demoversion

@ – http://www.beck.de/download/index.html

Der Beck-Verlag bietet zum Download eine Demoversion des Unterhaltsberechnungsprogramms von Müller-Hoffmann, welches umfangreiche Berechnungshilfen bei der Einkommensermittlung und Unterhaltsberechnung bietet. Die maßgeblichen Tabellen der Oberlandesgerichte, z. B. Düsseldorfer Tabelle sowie die bayerischen Leitlinien, sind enthalten. Der professionelle Einsatz erfordert den Erwerb der Vollversion.

Berechnungsprogramm Zugewinn

@@@ – http://home.t-online.de/home/Franz.Dimbeck/zugewinn.htm#top

Die Höhe des Zugewinnausgleichs kann mit dem Berechnungsprogramm des Richters am Amtsgericht Erding Franz Dimbeck berechnet werden. Die erforderliche Indexumrechnung nimmt das Programm selbstständig vor. Die Indexwerte können selbst aktualisiert werden. Eingegeben werden kann gleichzeitig nach dem Sachvortrag des Klägers und des Beklagten sowie des Ergebnisses der Beweisaufnahme. Praktisch ist, dass so alle Angaben und Rechenergebnisse sowohl für den Tatbestand als auch für die Entscheidungsgründe gleichzeitig einsehbar sind. Die Anwendung des Programmes wird durch eine ausführliche Online-Hilfe erläutert. Gleichzeitig enthält die Online-Hilfe die Gesetzestexte zum Zugewinnausgleich.

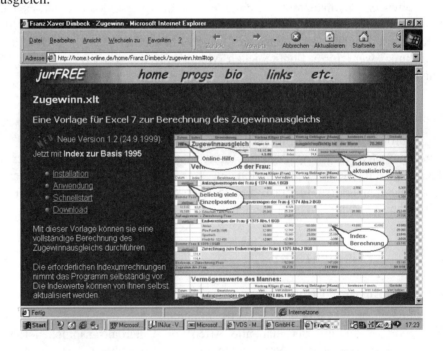

Düsseldorfer Tabelle

– http://www.cs-ka.de/ra.goehringer/familien.htm

Auf dieser Seite der Rechtsanwaltskanzlei Göhringer und Kollegen ist die Düsseldorfer Tabelle zum Kindesunterhalt, Stand 01.01.1996, sowie Stand 01.07.1998 abrufbar.

ARBEITSHILFEN

Einzelne Rechtsgebiete — Familienrecht

Düsseldorfer Tabelle
- http://www.kanzlei.de/du-tab96.htm

Düsseldorfer Tabelle
- http://www.vrp.de/archiv/gesgebng/g9900010.htm
  Auf den Seiten des Verlages Recht und Praxis kann die Düsseldorfer Tabelle gültig ab 01.07.1999 (Stand 01.07.1999) abgerufen werden.

Düsseldorfer und Berliner Tabelle
- http://www.famrz.de
  Unter dem Dach der Zeitschrift FamRZ, Zeitschrift für das gesamte Familienrecht, sind online abrufbar die Düsseldorfer Tabelle, Stand 01.07.1998 sowie die Berliner Tabelle, Stand 01.07.1998.

Mustervereinbarung Trennung
- http://www.zap-verlag.de/online-dienste/iusgratis/vertragsmuster/trennungsvereinbarung.html @@
  Der ZAP-Verlag stellt auf seinen Internet-Seiten eine Mustervorlage für eine Trennungsvereinbarung bei Auszug eines Ehegatten zur Verfügung.

Mustervertrag Ehe und Erben
- http://www.jurathek.de/inhalt/familienrecht.html @@@
  Auf den Internet-Seiten der JuraThek haben RA Hettenbach und RAin Steude umfangreiche Materialien zum Familienrecht zusammengetragen. Von RA G. Kassing stammen das Vertragsmuster und die Ausführungen zum Ehe- und Erbvertrag. Entsprechende Erläuterungen, z. B. zur Gütertrennung, zur Zugewinngemeinschaft und zum Versorgungsausgleich, sind mit dem Vertragsmuster verlinkt. Daneben finden sich verschiedene Praxisbeispiele zu Eheverträgen für den Fall, dass keine Kinder vorhanden sind, Kinder geplant sind, ein Ehegatte finanzkräftiger ist oder dass ein Ehegatte hochverschuldet ist. Die letzte Aktualisierung dieser Seiten erfolgte am 17.03.1998.

Mustervertrag Gütertrennung
- http://www.compuserve.de/recht/ressort3/inhalt11.html @@
  Ein Ehevertrag über Gütertrennung kann von dem Server CompuServe als PDF-Datei heruntergeladen werden.

Mustervertrag Partnerschaft
- http://www.lsvd.de/recht/partner.html @@
  Der Lesben- und Schwulenverband Deutschlands stellt auf seinen Seiten einen Partnerschaftsvertrag zur Verfügung (Stand April 1998). Das Vertragsmuster kann auch downgeloadet werden.

ARBEITSHILFEN

Familienrecht — Einzelne Rechtsgebiete

Mustervertrag Partnerschaft mit Grundbucherklärung

@ — http://www.compuserve.de/recht/ressort3/inhalt11.html
Ein Partnerschaftsvertrag mit einer Grundbucherklärung steht auf den Internet-Seiten von CompuServe zum Download als PDF-Datei zur Verfügung.

Mustervertrag Partnerschaft Mitbenutzung Mietwohnung

@ — http://www.compuserve.de/recht/ressort3/inhalt11.html
Eine Partnerschaftsvertrag, der die Mitbenutzung der Mietwohnung regelt, kann von dem Server CompuServe als PDF-Datei heruntergeladen werden.

Mutterschutz und Erziehungsurlaub: Berechnungsprogramm

@ — http://haufe.de/svc/dnld/svc_dnld_main.asp?group=Personal%2C+Arbeit+und+Soziales
Mithilfe dieses Programms des Haufe Verlages kann die Dauer des Anspruchs auf Mutterschutz und Erziehungsurlaub berechnet werden. Dabei ist die gesetzliche Neuregelung vom 01. Januar 1997 berücksichtigt.

Unterhaltsrechtliche Leitlinien der OLGe

@@ — http://www.djn.de/djn/nachrichten/rechtsprechung/tabelle99.shtml
Die mit Wirkung zum 1. Juli 1999 geänderte „Düsseldorfer Tabelle" der Familiensenate des Oberlandesgerichts Düsseldorf, die bundesweit als Orientierung bei der Festlegung von Kindesunterhalt dient, ist auf den Internet-Seiten des Marktplatzes Recht veröffentlicht. Daneben finden sich die Pressemitteilungen einiger Oberlandesgerichte zu deren Praxis und Modifikationen der „Düsseldorfer Tabelle" bei der Feststellung des Kindesunterhalts. Die Familiensenate des OLG Dresden haben die bisher gültigen Unterhaltsleitlinien (Stand 01.08.1998) ergänzt und wenden Sie ab 01.07.1999 mit Änderungen an. Die OLGe Bamberg, München und Nürnberg verwenden diese Leitlinien als Orientierungshilfe für den Regelfall unter Beachtung der Rechtsprechung des BGH, wobei die Angemessenheit des Ergebnisses in jedem Fall zu überprüfen ist. Der 7. Senat des OLG Nürnberg wendet die unterhaltsrechtlichen Leitlinien der Familiensenate in Bayern (BayL), Stand 01.07.1999, mit Modifikationen an.

Verjährung im Ehe- und Familienrecht

@@ — http://www.legalis.de/portaltest/Verjaehrung%20im%20Ehe.html
Auf den Internet-Seiten von Legalis sind in einer Tabelle die Verjährungsfristen für ehe- und familienrechtliche Ansprüche veröffentlicht. Die Tabelle wurde aus dem Handbuch „Tabellen für die Rechtspraxis" von Dopsil/Hanhörster entnommen.

5.2.11 Gebühren und Gerichtskosten

Berechnung der Gebühren in Euro
- http://www.jura.uni-sb.de/jurpc/aufsatz/19990107.htm @@@
  RA Volker Nilgens beschäftigt sich in seinem kurzen Beitrag mit der Frage „Von der D-Mark zum Euro – eine Herausforderung für die Anwaltschaft?". In seinem Beitrag erläutert der Autor, wie eine Berechnung der Gebühren zur Abrechnung in Euro zu erfolgen hat. Anhand von Beispielen wird die Umrechnung und die Auf- bzw. Abrundung der Beträge erläutert. Der Beitrag wurde in der JurPC, der Zeitschrift für Rechtsinformatik, Web-Dok 107/1999 am 18.06.1999 online veröffentlicht.

Berechnungsprogramm Gebühren/Rechtsanwaltsgebühren
- http://www.jusline.de/jusraber.html @@
  Die Möglichkeit der automatischen Berechnung der Rechtsanwaltsgebühren in den Bereichen bürgerliche Rechtsstreitigkeiten, Strafsachen und Bußgeldverfahren bietet die Jusline GmbH auf dieser Internet-Seite. Die Bundesrechtsanwaltsgebührenordnung (BRAGO) ist online im Volltext einsehbar. Für Rechtsanwälte finden sich ebenfalls Berechnungshilfen zu den Bereichen Prozesskostenhilfe, Sozialsachen, Kostenordnung u. a.

Berechnungsprogramm Gebührenberechnung
- http://www.annotext.de/jurhilfe/appl/brago.html @
  Die Firma AnNoText bietet hier die Möglichkeit, Gebühren nach der Bundesrechtsanwaltsgebührenordnung (BRAGO) und der Kostenordnung (KostO) online zu berechnen.

Berechnungsprogramm Gerichtskosten GKG und KostO
- http://www.jusline.de/jusNewNavMainN.html @@@
  Die Jusline GmbH & Co. KG stellt auf ihrer Internet-Seite zwei Berechnungsprogramme zur Gebührenberechnung nach dem GKG (Gerichtskostengesetz) und der KostO (Kosten der Vertragserrichtung durch einen Notar) bereit.

Berechnungsprogramm Prozesskosten
- http://home.t-online.de/home/Franz.Dimbeck/gkost.htm @@@
  Der RiAG Franz Dimbeck bietet eine Berechnungsprogramm für die Kosten eines Zivilprozesses in erster und zweiter Instanz an. Eingegeben werden kann, ob der Kläger- und/oder der Beklagte durch einen Anwalt vertreten wird und ob eine Beweisaufnahme erforderlich ist. Es besteht auch die Möglichkeit, das Berechnungsprogramm in die eigene Homepage einzubinden.

Berechnungsprogramm Rechtsanwaltsgebühren PKH
- http://www.annotext.de/jurhilfe/appl/pkh.html @
  Mit dem hier bereitgestellten Programm der Firma AnNoText lassen sich die Rechtsanwaltsgebühren im Fall der Prozesskostenhilfe (§123 BRAGO) berechnen.

ARBEITSHILFEN

Gesellschaftsrecht   Einzelne Rechtsgebiete

Euro-Gebührentabelle

@@@ – http://www.jura.uni-sb.de/jurpc/aufsatz/19990108.htm
Eine Euro-Gebührentabelle für Rechtsanwälte von RA Volker Nilgens steht auf den Seiten der JurPC, Web-Dok. 108/1999, zur Verfügung. Die Tabelle hilft bei der Umrechnung der Anwalts- bzw. der Gerichtsgebühren von DM in Euro. Zu beachten ist dabei, dass RA Nilgens bei der Umrechnung von DM in Euro nicht die zwei Stellen hinter dem Komma rundet, im Gegensatz zu der von der Bundesrechtsanwaltskammer veröffentlichten Tabelle. Die Tabelle wurde am 18.06.1999 ins Netz gestellt und kann im HTML-Format heruntergeladen werden.

Gebührentabelle DM/ Euro

@ – http://www.brak.de/brago-umrech-euro.html
Von der Bundesrechtsanwaltskammer wird auf dieser Seite die BRAGO-Gebührentabelle in DM und Euro bereitgestellt. In der Tabelle wird bei der Umrechnung in Euro auf die ersten zwei Stellen hinter dem Komma gerundet, im Gegensatz zur Tabelle von RA Dr. Volker Nilgens auf den Internet-Seiten von JurPC.

Gerichtskostentabelle

@ – http://home.t-online.de/home/RAHilpuesch/gkg.htm#gkg
Auf diesen Internet-Seiten von Rechtsanwalt Hilpuesch ist die Gerichtskostentabelle nach § 11 GKG abgelegt.

Kosten und Gebühren

@ – http://home.t-online.de/home/ra.schiller/kosten.htm
Eine Kurzinformation zu Gerichtskosten, Anwaltsgebühren und Prozesskosten ist auf dieser Seite von der Rechtsanwaltskanzlei Schiller und Kollegen eingestellt.

5.2.12   Gesellschaftsrecht

Gründungsprotokoll Einmann-GmbH

@@ – http://home.t-online.de/home/03641442805-0001/vertrag5.htm
Ein Gründungsprotokoll für eine Einmann-GmbH kann auf den Internet-Seiten der Kanzlei Fritz, Kühler, Metzner, Fuchs, Gsell und Schiller eingesehen werden.

Gründungssatzung GmbH

@@ – http://www.aachen.ihk.de/Down/mu_gmbh.htm
Eine Beispielsatzung für die Gründung einer GmbH kann von den Seiten der Industrie- und Handelskammer Aachen abgerufen werden. Die Satzung geht von folgendem Gründungsfall aus: Gegenstand des Unternehmens ist eine reine Dienstleistungs-GmbH mit drei kapitalmäßig gleich beteiligten Gesellschaftern. Der Betrieb „läuft nur" mit tätigen Gesellschaftern. Zwei der Gesellschafter

haben bereits ein in Form einer GbR betriebenes Software-Unternehmen, das wegen gestiegener Risiken nunmehr als GmbH weitergeführt werden soll. Die Satzung wurde von Notar Thilo von Trotha ausgearbeitet.

Gründungsurkunde GmbH
- http://www.tyskret.com/gmbhde.htm @
  Einen Entwurf einer notariellen Gründungsurkunde stellen die Rechtsanwälte Sagawe und Klages auf ihren Internet-Seiten zur Verfügung (Stand: August 1998).

Mustervertrag BGB-Gesellschaft
- http://home.t-online.de/home/03641442805-0001/vertrag4.htm @@
  Auf den Internet-Seiten der Kanzlei Fritz, Kühler, Metzner, Fuchs, Gsell und Schiller kann ein Mustervertrag für eine BGB-Gesellschaft eingesehen werden.

Mustervertrag BGB-Gesellschaft
- http://www.zap-verlag.de/online-dienste/iusgratis/vertragsmuster/ @@
  BGB-gesellschaftsvertrag.html
  Auf den Internet-Seiten des ZAP-Verlages steht der Mustervertrag für eine BGB-Gesellschaft zur Verfügung (veröffentlicht 1998 im Vertragsmusterhandbuch für Rechtsanwälte).

Mustervertrag GbR
- http://www.aachen.ihk.de/Down/mu_bgb.htm @@
  Die IHK Aachen veröffentlicht auf ihren Internet-Seiten ein Muster für einen Vertrag für eine Gesellschaft des Bürgerlichen Rechts.

Mustervertrag Geschäftsführer
- http://www.tyskret.com/gf_vtrde.htm @@
  Die Rechtsanwälte Sagawe und Klages, Hamburg, stellen auf dieser Seite einen Geschäftsführervertrag bereit.

Mustervertrag GmbH
- http://home.t-online.de/home/03641442805-0001/vertrag6.htm @@
  Auf den Internet-Seiten der Kanzlei Fritz, Kühler, Metzner, Fuchs, Gsell und Schiller kann ein Mustervertrag für eine GmbH eingesehen werden.

Mustervertrag GmbH-Geschäftsführer
- http://www.aachen.ihk.de/Down/mu_gmbgf.htm @@
  Das Muster eines GmbH-Geschäftsführervertrags steht auf den Seiten der IHK Aachen bereit.

5.2.13 Gesetzgebungsverfahren

Übersicht hessisches Gesetzgebungsverfahren

@ – http://www.landtag.hessen.de/politik-fuer-uns/gesetzgb.htm
Der Hessische Landtag zeigt hier eine übersichtliche schematische Darstellung des Gesetzgebungsverfahrens in Hessen.

5.2.14 Gewerblicher Rechtsschutz
5.2.14.1 Umfangreiche Arbeitshilfensammlungen

Formulare und Erklärungen zu Gemeinschaftsmarken

@@ – http://www.oami.eu.int/de/marque/form.htm
Diverse Formulare und Erklärungen zu Gemeinschaftsmarken finden sich auf dem Server des Harmonisierungsamtes für den Binnenmarkt (HABM). Zum Download im PDF-Format stehen bereit: Anmeldung einer Gemeinschaftsmarke (in Englisch) (270 KB), Widerspruch (271 KB), Beschwerde (138 KB), Vollmacht (28 KB) und Antrag auf Erklärung der Nichtigkeit (155 KB). Die Vorlagen sind ergänzend mit Hinweisen versehen.

Formulare, Merkblätter und Verordnungen

@@@ – http://www.deutsches-patentamt.de/formulare/formular.html
Als Word-Datei, als Winword 6 und 7 sowie im PDF-Format können zahlreiche Formulare, Merkblätter und Verordnungen unter Angabe der Patennummer von den Internet-Seiten des Deutschen Patentamtes heruntergeladen oder online eingesehen werden, wie z. B. der Antrag auf Erteilung eines Patents oder das Merkblatt „Wie melde ich eine Marke an".

5.2.14.2 Einzelne Arbeitshilfen

Anmeldung von europäischen Patenten

@@@ – http://www.european-patent-office.org/index_d.htm
„Unterlagen für Anmelder" von europäischen Patenten finden sich auf den Internet-Seiten des europäischen Patentamtes unter gleichnamigem Button, so z. B. ein Leitfaden für die Anmeldung, eine Gebühren- und Preisliste, ein Online-Antrag auf Informationen aus Akten u. v. m.

Kostenmerkblatt Gebühren und Auslagen

@@ – http://www.deutsches-patentamt.de/formulare/gform.html
Das Kostenmerkblatt zu den Gebühren und Auslagen des Deutschen Patent- und Markenamts und des Bundespatentgerichts, Ausgabe 1999, ist auf den Internet-Seiten des Deutschen Patent- und Markenamts abrufbar.

Titelschutz-Recherche

- http://www.presse.de/pfv/ta.htm @@
  Geschützte Titel für Zeitungen, Zeitschriften, Bücher, Tonträger, Hörfunk, TV und Software können Online auf den Seiten der Zeitschrift „Der Titelschutz Anzeiger" abgerufen werden. Neben der aktuellen Ausgabe stehen im Archiv die erschienen Ausgaben ab 1998 zur Verfügung. Eine Suchfunktion ist leider nicht vorhanden, zur Recherche muss daher die ganze Ausgabe durchgesehen werden.

Übersicht internationale Patentämter

- http://www.deutsches-patentamt.de/links/patentlinks.html @@
  Von Adorra bis WIPO ist auf den Internet-Seiten des Deutschen Patent- und Markenamtes eine Übersicht mit Links auf Homepages internationaler Patentämter zu finden.

Vergütung von Arbeitnehmererfindungen

- http://www.patentanwaltskanzlei.de/arbeg/kommentar/verguetung.htm @@
  Von Dr. Norbert Struck stammt das ausführlich erläuterte Beispiel zur Vergütung von Arbeitnehmererfindungen auf den Internet-Seiten der Patentanwälte Türk & Kollegen (Stand Januar 1999).

Zurückgewiesene Marken

- http://www.oami.eu.int/de/marque/refus.htm @@@
  Eine Tabelle mit einer Liste von angemeldeten Gemeinschaftsmarken, die gemäß Artikel 7 GMV zurückgewiesen wurden, steht auf den Internet-Seiten des Harmonisierungsamtes für den Binnenmarkt (HABM) zur Verfügung. Die Entscheidungen der Prüfer sind entweder von einer Beschwerdekammer bestätigt worden oder die Frist, innerhalb derer eine Beschwerde erhoben werden kann, ist ungenützt verstrichen.

5.2.15 Handelsrecht
5.2.15.1 Umfangreiche Arbeitshilfensammlungen

Musterverträge im Handelsrecht

- http://www.annotext.de/jurhilfe/muster.htm @@
  Die Firma AnNoText bietet die Möglichkeit Verträge aus dem handelsrechtlichen Bereich herunterzuladen. Es stehen derzeit Vertragsmuster für einen Anstellungsvertrag, einen Schiedsgerichtsvertrag für Handelsvertreter und einen Handelsvertretervertrag zur Verfügung.

5.2.15.2 Einzelne Arbeitshilfen

Mustervertrag Handelsvertreter

@@ – http://www.aachen.ihk.de/Down/mu_hande.htm
Eine Musterbeispiel für einen Handelsvertretervertrag stellt die IHK Aachen auf ihren Internet-Seiten zur Verfügung.

Mustervertrag Handelsvertreter

@@ – http://www.annotext.de/jurhilfe/muster.htm
Ein Muster für einen Handelsvertretervertrag steht auf dem Server der Firma AnNoText bereit.

Mustervertrag Schiedsgerichtsvertrag

@@ – http://www.annotext.de/jurhilfe/muster.htm
Als Word-Datei steht auf den Internet-Seiten der Firma AnNoText ein kurzer Schiedsgerichtsvertrag für Handelsvertreter zur Verfügung.

5.2.16 Kaufrecht
5.2.16.1 Umfangreiche Arbeitshilfensammlungen

Musterverträge zum allgemeinen Kaufrecht

@@@ – http://www.rechtplus.de/ratgeber/kaufrecht/kaufr7.htm
Eingebettet in einen Einführungsbeitrag von Rechtsanwalt Thomas Moosmüller zum allgemeinen Kaufrecht, jedoch zusätzlich im Anhang als eigenes Kapitel aufrufbar, finden sich bei RECHTplus, einem Projekt von Jucom Rechtsinformationssysteme GmbH, eine Reihe von Musterverträgen. Leider können die Verträge nur ausgedruckt, aber nicht ohne Verlust der Formatierungen weiterbearbeitet werden. Derzeit sind folgende Muster abrufbar: „Einfacher Kaufvertrag", „Kaufvertrag mit Ratenzahlungsvereinbarung", „Kaufvertrag über einen gebrauchten PKW", „Erste Mahnung auf Kaufpreiszahlung", „Zweite Mahnung auf Kaufpreiszahlung", „Mahnung auf Lieferung", „Nachfrist mit Ablehnungsandrohung", „Schadensersatz bei Nichterfüllung", „Anfechtung wegen arglistiger Täuschung", „Wandelung", „Kaufpreisminderung", „Schadensersatz bei Fehlen einer zugesicherten Eigenschaft".

5.2.16.2 Einzelne Arbeitshilfen

Mustervertrag Gebrauchtwagenkauf

@@ – http://home.t-online.de/home/03641442805-0001/vertrag1.htm
Ein Muster für einen gebrauchten PKW zwischen Privatleuten steht zur Verfügung auf den Internet-Seiten der Kanzlei Fritz, Kühler, Metzner, Fuchs, Gsell und Schiller.

Einzelne Rechtsgebiete

Konkurs- und Insolvenzrecht

Mustervertrag Kaufvertrag

– http://www.zap-verlag.de/online-dienste/iusgratis/vertragsmuster/kaufvertrag.html @@
Eine Mustervorlage für einen Kaufvertrag, entnommen aus dem Vertragsmusterhandbuch für Rechtsanwälte, 1998, von Notar a. D. Dr. Peter Limmer und Notar Dr. Hans-Frieder Krauß steht auf den Internet-Seiten des ZAP-Verlages zur Verfügung.

Mustervertrag Kfz-Kauf

– http://www.compuserve.de/recht/ressort3/inhalt11.html @
Ein Muster für einen Kaufvertrag für ein gebrauchtes Kraftfahrzeug mit Zusicherung von Eigenschaften kann von dem Server CompuServe als PDF-Datei heruntergeladen werden.

5.2.17 Konkurs- und Insolvenzrecht

Insolvenzgerichte-Adressenübersicht

– http://www.insolvenzrecht.de/gerichte/index.htm @@
Die Kanzlei Römer listet sämtliche Insolvenzgerichte in Deutschland auf. Die Gerichte sind nach Bundesländern geordnet abrufbar und mit Postanschrift, Telefon- und Faxnummer versehen.

Insolvenzverfahren 1999

– http://www.rws-verlag.de/inso/gericht.htm @@@
Informationen zu aktuellen Insolvenzverfahren können über eine Liste sämtlicher 297 Amtsgerichte, die mit Insolvenzsachen befasst sind, auf den Seiten des RWS-Verlages abgerufen werden. Die Verfahren sind unter Angabe des eingesetzten Insolvenzverwalters, des Schuldners, des Aktenzeichens und des Eröffnungsdatums veröffentlicht. Zusätzlich ist auch eine Gesamtübersicht zu den Verfahren, die der jeweilige Insolvenzverwalter betreut, abrufbar.

Leitfaden zur Verbraucherinsolvenz und Restschuldbefreiung

– http://www.fantec.com/Sozialhilfe/Leitfaden/Insolvenzverfahren.htm @
Ein tabellarischer Überblick mit Erläuterungen zu den verschiedenen Phasen der Verbraucherinsolvenz und der Restschuldbefreiung ist auf den Seiten von Dipl. Sozialarbeiter J. Sparenberg zu finden.

Lexikon zur Insolvenz

– http://www.kanzlei-doehmer.de/webdoc46.htm#Lexikon der Insolvenz @@
Auf den Seiten der Kanzlei Doehmer, Gießen steht ein „Lexikon der Insolvenz" zur Verfügung. Von A wie Abtretung über P wie Postsperre zu Z wie Zuständigkeit kann man sich hier umfassend über insolvenzrechtliche Begriffe informieren. Auf weiteren Seiten der Kanzlei werden ein Beitrag zur Insolvenzordnung und eine Linksammlung zum Thema Insolvenz angeboten.

5.2.18 Mandatsverhältnis

Musterformular Prozessvollmacht

@ — http://home.t-online.de/home/03641442805-0001/vollma_a.htm
Ein Beispiel einer allgemeinen Prozessvollmacht findet sich auf dieser Seite der Rechtsanwälte Fritz und Kollegen.

Musterformular Prozessvollmacht (Strafsache)

@ — http://home.t-online.de/home/03641442805-0001/vollma_s.htm
Die Rechtsanwälte Fritz, Köhler und Kollegen stellen auf ihren Internet-Seiten eine Prozessvollmacht in Bußgeld- und Strafsachen für alle Instanzen zur Verfügung.

Musterformular Vollmacht „Allgemein"

@ — http://www.strafzettel.de/struktur/vollmacht.html
Eine übliche Zivilrechts-Vollmacht veröffentlicht Rechtsanwalt Goetz Gruner auf seinen Internet-Seiten. Das Musterformular kann auch als PDF-Version downgeloadet und ausgedruckt werden.

Musterformular Vollmacht „Strafprozess"

@ — http://www.strafzettel.de/struktur/strafvoll.html
Ein Musterformular einer Vollmacht im Strafprozess stellt Rechtsanwalt Goetz Gruner online auf seinen Internet-Seiten und als PDF-Version zum downloaden und ausdrucken zur Verfügung.

Mustervereinbarung Haftungsbegrenzung

@@ — http://home.t-online.de/home/03641442805-0001/haftbes.htm
Von den Rechtsanwälten Fritz, Köhler, Metzner, Fuchs, Gsell und Schiller wird hier eine Haftungsbegrenzungsvereinbarung zwischen Rechtsanwalt und Mandant bereitgestellt.

5.2.19 Miet- und Pachtrecht

Berliner Mietspiegel

@@ — http://www.bmg.ipn.de/recht/miete/spiegel0.htm
Die Berliner Mietergemeinschaft stellt den Berliner Mietspiegel, Stand 1998, zur Verfügung. Wahlweise kann die ortsübliche Vergleichsmiete berechnet oder der Mietspiegel von Berlin abgerufen werden.

Durchführung des Altschuldenhilfe-Gesetzes

@ — http://www.wowi.de/info/gesetze/ahg/ahg4.htm
Das Rundschreiben der KfW vom 01.10.1996 zur Umsetzung der Investitions- und Privatisierungsverpflichtung sowie Klärung steuerlicher Fragen beim Zwi-

schenerwerbermodell bei Anwendung des Altschuldenhilfe-Gesetzes (AHG) ist auf den Internet-Seiten des Wohnungswirtschaftlichen Informationsforums abrufbar.

Mietberechnung neue Bundesländer und Berlin-Ost

- http://www.bmg.ipn.de/recht/mieteost/einleit.htm @@
  Mit dem Programm der Berliner Mietergemeinschaft können Mieterhöhungen nach § 2 Miethöhegesetz für Wohnräume in den neuen Bundesländern und Ost-Berlin überprüft werden.

Mietmängeltabelle DAV

- http://www.anwaltverlag.de/mietmaengel-2/ @@@
  Der Deutsche Anwaltverlag (DAV) stellt hier die Mietmängeltabelle von Bruckmann, 2. Auflage 1997, zur Online-Abfrage bereit. Gesucht werden kann nach Schlagwörtern von A wie Abflussrohr bis Z wie Zwangsräumung.

Mietrechtliche Tipps von A–Z

- http://www.bmg.ipn.de/recht/stiwo.htm @@
  Primär für Mieter zur Wahrnehmung ihrer Rechte gedacht sind die mietrechtlichen Tipps von A wie Abgeschlossenheitsbescheinigung bis Z wie Zutritt der Berliner Mietergemeinschaft. Für einen schnellen Überblick sind sie jedoch durchaus auch für den Anwalt interessant. Zu den mit *) gekennzeichneten Themen, wie z. B. zur Untervermietung, stehen umfangreichere Informationen bereit.

Mietspiegeldatenbank

- http://www.wowi.de/info/wohnungsmarkt/index.htm @@
  Auf dieser Seite erhält man unter der Rubrik „Wohnungsmarkt" einen Überblick über alle im Internet vorhandenen Mietspiegel.

Musterformular Mietminderung

- http://www.compuserve.de/recht/ressort3/inhalt11.html @
  Eine Vorlage für ein Schreiben an den Vermieter wegen Mietminderung aufgrund Mängeln steht auf der Homepage von CompuServe zum Download als PDF-Datei zur Verfügung.

Mustervertrag Miete

- http://home.t-online.de/home/03641442805-0001/vertrag2.htm @@
  Auf den Internet-Seiten der Kanzlei Fritz, Kühler, Metzner, Fuchs, Gsell und Schiller steht ein Mustervertrag für einen Mietvertrag zur Verfügung.

ARBEITSHILFEN

Öffentliches Recht Einzelne Rechtsgebiete

Mustervertrag Miete

@@ — http://www.compuserve.de/recht/ressort3/inhalt11.html
Ein zehnseitiges Mietvertragsmuster steht auf den Internet-Seiten von CompuServe zur Verfügung. Der Mustertext erhält kurze Erläuterungen und kann im PDF-Format abgerufen werden.

Mustervertrag Pacht

@@ — http://home.t-online.de/home/03641442805-0001/vertrag3.htm
Ein Muster für einen Pachtvertrag kann von den Internet-Seiten der Kanzlei Fritz, Kühler, Metzner, Fuchs, Gsell und Schiller abgerufen werden.

Rechtsprechungsübersicht zum Gebührenstreitwert

@@@ — http://www.vrp.de/archiv/beitrag/b9800006.htm
Eine Rechtsprechungsübersicht zum Gebührenstreitwert in Mietsachen von A–Z von Rechtsanwalt Thomas Hannemann ist auf dieser Internet-Seite abrufbar.

Rechtsprechungsübersicht zum Rechtsmittelstreitwert

@@@ — http://www.vrp.de/archiv/beitrag/b9800007.htm
Rechtsanwalt Thomas Hannemann stellt hier eine Rechtsprechungsübersicht zum Rechtsmittelstreitwert in Mietsachen von A–Z zur Verfügung.

Verjährungsfristen in Mietsachen

@@ — http://www.vrp.de/archiv/beitrag/b9900003.htm
Umfangreiche Übersichten zu Verjährungsfristen in Mietsachen findet man auf dieser Seite zusammengestellt von Rechtsanwalt Thomas Hannemann (Stand Dezember 1998). Gegliedert sind die Übersichten nach Vermieter- und Mieteransprüchen in eine Fristentabelle nach Anspruchsgrundlagen von A–Z sowie Fristen nach der Dauer der Verjährung.

5.2.20 Öffentliches Recht

Regelung offener Vermögensfragen

— http://www.snafu.de/~mf/ealgforum/arbh/arbh.htm
Am 01. Dezember 1994 ist das Gesetz über die Entschädigung nach dem Gesetz zur Regelung offener Vermögensfragen und über staatliche Ausgleichsleistungen für Enteignungen auf besatzungsrechtlicher oder -hoheitlicher Grundlage (Entschädigungs- und Ausgleichsleistungsgesetz – EALG) vom 27. September 1994 (BGBl. I S. 2624) in Kraft getreten. Zum Zwecke einer zügigen Umsetzung und einheitlichen Durchführung dieses Gesetzes wurde im Februar 1995 von den Präsidenten des Bundesamtes und den Landesämtern zur Regelung offener Vermögensfragen eine Arbeitsgruppe eingesetzt. Das Ergebnis ihrer Arbeit ist die Gemeinsame Arbeitshilfe des Bundesministeriums der Finanzen, des Bundesamtes zur Regelung offener Vermögensfragen und der Länder Berlin, Brandenburg, Mecklenburg-Vorpommern, Sachsen, Sachsen-Anhalt und Thüringen zum Entschädigungsgesetz (EntschG) und Ausgleichsleistungsgesetz (AusglLeistG)

Einzelne Rechtsgebiete   Prozessrecht

ARBEITSHILFEN

auf dem Stand November 1997. Die Arbeitshilfe ist abrufbar auf den Internet-Seiten des EALG-Forums, einem Informationssystem zum Recht der Entschädigungs- und Ausgleichsleistungen.

5.2.21 Prozessrecht

Berechnungsprogramme für Prozesse u.a.

– http://www.praetor.onlinehome.de/pkh_down.htm @@@
Andreas Kleingünther, Richter am LG Frankfurt/Oder, bietet auf seiner privaten Homepage hilfreiche Berechnungsprogramme an. So steht das komfortable Programm PKH-fix zum Download bereit (Programm für Windows mit 2 MB in einer selbstentpackenden Datei oder als Exel-Datei mit 33 KB). Das Programm berechnet, ob und in welchem Umfang ein Antragsteller aufgrund seiner regelmäßigen Einkünfte verpflichtet ist, durch Ratenzahlung zu den Prozesskosten beizutragen. Sonstiges Vermögen wird nicht berücksichtigt, es kann jedoch ermittelt werden, ob eine Anspruch auf Beratungshilfe besteht. Die Programmsystematik orientiert sich dabei an der Kommentierung im „Zöllner". Mit BRUNERO (Brutto-Netto-Euro-Umrechner) steht ein Programm zur Umrechnung von DM in Euro zum Herunterladen zur Verfügung (Win-Datei mit 1,5 MB). Die Summen können in Brutto- oder Nettobeträgen angegeben werden. Weiter kann ein Programm zur Berechnung der Sicherheitsleistung downgeloaded werden (Win-Datei mit 3,4 MB). SL-fix berechnet die Sicherheitsleistung unter Berücksichtigung aller maßgeblichen Werte. Eine Staffelzinsberechung ist damit ebenfalls möglich. Schließlich wird noch eine Tabelle zur Prozesskostenschätzung als Download angeboten (Excel-Datei mit 39 KB).

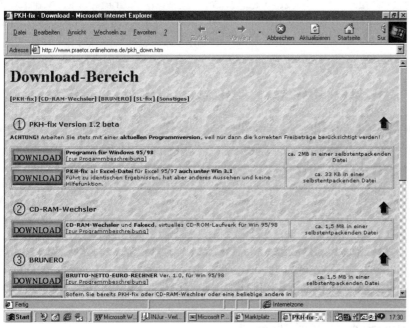

5.2.22 Recht der neuen Medien

Multimedia-Produktionsverträge

@@@ — http://www.dmmv.de/produktionsvertraege.htm
Der Deutsche Multimedia Verband stellt auf seinen Internet-Seiten eine Checkliste für Multimedia-Produktionsverträge zur Verfügung. Alle Vertragspunkte werden der Reihe nach erläutert: Vertragsgegenstand, Leistungserbringung, Abnahmepflicht, Vergütung, Freiexemplare, Rechtseinräumung, Urheberpersönlichkeitsrechte, Wettbewerbsklausel u. s. w. Die Checkliste wurde von RA Dr. Peter Lutz erarbeitet.

Mustervertrag Internetzugang

@@ — http://www.lawfirm.de/papers/content/content.html
Die Rechtsanwaltskanzlei stellt auf ihrer Internet-Seite einen Vertrag über die Bereitstellung einer Infrastruktur für den Zugang zum Internet zur Verfügung. Die Vertragsklauseln sind einzeln abzurufen.

Strukturmerkmale von Multimedia-Produktionsverträgen

@@@ — http://www.graefe-partner.de/iuk/mmprodv.html
Auf den Internet-Seiten der Kanzlei Graefe & Partner, München hat RA Bernhard Kloos die Strukturmerkmale von Multimedia-Produktionsverträgen dargestellt. Die drei in Betracht kommenden Vertragskonstellationen werden zunächst anhand von Schaubildern erläutert. Ebenfalls in einer graphischen Übersicht werden die in Betracht kommenden Vertragstypen (Werk-, Dienst-, Miet- und Kaufvertrag) dargestellt. Die zu beachtenden weiteren Vertragspunkte werden ausführlich und übersichtlich erläutert. Die Übersicht ist auf dem Stand von März 1999 und steht als RTF-Datei zum Download bereit.

5.2.23 Reiserecht

Expertensystem zum Reisevertragsrecht

@@@ — http://www.compuserve.de/recht/ressort3/Nilgens/Reise/index.html
Rechtsanwalt Dr. Volker Nilgens, Düsseldorf, stellt auf den Internet-Seiten von CompuServe ein Expertensystem zur Ermittlung von Ansprüchen gemäß dem Reisevertragsrecht zur Verfügung. Mittels eines Frage-und-Antwort-Dialoges können die Ansprüche des Reisenden, wie z. B. auf Abhilfe bei Vorliegen eines Mangels, auf Minderung des Reisepreises usw., und die des Reiseveranstalters, wie z. B. auf Zahlung einer angemessenen Entschädigung bei Rücktritt des Reisenden vor Reisebeginn, ermittelt werden. Verweise auf Gesetze sind mit den einschlägigen Paragraphen unterlegt. Das System stammt aus dem Jahr 1999.

Informationen rund ums Reiserecht

@@ — http://www.ra-hofbauer.de/
Rechtsanwalt Hans Joachim Hofbauer stellt auf seinen Internet-Seiten zum einen Ausführungen zum Reiserecht in checklisten-ähnlicher Form zur Verfügung, die einen ersten Einstieg und eine erste „Vorprüfung" der Rechtslage ermöglichen.

Einzelne Rechtsgebiete

Sozialrecht

Darüber hinaus findet sich eine Tabelle, die exemplarisch eine mögliche prozentuale Minderung des Reisepreises bei Vorliegen eines Mangels angibt (Quelle: Frankfurter Tabelle zur Reisepreisminderung in NJW 1985, Heft 3, S. 113–115; Abänderung und Ergänzung in NJW 1994, Heft 25, S. 1639–1640).

Reisemängeltabelle

- http://home.t-online.de/home/ra.schiller/ffm_tab.htm @
  Von den Rechtsanwälten Fritz und Kollegen wird auf dieser Internet-Seite die vom Landgericht Frankfurt entwickelte Tabelle zur Bemessung von Reisemängeln bereitgestellt (NJW 1985, 113 ff). Sie ist unter Juristen umstritten und wird nicht angewendet vom AG Frankfurt und AG Bad Homburg v.d.H. (Gerichtsstand von Neckermann). Sie ist jedoch ein brauchbarer Anhaltspunkt.

Reisemängeltabelle

- http://www.kanzlei.de/reisem.htm @
  Die Reisemängeltabelle des Landgerichts Frankfurt wird hier von den Rechtsanwälten Emmert & Koll. bereitgestellt.

5.2.24 Sozialrecht

Antrag auf Steuerfreistellung und Lohnsteuerbescheinigung

- http://www.bma.de/de/arbeit/arbeitsmarkt/630.htm
  Der Antrag auf Erteilung einer Bescheinigung zur Steuerfreistellung sowie die Lohnsteuerbescheinigung des Arbeitgebers für 1999 stehen auf den Internet-Seiten des Bundesministeriums für Arbeit als PDF-Dateien mit 9 und 6 KB zur Verfügung bzw. können per Fax unter 02 28/6 82 46 29 abgerufen werden.

Berechnungsprogramm Sozialhilfe

- http://www.tacheles.wtal.de/calculation/default.asp @@@
  Seit November 1998 ist dieses (erste) Sozialhilfe-Berechnungsprogramm online, mittels dessen sich in kurzer Zeit Sozialhilfesätze errechnen lassen. Demnächst soll es auch Hilfetexte und Erklärungen geben, die aber – da alles selbstsprechend angeordnet ist – überflüssig scheinen. Verantwortlich für dieses Angebot ist der Wuppertaler Verein Tacheles.

Berechnungsprogramm zum 630-DM-Gesetz

- http://www.luchterhand.de/HLV_HOME.NSF/5cd1e574699eb677412567a50062 @@@
  08a7/fdcb19738c4a7b60412567fd00534cf3?OpenDocument#PC630
  Peter Gentes stellt auf den Internet-Seiten des Luchterhand Verlags ein Berechnungsprogramm zum 630-DM-Gesetz (Version 1.2/1999) zur Verfügung. Anhand des Programms kann die richtige Abgabenbelastung für geringfügig Beschäftigte festgestellt werden. Es können die pauschale Lohnsteuer, Renten- und Krankenversicherungsbeiträge (mit und ohne Aufstockungsoption) abgelesen und alle Variationen der 630-DM-Tätigkeit, wie z. B. in Kombination mit einer weiteren Hauptbeschäftigung usw. berechnet werden. Zur Verfügung stehen auch die Frei-

stellungbescheinigung, die blanko oder ausgefüllt ausgedruckt werden kann, sowie ein Musterarbeitsvertragsformular für einen befristeten Arbeitsvertrag mit Hilfeanleitung. Ferner finden sich in einem Info-Button Erläuterungen und die Begründung zum Gesetz vom 01.04.1999 sowie Berechnungsbeispiele.

Feststellung der Sozialversicherungs- und Steuerpflicht

@ – http://www.compuserve.de/recht/ressort3/Nilgens/630/63000dm.htm
Ein kleines Programm zur Überprüfung der Sozialversicherungs- und Steuerpflicht bietet Rechtsanwalt Dr. Volker Nilgens auf den Seiten von CompuServe. Die Bedienung erfolgt in Form von Frage und Antwort, z. B.: „Handelt es sich um eine kurzfristige Beschäftigung?" – Antwortmöglichkeiten: „Ja", „Nein", „Genauer" usw. Das Programm berücksichtigt die gesetzlichen Änderungen vom 01.04.1999.

Geringfügige Beschäftigungsverhältnisse – Auswirkung der Neuregelung

@@@ – http://www.bundesfinanzministerium.de/info630.htm
In einer tabellarischen Übersicht sind die Auswirkungen der Neuregelung der geringfügigen Beschäftigung auf den Internet-Seiten des Bundesministeriums der Finanzen zusammengestellt: Je nach Beschäftigungskonstellation wird unterschieden, ob eine Zusammenrechnung nach § 8 SGB IV erfolgt und welche Abgabenbelastung hinsichtlich Renten-, Kranken- und Arbeitslosenversicherung besteht sowie ob und in welcher Form Einkommenssteuer anfällt.

Geringfügige Beschäftigungsverhältnisse-Rechenbeispiele

@@@ – http://www.bundesfinanzministerium.de/info630.htm
In zwölf Fällen, wie z. B. Nebenbeschäftigung von versicherungspflichtigen Arbeitnehmern, Beschäftigung von Saisonarbeitern etc., werden die Neuregelungen der geringfügigen Beschäftigungsverhältnisse anschaulich mit Rechenbeispielen erläutert. Der Text steht als PDF-Datei (125 KB) zur Verfügung.

Kindergeldgesetzentwicklung

@ – http://www.famrz.de/g05.htm
Die Tabelle der FamRZ stellt die Entwicklung des Kindergeldgesetzes seit 1975 dar. Die Tabelle ist auf dem Stand vom 01.01.1999.

Korrekturgesetz zur „Scheinselbstständigkeit"

– http://www.bma.de/de/arbeit/arbeitsrecht/index.htm
Das Bundesministerium für Arbeit stellt eine Informationsbroschüre zum Korrekturgesetz im PDF-Format zur Verfügung. Ausführungen finden sich u. a. zur Vermutung und Beweislastumkehr bei Scheinselbstständigkeit, zu den Auswirkungen für Handelsvertreter und bei Franchising sowie zur Rentenversicherungspflicht.

ARBEITSHILFEN

Einzelne Rechtsgebiete — Steuerrecht

Regelsätze nach § 22 BSHG

- http://www.famrz.de/g04.htm @@
Die Zeitschrift für das gesamte Familienrecht, FamRZ, stellt die Regelsätze nach §§ 22 BSHG zur Verfügung. Die Tabelle ist auf dem Stand vom 01.07.1997.

Rundschreiben der Spitzenverbände zur Scheinselbstständigkeit

- http://www.vdr.de/Internet/vdr/vdr_html.nsf/HTMLdocs/VDR_Infos_Scheinselbstaendigkeit_Frameset?OpenDocument @@@
Das gemeinsame Rundschreiben der Spitzenorganisationen der Sozialversicherung zum Versicherungs-, Beitrags- und Melderecht für scheinselbstständige Arbeitnehmer vom 19.01.1999 sowie ergänzende Hinweise der Spitzenverbände zur versicherungsrechtlichen Beurteilung scheinselbstständiger Arbeitnehmer und arbeitnehmerähnlicher Selbständiger vom 16.06.1999 kann auf den Internet-Seiten des Verbandes deutscher Rentenversicherungsträger eingesehen und als PDF-Datei heruntergeladen werden. Vorangestellt ist der Gesetzestext; der Fragebogen zur Beurteilung der Scheinselbstständigkeit steht als PDF-Datei zur Verfügung.

5.2.25 Steuerrecht
5.2.25.1 Umfangreiche Arbeitshilfensammlungen

Steuertipps der Zeitschrift „Capital"

- http://nbc04.bch.de/publish/homepage.asp?rubrik=cmfs&IT=1 @@@
Auf den Internet-Seiten der Zeitschrift „Capital" stehen eine Vielzahl von nützlichen steuerrechtlichen Berechnungsprogrammen und Muster zur Verfügung. Für noch offene Veranlagungsfälle der Jahre vor 1999, bei denen Spekulationsverluste laut Anweisung der Oberfinanzdirektionen nicht anerkannt werden, steht ein Musterschreiben für einen Einspruch mit Hinweis auf das Verfassungsgerichtsurteil 2 BvR 1818/91 bereit. Hilfreich für die Berechnung der Lohnsteuer ist das Monatslohnsteuer-Programm. Hier kann bei Gehaltserhöhungen, Änderungen der Steuerklasse oder des Kinderfreibetrages ermittelt werden, wie hoch die monatliche Steuerbelastung ausfällt. Für Personen, die nicht der gesetzlichen Rentenversicherungspflicht unterliegen, enthält das Berechnungsprogramm eine darauf zugeschnittene Lohnsteuertabelle. Zum Thema „Kinderfreibeträge" stehen ein Rechenmodul für die Berechnung der Steuerentlastung und Tabellen zur Verfügung. Mit dem „Steueroptimierer 99/02" steht ein Programm zum Download bereit, das es erlaubt, die individuelle Auswirkung der Steuerreform zu berechnen. Das Programm hilft auch dabei Einkommensverschiebungen zu planen, um die Steuerlast zwischen 1999 und 2002 minimieren zu können. In der Rubrik „Die perfekte Steuererklärung" stehen neben Tipps und Tricks für die Steuererklärung (allerdings für das Jahr 1998) auch eine Liste mit den wichtigsten schwebenden Verfahren zur Verfügung, auf die man sich beim Einspruch gegen den Steuerbescheid berufen kann. Die Verfahren sind jeweils mit Gericht und Aktenzeichen angegeben. Für die Einsprüche können Formulierungshilfen und Briefvorlagen im Word-Format heruntergeladen werden. In der gleichen Rubrik stehen auch Musterbriefe zur Steuererklärung bereit. Im Word-Format können hier Muster für 16 Fälle, in denen der Steuerbescheid angefochten werden kann,

downgeloadet werden. Briefvorlagen für verschiede Fälle, für Anträge auf Fristverlängerung sowie für die Anpassung von Vorauszahlungen können ebenfalls abgerufen werden. Kurzbesprechungen aktueller Entscheidungen höchster deutscher Gerichte und Finanzverwaltungen sind nach Stichworten gegliedert in der Rubrik „Capital-Steuertipps" abrufbar. Weiter finden sich auf den Internet-Seiten Informationen zur Kapitalertragssteuer, Steuerhinterziehung, Spekulationsgewinnen, Steuersparmodellen und weitere Steuertipps. Das Angebot wird regelmäßig überarbeitet.

5.2.25.2 Einzelne Arbeitshilfen

Afa-Tabellen

@@@ – http://www.urbs.de/Start/Frame2.htm
Die aktuellen Afa-Tabellen sind auf den Seiten von urbs-media, einer Versandbuchhandlung, zu finden. Die allgemein verwendbaren Anlagegüter können in Gruppen oder alphabetisch abgerufen werden. Die besonderen Afa-Tabellen für verschiedene Wirtschaftszweige können entweder nach den vom Bundesmimisterium der Finanzen veröffentlichten offiziellen Bezeichnungen oder nach Stichworten aufgerufen werden. Es finden sich ferner Hinweise zur Anwendung der Tabellen. Die Afa-Tabellen werden aktualisiert, sobald Änderungen durch das Bundesministerium der Finanzen im Bundessteuerblatt veröffentlicht werden.

Anhängige Gerichtsverfahren

@@@ – http://www.nwb.de
Auf den Internet-Seiten des Verlags Neue Wirtschaftsbriefe (nwb) kann in einer Revisionsdatenbank nach einer persönlichen Anmeldung mit Hilfe einer Volltext-Suchmaschine nach anhängigen Verfahren beim Bundesfinanzhof, beim Bundesverfassungsgericht und beim Gerichtshof der Europäischen Gemeinschaften recherchiert werden.

Anwendungserlass Arbeitszimmer

@ – http://www.mio-verlag.de/m_down.htm
Der neue Erlass zur einkommenssteuerrechtlichen Behandlung eines Arbeitszimmers aufgrund des BFH-Urteils vom 21.11.1997 kann einschließlich des Urteils im Help-Format von den Seiten des Mio-Verlags per Download abgerufen werden.

Anwendungserlass zur AO

@ – http://www.mio-verlag.de/m_down.htm
Der neue Anwendungserlass zur Abgabenordnung 1977 vom 15. Juli 1998 mit Inhaltsverzeichnis im Help-Format steht zum Download auf den Seiten des Mio-Verlags bereit.

ARBEITSHILFEN

Einzelne Rechtsgebiete — Steuerrecht

Berechnungsprogramm Erbschaftsteuer

– http://www.pro-sieben.de/geld/1997/06/ti0102/index.html @@
Mit diesem Programm des Servers Pro-Sieben kann die Steuerbelastung eines Erbes oder einer Schenkung berechnet werden. Eingegeben werden können nur Daten aus relativ einfach gelagerten Sachverhalten. Der Kalkulator ist nicht bei der Vererbung oder Schenkung von Betriebsvermögen einsetzbar.

Berechnungsprogramm Gewerbesteuerfeststellung

– http://www.mio-verlag.de/m_down.htm @
Zum Download bereit steht auf den Seiten des Mio-Verlags ein Programm zur schnellen Feststellung der GewSt-Rückstellung bzw. Aktivierung. Die Ausgabe erfolgt nur auf dem Bildschirm; ein Ausdruck ist nicht möglich.

Berechnungsprogramme Steuer Demoversionen

– http://www.beck.de/download/index.html @
Der Beck Verlag bietet zum Download Demoversionen der Programme von Schwarz Umsatzsteuererklärungen 1998 sowie Erbschaftsteuererklärungen. Erfassung, Berechnung, Auswertung und Verwaltung der jährlichen Umsatzsteuervoranmeldungen werden hiermit vereinfacht. Gleiches gilt für die Erfassung, Bearbeitung und Berechnung der Erbschaftsteuer. Der professionelle Einsatz erfordert den Erwerb der Vollversionen.

Berechnungsprogramm Einkommenssteuer 1998

– http://www.mio-verlag.de/m_down.htm @
Auf den Seiten des Mio-Verlags steht eine digitale Grund- und Splittingtabelle zur Berechnung der Einkommensteuer für das laufende Kalenderjahr zum Download bereit. Die Ausgabe der Berechnung erfolgt sowohl in Deutscher Mark als auch in einem Prozentsatz der durchschnittlichen Steuerbelastung.

Berechnungsprogramm Lohnsteuer

– http://www.compuserve.de/recht/ressort2/gotthardt/lohnst.html @@
Ein Berechnungsprogramm zur Berechnung der Lohnsteuer von Klaus Gotthardt steht als Applet auf den Internet-Seiten von CompuServe zur Verfügung. Das Programm ist auf dem Stand vom März 1999.

Berechnungsprogramm Lohnsteuer

– http://www.refact.de/cgi-bin/rda_loh1.exe @@
Mit Hilfe des Lohnsteuerberechnungsprogrammes der Firma ATM Anlagen-Technologie Maschinelle Textverarbeitung GmbH Dresden (REFACT) lässt sich bei Eingabe des Bruttoarbeitslohnes die jeweils zu entrichtende Lohnsteuer unter Berücksichtigung von Steuerklasse, Freibeträgen sowie Wohnort für die Jahre 1996 mit 2002 berechnen.

ARBEITSHILFEN

Steuerrecht   Einzelne Rechtsgebiete

Berechnungsprogramm Reisekostenabrechnung
@@ – http://www.reisekosten.de/f_main.html
Die Internet-Seite der ClassWare GmbH ermöglicht die Abrechnung von Reisekosten im Internet gemäß den aktuellen gesetzlichen Regelungen. Zur Verfügung steht eine kostenlose Version mit reduzierten Funktionen im Vergleich zur Profiversion. Letztere kann allerdings nur vier Wochen kostenfrei getestet werden.

Einkommenssteuer-Grundtabelle 1999
@@ – http://www.kanzlei.de/estgru99.htm
Auf der Seite der Kanzlei Emmert und Koll. kann die Einkommenssteuer-Grundtabelle 1999 abgerufen werden.

Finanzamtsnummernverzeichnis
@@ – http://www.bundesfinanzministerium.de/fach/abteilungen/besiverk/inhalt.html
Ein nützliches Verzeichnis der Finanzamtsnummern in der Bundesrepublik Deutschland findet sich auf den Internet-Seiten des Bundesfinanzministeriums. Die Tabelle ist auf dem Stand vom 01.01.1999.

Ländergruppeneinteilung
@@ – http://www.famrz.de/g06.htm
Die tabellarische Übersicht der Ländergruppeneinteilung seit 1996 wird auf der Seite der FamRZ dargestellt. Unter Bezugnahme auf die Abstimmung mit den obersten Finanzbehörden der Länder sind die Beträge des § 1 III S. 2, des § 32 VI S. 4 und des § 33a II S. 5 und II S. 3 EStG mit Wirkung ab 01.01.1996 wie in der Tabelle aufgeführt anzusetzen.

Musterformular Spendenquittung
@@ – http://www.iq-consult.com/soznetz/steuern/spendquitt.htm
Ein Muster zur Bestätigung über Zuwendung an eine der in § 5 Abs. 1 Nr. 9 des Körperschaftssteuergesetzes bezeichneten Körperschaften, Personenvereinigungen oder Vermögensmassen stellt das soziokulturelle Netz auf den Internet-Seiten von IQ-Consult zur Verfügung.

Steuerliche Gestaltungsüberlegungen zum Jahresende
@@@ – http://www.beck.de/rsw/zeitschr/dstr/checkliste.htm
Von Manfred Günkel, Wirtschaftsprüfer/Steuerberater, Dr. Helmut Hörger, Rechtsanwalt, und Dr. Otmar Thömmes, Rechtsanwalt, WEDIT Deloitte & Touche, Wirtschaftsprüfungsgesellschaften, Düsseldorf und München stammt die Checkliste „Steuerliche Gestaltungsüberlegungen zum Jahresende" (Checkliste 1999). Erläutert werden allgemeine und gesellschaftsrechtliche Dispositionsmöglichkeiten für Unternehmer, Maßnahmen von Immobilienbesitzern, steuerorientierte Maßnahmen bei Einkünften aus Kapitalvermögen und steuerlicher Handlungsbedarf für Arbeitgeber und Arbeitnehmer.

Steuertabellen

- http://www.kanzlei.de/erbst97.htm @
  Die Rechtsanwaltskanzlei Emmert stellt hier zur Erbschaft- und Schenkungssteuer Tabellen mit den Steuerklassen, den Steuersätzen und den allgemeinen Freibeträgen bereit.

US-Steuerglossar

- http://www.pinkernell.de/glossary.htm @@@
  Von den Rechtsanwälten Pinkernell und Boehringer wird ein sehr umfangreiches und ständig aktualisiertes Steuerglossar zum Abruf bereitgestellt. Die Möglichkeiten des (Internet-)Hypertextes werden hervorragend genutzt, da wichtige Begriffe verlinkt sind und so zusätzliche Information zugänglich wird. Neben der Online-Version wird auch ein Download angeboten.

5.2.26 Strafrecht

Musteranzeige Kindesentführung

- http://user.cs.tu-berlin.de/~ralfo/entzug.htm @
  Der Strafantrag eines von einer Kindesentziehung betroffenen Vaters vom Juli 1996 gegen seine Frau und die Behörden ist auf dieser Internet-Seite veröffentlicht.

Polizeiliche Kriminalstatistik 1997 und 1998 von Baden-Württemberg

- http://www.polizei-bw.de/info/index.htm @@@
  Auf den Seiten der Polizei Baden-Württemberg ist die polizeiliche Kriminalstatistik 1997 und 1998, untergliedert in „Gesamtentwicklung und Aufklärungsquote", „Tatverdächtige", „Einzelne Deliktsbereiche" und „Zusammenfassende Bewertung", abrufbar.

Verjährung im Strafrecht

- http://www.legalis.de/portaltest/Verjaehrung%20im%20Strafrecht.html @@
  Die Fristen für die Verjährung von Verfolgung und Vollstreckung im Strafrecht sind auf den Internet-Seiten von Legalis zu finden. Die Tabelle wurde aus dem Handbuch „Tabellen für die Rechtspraxis" von Dopsil/Hanhörster entnommen.

5.2.27 Strafprozessrecht

Fristen im Strafprozess

- http://www.legalis.de/portaltest/Fristen%20im%20Strafprozess.htm @@
  Sämtliche prozessuale Fristen im Strafprozess können in Tabellenform von den Internet-Seiten von Legalis abgerufen werden. Die Tabelle wurde aus dem Handbuch „Tabellen für die Rechtspraxis" von Dopsil/Hanhörster entnommen.

ARBEITSHILFEN

Vereinsrecht Einzelne Rechtsgebiete

5.2.28 Vereinsrecht

Mustersatzung eingetragener Verein

@@@ – http://www.iq-consult.com/soznetz/steuern/mustersa.htm
Eine Mustersatzung für einen eingetragenen Verein ist auf den Internet-Seiten von IQ-Consult vom soziokulturellen Netz veröffentlicht. Sehr nützlich ist die Kennzeichnung der aus steuerlicher Sicht wörtlich notwendigen Satzungsinhalte sowie die Kennzeichnung der Erfordernisse des BGB. Zu den sonstigen, zum wesentlichen Teil dispositiven Bestimmungen, enthält die Mustersatzung Formulierungsvorschläge zu Punkten, an denen erfahrungsgemäß ein Regelungsbedarf besteht.

5.2.29 Verkehrsrecht
5.2.29.1 Umfangreiche Arbeitshilfensammlungen

Informationssammlung RA Fritz & Co.

@@ – http://home.t-online.de/home/03641442805-0001/index.htm
Die Rechtsanwälte Fritz und Kollegen bieten auf ihrer Homepage umfangreiche Materialien zum Straßenverkehrsrecht. Abrufbar sind neben Gesetzestexten Informationen zu Alkohol im Straßenverkehr, Blutalkoholberechnung, Verkehrszentralregister und Schadensabwicklung von Verkehrsunfällen.

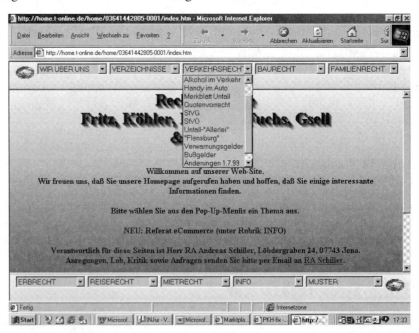

Verwarnungs-, Bußgeld- und Punktekatalog

@@ – http://www.baunetz.de/bmvbw/verkehr/bussgeld.htm#mngel
Einen Auszug aus dem Bußgeldkatalog bietet das Baunetz an. In Tabellenform können zu den Stichwörtern „Geschwindigkeit", „Vorfahrt/Verkehrszeichen", „Abstand", „Abbiegen", „Autobahn", „Rote Ampel", „Grüner Pfeil", „Unfall",

ARBEITSHILFEN

Einzelne Rechtsgebiete Verkehrsrecht

„Fußgänger", „Überholen", „Fahrzeugmängel", „Sonstige Verkehrsverstöße" und „Alkohol" Informationen zu Bußgeld, Geldstrafen, Punkten im Verkehrszentralregister und Fahrverboten abgerufen werden.

5.2.29.2 Einzelne Arbeitshilfen

Abwicklung von Kfz-Haftpflichtschäden

– http://www.mdr.ovs.de/arbeitsh.htm @@
Auf den Seiten der Zeitschrift MDR (Monatsschrift des Deutschen Rechts) des Verlages Dr. Otto Schmidt kann das DAV-Merkblatt zur Abwicklung von Kfz-Haftpflichtschäden (Anwaltsgebühren bei der Unfallschadenregulierung), Stand 1. September 1998, unter der Rubrik „Arbeitshilfen" abgerufen werden.

Berechnungsprogramm Blutalkohol

– http://www.annotext.de/jurhilfe/appl/allohol_neu/alkoho.htm @@
Ein nützliches Programm zur Online-Blutalkoholberechnung wird hier von der Firma AnNoText bereitgestellt. Das Online-Tool gibt zwei Möglichkeiten zur Blutalkoholberechnung.

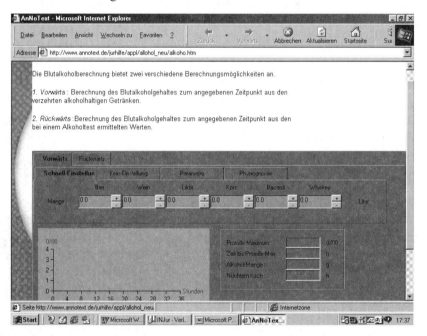

Berechnungsprogramm Bremsweg

– http://www.annotext.de/jurhilfe/appl/bremsweg/bremsw.html @@
Mit dem hier abrufbaren Programm zur Bremswegberechnung der Firma AnNoText können Bremsweg, Anfangs- und Aufprallgeschwindigkeit sowie Verzögerungswert online berechnet werden.

ARBEITSHILFEN

Verkehrsrecht Einzelne Rechtsgebiete

Berechnungsprogramm Entwicklung der Blutalkoholkonzentration

@@ – http://www.radarfalle.de/software/promille.html
Ein Programm zur Abschätzung der zeitlichen Entwicklung der Blutalkoholkonzentration stellt Johannes Boehm auf den Seiten der „Radarfalle" zum Download bereit. Abgefragt wird die Größe, das Gewicht, das Alter und das Geschlecht der betreffenden Person, die konsumierten alkoholischen Getränke, die Trinkzeit und eventuell eingenommene Mahlzeiten. Anhand einer graphischen Darstellung wird die Entwicklung der Blutalkoholkonzentration aufgezeigt.

Berechnungsprogramm Merkantiler Minderwert

@ – http://www.radarfalle.de/software/recht.html
RA Dr. Volker Nilgens stellt auf dem Server „Radarfalle" eine Berechnungsprogramm für den merkantilen Minderwert bereit. Eingegeben werden können der Wiederbeschaffungswert, die Reparaturkosten und die Zulassungsjahre.

Berechnungsprogramm Überholweg

@ – http://www.radarfalle.de/software/recht.html
Auf den Internet-Seiten der „Radarfalle" steht ein Programm zur Berechnung von Überholweg und -zeit bereit. Das Programm stammt von RA Dr. Volker Nilgens. Einzugeben sind die Geschwindigkeit der beiden PKWs und der Abstand der Fahrzeuge zueinander.

Bußgeldkatalog / Verwarnungsgeldkatalog

@ – http://www.polizei.bayern.de/verkehr/text4.htm
In diesem Katalog finden sich Informationen über Verkehrsverstöße, die regelmäßig ein Fahrverbot nach sich ziehen.

Bußgeldkatalog Rotlichtverstoß

@@ – http://www.radarfalle.de/recht/rotlicht.html
Auf der Hompage der „Radarfalle" steht eine tabellarische Übersicht über das zu erwartende Bußgeld bei Rotlichtverstößen zur Verfügung. Aufgelistet wird, ob ein Buß- oder ein Verwarnungsgeld erhoben wird, ob Punkte zu erwarten sind und ob mit einem Fahrverbot zu rechnen ist. Die Voraussetzungen eines Rotlichtverstoßes werden erläutert. Die Tabelle wird durch Urteile zu Rotlichtverstößen ergänzt. Die Übersicht stammt von der Kanzlei Ferner & Kollegen.

Musterformular Fragebogen für Anspruchsteller

@ – http://www.strafzettel.de/struktur/anspruchsteller.html
Rechtsanwalt Goetz Gruner veröffentlicht auf seinen Internet-Seiten einen Fragebogen, der allgemein bei der Geltendmachung von Ansprüchen gegenüber der Versicherung des Schädigers/Unfallgegners benutzt wird und in welchem die für die Anspruchsdurchsetzung notwendigen Informationen abgefragt werden. Das Musterformular kann auch als PDF-Version downgeloadet und ausgedruckt werden.

ARBEITSHILFEN

Einzelne Rechtsgebiete — Verlagsrecht

Ordnungswidrigkeitentabelle

- http://www.rechtsanwalt-disque.de/cgi_msc/disque/seite.plx?seite=owi @
  Der Rechtsanwalt Thomas M.R. Disqué stellt auf seinen Seiten zur Ermittlung der Folgen einer Geschwindigkeitsüberschreitung mit dem Pkw eine Ordnungswidrigkeitentabelle zur Verfügung. Gibt man die vermutete Geschwindigkeitsüberschreitung ein, errechnet das Programm die zu erwartende Geldbuße, etwaige Punkte im Verkehrszentralregister und die Dauer eines eventuell zu verhängenden Fahrverbotes.

Schadensregulierung bei Kraftfahrzeug-Unfallschäden

- http://www.vrp.de/archiv/beitrag/b9800004.htm @@@
  Dr. Uwe Twiehaus gibt in einer Tabelle eine Übersicht über Urteile aus allen Instanzen, die sich mit der Abrechnung auf Neuwagenbasis bei PKWs und bei VW-Bussen/Transportern befassen. Die Reihenfolge ergibt sich aus der Fahrleistung der beschädigten Fahrzeuge. Die Übersicht wurde August 1998 erstellt.

5.2.30 Verlagsrecht

Allgemeine Liefer- und Geschäftsbedingungen für FotografInnen

- http://www.onforte.de/Freie/AGB-Foto.htm @@
  Auf dem Stand vom Februar 1998 sind die von der IG Medien und der FotografInnen-Vereinigung Freelens herausgegebenen Empfehlungen für allgemeine Liefer- und Geschäftsbedingungen für FotografInnen, die jede Foto-Sendung begleiten sollten.

Mustervertrag Autoren

- http://www.igmedien.de/fg/vs/start.html @@
  Der Normvertrag für den Abschluß von Verlagsverträgen wurde erstmals vor fast 20 Jahren zwischen dem Verband deutscher Schriftsteller in der IG Medien und dem Börsenverein des Deutschen Buchhandels abgeschlossen; seit dem 1.4.1999 liegt eine neue Fassung vor. Sie enthält einen Mustervertrag für Autorinnen und Autoren mit Verlagen, der als RTF- oder als PDF-File heruntergeladen werden kann.

Mustervertrag Herausgeber

- http://www.onforte.de/Freie/hrsg-ver.htm @@
  Der Vertrag für Herausgeber lehnt sich eng an der Normvertrag für Autoren für den Abschluß von Verlagsverträgen an, berücksichtigt aber die besonderen Bedingungen für Herausgeber.

5.2.31 Verwaltungsprozessrecht

Fristen im Verwaltungsprozess

@@ – http://www.legalis.de/portaltest/Fristen%20im%20Verwaltungsprozess.htm
Sämtliche prozessuale Fristen im Verwaltungsprozess können in Tabellenform von den Internet-Seiten von Legalis abgerufen werden. Die Tabelle wurde aus dem Handbuch „Tabellen für die Rechtspraxis" von Dopsil/Hanhörster entnommen.

5.2.32 Wettbewerbsrecht

Merkblatt für Räumungsverkäufe

@@ – http://www.muenchen.ihk.de/recht/rvm.htm
Das Merkblatt für Räumungsverkäufe der Arbeitsgemeinschaft der bayerischen Industrie- und Handelskammern mit umfassenden Informationen zur Zulässigkeit und zu Durchführungsmodalitäten des Räumungsverkaufs stehen hier zum Abruf bereit.

5.2.33 Zivilrecht

Musterformular Ermächtigung eines Minderjährigen

@ – http://www.compuserve.de/recht/ressort3/inhalt11.html
Ein Vordruck für die Ermächtigung eines Minderjährigen zur Eingehung eines Dienst- oder Arbeitsverhältnisses steht auf der Homepage von CompuServe zum Download als PDF-Datei zur Verfügung.

Musterformular General- und Vorsorgevollmacht

@@ – http://www.lsvd.de/recht/vorsv.html
Ein Muster für eine General- und Vorsorgevollmacht für Lebenspartner zur Vertretung in allen Vermögens- und Rechtsangelegenheiten gegenüber jedermann, insbesondere bei Gerichten, Behörden und gegenüber allen Personen (natürliche und juristische, sowohl des Privatrechts als auch des öffentlichen Rechts) steht auf den Internet-Seiten des Lesben- und Schwulenverbandes Deutschland zur Verfügung. Der Text, der auch downgeloadet werden kann, ist auf dem Stand November 1998. Die Vollmacht erstreckt sich auch gegenüber den Erben.

Musterformular Mahnung

@ – http://www.compuserve.de/recht/ressort3/inhalt11.html
Zwei Muster für Mahnungen können von dem Server CompuServe im PDF-Format heruntergeladen werden. Dabei handelt es sich um Mahnungen mit Verzugsetzung sowie mit Verzugsetzung und Androhung weiterer Maßnahmen.

Einzelne Rechtsgebiete — Zivilrecht

Musterformular Patientenverfügung

– http://www.lsvd.de/recht/pat.html @@
Ein Muster für eine Patientenverfügung für Lebenspartner kann von den Internet-Seiten des Lesben- und Schwulenverbands eingesehen und downgeloadet werden (Stand November 1998).

Musterformular Strafbewehrte Unterlassungserklärung

– http://www.zap-verlag.de/online-dienste/iusgratis/vertragsmuster/ @
unterlassungserklaerung.html
Dem Vertragsmusterhandbuch für Rechtsanwälte, 1998, von Notar a. D. Dr. Peter Limmer und Notar Dr. Hans-Frieder Krauß entnommen ist das Musterformular für eine strafbewehrte Unterlassungserklärung.

Musterformular Vollmacht

– http://www.lsvd.de/recht/vollm.html @@
Eine Mustervorlage für eine notarielle Vollmacht zugunsten des Lebenspartners kann auf den Internet-Seiten des Lesben- und Schwulenverbandes Deutschland eingesehen und downgeloadet werden (Stand Dezember 1997).

Mustervereinbarung Bürgschaft

– http://www.compuserve.de/recht/ressort3/inhalt11.html @
Muster für eine einfache, eine selbstschuldnerische und eine selbstschuldnerische Bürgschaft mit Verzicht der Einrede gemäß § 770 BGB können von den Internet-Seiten von CompuServe heruntergeladen werden. Die Mustervereinbarungen stehen als PDF-Datei bereit.

Mustervertrag Berater

– http://www.aachen.ihk.de/Down/mu_diens.htm @@
Ein Muster für einen Dienstvertrag – hier: Beratervertrag – ist auf den Seiten der IHK Aachen zu finden.

Mustervertrag Maschinenlieferung

– http://www.aachen.ihk.de/Down/mu_masch.htm @@
Ein Muster für eine Maschinenliefervertrag steht auf den Internet-Seiten der IHK Aachen zur Verfügung.

Mustervertrag Vergleich

– http://www.zap-verlag.de/online-dienste/iusgratis/vertragsmuster/vergleich.html @@
Eine kurze Mustervorlage für einen Vergleich zur Vermeidung eines Prozesses kann auf den Internet-Seiten des ZAP-Verlages eingesehen werden.

5.2.34 Zivilprozessrecht
5.2.34.1 Umfangreiche Arbeitshilfensammlungen

Berechnungsprogramme für den Zivilprozess

@@@ — http://www.blitz.net/~bsommer/home.htm
„Recht nützlich" sind die Berechnungsprogramme für den Zivilprozess von Bernd Sommer, die kostenlos auf der gleichnamigen Homepage zur Verfügung stehen. Mit Hilfe einer sehr übersichtlichen Eingabemaske können berechnet werden: Gerichtsgebühren, Sicherheitsleistung, Prozesskostenrisiko- und Kostenverteilung, Kostenentscheidung, Urteilsformeln für Zahlungsklagen, Kostenquote bei Drittwiderklage, Zinsberechnungen, finanzmathematische Ermittlung des Effektivzinses bei Ratenkrediten („Wucher"), Barwertberechungen (z. B. für vorzeitige Abwicklung von Leasingverträgen), Handelsvertreterausgleich, Datumsberechnungen, Berechnung von Feiertagen usw. Die letzte Aktualisierung erfolgte am 15. August 1999.

5.2.34.2 Einzelne Arbeitshilfen

Fristen im Zivilprozess

@@ — http://www.legalis.de/portaltest/Fristen%20im%20Zivilprozess.htm
Die prozessualen Fristen und die Rechtsmittelfristen im Zivilprozess stehen in tabellarischer Form auf den Internet-Seiten von Legalis zur Verfügung. Die Tabelle wurde aus dem Handbuch „Tabellen für die Rechtspraxis" von Dopsil/Hanhörster entnommen.

5.2.35 Zwangsvollstreckung

Berechnungsprogramm Pfändungsfreigrenzen

@@ — http://www.annotext.de/jurhilfe/appl/pfand.html
Mit dem auf dieser Seite bereitgestellten Programm der Firma AnNoText lassen sich die Pfändungsfreigrenzen für Arbeitslohn nach §§1651i, 1651n BGB berechnen.

5.2.36 Sonstiges

Abkürzungsverzeichnis deutscher Gerichte

@ — http://www.triacom.com/archive/germanlaws.de.html
Ein alphabetisch geordnetes Verzeichnis mit den Abkürzungen deutscher Gerichte findet sich auf dieser Seite des Übersetzerbüros Triacom.

ARBEITSHILFEN

Einzelne Rechtsgebiete | Sonstiges

Adressen deutscher Gerichte und Staatsanwaltschaften

- http://home.t-online.de/home/ra.schiller/aglgolg.htm
  Sämtliche Adressen sowie Telefon- und Telefaxnummern der deutschen Gerichte und Staatsanwaltschaften stehen auf dieser Seite der Rechtsanwälte Fritz & Kollegen, Jena, zum Abruf in alphabetischer Reihenfolge bereit. Die Sammlung ist auf dem Stand Juni 1997.

Berechnungsprogramm Kapitalzuwachs

- http://www.annotext.de/jurhilfe/appl/capincr/kapital.html
  Mit dem auf dieser Seite bereitgestellten Online-Tool der Firma AnNoText lässt sich der Kapitalzuwachs unter Berücksichtigung von Grundkapital und eingezahlten Monatsraten berechnen.

Berechnungsprogramm Mehrwertsteuer

- http://www.annotext.de/jurhilfe/appl/euro.html
  Mit dem hier abrufbaren Berechnungsprogramm der Firma AnNoText lässt sich aus einem beliebig eingegebenen Betrag die Mehrwertsteuer heraus- oder hinzurechnen. Die Mehrwertsteuersätze können frei eingegeben werden. Gleichzeitig bietet das Programm die Möglichkeit, die Beträge auf Knopfdruck in Euro umzurechnen. Der Umrechnungskurs kann dabei frei eingegeben werden.

Berechnungsprogramm Zinsen

- http://www.annotext.de/jurhilfe/appl/zins/zins.html @@
  Die Möglichkeit der Zinsberechnung gibt die Firma AnNoText mit dem auf dieser Seite bereitgestellten Berechnungsprogramm. Das Programm bietet die Möglichkeit, zwischen einem Zinszeitraum von 360 und 365 Tagen pro Jahr zu wählen sowie nach erfolgter Berechnung weitere Zinsen auf den Gesamtbetrag aufzuaddieren.

Juristische Abkürzungen

- http://www.zap-verlag.de/online-dienste/iusgratis/akv.html
  Eine praktische Hilfe für den juristischen Alltag ist das Abkürzungsverzeichnis von „AAG" (Aussiedleraufnahmegesetz) bis „ZZPI" (Zeitschrift für Zivilprozess International) auf den Seiten des Verlags für Rechts- und Anwaltspraxis.

Lateinische Rechtsregeln

- http://www.zap-verlag.de/online-dienste/iusgratis/latr.html
  Der Verlag für Rechts- und Anwaltspraxis bietet eine Sammlung lateinischer Rechtsregeln und -begriffe an. Nach dem Motto „Da mihi mausklick, dabo tibi ius" finden sich hier die Erläuterungen zu lateinischen Rechtsregeln, wie z. B. „diligentia quam in suis", „perpetuatio fori" oder"volenti non fit iniuria".

ARBEITSHILFEN

Sonstiges Einzelne Rechtsgebiete

Musterformular Vollmacht

@ – http://www.compuserve.de/recht/ressort3/inhalt11.html
Auf den Internet-Seiten von CompuServe steht eine Vorlage für eine schriftliche Vollmachtserteilung bereit. Das Muster kann als PDF-Datei heruntergeladen werden.

Mustervereinbarung Zahlung

@@ – http://home.t-online.de/home/ra.schiller/zahlung.htm
Die Rechtsanwälte Fritz, Köhler und Kollegen stellen auf ihren Seiten folgende Muster für Zahlungsvereinbarungen zur Verfügung: Einfache Schuldanerkenntnis, Einfache Ratenzahlungsvereinbarung, „Monte-Carlo-Vergleich".

Preisindex für Lebenshaltung

@ – http://www.tyskret.com/indeksd.shtml#1
Auf den Internet-Seiten der Rechtsanwälte Sagawe und Klages steht eine Übersicht zum deutschen Preisindex für Lebenshaltung von 1991 – Februar 1999 (Basis 1995) zur Verfügung; (letzte Aktualisierung März 1999).

Registerzeichen Gerichte

@ – http://rw20hr.jura.uni-sb.de/rw20/gesetze/register.htm
Registerzeichen der Arbeitsgerichtsbarkeit, der ordentlichen Gerichtsbarkeit und des Bundesverfassungsgerichts finden sich auf dieser Internet-Seite in alphabetischer Reihenfolge.

Schmerzensgeld Demoversion

@ – http://www.beck.de/download/index.html
Der Verlag C.H. Beck bietet zum Download eine Demoversion der Schmerzensgelddatenbank von Slizyk-Schlindwein, mit der gezielt nach Schmerzensgeldurteilen gesucht werden kann. Unter Angabe der jeweiligen Verletzung erhält man einschlägige Entscheidungen der Gerichte mit Entscheidungsdatum, Aktenzeichen und Fundstelle. Für den professionellen juristischen Einsatz ist jedoch der entgeltliche Erwerb der Datenbank erforderlich.

6

Wichtige Adressen

6.1	Anwaltvereine	387
6.2	Ämter/Einrichtungen	390
6.3	Bibliotheken	395
6.3.1	Bibliotheksverbunde	395
6.3.2	Universitätsbliotheken	396
6.3.3	Sonstige Bibliotheken	399
6.4	Gerichte	401
6.4.1	National	401
6.4.1.1	Umfangreiche Gerichtsverzeichnisse	401
6.4.1.2	Einzelne Gerichte	401
6.4.1.2.1	Bundesgerichte	401
6.4.1.2.2	Arbeitsgerichtsbarkeit	403
6.4.1.2.3	Ordentliche Gerichte	404
6.4.1.2.4	Sozialgerichtsbarkeit	408
6.4.1.2.5	Verwaltungsgerichtsbarkeit	410
6.4.1.2.6	Sonstige Gerichte	412
6.4.2	International	412
6.5	Internationale Organisationen	413
6.6	Juristenvereinigungen	418
6.7	Internationale Server	423
6.8	Kostenpflichtige Server	432
6.9	Linksammlungen	433
6.9.1	National	433
6.9.2	International	439
6.10	Rechtsanwaltskammern	441
6.11	Rechtsanwaltsuche	442

6.12	Staatsorgane/Ministerien	445
6.12.1	Bund	445
6.12.2	Länder	450
6.12.2.1	Baden-Württemberg	450
6.12.2.2	Bayern	451
6.12.2.3	Berlin	451
6.12.2.4	Brandenburg	452
6.12.2.5	Bremen	452
6.12.2.6	Hamburg	452
6.12.2.7	Hessen	453
6.12.2.8	Mecklenburg-Vorpommern	454
6.12.2.9	Niedersachsen	455
6.12.2.10	Nordrhein-Westfalen	455
6.12.2.11	Rheinland-Pfalz	456
6.12.2.12	Sachsen	456
6.12.2.13	Sachsen-Anhalt	457
6.12.2.14	Schleswig-Holstein	457
6.12.2.15	Thüringen	458
6.13	Suchmaschinen	458
6.14	Universitäten	460
6.14.1	National	460
6.14.2	International	468
6.15	Verbände/Vereine	468
6.16	Verlage	470
6.17	Zeitschriften	476
6.18	Sonstiges	487

6 Wichtige Adressen

6.1 Anwaltvereine

Anwaltverein (DAV)

– http://www.anwaltverein.de/ @@@

Der DAV bietet auf seiner Homepage umfassende Informationen für Rechtsanwälte und Bürger. Hierzu zählen beispielsweise das Anwaltsverzeichnis des DAV, eine Übersicht der örtlichen Anwaltsvereine im DAV, Arbeitsgemeinschaften und Foren im DAV, eine Liste der DAV-Gesetzgebungs- und Fachausschüsse, ein Anwaltsforum Internet sowie neue Medien mit Diskussionsforum und der Möglichkeit für Rechtsanwälte, Beiträge einzustellen. Derzeit können u. a. im Diskussionsforum Beiträge zum Strafrecht, Medienrecht, Datenschutzrecht, Urheberrecht und allgemeinen Zivilrecht eingesehen werden. Der Presseservice des DAV bietet den Zugriff auf diverse Presseerklärungen der Arbeitsgemeinschaften sowie Gesetzgebungs- und Fachausschüsse des DAV. Diese können jeweils im Volltext eingesehen werden. Das aktuelle Anwaltsblatt ist im PDF-Format (Acrobat Reader) online verfügbar und kann heruntergeladen werden. Mit seinem Veranstaltungskalender weist der DAV auf aktuelle juristische Veranstaltungen hin. Vorbildlich ist der Bürgerservice des DAV mit seinen Mandanten-Informationsblättern. Die auch als Printmedium erhältlichen Informationsbroschüren können vom Rechtssuchenden online eingesehen werden. Mit der deutschen Anwaltauskunft unter bundesweit einheitlicher Telefonnummer bietet der DAV dem Rechtssuchenden die Möglichkeit, den für ihn richtigen Anwalt aus dem Anwaltsverzeichnis des DAV zu finden. Die örtlichen Anwaltvereine im DAV sind komplett nach Bundesländern geordnet mit Anschrift und Telefon- bzw. Faxnummer sowie – falls vorhanden – mit Internet-Homepage erreichbar.

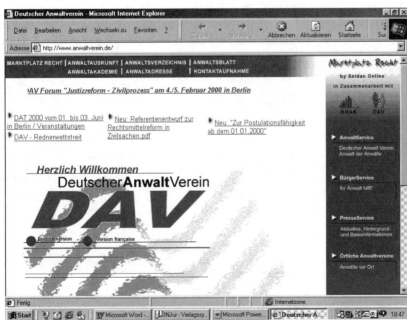

WICHTIGE ADRESSEN

Anwaltvereine

Aschaffenburg

@@ – http://www.anwaltsverein-aschaffenburg.de
Der Anwaltsverein Aschaffenburg ermöglicht auf seiner Homepage die Suche eines Anwaltes nach verschiedenen Kriterien, wie z. B. Tätigkeitsschwerpunkt, Interessenschwerpunkt, Sprachkenntnisse und Fachanwaltsbezeichnung. Eine Liste aller Mitglieder des Anwaltsvereins ist abrufbar. Die Rubrik „Recht im Internet" enthält Verweise auf verschiedene Gesetze und Rechtsprechung.

Augsburg

@ – http://www.augsburger-anwaltverein.de
Der Augsburger Anwaltverein informiert allgemein über sich und seinen Anwalt-Notdienst und gibt die Möglichkeit, unter Auswahl eines Rechtsgebietes nach Rechtsanwälten im Wirtschaftsraum Augsburg zu recherchieren. Eine knappe Linksammlung verweist auf verschiedene Gesetze, Rechtsprechungsdatenbanken, Behörden und Universitäten.

Bayreuth

@ – http://www.bayreuth.anwaltverein.de
Auf den Seiten des Bayreuther Anwaltvereins besteht die Möglichkeit, unter den Mitgliedern des Vereines nach Sachgebieten geordnet zu recherchieren. In einer alphabetisch geordneten Liste sind sie darüber hinaus mit Fachgebietsangabe sowie Telefon- und Faxnummern abrufbar. Die Rubrik „Recht im Internet" bietet Links auf verschiedene Ministerien.

Bonn

@@ – http://bonner.anwaltverein.de
Der Bonner Anwaltverein informiert auf seiner Homepage über seinen Vorstand, seine Geschäftsstelle, die Leistungen des Vereins und des DAV sowie den Inhalt des aktuellen Anwaltsblattes. Das Inhaltsverzeichnis, die Leitsätze der Gerichtsentscheidungen der aktuellen Ausgabe sowie die Rubrik Internet aktuell können im PDF-Format (Acrobat Reader) heruntergeladen werden.

Erlangen

@ – http://www.anwaelte-erlangen.de
Der Erlanger Anwaltverein informiert hier allgemein über seine Tätigkeit sowie die Mitglieder des Vorstandes und bietet die Möglichkeit, in einer eigenen Suchmaschine nach Anwälten zu recherchieren. Eine knappe Linkliste findet sich hinter Botton „Recht im Internet".

Frankental

@ – http://www.anwaltsvereinigung.de
Auf dem Webserver der Anwaltsvereinigung Frankental besteht die Möglichkeit, nach ausgewählten Kriterien die Mitgliederliste der Anwaltsvereinigung zu durchforsten. Eine kurze Linksammlung verweist auf verschiedene Gesetzestexte, Gerichte, Entscheidungen und juristische Fachzeitschriften.

WICHTIGE ADRESSEN

Anwaltvereine

Köln

- http://koelner.anwaltverein.de @@
  Die Homepage des Kölner Anwaltvereines bietet neben allgemeinen Informationen über Vorstand, Geschäftsstelle und Ausschüsse einen Bürgerservice mit Informationen über den strafrechtlichen Notdienst, die Rechtsberatung sowie Gefangenenberatung in der JVA Köln. Der Anwaltservice informiert über aktuelle Veranstaltungen, Seminare und Lehrgänge und bietet neben einem Stellenmarkt eine Linkliste mit Verweisen auf verschiedene Gerichte, Behörden und Verlage.

Leipzig

- http://www.anwaltverein-leipzig.de @
  Der Leipziger Anwaltverein präsentiert sich mit allgemeinen Informationen über seine Tätigkeit, seine Satzung sowie mit Veranstaltungshinweisen. Eine Suchmaschine ermöglicht die Anwaltssuche nach Tätigkeitsschwerpunkt, Fachanwaltszulassung, Interessengebiet und Fremdsprachenkenntnissen.

München

- http://www.gol.de/muenchen/mav/ @@
  Der Münchner Anwaltverein (MAV) bietet neben allgemeinen Informationen Einblick in die Inhaltsübersicht der jeweils aktuellen Ausgabe seiner Mitteilungen sowie der dort veröffentlichten Klein- und Großanzeigen. Unter der Rubrik „Veranstaltungen" kann ein aktueller Veranstaltungskalender eingesehen werden.

Offenbach/Main

- http://www.anwaltsverein-offenbach.de @
  Neben allgemeinen Informationen über seinen Vorstand und die Satzung ermöglicht der Anwaltsverein Offenbach/Main die Suche nach dem passenden Rechtsanwalt bei Auswahl verschiedener Kriterien, etwa Spezialisierung auf ein bestimmtes Rechtsgebiet, Fremdsprachenkenntnisse und Fachanwaltszulassungen. Eine alphabetische Mitgliederliste ist abrufbar.

Saarbrücken

- http://members.aol.com/Saaranwalt/SAV.htm @@
  Der Saarländische Anwaltverein Saarbrücken ermöglicht die Anwaltssuche geordnet nach einer Liste mit Tätigkeitsschwerpunkten. Bei Anwahl des entsprechenden Tätigkeitsschwerpunktes erhält der User eine alphabetisch geordnete Liste der in diesem Bereich tätigen Rechtsanwälte in dem jeweiligen Amtsgerichtsbezirk. Weiterhin bietet der Anwaltverein Informationen zu seiner Geschichte.

WICHTIGE ADRESSEN

Ämter/Einrichtungen

6.2 Ämter/Einrichtungen

Auswärtiges Amt

@@ – http://www.auswaertiges-amt.de/
Die Homepage des Auswärtigen Amtes umfasst Infos über aktuelle Pressemitteilungen, die Außenpolitik und die Europäische Union und bietet unter der Rubrik „Länderinfo" Zugriff auf Länder- und Reiseinformationen weltweit. Alphabetisch geordnet können dort Auslandsreisende medizinische Reiseempfehlungen und sonstige Hinweise wie etwa die Anschrift der Deutschen Auslandsvertretung abrufen. Ein Pressearchiv bietet den Zugriff auf frühere Pressemitteilungen und Reden des Außenministers.

Bundesamt für Verfassungsschutz

@@ – http://www.verfassungsschutz.de/
Das Bundesamt für Verfassungsschutz informiert auf seiner Homepage über seine Aufgaben, Organisation und Kontrolle. Neben dem Verfassungsschutzbericht 1997 und 1998 können diverse Spezialpublikationen zum Bereich Extremismus/Gewalt/Fremdenfeindlichkeit bestellt werden. Der Bericht der Bund-Länder-Arbeitsgruppe „Scientology" der Verfassungsschutzbehörden steht zum Download bereit. Eine Linkliste verweist auf die Landesbehörden für Verfassungsschutz mit Postanschrift, Telefon- und Faxnummern sowie Internet-Seiten. Das Bundesverfassungsschutzgesetz ist im Volltext verfügbar.

Bundesamt für Wirtschaft

@ – http://www.bawi.de/
Das Bundesamt für Wirtschaft (BAW) gibt einen Überblick über seine Aufgabenfelder. Die für die Tätigkeit des Bundesamtes maßgeblichen gesetzlichen Grundlagen stehen leider nicht zum Download bereit. Interessenten werden auf den Buchhandel oder die Bundesanzeiger Verlagsgesellschaft verwiesen. Im Downloadbereich können jedoch verschiedene Anträge in PDF-Format (Adobe Acrobat Reader) heruntergeladen werden.

Bundesanstalt für Arbeit

@@ – http://www.arbeitsamt.de
Einen umfassenden Überblick über ihre Beratungs- und Vermittlungsleistungen bietet die Bundesanstalt für Arbeit – Arbeitsamt online. Der Stelleninformationsservice (SIS) informiert über aktuelle Stellenangebote; der Ausbildungsstellen-Informationsservice (ASIS) gibt Auskunft über verfügbare Ausbildungsplätze und der Arbeitgeber-Informationsservice (AIS) informiert über aktuelle Bewerberangebote. Ausbildungs- und Stellenangebote können direkt online an das Arbeitsamt übermittelt werden. Eine ausführliche Übersicht über die vom Arbeitsamt an Arbeitnehmer, Arbeitgeber und Träger zu gewährenden Leistungen findet sich unter der Rubrik „Geldleistungen". Verschiedene Bescheinigungen stehen unter der Rubrik „Geldleistungen/Vordrucke" zum Download bereit. Aktuelle Veröffentlichungen des Arbeitsamtes sind unter der Rubrik „Information", die Tätigkeit des Instituts für Arbeitsmarkt- und Berufsforschung der BfA unter der Rubrik „Forschung" abrufbar.

WICHTIGE ADRESSEN

Ämter/Einrichtungen

Bundesaufsichtsamt für das Kreditwesen

– http://www.bakred.de @@
  Auf dem Server des Bundesaufsichtsamtes für das Kreditwesen findet man aktuelle Informationen und Hinweise zu den Veröffentlichungen des Bundesaufsichtsamtes. Unter der Rubrik „Veröffentlichungen Gesetze" stehen zum Download als Datei u. a. das Gesetz über das Kreditwesen (KWG) in verschiedenen Fassungen sowie das Gesetz zur Umsetzung der EG Einlagensicherungsrichtlinie und der EG Anlegerentschädigungsrichtlinie zur Verfügung. Zum Jahr-2000-Problem stehen die Fragebögen des BAKred für Großbanken und genossenschaftliche Zentralbanken/ Landesbanken sowie Rechenzentren zur Verfügung.

Bundesaufsichtsamt für den Wertpapierhandel

– http://www.bawe.de/ @@
  Die Website des Bundesaufsichtsamtes für den Wertpapierhandel gibt neben detaillierten Informationen über seine Aufgaben und Organisation die Möglichkeit, Einsicht in die Jahresberichte des BAWe zu nehmen. Diese stehen als Dokumente zum Download bereit, ebenso wie Gesetze und Verordnungen zum Wertpapierhandel im Volltext. Eine Linksammlung bietet die Möglichkeit des Zugriffs auf weitere nationale Behörden, ausländische Börsen und Wertpapieraufsichtsbehörden, Börsen und sonstige internationale Organisationen wie beispielsweise die Weltbank.

Bundesbank

– http://www.bundesbank.de @@@
  Umfangreiche Informationen über die Bundesbank, den Zentralbankrat, die Landeszentralbanken sowie die Europäische Zentralbank finden sich auf dem Webserver der Deutschen Bundesbank. Aktuelle Pressemitteilungen sowie Reden der Mitglieder des Direktoriums der Deutschen Bundesbank aus den letzten drei Monaten stehen als PDF-Dokumente (Acrobat Reader) zum Download bereit. Ebenso können die Monatsberichte der Deutschen Bundesbank heruntergeladen werden. Unter der Rubrik „Statistiken" können neben täglich aktualisierten Wirtschaftsdaten die statistischen Teile der Monatsberichte der Deutschen Bundesbank eingesehen werden. Publikationen der Deutschen Bundesbank können im Regelfall kostenlos bestellt werden, und die regelmäßig erscheinenden Veröffentlichungen stehen zum Download bereit. Unter der Rubrik „Jahr 2000" finden sich umfangreiche Informationen zur Umstellungsproblematik für Computer vor der Jahr-2000-Wende sowie zu den entsprechenden Vorbereitungsmaßnahmen der Deutschen Bundesbank und anderer Institutionen. Viele durchaus nützliche Hinweise, z. B. zur Nachfolge für den Diskont- bzw. Lombardsatz, welche seit dem 1. Januar 1999 nicht mehr festgesetzt werden, bietet auch die Rubrik „FAQ". Die Rubrik „Links" verweist auf andere nationale Zentralbanken Europas und die Europäische Zentralbank.

Bundeskartellamt

– http://www.bundeskartellamt.de @@
  Auf den Internet-Seiten des Bundeskartellamtes finden sich umfangreiche Informationen zum Kartellrecht, der Tätigkeit des Bundeskartellsamts, zur 6. GWB-

WICHTIGE ADRESSEN

Ämter/Einrichtungen

Novelle und aktuellen Fragen der Wettbewerbspolitik. Ferner ist ein Informationsblatt zum Vergabe-Rechtsschutz einsehbar. Die Presseinformationen des Kartellamtes seit 1998 sind online abrufbar.

Bundeskriminalamt

@ – http://www.bka.de/
Über aktuelle Fahndungen nach Personen oder Sachen kann man sich auf den Internet-Seiten des Bundeskriminalamtes Wiesbaden (BKA) informieren. Daneben sind Berichte zur Kriminalitätslage, wie z. B. organisierte Kriminalität, Rauschgiftkriminalität und allgemeine Kriminalität verfügbar. Die polizeiliche Kriminalstatistik 1997 und 1998 für die Bundesrepublik Deutschland ist abrufbar.

Bundeszentrale für politische Bildung

@@ – http://www.bpb.de
Im Online-Angebot der Bundeszentrale für politische Bildung (BPB) findet sich neben aktuellen Informationen und Neuigkeiten eine Übersicht über die Publikationen der BPB. Im Volltext oder in Auszügen sind die im Internet verfügbaren Veröffentlichungen unter der Rubrik „Online Publikationen" abrufbar. Dort bietet die Rubrik „Gesetze" zum Bereich Staatsrecht der BRD verschiedene Gesetze zum Download. Das aktuelle Angebot an Seminaren und Tagungen der BPB steht unter der Rubrik „Veranstaltungen" zum Abruf bereit.

DENIC

@@ – http://www.denic.de/
Bei der DENIC eG (Deutsches Network Information Center) handelt es sich um eine Genossenschaft, die neben verschiedenen anderen Aufgaben vor allem den Primary-Namensserver für die Top-Level-Domain de betreibt und bundesweit Domains unterhalb der Top-Level-Domain de zentral vergibt. Auf ihren Internet-Seiten kann die Vergaberichtlinie (Stand: 1997) für de-Domains abgerufen werden. In der lokalen Datenbank DENIC kann nach Domaininhabern recherchiert und überprüft werden, ob eine Domain bereits vergeben ist. Nach Personendaten kann in der RIPE-Datenbank recherchiert werden. Informationen, z. B. wie und wo eigene Domains beantragt werden können, welche Kosten entstehen, wie Internet-Adressen aufgebaut sind und Informationen zur Vergabe der neuen generischen Top-Level-Domains (gTLDs), erhält man in der Rubrik „FAQ" (Frequently asked Questions). In derselben Rubrik wird auch auf eine kleine Informationssammlung zu Domain-Rechten verwiesen, in der ein Aufsatz zum Kennzeichenrecht, das Urteil „Heidelberg.de", das Multimediagesetz und Bundestagsdrucksachen zu finden sind. Diese Informationssammlung ist jedoch noch auf dem Stand von 1996/97.

Deutsches Institut für Urbanistik

@ – http://www.difu.de/Welcome.shtml
Das Deutsche Institut für Urbanistik stellt auf diesen Internet-Seiten seine Arbeit vor. Ergebnisse verschiedener Studien, wie z. B. Stadtforschung, Umweltberatung für Kommunen und die Auswirkungen der Arbeitszeit und Freizeit auf die

Raumentwicklung, werden vorgestellt. Die Studien sind zum Teil im Volltext, zum Teil jedoch nur in einer Zusammenfassung abrufbar. Des Weiteren kann man sich über Seminare und Projektforen informieren und erhält Zugriff auf das Archiv. Im Archiv findet sich auch eine Sammlung kommunaler Gesetze. Dabei handelt es sich zum Teil um eigene Inhalte, zum Teil wird auf andere Anbieter verwiesen.

Deutsches Patent- und Markenamt

– http://www.deutsches-patentamt.de/ @@
Das Deutsche Patent- und Markenamt bietet neben allgemeinen Informationen sowie wichtigen Rufnummern und Adressen Informationen zu verschiedenen Verfahrensfragen. Die einzelnen Schutzrechte sowie die Möglichkeiten der Sicherung werden ausführlich erläutert. Die beim Patentamt gebräuchlichen Formulare, etwa die Anmeldung zur Eintragung einer Marke in das Register oder das Formular für einen Widerspruch gegen die Eintragung einer Marke stehen im Microsoft Word-Format oder PDF-Format zum Download bereit. Für die weitere Recherche bietet der Server Verweise auf verschiedene patent- und markenrechtlich relevante Datenbanken, etwa die Testdatenbank von DEPATIS oder die Lizenzdatenbank RALF.

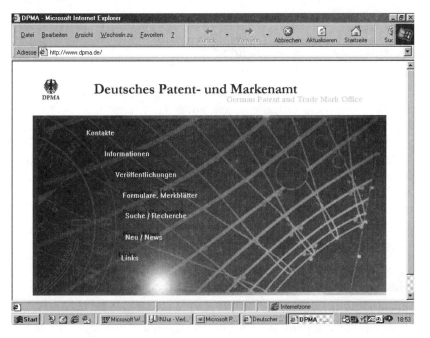

Landesbeauftragte für den Datenschutz NRW

– http://www.lfd.nrw.de @@@
Die Landesbeauftragte für den Datenschutz in Nordrhein-Westfalen stellt umfangreiche Informationen zum Themenbereich Datenschutz zur Verfügung. Es handelt sich dabei größtenteils um eigene Inhalte, daneben wird aber auch auf andere Websites verwiesen. Nationale und internationale Datenschutzgesetze sind abrufbar, aber auch Auszüge aus dem Verfassungsschutzgesetz NRW, dem Landesbeamtengesetz und dem Umweltinformationsgesetz. Die Seiten werden regel-

WICHTIGE ADRESSEN
Ämter/Einrichtungen

mäßig aktualisiert. Der Datenschutzbericht wird als Download bereitgestellt. Berichte aus den einzelnen Fachbereichen und die Möglichkeit, Einsicht in Presseveröffentlichungen zu nehmen, runden den gelungenen Internetauftritt ab.

Landesgewerbeamt Baden-Württemberg

@@@ – http://www.lgabw.de/

Einen guten Überblick über das Landesgewerbeamt Baden-Württemberg, über dessen Aufgaben und Ziele, Standorte, Adressen und Dienstleistungen sowie dessen Informationszentren erhält man auf seinen Internet-Seiten. Hervorzuheben ist das Informationszentrum Patente (IP), eine Servicestelle des Landesgewerbeamtes. Es bietet umfassende Informationen zum Gewerblichen Rechtsschutz an, wie z. B. über den Schutz von Erfindungen oder Unternehmenskennzeichen sowie die dazu notwendigen amtlichen Verfahren. Einige praxisnahe Beiträge von Patentanwälten können eingesehen werden. In der Rubrik „Fragen & Antworten" findet sich eine Zusammenstellung zum Schutz von technischen Erfindungen (Patente und Gebrauchsmuster), von Namen, Logos und anderen Unternehmenskennzeichen (Marken) und von Designerschöpfungen (Geschmacksmuster). Eine Linkliste verweist auf weitere Internet-Ressourcen zum Gewerblichen Rechtsschutz. Auf die benötigten Dokumente kann rasch Mithilfe einer Suchfunktion zugegriffen werden.

Statistisches Bundesamt Deutschland

@@ – http://www.statistik-bund.de/

Das Statistische Bundesamt Deutschland bietet neben aktuellen Pressemitteilungen aktuelle statistische Informationen sowie Jahresergebnisse aus fast allen Bereichen der amtlichen Statistik, die überwiegend kostenfrei eingesehen werden können. Kostenpflichtig ist der Zugriff auf die statistische Datenbank mit detaillierten Monats-, Vierteljahres- und Jahresreihen. Verschiedene elektronische Informationsangebote sowie gedruckte Veröffentlichungen können kostenpflichtig bezogen werden. Neben Hinweisen zu Pressekonferenzen, Messen und wissenschaftlichen Veranstaltungen verweist ein Linkverzeichnis auf online erreichbare statistische Landesämter sowie europäische und internationale statistische Institute.

Zollkriminalamt

@@ – http://www.zollkriminalamt.de

Das Zollkriminalamt stellt auf seinen Internet-Seiten interessantes Informationsmaterial zur Verfügung. Eine Kurzbeschreibung der Aufgaben ist ebenso abrufbar wie eine Organisationsübersicht des Zollkriminalamtes. Per Mausklick können die jeweiligen Aufgaben der Abteilungen und Stellungen abgerufen werden. Ein kleine Anzahl von Veröffentlichungen steht zum Download bereit. Zahlen, Fakten und Informationen, z. B. über die in den vergangenen Jahren sichergestellten Betäubungsmittel, Waffen und Zigaretten, können in der gleichnamigen Rubrik abgerufen werden.

WICHTIGE ADRESSEN

Bibliotheken

6.3 Bibliotheken
6.3.1 Bibliotheksverbunde

Bayern

- http://www.bib-bvb.de @@
  Die Generaldirektion der bayerischen staatlichen Bibliotheken und der Bibliotheksverbund Bayern informieren über Organisation, Zuständigkeiten und Recherchemöglichkeiten auf den Internet-Servern des Bibliotheksverbundes. In den Katalogen kann über das Internet bereits online recherchiert werden. Sogar eine Ausleihe per E-Mail ist vereinzelt möglich. Eine Liste der im Bibliotheksverbund zusammengeschlossenen Bibliotheken gibt einen Überblick über die online erreichbaren Server.

Bremen, Hamburg, Mecklenburg-Vorpommern, Niedersachsen, Sachsen-Anhalt, Schleswig-Holstein, Thüringen

- http://www.brzn.de/cgi-bin/nph-wwwobnmenu @@
  Auf dieser Internet-Seite des gemeinsamen Bibliotheksverbundes der Länder Bremen, Hamburg, Mecklenburg-Vorpommern, Niedersachsen, Sachsen-Anhalt, Schleswig-Holstein und Thüringen ist ein Überblick über zentrale Datenbanken sowie regionale und lokale Bibliothekskataloge möglich. Gesondert ausgewiesen sind Datenbanken mit Online-Bestellfunktion sowie Zeitschriften-Inhaltsdatenbanken.

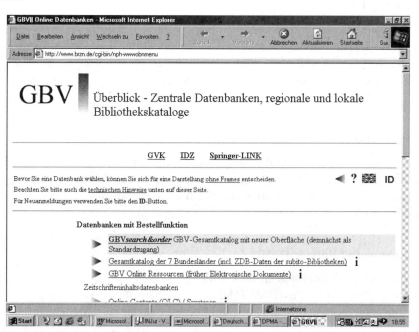

Südwestdeutsch

- http://www.swbv.uni-konstanz.de/CGI/cgi-bin/opacform.cgi @
  Der südwestdeutsche Bibliotheksverbund ermöglicht hier eine Online-Recherche des Gesamtkataloges. Neben Informationen zur Fernleihe gefundener Titel ist auch ein Bibliotheksverzeichnis abrufbar.

WICHTIGE ADRESSEN

Bibliotheken

6.3.2 Universitätsbibliotheken

Augsburg

@@ – http://www.bibliothek.uni-augsburg.de
Die Universitätsbibliothek Augsburg bietet zahlreiche Möglichkeiten der Recherche und Fernleihe. Daneben sind Informationen über die Teilbibliotheken vorhanden. Verweise auf sonstige Internet-Quellen informieren über die bibliographische Recherche, Dokumentlieferdienste sowie allgemeine und fachliche Websites.

Bamberg

@ – http://www.opac.uni-bamberg.de
Auf dieser Internet-Seite der Universität Bamberg kann online im Gesamtbestand der Universitätsbibliothek Bamberg recherchiert werden. Ausleihfunktionen sind derzeit leider noch nicht integriert.

Bayreuth

@ – http://www.ub.uni-bayreuth.de/w3opac/index.html
Der Bestand der Universitätsbibliothek Bayreuth kann hier online durchsucht und es kann online bestellt werden.

Berlin / Freie Universität

@ – http://www.ub.fu-berlin.de/fbb/rec01.html
Auf dieser Internet-Seite der Fachbibliothek der freien Universität Berlin – Fachbereich Rechtswissenschaft – sind allgemeine Informationen für die Bibliotheksbenutzung abrufbar. Eine Online-Recherche des Bestandes ist derzeit nicht möglich.

Berlin / Humboldt-Universität

@ – http://www.unibib.hu-berlin.de/zweigbibl/jurist/jurist.html
Auf dieser Internet-Seite der Humboldt-Universität zu Berlin besteht Zugriff auf den dortigen Online-Katalog (derzeit nur über Telnet) sowie die Neuerwerbungen der Bibliothek.

Berlin / Zentralbibliothek HMI

@ – http://www.hmi.de/bibliothek/index.html
Die Zentralbibliothek des HMI (Hahn-Meitner-Institut) Berlin bietet online Zugriff auf den Katalog der Zentralbibliothek sowie verschiedene elektronische Zeitschriften. Eine Linkliste mit Verweisen auf weitere Bibliothekskataloge und Institutionen ist vorhanden. Darüber hinaus bietet die Bibliothek neuerdings über CD-ROMs im Netz Zugriff auf eine Reihe von Datenbanken. Hierfür ist ein zusätzliches Programm erforderlich, das heruntergeladen werden kann.

WICHTIGE ADRESSEN
Bibliotheken

Bochum

– http://www.ruhr-uni-bochum.de/jura/zrs/zrs1.html @
Auf dem Internet-Server der juristischen Fachbereichsbibliothek der Ruhr-Universität Bochum kann unter der Rubrik „OPAC" der Bibliotheksbestand online durchsucht werden.

Brandenburg

– http://www.ub.tu-cottbus.de @
Die brandenburgische Technische Universität gibt hier die Möglichkeit, eine Online-Recherche in den Bibliothekskatalogen und Verbünden der Universitätsbibliotheken Cottbus durchzuführen.

Düsseldorf

– http://www.uni-duesseldorf.de/WWW/ulb @
Der Besucher der Homepage der Universitäts- und Landesbibliothek Düsseldorf erhält hier Zugriff auf die www-Kataloge und Online-Datenbanken der Bibliothek. Auch ohne Benutzerkennung und Passwort können Ausleihinformationen online abgefragt werden.

Eichstätt

– http://www.ub.ku-eichstaett.de/w3opac/index.html @
Der www-OPAC (world wide web – Online Public Accesss Catalog) der Universitätsbibliothek Eichstätt ermöglicht die Recherche im Katalog der Bibliothek inklusive der Zweigbibliotheken Ingolstadt und München. Wer über einen gültigen Benutzerausweis der Universitätsbibliothek verfügt, kann Magazinexemplare auch direkt online bestellen.

Freiburg

– http://www.jura.uni-freiburg.de/biblio @
Auf dem Internet-Server der Bibliothek für Rechtswissenschaften der Universität Freiburg besteht die Möglichkeit, den systematischen Präsenzbestand sowie die Neuerwerbungen der Bibliothek über eine Datenbank abzufragen.

Giessen

– http://www.uni-giessen.de/fb01/bibliothek @
Auf den Internet-Seiten des juristischen Seminares der Justus-Liebig-Universität Giessen besteht die Möglichkeit der Online-Recherche im Seminarbestand. Über den OPAC kann auf die Bibliotheksbestände der Universitätsbibliothek Giessen, des juristischen und wissenschaftlichen Seminares sowie auf die übrigen Bibliotheken der Universität Giessen zugegriffen werden.

WICHTIGE ADRESSEN

Bibliotheken

Karlsruhe / Rechenzentrum Universität

@ – http://www.rz.uni-karlsruhe.de/~BGH/welcome.htm
Diese Internet-Seite des Rechenzentrums der Universität Karlsruhe ermöglicht die Literaturrecherche im Katalog der Monographien und Zeitschriften der Bibliothek des Bundesgerichtshofs. Monographien sind seit 1990 enthalten. Hinsichtlich einzelner Sachgruppen enthält der Bestand auch ältere Literatur.

Mainz

@ – http://www.ub.uni-mainz.de
Die elektronischen Informationsangebote der Zentralbibliothek der Johannes-Gutenberg-Universität Mainz umfassen die Recherche in zwei Online-Katalogen, den Datenbanken der Universitätsbibliothek und des Zentrums für Datenverarbeitung sowie die Suche in der CLEVER-Datenbank, in der u. a. nach Dissertationen und Diplomarbeiten geforscht werden kann. Nicht alle Online-Angebote sind frei zugänglich.

Mannheim

@@ – http://www.bib.uni-mannheim.de/bib/jura
Auf den Internet-Seiten der Bereichsbibliothek Rechtswissenschaft der Universität Mannheim kann sich der Besucher online über die Bibliotheksbestände informieren. Nützlich und informativ ist die Aufstellung erhältlicher CD-ROM-Datenbanken. Unter der Rubrik „Eine Auswahl rechtswissenschaftlicher Datenbanken im Internet" verbirgt sich eine umfangreiche Liste mit Verweisen auf weitere online erreichbare Datenbanken und sonstige rechtswissenschaftlich relevante nationale und internationale Datenbestände.

Marburg

@ – http://www.ub.uni-marburg.de
Die Universitätbibliothek Marburg ermöglicht auf ihren Internet-Seiten die Online-Literaturrecherche sowie den Online-Zugriff auf die Bibliothekskataloge. Neben Informationen zur Fernleihe und Dokumentlieferung sind Verweise auf lokale und überregionale online erreichbare Bibliotheken sowie Verweise auf weitere Informationen und Dienste im Internet, etwa ausgewählte Suchmaschinen, vorhanden.

Osnabrück

@ – http://www.ub.uni-osnabrueck.de
Auf dieser Internet-Seite der Universitätsbibliothek Osnabrück kann im Bibliotheksbestand online über OPAC und OSIRIS (Osnabrück Intelligent Research Information System) recherchiert werden.

Saarland

@@@ – http://www-jurbib.jura.uni-sb.de
Auf den Internet-Seiten der juristischen Seminarbibliothek der Universität des Saarlandes besteht die Möglichkeit, in verschiedenen Datenbeständen (u. a. im www-OPAC der Universitätsbibliothek) eine Buchrecherche durchzuführen. Die

Suche nach Zeitschriften ist sowohl in einem alphabetisch geordneten Zeitschriftenverzeichnis als auch mit Datenbankunterstützung möglich. Die Loseblattwerke im Bibliotheksbestand sind ebenfalls katalogisiert und nach Rechtsgebieten bzw. mit Hilfe einer Suchmaschine recherchierbar. Die Rubrik „Gesetzestexte online" enthält eine Auswahl von Verweisen auf Gesetzessammlungen im Internet. Des weiteren wird auf das Internet-Angebot weiterer Online-Bibliothekskataloge verwiesen.

Thüringen
– http://thulb03.biblio.uni-jena.de @
Die Thüringer Universitäts- und Landesbibliothek bietet u. a. einen Online-Katalog sowie verschiedene Rechercheangebote. Daneben sind weiterführende Links auf deutsche Bibliotheksverbünde sowie Links auf Bibliotheks- und Buchhandelskataloge vorhanden.

Tübingen
– http://www.jura.uni-tuebingen.de/~js/index.htm @
Neben allgemeinen Informationen um und über die Präsenzbibliothek der juristischen Fakultät Tübingen findet sich hier eine Auswahl juristischer Links mit Verweisen auf Linksammlungen, Gerichte und Behörden.

Würzburg
– http://www.bibliothek.uni-wuerzburg.de/DB/OPAC/W3OPAC @@
Der Zugriff auf den www-OPAC (Online Public Access Catalog) der Universitätsbibliothek Würzburg ermöglicht die Recherche u. a. im Bestand der Zentralbibliothek, der Teilbibliotheken sowie im vollständigen Zeitschriftenbestand.

6.3.3 Sonstige Bibliotheken

Deutsche Bibliothek
– http://www.ddb.de @@@
Die Deutsche Bibliothek, die zentrale Archivbibliothek und das nationale bibliographische Zentrum der Bundesrepublik Deutschland bietet umfangreiche Online-Dienstleistungen. Der Bestand der Deutschen Bibliothek kann online abgerufen werden. Dort sind in Deutschland erschienene Monographien, Dissertationen, Habilitationsschriften, Zeitschriften sowie elektronische Online- und Offline-Publikationen enthalten. Die gefundene Literatur kann zur Einsicht (Benutzung im Lesesaal der Deutschen Bibliothek, Frankfurt/Main sowie Leipzig) online bestellt werden. Vom FTP-Server der Deutschen Bibliothek können kostenlos Arbeitsmaterialien und Programme heruntergeladen werden.

WICHTIGE ADRESSEN

Bibliotheken

Deutsches Bibliotheksinstitut

@@ – http://www.dbilink.de

Der Datenbank-Service des deutschen Bibliotheksinstitutes ermöglicht den Besuchern seiner Homepage in verschiedenen Datenbanken zu recherchieren. Dafür ist eine persönliche Benutzerkennung erforderlich. Nicht registrierte Benutzer können eine eingeschränkte Suche durchführen. Durch ein komfortables Document-Order-System, können Sie direkt im Anschluss an eine Titelrecherche Online-Bestellungen bei zur Zeit 21 großen deutschen Bibliotheken aufgeben.

Europäisches Dokumentationszentrum Universität Mannheim

@@@ – http://www.uni-mannheim.de/users/ddz/edz/edz.html

Das Europäische Dokumentationszentrum der Universität Mannheim bietet auf seiner aktuellen Linkliste Verweise auf eine Vielzahl von Internet-Seiten mit europarechtlich relevanten Inhalten. Abrufbar sind beispielsweise die Telefonnummern der Europäischen Verbraucherinformationszentrale, Dokumentsammlungen verschiedener europäischer Institutionen sowie Informationen über die Beziehungen der Europäischen Union zu Drittstaaten u. a. Daneben bietet das EDZ Zugang zu einer großen Anzahl an EU-Datenbanken, die tabellarisch zusammengestellt sind. Hier können Verordnungen, Richtlinien, Grün- und Weißbücher, diverse Dokumente und Zeitschriften online abgerufen werden. Des weiteren kann man sich über EU-Institutionen sowie EU-Programme umfassend informieren.

Europäisches Dokumentationszentrum Universitätsbibliothek Duisburg

@ – http://www.ub.uni-duisburg.de/biblioth/edz.htm

Das Europäische Dokumentationszentrum (EDZ) der Universitätsbibliothek Duisburg stellt zahlreiche Dokumente der Europäischen Union zur Verfügung. Aktuelle Berichte zum EU-Haushalt, der Finanzierung der EU, der Agenda 2000 sowie der Erweiterung der EU sind online im PDF-Format (Acrobat Reader) erhältlich. Eine umfangreiche Linksammlung verweist auf eine Vielzahl weiterer Internet-Server mit europarechtlichen Inhalten.

Gesellschaft für Datenanalyse und Fernerkundung Hannover

@ – http://www.grass-gis.de/bibliotheken/

Die Gesellschaft für Datenanalyse und Fernerkundung Hannover stellt hier ein Verzeichnis der deutschsprachigen abfragbaren Kataloge und Institutionen im www bereit. Es sind Verweise auf universitäre Bibliothekskataloge, Bibliotheken verschiedener Städte, Verweise auf CD-ROM-Recherchemöglichkeiten, Sonderkataloge u. a. vorhanden.

Hochschulbibliothekszentrum Nordrhein-Westfalen

@@ – http://www.hbz-nrw.de/#DienstedesHBZ

Das HBZ (Hochschulbibliothekszentrum) des Landes Nordrhein-Westfalen bietet umfangreiche Online-Dienste, u. a. die Recherche in den Online-Gesamtkatalogen NRW, Recherche in verschiedenen deutschen Bibliotheken und Zeitschriftensammlungen. Daneben bestehen Verweise auf verschiedene weitere Online-Bibliotheksprojekte, z. B. die digitale Bibliothek NRW oder die Verbundkatalogisierung für öffentliche Bibliotheken. Weitere Links verweisen auf sonstige Bibliotheksverbünde, zentrale und internationale Einrichtungen wie die Deutsche Bibliothek, den Bibliotheksverbund Bayern u. a. Per E-Mail kann eine bibliographische Auskunft eingeholt werden.

6.4 Gerichte
6.4.1 National
6.4.1.1 Umfangreiche Gerichtsverzeichnisse

Verzeichnis Universität Saarbrücken

- http://www.jura.uni-sb.de/internet/gericht.html @@
  Diese Internet-Seite des juristischen Internet-Projektes Saarbrücken enthält Links zu diversen Bundesgerichten, ausgewählten Oberlandes- und Amtsgerichten sowie einigen Gerichten der Sozial- und Verwaltungsgerichtsbarkeit der BRD.

6.4.1.2 Einzelne Gerichte
6.4.1.2.1 Bundesgerichte

BAG

- http://www.bundesarbeitsgericht.de/home.html @@
  Das Bundesarbeitsgericht (BAG) informiert auf seiner Homepage über seine Senate, deren Geschäftsverteilung, das Angebot der Bibliothek und der Dokumentationsstelle. Ein Newsticker zeigt aktuelle Pressemitteilungen. Auf frühere Pressemitteilungen aus den Jahren 1997–1999 kann ebenfalls zugegriffen werden.

BGH

- http://www.rz.uni-karlsruhe.de/~BGH/bghhome.htm @
  Neben allgemeinen Informationen über die Stellung des Bundesgerichtshofes, seinen Aufgaben und Aufbau, der Geschäftsverteilung und der Adresse erhält der Leser auf dem Server des Bundesgerichtshofes die Möglichkeit, sich über die Richter der Zivilsenate und Strafsenate sowie die Rechtsanwälte beim BGH zu informieren. Unter der Rubrik „Entscheidungen" finden sich Hinweise über die Veröffentlichung von Entscheidungen des BGH und einige Links auf Adressen, wo solche abgerufen werden können.

WICHTIGE ADRESSEN

Bundesgerichte   Gerichte/National

BPatG

@@ – http://www.deutsches-patentamt.de/bpatg/
Das Bundespatentgericht gibt auf seiner Homepage umfangreiche Informationen zu Aufbau, Aufgaben, Organisation und Geschäftsverteilung des Gerichts. Darüber hinaus sind Links zu ausgewählten Entscheidungen der verschiedenen Senate vorhanden. Der Jahresbericht kann online eingesehen werden.

BSG

@@ – http://www.bundessozialgericht.de/
Allgemeine Informationen über die Aufgaben, Organisation und Verwaltung des Bundessozialgerichtes finden sich auf dieser Homepage. Eine kurzgehaltene Darstellung gibt Überblick über die Geschäftsverteilung der Senate und die Presse- und Öffentlichkeitsarbeit des Gerichts. Die Entscheidungen des Bundessozialgerichtes können gegen Gebühr von DM 1,– pro Seite in anonymisierter Form per Telefax bestellt werden.

BVerfG

@@@ – http://www.bundesverfassungsgericht.de/
Seit dem 20. September 1999 ist das Bundesverfassungsgericht (BVerfG) unter gleichnamiger Adresse online. Neben aktuellen Mitteilungen zu Aufgaben, Organisation und Verfahren des Gerichts, Informationen zu den Richtern getrennt nach Senaten (mit Lebenslauf!) und den Pressemitteilungen des Gerichts der Jahre 1999 und 1998 ist das Herzstück des Angebots die Entscheidungssammlung, die künftig alle zwei Tage aktualisiert werden soll. Veröffentlicht sind die Entscheidungen beginnend mit dem 1. Januar 1998. Die Entscheidungen können im Volltext abgerufen werden. Der Entscheidungstext ist amtlich und entspricht demjenigen, den das Gericht auf Anfrage versendet. Die Sammlung ist sehr übersichtlich gestaltet: Die neuesten Entscheidungen sind nach Aktenzeichen und

Gerichte/National Arbeitsgerichtsbarkeit

Datum aufgelistet, frühere Entscheidungen können mittels eines Kalenders nach deren Datum abgerufen werden. Leider steht keine Suchmaschine für eine Recherche nach Stichworten, Aktenzeichen usw. zur Verfügung.

BVerwG

- http://www.bverwg.de @@
  Das Bundesverwaltungsgericht präsentiert sich online mit ausführlichen Informationen zum Geschäftsverteilungsplan, der Geschäftslage, seiner Bibliothek und Dokumentationsstelle. Die Pressemitteilungen 1997–1999 sowie die aktuellen Gerichtstermine nebst Aktenzeichen können online abgerufen werden. Eine Linkliste verweist auf die Homepages weiterer Bundesgerichte sowie online erreichbarer Verwaltungsgerichte.

6.4.1.2.2 Arbeitsgerichtsbarkeit

LAG Nürnberg

- http://www.stmas.bayern.de/ArbGe/lagn/index.htm @@
  Auf der Internet-Seite des Landesarbeitsgerichts (LAG) Nürnberg finden sich neben Informationen zum gerichtlichen Verfahren, der Organisation und einem Adressenverzeichnis der Gerichte der nordbayerischen Arbeitsgerichtsbarkeit und ihrer örtliche Zuständigkeit ausgewählte Entscheidungen des Landesarbeitsgerichts Nürnberg und der nordbayerischen Arbeitsgerichte im Volltext. Die Urteile sind in einer Übersicht abrufbar nach Datum der Entscheidung, Aktenzeichen und Kurzbegründung/Leitsatz, versehen mit weiteren Anmerkungen.

WICHTIGE ADRESSEN

Ordentliche Gerichte | Gerichte/National

6.4.1.2.3 Ordentliche Gerichte

AG Bad Iburg

@@@ — http://www.osnabrueck.netsurf.de:8080/~malte/

Eine vorbildliche und nützliche Homepage betreibt das Amtsgericht (AG) Bad Iburg. Hier finden sich neben den Anschriften des Gerichts sowie der dort tätigen Gerichtsvollzieher samt deren Zuständigkeitsbezirken umfangreiche Informationen, wie z. B. die Tenore der Entscheidungen des AG nach Datum geordnet und mit Aktenzeichen versehen. Die Veröffentlichung der Entscheidungen dient ausschließlich der schnellen Information der beteiligten Parteien bzw. ihrer Anwälte vor Erhalt der schriftlichen Urteile oder Beschlüsse und wird nach vier Wochen gelöscht. Darüber hinaus stehen Informationen über Aushänge an der Gerichtstafel und Veröffentlichungen im Bundesanzeiger, z. B. Aufgebote, Konkurse und Sequestrationen, öffentliche Zustellungen, Termine von Zwangsversteigerungen beweglicher Sachen und Grundstücke, Veröffentlichungen in Registersachen (HRA-Neueintragungen, -Veränderungen, -Neueintragungen, HRB-Veränderungen, Partnerschafts-, Vereins- und Genossenschaftsregister) zur Verfügung. Ferner sind eine Liste der am AG zugelassenen Rechtsanwälte und Notare sowie verschiedene Hinweise für Rechtssuchende, Mietpreisspiegel, eine Online-Berechnung der Prozesskosten u. v. m. veröffentlicht. Außerdem kann man sich in eine Mailingliste eintragen.

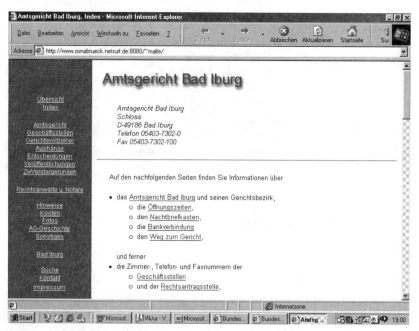

AG Erding

@@ — http://www.justiz.bayern.de/AG-Erding/

Auf den Internet-Seiten des Amtsgerichts Erding finden sich neben allgemeinen Informationen Hinweise zu den Verkehrsverbindungen und den Richtern sowie zu den Geschäftsstellen und Gerichtsvollziehern. Herzstück des Angebots ist das Berechnungsmodul „Prozesskosten" von Richter Dimbeck, mit dem er Maßstäbe für die Einbeziehung von „Berechnungs- und Beratungssoftware" in gerichtliche Internet-Angebote setzt.

WICHTIGE ADRESSEN

Gerichte/National — Ordentliche Gerichte

AG Neuruppin

- http://www.ruppin.de/Neuruppin/binfo/recht/amtsgericht.html#abt1 @

  Das AG Neuruppin präsentiert sich auf seiner Internet-Seite zwar farbenfroh, aber leider wenig informativ. Veröffentlicht sind derzeit lediglich Adressen, Aufgaben und Öffnungszeiten der Abteilungen I–IV sowie der Zweigstelle Wittstock.

AG Passau

- http://www.justiz.bayern.de/justiz-passau/ag/start.htm @@

  Mit einer gestalterisch sehr ansprechenden Web-Site stellt sich das Amtsgericht Passau auf den Internet-Seiten der Justizbehörden Passau vor. Dieser „Wegweiser" bietet Informationen zum Gericht und seinen Dienst- und Zweigstellen, zu Notaren, Rechtsanwälten und Gerichtsvollziehern. Unter der praxisnahen Rubrik „Wo bekomme ich was?" erfährt man z. B., bei welcher Stelle Einsicht in das Grundbuch möglich ist und wo Grundbuchblattabschriften erteilt werden. Darüber hinaus finden sich in der Rubrik „Broschüren und Infos" umfangreiche Informationen zur Restschuldbefreiung und zum Mietrecht (Grundstücke und Häuser, Eigentumswohnungen und Teileigentum). Hinzu kommt eine Übersicht über die Versteigerungstermine und zu Insolvenzveröffentlichungen, unterteilt in die Bereiche Unternehmens- und Verbraucherinsolvenz sowie sonstige Kleinverfahren.

AG Potsdam

- http://www.amtsgericht-potsdam.org/ @@

  Als erstes deutsches Gericht war das Amtsgericht Potsdam mit einer eigenen Domain im Internet vertreten, in der alle amtlichen Mitteilungen veröffentlicht werden. Es finden sich die Veröffentlichungen nach der Insolvenzordnung im Jahre 1999, die Gesamtvollstreckung (nach altem Recht) und die Zwangsversteigerungen 1999, die Handelsregistereintragungen und -änderungen seit dem 4. Quartal 1998, das Genossenschafts- und Partnerschaftsregister sowie einige Aufgebote. In der Rubrik Service finden sich ein Adress- und Telefonverzeichnis, eine Auflistung der zuständigen Gerichtsvollzieher, Pressemitteilungen sowie eine Terminübersicht in Strafsachen.

AG Tirschenreuth

- http://home.t-online.de/home/agtir/index.htm @

  Passend zum schönen Gebäude des Amtsgerichts Tirschenreuth und dessen landschaftlich reizvoller Umgebung finden sich „himmlische" Seiten in dessen Internet-Angebot. Neben allgemeinen Angaben zum Gericht wie Anschrift, Geschichte, Allgemeines, Anfahrt, Zuständigkeit und Geschäftsstellen stehen weitere Informationen in der Rubrik „Links – Presseinfo über das AG Tirschenreuth" zur Verfügung. Verwiesen wird man auf die Internet-Seite der Justizpressestelle des Oberlandesgerichts Nürnberg. Dort sind „Streiflichter aus der Arbeit eines Amtsgerichts – Amtsgericht Tirschenreuth mit Zweigstelle Kemnath", wie z. B. Hinweise zu Personalverhältnissen und Erläuterungen zu Zivilprozess- und Mahnsachen etc., von Ewald Behrschmidt, Richter am OLG Nürnberg, veröffentlicht.

WICHTIGE ADRESSEN

Ordentliche Gerichte

Gerichte/National

LG Bonn

@ – http://www.bonnanwalt.de/bonn/lg/index.html
Nicht die offizielle Homepage aber ein Informationsangebot über das Landgericht Bonn von Rechtsanwalt Höller findet sich auf dieser Internet-Seite von bonnanwalt spezial. Hervorzuheben sind die Hinweise zum Landgericht, anschaulich dargestellt mit Bildern, sowie der Beitrag zur Geschichte des Landgerichts. In der Rubrik „Nützliche Informationen" findet man neben Anschrift, Öffnungszeiten des Nachtbriefkastens, Bibliothek und Geschäftsverteilung einige wenige Entscheidungen des Landgerichts Bonn und der Amtsgerichte aus dem Bezirk (teilweise im Volltext).

LG Frankfurt am Main

@ – http://www.landgericht.frankfurt-main.de
Das Landgericht Frankfurt am Main informiert auf seiner Website u. a. über die Geschäftsverteilung, über Einrichtungen des Landgerichtes, die Ausbildungsmöglichkeiten am LG und veröffentlicht darüber hinaus einige ausgewählte Presseerklärungen.

LG Magdeburg

@@ – http://home.t-online.de/home/LG-MD/homepage.htm
Die Website des Landgerichts Magdeburg (Sachsen-Anhalt) enthält Verweise auf Pressemitteilungen, nach Sachgebieten geordnete Rechtsprechung sowie ausgewählte Links zu anderen juristischen Anbietern, Gerichten und Datenbanken.

LG Passau

@ – http://www.justiz.bayern.de/justiz-passau/lg/start.htm
Ein Wegweiser durch das Landgericht findet sich auf den Internet-Seiten der Justizbehörden Passau. Informiert wird über Aufgaben, Verwaltung, Zuständigkeit, Zivil- und Strafkammern, Service-Einheiten, Zeugenbetreuung und Bewährungshilfe.

LG Potsdam

@ – http://www.brandenburg.de/lgp/lgpweb/lg/start.htm
Mit einer graphisch spartanischen Internet-Seite wartet das Landgericht Potsdam auf. Dargestellt werden die Fragen „Wie erreichen Sie uns?", „Was macht das Landgericht?", „Wer kann Ihnen bei Anträgen und Klagen helfen?", „Fragen zur Geschichte des Landgerichts?", „Wo sitzt das Landgericht?" sowie „EDV-Einsatz bei den Gerichten?" (Informationen zur Einführung des Systems „MEGA" zur Beschleunigung der behördlichen Tätigkeit).

OLG Bamberg

@ – http://www.justiz.bayern.de/olg-ba/inhalt.htm
Neben einem Überblick über die Aufgaben und Tätigkeiten des Oberlandesgerichts (OLG) Bamberg und einem Anschriftenverzeichnis finden sich erst einige wenige Pressemitteilungen auf diesen Internet-Seiten.

Gerichte/National

Ordentliche Gerichte

OLG Jena

– http://www.thueringen.de/olg/ @
Auf den Internet-Seiten des Thüringer Oberlandesgerichts wird informiert über die ordentliche Gerichtsbarkeit in Thüringen und das Thüringer Oberlandesgericht (OLG) Jena wird mit seiner Geschichte und den aktuellen Aufgaben vorgestellt. Das jeweils zuständige Amtsgericht mit Anschrift und Telefonverbindung kann in der Rubrik „Struktur" ermittelt werden. Darüber hinaus finden sich einige Pressemitteilungen zu Entscheidungen und Gerichtsterminen. Angekündigt sind zusätzliche Seiten in einer Infothek mit einer Rechtsanwaltsliste und den bei den Thüringer Amtsgerichten stattfindenden Zwangsversteigerungsterminen sowie Leitsätze zu OLG-Urteilen.

OLG Karlsruhe

– http://www.olg-karlsruhe.de/ @
Neben Informationen über seine Geschichte und Organisation bietet das Oberlandesgericht Karlsruhe Informationen zum straf- und zivilprozessualen Instanzenzug. Die Mitteilungen der Pressestelle des Oberlandesgerichtes sind online abrufbar; die Rechtsprechung des Gerichts ist leider nicht verfügbar.

OLG Nürnberg

– http://www.justiz.bayern.de/olgn/fr_olg.htm @@
Das Oberlandesgericht Nürnberg informiert auf seiner Homepage über den Oberlandesgerichtsbezirk, das Gericht und seine Senate, die Zuständigkeiten und den Geschäftsverteilungsplan u. a. Über die Schaltfläche „§§" gelangt man zur Rechtsprechungsübersicht, in der nach Sachgebieten geordnet Entscheidungen des OLG Nürnberg in Form von Urteilen, Leitsätzen oder Presseinformationen abgerufen werden können.

OLG Oldenburg

– http://www.olg-oldb.uni-oldenburg.de/ @
Das Oberlandesgericht Oldenburg informiert auf seiner Homepage unter anderem über die Gerichtsorganisation und den Geschäftsverteilungsplan. Links verweisen auf Pressemitteilungen und die unterhaltsrechtlichen Leitlinien der Familiensenate.

Justizbehörden Coburg

– http://www.jura.uni-sb.de/Gerichte/LG-Coburg/ @
Die Homepage der Justizbehörden Coburg verzweigt zum Landgericht, der Staatsanwaltschaft und zu den zugehörigen Amtsgerichten Kronach und Lichtenfels. Ein interessanter Ansatz ist die Rubrik „Wörterbuch" der sog. „rätselhaften Begriffe" von Arbeitsgericht bis Zivilprozess. Lebenserhaltende Hinweise finden sich unter „Tipps zum Aufenthalt" wie z. B. die Frage: „Wo finde ich Getränke ...?"

WICHTIGE ADRESSEN

Sozialgerichtsbarkeit   Gerichte/National

Justizbehörden Hof

@ — http://www.hof.baynet.de/~justiz/
Neben allgemeinen Informationen wie z. B. zur telefonischen Erreichbarkeit, Dienstzeiten und Zahlstelle, einem knappen administrativen Überblick über das Landgericht Hof, die Staatsanwaltschaft, das Amtsgericht Hof und Wunsiedel und sonstigen Informationen zu den Themen Bewährung, Zeugenaussage und -betreuung finden sich – leider erst wenige – Presse- und Personalnachrichten.

6.4.1.2.4 Sozialgerichtsbarkeit

BayLSG

@@@ — http://www.baylsg.de/
Auf dem Webserver des Bayerischen Landessozialgerichts finden sich umfangreiche Informationen zur bayerischen Sozialgerichtsbarkeit. Abrufbar sind die Adressen, Telefon- und Faxnummern sowie Zuständigkeit und Geschäftsverteilungsplan der Sozialgerichte Nürnberg, Landshut, München, Bayreuth, Regensburg, Augsburg, Würzburg. Unter der Rubrik Entscheidungen sind aktuelle Urteile des bayerischen Landessozialgerichts online im Volltext einsehbar. Eine Linksammlung verweist auf weitere interessante Webseiten, beispielsweise des Bundessozialgerichts, der Sozialversicherungsträger, Ministerien, Verbände und Organisationen sowie sonstige Seiten mit sozialrechtlich interessanten Inhalten.

BbgLSG

@@ — http://www.brandenburg.de/~lsgbb/
Auf der Homepage des Landessozialgerichtes für das Land Brandenburg findet man allgemeine Informationen zur Zuständigkeit der Sozialgerichte, Klagemodalitäten, Fristen und Kosten. Neben den Adressen der Sozialgerichte Cottbus, Frankfurt/Oder, Neuruppin und Potsdam ist eine Linkliste auf weitere Seiten mit sozialrechtlichem Inhalt vorhanden. Urteile sind online leider nicht abrufbar.

WICHTIGE ADRESSEN

Gerichte/National Sozialgerichtsbarkeit

BremLSG

- http://www.bremen.de/web/owa/p_anz_einrichtungen?pi_id=117741 @
  Einen knappen Überblick über seine Tätigkeit bietet das Landessozialgericht Bremen. Weiterführende Informationen, etwa der Zugriff auf einschlägige Urteile, sind nicht enthalten.

Sozialgerichtsbarkeit Berlin

- http://www.sozialgerichtsbarkeit.de/1/sgberlin.htm @
  Die Sozialgerichtsbarkeit Berlin informiert über Anschrift, Telefon- und Faxnummern des Sozialgerichtes Berlin, des Landessozialgerichtes Berlin, der Rechtsantragstelle sowie der Bibliothek.

Sozialgerichtsbarkeit Hessen

- http://www.sozialgerichtsbarkeit.de/1/hessen.htm @
  Die Homepage der hessischen Sozialgerichtsbarkeit informiert über Aufbau und Tätigkeit des hessischen Landessozialgerichtes in Darmstadt sowie der weiteren Sozialgerichte Darmstadt, Frankfurt/Main, Fulda, Gießen, Kassel, Marburg und Wiesbaden. Eine kurze Darstellung zum Sozialrechtsweg und eine knappe Linksammlung runden das Erscheinungsbild ab.

Sozialgerichtsbarkeit Nordrhein-Westfalen

- http://www.lsg.nrw.de/ @@@
  Das Verfahren vor den Sozialgerichten wird dem Bürger in geradezu vorbildlicher Weise mit Beispielen von Bescheiden, Urteilen, Rechtsmittelbelehrungen und vielen anderen Dingen auf den Seiten der nordrheinwestfälischen Sozialgerichtsbarkeit präsentiert. Neben den Anschriften der Sozialgerichte Aachen, Detmold, Dortmund, Düsseldorf, Duisburg, Gelsenkirchen, Köln, Münster und Essen wird in einem Überblick über die Geschichte der Sozialgerichtsbarkeit im Bundesland Nordrhein-Westfalen informiert. Die Entscheidungen der Sozialgerichtsbarkeit Nordrhein-Westfalen können nach Fachgebieten oder Jahreszahl und Aktenzeichen abgerufen werden. Eine nach Bundesländern geordnete Linksammlung verweist auf weitere Informationen über die Sozialgerichtsbarkeit in der Bundesrepublik Deutschland.

Sozialgerichtsbarkeit Saarland

- http://www.jura.uni-sb.de/Sozialgerichtsbarkeit @@@
  Die Internet-Seite der saarländischen Sozialgerichtsbarkeit wird unterstützt von Prof. Dr. Maximilian Herberger und dem juristischen Internet-Projekt Saarbrücken. Sie stellt sich vor mit einer Einführung zur Sozialgerichtsbarkeit und dem Verfahren sowie einem Kommentar zur Verfahrensdauer vom Präsidenten des Landessozialgerichts. Neben Pressemitteilungen und Statistiken der Gerichte (Statistik des Landessozialgerichts (LSG) und des Sozialgerichts (SG) für die Jahre 1959–1998), Informationen zum Aufbau und der Geschäftsverteilung, einer Übersicht über Veröffentlichungen, den Ausschüssen der ehrenamtlichen Richter, Adressen und Bibliotheken der Gerichte ist besonders die Entscheidungssammlung hervorzuheben. In dieser Rubrik des Angebots werden vor allem Entscheidungen des LSG veröffentlicht. Dabei ist neben dem Aktenzeichen und

WICHTIGE ADRESSEN

Verwaltungsgerichtsbarkeit Gerichte/National

Leitsätzen auch der Volltext der Entscheidung abrufbar. Zukünftig sollen auf dieser Seite auch vereinzelte Entscheidungen des SG veröffentlicht werden soweit sie von Interesse sind und deren Bedeutung über den konkreten Einzelfall hinausgeht. Abgerundet wird dieser Auftritt durch die Präsentation eines ausgewählten Urteils des Monats.

Sozialgerichtsbarkeit Schleswig-Holstein

@@ – http://home.t-online.de/home/rudolf.schultz/webs1_2.htm
Auf dieser privaten Homepage findet man umfassende Informationen zur Sozialgerichtsbarkeit in Schleswig-Holstein. Eine Linkliste verweist auf die einzelnen Sozialgerichte des Landes Schleswig-Holstein mit Adressen, Telefonnummern und Angaben über die Präsidenten, Vizepräsidenten und Geschäftsstellen. Teilweise befindet sich die Website noch im Aufbau.

Sozialgerichtsbarkeit Übersicht

@@ – http://www.sozialgerichtsbarkeit.de/
Auf dieser Internet-Seite besteht die Möglichkeit, auf die Sozialgerichtsbarkeit der einzelnen Bundesländer zuzugreifen. Nähere Informationen zur Sozialgerichtsbarkeit der Länder findet der Leser bei Auswahl des jeweiligen Bundeslandes.

6.4.1.2.5 Verwaltungsgerichtsbarkeit

BWVGH

@ – http://www.justiz.baden-wuerttemberg.de/vg/vgh01.html
Auf dem Webserver der Justiz Baden-Württemberg erhält man allgemeine Informationen über den Verwaltungsgerichtshof Baden-Württemberg, Anschrift, Telefon- und Faxnummern sowie den Geschäftsverteilungsplan. Hinsichtlich der Entscheidungen des Verwaltungsgerichtshofs wird auf die Datenbank ELEISA sowie den Server der Juris GmbH verwiesen. Entscheidungen können von dieser Website nicht abgerufen werden.

OVG Münster

@@ – http://www.jura.uni-muenster.de/ovg/index.htm
Das Oberverwaltungsgericht für das Land Nordrhein-Westfalen präsentiert sich auf den Internet-Seiten der juristischen Fakultät der Universität Münster in einer knappen Darstellung online mit Anschrift, Telefon- und Faxnummern, Stadt- bzw. Lageplan und aktuellen Pressemitteilungen.

OVG Nordrhein-Westfalen

@@ – http://www.jura.uni-muenster.de/ovg/index.htm
Auf den Internet-Seiten der rechtswissenschaftlichen Fakultät der Westfälischen Wilhelms-Universität Münster präsentiert das Oberverwaltungsgericht Nordrhein-Westfalen „klein aber fein" Anschriften, Telefon- und Faxnummer, Stadt- und Lageplan sowie Pressemitteilungen und aktuelle Entscheidungen seit dem Jahr 1996.

WICHTIGE ADRESSEN

Gerichte/National   Verwaltungsgerichtsbarkeit

OVG Rheinland-Pfalz

– http://www.ovg.justiz.rlp.de/ @

Als erstes Gericht in Deutschland hat das Oberverwaltungsgericht (OVG) Rheinland-Pfalz seine Entscheidungssammlung online gestellt, die über 3.400 Leitsatzentscheidungen des OVG seit Mitte der 50er Jahre sowie ausgewählte Entscheidungen des Verfassungsgerichtshofs Rheinland-Pfalz im Volltext enthält. Direkten Zugang auf die Sammlung erhält man derzeit noch unter der Adresse http://194.162.8.130:8081/menu.html. Bereits in Kürze, nämlich ab dem 10.10.1999, soll der Zugang kostenpflichtig werden. Nach Entscheidungen kann mittels einzelner Kriterien wie Aktenzeichen und Entscheidungsdatum sowie mittels kombinierter Kriterien wie Schlagworte, Entscheidungsdatum (von – bis), Normen, Gerichte und Sachgebiete recherchiert werden. Auf den Internet-Seiten stehen darüber hinaus die Pressemitteilungen des Gerichts seit 1996 zur Verfügung. Gesucht und gefunden werden können diese im Pressearchiv anhand eines Inhalts- und Stichwortverzeichnisses und einer Suchmaschine nach Stichworten. Neben Informationen zum Gericht selbst und einer Ankündigung von Gerichtsterminen von allgemeinem Interesse findet sich ferner eine Adressensammlung der Verwaltungsgerichte mit Präsidenten, Pressereferenten u. a.

Verwaltungsgerichte Baden-Württemberg

– http://www.justiz.baden-wuerttemberg.de/index.html @

Auf den Internet-Seiten des Justizministeriums von Baden-Württemberg werden in der Rubrik „Verwaltungsgerichte" die vier erstinstanzlichen Verwaltungsgerichte Stuttgart, Karlsruhe, Freiburg und Sigmaringen sowie der Verwaltungsgerichtshof in Mannheim vorgestellt. Neben Informationen zu Aufgaben und Stellung, Verfahren und Historischem finden sich bei jedem Gericht (die Seiten sind analog aufgebaut) die allgemeinen Hinweise, ein Wegweiser und Telefonverzeichnis und der Geschäftsverteilungsplan. Leider sind jeweils erst einige wenige Pressemitteilungen der Gerichte veröffentlicht.

VG Frankfurt a. M.

– http://www.rz.uni-frankfurt.de/vg-frankfurt/ @@@

Mit der (wohl) ersten gerichtlichen Rechtsprechungs-Datenbank im Internet auf der Seite der Universität Frankfurt hat das Verwaltungsgericht Frankfurt Maßstäbe gesetzt. Die Benutzung ist dank des leicht zu handhabenden Suchinfterface einfach. Neben den Leitsätzen sind derzeit 13 Entscheidungen im Volltext (Stand 06.12.1999) veröffentlicht. Zur Auswahl wird folgende Erläuterung gegeben: „Die Auswahl der Entscheidungen, die im Internet veröffentlicht werden, liegt bei den zuständigen Richterinnen und Richtern. Maßgeblich für die Veröffentlichung ist deshalb nicht nur die Relevanz der Entscheidung, sondern auch das Engagement der jeweiligen Richter und Richterinnen." In der Rubrik „Presse-Infos" sind derzeit leider keine aktuellen Mitteilungen vorhanden. Ansonsten findet man neben allgemeinen Informationen über die Verwaltung des Gerichts, seine Kammern und seine Zuständigkeit, den Geschäftsverteilungsplan für das Jahr 2000 sowie eine Linkliste mit Verweisen auf weitere Internet-Seiten mit juristischem Inhalt. Kein Bestandteil der Homepage des VG Frankfurt a. M., aber dennoch sehr empfehlenswert ist die Einführung in das Verwaltungsprozess-

WICHTIGE ADRESSEN
Sonstige Gerichte

recht von Richter am VG Dr. Paul Tiedemann mit „Praktischen Hinweisen zum verwaltungsgerichtlichen Prozess unter besonderer Berücksichtigung der Verhältnisse beim VG Frankfurt a. M."

VG Mainz

@ – http://www.vgmainz.rlp.de/
Das Verwaltungsgericht (VG) Mainz stellt auf seinen Internet-Seiten allgemeine Informationen zum Gericht und seiner Tätigkeit mit einer Terminvorschau auf Verhandlungen von allgemeinem Interesse sowie ausgewählte Presse- und Entscheidungsmitteilungen zur Verfügung. Die Mitteilungen sind nach dem Datum ihres Erlasses und nach Stichworten aufgelistet.

6.4.1.2.6 Sonstige Gerichte

VGH NW

@@ – http://www.jura.uni-muenster.de/vgh/index.htm
Auf den Internet-Seiten der rechswissenschaftlichen Fakultät der Universität Münster informiert der Verfassungsgerichtshof des Landes Nordrhein-Westfalen über seine Mitglieder und seine Zuständigkeit. Neben Hinweisen zu Anschrift, Telefon usw. finden sich Pressemitteilungen/Aktuelle Entscheidungen seit dem Jahr 1994.

6.4.2 International

EuGH

@@ – http://curia.eu.int/de/index.htm
Der Europäische Gerichtshof präsentiert sich auf seiner Internet-Seite mit allgemeinen Informationen über die Europäischen Gemeinschaften, die Rechtsprechung für Europa, Zusammensetzung, Aufbau und Zuständigkeit des Gerichtes sowie Informationen über das Verfahren. Die neueste Rechtsprechung des Gerichtshofes und des Gerichts erster Instanz können in einer komfortablen Suchmaschine nach Aktenzeichen, Datum, Namen der Parteien, Sachgebieten sowie Stichwörtern im Volltext recherchiert werden. Die Urteile werden noch am Tag der Verkündung um ca. 15 Uhr eingestellt. Ein Wochenkalender gibt Auskunft über demnächst anstehende, die Pressemitteilungen informieren über aktuelle Verfahren. Der alphabetische Index „Rechtssachen" steht derzeit in deutscher Sprache nicht zur Verfügung.

WICHTIGE ADRESSEN

Internationale Organisationen

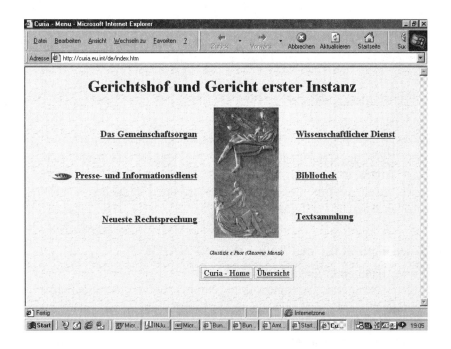

Europäischer Gerichtshof für Menschenrechte

- http://www.echr.coe.int
 Der Europäische Gerichtshof für Menschenrechte gibt in englischer und französicher Sprache allgemeine Informationen über seine Tätigkeit, Organisation sowie Pressemitteilungen.

Internationale Gerichte

- http://www.jb.law.uu.nl/jb-vol/cover.html
 Die juristische Bibliothek der Universität Utrecht gibt hier einen Überblick über internationale Gerichte, internationale gerichtliche Organisationen und Tribunale. Sofern diese online erreichbar sind, ist ein entsprechender Link eingestellt. Darüber hinaus finden sich Verträge verschiedener Länder, wie z. B. der Niederlanden, USA usw.

Internationaler Gerichtshof

- http://www.icj-cij.org/icjwww/ibasicdocuments.htm
 Auf dem englischsprachigen Webserver des „International Court of Justice" findet sich neben allgemeinen Informationen über die Aktivitäten des Gerichtshofes und seine Statuten auch die Charta der Vereinten Nationen.

6.5 Internationale Organisationen

FAO (Food and Agricultural Organisation)

- http://www.fao.org/
 Die FAO, die Ernährungs- und Landwirtschaftsorganisation der Vereinten Nationen, stellt sich im Internet in englischer, französischer, spanischer und arabischer Sprache vor. Die FAO informiert über ihre einzelnen Tätigkeitsbereiche, z. B.

WICHTIGE ADRESSEN

Internationale Organisationen

Landwirtschaft, Fischerei, Forstwirtschaft, Ernährung, nachhaltige Entwicklung u. a., gibt die Themen der nächsten Sitzungen bekannt und veröffentlicht Pressemitteilungen und Berichte zu aktuellen Themen.

Flüchtlingskommissar der UN

@ – http://www.unhcr.de

Die Website des Amtes des Hohen Flüchtlingskommissars der Vereinten Nationen ermöglicht den Zugriff auf aktuelle Publikationen des Amtes und informiert über die Arbeit des Hohen Kommissars. Abrufbar sind Augenzeugenberichte, länderspezifische Informationen, Finanzierung und Geldgeber u. a. Die Seite ist in deutscher Sprache verfügbar.

Harmonisierungsamt für den Binnenmarkt – HABM

@@ – http://www.oami.eu.int/de/default.htm

Auf dem Server des Harmonisierungsamtes für den Binnenmarkt (Marken, Muster und Modelle) – auch bekannt als Europäisches Markenamt – finden sich Erläuterungen, Formulare und Texte der Verordnungen und Richtlinien zur Europäischen Gemeinschaftsmarke.

IAO

@@ – http://www.ilo.org

Die Website der internationalen Arbeitsorganisation (IAO) informiert in englischer, französischer und spanischer Sprache über die Tätigkeit, Aufbau, Programm und Organisation der IAO und veröffentlicht ihre Konventionen und Empfehlungen. Eine englischsprachige Suchmaschine ermöglicht die Suche nach Schlagwörtern. Über eine umfangreiche Linkliste besteht Zugriff auf sämtliche Internet-Seiten der entsprechenden Unterabteilungen.

Internationale Handelskammer

@ – http://www.iccwbo.org/

Die internationale Handelskammer stellt sich und ihre Arbeit sowie ihre nationalen Komittees, Konferenzberichte und kommende Veranstaltungen auf dieser Homepage in englischer Sprache vor. Weiterhin sind aktuelle Meldungen abrufbar.

Internationale Organisation für Migration

@ – http://www.iom.ch/

Einen Überblick über ihre Aufgaben, Struktur und Veröffentlichungen gibt die Internationale Organisation für Migration auf ihrer Website in englischer, französischer und spanischer Sprache.

WICHTIGE ADRESSEN

Internationale Organisationen

Internationales Rotes Kreuz

– http://www.icrc.org/ @
Allgemeine Informationen zu Organisation, Aufbau und Tätigkeit des Internationalen Roten Kreuzes erhält man in englischer, französischer und spanischer Sprache auf dessen Website.

IWF

– http://www.imf.org/ @@
Auf seiner Homepage stellt der Internationale Währungsfonds (IWF) aktuelle Berichte über seine Tätigkeit sowie Informationen über Organisation, Veröffentlichungen, aktuelle Kreditzinsen und Zinssätze von Sonderziehungsrechten u. a. in Englisch, Französisch und Spanisch bereit. Der Jahresbericht für das Geschäftsjahr 1998 kann in französischer, deutscher und spanischer Sprache als PDF-File (Adobe Acrobat Reader) heruntergeladen werden. Ein alphabetischer Index erleichtert das Durchsuchen des Webservers nach Schlagwörtern.

Koalition für internationale Gerechtigkeit

– http://www.igc.apc.org/cij/ @
Die Koalition für internationale Gerechtigkeit (Coalition for International Justice) präsentiert sich und ihre Arbeit im Bereich der Strafverfolgung von Kriegsverbrechen im ehemaligen Jugoslawien und in Ruanda auf einer englischsprachigen Homepage.

NATO

– http://www.nato.int/ @@
Die NATO präsentiert sich auf einer zweisprachigen Website (englisch/französisch) mit umfangreichen Informationen. Man erfährt Wissenswertes über ihre Organisation, Struktur und die Mitglieder. Sämtliche verabschiedeten Kommuniqués seit 1949, das NATO-Handbuch, Pressemitteilungen und andere Veröffentlichungen können im Webarchiv im Volltext in englischer Sprache abgerufen werden.

OAS

– http://www.oas.org/ @
Die Internet-Seiten der Organisation der Amerikanischen Staaten (OAS) bieten in englischer und spanischer Sprache Zugriff auf Veröffentlichungen, Dokumente und Reden, einen Veranstaltungskalender und Informationen über die Tätigkeit und Mitgliedstaaten der OAS. Über eine Suchmaschine können die Internet-Seiten nach Schlagwörtern durchsucht werden.

OECD

– http://www.oecd.org/ @@
Informationen über die OECD (Organisation für wirtschaftliche Zusammenarbeit und Entwicklung) findet man auf deren in englischer und französischer Sprache gehaltener Homepage. Der Leser erfährt hier Wissenswertes über die Mitgliedschaft in der OECD, deren Organisation und Struktur, ihre Öffentlichkeitsarbeit

WICHTIGE ADRESSEN
Internationale Organisationen

u. a. Der Jahresbericht 1999 ist im Volltext abrufbar, die Suche nach einzelnen Gliederungspunkten ist möglich. Bücher und Publikationen können online bestellt werden.

UN

@@@ – http://www.un.org
Der Server der Vereinten Nationen (UN) ist in den Sprachen Englisch, Französisch, Arabisch, Chinesisch, Spanisch und Griechisch abrufbar. In übersichtlicher Gliederung werden hier allgemeine Informationen über Aufbau, Unter- und Sonderorganisationen der UN und UN-Mitgliedstaaten sowie Veröffentlichungen und sonstige UN-Dokumente angeboten. Unter der Rubrik „Datenbanken" ist u. a. der Zugriff auf internationale Verträge möglich. Von der Homepage aus verweisen Links auf die Bereiche Frieden und Sicherheit, wirtschaftliche und soziale Entwicklung, Menschenrechte, humanitäre Angelegenheiten und Völkerrecht. Unter der letztgenannten Rubrik finden sich weitere Links zum Internationalen Gerichtshof, dem internationalen Strafgerichtshof, zu Seerechtsabkommen, Staatsverträgen und internationalem Handelsrecht. Einen Besuch lohnt der „UN Documentation Research Guide", über den zahlreiche Reden, Entscheidungen, Resolutionen und Dokumente der Generalversammlung, des Sicherheitsrates u. a. zu finden sind sowie weitere Verweise zu völkerrechtlichen Konferenzen und Verträgen.

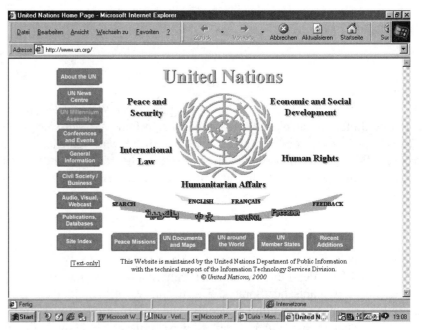

UNCTAD

@ – http://www.unctad.org/
Die Internet-Seiten der UNCTAD (Welthandels- und Entwicklungskonferenz der Vereinten Nationen) sind wahlweise in englischer, französischer und spanischer Sprache einsehbar. Hier findet man Informationen über die Organisation der UNCTAD, das Arbeitsprogramm, Veranstaltungen, technische Zusammenarbeit, Pressemitteilungen und Links zu verwandten Websites.

WICHTIGE ADRESSEN

Internationale Organisationen

UNICEF

– http://www.unicef.org/ @
Der Server des Kinderhilfswerks der UN (UNICEF) bietet in englischer Sprache Informationen über Kinderrechte, Veröffentlichungen, statistische Daten sowie Wissenswertes über die Organisation selbst.

Weltbank-Gruppe

– http://www.worldbank.org/ @
Der Server der Weltbank-Gruppe gibt einen Überblick über Aufbau und Organisation der Gruppe und informiert u. a. über Entwicklungsthemen, Partnerschaften und Publikationen. Über den Weltbank-Publikationskatalog können zahlreiche Veröffentlichungen online bestellt werden.

WEU

– http://www.weu.int/ @@
In englischer und französischer Sprache sind auf der Homepage der Westeuropäischen Union (WEU) Informationen über die Mitgliedschaft in der WEU, über deren Rolle, Struktur und Geschichte in englischer und französischer Sprache erhältlich. Unter der Rubrik Dokumente kann der Brüsseler Vertrag zur Gründung der WEU im Volltext abgerufen werden. Ebenso im Volltext erhältlich sind dort diverse Kommuniqués der Ministerratssitzungen seit 1984 sowie Presseerklärungen, Reden und Merkblätter.

WHO

– http://www.who.int/ @@
Die Homepage der Weltgesundheitsorganisation (WHO) informiert in englischer und französischer Sprache über Organisation und Tätigkeit der WHO. Zum Download stehen die Tagesordnungen, Sitzungsprotokolle und Berichte der Versammlungen in den offiziellen Sprachen Arabisch, Chinesisch, Englisch, Französisch, Russisch und Spanisch zur Verfügung sowie Auszüge aus den Weltgesundheitsberichten der Jahre 1995–1998 in Englisch. Eine Suchmaschine erlaubt die Suche in den Archiven und Veröffentlichungen der WHO.

WIPO

– http://www.wipo.org/ @@@
Wissenswertes rund um den Schutz von geistigem Eigentum erfährt man auf den Internet-Seiten der World Intellectual Property Organisation (WIPO) in Genf. Unter den Begriff „Intellectual Property" falllen gewerbliche Schutzrechte und auch das Copyright. Neben grundsätzlichen Erläuterungen sind die Veröffentlichungen der Organisation und das „WIPO Magazine" im PDF-Format abrufbar. Texte der Verordnungen, Abkommen und Verträge sind online veröffentlicht. Die Informationen stehen in Englisch, Französisch und Spanisch zur Verfügung und werden regelmäßig aktualisiert.

WICHTIGE ADRESSEN

Juristenvereinigungen

WTO

@@ – http://www.wto.org/
Auf der Homepage der Welthandelsorganisation (WTO) kann man in englischer, spanischer und französischer Sprache Informationen zu verschiedenen Handelsthemen aus dem Bereich Güter, Dienstleistungen, geistiges Eigentum, Entwicklung u. a. abrufen. Unter der Rubrik „Legal Texts" erhält man einen Überblick über die Ergebnisse der Verhandlungen der Uruguay-Runde sowie Auszüge aus der Schlußakte. In englischer Sprache finden sich die Berichte des Panels und des ständigen Berufungsgremiums der WHO über die Schlichtungsverfahren in diversen internationalen Handelsstreitigkeiten. Diese können als Word-Dokumente oder im PDF-Format (Acrobat Reader) heruntergeladen werden.

6.6 Juristenvereinigungen

Übersicht über Deutsch-Ausländische Juristenvereinigungen

@ – http://radbruch.jura.uni-mainz.de/DFJ/verein.html
Eine Liste der Adressen sowie zum Teil die Ansprechpartner Deutsch-Ausländischer Juristenvereinigungen finden sich auf dieser Seite der Universität Mainz.

Arbeitskreis für Insolvenzrecht

@ – http://www.insolvenzverein.de
Der Berlin-Brandenburger Arbeitskreis für Insolvenzrecht e. V. informiert auf seiner Homepage über seine Ziele und aktuelle Veranstaltungen und ermöglicht in seinem Archiv den Zugriff auf die Diskussionsergebnisse bisheriger Veranstaltungen.

Berliner Strafverteidiger e. V.

@@@ – http://www.strafverteidiger-berlin.de/
Die Vereinigung Berliner Strafverteidiger e. V. bietet Fachinformationen zum materiellen und prozessualen Strafrecht online. In der Rubrik „Aktuelles" finden sich Informationen und neue Rechtsprechung. Verschiedene Beiträge, hauptsächlich zum Thema Strafverteidigung (z. B. „Die Verteidigung von Ausländern – Übersicht bei aufenthaltsrechtlichen Problemen" oder „Verteidigung im Maßregelvollzug") sowie eine Linksammlung stehen zur Verfügung. In der Rubrik „Rechtsprechung" kann nach strafrechtlichen Entscheidungen recherchiert werden. Allerdings werden hier die einzelnen Entscheidungen nicht aufgelistet, sondern können nur mit Hilfe einer Suchfunktion abgerufen werden. Die Suchfunktion wird anhand verschiedener Beispiele ausführlich erklärt. Auf die wichtigsten strafrechtliche Gesetze kann man über Hyperlinks zugreifen.

WICHTIGE ADRESSEN

Juristenvereinigungen

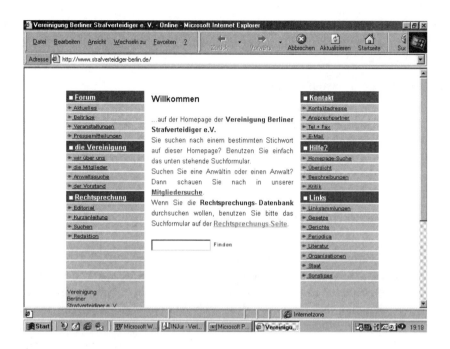

Deutsch Japanische Juristenvereinigung e. V.

- http://www.djjv.org/ @@
  Auf ihren Internet-Seiten informiert die Deutsch-Japanische Juristenvereinigung (DJJV) über ihre Ziele und Mitgliedschaft in der Vereinigung, bietet Presseinformationen, eine Linksammlung und eine Online-Bestellmöglichkeit der Veröffentlichungen der Vereinigung. Ferner können die Inhaltsverzeichnisse ausgewählter Ausgaben der Vereinspublikation „Zeitschrift für japanisches Recht" eingesehen werden. Besonders hinzuweisen ist auf den Service, dass Artikel der Zeitschrift angefordert werden können und diese auf Kosten der DJJV versandt werden. Darüber hinaus finden sich wertvolle Adressen und Hinweise bezüglich Praktikumsstellen und Jobs in Japan.

Deutsch-Amerikanische Juristenvereinigung

- http://www.sanet.de/dajv/ @@
  Die Homepage der Deutsch-Amerikanischen Juristenvereinigung e. V. (DAJV) gibt einen Überblick über die Tätigkeiten und Aufgaben der Vereinigung. Neben Informationen über juristische Studien und Praktika sowie die Referendarwahlstation in den USA sind Informationsbroschüren für einen USA-Aufenthalt deutscher Juristen sowie deutsche Veranstaltungshinweise enthalten. Zu empfehlen sind die ausgewählten Artikel des DAJV-Newsletters der Jahre 1995–1997, die online einsehbar sind. Die Satzung der DAJV ist online abrufbar. Die Website ist sowohl auf Deutsch als auch auf Englisch verfügbar.

Deutsch-Argentinische Juristenvereinigungen

- http://derecho.org/comunidad/AJAG/ @@
  Auf dem Server der Deutsch-Argentinischen Juristenvereinigung finden sich Informationen über die Aktivitäten der Vereinigung sowie verschiedene Links zu argentinischen und deutschen Servern mit juristischen Inhalten, u. a. Verweise

WICHTIGE ADRESSEN

Juristenvereinigungen

auf Rechtsdatenbanken des argentinischen Justizministeriums oder Wirtschaftsministeriums. Der Zugriff auf weitere Informationen ist teilweise kostenpflichtig.

Deutsch-Britische Juristenvereinigung

@@ – http://viadrina.euv-frankfurt-o.de/~dbjv/
Die Deutsch-Britische Juristenvereinigung informiert auf ihrer Homepage über ihre Gründungsgeschichte, Vorstand, Mitgliedschaft, deren Aktivitäten und veröffentlicht einen Auszug aus der Satzung. Darüber hinaus findet sich eine nützliche Linksammlung zum Vereinigten Königreich.

Deutsch-Chinesische Juristenvereinigung

@@ – http://www.jura.uni-freiburg.de/dcjv/
Die Deutsch-Chinesische Juristenvereinigung e. V. präsentiert sich auf dem Internet-Server der Universität Freiburg u. a. mit dem Hinweis auf Veranstaltungen und einem Newsletter mit aktuellen Informationen zur Tätigkeit der Vereinigung. Die Inhaltsverzeichnisse früherer Ausgaben des Newsletters beginnend mit dem Jahr 1996 können online abgerufen werden.

Deutsch-Französische Juristenvereinigung

@@ – http://www.dfj.org
Die Deutsch-Französische Juristenvereinigung e. V. (DFJ) verweist mit einer kurzen Sammlung juristischer Links auf deutsche und französische Internet-Server mit juristischen Inhalten. Darunter befindet sich u. a. eine Diskussionsliste zum französischen Recht sowie Verweise auf französische und deutsche Gesetze. Neben einer Liste mit Veranstaltungshinweisen finden sich Informationen zum Auslandsstudium in Frankreich, Praktikum und Wahlstation sowie zur Zulassung als ausländischer Rechtsanwalt.

Deutsch-Lettische Juristen-Vereinigung e. V.

@@ – http://www.dljv.de/
Deutsch-Lettische Juristen-Vereinigung e. V. präsentiert auf ihrer Internet-Seite in der Rubrik „Know-how" Neuigkeiten, Know-how und Publikationen, wie z. B. eine Auswahl derzeitiger Gesetzgebungsverfahren im lettischen Parlament, Ankündigungen, Pressemitteilungen, Veranstaltungen. Es finden sich darüber hinaus Kontakt- und sonstige wichtige Adressen, die Satzung der Vereinigung und Informationen zur Mitgliedschaft.

Deutsch-Nordische Juristenvereinigung

@ – http://www.dnjv.org/
Die Deutsch-Nordische Juristenvereinigung veröffentlicht auf ihren Internet-Seiten Informationen zu ihren Jahrestagungen, zur Satzung und eine Datenbank mit einem Mitgliederverzeichnis. Ferner können Vorträge und Aufsätze von Vereinsmitgliedern (u. a. Transportrecht, Seerecht, Vergaberecht) eingesehen werden. Abschließend finden sich noch nützliche Links für Juristen und die von der Vereinigung vorgeschlagene Schiedsgerichtsordnung.

WICHTIGE ADRESSEN

Juristenvereinigungen

Deutsch-Polnische Juristen-Vereinigung e. V.

- http://www.dpjv.de/
  Auf der „jungen" Seite Deutsch-Polnische Juristen-Vereinigung e. V. finden sich bisher lediglich Adresse und Ansprechpartner sowie das Veranstaltungsprogramm der Vereinigung.

Deutsch-Rumänische Juristenvereinigung e. V.

- http://www.drjv.de/
  Die Seiten der Deutsch-Rumänischen Juristenvereinigung e. V. sind noch im Entstehen und bieten bislang hauptsächlich Ansprechpartner und eine Mitgliederliste.

Deutsch-Schweizerische Juristenvereinigung

- http://www.dsjv.de/
  Die Deutsch-Schweizerische Juristenvereinigung (DSJV) wurde zwar erst am 26. August 1999 gegründet, weist aber bereits jetzt einen vorbildlichen Internet-Auftritt vor. Neben allgemeinen Informationen zur Vereinigung findet sich eine umfangreiche Linksammlung u. a. zum Schweizer Recht zu Universitäten in der Schweiz, Hinweise auf aktuelle Entwicklungen im schweizerischen Recht sowie allgemeine Fundstellen und Quellen. Für Anfang des Jahres 2000 ist eine Onlinedatenbank angekündigt, mit Mitgliedern, die im deutsch-schweizerischen Rechtsverkehr tätig sind. Die Internet-Präsenz befindet sich zur Zeit im Aufbau, lohnt aber durchaus bereits jetzt einen Besuch. Eine französisch- und italienischsprachige Version der Seiten ist in Vorbereitung.

Deutsch-Spanische Juristenvereinigung

- http://www.schwebs.de/jurist.dsjv/
  Die Deutsch-Spanische Juristenvereinigung e. V. informiert auf ihrer Homepage allgemein über die Vereinigung, deren Tätigkeit, den Vorstand und die Geschäftsstelle. Juristisch verwertbare Informationen sind leider kaum verfügbar.

Deutsch-Taiwanesische Juristenvereinigung

- http://www.dtjv.org/
  Die Vereinigung der Juristen aus der Bundesrepublik Deutschland und der Republik China (Taiwan) e. V., Deutsch-Taiwanesische Juristenvereinigung (DTJV) informiert kurz und knapp über deren Ziele, Aktivitäten und über die Mitgliedschaft in der Vereinigung.

Deutsch-Türkische Juristenvereinigung

- http://viadrina.euv-frankfurt-o.de/~dtjv/800/start800.html
  Informationen zu Gründungsgeschichte und Zweck, Mitgliedschaft, Aktivitäten und dem Vorstand finden sich auf den Internet-Seiten der Deutsch-Türkischen Juristenvereinigung.

WICHTIGE ADRESSEN

Juristenvereinigungen

Deutsche Anwaltscooperation
@@ – http://www.dac.de
Die Website der Deutschen Anwaltscooperation (DAC) bietet eine Suche nach DAC Kanzleien mittels der Anwaltssuchfunktion sowie eine DAC Expertensuche. Darüber hinaus gibt sie einen Überblick über juristische Informationsdienste im Internet. Die Linkliste verweist auf verschiedene Internet-Server mit Gesetzes- und Rechtsprechungssammlungen zum deutschen und europäischen Recht.

Deutscher Juristinnenbund
@@ – http://www.djb.de/
Der Deutsche Juristinnenbund, ein Zusammenschluß von Juristinnen, Volks- und Betriebswirtinnen zur Fortentwicklung des Rechts bietet weiblichen Rechts- oder Wirtschaftswissenschaftlern die Mitgliedschaft, mit dem Ziel der Verwirklichung der Gleichberechtigung und Gleichstellung der Frau in allen gesellschaftlichen Bereichen. Die Website enthält Informationen über Organisation, Arbeitsweise und Schwerpunkte des Bundes. Eine Online-Bestellung der Verbandszeitschrift ist möglich.

Deutscher Richterbund
@@ – http://www.drb.de
Der Deutsche Richterbund informiert auf seinen Internet-Seiten über sich und seine Arbeit und hält Stellungnahmen zu aktuellen justizpolitischen Themen sowie Pressemitteilungen zum Abruf bereit. Ein Verweis auf die Deutsche Richterzeitung gibt online die Möglichkeit sich über die Inhalte der Zeitschrift seit 1997 zu informieren und diese zu bestellen.

Eurojuris
@ – http://www.eurojuris.de
Der Anwaltsverband Eurojuris informiert auf seiner Homepage über seine Mitglieder, seine Leistungen und sein nationales und internationales Konzept.

Gesellschaft für Rechtsvergleichung
@ – http://www.jura.uni-freiburg.de/GfR/default.htm
Die Gesellschaft für Rechtsvergleichung e. V. informiert hier über ihre Ziele, Organisation und aktuelle Veranstaltungen. Die Tagesberichte früherer Veranstaltungen sind online einsehbar.

Richterverband Schleswig-Holstein
@@@ – http://www.tzl.de/richter/Index.html
Der Richterverband Schleswig-Holstein präsentiert sich online mit einer Auswahl juristischer Links beispielsweise auf den Deutschen Richterbund, den Hamburgischen Richterverein, die Deutsch-Französische Juristenvereinigung, den Deutschen Bundestag sowie verschiedene Universitäten. Ein Online-Archiv ermöglicht den Zugriff auf Mitteilungsblätter des Verbandes der Richterinnen und

Richter, Staatsanwältinnen und Staatsanwälte seit 1997. Daneben bietet der Richterverband Zugriff auf die Leitlinien des Deutschen Richterbundes sowie verschiedene Pressemitteilungen.

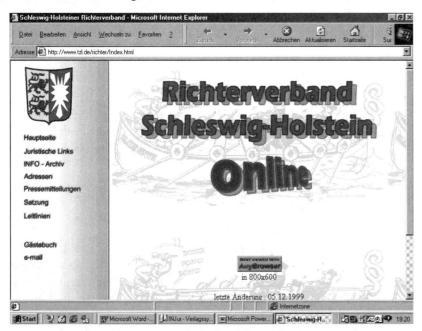

Vereinigung Demokratischer Juristinnen und Juristen

– http://www.vdj.de/ @@
Die Vereinigung Demokratischer Juristinnen und Juristen e. V. (VDJ) informiert über ihre Zielsetzungen und Tätigkeiten. Neben den Inhaltsverzeichnissen Zeitschrift „ansprüche" seit 1990 und ausgewählten Beiträgen aus der Publikation sind Presseerklärungen und Stellungnahmen der VDJ sowie eine Sammlung von juristischen Links abrufbar.

6.7 Internationale Server

Ausschuss der Regionen

– http://www.cor.eu.int/ @
Auf der Homepage des Ausschusses der Regionen finden sich allgemeine Informationen über dessen Mitglieder, Tagesordnung und Parteien sowie Links zu diversen Veröffentlichungen, Sitzungsberichten, Pressemitteilungen und Schriftstücken zur Arbeit des Ausschusses.

Belgisches Parlament

– http://www.fed-parl.be/deindex.html @
Hier findet man Informationen über das belgische Parlament (Senat und Kammer) in deutscher Sprache sowie eine Übersetzung der Verfassung Belgiens.

WICHTIGE ADRESSEN

Internationale Server

Britisches Parlament

@ – http://www.parliament.uk/
Auf der Homepage des britischen Parlaments stehen allgemeine Informationen über das Parlament des Vereinigten Königreichs, das Unterhaus und das Oberhaus zur Einsicht bereit.

Europäische Investitionsbank

@ – http://eib.eu.int/
Die Europäische Investitionsbank (EIB) präsentiert sich auf ihrer englischsprachigen Homepage mit Informationen über ihren Aufbau und Struktur, aktuelle Projekte, aktuelle Pressemitteilungen und mit einer Übersicht über Veröffentlichungen u. a.

Europäische Kommission

@@ – http://europa.eu.int/comm/index_de.htm
Der Server der Europäischen Kommission informiert über Profile und Zuständigkeitsbereiche der 20 EU-Kommissare, die Vertretungen der Europäischen Kommission in den Mitgliedstaaten sowie wichtige Reden des Kommissionspräsidenten u. a. Die von der Kommission veröffentlichten Pressemitteilungen sind in neun Sprachen in der Datenbank des Sprecherdienstes RAPID verfügbar. Ein Leitfaden gibt wichtige Hinweise über den Zugang zu den Dokumenten der Kommission. Dort werden wichtige Fragen zum Erhalt von EU-Dokumenten beantwortet. Die Rubrik „Arbeitsprogramm" gibt Aufschluss über das von der scheidenden Kommission ausgearbeitete Arbeitsprogramm für das Jahr 1999 sowie die Liste der Texte, deren Verabschiedung die Kommission bis Ende Januar 2000 vorsieht (teils in Französisch, teils in Englisch verfasste Dokumente).

WICHTIGE ADRESSEN

Internationale Server

Europäische Kommission für Menschenrechte

– http://www.dhcommhr.coe.fr @

Die Europäische Kommission für Menschenrechte stellt auf ihrer in englischer und französischer Sprache verfügbaren Homepage allgemeine Informationen über ihre Organisation und Aktivitäten bereit. Die Pressemitteilungen und Berichte der Kommission sind abrufbar.

Europäische Union

– http://europa.eu.int/pol/index-de.htm @@

Einen Überblick über die Institutionen der Europäischen Union mit Kurzbeschreibungen und Verweisen auf die jeweiligen Webserver findet man auf dieser Internet-Seite der Europäischen Union. Neben einem Überblick über die Politikbereiche in der Europäischen Union sind ferner detaillierte Informationen zur Wirtschafts- und Sozialpolitik, der Rolle der Union in der Welt, Fragen der Justiz und Inneres sowie Finanzierung der Gemeinschaftstätigkeiten abrufbar.

Europäische Zentralbank

– http://www.ecb.int/ @

Die Europäische Zentralbank Frankfurt gibt einen mehrsprachigen Überblick über aktuelle Fragen im Zusammenhang mit ihrer Tätigkeit, Pressemitteilungen sowie Veröffentlichungen. Die EZB-Monatsberichte sind online im Volltext abrufbar.

Europäischer Rechnungshof

– http://www.eca.eu.int/ @@

Der Europäische Rechnungshof ermöglicht Zugriff auf umfassende Informationen über seine Aktivitäten. Abrufbar ist eine Übersicht über die vom Rechnungshof in den letzten fünf Jahren verabschiedeten Berichte und Stellungnahmen, seinen Aufbau, detaillierte Beschreibungen seiner Aufgaben sowie seine Jahres- und Sonderberichte. Letztere sind im Volltext abrufbar.

Europäischer Wirtschafts- und Sozialausschuss

– http://www.ces.eu.int/ @

Die auf Englisch und Französisch verfügbare Homepage des Wirtschafts- und Sozialausschusses der Europäischen Gemeinschaften informiert über die Aktivitäten des WSA. Die dort erhältlichen allgemeinen Informationen sind leider nicht in deutscher Sprache erhältlich.

Europäisches Parlament

– http://www.europarl.eu.int/sg/tree/de/default.htm @@

Auf dem Webserver des Europäischen Parlamentes findet man umfangreiche Informationen zum Parlament, den Abgeordneten, den Tätigkeiten der Ausschüsse sowie Dossiers zu zentralen EU-Themen, Sitzungen, Tagesordnungen und parlamentarischen Anfragen. Seit Januar 2000 ist in den dem Parlament vorliegenden Ausschussberichten, beginnend mit Juli 1994, eine Volltextsuche nach Begriffen im amtlichen Dokumententitel sowie im gesamten Dokument möglich.

WICHTIGE ADRESSEN

Internationale Server

Europäisches Patentamt (EPA)

@@@ – http://www.european-patent-office.org/
Von den Internet-Seiten des Europäischen Patentamtes (EPA) können neben allgemeinen Informationen über das EPA auch offizielle Mitteilungen eingesehen werden. So steht das Amtsblatt des EPA im Volltext ab dem Jahrgang 1997 zum Download im PDF-Format bereit; Pressemitteilungen, Beschlüsse des Verwaltungsrates, Jahresberichte und eine Liste der Veröffentlichungen werden ebenfalls zur Verfügung gestellt. Die Rubrik „Unterlagen für Anmelder" bietet Anmeldeformulare, Gebühren- und Preislisten sowie Anmelde-Software zum Herunterladen. Rechtsprechung der Beschwerdekammern des EPA ist ebenfalls in der Rubrik „Unterlagen für Anmelder" zu finden. Die ausgewählten Entscheidungen sind kurz zusammengefasst und systematisch gegliedert. In der Rechtsprechungsübersicht wurden Entscheidungen bis zum ersten Halbjahr 1998 berücksichtigt. Die abrufbaren Informationen stehen zum größten Teil in deutscher Sprache zur Verfügung, ein geringer Teil nur in Englisch. Veranstaltungstermine und Produktinformationen runden den Internet-Auftritt des EPA ab.

Europarat

@ – http://www.coe.fr/index.asp
In englischer und französischer Sprache präsentiert sich hier der Europarat mit allgemeinen Informationen zu seinen Aktivitäten und Veröffentlichungen sowie einer stattlichen Anzahl von Verträgen.

Finnisches Parlament

@ – http://www.eduskunta.fi/efakta/0ek.htm
Weitreichende Informationen in englischer Sprache über das finnische Parlament und seine Mitglieder erhält man beim Besuch von dessen Homepage.

Griechisches Außenministerium

@ – http://www.mfa.gr
Allgemeine Informationen über Griechenland, sein Außenministerium und die Außenpolitik sind auf dieser Seite erhältlich.

Großbritannien

@ – http://www.hmso.gov.uk/
Die Homepage der staatlichen Behörde für den Verkauf von Veröffentlichungen der Regierung (Her Majesty's Stationery Office) enthält britische Gesetze ab 1996 im Volltext, welche u. a. über eine Suchmaschine abgerufen werden können.

Isländisches Ministerium für Justiz und geistliche Angelegenheiten

@@ – http://brunnur.stjr.is/interpro/dkm/dkm.nsf/pages/english
Auf diesem Webserver des isländischen Ministeriums für Justiz und geistliche Angelegenheiten finden sich umfassende Verweise zum isländischen Recht. Die Verfassung sowie diverse andere Gesetze können im Volltext abgerufen werden.

WICHTIGE ADRESSEN

Internationale Server

Italienisches Justizministerium

– http://www.giustizia.it @@@
Das italienische Justizministerium präsentiert sich mit einer informativen, übersichtlichen und optisch sehr ansprechenden Homepage im Internet. Neben Hinweisen zum Auswahlverfahren für den Staatsdienst, Informationen zu Beurkundungen, Studien, den Regierungen von Prodi und D'Alema, zum italienischen Justizsystem, zur Organisation und zum Aufbau des Ministeriums finden sich aktuelle Pressemitteilungen sowie eine umfangreiche Linksammlung zu nationalen und internationalen Institutionen, Organisationen, Ministerien und Gerichten. Besonders erwähnenswert ist die Rubrik „Banca die Cassazione" mit einer Auswahl der wichtigsten Urteile der Obersten Gerichte, des Verfassungsgerichts und des Obersten Kassationshofs im Volltext.

Jugoslawien

– http://www.gov.yu @
Auf der „Official Website" der Bundesrepublik Jugoslawien finden sich in englischer Sprache allgemeine Informationen über das Land, die Bundeseinrichtungen sowie ein historischer Überblick.

Legifrance

– http://www.legifrance.gouv.fr/citoyen/index.ow @@@
Eine umfangreiche Sammlung von französischen Gesetzes- und sonstigen Rechtstexten auf dem neuesten Stand findet sich auf dieser Internet-Seite von Legifrance. Sehr gut gepflegt wird dieses Verzeichnis vom Journal Officiel de la République française. Darüber hinaus veröffentlicht Legifrance Entscheidungen der obersten Gerichte im Volltext. Die Sammlung ist nicht nur in französischer, sondern zum Teil auch in deutscher, englischer, spanischer und italienischer Sprache verfügbar.

Luxemburgisches Abgeordnetenhaus

– http://www.chd.lu/ @
Auf der Homepage des luxemburgischen Abgeordnetenhauses findet man derzeit nur in französischer Sprache Wissenswertes über die öffentlichen Sitzungen, Kommissionen und Zusammensetzung des Abgeordnetenhauses von Luxemburg. Unter der Rubrik „Nützliche Links" wird u. a. auf die Server der EU, der NATO und der WEU verwiesen.

Mazedonische Republik

– http://www.erc.msstate.edu/~vkire/faq/politics/state.and.government.html
Grundlegende Informationen zum Staatssystem der Republik Mazedonien, dem Staatsaufbau, Finanz- und Außenpolitik finden sich auf dieser Website.

Niederländisches Außenministerium

– http://www.bz.minbuza.nl/English/f_explorer.html @
Allgemeine Informationen über das niederländische Außenministerium, die Niederlande sowie deren Außenpolitik finden sich auf dieser Homepage.

WICHTIGE ADRESSEN

Internationale Server

Niederländisches Justizministerium

@ – http://www.minjust.nl/
Das niederländische Justizministerium bietet auf seiner Homepage Informationen über den Minister und die Staatssekretäre, die Organisation sowie Reden des Ministers. Die Homepage ist auf Holländisch und Englisch verfügbar.

Norwegen

@ – http://odin.dep.no/html/english/
Auf dem norwegischen Webserver ODIN (Official Documentation and Information from Norway), stehen allgemeine Informationen über Norwegen, die Königsfamilie und die Monarchie, die Außenpolitik, das politische System und die Regierung sowie Geographie, Geschichte und Pressemitteilungen zum Abruf bereit. Der Server ist in deutscher Sprache verfügbar.

Österreichisches Parlament

@@ – http://www.parlinkom.gv.at/
Auf den Internet-Seiten des österreichischen Parlamentes finden sich neben allgemeinen Informationen über das Parlament, die Parlamentarier und Gremien auch Verweise auf österreichische Rechtsnormen. Abrufbar sind beispielsweise im Volltext das Bundesverfassungsgesetz, das Finanzverfassungsgesetz, das Parteiengesetz sowie diverse Vorschriften den National- und Bundesrat betreffend.

Österreichisches Rechtsinformationssystem (RIS)

@@@ – http://www.ris.bka.gv.at/
Wesentliche Teile des österreichischen verwaltungsinternen Rechtsinformationssystems (RIS) werden vom Bundeskanzleramt seit Juni 1997 kostenlos veröffentlicht. Es finden sich verschiedene umfangreiche Datenbanken: österreichisches Bundesrecht, Landesrecht der Bundesländer Salzburg, Burgenland, Tirol, Kärn-

ten, Vorarlberg, Oberösterreich, Steiermark, Niederösterreich und Wien, Judikaturdokumentationen als Rechtssätze und im Volltext der Entscheidungen des Verfassungsgerichtshofs und des Verwaltungsgerichtshof, die Entscheidungen des unabhängigen Verwaltungssenats mit der Judikatur der neun unabhängigen Verwaltungssenate, die Entscheidungen des unabhängigen Bundesasylsenats, die Entscheidungen des Umweltsenats und des Bundesvergabeamtes sowie der Bundesvergabekontrollkommission in der Datenbank „Vergabekontrolle". In einer Normenliste finden sich diverse Abkürzungen. Mithilfe der „Gesamtabfrage" besteht schließlich die Möglichkeit, einen Begriff in allen RIS-Applikationen zu suchen.

Polnisches Parlament
– http://www.sejm.gov.pl/english.htm @

Allgemeine Informationen über das Parlament der Polnischen Republik, den Sejm, seine Organe und Mitglieder finden sich auf dieser Website. Unter der Rubrik „Law" stehen verschiedene polnische Gesetze im Volltext zum Abruf bereit. Diese sind in englischer Übersetzung verfügbar.

Portugiesisches Präsidialamt
– http://www.presidenciarepublica.pt/pt/main.html @

Auf dieser Homepage des Präsidialamts der Republik Portugal sind in portugiesischer Sprache Informationen über die Republik Portugal, deren Staatsorgane, das Präsidialamt und den amtierenden Präsidenten erhältlich. Es können u. a. diverse Reden und Ansprachen des Präsidenten und die portugiesische Verfassung heruntergeladen werden.

Rat der Europäischen Union
– http://ue.eu.int/de/summ.htm @@

Der Rat der Europäischen Union informiert auf seiner Website über neueste Nachrichten, wichtige Termine, Aufgaben, seine Zusammensetzung und Arbeitsmethoden sowie seinen Tagungskalender. Über das öffentliche Register der Ratsdokumente kann nach Dokumentennummer, Titel, Sachgebiet oder Datum des Dokuments bzw. der Sitzung recherchiert werden. Diese sind jedoch nicht online einsehbar, sondern müssen nach bestimmten Verfahrensvorschriften beim Generalsekretär des Rates der Europäischen Union in Brüssel bestellt werden. Der Bezug ist kostenpflichtig. Nützlich ist die Rubrik „Verträge", unter der im Volltext in elf Sprachen die derzeit gültigen europäischen Verträge abrufbar sind, u. a. der Vertrag über die Europäische Union, der Vertrag zur Gründung der Europäischen Gemeinschaft sowie verschiedene sonstige Verträge und Rechtsakte, Entschließungen und Erklärungen.

Rumänische Regierung
– http://domino.kappa.ro/guvern/ehome.nsf @

Auf der englischsprachigen Website der Regierung von Rumänien sind Informationen über den Premierminister, sein Kabinett und die Angestellten, die Verfassung sowie aktuelle Pressemitteilungen abrufbar.

WICHTIGE ADRESSEN

Internationale Server

Rumänischer Präsident

@ – http://www.presidency.ro/
U. a. in englischer Sprache sind hier allgemeine Informationen über den rumänischen Präsidenten abrufbar.

Schwedisches Parlament

@ – http://www.riksdagen.se/index_en.asp
Das schwedische Parlament gibt auf seiner Website allgemeine Informationen über das Parlament, seine Aufgaben und Mitglieder sowie weiterführende Informationen über die Europäische Union. Der Server ist in englischer Sprache verfasst.

Schweizer Bundeskanzlei

@ – http://www.admin.ch/ch/d/bk/index.html
Auf der Homepage der Schweizer Bundeskanzlei, der zentralen Stabstelle des Bundesrates, finden sich allgemeine Informationen über deren Organisation und den Bundeskanzler.

Schweizer Juristenserver

@@ – http://www.legalresearch.ch
Auf der Website der Schweizer Anwaltskanzlei von Erlach Klainguti Stettler Wille finden sich umfassende Informationen zum Schweizer Recht, Recht der Europäischen Union sowie internationalem Recht. Unter der Rubrik „Intellectual Property" können internationale Verträge und Informationen der WIPO (World Intellectual Property Organisation) abgerufen werden.

Schweizerische Bundesversammlung

@ – http://www.parliament.ch/
Die Bundesversammlung, das Schweizer Parlament, gibt auf ihrer Homepage u. a. in deutscher Sprache grundlegende Informationen zu Nationalrat und Ständerat, deren politischer Zusammensetzung und deren Mitgliedern. Die Tagesordnung von Nationalrat und Ständerat kann abgerufen werden. Amtliche Veröffentlichungen, Statistiken und Tabellen stehen im Volltext zum Abruf bereit.

Spanisches Staatsbulletin

@@ – http://www.boe.es/
Das offizielle Staatsbulletin Spaniens stellt sich und seine Dienstleistungen auf dieser Website in spanischer Sprache vor. Es können hier Veröffentlichungen von Gesetzestexten, Verordnungen u. a. abgerufen oder kostenpflichtig bestellt werden. Der Zugriff auf die Datenbank ist nur registrierten Kunden möglich.

Spanisches Verwaltungsministerium

@ – http://www.map.es/
Auf dieser spanischsprachigen Homepage informiert das spanische Ministerium für öffentliche Verwaltung über seine Struktur und Tätigkeitsbereiche. Unter der

WICHTIGE ADRESSEN

Internationale Server

Rubrik „Veröffentlichungen" findet man eine umfangreiche Liste von Büchern, Finanzberichten und anderen juristisch oder politisch relevanten Veröffentlichungen, die per Telefon oder Fax bestellt werden können.

Tschechischer Präsident

– http://www.hrad.cz/ @
  Der Präsident der Tschechischen Republik gibt auf seiner Homepage allgemeine Informationen zu seiner Person, dem Amt und der Verwaltungsorganisation.

Tschechisches Außenministerium

– http://www.czech.cz/ @
  Auf den Internet-Seiten des tschechischen Außenministeriums können in englischer und tschechischer Sprache allgemeine Informationen zum politischen System, Land und Leuten, Kultur und Kunst abgerufen werden. Daneben sind ein geschichtlicher Überblick über den tschechischen Staat sowie Informationen zur Wirtschaft und Investitionsbedingungen erhältlich.

Tschechisches Parlament

– http://www.psp.cz/cgi-bin/dee/ @
  Das Parlament der Tschechischen Republik stellt auf seiner Homepage allgemeine Informationen zu den Abgeordneten, den Ausschüssen und Kommissionen sowie den politischen Fraktionen und Gruppen bereit.

Türkisches Außenministerium

– http://www.mfa.gov.tr/ @
  Das türkische Außenministerium bietet auf seinem Server Informationen über die Türkei und ihre Außenpolitik. Daneben sind aktuelle Pressemitteilungen und Informationen zur türkischen Wirtschaft abrufbar. Die zur Verfügung stehenden Dokumente sind überwiegend auch in englischer Sprache verfügbar.

Ungarischer Premierminister

– http://www.meh.hu/ @
  Auf dieser in englischer Sprache verfügbaren Homepage des Amtes des Premierministers von Ungarn finden sich Links zu diversen Ministerien, deren Homepages größtenteils ebenfalls auf Englisch verfügbar sind.

USA „Westlaw"-Server

– http://www.westlaw.com @
  Der kommerzielle amerikanische Server „Westlaw" bietet registrierten Teilnehmern die Möglichkeit, kostenpflichtig Datenbanken nach juristischen Inhalten zu durchsuchen, US-amerikanische Rechtsprechung zu Vergleichsfällen zu finden, an juristischen Foren teilzunehmen oder nach Rechtsanwälten zu suchen.

WICHTIGE ADRESSEN

Kostenpflichtige Server

Zypriotische Regierung

@ – http://www.pio.gov.cy/cygov/executive.htm
Die Regierung Zyperns präsentiert sich auf ihrer Website mit Informationen über die Verfassung, die Ministerien sowie die Gerichtsbarkeit u. a. Eine Linkliste verweist auf weitere online erreichbare zypriotische Einrichtungen und Behörden.

6.8 Kostenpflichtige Server

ALexIS-web

– http://www.alexis.de/
Verschiedene kostenpflichtige Informations- und Recherchedienste bietet das ALexIS-web der Hans Soldan GmbH. Derzeit wird der Zugriff auf die Datenbestände des Rechtsinformationssystems juris, auf das elektronische Handelsregister ECODATA, die Bonitätsauskünfte von Creditreform und die Wirtschaftsinformationen von GBI, die ZAP-Rechtsprechungsdatenbank sowie die EzA (Entscheidungssammlung zum Arbeitsrecht), geboten.

FIZ Technik Patent-Datenbanken

– http://www.fiz-technik.de/recherche/recherchieren_patente.htm
Das Fachinformationszentrum Technik e. V. (FIZ Technik) ist ein nationales Zentrum für technisch-wissenschaftliche Information und Dokumentation zur Förderung von Forschung und Wissenschaft in Frankfurt a. M. Auf seinem Server stehen verschiedene kostenpflichtige Patent-Datenbanken zur Verfügung, die Textinformationen (Bibliografien und Abstracts) zu Patenten bieten. Folgende Patent-Datenbanken können nach einer kostenpflichtigen Anmeldung in Anspruch genommen werden: PADE (Deutsche Patente und Gebrauchsmuster: enthält alle Erstveröffentlichungen deutscher Patentanmeldungen und -schriften ab 1980 und Gebrauchsmuster ab 1983), PATA (Europäische Patentanmeldungen ab 1978), PATB (Europäische Patentschriften ab 1980) und die PATO (Weltpatentanmeldungen ab 1983). Die Datenbestände werden wöchentlich aktualisiert. Die Suchsprache ist bis auf die englischsprachige PATO-Datenbank Deutsch. Die internationalen Datenbanken werden ergänzt durch die Datenbanken PATC bzw. PATK, die die IPC-Patentklassifikationen enthalten. Als Service bietet das FIZ Technik kostenlose Übungsdatenbanken an.

Handelsregister-Abfrage

– http://www.jusline.de/jus.html
Die Handelsregister-Expressabfrage des jusline Servers ermöglicht den kurzfristigen Zugriff auf die Datenbank der Kreditreform. Dieser Zugriff ist kostenpflichtig.

Juris

– http://www.juris.de/
Mit allgemeinen Informationen über die Firma und deren Tätigkeit präsentiert sich die Juris GmbH im Internet. Neben verschiedenen Angeboten zum Online-

Informationsdienst können die Software-Produkte der Juris GmbH auf CD-ROM sowie Entscheidungen verschiedener Rechtsgebiete online bestellt werden. Eine Linkliste verweist auf verschiedene Gerichte, Behörden sowie die Juris Partner. Eine eigene Suchmaschine erleichtert das Auffinden der gewünschten Information auf dem Juris-Server. Den Juris-Nutzern und Besuchern der Website steht das Anwenderforum mit der Möglichkeit des Meinungsaustausches zur Verfügung.

REFACT

– http://www.refact.de/cgi-bin/rda_inh.cmd?G
Die Rechtsdatenbank REFACT der APM-Anlagen-Technologie Maschinelle Textverarbeitung GmbH, Dresden, stellt registrierten Benutzern gegen geringe Gebühr ca. 600 Gesetze, Richtlinien, Verordnungen und Bauordnungen der Länder, BFH-, BMF- und BfF-Schreiben sowie Pressemeldungen der Bundesgerichte zur Recherche bereit. Die Datenbank wird monatlich aktualisiert. Ein kostenloser Zugriff auf die Datenbank ist möglich, dabei sind jedoch nur Teilbereiche der jeweiligen Information einsehbar. REFACT Rechtsdatenbanken sind auch auf CD-ROM erhältlich.

Report-Online

– http://www.report-online.de
Die Rechtsprechung der Bundesgerichte (Bundesverfassungsgericht, Bundesgerichtshof (veröffentlicht/unveröffentlicht), Bundesarbeitsgericht, Bundesverwaltungsgericht, Bundesfinanzhof (veröffentlicht/unveröffentlicht) und Bundessozialgericht) kann auf diesem Server der Protecting Internet-Online-Dienste GmbH, Karlsruhe, in Leitsätzen abgerufen werden. Die Entscheidungen im Volltext können aber auch im Einzelbezug kostenpflichtig bestellt werden. Neuerdings sind auch die Rechtsprechung der Oberlandesgerichte Köln, Dresden, Koblenz sowie die Entscheidungen des Bayerischen Obersten Landesgerichts des Jahres 1999 abrufbar. Das Angebot soll noch ausgeweitet werden.

6.9 Linksammlungen
6.9.1 National

Arbeits- und Sozialrecht – Universität Saarbrücken

– http://www.jura.uni-sb.de/FB/LS/Weth/LSTWeth/infas/internet/internet.htm   @@@
Der Lehrstuhl von Prof. Dr. Stephan Beth des Instituts für Arbeits- und Sozialrecht der Universität Saarbrücken stellt hier eine großangelegte Sammlung arbeits- und sozialrechtlich relevanter Links zur Verfügung. Verwiesen wird u. a. auf die Homepages diverser Sozial- und Arbeitsgerichte, auf Rechtsprechungssammlungen zum Arbeits- und Sozialrecht, auf einschlägige Rechtsvorschriften, Tarifverträge, Diskussionsforen, Organisationen und Zeitschriften.

WICHTIGE ADRESSEN

Linksammlungen/National

Arbeitsrecht – BMD GmbH

@@ – http://www.arbeitsrecht.de

Auf diesem Internet-Server der BMD Media GmbH finden sich umfangreiche Informationen zum Thema Arbeitsrecht. Neben Linksammlungen zu aktueller Rechtsprechung und Gesetzgebung, den Arbeitsgerichten, juristischen Fakultäten sowie Fachanwälten und Anwälten mit dem Schwerpunkt Arbeitsrecht bietet dieser Server eine eigene Suchmaschine für die Suche nach dem gewünschten Stichwort. Darüber hinaus sind Verweise auf Buch- und Zeitschriftenverlage mit arbeitsrechtlichen Publikationen sowie Seminarveranstalter abrufbar. Ein Arbeitsrecht-Diskussionsforum bietet die Möglichkeit, Beiträge zu aktuellen Themen und Fragen aus dem Arbeitsrecht einzustellen und zu lesen. Abrufbar ist auch ein kostenloser Newsletter.

Arbeitsrecht – Informationssammlung

@@ – http://www.uni-kiel.de/fak/rechtsw/ful/institute/reuter/arbeitsr.html

Diese am Institut für Wirtschafts- und Steuerrecht der CAU Kiel erstellte Internet-Seite „Arbeitsrecht im Internet" enthält Links auf bundesdeutsche Gesetzestexte zum Arbeitsrecht, auf Tarifverträge, Gerichtsentscheidungen, relevante Verbände, Behörden und Institutionen sowie Aufsätze und Studienmaterialien zum Thema Arbeitsrecht. Des weiteren finden sich hier nach Ländern geordnete Verweise auf Internet-Seiten zu den Themen europäisches, ausländisches und internationales Arbeitsrecht. Diese grundsätzlich empfehlenswerte Seite verharrt leider auf dem Stand 03.03.1999.

Arbeitsschutz in Europa

@@@ – http://de.osha.eu.int/

Die deutsche Homepage des europäischen Informationsnetzwerkes „Sicherheit und Arbeitsschutz am Arbeitsplatz" bietet einen Überblick über die online veröffentlichten Informationen und Texte zu diesem Thema. Das Netzwerk wurde eingerichtet von der Europäischen Agentur für Sicherheit und Gesundheitsschutz am Arbeitsplatz und wird in Deutschland vom Bundesministerium für Arbeit und Sozialordnung betreut. Abgerufen werden können Pressemitteilungen, Gesetze, Verordnungen und Statistiken. Per Hyperlink wird man zu den ausgewählten Fachinformationen weitergeleitet und kann diese im Volltext einsehen bzw. herunterladen. Die Sicherheits- und Arbeitsschutzbestimmungen der anderen EU-Länder stehen ebenfalls per Mausklick bereit.

Bibliothek Universität Mannheim – Völkerrecht

@@@ – http://www.bib.uni-mannheim.de/bib/jura/db-kap8.shtml

Eine große Auswahl rechtswissenschaftlicher Datenbanken zum Bereich Völkerrecht bietet die Bereichsbibliothek Rechtswissenschaften der Universität Mannheim. Die etwa 100 Links auf andere Webserver sind jeweils kurz dokumentiert, was eine gute Orientierung ermöglicht.

WICHTIGE ADRESSEN

Linksammlungen/National

Datenbanken – Universität Saarbrücken

- http://www.jura.uni-sb.de/internet/Datenbanken.html @@@
  Die Sammlung juristischer Online-Datenbanken der Universität Saarbrücken bietet übersichtlichen Zugriff auf verschiedene juristische Datenbanken im Internet, beispielsweise rechtswissenschaftliche Datenbanken, die Pfiff-Personalrechtsdatenbank mit Informationen zur Sozialversicherung, dem Steuerrecht und dem Arbeitsrecht, die REHADAT, ein Informationssystem zur beruflichen Rehabilitation u. a. In der übersichtlichen Darstellung sind auch Verweise auf kommerzielle juristische Server, deren Information nur gegen Entgelt abgerufen werden kann, enthalten.

Datenschutz im Gesundheitswesen

- http://ourworld.compuserve.com/homepages/gesundheitsdatenschutz/ @@@
  Eine umfangreiche Linkliste zum Thema Datenschutz im Gesundheitswesen hat der Österreicher Dr. med. Andreas von Heydwolff zusammengestellt. Die Links führen nicht nur zu österreichischen Internet-Seiten sondern etwa zur Hälfte auch auf deutsche Seiten. So finden sich hier Verweise auf Beiträge zu aktuellen Vorgängen in Deutschland und in Österreich. Weitere Rubriken sind z. B. „Umgang mit Gesundheitsdaten: Berichte und andere Texte", „Politische Umgebung", „Spezielle Themen" (z. B. Chipkarten/Smart Cards, Datennetze, elektrische Rezepte), „Empfehlungen, Stellungnahmen, Richtlinien, Gesetze". Die Internet-Seiten, die sich auf dem Server CompuServe befinden, werden laufend aktualisiert.

Europa-Universität Viadrina Frankfurt/Oder

- http://www.euv-frankfurt-o.de/de/links/wwwpoint/fakultaeten.html#rewi @
  In dieser Linksammlung der Europa-Universität Viadrina Frankfurt/Oder finden sich verschiedene Verweise auf Verlage, Foren, Linksammlungen sowie weitere Universitäten.

Europäisches Arbeitsrecht – Informationsstelle

- http://www.jura.uni-sb.de/FB/LS/Weth/InfEA @@@
  Prof. Dr. Stephan Weth hat auf dem Server der Universität Saarbrücken eine Informationsstelle für Europäisches Arbeitsrecht eingerichtet. Zur Zeit befindet sie sich zwar noch im Aufbau, doch es stehen bereits die meisten Dokumente zur Verfügung. Es handelt sich um eine sehr umfassende Linksammlung zum Europäischen Arbeitsrecht mit folgenden Rubriken: „Aktuelles", „Rechtsvorschriften", „Rechtsprechung" (nationale und europäische Entscheidungen), „Vorlagen deutscher Gerichte gemäß Art. 177 EGV" (steht derzeit noch nicht zur Verfügung), „Materialien zum Europäischen Arbeitsrecht im Internet" und „Orientierungshilfen zum Europäischen Arbeitsrecht". Verwiesen wird meist auf Dokumente der Europäischen Kommission und des EuGH. In der Linksammlung finden sich aber auch Verweise auf europäische Einrichtungen, Organisationen und Gewerkschaften sowie deren Programme.
  Besonders hervorzuheben ist die Rubrik „Rechtsprechung des EuGH". Hier handelt es sich um eigene Materialien, die online zur Verfügung gestellt werden. Neben einem übersichtlichen Entscheidungsregister und aktuellen Entscheidungen werden wichtige Entscheidungen mit Anmerkungen versehen und kommentiert.

WICHTIGE ADRESSEN

Linksammlungen/National

Zu beachten ist noch, dass die Links der deutschen von denen der englischen Ausgabe stark abweichen. Daher ist es zu empfehlen, auch in der englischsprachigen Version nach benötigten Informationen zu recherchieren. Eine französischsprachige Ausgabe befindet sich noch im Aufbau.

Forum Deutsches Recht

@@ — http://www.index.recht.de/kategorien.phtml?predecessor=56&kat=56
Der Server des Forum Deutsches Recht stellt eine Linksammlung auf Deutsche Gesetze bereit. Nach den einzelnen Normen kann alphabetisch oder mit Hilfe einer Suchmaschine gesucht werden. Die Zahl der abrufbaren Gesetze in den verschiedenen Rubriken ist angegeben, ebenso auf welchem Server sich die Gesetze befinden.

Gesetzestexte im WWW

@@@ — http://www.uni-oldenburg.de/~markobr/Gesetze.html
Eine sehr nützliche und umfangreiche Linksammlung von derzeit (Stand 11.01.2000) 295 Rechtsnormen, davon 275 Gesetze (im formellen Sinn) stellt Mark Obrembalski zur Verfügung. Das Besondere an dieser Sammlung ist, dass nur Gesetze aufgenommen worden sind, die erkennen lassen, auf welchem Stand sie sind, bzw. zu welchem Zeitpunkt die Aktualität geprüft wurde. Nach eigenen Angaben wird dies anhand aktueller Loseblattsammlungen kontrolliert, sodass die aktuellsten Änderungen möglicherweise nicht berücksichtigt sind. Stände vor 1997 sind nur aufgelistet, wenn das Gesetz seitdem nicht geändert wurde. Die Sammlung ist nach Rechtsbereichen gegliedert. Auf erster Ebene ist sie unterteilt in die Bereiche Staats- und Verfassungsrecht, allgemeine Bereiche des öffentlichen Rechts, einzelne Zweige des Verwaltungsrechts, Zivilrecht, Straf- und Ordnungsrecht.

Internationale Behörden im Internet

@@ — http://www.gksoft.com/govt/
Links zu internationalen Behörden, Gerichten, Zentralbanken, Parteien und Organisationen finden sich auf den Seiten von G. Anzinger. Die Linksammlung umfasst Adressen aus 220 Ländern und wird regelmäßig überarbeitet. Bisher ist nur eine Fassung in englischer Sprache verfügbar. An einer deutschen Fassung wird noch immer gearbeitet.

Jurathek

@ — http://www.jurathek.de/inhalt/links.html
Die Jurathek bietet eine kleine Linksammlung u. a. untergliedert in „Neue juristische Links", „Suchsysteme und Links", „Ressourcen nach Rechtsgebieten geordnet", „Tipps und Hinweise zu Hard- und Software zum Beispiel Anleitung zum Verschlüsseln von E-Mails", „Hinweise auf Mailing-Listen Diskussionsgruppen und Foren" etc.

WICHTIGE ADRESSEN

Linksammlungen/National

Kanzlei Alavi & Koll.

– http://www.afs-rechtsanwaelte.de/suche.htm @@@
 Eine beachtenswerte Linksammlung zu den Themenbereichen Multimedia-, EDV- und Online- Recht, Arbeits- und Sozialrecht, Steuerrecht, Europarecht, Internationales Recht, EURO (Wirtschafts- und Währungsunion), Handels-, Gesellschafts- und Wirtschaftsrecht, Verkehrsrecht, Mietrecht, Familienrecht, Reisevertragsrecht, Medizin- und Arzthaftungsrecht, Öffentliches Recht, Datenschutz, Strafrecht, Gewerblicher Rechtsschutz, Datenbanken, Entscheidungs- und Gesetzessammlungen, Vermischtes (Linkseiten, jur. Verlage, Anwälte, jur. Suche) und Meinungsfreiheit im Netz findet sich auf den Internet-Seiten der Kanzlei Alavi & Koll. Die Sammlung ist übersichtlich und wird regelmäßig aktualisiert.

Kryptografie

– http://www.fitug.de/ulf/krypto/ @@
 Der Förderverein Informationstechnik und Gesellschaft (FITUG e. V.) stellt auf dieser Internet-Seite eine umfangreiche Linkliste zum Thema Kryptografie bereit. Darunter befinden sich Verweise auf Rechtsfragen der Kryptografie und der digitalen Signatur, der Steganographie und Sicherheit im Internet.

Kuner

– http://www.beck.de/rsw/kuner/index.html @@@
 Die Kuner-Liste ist eine umfangreiche Linksammlung zu Internet-Adressen aus Recht und Wirtschaft. Es wird auf Internet-Seiten aus Deutschland, der Europäischen Union sowie den übrigen europäischen Staaten, Nordamerika, Asien, Mittel- und Südamerika sowie Afrika und dem nahen Osten verwiesen. Daneben bestehen Links auf ausgewählte juristische Datenbanken, Suchmaschinen sowie im Internet präsente Rechtsanwälte. Unter der Rubrik Nachrichten wird auf die Internet-Angebote deutscher und internationaler Zeitschriften, Zeitungen und Nachrichtenmagazine verwiesen. Die Kuner-Lister ist ein Angebot des Verlages C. H. Beck und wird gepflegt von Stefan Gliesche. Leider wurde die Liste seit geraumer Zeit nicht mehr nennenswert erweitert.

LINkDAtenbank

– http://www.jur-online.de/lindasit.htm @@
 Die juristische Linksammlung LINkDAtenbank, „Linda" des Internet-Anbieters Jur-Online, Saarbrücken, bietet ein umfangreiches Linkverzeichnis für die Anwaltschaft und Steuerberater.

Marktplatz Recht

– http://www.marktplatz-recht.de/cgi-bin/fredir.cgi?www.brak.de/rechts-links.html; @@
 www.brak.de/braknav.html
 Auf dieser Link-Page des Marktplatz Recht (Hans Soldan GmbH) finden sich Verweise auf verschiedene Bundesbehörden und -einrichtungen, Rechtsanwaltskammern, Vereine, Verbände, Verzeichnisse, Suchdienste, Versicherungen sowie Rechtsprechungsdatenbanken und Gesetzessammlungen.

WICHTIGE ADRESSEN

Linksammlungen/National

Net Law Library

@@ – http://www.jura.uni-muenster.de/netlaw/default.cfm
Ein umfassendes Verzeichnis mit Links auf Internet-Seiten mit juristischen Inhalten bietet die „Net Law Library" der juristischen Fakultät der Universität Münster. Hier finden sich Verweise u. a. auf die Rechtsgebiete Arbeitsrecht, Datenschutzrecht, Kryptografierecht, Steuerrecht, Strafrecht, Urheber- und Vertragsrecht.

Scheinselbstständigkeit

@@@ – http://www.gruenderlinx.de/links.html?thema=90
Eine umfangreiche und aktuelle Sammlung von Internet-Adressen zum Thema „Scheinselbstständigkeit" bietet GründerLinX, eine Initiative von Akademie.de.

Telearbeit

@@ – http://www.empirica.de/telearbeit/links.htm
Eine sehr nützliche und umfangreiche Sammlung von Links zur Telearbeit findet sich auf den Internet-Seiten von empirica, Gesellschaft für Kommunikations- und Technologieforschung mbH, einem Forschungs- und Beratungsunternehmen. Die Untergliederung der Liste in die Bereiche Forschung, Ergonomie, Rechtsfragen, Praxisbeispiele in Deutschland, Newsletter, Projekte und Initiativen von Bundesländern/Regionen/Bundesebene/Europäische Union/Internationale Organisationen/Ausland, Artikel sowie Job-Börsen hilft, die gewünschte Information schnell zu finden.

Universität Karlsruhe

@@ – http://www.rz.uni-karlsruhe.de/Outerspace/VirtualLibrary/34.de.html
Hier findet man eine umfassende Linkliste mit Verweisen auf juristisch relevante Seiten im Internet, insbesondere die juristischen Fakultäten verschiedener deutscher Universitäten.

Universität Köln

@@ – http://www.rrz.uni-koeln.de/jur-fak/instsozr/links.htm
Eine große Sammlung juristischer Links, u. a. auf Entscheidungen der obersten Gerichte, Gesetzessammlungen, juristische Fachzeitschriften, Studieninformationen sowie juristische Newsgroups und Mailinglisten, finden sich auf dieser Internet-Seite.

Universität Münster

@ – http://www.uni-muenster.de/Jura.itm/internet/literat.htm
Eine umfangreiche Linkliste mit Verweisen auf juristische Literatur im Internet wird hier vom Institut für Informations-, Telekommunikations- und Medienrecht der Universität Münster bereitgestellt. Neben Verweisen auf nationale und internationale Zeitschriften finden sich hier auch Links auf nationale und internationale juristische Bibliotheken und Verlage.

WICHTIGE ADRESSEN

Linksammlungen/International

Universitätsbibliothek Mannheim

- http://www.bib.uni-mannheim.de/bib/jura/db-kap3.shtml#gessamm @@@
  Auf den Internet-Seiten der Universitätsbibliothek Mannheim findet sich eine große Anzahl von Links auf Gesetzes- und Rechtsprechungssammlungen, Staatsorgane und Verwaltung des Bundes und der Länder sowie Regierungsinformationen.

Verlage und Online-Journale – Universität Saarbrücken

- http://www.jura.uni-sb.de/internet/Literatur.html @@
  Das juristische Internetprojekt Saarbrücken stellt auf dieser Seite eine Vielzahl von Links auf Literatur, Verlage und Online-Journale bereit. Die Liste enthält auch Links auf ausländische juristische Bibliotheken.

Völkerrecht – Max-Planck-Institut

- http://www.virtual-institute.de/de/link/pilvr.cfm @@@
  Das Max-Planck-Institut für ausländisches öffentliches Recht und Völkerrecht bietet hier zum Völkerrecht eine Sammlung juristischer Internet-Adressen. Zu den Bereichen Allgemeines, Geschichte des Völkerrechts, Grundprobleme des Völkerrechts, Völkerrecht und innerstaatliches Recht sowie Quellen des Völkerrechts u. a. ist eine Vielzahl von Verweisen auf weitere Internet-Seiten vorhanden.

6.9.2 International

„The World Wide Legal Information Association"

- http://www.wwlia.org/uk-home.htm @@
  Eine umfangreiche Linksammlung auf Webserver mit juristischer Information aus Kanada, USA, Australien, Neuseeland sowie Großbritannien bietet „The World Wide Legal Information Association".

Chebucto Sammlung

- http://www.chebucto.ns.ca/Law/LRC/otherlaw.html @@
  Auf dieser kanadischen Website steht eine umfassende Linksammlung mit Verweisen auf juristische Sammlungen in Kanada, den USA, Europa u. a. zur Verfügung. Der Server ist in englischer und französischer Sprache einsehbar.

Deutsches Kartellrecht

- http://www.antitrust.de @@
  Eine umfangreiche Liste u. a. zum deutschen Kartellrecht findet sich auf dieser englischsprachigen Internet-Seite der University of Washington, School of Law.

WICHTIGE ADRESSEN

Linksammlungen/International

Europäische Informationen

@@ – http://pns.brandenburg.de/land/mdjbe/europa
Auf dieser Internet-Seite des Landes Brandenburg befindet sich eine große Sammlung mit Links auf europäische Einrichtungen, europäisches Recht, europäische Beschäftigungs- und Sozialpolitik sowie EU-Förderprogramme für Regionalkooperationen u. a.

Europäische Institutionen Adressen

@ – http://europa.eu.int/en/agencies.html
Diese leider nur auf Englisch verfügbare Website enthält Links zu diversen auf Kommissions- oder Ratsinitiative hin gegründeten unabhängigen europäischen Organen, Agenturen oder Stiftungen. So finden sich hier Adressen, Telefon- und Faxnummern sowie Links zur Europäischen Stiftung für Berufsbildung, zur Europäischen Umweltagentur, zur Europäischen Beobachtungsstelle für Drogen und Drogensucht, der Europäischen Stiftung zur Verbesserung der Lebens- und Arbeitsbedingungen etc.

Europäische Institutionen Verzeichnis

@@ – http://europa.eu.int/idea/ideade.html
Das Amt für amtliche Veröffentlichungen der Europäischen Gemeinschaften bietet auf seinen Internet-Seiten ein elektronisches Verzeichnis der europäischen Institutionen. Neben einer hierarchisch geordneten Suche kann nach einzelnen Diensten sowie nach Personen recherchiert werden. Die Internet-Seite ist auch in anderen europäischen Sprachen verfügbar.

Französische Server – Universität Saarbrücken

@ – http://www.jura.uni-sb.de/internet/france.html
Auf dieser Internet-Seite der juristischen Internetprojekts der Universität Saarbrücken findet sich eine Linksammlung mit Verweisen auf französische Server mit juristischen Inhalten sowie Universitäten.

Geocities

@ – http://www.geocities.com/CapitolHill/2915/
Auf dieser privaten Homepage von Ray Goforth befindet sich eine umfangreiche Linksammlung mit Verweisen auf Online-Magazine, juristische Zeitschriften, juristische Datenbanken, Universitäten und verschiedene Organisationen in englischer Sprache. Leider wurden die Seiten Mai 1998 zuletzt aktualisiert.

Großbritannische und irländische Server – Delia Venables

@@ – http://www.pavilion.co.uk/legal/welcome.htm
Einen Überblick über Internet-Seiten mit juristisch relevanter Information in Großbritannien und Irland bietet diese Linksammlung, von Delia Venables, Computer Consultant für Rechtsanwälte.

WICHTIGE ADRESSEN

Rechtsanwaltskammern

Großbritannische und irländische Server – Universität Saarbrücken

– http://www.jura.uni-sb.de/internet/uk.html @@

Im Rahmen der juristischen Internetprojekts der Universität Saarbrücken wird auf dieser Site eine Liste mit juristisch relevanten Webservern in Großbritannien und der Republik Irland bereit gestellt. Hier finden sich Links auf Institute für Rechtsinformatik, Universitäten, Law-Schools und sonstige juristische Server.

6.10 Rechtsanwaltskammern

Bundesrechtsanwaltskammer

– http://www.brak.de

Die Bundesrechtsanwaltskammer vermittelt umfangreiche Informationen für und über Rechtsanwälte auf ihrer Homepage. Eine komplette Liste aller Rechtsanwaltskammern mit Anschrift, Telefon- und Faxnummern sowie Link auf Homepage – falls vorhanden – findet sich neben weiteren umfassenden Informationen und Pressemitteilungen der BRAK. Für die Gebührenberechnung ist eine Umrechnungstabelle der BRAGO von DM in Euro verfügbar. Die BRAK-Broschüre „Ihr Anwalt – Ihr Recht" steht in PDF-Format (Acrobat Reader) zum Download bereit.

Rechtsanwaltskammer Hamburg

– http://www.rechtsanwaltskammerhamburg.de/ @@@

Die Hanseatische Rechtsanwaltskammer Hamburg präsentiert sich im Internet mit ihrem online vollständig abrufbaren Kammerreport sowie einem umfassenden juristischen Angebot. Dazu gehören Hinweise auf aktuelle Veranstaltungen und Praktikerseminare, die Möglichkeit der Anwaltssuche unter den örtlichen Rechtsanwälten nach Interessenschwerpunkten, eine Übersicht über die Tätigkeiten der Kammer im Rahmen von Gebührenvermittlungen der Berufsaufsicht

WICHTIGE ADRESSEN

Rechtsanwaltssuche

sowie Auskünfte an Mitglieder. Eine Volltextsuche nach Stichwörtern ermöglicht das gezielte Auffinden von Informationen auf dem Server.

Rechtsanwaltskammer München

@@ – http://www.gol.de/muenchen/rak/
Die Rechtsanwaltskammer für den Oberlandesgerichtsbezirk München gibt neben allgemeinen Informationen über den Vorstand der Kammer, das Präsidium und den Präsidenten einen Überblick über Veranstaltungen der Kammer sowie ein umfangreiches Bildungsangebot für Studenten, Referendare und junge Rechtsanwältinnen und Rechtsanwälte.

Rechtsanwaltskammer Stuttgart

@ – http://www.rechtsanwaltskammer-stuttgart.de/
Die Rechtsanwaltskammer Stuttgart gibt neben aktuellen Mitteilungen und Informationen über ihre Arbeit einen Überblick über ihre Leistungen für Mitglieder und Bürger. Die Pressemitteilungen der Rechtsanwaltskammer Stuttgart können online abgerufen werden.

Rechtsanwaltskammer Zweibrücken

@ – http://pfaelz.rechtsanwaltskammer.de
Knapp gehaltene allgemeine Informationen über die Tätigkeit der pfälzischen Rechtsanwaltskammer Zweibrücken sowie Links auf das Internet-Angebot des Marktplatz Recht (Hans Soldan GmbH) finden sich auf dieser Internet-Seite.

Verzeichnis der Rechtsanwaltskammern

@@ – http://www.rechtsanwaltskammer.de
Ein Verzeichnis der Rechtsanwaltskammern der Bundesrepublik Deutschland befindet sich auf dieser Internet-Seite des Marktplatz-Recht. Die online erreichbaren Kammern können direkt angewählt werden.

6.11 Rechtsanwaltssuche

Anwaltsliste KOGNOS Verlag

@@@ – http://www.kognos.de/frames/frame3_04.htm
Der KOGNOS Verlag Augsburg pflegt unter dieser Adresse ein Verzeichnis von in- und ausländischen Rechtsanwälten, die über eigene Internet-Seiten erreichbar sind. Eine komfortable Suche ermöglicht das gezielte Auffinden des gesuchten Rechtsanwalts nach Land, Postleitzahl und Name (alphabetisch geordnet). Die Aufnahme in das laufend aktualisierte Verzeichnis, in dem sich mittlerweile über 450 Einträge befinden, ist kostenfrei.

AnwaltSuchservice

@@@ – http://www.anwalt-suchservice.de
Der Anwalt-Suchservice ermöglicht auf seiner Homepage dem Benutzer, die Datenbank des Anwalt-Suchservices nach dem von ihm gewünschten Rechtsanwalt

WICHTIGE ADRESSEN

Rechtsanwaltssuche

zu durchsuchen. In einer einfachen Suche kann nach Postleitzahl, Ort, Land und Rechtsgebiet recherchiert werden. Die erweiterte Suche bietet zudem die Möglichkeit, internationale Rechtsgebiete, die Gerichtszulassung sowie Sprachkenntnisse mit einzubeziehen. Unter der Rubrik Kanzlei-Homepages können weitere Informationen über diejenigen Rechtsanwälte eingeholt werden, die mit einer Homepage beim Anwalt-Suchservice vertreten sind. Der Service für Anwälte bietet u. a. Links auf aktuelle Rechtsprechung in ausgewählten Rechtsgebieten sowie eine Linksammlung auf ausgewählte Internet-Seiten von Gerichten, Regierungen und Behörden u. a.

Anwaltverein Saarbrücken

– http://members.aol.com/Saaranwalt/SAV.htm @@
Die Suche nach Saarländischen Rechtsanwälten unter Angabe des Tätigkeitsschwerpunktes ermöglicht der Saarländische Anwaltverein Saarbrücken.

Beck/Kuner

– http://www.beck.de/rsw/kuner/anwaelte/index.html @
Der Verlag C. H. Beck bietet in der Liste von Kuner eine Übersicht über online erreichbare Rechtsanwaltsverzeichnisse sowie eine Auswahl an online erreichbaren Rechtsanwaltskanzleien.

Berliner-Kanzleien

– http://www.berliner-kanzleien.de @
Auf dem Server Berliner-Kanzleien.de findet sich eine ordentliche Liste mit in Berlin ansässigen Steuerberatern und Rechtsanwälten untergliedert nach Adressen, Tätigkeitsschwerpunkten und Homepages von Berliner Rechtsanwaltskanzleien. Neben einem Diskussionsforum und ausgewählten Gerichtsurteilen können hier auch Fachbeiträge in verschiedenen Sprachen zu ausgewählten Fragestellungen abgerufen werden.

DAV

– http://www.verkehrsrecht.de/suche_neu.htm @@@
Die Arbeitsgemeinschaft Verkehrsrecht des Deutschen Anwaltvereins (DAV) bietet die Möglichkeit, die in ihr zusammengeschlossenen Rechtsanwälte in einer Datenbank nach Name, Postleitzahl, Straße oder Ort abzufragen. Es kann ferner nach Rechtsanwälten mit und ohne Homepage unterschieden werden.

Fachanwälte Arbeitsrecht

– http://www.arbeitsrecht.de/anwalt/anwalt1.htm @
Auf dieser Seite des Webservers der BMD GmbH, Bremen, findet sich eine Liste mit Fachanwälten für Arbeitsrecht sowie Anwälten mit dem Schwerpunkt Arbeitsrecht geordnet nach Städten abrufbar.

WICHTIGE ADRESSEN

Rechtsanwaltssuche

Jusline GmbH

@@@ – http://www.jusline.de/jus.ra.html
Der Server der jusline GmbH enthält eine umfassende Datenbank mit Rechtsanwälten, Notaren und Patentanwälten, die nach Tätigkeitsschwerpunkten und/oder Städten abgefragt werden können. Rechtsanwälte, Notare oder Patentanwälte können sich kostenpflichtig in die Jusline-Datenbank eintragen lassen. Auch ein Sachverständigenverzeichnis, nach Fachgruppen geordnet, ist verfügbar.

Lawyers.com

@ – http://www.lawyers.com
Die Suchmaschine lawyers.com ermöglicht das Auffinden eines amerikanischen Rechtsanwalts gegliedert nach amerikanischen Bundesstaaten, amerikanischen Städten sowie Betätigungsfeldern. Deutsche Rechtsanwälte sind nicht enthalten.

Marktplatz Recht

@@@ – http://www.anwaltauskunft.de/
Die Website des Marktplatz Recht der Hans Soldan GmbH bietet neben dem Anwaltsverzeichnis im Internet nunmehr auch eine Anwaltauskunft unter einer bundesweit einheitlich erreichbaren Telefonnummer.

RA-Micro

@@@ – http://www.ra-info.de/
Der Softwarehersteller RA-Micro ermöglicht die Suche nach Rechtsanwälten und Notaren in einer Datenbank mit über 11.000 Einträgen, geordnet nach Postleitzahl und Rechtsgebiet. Die Suche kann auch auf ein Bundesland beschränkt werden. Interessant ist die Möglichkeit, anhand der E-Mail-Adresse eines Rechtsanwaltes dessen Homepage zu finden.

Universität Saarbrücken

@ – http://www.jura.uni-sb.de/internet/anwalt.html
Die Universität Saarbrücken zeigt eine Übersicht deutscher Anwälte im Internet mit jeweiliger Kurzbeschreibung.

Yahoo

@@ – http://www.yahoo.de/Handel_und_Wirtschaft/Firmen/Recht/Kanzleien
Auf dieser Seite des Internet-Kataloges Yahoo! Deutschland steht eine Liste mit online erreichbaren Rechtsanwaltskanzleien bereit. Die Kanzleischwerpunkte sind jeweils kurz angegeben.

Staatsorgane/Ministerien Bund

6.12 Staatsorgane/Ministerien
6.12.1 Bund

Bundeskanzler

- http://www.bundeskanzler.de/home.html @@
  Die graphisch aufwendig und ansprechend gestaltete Homepage des Bundeskanzlers informiert über Person und Aufgaben des Kanzlers und bietet die Möglichkeit, die jüngsten Reden von Bundeskanzler Gerhard Schröder online im Volltext einzusehen. Daneben sind Informationen über das Bundeskanzleramt und die Schwerpunkte der Politik nebst Koalitionsvertrag zwischen der SPD und Bündnis 90/ Die Grünen abrufbar.

Bundesministerium der Finanzen

- http://www.bundesfinanzministerium.de/ @@@
  Die Internet-Seiten des Bundesministeriums der Finanzen geben umfassende und aktuelle Informationen zur Euroeinführung und zur Steuerreform. Zum Download stehen u. a. das Steuerentlastungsgesetz 1999 sowie das Steueränderungsgesetz 1998 zur Verfügung. Der Broschürenservice bietet die Möglichkeit zur kostenlosen Online-Bestellung der Broschüren des Bundesministeriums der Finanzen. Aus den Fachabteilungen des BMF stehen Informationen zu den Bereichen Finanzpolitik, volks- und finanzwirtschaftliche Berichte, Bundeshaushalt, Zölle und Verbrauchssteuern, Besitz- und Verkehrssteuern, Geld- und Kredit- sowie Rechtsangelegenheiten zur Verfügung. Besondere Beachtung verdient das Projekt „elektronische Steuererklärung" (Steuererklärung via Internet) unter der Rubrik „Besitz- und Verkehrssteuern". Die Finanzverwaltungen der Länder unter Beteiligung des Bundesministeriums für Finanzen haben das Verfahren „ELektronische STeuerERklärung (ELSTER)" als bundeseinheitliche Software entwickelt. Nähere Informationen sind über die EDV-Stelle der Oberfinanzdirektion München unter http://www.elster.de erhältlich.

WICHTIGE ADRESSEN

Bund   Staatsorgane/Ministerien

Bundesministerium der Justiz

@@ – http://www.bmj.bund.de/inhalt.htm
Das Bundesministerium der Justiz bietet auf seiner Website neben einem detaillierten Überblick über die Aufgaben des Ministeriums und der Staatssekretäre die Möglichkeit, online Broschüren zu bestellen, beispielsweise zu Fragen des Verbraucherschutzes, der Erbfolge, Vereinbarungen zwischen Mieter und Vermieter u. a. Unter der Rubrik Mitteilungen können Informationen zu aktuellen politischen und rechtlichen Fragen abgerufen werden. Detaillierte Informationen finden sich u. a. zur Strafrechtsreform, dem neuen Kindschaftsrecht, dem neuen Betreuungsrecht sowie der neuen Insolvenzordnung. Die vom Ministerium veröffentlichten Printmedien stehen ebenfalls zum Download bereit.

Bundesministerium des Innern

@@ – http://www.bmi.bund.de/
Die Internet-Seiten des Bundesministeriums des Innern stellen neben Informationen über die Organisation und Dienststellen des Ministeriums aktuelle Pressemitteilungen bereit. Darüber hinaus können einige Broschüren wie z. B. zum neuen Staatsangehörigkeitsgesetz angefordert werden. Über eine interne Suchmaschine kann die Website nach beliebigen Stichwörtern durchsucht werden.

Bundesministerium für Arbeit und Sozialordnung

@@@ – http://www.bma.de/
Die Internet-Seiten des Bundesministeriums für Arbeit und Sozialordnung informieren über das Ministerium und das aktuelle Arbeitsrecht, den Arbeitsschutz und Unfallverhütung, den Arbeitsmarkt, Renten- und Unfallversicherung und Sozialhilfe u. a. Einige Publikationen können als Broschüren angefordert werden, wie z. B. die Neuregelung bei der Arbeitsförderung. Unter der Rubrik „Gesetze" können zahlreiche Gesetze im Volltext aus dem Arbeits- und Sozialbereich abgerufen werden. Darüber hinaus finden sich Veröffentlichungen von Reden, Statistiken und sonstigen sozialpolitischen Informationen.

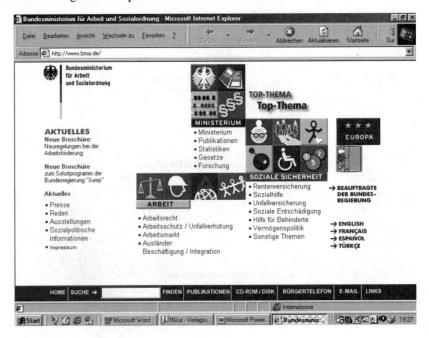

WICHTIGE ADRESSEN

Staatsorgane/Ministerien Bund

Bundesministerium für Bildung und Forschung

- http://www.bmbf.de/ @@
  Die Website des Bundesministeriums für Bildung und Forschung umfasst detaillierte Informationen aus den Bereichen Bildung, Wissenschaft und Forschung. Das Ministerium betreibt spezielle Server-Angebote, beispielsweise zu Schutzrechten, Informationstechnologien, der Förderung für Schüler und Studierende (BAFöG), zur Nutzung der Biotechnologie in Deutschland und der Nanotechnologie. Eine komfortable Volltextrecherche ermöglicht die gezielte Suche nach Detailinformationen auf dem Server des Ministeriums. Unter der Rubrik „Gesetze" besteht die Möglichkeit des Downloads, z. B. des Hochschulrahmengesetzes in der geltenden Fassung (Download als komprimiertes Worddokument 37 kb).

Bundesministerium für Ernährung, Landwirtschaft und Forsten

- http://www.bml.de/ @@
  Der mehrsprachige Server des Bundesministeriums für Ernährung, Landwirtschaft und Forsten informiert über die Bereiche Landwirtschaft, Verbraucherinfos, Tierschutz, Tiergesundheit, Fischwirtschaft, Wissenschaft und Forschung u. a. Im Servicebereich befinden sich u. a. wichtige Anschriften zu Einrichtungen im Geschäftsbereich des BML und weiteren Ministerien. Darüber hinaus finden sich in der Rubrik „Wirtschaftsdaten" u. a. der Agrarbericht der Bundesregierung 1999 und Daten und Fakten zur Land- und Forstwirtschaft in Deutschland 1999.

Bundesministerium für Familie, Senioren, Frauen und Jugend

- http://www.bmfsfj.de/ @@
  Das Bundesministerium für Familie, Senioren, Frauen und Jugend gibt in einer graphisch aufwendig gestalteten, dreidimensionalen Website Überblick über Aufgaben und Organisation des Ministeriums, aktuelle Pressemitteilungen und Veranstaltungen. Unter der Rubrik „Bibliothek – elektronische Publikationen" stehen verschiedene Expertisen und Fachbeiträge zum Download bereit. Schnelle Orientierung über den gesamten Auftritt des Bundesministeriums gewinnt man mit der Inhaltsangabe unter dem Button „Hilfe/Suchen". Teilweise befindet sich der Server noch im Aufbau.

Bundesministerium für Gesundheit

- http://www.bmgesundheit.de/ @@
  Der Server des Bundesministeriums für Gesundheit bietet neben Informationen über das Ministerium und aktuelle Fragen wie z. B. die Gesundheitsreform, Zugriff auf die Bereiche gesetzliche Krankenversicherung, Pflegeversicherung, Gesundheitsberufe, Arzneimittel und Medizinprodukte, Lebensmittel und Verbraucherschutz, Gentechnik und Organspende u. a. Im Bereich Rechtsvorschriften sind einige Gesetze, wie z. B. das Gesetz zur Reform der gesetzlichen Krankenversicherung ab dem Jahr 2000 veröffentlicht. Neben aktuellen Pressemitteilungen 1998–2000 sind Reden der Bundesgesundheitsministerin u. a. abrufbar. Die vom Ministerium veröffentlichten Broschüren und Informationsblätter können über angegebene Adressen bestellt werden.

WICHTIGE ADRESSEN

Bund   Staatsorgane/Ministerien

Bundesministerium für Umwelt, Naturschutz und Reaktorsicherheit

@@   – http://www.bmu.de/index1.htm

Das Bundesministerium für Umwelt, Naturschutz und Reaktorsicherheit stellt auf seinen Internet-Seiten nicht nur sich und seine Aufgaben vor, sondern hat auch Wissenswertes rund um das Thema Umweltschutz zusammengestellt. Informationen können z. B. über Atomkraft, Klimaschutz, Energiewende, Lokale Agenda 21 und ähnliche Themen abgerufen werden. Interessant ist der Themenbereich „Bodenschutz und Altlasten". Hierzu stehen auch in der Rubrik „Download" die einschlägigen Gesetzestexte zur Verfügung. Einen guten Überblick über die Ökologische Steuerreform erhält man in der gleichnamigen Rubrik. Pressemitteilungen und Bekanntmachungen zu den jeweiligen Themen können abgerufen werden. Neues aus der Politik erfährt man in der Rubrik „Aktuell & Neu". Für Interessierte besteht die Möglichkeit per E-Mail kostenlose Broschüren und Informationsmaterial anzufordern. Die Informationen werden laufend aktualisiert.

Bundesministerium für Verkehr, Bau- und Wohnungswesen

@@@   – http://www.bmbau.bund.de/

Auf der Website des Bundesministeriums für Verkehr, Bau- und Wohnungswesen findet man Informationen aus dem Bereich Verkehr, wie z. B. einen Überblick über den neuen EU-Führerschein und das neue Fahrerlaubnisrecht und weitere aktuelle Themen wie einen Auszug aus dem Verwarnungs-, Bußgeld- und Punktekatalog. Die Darstellung der für den Bau- und Wohnungsbereich maßgeblichen Gesetze und Verordnungen lohnt einen Besuch. Unter der Rubrik „Eigenheimförderung" sind detaillierte Informationen zur neuen Eigentumsförderung des Bundes vorhanden.

Bundesministerium für Wirtschaft und Technologie

@@   – http://www.bmwi.de/

Das Bundesministerium für Wirtschaft und Technologie gibt neben der Möglichkeit zur Einsicht in Pressemitteilungen und ausgewählte Reden eine Bestell- und Downloadmöglichkeit für Informationsmaterial und aktuelle Publikationen. Neben allgemeinen wirtschaftspolitischen Informationen findet man hier Broschüren zur Existenzgründung/Mittelstand, zu Fördermaßnahmen und Informationen für ausländische Investoren. In der Rubrik „Förderdatenbank" findet sich eine vollständige Übersicht aller Förderprogramme. Eine Linksammlung bietet Verweise auf nachgeordnete Behörden des Bundesministeriums für Wirtschaft und Technologie, Verfassungsorgane im Internet, Internet-Angebote der Europäischen Union sowie weitere Institutionen, etwa das Statistische Bundesamt, den Deutschen Industrie- und Handelstag, den Bundesverband der Deutschen Industrie o. a.

Bundesministerium für wirtschaftliche Zusammenarbeit und Entwicklung

@@   – http://www.bmz.de/

Das Bundesministerium für Wirtschaftliche Zusammenarbeit und Entwicklung informiert über aktuelle Fragen der Entwicklungspolitik, Aufbau und Organisation des Ministeriums und bietet verschiedene Publikationen zum Download. Hierzu zählen z. B. der BMZ-Jahresbericht 1996, 1997 und 1998 sowie das Journalistenhandbuch 1997/98 und 1998.

WICHTIGE ADRESSEN

Staatsorgane/Ministerien Bund

Bundespräsident
- http://www.bundespraesident.de/ @@
  Der Server des Bundespräsidenten informiert über den derzeit amtierenden Bundespräsidenten, seine Reden sowie seine Aufgaben im In- und Ausland. Ein Rundgang durch das Schloß Bellevue und die Villa Hammerschmidt sowie eine Darstellung der Lebensläufe der bisherigen Bundespräsidenten runden das Erscheinungsbild der graphisch interessant gestalteten Website ab.

Bundesrat
- http://www.bundesrat.de/ @@
  Der Bundesrat präsentiert aktuelle Informationen wie Pressemitteilungen, Tagesordnungen der Plenarsitzungen nebst Terminen sowie Daten über das Präsidium und die Mitglieder des Bundesrates. Neben Informationen über die einzelnen Bundesländer besteht im Servicebereich der Website die Möglichkeit, Informationsmaterial und Publikationen des Bundesrates zu bestellen.

Bundesregierung
- http://www.bundesregierung.de/ @@
  Die Bundesregierung präsentiert in graphisch anspruchsvoller Aufbereitung umfassende Informationen über den Bundeskanzler und das Bundeskanzleramt, die Ministerien, deren Arbeitsschwerpunkte und Organisation, aktuelle Fragen zu Europa, der ökologischen Steuerreform und dem Euro sowie aktuelle Pressemitteilungen und das Bulletin der Bundesregierung. Die Website steht auch in einer englischen, französischen und spanischen Variante zur Verfügung.

Bundestag
- http://www.bundestag.de/ @@
  Das Informationsangebot des Servers des Deutschen Bundestages reicht über seine Gremien, das Präsidium, den Ältestenrat und die Ausschüsse sowie Biographien der Abgeordneten des Deutschen Bundestages der 14. Wahlperiode bis zu Auswertungen der Wahlkreisergebnisse. Daneben sind Informationen über Abgeordnete des Europaparlaments erhältlich. Eine Infothek bietet die Möglichkeit des Abrufs des Grundgesetzes der Bundesrepublik Deutschland und eine Datenbank den Zugriff auf Bundestagsdrucksachen und Bundestagsplenarprotokolle im Volltext. Die Website enthält daneben Links zu den Fraktionen im Deutschen Bundestag.

Bundestag und Bundesrat
- http://dip.bundestag.de @@@
  Das gemeinsame Informationssystem von Bundestag und Bundesrat, DIP, dokumentiert deren öffentlich zugängliche Arbeit. Hier erhält man Informationen zu aktuellen Gesetzesvorhaben, parlamentarischen Vorgängen, Aktivitäten von Personen sowie Bundestagsdrucksachen im Volltext. Unter Angabe des Sitzungsdatums oder der Seitennummer kann auch auf die Plenarprotokolle von Bundestag und Bundesrat im Volltext zugegriffen werden.

WICHTIGE ADRESSEN

Baden-Württemberg — Staatsorgane/Ministerien

Bundeswehr

@@ – http://www.bundeswehr.de/
Die Bundeswehr informiert auf ihrer Homepage über Fragen der Sicherheitspolitik, der Ausbildung, zu einzelnen Wehrbereichen sowie zum freiwilligen Dienst von Frauen in der Bundeswehr. Darüber hinaus finden sich aktuelle Pressemitteilungen und Reden von Bundesminister Rudolf Scharping.

6.12.2   Länder
6.12.2.1   Baden-Württemberg

Landesregierung

@@ – http://www.baden-wuerttemberg.de/
Neben Informationen über den Ministerpräsidenten und die Landesregierung Baden-Württembergs finden sich hier aktuelle Presseinfos und Mitteilungen aus Wirtschaft, Bildung, Wissenschaft und Forschung, Finanz-, Wohnungsbau-, Sozial- und Innenpolitk sowie Umwelt-, Landwirtschafts- und Verkehrspolitik. Daneben sind allgemeine Informationen über Baden-Württemberg, die Kultur- und Auslandsbeziehungen abrufbar.

Landtag

@@ – http://www.landtag-bw.de/
Die graphisch ansprechend gestaltete Internet-Seite des Landtages von Baden-Württemberg gibt neben Informationen über das Parlament, seine Abgeordneten, die Fraktionen und Gremien die Möglichkeit, unter der Rubrik „Dokumente" nach parlamentarischen Vorgängen, Drucksachen oder Plenardebatten zu suchen. Die gefundenen Dokumente können heruntergeladen werden.

6.12.2.2 Bayern

Landtag

- http://www.bayern.landtag.de/ @@
  Der bayerische Landtag informiert auf seinen Internet-Seiten über Sitzungen und Tagesordnungen, aktuelle Themen, Abgeordnete und Gremien u. a. Daneben sind Links auf die Internet-Seiten der Fraktionen, der Parteien im Landtag sowie anderer Parlamente in Deutschland und Europa u. a. vorhanden.

Staatskanzlei Bayern

- http://www.bayern.de/ @
  Die Abteilung für Presse, Öffentlichkeitsarbeit und Medien der bayerischen Staatskanzlei gibt auf dieser Website umfangreiche Auskunft über Politik, Ministerien, Wirtschaft, Technologie, Tourismus u. a. Unter der Rubrik „Infomaterial-Service" kann online Informationsmaterial der bayerischen Staatskanzlei und der bayerischen Staatsministerien bestellt werden.

Staatsministerium der Justiz

- http://www.justiz.bayern.de @@
  Das bayerische Staatsministerium der Justiz bietet neben umfangreichen Informationen über sämtliche Gerichte, Staatsanwaltschaften und den Justizvollzug die Möglichkeit, auf die Presseerklärungen des Staatsministeriums seit 1998 zuzugreifen. Das Broschürenangebot des Ministeriums kann online bestellt werden. Die Rubrik „Das bayerische Notariat" verweist auf Seiten des bayerischen Notarvereines mit zahlreichen Informationen zu Ausbildung und Aufgaben der Notare sowie den Kosten der Inanspruchnahme. Thematisch geordnet stehen weiterführende Informationen aus den Bereichen zur Verfügung, in denen die Inanspruchnahme eines Notares unerläßlich oder zumindest geboten ist (Immobilien, Ehe und Familie, Erbe und Schenkung, Existenzgründung).

6.12.2.3 Berlin

Abgeordnetenhaus

- http://www.parlament-berlin.de/parlamentb.nsf/(plainhtml)/home?OpenDocument @@
  Das Abgeordnetenhaus Berlin informiert auf seiner Homepage über den Präsidenten und die Parlamentsarbeit und gibt unter der Rubrik „Landespressedienst" die Möglichkeit, verschiedene ausgewählte Pressemitteilungen einzusehen. Die Plenarsitzungen können unter der Rubrik „Audio/Video" online verfolgt werden. Im Bereich „Dokumentation" besteht die Möglichkeit einer Recherche in der Parlamentsdokumentation seit der 11. Wahlperiode 1989.

6.12.2.4 Brandenburg

Internet-Seite des Landes

@@ – http://pns.brandenburg.de/
Das Land Brandenburg präsentiert sich auf seinem Internet-Server mit allgemeinen Informationen über das Land, Politik und Verwaltung sowie einer Rubrik „Service", die u. a. Pressemitteilungen verschiedener Landesbehörden und ein Anschriftenverzeichnis beinhaltet. Im Bereich „kurz & bündig" finden sich aktuelle Informationen wie z. B. zum neuen Spendenrecht, im Bereich „Dokumente" u. a. der Koalitionsvertrag.

Landtag

@@ – http://www.landtag.brandenburg.de/
Interessantes und Wissenswertes über den Landtag Brandenburg, seine Abgeordneten und Fraktionen finden sich auf diesem Server. Neben der Verfassung des Landes finden sich unter der Rubrik „Aktuelles" u. a. Pressemitteilungen des Landtages, Tagesordnungen der Landtagssitzungen und Parlamentspapiere.

6.12.2.5 Bremen

Bürgerschaft

@ – http://www.bremen.de/info/buergerschaft/info/buerger.html
Die Bremer Bürgerschaft informiert auf ihrem Webserver über Abgeordnete, Deputierte, den Petitionsausschuss, die Fraktionen u. a. Unter der Rubrik „Aktuelles und Termine" sind die Sitzungstermine der Bürgerschaft nebst Tagesordnung abrufbar.

Senat

@ – http://www.bremen.de/web/owa/P_Anz_Einrichtungsdaten?pi_id=105649
Der Senat der freien Hansestadt Bremen gibt auf seiner Internet-Seite u. a. Informationen über die Bürgermeister und Senatoren.

6.12.2.6 Hamburg

Hamburger Landesparlament

@ – http://www.hamburg.de/StadtPol/parlamen.htm
Informationen zum Hamburger Landesparlament, seinen Abgeordneten, Ausschüssen und Organen finden sich auf dem Server der Hamburger Bürgerschaft. Daneben sind Links auf weitere Landesparlamente sowie das Informationsangebot der freien Hansestadt Hamburg vorhanden.

Hamburger Senat

– http://www.hamburg.de/StadtPol/reg.htm @
Der Senat der freien Hansestadt Hamburg gibt auf seiner Homepage Informationen über die Bürgermeister, Senatoren sowie verschiedene Behörden.

6.12.2.7 Hessen

Kultusministerium

– http://www.bildung.hessen.de/anbieter/km/index.htm @
Auf den Internet-Seiten des hessischen Kultusministeriums finden sich neben Informationen über Aufbau und Besonderheiten des hessischen Bildungswesens Adressen und Telefonnummern nachgeordneter Dienststellen und Personalvertretungen. Publikationen des Kultusministeriums können online bestellt werden. Unter der Rubrik „Schulrecht" kann u. a. das hessische Schulgesetz vom 17. Juni 1992 als Online-Version eingesehen oder als Word-Dokument heruntergeladen werden.

Landesregierung

– http://www.hessen.de/Regierung/homepage.htm @@
Auf dem Webserver der hessischen Landesregierung sind neben Informationen über die Staatskanzlei und Ministerien die Regierungserklärung und Koalitionsvereinbarung abrufbar. Eine umfangreiche, nach Themengebieten geordnete Linkliste steht unter der Rubrik „Hessen – Links" zur Verfügung. Dort finden sich Verweise auf Verbände, Vereinigungen, Behörden, Anstalten und Stiftungen und online erreichbare Städte in Hessen.

Landtag

– http://www.landtag.hessen.de @@
Der hessische Landtag stellt auf seinen Internet-Seiten ein Informationsangebot zu Terminen, Veranstaltungen und Plenarsitzungen, den Aufgaben und Arbeitsstrukturen des Landtags, dessen Zusammensetzung sowie die jüngsten Wahlergebnisse zur Verfügung. Darüber hinaus finden sich hier im Volltext verschiedene Verfassungs- und Rechtstexte.

Ministerium der Finanzen

– http://www.hessen.de/HMDF @
Das hessische Ministerium der Finanzen stellt auf seiner Internet-Seite Informationen über das Finanzministerium, die Finanz- und Staatsbauämter sowie Ausbildungsberufe in der Finanzverwaltung zur Verfügung. Unter der Rubrik „Steuerhinweise" können die Steuerwegweiser des Finanzministeriums mit verschiedenen Steuertipps im Word-Format heruntergeladen werden. Daneben stehen die Pressemeldungen des Finanzministeriums online zur Einsicht bereit.

WICHTIGE ADRESSEN

Mecklenburg-Vorpommern Staatsorgane/Ministerien

Ministerium der Justiz und für Europaangelegenheiten

@ – http://www.hessen.de/justiz_euro
Das hessische Ministerium der Justiz und für Europaangelegenheiten informiert auf seiner Homepage über den Aufbau des Ministeriums, die Organisation der Justiz sowie die Vertretung des Landes Hessen bei der Europäischen Union. Der Servicebereich bietet aktuelle Pressemitteilungen zur Einsicht.

Ministerium für Frauen, Arbeit und Sozialordnung

@ – http://www.hessen.de/hmfas/home.html
Auf den Internet-Seiten des hessischen Ministeriums für Frauen, Arbeit und Sozialordnung finden sich Informationen über Aufbau und Organisation des Ministeriums sowie Pressemitteilungen und Publikationen zum Download. Teilweise befindet sich der Server noch im Aufbau.

Ministerium für Wirtschaft, Verkehr und Landesentwicklung

@@ – http://www.hessen.de/Wirtschaft/homepage.htm
Das hessische Ministerium für Wirtschaft, Verkehr und Landesentwicklung informiert hier über seine Tätigkeit, den Minister und den Staatssekretär und stellt ein Verzeichnis der Publikationen des Ministeriums zur Verfügung. Daneben können die aktuellen Pressemitteilungen online eingesehen werden. Neu eingestellt auf den Internet-Seiten ist die Gewerbeflächen-Datenbank, die einen Überblick über die verfügbaren Flächen und Standortbedingungen in Hessen bietet.

Ministerium für Wissenschaft und Kunst

@ – http://www.hmwk.hessen.de
Das hessische Ministerium für Wissenschaft und Kunst gibt dem Besucher seiner Homepage Einblick in Aufbau und Organisation des Ministeriums sowie einen Überblick über seine Tätigkeit. Mit Hilfe einer Suchmaschine können die Pressemitteilungen seit 1995 durchsucht werden. Das hessische Hochschulgesetz ist online im Volltext einsehbar, ebenso die Verwaltungsvorschriften zur Anerkennung ausländischer Hochschulzugangsberechtigungen. In der Rubrik „Kulturförderung" findet man aktualisierte Informationen über Stipendien und Kulturförderungen des Landes Hessen.

6.12.2.8 Mecklenburg-Vorpommern

Landesregierung

@@ – http://www.mv-regierung.de/
Die Landesregierung Mecklenburg-Vorpommern informiert auf ihrer Homepage über den Ministerpräsidenten, seine Minister sowie Organisationsstruktur und Publikationen der einzelnen Ministerien. Die Publikationen der Ministerien können online bestellt werden. Ein Hyperlink verweist auf LARIS, einer Sammlung zum Landesrecht Mecklenburg-Vorpommern, die sämtliche Gesetze und Rechtsverordnungen des Landes in aktueller (konsolidierter) Fassung enthält, d.h. alle Änderungen der Stammvorschriften sind bereits eingearbeitet. Die kostenpflichtige Datenbank soll sukzessive ausgebaut werden.

6.12.2.9 Niedersachsen

Landtag

- http://www.landtag-niedersachsen.de/ @@
 Neben Informationen über die Landtagsarbeit, die Organisation des Landtags und seine Abgeordneten stellt der Landtag Niedersachsen verschiedene Gesetze zum Abruf bereit.

Regierung

- http://www.niedersachsen.de/LR.htm @
 Die niedersächsische Landesregierung informiert hier über den Ministerpräsidenten, die Minister, die Staatskanzlei und die Ministerien. Eine Suchmaschine erleichtert das Auffinden der gewünschten Information.

6.12.2.10 Nordrhein-Westfalen

Landesregierung

- http://www.nrw.de/ @@@
 Die Landesregierung von Nordrhein-Westfalen stellt auf ihrer Homepage umfangreiche Informationen zu Politik, Land und Leute sowie Terminen und Pressemitteilungen bereit. Unter der Rubrik „Texte und Bilder – Gesetzestexte" stehen das Grundgesetz, die Verfassung und die Kommunalverfassung des Landes Nordrhein-Westfalen zur Online-Einsicht bereit. Eine Volltext-Suche im Servicebereich erleichtert das Auffinden der gewünschten Information.

Landtag

- http://www.landtag.nrw.de/ @@
 Auf den Internet-Seiten des Landtages Nordrhein-Westfalen sind neben Informationen über das Parlament, seine Abgeordneten, Ausschüsse und Gremien verschiedene Gesetze und Verordnungen verfügbar. Seit kurzem kann man sich zusätzlich über die Arbeit der Enquête-Kommissionen des nordrhein-westfälischen Landtags informieren.

Ministerium der Justiz

- http://www.jm.nrw.de @@
 Die Website des Justizministeriums des Landes Nordrhein-Westfalen enthält neben umfangreichen Informationen zu den Gerichten des Landes sowie dem Ministerium eine Vielzahl aktueller Meldungen aus dem Justizbereich. Aktuelle Ausgaben der NRW.Justiz Intern sind online einsehbar, ebenso das veröffentlichte Informationsmaterial (Broschüren und Faltblätter) des Ministeriums. Eine komfortable Volltext-Suche mit ausführlicher Anleitung steht für die Durchforstung von insgesamt vier Ministerien zur Verfügung.

WICHTIGE ADRESSEN

Rheinland-Pfalz   Staatsorgane/Ministerien

Ministerium des Innern

@@@ — http://www.im.nrw.de/
Auf den Internet-Seiten des Innenministeriums des Landes Nordrhein-Westfalen finden sich neben Informationen zu Themen wie Verwaltung, Datenschutz und Verfassungsschutz die Ausgaben des Gesetz- und Verordnungsblattes des Landes Nordrhein-Westfalen seit 1997. Kostenpflichtig ist der Zugang zur Sammlung aller geltenden Gesetze und Verordnungen des Landes NRW. Für den Zugriff ist entweder der Erwerb einer CD-ROM oder die Einrichtung eines Guthabenkontos zur Abrechnung erforderlich. Der Zugriff auf das Ministerialblatt des Landes NRW seit 1998 ist kostenfrei. Künftig soll hier auch eine systematische Sammlung aller geltenden und in Teil I des MBl. NRW. veröffentlichten Erlasse des Landes NRW zur Verfügung stehen.

6.12.2.11 Rheinland-Pfalz

Landtag

@ — http://www.landtag.rlp.de/Landtag/index.asp
Der Landtag Rheinland-Pfalz informiert allgemein über seine Abgeordneten, die Fraktionen im Landtag sowie die Sitzverteilung und stellt unter der Rubrik „Aktuelles" einen detaillierten Veranstaltungskalender des Landtages zum Abruf bereit. Außerdem finden sich hier detaillierte Informationen zum Wahlsystem der Landtagswahl sowie dem Gesetzgebungsverfahren. Unter der Rubrik „Live" sollen Debatten aus dem Landtag über das Internet gesendet werden.

Staatskanzlei

@ — http://www.stk.rpl.de/
Auf den Internet-Seiten der Staatskanzlei Rheinland-Pfalz sind Informationen über das Bundesland und die Arbeit der Landesregierung abrufbar. Die Pressemitteilungen der Staatskanzlei können abgerufen werden, ebenso wie die Regierungserklärung und Zwischenbilanz des Ministerpräsidenten. Der Info-Service informiert über aktuelle Veranstaltungen der Landesregierung.

6.12.2.12 Sachsen

Landtag

@@ — http://www.sachsen.de/deutsch/buerger/landtag/index.html
Informationen über die Zusammensetzung und die Aufgaben des sächsischen Landtages sowie aktuelle Gesetzesinitiativen und Pressemitteilungen können auf dieser Internet-Seite abgerufen werden. Eine komfortable Suchmaschine ermöglicht die Recherche in aktuellen und abgeschlossenen Gesetzesinitiativen nach Stichwörtern, im Volltext, nach der einbringenden Fraktion sowie dem Behandlungsergebnis.

Staatskanzlei Sachsen

- http://www.sachsen.de @
  Auf den Internet-Seiten der sächsischen Staatskanzlei können neben Informationen über den Freistaat, die wirtschaftliche Lage, Wissenschaft und Technologie aktuelle Pressemitteilungen eingesehen werden.

6.12.2.13 Sachsen-Anhalt

Internet-Seite des Landes

- http://www.sachsen-anhalt.de/inhalt/ministerien.htm @
  Das Land Sachsen-Anhalt informiert auf seiner Website über die Landesregierung, den Ministerpräsidenten, das Kabinett und die Staatskanzlei. Unter den einzelnen Rubriken sind neben aktuellen Pressemitteilungen weiterführende Informationen vorhanden. Darüber hinaus findet sich eine Linkliste zu den Homepages der Ministerien.

Landtag

- http://www.landtag.sachsen-anhalt.de/gesetze/landtag.htm @@
  Auf seiner Homepage informiert der Landtag von Sachsen-Anhalt über seine Abgeordneten, Gremien und Fraktionen. Diverse Publikationen wie z. B. die parlamentarische Schriftenreihe können online kostenfrei bestellt werden. Die Texte der Landesverfassung, des Wahlgesetzes, des Abgeordnetengesetzes, des Fraktionsgesetzes, des Untersuchungsausschußgesetzes und der Geschäftsordnung des Landtages können als ZIP-Dateien heruntergeladen oder online eingesehen werden.

6.12.2.14 Schleswig-Holstein

Landesbeauftragter für den Datenschutz in Schleswig-Holstein

- http://www.rewi.hu-berlin.de/Datenschutz/DSB/SH/index.htm @@@
  Einen guten Überblick über aktuell diskutierte Themen aus dem Bereich des Datenschutzes erhält man auf den Internet-Seiten des Landesbeauftragten für Datenschutz in Schleswig-Holstein. Abrufbar sind in der Rubrik „Tätigkeitsberichte und weitere Materialien zum Datenschutz" eine Auswahl verschiedener Gesetzestexte, z. B. das Bundesdatenschutzgesetz und die Europäische Datenschutzrichtlinie (hier wird man jedoch per Link auf die Homepage des Berliner Datenschutzbeauftragten verwiesen), Stellungnahmen und Arbeitspapiere, Beiträge zum Thema „Datenschutz und Technik", Pressemitteilungen sowie Unterlagen zu Vorträgen. Weiter stehen Beiträge und Informationsmaterialien zu landesspezifischen Regelungen, wie z. B. dem schleswig-holsteinischen Melderecht, zur Verfügung. Die Internet-Seiten des Landesbeauftragten liegen auf dem Server der Humboldt-Universität Berlin und werden ständig aktualisiert.

WICHTIGE ADRESSEN

Thüringen   Staatsorgane/Ministerien

Landesregierung

@@ – http://www.schleswig-holstein.de/landsh/landesreg.html
Die Landesregierung Schleswig-Holstein gibt neben Informationen über den Ministerpräsidenten und die Ministerien die Möglichkeit, Pressemitteilungen seit 1996 online einzusehen. Die Veröffentlichungen sämtlicher Ministerien können online recherchiert und bestellt werden.

Landtag

@@ – http://www.sh-landtag.de/
Umfangreiche Informationen aus der Arbeit des Parlaments, über die Abgeordneten sowie weiterführende Links bietet der Landtag Schleswig-Holstein. Die Veröffentlichungen und das Informationsmaterial des Landtages können online bestellt werden. Eine umfangreiche Linksammlung unter der Rubrik „Politik-Links" verweist auf die Internet-Präsenz weiterer Parlamente, Parteien, Verfassungsorgane und Regierungen.

6.12.2.15 Thüringen

Generalstaatsanwaltschaft

@ – http://www.thueringen.de/thgsta/
Die Generalstaatsanwaltschaft Thüringen informiert auf ihrer Homepage über ihre Aufgaben und Tätigkeitsfelder. Aktuelle Pressemitteilungen sind online abrufbar. Veröffentlicht ist weiterhin der statistische Bericht über den Geschäftsfall der Gerichte und Staatsanwaltschaften 1997.

Landtag

@@ – http://www.landtag.thueringen.de
Der Thüringer Landtag informiert auf seinen neuen Internet-Seiten über seine Abgeordneten, den Vorstand und Ältestenrat sowie die Tätigkeit seiner Ausschüsse und über den Terminplan des Landtags. Neben der Verfassung können Informationen zum Gesetzgebungsverfahren sowie aktuelle Pressemitteilungen eingesehen werden. In der Rubrik „Infothek" sind Wahlergebnisse, Reden der Präsidentin, die Sitzverteilung im Parlament u. a. abrufbar.

6.13 Suchmaschinen

CALL-Catalog of Annotated Legal Links

@@@ – http://www.jura.uni-duesseldorf.de/call/
Ein Verzeichnis juristischer Materialien im Internet (CALL-Catalog of Annotated Legal Links) bietet die juristische Fakultät der Heinrich-Heine-Universität Düsseldorf. In diesem Verzeichnis kann nach juristischen Informationen geordnet nach Rechtsgebiet, Inhaltstyp und Anbieter in einer Vielzahl von Ländern gesucht werden. Eine Bedienungsanleitung hilft bei der Recherche.

WICHTIGE ADRESSEN

Suchmaschinen

Catalaw

- http://www.catalaw.com/ @@
  Catalaw ist ein englischsprachiger Katalog juristischer Suchmaschinen und Links im Internet. Es kann nach Rechtsgebiet, Region oder besonderer Information (z. B. Suche nach Rechtsanwälten) gesucht werden.

Fahnder

- http://www.vrp.de/suche/fahnder/anmelden.htm @@@
  Der Fahnder, ein kostenloser Service des Verlages Recht & Praxis, ermöglicht die gezielte Suche nach juristisch relevanter Information auf deutschen Internet-Servern. Für die Nutzung dieses Services ist eine Anmeldung erforderlich. Detaillierte Informationen zur Funktionsweise und zum Umfang des Servers garantieren eine einfache und effektive Handhabung. Für das Frühjahr 2000 eine Ausweitung dieses Dienstes unter eigener Domain-Adresse http://www.fahnder.de angekündigt.

FindLaw

- http://www.findlaw.com/ @
  Mit der juristischen Suchmaschine FindLaw kann das US-amerikanische Rechtsangebot im Internet durchsucht werden. Auf deutschsprachige Inhalte kann nicht zugegriffen werden.

GSU Law Online

- http://gsulaw.gsu.edu/metaindex @@@
  Dieser „Metaindex" von GSU Law Online bietet die Möglichkeit, die US-amerikanische Rechtsprechung des obersten Bundesgerichts (Supreme Court) ab 1937 anhand von Schlagwörtern zu durchsuchen. Über die Suchmaschinen diverser Organisationen und Universitäten kann darüber hinaus nach US-amerikanischen Gesetzen, nach Gesetzesvorschlägen des derzeitigen Repräsentantenhauses oder des Senats sowie nach anderen primären Rechtsquellen, Regierungsservern oder Newsgruppen gesucht werden. Auch die Suche nach Rechtsanwälten und Richtern nach Fachrichtung und Bundesstaat ist möglich.

Law Crawler

- http://lawcrawler.findlaw.com/ @@
  Der Law Crawler bietet umfassenden Zugriff auf weltweite Internet-Seiten mit juristischer Information. Dabei dominiert insbesondere das US-amerikanische Angebot. Allerdings bietet der Server auch Zugriff auf deutsche Information bei Eingabe des entsprechenden Stichworts.

lawresearch

- http://www.lawresearch.com/ @@
  Die Suchmaschine lawresearch ermöglicht die Suche nach US-amerikanischen rechtlichen Informationen. Die Benutzung ist teilweise kostenpflichtig.

WICHTIGE ADRESSEN

Universitäten/National

MetaGer

@@@ – http://meta.rrzn.uni-hannover.de/
MetaGer, eine sehr empfehlenswerte Suchmaschine über deutschsprachige Suchmaschinen des Rechenzentrums der Universität Hannover ermöglicht die gleichzeitige Suche über 18 verschiedene Suchmaschinen. Doubletten werden jeweils aussortiert und das Ergebnis zusammengefasst.

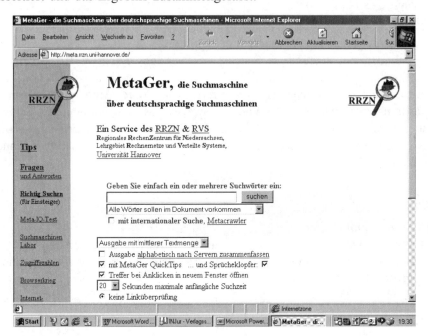

Yabba

@ – http://yabba.de/
Einen Katalog mit juristischen Informationen bietet die Suchmaschine Yabba.de unter der Rubrik „Jura". Dort finden sich auch weitere juristische Kataloge und Suchmaschinen.

Yahoo

@ – http://www.yahoo.de/staat_und_politik/recht/
In dem Katalog der Suchmaschine Yahoo finden sich Verweise auf juristische Aufsätze, Gesetze u. a. nach Rubriken von A wie Arbeitsrecht bis Z wie Zeitschriften unterteilt.

6.14 Universitäten
6.14.1 National

Augsburg

@@ – http://www.jura.uni-augsburg.de/juralinks/index.html
Die JuraLinks-Seite der juristischen Fakultät der Universität Augsburg verweist auf Gesetzestexte, Gerichtsentscheidungen, juristische Verlage, juristische Newsgroups und Mailinglisten sowie Rechtsanwälte u. a.

WICHTIGE ADRESSEN

Universitäten/National

Bamberg

- http://www.uni-bamberg.de/~ba6wr1/ @@
  Das Institut für Privatrecht, insbesondere Handels-, Gesellschafts- und Wirtschaftsrecht, Prof. Dr. Hans-W. Micklitz, informiert über Forschung, Lehre und seine Mitarbeiter. Die Rubrik „Links" beinhaltet eine umfangreiche Sammlung auf Internet-Ressourcen mit Gesetzen, Urteilen, Zeitschriften und Verlage sowie Gerichte, Verbände und Organisationen.

Berlin/ Freie Universität

- http://www.fu-berlin.de/jura/ @@@
  Auf den Internet-Seiten des Fachbereiches Rechtswissenschaft der freien Universität Berlin finden sich neben Informationen über Einrichtungen, Gremien und Studium umfassende Verweise auf nationale und internationale juristische Projekte und Wettbewerbe. Die Rubrik „Recht im Internet" bietet umfangreiche Verweise auf weitere juristische Fakultäten, Linksammlungen, Entscheidungen deutscher Gerichte, Gesetzessammlungen und einige Online-Publikationen.

Berlin/ Humboldt-Universität

- http://www.rewi.hu-berlin.de/ @@
  Die juristische Fakultät der Humboldt-Universität zu Berlin informiert u. a. über das Studium und diverse www-Projekte der Fakultät. Die Rubrik „Internet" bietet eine umfangreiche Sammlung mit Verweisen auf nationale und internationale juristische Informationsquellen. Hier finden sich Verweise auf juristische Organisationen, Repetitorien, Verlage, Gesetzes- und Rechtsprechungssammlungen sowie Internet-Seiten mit Informationen zu ausgewählten Rechtsgebieten. Die Rubrik „Bibliotheken im Internet" verweist auf verschiedene online verfügbare Bibliothekskataloge.

Bielefeld

- http://www.jura.uni-bielefeld.de/ @@
  Die Fakultät für Rechtswissenschaft der Universität Bielefeld informiert über Dekanat, Studium, Fachschaft und Projekte. Unter der Rubrik „Internet" stehen Verweise zu anderen juristischen Angeboten im www zur Verfügung. Auf den Seiten der Universitätbibliothek sind elektronische Publikationen aus der digitalen Bibliothek NRW zugänglich. Die Benutzung setzt eine Registrierung voraus.

Bochum

- http://www.ruhr-uni-bochum.de/jura/ @@
  Die juristische Fakultät der Ruhr-Universität Bochum gibt Veranstaltungshinweise sowie Informationen über Lehrstühle, Dekanat und Fachschaft u. a. Die Rubrik „Juristische Vereinigungen" enthält ausgewählte Links zu verschiedenen Juristenvereinigungen. Weiterhin findet sich eine Sammlung von Links auf das www-Angebot der juristischen Fakultät und weiterer Anbieter, z. B. Verlage, Bibliotheken und sonstige juristische Fakultäten.

WICHTIGE ADRESSEN

Universitäten/National

Bonn

@@ – http://www.jura.uni-bonn.de/
Die rechts- und staatswissenschaftliche Fakultät – Fachbereich Rechtswissenschaft – der Rheinischen Friedrich-Wilhelms-Universität Bonn informiert über Vorlesungen, Institute und Seminare, Dekanat und Studium. Die Rubrik „Links" beinhaltet neben allgemeinen Links rund um Bonn eine Zusammenstellung von Suchmaschinen und Webkatalogen, Verweise auf Gerichte, weitere juristische Fakultäten, europäische und internationale Server u. a.

Bremen

@ – http://www-user.uni-bremen.de/~jura/
Auf der Homepage des Fachbereichs Rechtswissenschaft der Universität Bremen findet sich neben Informationen über Dekanat, Forschung, Lehre und Bibliothek unter der Rubrik „EDV" eine knapp gehaltene Liste mit Verweisen auf juristische Verlage und sonstige Internet-Seiten mit juristischem Inhalt.

Dresden

@ – http://www.tu-dresden.de/jura/
Auf der Website der juristischen Fakultät der TU Dresden finden sich allgemeine Informationen über Lehrstühle, Institute, Fakultät und Studium. Eine lokale Suchmaschine steht unter der Rubrik „Service" für die Recherche auf dem Server der TU Dresden bereit. Daneben ist eine Liste von www-Suchmaschinen, die auf der Seite der Universität Dresden abgefragt werden können, vorhanden.

Düsseldorf

@@@ – http://www.jura.uni-duesseldorf.de/
Auf den Internet-Seiten der juristischen Fakultät der Heinrich-Heine Universität Düsseldorf stehen Informationen über die Fakultät, Dozenten, Lehre und Forschung bereit. Hinter der Rubrik „RAVE" verbirgt sich eine Datenbank, die aktuelle völker- und europarechtliche Veröffentlichungen systematisch erfasst. Mit diesem Angebot des Lehrstuhls für deutsches und ausländisches öffentliches Recht, Völkerrecht und Europarecht kann sich der Interessierte rasch über die einschlägige Literatur zu bestimmten Fragen aus dem Bereich des Völker- und Europarechts informieren. Aktuelle Meldungen runden das gelungene Angebot ab.

Erlangen-Nürnberg

@@ – http://www.jura.uni-erlangen.de
Mit einer gut gestalteten, übersichtlichen Seite informiert die juristische Fakultät der Friedrich-Alexander-Universität Erlangen-Nürnberg über die Institute und Lehrstühle, Auslandsprojekte, Ausbildungs- und Prüfungsordnungen u. a. Eine kleine juristische Linksammlung ist abrufbar.

Frankfurt am Main

- http://www.rz.uni-frankfurt.de/fb01/Dekanat/index.html @
Der Fachbereich Rechtswissenschaft der Johann-Wolfgang-Goethe-Universität Frankfurt am Main informiert allgemein über Dekanat, Professoren, wissenschaftliche und studentische Einrichtungen sowie Forschungsprojekte u. a.

Freiburg

- http://www.jura.uni-freiburg.de/netz/intinfos.htm @@
Die rechtswissenschaftliche Fakultät der Albert-Ludwigs-Universität Freiburg stellt hier Verweise auf juristische Informationen, Online-Datenbanken, Online-Kataloge und Verlage im Internet bereit.

Giessen

- http://www.recht.uni-giessen.de/links.htm @
Der Fachbereich Rechtswissenschaften der Universität Giessen stellt hier ein kurz gehaltenes Angebot mit Verweisen auf weitere juristische Links im www bereit.

Göttingen

- http://www.uni-goettingen.de/FB/Jura/ @
Die juristische Fakultät der Georg-August-Universität Göttingen informiert über die wissenschaftlichen Institute und Seminare sowie die Lehrveranstaltungen im aktuellen Semester auf dieser Internet-Seite. Auf den Seiten der Fachschaft Jura befindet sich eine knapp gehaltene Linkliste mit Verweisen auf weitere juristische Fakultäten, Gesetzessammlungen im Internet und sonstige juristisch relevante Links.

Hagen

- http://www.fernuni-hagen.de/rewi @@
Der Fachbereich Rechtswissenschaft der Fernuniversität Hagen informiert über Lehrgebiete und Studienangebote. Auf den Seiten des Institutes für deutsches und europäisches Parteienrecht finden sich umfangreiche Informationen zu den Parteien, parteinahen Stiftungen und politischen Jugendorganisationen. Das Parteiengesetz sowie verschiedene Schiedsgerichtsordnungen sind online abrufbar. Auf der Homepage des Projektbereiches „Japanisches Recht" stehen Informationen zum Weiterbildungsstudium „Einführung in das japanische Zivilrecht" bereit. Die Studienangebote des Fachbereichs Rechtswissenschaft richten sich nicht nur an Studenten, sondern u. a. auch an Rechts- und Patentanwälte.

Halle-Wittenberg

- http://www.jura.uni-halle.de/ @
Auf den Linkseiten der juristischen Fakultät der Martin-Luther-Universität Halle-Wittenberg finden sich verschiedene Links auf weitere juristische Internet-Angebote, insbesondere Gesetzes- und Entscheidungssammlungen.

WICHTIGE ADRESSEN

Universitäten/National

Hannover

@@ – http://www.jura.uni-hannover.de/
Auf der Website des Fachbereiches Rechtswissenschaft der Universität Hannover findet man neben Informationen zum Fachbereich und Studium unter der Rubrik „Internet" eine Sammlung juristischer Links und www-Suchdienste.

Heidelberg

@ – http://www.uni-heidelberg.de/institute/fak2/
Informationen zum Studium, Dienstleistungen sowie zu Instituten und Seminaren präsentiert die juristische Fakultät der Ruprecht-Karls-Universität Heidelberg.

Jena

@@ – http://www.recht.uni-jena.de/fak/
Die Internet-Seiten der Friedrich-Schiller-Universität Jena, Rechtswissenschaftliche Fakultät, bieten neben allgemeinen Informationen über Lehrveranstaltungen, Dekanat und Fakultät unter der Rubrik „Juristische Links" eine ordentliche Sammlung mit Verweisen auf juristisch interessante www-Server. Hier finden sich Links auf Pressemitteilungen verschiedener Gerichte, Behörden, Gesetzessammlungen und weiterführende juristische Angebote.

Kiel

@ – http://www.uni-kiel.de/fak/rechtsw
Die rechtswissenschaftliche Fakultät der Christian-Albrechts-Universität zu Kiel informiert allgemein über Dekanat, Forschung und Lehre. Daneben finden sich weiterführende Informationen für Studenten, insbesondere zur Examensvorbereitung. Im Bereich „Rechtsvorschriften" finden sich einige Gesetze und Verordnungen sowie ein Link auf das Angebot der schleswig-holsteinischen Landesregierung mit ca. 1.800 kostenfreien Gesetzen und Verordnungen.

Köln

@@ – http://www.rrz.uni-koeln.de/jur-fak/jurwww/jurwww.html
Eine Auswahl von Verweisen auf juristische Angebote im www mit Hinweisen auf Rechtsnormen, Rechtsprechung, Staat und Verwaltung, Parteien, juristische Fakultäten sowie Rechtsanwälte, juristische Verlage, Juristenvereinigungen und juristische Newsgroups und Mailinglisten bietet die rechtswissenschaftliche Fakultät der Universität zu Köln.

Leipzig

@ – http://www.uni-leipzig.de/~jura/
Die juristische Fakultät der Universität Leipzig bietet eine Übersicht über aktuelle Veranstaltungen, Lehrstühle und Dekanat, Verweise auf Studentenvereinigungen und Bibliotheken, sächsische Ausbildungsgesetze und -verordnungen u. a.

WICHTIGE ADRESSEN

Universitäten/National

Mainz

– http://radbruch.jura.uni-mainz.de/DARM @
Die juristische Fakultät der Johannes-Gutenberg-Universität Mainz informiert auf dieser Internet-Seite über die Inhalte des jedes Sommersemester stattfindenen deutsch-amerikanischen Rechtsgespräches in Mainz. Daneben finden sich Informationen über die juristische Ausbildung, insbesondere Studien- und Wahlstationen in den USA sowie eine Linkliste mit Verweisen auf vorwiegend US-amerikanische juristische Internet-Angebote.

Mannheim

– http://www.uni-mannheim.de/fakul/jura/welcome.html @@
Auf den Internet-Seiten der Fakultät für Rechtswissenschaften der Universität Mannheim finden sich Informationen über Dekanat, Lehrstühle und Professoren, Institute und Studium. Die Rubrik „Juristische Ressourcen" enthält eine umfangreiche Linkliste mit Verweisen auf juristische Informationen im Internet, u. a. zu den Rubriken „Aktuelles und Nachrichten", „Bibliotheken", „Datenbanken und Verzeichnisse", „Foren", „Gerichte" sowie „Juristisch relevante Zeitschriften und Verlage und Kanzleien".

Marburg

– http://www.jura.uni-marburg.de/ @@
Der Fachbereich Rechtswissenschaften der Philipps-Universität Marburg informiert über seine Professoren, Lehrbeauftragten und Assistenten. Die Rubrik „Jura im Internet" bietet ein nach Kategorien geordnetes Linkverzeichnis auf nationale und internationale juristisch relevante Internet-Seiten. Darunter befinden sich u. a. Beiträge juristischer Fakultäten, nationale und internationale Gerichte, Ministerien und sonstige Institutionen.

München

– http://www.jura.uni-muenchen.de/ @@@
Die Internet-Seiten der juristischen Fakultät der Ludwig-Maximilians-Universität München bieten neben fach- und studienbezogenen Informationen Entscheidungen u. a. des bayerischen obersten Landesgerichts, des OLG Nürnberg sowie eine Auswahl der Rechtsprechung des EuGH und des BFH. Die Rubrik „Verbindungen zu anderen www-Servern" verweist auf die Internet-Angebote anderer Universitäten, juristischer Organisationen und Verlage.

Münster

– http://www.uni-muenster.de/Jura/ @@
Eine große Linkliste mit Verweisen auf juristisch Relevantes im Internet bietet die rechtswissenschaftliche Fakultät der westfälischen Wilhelms-Universität Münster. Darüber hinaus sind Informationen über Fakultät, Dekanat, Institute und aktuelle Veranstaltungen abrufbar.

WICHTIGE ADRESSEN

Universitäten/National

Münster/TKR-Netzwerk

@@@ – http://www.uni-muenster.de/Jura.tkr

Die Website des Instituts für Informations-, Telekommunikations- und Medienrecht der Universität Münster bietet neben allgemeinen Informationen zu Lehre, Forschung und Mitarbeitern die Möglichkeit, verschiedene Beiträge und Vorträge online einzusehen. Das TKR-Netzwerk bietet umfangreiche weitere Informationen zum Telekommunikationsrecht und insbesondere die Möglichkeit, den TKR-Newsletter online zu abonnieren.

Osnabrück

@@ – http://www.jura.uni-osnabrueck.de

Der Webserver der Universität Osnabrück, Fachbereich Rechtswissenschaften, bietet neben Informationen über den Fachbereich, Verweise auf verschiedene internationale Webserver, Gesetzessammlungen und Pressedienste der obersten Gerichte u. a.

Potsdam

@@ – http://enterprise.rz.uni-potsdam.de/u/jurfak/jurfak.htm

Die Internet-Seiten der juristischen Fakultät der Universität Potsdam bieten eine Linksammlung mit juristischen Texten und Verweisen auf das Angebot anderer juristischer Fakultäten. Die weltweiten juristischen Ressourcen beinhalten Verweise auf eine Vielzahl von Gesetzen und internationale Servern mit juristischer Information.

Regensburg

@ – http://www.uni-regensburg.de/Fakultaeten/Jura/

Die juristische Fakultät der Universität Regensburg gibt Wissenswertes zum Studium, der Fakultät und den Lehrstühlen bekannt. Teilweise befinden sich die Seiten noch im Aufbau.

Rostock

@@ – http://www.uni-rostock.de/fakult/jurfak/fakt.htm

Die juristische Fakultät der Universität Rostock informiert über Institute und Lehrstühle, das Studium an der Universität sowie aktuelle Veranstaltungen im laufenden Studiensemester. Die Rubrik „Andere interessante Links" verweist auf sonstige juristische Inhalte im Internet, u. a. Gerichte, Ministerien, die Server anderer Universitäten sowie Suchmaschinen und Bibliotheken.

Saarbrücken

@@@ – http://www.jura.uni-sb.de/

Das juristische Internetprojekt Saarbrücken des Instituts für Rechtsinformatik der Universität des Saarlandes ist eine der wohl umfangreichsten Sammlungen juristischer Information im Internet. Neben einer großen Gesetzessammlung ist hier das Bundesgesetzblatt im Faksimile seit 1949 erhältlich. Es finden sich Verweise auf die Pressemitteilungen der Bundesgerichte und umfangreiche Informationen zur Juristenausbildung, zum Studium in Saarbrücken und diverse Internet-Projekte der Universität. Daneben ist eine umfangreiche Linksammlung zu juristischen Websites weltweit vorhanden. Hier kann u. a. nach Gerichten, Rechtsnormen und Anwälten recherchiert werden.

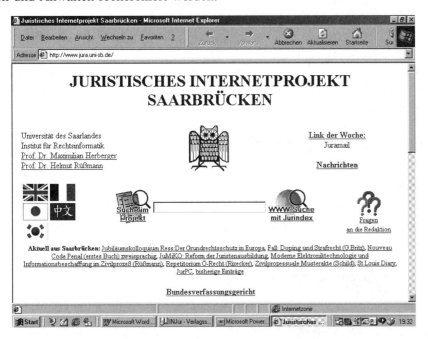

Trier

– http://www.uni-trier.de/uni/fb5/fb5.htm @

Der Fachbereich Rechtswissenschaft der Universität Trier informiert über die juristische Ausbildung, die Universität, Fachbereichsorgane und Lehrveranstaltungen. Die Informationsbroschüre des Fachbereiches ist im PDF-Format (Acrobat Reader) abrufbar. Die landesrechtlichen Bestimmungen zur Juristenausbildung sind online einsehbar.

Würzburg

– http://www.jura.uni-wuerzburg.de/ @@@

Neben Studieninformationen, dem Vorlesungsverzeichnis und verschiedenen Lernmaterialien bieten die Internet-Seiten der juristischen Fakultät der Universität Würzburg insbesondere die Online-Recherche im europäischen Dokumentationszentrum der Universität unter der Leitung von Prof. Dr. Dieter H. Scheuing. Im Bestand des EDZ findet sich u. a. das Amtsblatt der EU, eine Sammlung der Rechtsprechung des EuGH und des Gerichts erster Instanz der Europäischen Gemeinschaften sowie Dokumente der Kommission, des Europäischen Parlaments und des Wirtschafts- und Sozialausschusses.

WICHTIGE ADRESSEN

Universitäten/International

6.14.2 International

Genf

@ — http://www.unige.ch/droit/
Die juristische Fakultät der Universität Genf informiert auf ihren derzeit nur in französischer Sprache verfügbaren Internet-Seiten über Studium, Lehrkörper, Austauschprogramme, Lehre, Forschung, Studentenvereinigungen, Berufsmöglichkeiten für Absolventen etc. Über „Bibliothèque et Documentation juridique" gelangt man zur Homepage der Rechtsbibliothek der Universität Genf welche dort auch in englischer Sprache einige Links zu – hauptsächlich das Schweizer Recht betreffenden – Bibliotheken eingestellt hat.

Lausanne

@ — http://www.unil.ch/droit/
Informationen über die Studiengänge, Institute und Veröffentlichungen der juristischen Fakultät der Universität Lausanne (Faculté de Droit Université de Lausanne) finden sich auf diesen Internet-Seiten. Die Seiten sind derzeit nur in französischer Sprache verfügbar.

6.15 Verbände/Vereine

Bund der Steuerzahler

@@ — http://www.steuerzahler.de/
Auf dem Webserver des Bundes der Steuerzahler finden sich aktuelle Steuertipps und Hintergrundinformationen, aber auch umfangreiche Hinweise auf Steuergeldverschwendungen in den öffentlichen Haushalten sowie Information über die Staatsverschuldung (mit 2.544 Mark pro Sekunde ins neue Jahr). Die Pressemitteilungen des BdSt sind aus einem Archiv seit Januar 1997 abrufbar. Interessant ist der E-Mail-Verteiler unter der Rubrik „Presse", mit dem Pressemitteilungen und News im E-Mail-Service bezogen werden können. Unter der Rubrik „Steuerzahler Service GmbH" finden sich Informationen rund um das Thema Steuer, etwa ein Ratgeber für den richtigen Umgang mit dem Finanzamt, Seminare zum Thema Steuerrecht sowie eine Online-Bestellmöglichkeit für Software.

Bundesarbeitsgemeinschaft für Familien-Mediation e. V.

@@@ — http://home.t-online.de/home/0642127262-0001/bafm.htm
Auf den Homepage der Bundesarbeitsgemeinschaft für Familien-Mediation e. V. (BAFM) kann man sich über Mediation, speziell über Familien-Mediation informieren. Erläutert werden der Begriff, die Aufgaben der Mediatorin/des Mediators, der Ablauf, die Ziele und die Vorteile. Eine Aufstellung gibt einen Überblick über die Entwicklung der Familien-Mediation. Die Richtlinien und die Satzung der BAFM können ebenfalls abgerufen werden. Nützlich ist die Liste der von der BAFM anerkannten Ausbildungsinstitute und die Ausbildungsordnung. Eine Literaturverzeichnis und eine Mitgliederliste vervollständigen das Internet-Angebot der BAFM.

WICHTIGE ADRESSEN

Verbände/Vereine

Deutscher Franchise Verband e. V.

– http://www.franchise-net.de/dienstleister/dienst_dfv.html @@
Der Deutschen Franchise-Verband e. V. stellt auf seiner Hompage sich und seine Arbeit vor und informiert über alles Wissenswerte rund um das Franchise-Recht. In einer kurzen Einführung wird die Entstehung des Franchising erläutert. Hier findet sich auch die vom Verband ausgearbeitete Definition des Begriffs „Franchise". Die Rechte und Pflichten des Franchise-Nehmer und -Gebers werden ebenso in Beiträgen erläutert wie der Ehrenkodex, an den sich die Mitglieder des Franchise-Verbandes e. V. halten. Zur Vertragsgestaltung finden sich wertvolle Hinweise und ein ausführlicher Beitrag zur vorvertraglichen Aufklärungspflicht, ergänzt durch europarechtliche Richtlinien und ein Merkblatt. Die Rubriken „Franchising in Europa" und „Franchiseentwicklung" geben einen Überblick über die rasante Entwicklung des Franchising.

DGB

– http://www.dgb.de @
Der Deutsche Gewerkschaftsbund (DGB) informiert im Internet u. a. über die Schwerpunkte seiner Tätigkeit, seinen Aufbau, seine Geschichte und sein Grundsatzprogramm. Unter der Rubrik „Material" sind die Titel der vom DGB herausgegebenen Zeitschriften, Infodienste und Broschüren aufgelistet sowie deren Preis und Bestelladresse. Darüber hinaus finden sich Informationen zum Bündnis für Arbeit, zur Euro-Einführung, Handlungs- und Orientierungshilfen bei Mobbing und sonstige aktuelle Meldungen.

IG Metall

– http://www.igmetall.de/ @@@
Auf ihrer Homepage befasst sich die IG Metall mit aktuellen Themen wie dem Bündnis für Arbeit oder der aktuellen Tarifrunde in der Stahlindustrie. Unter der Rubrik „Recht und Rat" findet sich u. a. ein Verweis auf Rechtsprechung zum Betriebsverfassungsgesetz. Unter der Rubrik „Tarife" ist Wissenswertes über die Berechnung von Tarifeinkommen, über Tarifverträge und die Tarifpolitik zu finden. Über die Tarifdatenbank können für verschiedene Berufsgruppen nach Wirtschaftsbereich geordnet Gehälter, Zuschläge, Arbeitszeit und Kündigungsschutzbestimmungen abgerufen werden.

Institut für Betriebsräte-Fortbildung

– http://www.betriebsrat.com @@@
Die Homepage des W.A.F. Institut für Betriebsräte-Fortbildung informiert über das Seminarangebot des Instituts, über neue Gesetzesänderungen im Arbeitsrecht und Fragen der Betriebsratswahl. Weitere Links verweisen auf für Betriebsräte interessante Urteile, wichtige Arbeitsgesetze und ein Diskussionsforum. Registrierte Kunden können sich ein Arbeitszeugnis online erstellen lassen. Zum Download stehen Gesetze, Musterbriefe, Checklisten und ein Programm zur einfachen Erstellung von Arbeitszeugnissen im TXT- oder ZIP-Format zur Verfügung.

WICHTIGE ADRESSEN

Verlage

Lesben- und Schwulenverband

@@@ – http://www.lsvd.de/recht/index.html
Der Lesben- und Schwulenverband in Deutschland stellt auf seinen Internet-Seiten nützliche juristische Informationen, Mustertexte, Rechtsratgeber, Gerichtsentscheidungen und Gesetzentwürfe zur Verfügung. So sind Mustertexte für Partnerschaftsverträge, Vollmachten, Patientenverfügungen, Vorsorgevollmachten, Testamente und Erbverträge abrufbar. Rechtsprechung steht zu den Themenbereichen Ausländerrecht, HIV-Infektion und Aids-Krankheit sowie Steuerrecht zur Verfügung. Die Rubrik „Ehe/eingetragene Partnerschaft" gibt einen Überblick über die momentane Rechtslage in Deutschland und die Regelungen in anderen europäischen Ländern. Aktuelle Gesetzentwürfe zu diesem Thema können eingesehen werden. Gesetzentwürfe und geltende rechtliche Bestimmungen stehen auch zur Antidiskriminierung zur Verfügung. Ebenso sind Beiträge und Ratgeber, z. B. über die rechtlichen Probleme von HIV-Infizierten und AIDS-Kranken abrufbar.

Väter für Kinder e. V.

@@@ – http://www.vaeterfuerkinder.de
Der Verein Väter für Kinder e. V., gegründet 1998, unter Vorsitz von Prof. Dr. Michael Reeken stellt umfangreiche Informationen rund um das Thema Kindschaftsrecht zur Verfügung. Es finden sich u. a. Erläuterungen zum Kindschaftsrecht in Deutschland wie z. B. zum gemeinsamen Sorgerecht, zur Reform des Kindschaftsrechts, zum internationalen Kindschaftsrecht sowie zur Kindesentführung. In jedem Bereich wird auf einschlägige Gesetzgebung, Rechtsprechung und Literatur – auch in anderen Ländern – hingewiesen. In der Rubrik Kindesentführung finden sich darüber hinaus auch Hinweise auf internationale Organisationen, Zeitungsberichte, Studien wie z. B. die von der Royal Canadian Mounted Police, Missing Children's Registry in Auftrag gegebene detaillierte Studie zu „Parental abduction of children: an overview and profile of the abductor", Pressemitteilungen wie zur Anhörung über internationale Kindesentführung vor dem US-Kongress am 10. Oktober 1999 u. v. m. Ein sehr empfehlenswertes Angebot – nicht nur für Väter, sondern auch für Juristinnen und Juristen.

6.16   Verlage

Beck

@@@ – http://www.beck.de/rsw/index.html
Der Verlag C.H. Beck präsentiert sich online mit Informationen über die vom Verlag herausgegebenen Zeitschriften, Neuerscheinungen, elektronischen Medien sowie aktuelle Seminare. Ein Download-Bereich bietet die Möglichkeit, Arbeitshilfen zu verschiedenen Bereichen herunterzuladen. Die Leitsatzkartei des Deutschen Rechtes (LSK) kann online getestet werden. Im Bereich der Zeitschriften sind teilweise interessante Informationen, Aufsätze und Entscheidungen in Leitsätzen und /oder im Volltext sowie jeweils die Inhaltsverzeichnisse mehrerer Jahrgänge abrufbar. Unter der Rubrik „Kuner-Liste", findet man eine umfangreiche Linkliste zu Internet-Adressen aus Recht und Wirtschaft, die jedoch nur sporadisch erweitert wird.

WICHTIGE ADRESSEN

Verlage

bookworld publications

– http://www.bwp-mediagroup.com/bookworld/periodic.htm @

Der Verlag „bookworld publications" hat auf seiner Homepage Links zu den sechs von ihm veröffentlichten Zeitschriften eingestellt. Dabei handelt es sich um Publikationen, die sich mit Osteuropa bzw. osteuropäischem Recht befassen. Die Inhaltsangaben der Ausgaben der Jahre 1994–1996 dieser Zeitschriften können über den jeweiligen Link erreicht werden.

Bundesanzeigerverlag

– http://www.bundesanzeiger.de @@@

Der Bundesanzeigerverlag gibt auf der Einstiegsseite zu seinem Internet-Angebot eine Übersicht über sein Leistungsspektrum. Das Bundesgesetzblatt Teil 1 steht allen Besuchern in einer Nur-Lese-Version im freien Zugriff zur Verfügung. Abonnenten des Printwerkes erhalten die Möglichkeit des Download im PDF-Format (Acrobat Reader) und können Daten entnehmen. Der Bundesanzeiger online steht mit den Inhaltsverzeichnissen der letzten zehn Ausgaben online zur Verfügung. Die Zentralhandelsregisterbeilage (HRBA) und gerichtliche und sonstige Bekanntmachungen (HRGB) sind ebenfalls online verfügbar. Die Benutzung dieser Datenbanken setzt eine Registrierung voraus und ist kostenpflichtig. Die Inhaltsverzeichnisse der vom Verlag herausgegebenen Zeitschriften sind abrufbar, auch die zurückliegender Jahrgänge.

De Gruyter

– http://www.degruyter.de/ @

Einen Überblick über das Verlagsprogramm der Walter de Gruyter GmbH Co. KG erhält, wer diese Homepage besucht. Darüber hinaus sind die Inhaltsverzeichnisse der Zeitschriften DZWir (Deutsche Zeitschrift für Wirtschafts- und Insolvenzrecht), JR (Juristischen Rundschau), ZStW (Zeitschrift für die gesamte Strafrechtswissenschaft), ZGR (Zeitschrift für Unternehmens- und Gesellschaftsrecht) und JA (Juristische Ausbildung) nach Ausgaben und Jahrgängen veröffentlicht. Zur Recherche der Inhalte jeder Zeitschrift steht eine Suchmaschine zur Verfügung.

Duncker & Humblot

– http://www.duncker-humblot.de/cgi-bin/start.pl/index.html?onum=8363 @

Die Homepage der Verlagsbuchhandlung Duncker & Humblot informiert allgemein über den Verlag, Neuerscheinungen, Zeitschriften und Schriftenreihen. Im Gesamtkatalog des Verlages kann recherchiert werden. Ein Online-Shopping-System ermöglicht die Online-Bestellung gewünschter Titel.

Gieseking

– http://www.mountmedia.de/verlage/giesek/ @

Der Gieseking Verlag informiert auf seinen Internet-Seiten über sein Verlagsprogramm und bietet die Möglichkeit einzelne Titel online zu bestellen. Die Zeitschrift FamRZ, Zeitschrift für das gesamte Familienrecht, bietet auf einer eigenen Homepage interessante Informationen. Die Webpage befindet sich zur Zeit im Umbau.

WICHTIGE ADRESSEN

Verlage

Haufe

@@ — http://haufe.de/
Der Haufe Verlag bietet auf seinen Internet-Seiten Informationen zu seiner Produktpalette, aktuelle Meldungen und in einer Urteilsdatenbank eine Auswahl interessanter Urteile zu verschiedenen Themengebieten sowie in einer Gesetzesdatenbank einige Gesetze. Darüber hinaus können Verträge, Checklisten, Mustertexte und Formulare downgeloadet werden. Mittels diverser Onlinerechner können beispielsweise Abfindungen, Anspruch und Dauer eines Mutterschutzurlaubs u. a. berechnet werden. Die Produkte des Verlags können online bestellt werden.

Heymanns

@ — http://www.heymanns.com/
Der Carl Heymanns Verlag bietet auf seiner Homepage Informationen aus den Bereichen Recht, Verwaltung und Wirtschaft sowie Sicherheit und Technik. Neben einer Linkliste, die auf online erreichbare Buchhandlungen verweist, gibt der Carl Heymanns Verlag einen Überblick über die dort erschienenen Standardwerke für die Praxis. Die BGHZ-CD-ROM kann online über einen Gastzugang getestet werden, wurde aber seit einiger Zeit im Internet nicht mehr aktualisiert.

Jehle Rehm

@@ — http://www.jehle-rehm.de/
Der Verlag Jehle Rehm bietet auf seinen Internet-Seiten Informationen zum Verlagshaus mit Kontaktmöglichkeiten und präsentiert in einem Online-Katalog sein Produktsortiment. Es besteht die Möglichkeit einer Online-Bestellung. Darüber hinaus sind die Inhaltsverzeichnisse der aktuellen Ausgaben der Fachzeitschriften einsehbar. Neben einer Linkliste und einer Liste mit FAQs ist der Info-Dienst im Bereich „Aktuelles" hervorzuheben, der über Neuigkeiten im Steuer-, Sozialversicherungs- und Arbeitsrecht, im Arbeits- und Tarifrecht des öffentlichen Dienstes, im Baurecht (z. B. eine Auflistung der Rechts- und Verwaltungsvorschriften der Länder zum Kleingartenrecht), im Kindergeldrecht, im öffentlichen Dienst sowie im Zoll/Außenhandel informiert.

KOGNOS

@@ — http://www.kognos.de/
Der KOGNOS VERLAG, Augsburg, präsentiert sich auf seiner Internet-Seite mit seinem Verlagsprogramm und aktuellen Informationen aus Recht und Wirtschaft, insbesondere im Bereich der neuen Medien. Die Fachzeitschriften Fundstellen-Report Arbeits-, Familien- und Wirtschaftsrecht sind auf eigener Homepage in einer Onlinedatenbank abrufbar. Unter der Rubrik „Online Digest Recht" findet sich ein sehr umfangreiches Verzeichnis von Rechtsanwälten im In- und Ausland, die mit eigenen Seiten im Internet vertreten sind. Es besteht die Möglichkeit die Publikationen des Verlags sowie mehrere Musterverträge online zu bestellen.

Luchterhand

@@ — http://www.luchterhand.de
Der Verlag Hermann Luchterhand bietet mit neuem, frischem Internet-Auftritt neben einer Übersicht über das Verlagsprogramm mit der Möglichkeit der

WICHTIGE ADRESSEN

Verlage

Recherche im Gesamtprogramm unter der Rubrik „Info Plus" aktuelle Verlagsinformationen und Fachbeiträge. Hier finden sich u. a. Beiträge zu rechtlichen Fragen im Internet, zum Euro und der Währungsumstellung, Rechtsfragen zu Bildschirmarbeitsplätzen sowie das neue Arbeitsförderungsgesetz (SGB III) im Volltext nebst Erläuterungen. Im Download-Bereich besteht die Möglichkeit EDV-Produkte zu testen.

Manz

– http://www.manz.at/ @@

Der österreichische Verlag Manz bietet online auf seiner Webpage einen Überblick über sein umfangreiches Verlagsprogramm. Die Rubrik „Zeitschriften" enthält weiterführende Informationen zu den im Verlag erschienenen Zeitschriften, z. B. dem Anwaltsblatt, der österreichischen Notariatszeitung, der Zeitschrift für Europarecht sowie der Zeitschrift für Gesellschaftsrecht. Das „Surfbretts" führt zu einer beachtenswerten Linkliste juristisch interessanter Internet-Adressen. Die Rubrik „Verlagskatalog" ermöglicht die Volltext-Recherche im gesamten Verlagsprogramm. Die unter der Rubrik „Buchhandlung" aufgeführten Titel können online bestellt werden.

Mio

– http://www.mio-verlag.de @@@

Die mio Softwareentwicklung und Verlag GmbH informiert hier über ihr aktuelles Programm. Hierzu gehört eine CD-ROM-Ausgabe der BFH-Rechtsprechung ab 1988. Aktuelle Entscheidungen des BFH zum Einkommensteuerrecht sind im Volltext online abrufbar. Im Download-Bereich stehen die Leitsätze der BFH-Entscheidungen 1998 kostenlos zur Verfügung. Verschiedene Anwendungserlässe und Steuertabellen können ebenfalls heruntergeladen werden. Eine alphabetisch geordnete Liste von Steuerberatern und Wirtschaftsprüfern im Internet verweist auf deren jeweilige Homepages.

Mohr Siebeck

– http://www.mohr.de/#recht @

Der Verlag Mohr Siebeck, Tübingen, informiert auf seiner Website über seine Neuerscheinungen und bietet diesbezüglich jeweils kurze Buchbesprechungen. Ein Überblick über den Inhalt der neuesten im Verlag erschienenen Zeitschriften ist online verfügbar.

Neue Wirtschaftsbriefe

– http://www.nwb.de @@@

Der Verlag Neue Wirtschaftsbriefe (nwb), Herne, gibt einen Überblick über seine Produktpalette. Die Rubrik „nwb aktuell" informiert über Neuerungen in Gesetzgebung, Rechtsprechung und Verwaltung, aktuelle Beiträge der nwb-Redaktion sowie Indexzahlen und Umsatzsteuerumrechnungskurse. Der Volltext-Service bietet registrierten Benutzern die Möglichkeit, Volltexte von Gerichtsentscheidungen, Verwaltungsanweisungen oder Gesetzen sowie Aufsätzen aus Nachschlagewerken und Zeitschriften des Verlages gegen Entgelt online zu bestellen. Die Rubrik „Tür ins Internet" beinhaltet eine umfangreiche Linkliste mit Verweisen

WICHTIGE ADRESSEN

Verlage

auf weitere steuer- und wirtschaftsrechtlich relevante Internet-Seiten zu den Bereichen Gesetze, Gerichte und Entscheidungen, Verwaltungsinformationen sowie Diskussionsforen. Nützlich ist die Revisionsdatenbank, mit der nach einer persönlichen Anmeldung mit Hilfe einer Volltext-Suchmaschine anhängige Verfahren beim Bundesfinanzhof, beim Bundesverfassungsgericht und beim Gerichtshof der Europäischen Gemeinschaften recherchiert werden können. Eine weitere Rubrik enthält umfangreiche Informationen zu Studium und Ausbildung.

Nomos

@ – http://www.nomos.de

Auf dieser Homepage stellt sich der Nomos Verlag mit Links zu Neuerscheinungen, Aktuellem, Loseblattwerken, Zeitschriften und CD-ROMs vor. Die Nomos-Rechtsprechungsdatenbank ist eine Testdatenbank und enthält z.Zt. ca. 500 Urteile aus dem Rechtsprechungsteil der Zeitschrift „Neue Justiz" (Heft 10/96–7/97). Neben den Leitsätzen sind für einige Urteile auch die jeweiligen Volltexte abrufbar. Das Grundgesetz steht in vier Sprachen (Deutsch, Englisch, Spanisch, Französisch) zur Verfügung. Ein Exot auf Verlagshomepages ist wie hier die Bordeaux-Kompass-Datenbank. Sie enthält Bewertungen und Trinkreifeprognosen zu ca. 1.400 Rotwein-Châteaux aus dem Bordelais. Umfasst werden die Jahrgänge 1982 bis 1998 (mit Ausnahme von 1984) sowie die älteren Jahrgänge 1981, 1979, 1978, 1975, 1970 und 1961. Der Online-Auftritt ist teilweise immer noch im Aufbau (Rubrik „Aktuell").

Recht und Praxis

@@@ – http://www.vrp.de/

Auf den Seiten des Verlags Recht und Praxis, VRP können aktuelle Informationen abgerufen werden und mittels einer Volltext-Suche im Verlagsprogramm recherchiert werden. Demoversionen und kostenlose Vollversionen von Softwareprodukten des Verlages stehen zum Download bereit. Unter der Rubrik „Kommunikation" finden sich Diskussionsforen. Die Rubrik „Archiv" ermöglicht den Zugriff auf alle beim Verlag veröffentlichten Pressemitteilungen, Gerichtsentscheidungen, Gesetzgebungshinweise, Beiträge u. a. Auf frühere Ausgaben der elektronischen Zeitschriften „Recht und Praxis Digital" und „Steuern Online" kann zugegriffen werden. Unter der Rubrik „Suche – Linkseiten" bietet der Verlag eine alphabetische juristische Linksammlung. Die Suchmaschine „Der Fahnder" erlaubt eine Recherche über rechtlich relevante deutsche Server. Kostenplichtig ist die Recherche in der Online-Rechtsprechungsdatenbank „Deutsche Rechtsprechung". Über den „Eildienst Bundesrecht" können Informationen zu vorher festgelegten, ausgewählten Themen bezogen werden. Kostenpflichtig sind ferner themenbezogene Auswertungen von Bundesgesetzblatt Teil 1, Bundestags-/Bundesratsdrucksachen, Pressemitteilungen der Obergerichte und Gerichtsentscheidungen erhältlich.

Schäffer-Poeschel

@ – http://www.geist.de/poeschel/verlag-D.html

Neben allgemeinen Informationen über den Verlag sind hier die Inhaltsverzeichnisse ausgewählter Titel verfügbar. Die Zeitschriften, mit Kurzzusammenfassungen der Inhalte, werden auf eigenen Internet-Seiten präsentiert. Eine Katalogsuche nach Namen des Autors, Titel und Schlagwörtern ermöglicht das vereinfachte Auffinden eines gewünschten Titels.

Schmidt, Dr. Otto

– http://www.otto-schmidt.de @@@
 Auf seiner Homepage verweist der Verlag Dr. Otto Schmidt, Köln, auf sein Verlagsprogramm, seinen Anwaltsberatungsservice, seinen Anwaltssuchservice, das Seminarangebot u. a. In der Rubrik „Informationen" sind auch alle Zeitschriften zu finden, die über ein eigenes Internet-Angebot verfügen. Täglich neue Nachrichten aus Rechtsprechung, Justiz, Anwaltschaft runden den gelungenen Internet-Auftritt ab.

Schmidt, Erich

– http://www.erich-schmidt-verlag.de @
 Die Homepage des Erich Schmidt Verlages, Berlin, gibt Informationen zum Verlagskatalog, Neuerscheinungen und Neuauflagen, Zeitschriften u. a. Die Rubrik „ESV-digital" informiert über CD-ROM- und Diskettenprodukte des Verlages aus den Bereichen Steuerrecht, Arbeitsschutz, Umweltrecht, Verkehrs- und Baurecht u. a. Das Online-Angebot des Erich Schmidt Verlags ermöglicht die Recherche in verschiedenen Zeitschriften und Sammlungen. Die Benutzung ist kostenpflichtig und erfordert eine Registrierung.

Springer

– http://www.springer.de/law-de/index.html @
 Der Springer-Verlag Heidelberg, Bereich Recht, stellt auf diesen Internet-Seiten u. a. das Programmverzeichnis Springer Rechtswissenschaft 1998/99 vor. Darüber hinaus gibt es Links zu den im Verlag im Bereich Rechtswissenschaften veröffentlichten Zeitschriften sowie zum Buchkatalog des Verlages, der mit einer Suchmaschine durchforstet werden kann.

Stollfuß

– http://www.stollfuss.de/ @@
 Der Stollfuß Verlag, Bonn – Berlin, informiert online über sein Verlagsprogramm aus den Bereichen Ratgebertabellen, Kommentare, Steuerberaterhandbücher, Zeitschriften, Formulare, Software u. a. Online kann ein Warenkorb eingerichtet werden, um die vom User gewünschten Werke direkt zu bestellen. Eine Volltext-Suche ermöglicht das Auffinden der gewünschten Literatur anhand von Stichwörtern. Hervorzugehen ist die Rubrik „Steuern aktuell" unter der eine Auflistung beim BFH anhängiger Verfahren und der Steuer-Eildienst aktuell mit wichtigen Informationen abgerufen werden können.

WICHTIGE ADRESSEN

Zeitschriften

SV Saxonia

@@ – http://www.recht-sachsen.de
Auf diesen Internet-Seiten des SV Saxonia Verlag für Wirtschaft, Politik und Kultur GmbH können die aktuellen Ausgaben des Sächsischen Gesetz- und Verordnungsblattes sowie des Sächsischen Amtsblattes und des Sonderdruckes des Sächsischen Amtsblattes online bestellt werden.

Verlag für die Rechts- und Anwaltspraxis

@@@ – http://www.zap-verlag.de/
Der Verlag für die Rechts- und Anwaltspraxis, Herne, verweist von seiner Homepage auf seine Zeitschriften und Infodienste (z. B. die „Zeitschrift für die Anwaltspraxis", ZAP), das Verlagsverzeichnis sowie auf eine Leitsatz-Rechtsprechungsdatenbank, in der obergerichtliche Entscheidungen seit April 1989 enthalten sind. Bundesgerichtliche Entscheidungen sind ab dem 1. Januar 1998 im Volltext vorhanden. Neu ist die Rechtsprechungsdatenbank zum „Insolvenzarbeitsrecht" und zur „Übertragenden Sanierung" in der mit Hilfe einer Suchmaschine und einer Inhaltsübersicht recherchiert werden kann. Ferner ist neu auf der Homepage eingestellt das ZInsO-Forum, das dem aktuellen Austausch über insolvenzrechtliche Fragen dient. Im Bereich der Zeitschriften können aktuelle Meldungen abgerufen und die Inhaltsverzeichnisse auch älterer Jahrgänge recherchiert werden. Nützlich ist der Link „ius gratis", der beispielsweise auf ein juristisches Abkürzungsverzeichnis, lateinische Rechtsregeln und verschiedene Vertragsmuster verweist. Unter der Rubrik „Link-O-Thek" finden sich weitere Links u. a. zu den Bereichen Parlament und Verwaltung, Gerichte, Gesetzessammlungen, Anwälte und Sachverständige, juristische Fakultäten etc. Eine Online-Bestellung der Produkte ist möglich.

6.17 Zeitschriften

Arbeitsrechtliche Praxis

@@ – http://www.beck.de/rsw/zeitschr/ap/index.html
Der Beck Verlag ermöglicht den Zugriff auf die „Arbeitsrechtliche Praxis", das Nachschlagewerk des Bundesarbeitsgerichts. Abrufbar sind aktuelle Entscheidungen sowie Entscheidungen im Archiv seit 1998 aus dem Arbeitsrecht, die zur Veröffentlichung in der „Arbeitsrechtlichen Praxis" vorgesehen sind. Die jeweiligen Entscheidungen sind in Auszügen verfügbar. Der Volltext ist jeweils nur in der AP erhältlich.

Archiv des öffentlichen Rechts

@ – http://www.mohr.de/zts_r.htm#aoer
Hier erhält man einen knappen Überblick über die Inhalte der aktuellen Ausgaben der Zeitschrift „Archiv des öffentlichen Rechts", Mohr Siebeck Verlag.

WICHTIGE ADRESSEN

Zeitschriften

Archiv des Völkerrechts
- http://www.mohr.de/zts_r.htm#avr @
  Der Verlag Mohr Siebeck gibt hier einen knappen Überblick über die Inhalte der aktuellen Ausgaben der Zeitschrift „Archiv des Völkerrechts".

Archiv für die civilistische Praxis
- http://www.mohr.de/zts_r.htm#acp @
  Einen Kurzüberblick über die Inhalte der Zeitschrift „Archiv für die civilistische Praxis" (AcP) erhält, wer diese Seite des Verlages Mohr Siebeck besucht.

Bilanzbuchhalter und Controller
- http://www.beck.de/rsw/zeitschr/bc/index.html @
  Einsicht in das Inhaltsverzeichnis der Zeitschrift BC (Bilanzbuchhalter und Controller) des Verlages C. H. Beck erhält, wer diese Internet-Seiten besucht. Ein Archiv ermöglicht den Zugriff auf die Inhaltsverzeichnisse früherer Ausgaben. Über ein Bestellformular können die Einzelhefte von BC online bestellt werden. Ein Zugriff auf Inhalte der Zeitschrift besteht online nicht.

Computer und Recht
- http://www.computerundrecht.de @
  Einen Überblick über die Inhaltsverzeichnisse der Ausgaben der „Deutschen Zeitschrift für Wirtschafts- und Insolvenzrecht" des Verlages De Gruyter erhält man auf dieser Internet-Seite. Unser der Rubrik „Material" sind einige aktuelle Richtlinien und Gesetzesentwürfe abrufbar.

Computerrecht Intern
- http://www.computerrechtintern.de @
  Die Internet-Seiten des Verlags Dr. Otto Schmidt bieten einen Überblick über die aktuelle Ausgabe von „Computerrecht Intern". Online ist die komplette Ausgabe, die laufend aktualisiert wird, nur für Abonnenten einsehbar.

Das Deutsche Steuerrecht
- http://www.beck.de/rsw/zeitschr/dstr/index.html @
  Das „Deutsche Steuerrecht" (DStR) des Verlages C. H. Beck präsentiert sich online mit einem Inhaltsverzeichnis der jeweils aktuellen Ausgabe sowie die des Jahres 1999 (Archiv). Die Beiträge der Zeitschrift sind kurz zusammengefasst, einzelne Aufsätze sind im Volltext hinterlegt. Einige Arbeitsmaterialien, wie z. B. eine Checkliste zu steuerlichen Gestaltungsüberlegungen zum Jahresende finden sich in der Rubrik „Aktuell". Die Online-Bestellung einzelner Ausgaben ist möglich.

Datenschutz und Datensicherheit
- http://www.dud.de/dud/dudstart.htm#Zeitschrift @@@
  Die Internet-Seiten der „Zeitschrift Datenschutz und Datensicherheit", Verlag Vieweg, Wiesbaden gewähren eine Überblick über rechtliche und technische Fra-

WICHTIGE ADRESSEN
Zeitschriften

gen des Datenschutzes und der Datensicherheit in der Informationsverarbeitung und der Kommunikation. Die Inhaltsverzeichnisse der Zeitschrift der Jahrgänge 10 bis 24 (1986–2000) sind online einsehbar, jeweils sortiert nach Jahrgang und Heftnummer. Darüber hinaus findet sich eine Übersicht über die 1987–2000 in der Rubrik Gateway behandelten Themen. Hier finden sich Dokumente und Links zum Thema Datenschutz, Kryptoregulierung und Datensicherheit. In der Rubrik „DuD-Datenschutzserver" können wichtige Dokumente und Internet-Links zum Thema Datenschutz und Datensicherheit abgerufen werden, wie z. B. die Exportliste Kryptografie 1999, der Richtlinienvorschlag über elektronische Signaturen oder die Stellungnahme des Europarates zum Datenschutz in der Telekommunikation.

Datenverarbeitung Steuern Wirtschaft Recht

@@ – http://www.beck.de/rsw/zeitschr/dswr/index.html
Der Verlag C.H. Beck ermöglicht Einblick in das Inhaltsverzeichnis der jeweils aktuellen Ausgabe von DSWR „Datenverarbeitung Steuern Wirtschaft Recht". Die Inhaltsverzeichnisse früherer Ausgaben (beginnend mit Heft 4/96) können über ein Archiv abgerufen werden. Die Aufsätze sind jeweils kurz zusammengefasst. Eine Online-Bestellung ist möglich.

Der Betrieb

@@ – http://www.vhb.de/derbetrieb
Die Verlagsgruppe Handelsblatt gibt hier die Möglichkeit, den Inhalt von „Der Betrieb" seit Heft 30/1997 sowie die Editorials seit Beginn 1999 abzurufen. Eingangs finden sich Informationen zu aktuellen Themen. Aus der Buchreihe „Der Betrieb" können online Veröffentlichungen bestellt werden. Stellenangebote, die in der Zeitschrift veröffentlicht wurden, können online eingesehen werden. Der Verlag informiert weiterhin über die gleichnamige CD-ROM-Reihe.

Deutsche Zeitschrift für Wirtschafts- und Insolvenzrecht

@ – http://www.degruyter.de/journals/dzwir/index.html
Auf dieser Internet-Seite können die Inhaltsverzeichnisse der „Deutschen Zeitschrift für Wirtschafts- und Insolvenzrecht", Verlag De Gruyter, seit 1998 und zusätzlich die der ersten Ausgaben abgerufen werden. Eine Suchhilfe steht zur Verfügung.

Deutsches Patentblatt

@@ – http://www.patentblatt.de/ger/welcome.htm
Auf dem Server DPMApatentblatt der Bundesdruckerei können die Daten des Patentblattes des Deutschen Patent- und Markenamtes online recherchiert werden. Die Inhalte des Deutschen Patentblattes liegen ab der ersten Publikationswoche 1997 vor. Recherchen sind bis zur Anzeige der Trefferliste kostenfrei. Recherchierbar sind die deutschen Offenlegungsschriften, Patentschriften und Gebrauchsmuster, die europäischen Anmeldungen und Patente mit der Benennung DE, internationale Patentanmeldungen (PCT) in deutscher Sprache und deutscher Übersetzung, ergänzende Schutzzertifikate für Arzneimittel und Pflan-

zenschutzmittel, Topografien und Patentanmeldungen mit Ursprung in der früheren DDR jeweils mit bibliografischen Daten, Rechtsständen und kumulierten Historiendaten sowie den „Pseudo"-Titelseiten ohne Hauptzeichnung.

Fundstellen-Reporte Arbeitsrecht, Familienrecht, Wirtschaftsrecht

– http://www.kognos-recht.de/ @@@
Die Fundstellen-Reporte Arbeitsrecht (FRArb), Familienrecht (FRFam) und Wirtschaftsrecht (FRWi) des KOGNOS Verlags präsentieren sich online auf einer gemeinsamen Plattform. In den Fundstellen-Reporten werden für die zielgerichtete Suche nach aktuellen Entscheidungen und Aufsätzen die wichtigsten arbeits-, familien- und wirtschaftsrechtlichen Fachzeitschriften und sonstigen Informationsquellen vollständig ausgewertet. Die Fundstellen-Reporte gewähren den Überblick über jeweils mehr als 200 monatlich veröffentlichte Entscheidungen aus allen Instanzen. Jedes Gerichtsurteil ist auf seinen wesentlichen Inhalt reduziert, mit Leitsätzen versehen und seitengenau zitierfähig. Die Aufsätze werden jeweils kurz zusammengefasst. Die Inhalte der Fundstellen-Reporte werden in die jeweilige Arbeits-, Familien- und Wirtschaftsrecht Onlinedatenbank integriert und sind dort aus einer Gliederung und mit Hilfe einer Volltextsuchmaschine abrufbar. Der freie Zugang zur Onlinedatenbank ist Abonnenten der Fundstellen-Reporte vorbehalten. Ein Gastzugang erlaubt jedoch dreimaligen Zugriff. Eine Online-Bestellung eines Probeexemplars ist möglich. Über Archivdienste können die einzelnen Fundstellen im Original angefordert werden.

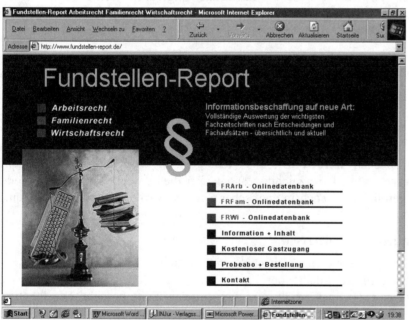

Entscheidungen zum Wirtschaftsrecht

– http://www.rws-verlag.de/zeitsch/ewir/indexe.htm @@
Der RWS-Verlag stellte seine Zeitschrift „Entscheidungen zum Wirtschaftsrecht" (EWiR) online vor. Eine Inhaltsübersicht der aktuellen Ausgaben der Zeitschrift kann abgerufen werden. Seit Heft 1/99 der EWiR sind bei ausgewählten Kurzkommentaren zusätzliche Informationen (Volltext und weiterführende Hinweise) über das Internet einsehbar.

WICHTIGE ADRESSEN
Zeitschriften

Finanzrundschau

@@ – http://www.finanzrundschau.de/fr.htm

Die Homepage der „Finanzrundschau", (FR), Verlag Dr. Otto Schmidt, Köln, informiert über aktuelle Gesetzesänderungen, Stand des Gesetzgebungsverfahrens im Steuerrecht, Tagungsberichte u. a.. Die Rubrik „Rechtsprechung" gibt Kurzfassungen von interessanten oder verbraucherrelevanten Entscheidungen und ein Verzeichnis der Gerichtsentscheidungen in FR 1999. Im Volltext abrufbar sind Fachbeiträge aus der aktuellen Ausgabe der Finanzrundschau sowie Aufsatzabstracts der Jahrgänge 1998, 1999 und eine Aufsatzvorschau. Nützlich ist ebenfalls die Rubrik „Aus der Verwaltung", in der Verwaltungsentscheidungen als Kurzbericht sowie im Volltext sowie ein FR-Fundstellenregister der Verwaltungsentscheidungen 1998 erhältlich sind.

GmbHRundschau

@@ – http://www.gmbhr.de/gmbhr.htm

Die GmbHRundschau des Verlages Dr. Otto Schmidt, Köln, gibt hier einen Überblick über den Inhalt der jeweils aktuellen Ausgabe mit Zusammenfassungen der Aufsätze und Beiträge, der behandelten Rechtsprechung und der Möglichkeit, die Inhaltsverzeichnisse früherer Ausgaben online einzusehen. Das Jahresregister 1998 sowie das Halbjahresregister 1999 können als PDF-Datei downgeloadet werden. Darüber hinaus können Volltexte in gleichnamiger Rubrik aus den früheren Ausgaben der GmbHRundschau eingesehen werden. Die Vorschau gibt einen Vorgeschmack auf künftige Ausgaben. Die GmbHRundschau kann online bestellt werden.

Humboldt-Forum Recht

@ – http://www.rewi.hu-berlin.de/FHI/index.htm

Hier stellt sich das „forum historiae iuris" vor, die Zeitschrift für Rechtsgeschichte im Internet der juristischen Fakultät der Humboldt-Universität zu Berlin. Beiträge, Diskussionen und Informationen zur Rechtsgeschichte verschiedener Epochen werden hier ins Netz gestellt. Über ein nach Themengebieten geordnetes Inhaltsverzeichnis lassen sich die Artikel, die zumeist in deutscher, gelegentlich aber auch in englischer Sprache veröffentlicht sind, abrufen.

Internationales Steuerrecht

@@ – http://www.beck.de/rsw/zeitschr/istr/index.html

Einblick in die Inhalte der Zeitschrift „iStR" (internationales Steuerrecht) des Verlages C.H. Beck erhält, wer diese Internet-Seite besucht. Die Inhaltsverzeichnisse der Zeitschrift sind beginnend mit Heft 8/98 einsehbar. Die Aufsätze sind jeweils kurz zusammengefasst. Eine Online-Bestellung der iStR ist möglich. Nützlich ist das integrierte Sachregister 1993–1998, mit dem alphabetisch auf Registereinträge zugegriffen oder nach beliebigen Stichwörtern gesucht werden kann.

WICHTIGE ADRESSEN

Zeitschriften

JADE

- http://www.ub.uni-bielefeld.de/library/databases/dbf/jade.htm @@
 Die Zeitschriften-Aufsatz-Datenbank (JADE – Journal Articles DatabasE) gibt die Möglichkeit, in ca. 20 Mio. Artikeln aus Zeitschriften zu recherchieren. Gefundene Aufsätze können direkt online bestellt werden. Der Bezug ist kostenpflichtig. Die in der Datenbank vorhandenen Artikel stammen aus den Jahren 1992 bis heute und werden von der British Library geliefert. Im Bereich der BRD steht die Datenbank nur für nicht-kommerzielle Benutzung bereit.

Juristenzeitung

- http://www.mohr.de/jz.html @@
 Auf dieser Seite des Verlages Mohr Siebeck können die jüngsten Inhaltsverzeichnisse der JuristenZeitung (JZ) abgerufen werden. Darüber hinaus sind die Hefte des Jahrgangs 1998 und 1999 mit dem kompletten Inhaltsverzeichnis und Register veröffentlicht. Das Inhaltsverzeichnis von 1999 kann als Datei im PDF-Format herunterladen werden (283 KB). Neben einer aktuellen Entscheidung und einem Aufsatz im Volltext, finden sich weitere Veröffentlichungen in der Rubrik „Archiv". Eine Online-Bestellung ist möglich.

Juristische Schulung

- http://www.beck.de/rsw/zeitschr/jus/index.html @@
 Auf dieser Internet-Seite der Zeitschrift „Juristischen Schulung" (JuS) des Beck Verlages ist das Inhaltsverzeichnis der aktuellen Ausgabe und der Ausgaben seit Heft 8/98, nach Jahrgängen und Heften gegliedert, veröffentlicht. In der Rubrik „Intern" finden sich Kurzzusammenfassungen der Inhalte. Im Bereich „Aktuell" erhält man Informationen u. a. zur Juristenausbildung, zum Studium und Beruf, zu Veranstaltungen und Terminen. Darüber hinaus erhält man auf der Internet-Seite sonstige Informationen zu Ausbildungsangeboten, aus Prüfung und Praxis, aus der höchstrichterlichen Rechtsprechung, Buchanzeigen und Erfahrungsberichte.

JurPC

- http://www.jura.uni-sb.de/jurpc/artikel.htm @@@
 Die Online-Zeitschrift JurPC zum Thema Rechtsinformatik wird herausgegeben von Prof. Dr. Herberger. Das Angebot ist thematisch weit gefasst: Zu allem aus der Schnittmenge von Computer und Recht findet sich hier Beiträge, wobei sich die Texte der monatlich erscheinenden Ausgaben – kostenfrei – einsehen lassen. Neben der aktuellen Veröffentlichung sind die der Jahre 1997–1999 recherchierbar – seit dieser Zeit wird JurPC ausschießlich als Online-Zeitschrift herausgegeben. JurPC stellt seit Ende Oktober 1999 nun in einem neu angelegten Archiv alle Hefte und damit alle Beiträge der Jahrgänge 1989 bis 1996 online als Faksimili zur Verfügung. Das zur Ansicht erforderliche Plug-In kann kostenlos downgeloadet werden. Im neuen Archiv besteht die Möglichkeit, alle Hefte zunächst nach Jahrgang sowie innerhalb der Jahrgänge nach Heftnummer zu durchsuchen. Innerhalb der jeweiligen Hefte werden dann wiederum alle einzelnen Beiträge aufgelistet und können von dort aus direkt aufgerufen werden. Daneben können die Hefte über einen Link gezielt nach Autoren bzw. Gerichten sowie auch nach speziellen Themen durchsucht werden, die ihrerseits alphabetisch ge-

WICHTIGE ADRESSEN
Zeitschriften

ordnet sind. Ferner ist eine gleichermaßen alphabetisch geordnete Schlagwortliste der Dokumente vorhanden. Sollte man trotzdem einen Beitrag vermissen, besteht im neuen Angebot die Möglichkeit einer Volltextrecherche.

Medizinrecht

@ – http://link.springer.de/link/service/journals/00350/index.htm
Der Springer Verlag stellt hier seine „Zeitschrift Medizinrecht" (MedR) vor. Eine Inhaltsübersicht der einzelnen Ausgaben der Zeitschrift seit 1998 kann abgerufen werden. Die einzelnen Beiträge können im Volltext nur von Abonnenten der Printausgabe nach einer Anmeldung eingesehen werden.

Monatsschrift für Deutsches Recht

@@ – http://www.mdr.ovs.de/mdr.htm
Neben einem Überblick über Aufsätze aus dem aktuellen Heft, in Leitsätzen online abrufbarer Rechtsprechung sowie ausgewählten Rezensionen bietet die Monatsschrift für Deutsches Recht (MDR), Verlag Dr. Otto Schmidt, Köln, verschiedene Arbeitshilfen, etwa die Düsseldorfer Tabelle zum Kindesunterhalt oder das DAV-Merkblatt zur Abwicklung von Kfz-Haftpflichtschäden. Die Rubrik „MDR-News" informiert über Neuigkeiten aus Anwaltschaft, Justiz und Ausbildung, Rechtsprechung und Gesetzgebung.

Multimedia und Recht

@@@ – http://www.beck.de/MMR/index.html
Auf den Internet-Seiten von „MultiMedia und Recht" (MMR) veröffentlicht der Verlag C. H. Beck die Inhaltsverzeichnisse, Aufsätze mit Kurzzusammenfassungen, Rechtsprechung in Leitsätzen, das Editorial und Rubrik „Aktuell" im Volltext der aktuellen Ausgabe sowie die der Ausgaben seit Erscheinen der Zeitschrift im Januar 1998. Weitere Informationen erhält man unter Materialien/Extras. Neu eingeführt ist die verlagsübergreifende Literatur- und Zeitschriftenauswertung unterteilt in die Schwerpunkte Urheberrecht und andere Immaterialgüterrechte, Telekommunikations- und Kartellrecht, Datenschutzrecht, Informationsrechtliche Fragen des Zivil- und Zivilverfahrensrechts.

Nachschlagewerk des BGH (LM)

@@ – http://www.beck.de/rsw/zeitschr/lm/index.html
Der Beck Verlag bietet Zugriff auf das Nachschlagewerk des Bundesgerichtshofs von Lindenmaier-Möhring (LM). Online kann man das jeweils aktuelle Heft sowie im Archiv die Ausgaben seit 4/98 aufrufen. Veröffentlicht sind jeweils das Inhaltsverzeichnis sowie ausgewählte Aufsätze in Kurzzusammenfassungen. Einige Entscheidungen stehen im Volltext und mit Anmerkungen zur Verfügung (Rubrik „Aktuell"). Der Lindenmaier-Möhring kann online bestellt werden.

Neue Juristische Wochenschrift

@@ – http://www.beck.de/rsw/zeitschr/njw/index.html
Einen Einblick in das Inhaltsverzeichnis der „Neuen juristischen Wochenschrift" (NJW) erhält der Leser auf diesen Seiten des Verlages C. H. Beck. Aktuelle

Rechtsprechung ist in Leitsätzen abrufbar. Des Weiteren wird über aktuelle Veranstaltungen und Literaturneuerscheinungen informiert. Aktuell verkündete Gesetze der Bundesrepublik Deutschland sowie der Bundesländer sind in der Rubrik „Aktuelle Gesetzgebung" eingestellt. Die Rubrik „Wochenspiegel" informiert in knapper Form über Bundesgesetzgebung, neueste höchstrichterliche Entscheidungen sowie Wissenswertes aus dem EU-Bereich und den EU-Mitgliedstaaten. Ein Archiv ermöglicht den Zugriff auf frühere Ausgaben der NJW seit Heft 34/98. Die Zeitschrift kann online bestellt werden.

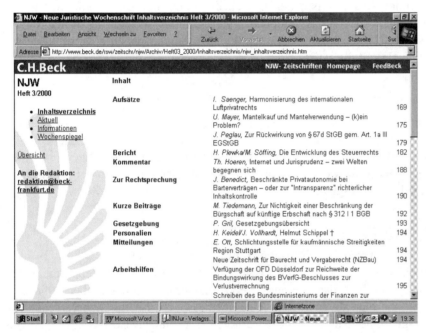

Neue Zeitschrift für Miet- und Wohnungsrecht
– http://www.beck.de/rsw/zeitschr/nzm/index.html @@

Die Inhaltsübersichten der Ausgaben der NZN, der „Neuen Zeitschrift für Miet- und Wohnungsrecht", seit Heft 22/98 des Beck Verlages, sind hier abrufbar. Neue Entscheidungen in Leitsätzen sind in der Rubrik „Aktuell" veröffentlicht. Es besteht die Möglichkeit der Online-Bestellung der Zeitschrift.

OLG-Rechtsprechung Neue Länder
– http://www.beck.de/rsw/zeitschr/olg-nl/index.html @

Das Inhaltsverzeichnis und ein Wegweiser über die aktuelle Ausgabe der Zeitschrift „OLG-Rechtsprechung Neue Länder" (OLG-NL) ist auf diesen Seiten des Beck Verlages abrufbar. Eine Online-Bestellung ist möglich.

Patent-Recherchedatenbank DEPAnet
– http://www.depanet.de/dips/de/de/level1.htm @@@

Das Deutsche Patent- und Markenamt bietet im Rahmen von esp@cenet, einem Kooperationsprojekt der Europäischen Patentorganisation (EPO) und deren Mitgliedsstaaten, Patentinformationen der in den letzten 24 Monaten erschienenen Offenlegungs- und Patentschriften unter dem Namen DEPAnet im Internet an. Nach kompletten bibliographischen Daten der Offenlegungs- bzw. Patentschriften

WICHTIGE ADRESSEN
Zeitschriften

kann in deutschen, europäischen und weltweiten Veröffentlichungen, in EP- und WO-Veröffentlichungen sowie in der japanischen Datenbank PAJ recherchiert werden. Zusätzlich sind die Seiten der Dokumente in Faksimiledarstellung im PDF-Format abrufbar. Die Daten werden wöchentlich aktualisiert.

Recht der Datenverarbeitung

@ – http://www.datakontext.com/html/rdv.html
Die Inhaltsverzeichnisse der Zeitschrift „Recht der Datenverarbeitung" stellt der Datakontext-Fachverlag online zur Verfügung. Es können nicht nur die Verzeichnisse der aktuellen, sondern auch der früherer Ausgaben abgerufen werden. Eine Online-Bestellung ist möglich.

Recht und Praxis digital

@@ – http://www.vrp.de/archiv/rupdig/index.htm
Der Verlag Recht und Praxis stellt hier die monatlich erscheinenden Ausgaben seiner Multimedia-Zeitschrift für die anwaltliche und steuerberatende Praxis „Recht und Praxis digital" vor. Es sind Ausgaben von Oktober 1995 bis Februar/März 1998 verfügbar.

Steuern online

@@ – http://www.vrp.de/archiv/so/index.htm
Verschiedene Ausgaben der Online-Zeitschrift für die steuerberatende Praxis „Steuern online" des Verlages Recht und Praxis, von Oktober 1996 bis Januar 1998, sind hier abrufbar. Die jeweiligen Ausgaben beinhalten verschiedene Fachbeiträge, eine Rubrik „Aktuelle Rechtsprechung", EDV-News, das Branchentelegramm sowie eine aktuelle Terminübersicht.

TITELSCHUTZ ANZEIGER

@@ – http://www.presse.de/pfv/ta.htm
Der TITELSCHUTZ ANZEIGER für Zeitungen, Zeitschriften, Bücher, Tonträger, Hörfunk und TV steht online mit seiner aktuellen Ausgabe zur Verfügung. Im Archiv finden sich darüber hinaus alle Ausgaben seit 2/1998 chronologisch aufgelistet. Der TITELSCHUTZ ANZEIGER erscheint wöchentlich, einmal im Monat erweitert um DER SOFTWARE TITEL. Eine Musterformular einer Fax-Nachricht zur Aufgabe einer Titelschutzanzeige kann ausgedruckt werden. Preise und sonstige Konditionen finden sich unter der Rubrik „Impressum".

Web Journal of Current Legal Issues Ltd.

@@ – http://webjcli.ncl.ac.uk/
Auf dieser Homepage stellt sich das „Web Journal of Current Legal Issues Ltd." der University of Newcastle upon Tyne in englischer Sprache vor. Über den Index lassen sich alle Ausgaben dieses alle zwei Monate erscheinenden Online-Journals ab 1995 einsehen. Veröffentlicht werden dort Artikel, Stellungnahmen und Buchbesprechungen zu Rechtsproblemen in Großbritannien.

WICHTIGE ADRESSEN

Zeitschriften

Wirtschaft und Wettbewerb

- http://www.vhb.de/wuw/archiv.html @
  Einen Einblick in die Inhalte der einzelnen Ausgaben der „Zeitschrift Wirtschaft und Wettbewerb" (WuW) gewährt die Verlagsgruppe Handelsblatt. Das Archiv ermöglicht Zugriff auf die Inhaltsverzeichnisse früherer Ausgaben seit 1998.

Zeitschrift für ausländisches und internationales Privatrecht

- http://www.mohr.de/zts_r.htm#rabel @
  Informationen über die Inhalte der aktuellen Ausgaben von Rabels „Zeitschrift für ausländisches und internationales Privatrecht", Verlag Mohr Siebeck, finden sich auf dieser Internet-Seite.

Zeitschrift für das gesamte Familienrecht

- http://www.famrz.de @@@
  Die FamRZ, „Zeitschrift für das gesamte Familienrecht", präsentiert sich online mit dem Inhalt des neuesten Heftes, einer Auswahl neuester Entscheidungen der Obergerichte sowie einem Überblick über die aktuelle Gesetzgebung. Die Rubrik „Beiträge zu den Reformgesetzen" informiert über aktuelle Fachbeiträge aus den Bereichen Familienrecht 1998, Eheschließungsrechtsgesetz, Kindschaftsrechtsreformgesetz, Kindesunterhaltsgesetz u. a.

Zeitschrift für die gesamte Strafrechtswissenschaft

- http://www.degruyter.de/journals/zstw @
  Auf dieser Seite des Verlages De Gruyter sind Informationen über die „Zeitschrift für die gesamte Strafrechtswissenschaft" (ZStW) nebst aktuellen Inhaltsverzeichnissen der Ausgaben seit 1997 abrufbar.

Zeitschrift für Erbrecht und Vermögensnachfolge

- http://www.beck.de/rsw/zeitschr/zev/index.html @@
  Einen Überblick über den Inhalt der aktuellen Ausgabe sowie der Ausgaben seit 4/98 der „Zeitschrift für Erbrecht und Vermögensnachfolge" (ZEV) erhält, wer diese Seiten des Verlages C. H. Beck besucht. Unter „Aktuell" einer jeden Ausgabe finden sich Informationen zu Gesetzgebung und Rechtsprechung. Ein alphabetisches Register sowie eine Suchhilfe nach Stichworten von 1994–1998 hilft bei der Recherche nach benötigten Informationen. Unter der Rubrik Extras/Materialien können im PDF-Format (Acrobat Reader) die allgemeinen Verwaltungsvorschriften zur Anwendung des Erbschaftssteuer- und Schenkungssteuerrechts (Erbschaftssteuerrichtlinien, ErbStR) sowie Hinweise zu den Erbschaftssteuerrichtlinien abgerufen werden. Eine Online-Bestellung der ZEV ist möglich.

Zeitschrift für europäisches Privatrecht

- http://www.beck.de/rsw/zeitschr/zeup/index.html @
  Der Beck Verlag gibt hier die Möglichkeit, Einsicht in die aktuelle Ausgabe der „Zeitschrift für europäisches Privatrecht" (ZEuP) zu nehmen. Das Archiv bietet die Möglichkeit, auf frühere Hefte seit 1997 zuzugreifen. Veröffentlicht ist je-

WICHTIGE ADRESSEN
Zeitschriften

weils das Inhaltsverzeichnis der einzelnen Ausgabe. Darüber hinaus sind einige Beiträge mit deren Inhaltsübersichten hinterlegt. Eine Online-Bestellung ist möglich.

Zeitschrift für Medien- und Kommunikationsrecht

@@ – http://www.vhb.de/afp/index.html
Die Register der „Zeitschrift für Medien- und Kommunikationsrecht" (AfP) von der Verlagsgruppe Handelsblatt stehen ab dem Jahrgang 1970 im Archiv zur Verfügung. In der Rubrik „Rechtsprechung" finden sich einige Entscheidungen unterteilt nach Gerichten mit Sachverhalt und Leitsätzen. Die Urteile sind auch aus einer alphabetischen Liste abrufbar. Gesucht werden kann nach Autoren, Berichten, Entscheidungen und Buchbesprechungen. Die Beiträge können nach einer kostenpflichtigen Registrierung auch im Volltext abgerufen werden

Zeitschrift für Sport und Recht

@ – http://www.beck.de/rsw/zeitschr/spurt/index.html
Der Besucher dieser Internet-Seite erhält Einblick in den Inhalt des aktuellen Heftes der „Zeitschrift für Sport und Recht" (SpuRt). Das Archiv erschließt die Inhaltsverzeichnisse der seit 1994 erschienenen SpuRt-Hefte. Unter „SpuRt-Hotlinks" findet sich seit neuestem eine kleine Linksammlung auf einschlägige Internet-Adressen. Die Zeitschrift kann online bestellt werden.

Zeitschrift für Tarif-, Arbeits- und Sozialrecht des öffentlichen Dienstes

@ – http://www.jehle-rehm.de/aktuell/zeitschriften/start.html
Der Verlag Jehle Rehm veröffentlicht auf seinen Internet-Seiten das aktuelle Inhaltsverzeichnis der Zeitschrift ZTR (Zeitschrift für Tarif-, Arbeits- und Sozialrecht des öffentlichen Dienstes). Die Zeitschrift kann online bestellt werden.

Zeitschrift für Umweltrecht

@@ – http://www.nomos.de/nomos/zeitschr/zur/zur.htm
Informationen zur „Zeitschrift für Umweltrecht" (ZUR) stellt der Nomos Verlag online zur Verfügung. Die Inhaltsverzeichnisse und Auszüge der Zeitschrift des Jahrgangs 1999 kann als PDF-Dateien heruntergeladen werden. Eine Online-Bestellung ist möglich.

Zeitschrift für Unternehmens- und Gesellschaftsrecht

@ – http://www.degruyter.de/journals/zgr
Die „Zeitschrift für Unternehmens- und Gesellschaftsrecht" (ZGR), Verlag De Gruyter, präsentiert sich online mit den Inhaltsverzeichnissen der Ausgaben seit Band 25 1996.

Zeitschrift für Urheber- und Medienrecht

@@ – http://www.nomos.de/nomos/zeitschr/zum/zum.htm
Die Zeitschrift für Urheber- und Medienrecht" (ZUM) wird online vom Nomos Verlag präsentiert. Inhaltsverzeichnisse und ausgewählte Auszüge der Ausgaben

können als PDF-Datei heruntergeladen werden. Ein Rechtsprechungsdienst (ZUM-RD) ergänzt das Angebot des Nomos Verlages.

Zeitschrift für Wirtschafts- und Insolvenzrecht (ZIP)
- http://www.rws-verlag.de/zeitsch/zip/indexzi.htm @
  Die Zeitschrift für Wirtschaftsrecht (ZIP) wird online vom RWS-Verlag mit den Inhaltsverzeichnissen der jüngsten Ausgaben präsentiert. Die Aufsätze sind kurz zusammengefasst.

6.18 Sonstiges

Arbeitskreis Qualitätsmanagement in der Anwaltskanzlei
- http://www.dr-lapp.de/ak-tqm.htm @
  Am 10. Februar 1998 wurde vom Mannheimer Anwaltsverein ein Arbeitskreis „Qualität in der Anwaltskanzlei" gegründet. Dieser steht unter der Federführung der Rechtsanwälte Dr. Thomas Lapp und Peter Depré und hat zum Ziel, den Mitgliedern die Einführung eines Qualitätsmanagements zu ermöglichen.

BMD Media GmbH
- http://www.arbeitsrecht.de/ @@@
  Auf diesem Internet-Server der BMD Media GmbH finden sich umfangreiche Informationen zum Thema Arbeitsrecht. Neben Linksammlungen zu aktueller Rechtsprechung und Gesetzgebung, den Arbeitsgerichten, juristischen Fakultäten sowie Fachanwälten und Anwälten mit dem Schwerpunkt Arbeitsrecht bietet dieser Server eine eigene Suchmaschine für die Suche nach dem gewünschten Stichwort. Darüber hinaus sind Verweise auf Buch- und Zeitschriftenverlage mit arbeitsrechtlichen Publikationen sowie Seminarveranstalter abrufbar. Ein Arbeitsrecht-Diskussionsforum bietet die Möglichkeit, Beiträge zu aktuellen Themen und Fragen aus dem Arbeitsrecht einzustellen und zu lesen.

Börsenblatt des Deutschen Buchhandels
- http://www.boersenblatt.net/ @
  Das BÖRSENBLATT für den Deutschen Buchhandel, die Fachzeitschrift für die deutsche Buchbranche, erscheint zweimal wöchentlich (Montag und Donnerstag). Es ist das offizielle Verbandsorgan des Börsenvereins des Deutschen Buchhandels. Inhaltsverzeichnis sowie Artikel aus der aktuellen Ausgabe sind online einsehbar.

Bundesnotarkammer
- http://www.bnotk.de @@
  Die Bundesnotarkammer (BNotK) bietet neben aktuellen Informationen und Veranstaltungshinweisen eine Liste der Anschriften der Notarkammern in den Ländern sowie internationaler Notarorganisationen. Nützlich sind die nach Rechtsgebieten geordneten Übersichten zur nationalen und europäischen Rechtsentwicklung. Die Rubrik „Interessante Website zu verwandten Themen" verweist auf nationale und internationale Institutionen und Vereinigungen.

WICHTIGE ADRESSEN
Sonstiges

Bundesrecht im Umfeld des Todes

@@ – http://www.postmortal.de/html/tod-recht.html

Die Entscheidung des BayVerfGH zur Übergröße von Särgen sowie Informationen zur Patentierung der Beisetzung im Wurzelwerk in der Schweiz finden sich bei postmortal.de. Unter der Leitung von Bernd Bruns wird auf dieser Homepage das Ziel verfolgt, fortschrittliche Formen der Bestattung, des Umgangs mit Tod und Trauer sowie eine zeitgemäße, Bestattungs- und Friedhofskultur zu fördern, wie sie im europäischen Ausland selbstverständlich sind. In der Rubrik „Tod in Recht und Ordnung" finden sich wissenswerte Informationen zum Bestattungs- und Friedhofsrecht in Deutschland, wie z. B. das internationale Abkommen über Leichenbeförderung. Darüber hinaus sind eine kleine Rechtsprechungssammlung, z. B. mit einem Urteil des OVG NW zur Umbettung einer Leiche im Volltext, sowie einige Fachaufsätze abrufbar. Weiterführende Rechtsliteratur sowie sonstige Informationen zu „Kultur & Geschichte" sowie „Tod & Religion" runden das interessante Angebot ab.

Der Rechtsberater

@@@ – http://www.rechtsberater.de/frame_jurbook.htm

Der Rechtsberater, ein Dienstleistungsservice für Kunden der Renoflex Computer und Software GmbH, bietet in seinem Angebot Verweise auf Internet-Seiten mit Anwälten, Sachverständigen und Notaren, Aufsätze, Kommentierungen und Dissertationen. Neben umfassenden Verweisen für Ausbildung und Berufsstart sind auch Verweise auf Buchhandlungen, Bibliotheken, Juristenvereinigungen, Newsgroups, Foren und Mailinglisten vorhanden.

DIRO – Anwaltsgruppe mit Qualitätszertifikat

@ – http://www.diro.de/home.htm

Um Mandanteninteressen schnell und effizient an verschiedenen Orten in Deutschland und Europa vertreten zu können, wurde DIRO ins Leben gerufen, ein Netzwerk von Anwälten, die nach feststehenden Regeln systematisch zusammenarbeiten. Um eine funktionierende Zusammenarbeit zu gewährleisten, wurden Qualitätsstandards definiert. DIRO ist die bundesweit erste Anwaltsgruppe, die ein für eine Vielzahl von Mitgliedskanzleien geltendes Qualitätszertifikat führen darf und die dafür notwendigen Grundlagen erarbeitet hat. Weitere Informationen zur Entwicklung von DIRO, den Qualitätsstandards, zu DIRO in Europa und in Deutschland finden sich auf deren Internet-Seiten.

Domain@tlas

@@@ – http://www.xemico.com/atlas/

Mit dem Hinweis „Internet is not dot com only" – sondern jedes Land hat seine eigenen Domains, bietet der Domain@tlas eine stattliche Auflistung von derzeit knapp zwei Millionen nationaler Top Level Domains. In den meisten Fällen können auch die neuesten Domain-Eintragungen der letzten Tage überprüft werden. Es kann sowohl nach Ländern recherchiert werden (Neuzugänge sind ausgewiesen), als auch mittels einer Suchmaschine. Praktischerweise lassen sich dabei ausgewiesene Links direkt angeklicken. Deutschland ist leider nicht in der Sammlung vertreten.

WICHTIGE ADRESSEN

Sonstiges

Forum Franchiserecht

– http://www.franchiserecht.de/ @@@
Das Forum Franchiserecht ist eine Einrichtung des Deutschen Franchise Nehmer Verbandes e. V. (DFNV). Spezialisten im Franchiserecht, Rechtsanwälte und Hochschullehrer aus ganz Deutschland haben sich hier zusammengeschlossen. Auf seinen Internet-Seiten präsentiert das Forum in der Rubrik „Recht" einige Datenbanken zum Thema Franchiserecht. So findet sich z. B. eine Entscheidungssammlung zum Franchiserecht, aufgelistet nach Gericht, Datum, Aktenzeichen und Stichwörtern. Teilweise sind die Entscheidungen nur als Leitsatz abrufbar, zum Teil aber auch im Volltext mit Kürzungen und/oder mit Hinweisen der Redaktion. Eine weitere Datenbank beinhaltet sonstige Entscheidungsnachweise zum Franchiserecht mit Verweisen auf Fundstellen. Die darin blau markierten Entscheidungen stehen mit Entscheidungsgründen in der Entscheidungssammlung, die rot markierten Entscheidungen sind dort mit Leitsätzen verfügbar. Gesetze und Verordnungen, auch europäische, sind in einer weiteren Datenbank veröffentlicht. In einer vierten Datenbank finden sich Aufsätze zum Thema Franchiserecht, wie z. B. der Beitrag „Der Franchisenehmer – ein Arbeitnehmer in den Augen der Sozialversicherung?" von Rechtsanwalt Dr. Jan P. Giesler, Bonn. Auf der Homepage wird unter „Recht aktuell" zusätzlich auf neue Entscheidungen hingewiesen. Abgerundet wird das Angebot durch eine Linksammlung. Die Seiten sind auch in englischer Sprache verfügbar und werden regelmäßig aktualisiert.

Hieros Gamos

– http://www.hg.org/ @@@
Der Server Hieros Gamos bietet umfangreiche Informationen für die gesamte Rechtsbranche, u. a. Zugang zu Anwaltsvereinen, Rechtsvereinigungen, juristischen Fakultäten, Verlagen, Händlern, Regierungsseiten, Anwaltssozietäten, juristischen Bildungsstätten und sonstigen rechtsbezogenen Websites. Der mehrsprachige Server ist dabei international ausgerichtet und ermöglicht Zugriff auf rechtlich relevante Websites aus Nordamerika, Lateinamerika und der Karibik, Europa, Asien und dem pazifischen Raum sowie Afrika und dem mittleren Osten. Eine eigene Suchmaschine erleichtert das Auffinden der juristisch relevanten Information.

Jusline GmbH & Co.

– http://www.jusline.de/jus.html @@@
Die Jusline GmbH & Co., Schwanenstadt, bietet auf ihrer Website bei übersichtlicher Darstellung Zugriff auf eine umfassende Sammlung von Vertragsmustern zu den Bereichen Testament, Miet-, Pacht- und Leasingvertrag, Arbeitsrecht, Unternehmens- und Gesellschaftsrecht, Internet und Online-Recht u. a. Einzelne Dokumente können jedoch nur kostenpflichtig bezogen werden. Verschiedene alphabetisch geordnete Bundesgesetze und Verordnungen können kostenfrei im Volltext eingesehen werden. Des weiteren gibt der Server Überblick über Gesetzesvorhaben und -initiativen und bietet Verweise auf verschiedene andere Server, z. B. den Deutschen Bundestag. Eine geordnete Übersicht führt zu den Homepages online erreichbarer deutscher Gerichte. Gerichtskosten können online berechnet werden. Eine Handelsregister-Expressabfrage ermöglicht den kurzfristi-

WICHTIGE ADRESSEN

Sonstiges

gen Zugriff auf die Datenbank der Kreditreform. Dieser Zugriff ist kostenpflichtig. Der Server enthält eine umfassende Datenbank von Rechtsanwälten, Notaren und Patentanwälten, die nach Tätigkeitsschwerpunkten oder Städten abgefragt werden können. Rechtsanwälte, Notare oder Patentanwälte können sich kostenpflichtig in die Jusline-Datenbank eintragen lassen. Auch ein Sachverständigenverzeichnis, nach Fachgruppen geordnet, ist verfügbar. Daneben bietet der Server weitere Dienste wie z. B. eine Sammlung rechtlich relevanter Links sowie einen Stellenmarkt.

Justiz und NS-Verbrechen

@@@ — http://www.jur.uva.nl/junsv/index.htm

Ein trauriges Kapitel deutscher Geschichte findet sich auf den Internet-Seiten der Universität von Amsterdam. Aufgelistet sind in einer systematischen Übersicht die von deutschen Gerichten wegen nationalsozialistischer Tötungsverbrechen durchgeführten Strafverfahren vom Jahr 1945 bis heute. Unter „Tötungsverbrechen" fallen hier nicht nur Mord und Totschlag, die klassischen „Straftaten gegen das Leben", sondern auch Körperverletzung, Freiheitsberaubung, Rechtsbeugung und Verbrechen gegen die Menschlichkeit (insb. Denunziation), soweit dadurch der Tod eines Menschen verursacht wurde oder zumindest versucht worden ist, seinen Tod herbeizuführen. Derzeit finden sich über 900 einschlägige westdeutsche Verfahren. Eine Übersicht über die ostdeutschen Verfahren sowie die in diesem Verahren nach 1990 durchgeführten Rehabilitierungsverfahren ist für die zweite Hälfte des Jahres 1999 angekündigt. Die Sammlung ist erstellt unter Leitung von Prof. Dr. C.F. Rüter und Dr. D.W. de Mildt und ist sowohl in deutscher als auch in englischer Sprache verfügbar. Eine kleine Linksammlung verweist darüber hinaus auf weitere Internet-Seiten zu diesem Thema.

Marktplatz Recht

@@@ — http://www.marktplatz-recht.de/

Die Hans Soldan GmbH bietet in Zusammenarbeit mit der Bundesrechtsanwaltskammer (BRAK), dem Deutschen Anwaltverein (DAV) sowie der Bundesnotarkammer (BNotK) auf dem Marktplatz Recht umfassende juristische Informationen. Die Rubrik „Rechtslinks" enthält eine umfangreiche Linkliste für Anwälte, u. a. mit Links auf die Internet-Seiten der Bundesregierung sowie verschiedener Parteien, Europakontakte, online erreichbare Bundesgerichte, Ministerien sowie Bundesämter, nationale Rechtsanwaltskammern, Vereine, Verbände, Anwaltsvereinigungen u. v. m. Der Recherchedienst ermöglicht online den kostenpflichtigen Zugriff auf die Datenbanken von Kreditreform, Dunn & Breadstreet (Schimmelpfeng) oder Bürgel. Des Weiteren kann man im elektronischen Handelsregister von ECODATA recherchieren und Kollisionsprüfungen von Firmennamen, etwa bei Firmenneugründungen, durchführen. Kunden des kostenpflichtigen Datenbankanbieters ALexlS.web gelangen über einen Verweis direkt auf die entsprechende Rechercheseite. Die juristische Jobbörse ermöglicht die Suche nach Stellenangeboten sowie die Aufgabe eines entsprechenden Inserates. Die Hotline junger Anwälte bietet Hilfe bei Fragen zur Büroorganisation, Erstausstattung, Arbeitsabläufen sowie Praxisgründung. Ratsuchende können online in der Mietmängeltabelle von Bruckmann sowie in der ADAC Urteilssammlung Schmerzensgeldbeträge recherchieren. Verschiedene Linklisten verweisen u. a. auf juristische Organisationen, beispielsweise die Bundesrechtsanwaltskammer, den deutschen

WICHTIGE ADRESSEN
Sonstiges

Anwaltsverein und die Bundesnotarkammer, auf aktuelle Buch- und Literaturtips für die Anwaltsbibliothek sowie auf Infodienste und Verzeichnisse. Eine Online-Suche ermöglicht die Recherche im Sachverständigenverzeichnis des deutschen Anwaltverlages sowie im Anwaltverzeichnis des deutschen Anwaltverlages. Eine Vielzahl von Diskussionsforen zu verschiedenen Rechtsgebieten runden das übersichtliche Erscheinungsbild der Website ab.

Online-Forum Telearbeit (OnForTe)

– http://www.onforte.de/html/forum.htm @@

OnForTe ist ein Projekt der Postgewerkschaft (DPG), der IG Medien sowie der Gewerkschaft Handel, Banken und Versicherungen (HBV). Wie schon aus den Namen der Initiatoren ersichtlich, handelt es sich hierbei um ein auf Arbeitnehmer zugeschnittenes Informationsangebot, das aber durchaus auch für Juristen interessant ist. Das vom BMBF wie auch von der Deutschen Telekom AG geförderte Online-Forum Telearbeit analysiert kontinuierlich die Chancen und Risiken der Telearbeit. Die Initiative bietet Informationen für Freiberufler und abhängig Selbstständige, Betriebsvereinbarungen, Hinweise zum Gesundheits- und Datenschutz, den Telearbeits-Tarifvertrag der Deutschen Telekom AG zum Abruf, eine gute Linksammlung u.v.m.

Patentanwaltskammer

– http://www.patentanwalt.de/ @@@

Die Website der Patentanwaltskammer München bietet neben allgemeinen Informationen über Schutzrechte, Tätigkeit und Aufgaben der Patentanwälte sowie nützlichen Adressen auch ein Verzeichnis der deutschen Patentanwälte, die sowohl nach Name als auch nach Postleitzahl und Ort aufgefunden werden können. Gleichzeitig informiert die Kammer über aktuelle Themen.

WICHTIGE ADRESSEN

Sonstiges

Radarfallen.de

@@@ – http://www.radarfalle.de/index.html
Gemäß dem Motto „Schluss mit dem Abgezocke, es reicht!" stellen Ralph Neumann, Michael Heier und Matthias Eifrig auf ihrer Homepage Wissenswertes und Nützliches rund um die Radarfalle zur Verfügung. Abrufbar ist eine Übersicht von 1.800 stationären Rotlicht- und Geschwindigkeitsmessgeräten in ganz Deutschland. Die Messgeräte können, sortiert nach Bundesländern, tabellarisch aufgelistet oder mithilfe des Routenplaners (muss vorher installiert werden) graphisch auf einer Karte dargestellt werden. In der Rubrik „Technik" wird die unterschiedliche Funktionsweise der verschiedenen Messgeräte erläutert. Informativ und nützlich ist der Beitrag zu möglichen Fehlerquellen bei Geschwindigkeitsmessungen. Die länderspezifischen Richtlinien zur Geschwindigkeitsüberwachung (Auswahlkriterien für Messstellen, Entfernung zu Geschwindigkeitsbeschränkungen, Gerätefehlertoleranz etc.) stehen zur Verfügung. Abrufbar sind unter anderem aber auch Informationen zum Punktesystem, zur Medizinisch-Psychologischen Untersuchung (MPU) und Urteile mit verkehrsrechtlichem Bezug. Zu Begriffen, wie z. B. „Schrittgeschwindigkeit" und „Nässe", ist eine Rechtsprechungssammlung zusammengestellt. Tipps und Tricks, ein Diskussionsforum, aktuelle Nachrichten und eine Linksammlung sind ebenfalls auf den Internet-Seiten enthalten. Nützliche Share- und Freeware, so z. B. ein Programm zur Abschätzung der zeitlichen Entwicklung der Blutalkoholkonzentration, ein Berechnungsprogramm für den Bremsweg und den Überholweg und ein Routenplaner, bei dem die Fahrtstrecke als Liste und auf einer Straßenkarte angezeigt werden kann, stehen zum Herunterladen bereit.

Ratgeber Recht

@ – http://www.nordbayern.de/themen/ratgeber/recht/1_rat_recht.htm
Einen Ratgeber Recht zu allgemeinen Fragen des täglichen Lebens stellen die Nürnberger Nachrichten auf diesen Internet-Seiten zur Verfügung.

Scheinselbstständigkeit-Homepage

@@ – http://home.t-online.de/home/Jo.Hagelberg/freib-d2.htm
Mit viel Eifer und Mühe, hier und da sehr emotional, hat Dipl. Physiker Joachim Hagelberg auf seiner Website interessante Links und Informationen zur Regelung der Scheinselbstständigkeit zusammengestellt. Neben abwegigen Fällen, wie z. B. dem eines gut bezahlten, verbeamteten Professors, der nebenberuflich selbstständig ist und, als Scheinselbstständiger eingestuft, nun den Schutz der Sozialversicherung genießt, findet sich z. B. auch ein Leserbrief eines Prüfers einer großen Krankenkasse mit Tipps, wie in Zweifelsfällen die Versicherungspflicht „umgangen" werden kann. Die Seiten werden regelmäßig aktualisiert.

SCHUFA

@ – http://www.schufa.de
Die BUNDES-SCHUFA e. V. ist die Gemeinschaftseinrichtung der deutschen Kreditinstitute für den Bereich der Konsumentenkredite. Sie schützt die Kreditinstitute vor Verlusten im Kreditgeschäft und Kreditnehmer vor einer Überschuldung. Die Schufa sammelt von den ihr angeschlossenen Kreditinstituten bestimmte Daten der Kreditnehmer bei Aufnahme und Abwicklung von Krediten,

Bürgschaften und Girokonten. Sie präsentiert sich im Internet mit Informationen über ihre Tätigkeit und ihre Aufgaben, ihrem Leistungsangebot, einer Übersicht der SCHUFA-Geschäftsstellen u.v.m.

Streit um den Ladenschluss

– http://www.tu-dresden.de/jfoeffl4/OeRimWWW/OeRAktuell.html#Anker847867   @@@
Eine eigene Homepage widmet Prof. Dr. Jochen Rozek unter „Öffentliches Recht im www" dem Streit um den Ladenschluss. Auf dieser Seite finden sich die einschlägigen Normen im Grundgesetz sowie ausgewählte Paragraphen aus der aktuellen Fassung des Ladenschlussgesetzes. Unter der Rubrik „Der Vollzug des Ladenschlussgesetzes" sind umfangreiche Materialien aus den Bundesländern Bayern, Berlin, Bremen, Hamburg, Hessen, Mecklenburg-Vorpommern, Nordrhein-Westfalen, Rheinland-Pfalz, Sachsen, Sachsen-Anhalt und Schleswig-Holstein veröffentlicht. Neben Pressemitteilungen und Rundschreiben verschiedener Behörden und Ministerien sind beispielsweise auch die Allgemeinverfügung der Landeshauptstadt Hannover vom 23.09.1999 zur Zulassung der Öffnung von Verkaufsstellen in Hannover während der EXPO 2000, ein auf § 23 Abs. 1 LadSchlG gestützter Verwaltungsakt, und der Musterentwurf einer auf § 23 Abs. 1 LadSchlG gestützten Fremdenverkehrsregelung 1999–2001 des Sächsischen Staatsministeriums für Wirtschaft und Arbeit vom 07.05.1999 abrufbar. Darüber hinaus finden sich im Zusammenhang mit dem Ladenschluss eine Vielzahl von (Eil-)Entscheidungen im Volltext, so z. B. die des Verwaltungsgerichts Leipzig vom 09. August 1999 (AZ. 5 K 1436/99) bez. einer Bewilligung einer Ausnahme nach § 23 Ladenschlussgesetz. Die Stellungnahme der Stadt Leipzig vom gleichen Tag ist hinter der Abbildung von Bürgermeister Holger Tschense abrufbar. Abgerundet wird der sehr informative und ständig aktualisierte Auftritt durch Hinweise auf in verschiedenen Publikationen erschienene Aufsätze von Herrn Prof. Rozek.

Transplantationsrecht

– http://home.t-online.de/home/Horst-Deinert/tpgindex.htm   @
Horst Deinert, Dipl.-Verwaltungswirt und Dipl.-Sozialarbeiter, Duisburg, veröffentlicht auf seiner Internet-Seite zum Thema Transplantationsrecht den Gesetzestext des Transplantationsgesetzes vom 5. November 1997 (BGBl. I. S. 2631) sowie die Stellungnahme des wissenschaftlichen Beirats der Bundesärztekammer mit Begriffsdefinitionen und weiteren Anmerkungen. Leider wurde diese Seite seit Ende 1997 nicht mehr aktualisisiert.

Versorgungswerk Rechtsanwälte

– http://www.vsw-ra-nw.de/home.htm   @@
Das Versorgungswerk der Rechtsanwälte im Lande Nordrhein-Westfalen informiert auf seiner Homepage über seine Tätigkeit und bietet neben einer Linksammlung auf weitere juristische Organisationen die Möglichkeit, die Satzung, die Wahlordnung sowie die Mitgliederrundschreiben des Versorgungswerkes abzurufen.

WICHTIGE ADRESSEN
Sonstiges

Register

A

AbfAIG
- Mecklenburg-Vorpommern 177

Abfallbeseitigungsverordnung
- Hessen 175

Abfallgesetz 90
- Baden-Württemberg 150
- Brandenburg 157
- Nordrhein-Westfalen 182

Abfallkatalog, Europäischer (EAK) 88

Abfallrecht
- Fachbeiträge 267
- Normen 88, 89

Abfallverwertung 267

Abfallverbringungsgesetz 90

Abfallvermeindungsklauseln Friedhofssatzungen 297

Abfallwirtschaftsgesetz
- Bayern 151
- Mecklenburg-Vorpommern 177
- Schleswig-Holstein 192

Abfindungsanrechnung 271
- Anrechnung Arbeitslosengeld 271

AbfKlärV 90

AbfVerBrG 90

Abgaben
- Umwelt 320

Abgabenordnung 92
- Anwendungserlass 372

Abgeordnetengesetz
- Hessen 168

Abgeordnetenhaus Berlin 451

AbgG LSA 188

Abkürzungen, juristische 383

Abkürzungsverzeichnis
- Gerichte 382

Abmahnung
- Musterformular 345
- Musterformular Arbeitgeber 342

Abstammungsrecht 291

Abwasserabgabengesetz 91

Abwasserverordnung 91

Adoption 291

Adressenverzeichnisse
- Arbeitsgerichte 345
- Deutsche Gerichte 383
- Insolvenzgerichte 363
- Staatsanwaltschaften 383

ADSp 91

AEntG 91

Afa-Tabellen 372

AfP 486

AfuG 91

AGBG 91

AGBImSchG
- Berlin 153

Agenda 21 80, 199

AGGVG
- Berlin 153

AGInsO
- Hessen 164

AG-Vorstand
- Arbeitsrechtliche Gefahren 277

AHG 91

Aids 470

AIG
- Brandenburg 157

Akademie.de
- Entscheidungssammlung, Online-Recht 241
- Normen, Online-Recht 86

AKG 91

Akteneinsichts- und Informationszugangsgesetz
- Brandenburg 176

Aktiengesellschaft
- Hauptversammlung im Internet 293
- Übertragene Auslösung 292

AlexIS-web 432

Alkohol im Straßenverkehr 376

Allgemeine Bedingungen für die Elektrizitätsversorgung-Verordnung 95

Allgemeine Deutsche Spediteuerbedingungen 91

Allgemeine Geschäfts- und Lieferbedingungen
- FotografInnen 379

Allgemeine Geschäftsbedingungen
- Elektronische Willenserklärung 313
- Kaufvertrag 297
- Leitsatzsammlung, Passmann 235
- Online-Auktionen 312
- Urteilssammlung Focus 257

Allgemeines Kriegsfolgengesetz 91

Altenpflegegesetz
- Hessen 167

Altersteilzeitgesetz 82, 92

Altersvorsorge
- Musterformular 350

Altlasten 448
- Ausgleich zwischen Sanierungsverantwortlichen 328
- Gesetz, Hessen 167
- Haftung 266

Altschuldenhilfe
- Normen 86

Altschuldenhilfe-Gesetz 91
- Rundschreiben 364

Amateuerfunkgesetz 91

AMBV 92

AMG 92

Amnesty International
- Normen 194

Amtsblatt
- EU 205
- Sachsen 186

Amtsgericht
- Bad Iburg 404
- Erding 404
- Neuruppin 405
- Passau 405
- Potsdam 405
- Tirschenreuth 405

Amtsordnung
- Brandenburg 157

Amtspflegschaft 291

Anbieter (siehe Provider)

Anbieterkennzeichnungspflicht 316

Anfechtungsfristen 343

Angestellter 267
- Angestellte, leitende 267
- Mustervertrag 346

Anhalteweg
- Berechnungsprogramm 341

Anlagentechnik
- Normen 89

Annotext
- Musterverträge Handelsrecht 361

Anstellungsvertrag
- Mustervertrag 346, 361

Antrag auf Aufwandspauschale eines Betreuers
- Musterformular 350

Anwalt und Marketing 268

Anwaltliches Berufsrecht (siehe Berufsrecht, anwaltliches)

Anwaltsgebühren
- Berechnungsprogramm 341

Anwalts-GmbH
- Entwicklung 292
- Haftung 292
- Postulationsfähigkeit 292
- Satzung/Gesellschaftsvertrag 292
- Steuerliche und sozialversicherungsrechtliche Behandlung 292
- Zulässigkeit 292

Anwaltshaftung
- Verteidigungsfehler bei Ausländern 326
- Zertifizierung 270

Anwaltshotline
- 0190-Servicenummer 335

Anwaltssozietät 270

AnwaltSuchservice
- Anwaltsliste 442

Anwaltsverzeichnis, DAV 387

Anwaltswerbung
- Homepage 268
- Internet 268
- Standesrecht 268

Anwaltverein Saarbrücken
- Anwaltsliste 443

Anwaltvereine 387
- Aschaffenburg 388
- Augsburg 388
- Bayreuth 388
- Bonn 388
- Erlangen 388
- Frankental 388
- Köln 388
- Leipzig 388
- München 388
- Offenbach/Main 388
- Saarbrücken 388

AO 92
- Anwendungserlass 372

AP 476

Arbeits- und Sozialrecht
- Steuern 323

Arbeitgeber 267

Arbeitnehmer
- Berufliche Gliederung 267
- Scheinselbstständiger 274
- Steuerliche Rechte und Pflichten 319

Arbeitnehmerähnliche Personen 267

Arbeitnehmerähnliche Scheinselbstständigkeit
- Änderungen in der Sozialgesetzgebung 318

Arbeitnehmer-Entsendegesetz 91

Arbeitnehmererfindung 295
- Begriff 295
- Rechte und Pflichten 295
- Schiedsgerichtliches Verfahren 295
- Vergütung 294, 295, 361

Arbeitnehmerüberlassungsgesetz 82, 94

Arbeitnehmerüberwachung
- Betriebsratmitbestimmung, Entscheidungssammlung, 222

Arbeitrecht
- Informationssammlung, Uni Kiel 434
- Linksammlung BMD GmbH 434

Arbeits- und Sozialrecht
- Gesetze, Bundesarbeitsministerium 446
- Linksammlung Internetprojekt Saarbrücken 433

Arbeits- und Sozialversicherungsrecht
- Änderungen, gesetzliche 277

Arbeitsförderung 446

Arbeitsgemeinschaft Verkehrsrecht
- Leitsatzsammlung Verkehrsrecht 251

Arbeitsgenehmigung 278

Arbeitsgerichte, Adressensammlung 345

Arbeitsgerichtsgesetz 92, 403

Arbeitsgerichtsprozess
- Fristen 343, 349

Arbeitshilfen 341
- Anwaltliches Berufsrecht 343
- Arbeitsrecht 343
- Arbeitsgerichtsprozessrecht 345
- Ausländer- und Asylrecht 349
- Baurecht 349
- Betreuungsrecht 350
- EDV-Recht 350
- Erbrecht 351
- Euro 352
- Familienrecht 353
- Gebühren und Gerichtskosten 357
- Gesellschaftsrecht 358
- Gesetzgebungsvorhaben 360
- Gewerblicher Rechtsschutz 360
- Handelsrecht 361
- Kaufrecht 362
- Konkurs- und Insolvenzrecht 363
- Mandatsverhältnis 364
- Miet- und Pachtrecht 364
- Öffentliches Recht 366
- Prozessrecht 367
- Recht der neuen Medien 368
- Reiserecht 368
- Sozialrecht 369
- Steuerrecht 371
- Strafrecht 375
- Strafprozessrecht 375
- Vereinsrecht 376
- Verkehrsrecht 376
- Verlagsrecht 379
- Verwaltungsprozessrecht 380
- Wettbewerbsrecht 380
- Zivilrecht 380
- Zivilprozessrecht 382
- Zwangsvollstreckung 382

Arbeitskreis
- Insolvenzrecht 418
- Qualitätsmanagement Anwaltskanzlei 487

Arbeitslohn 319
- Besteuerung 323

Arbeitsmittelbenutzungsverordnung 92

Arbeitsplatzschutzgesetz 93

Arbeitsplatzteilung
- Mustervertrag 344, 346

Arbeitsrecht
- Fachbeiträge 270
- Fachbeiträge CompuServe 265
- Fachbeiträge, Kanzlei Bender, Zahn, Tigges 270
- Fachbeiträge PFIFF Personalrechtsdatenbank 267, 270
- Normen 82
- Normen, Rechtsanwälte Emmert, Schurer, Buecking 89
- Online-Themenbrief 348
- RechtsTipps RECHTplus 267
- Verjährungsfristen 348

Arbeitsrecht, europäisches
- Entscheidungssammlung EuGH 229
- Informationsstelle Internetprojekt Saarbrücken 435

Arbeitsrecht, Rechtsprechung
- Entscheidungssammlung BAG 221
- Entscheidungssammlung Betriebsratsmitbestimmung
bei Arbeitnehmerüberwachung 222
- Entscheidungssammlung Individual/ Kollektiv 222
- Entscheidungssammlung Mobbing 221
- Entscheidungssammlung, Uni Köln 222
- Informationssammlung BMD Media 222
- Leitsatzsammlung Arbeit, WDR Köln 222
- Leitsatzsammlung, PFIFF Personalrechtsdatenbank 223
- Leitsatzsammlung, RAe Göhringer 223
- Pressemitteilungen BAG, Arbeitsrecht.de 223
- Pressemitteilungen BAG, Internetprojekt Saarbrücken, 223
- Pressemitteilungen LAG Chemnitz, Internetprojekt Saarbrücken 223
- Urteilssammlung Arbeit und Ausbildung 223
- Urteilssammlung Gewerbliches Arbeitsrecht 224
- Urteilssammlung Personal, Arbeit, Soziales 224

Arbeitsrecht.de
- Pressemitteilungen des BAG 223

Arbeitsrechtliche Praxis 476
Arbeitsschutz 446
- Europa 434
- Normen 82, 89
- Telearbeit 275
Arbeitsschutzgesetz 82, 93
- Verordnungen zum Arbeitsschutzgesetz 82
Arbeitsschutz-Zuständigkeitsverordnung 188
- Saarland 184
- Sachsen 186
Arbeitssicherheitsgesetz 93
Arbeitsstättenverordnung 93
Arbeitsunfähigkeit
- Ausländische Bescheinigung 270
- Nachweis bei Krankheit 270
- Ordentliche Kündigung 270
Arbeitsvergütung 270
Arbeitsverhältnis 319
- Beendigung 271

- Besondere Formen 270
- Geringfügige Beschäftigung 272
- Grundbegriffe 270
- Telearbeit 275
Arbeitsvertrag
- Pflichten 270
Arbeitsvertrag, Mustervertrag
- Angestellter mit/ohne Tarifbindung 341, 344, 346
- Angestellter ohne Tarifbindung 346
- Anstellung 361
- Arbeitsplatzteilung 344, 346
- Aufhebungsvertrag 346
- Ausbildungsvertrag 344, 346
- Befristung 344, 346
- Berufsausbildungsvorvertrag 344
- Ehegattenarbeitsvertrag 344, 347
- Fortbildung 344, 347
- Freie Mitarbeit 347
- Geringfügige Beschäftigung 344
- Leitender Angestellter 344, 347
- Nebenbeschäftigung 344, 347
- Praktikant 344, 347
- Sammlung, HWK Konstanz 344
- Sammlung, PFIFF Personalrechtsdatenbank 344
- Teilzeit 344
Arbeitszeit 270, 469
- Mustervereinbarung 344, 345
Arbeitszeitgesetz 81, 82, 93
Arbeitszeitverordnung 95
Arbeitszeugnis
- Musterformulare 344
- Online 469
Arbeitszeugnis, qualifiziertes
- Musterformular 341, 345
Arbeitszimmer
- Anwendungserlass 372
ArbGG 92
ArbNErfG 92
ArbPlSchG 93
ArbSchG 93
ArbSchGZuVO
- Sachsen 186
ArbStättV 93
ArbZG 93
ArchGB
- Berlin 153
Archiv des öffentlichen Rechts 476
Archiv des Völkerrechts 477
Archiv für die civilistische Praxis 477

ArchivG
- Baden-Württemberg 150
- Berlin 153
- Hamburg 162
- Niedersachsen 178
- Nordrhein-Westfalen 181
- Rheinland-Pfalz 183
Archivunternehmen
- Einschaltung durch Krankenhäuser 293
ARD Ratgeber Recht
- Leitsatzsammlung 216
Arnheim-Urteil EuGH 297
Arzneimittel (siehe Medikamente) 293
Arzneimittelgesetz 92
Arzt
- Homepage 293
- Werbung 293
ASiG 93
Asylbewerberleistungsgesetz 93
Asylverfahrensgesetz 93
Atom- und Strahlenschutzrecht Zuständigkeitsverordnung Sachsen 186
Atomgesetz 94
Aufenthaltsgesetz/EWG 94
Aufgabenübertragungsverordnung
- Hessen 176
Aufgabenverteilungsverordnung
- Hessen 176
Aufhebung Arbeitsverhältnis
- Musterverträge 271, 342, 346
Auflage, erbrechtliche
- Musterformular 351
Auflösung, übertragene einer Aktiengesellschaft 292
Aufsichtspflicht
- Urteilssammlung 232
AÜG 94
Augsburg Universität 460
Auktionen im Internet (siehe Online-Auktionen)
Ausbildung
- Mustervertrag 346
Ausbildungs- und Prüfungsgesetz für Juristen
- Brandenburg 160
- Bremen 161
- Rheinland-Pfalz 183
Ausbildungsvertrag
- Mustervertrag 344
Ausführungsgesetz Baugesetzbuch
- Schleswig-Holstein 191

Ausführungsgesetz zu Art. 10 GG
- Hessen 169
- Nordrhein-Westfalen 181
Ausführungsgesetz zum Abwasserabgabengesetz
- Hessen 167
Ausführungsgesetz zum Bundessozialhilfegesetz
- Hessen 167
Ausführungsgesetz zum Kreislaufwirtschafts- und Abfallgesetz
- Hessen 167
Ausführungsgesetz zum Personalausweisgesetz
- Hessen 169
Ausführungsgesetz zur Insolvenzordnung
- Hessen 164
Ausführungsgesetz zur Verwaltungsgerichtsordnung
- Hessen 169
Ausgleichsleistungsgesetz 94, 366
Auskunfts- und Nachweispflicht 318
Ausländer
- Schwule und Lesben 279
- Strafverteidigung 324, 326
- Verteidigungsfehler 326
Ausländerdatenübermittlungsverordnung 94
Ausländergesetz 94
Ausländerrecht
- Fachbeiträge 279
- Grafischer Überblick 349
- Rechtsprechungsübersicht AusländerInnen 224
AuslDÜV 94
AuslG 94
Ausschuss der Regionen 423
Außendienstarbeiter
- Scheinselbstständigkeit 273
Aussetzung der Strafe
- Jugendstrafrecht 325
Auswärtiges Amt 390
Auszubildende 267
Authentifizierung
- E-Commerce 309
Autobahnbaustellen, Übersicht 331
Autor
- Mustervertrag 379
AVBEltV 95
Azubi-Auswahlverordnung
- Berlin 154
AZV 95

B

Baden-Württemberg
- Landesregierung 450
- Normen 149
BaFöG 95, 447
Bamberg Universität 461
Bankenrecht, Fachbeiträge 279
Bankgeheimnis 88
Bannmeilengesetz
- Hessen 164, 166
BArchG 95
Barwertberechnung
- Berechnungsprogramm 382
BAT 95
Bau- und Fachplanungsrecht
- Rechtsprechungsbericht 279
Bau- und Raumordnungsrecht
- Änderungen BauROG 1998 279
Bauarchiv
- Normen, baurechtlich 83
Bauforderungssicherungsgesetz 86, 95
Baugenehmigung
- Fabrik- und Lagerverkauf 280
Baugesetzbuch 83, 96
Baugesetzbuch-Maßnahmengesetz 83
Bau-Lexikon 349
Baumaßnahmen
- Bilanzielle Behandlung 342
Baunet
- Leitsatzsammlung Baurecht 225
- Normen, baurechtlich 83
Baunutzungsverordnung 96
Bauordnung
- Bayern 151
- Hamburg 162
- Hessen 168
- landesrechtliche 83
- Mecklenburg-Vorpommern 177
- Nordrhein-Westfalen 181
- Sachsen 187
- Sachsen-Anhalt 188
- Thüringen 193
Bauordnung, sächsische
- Anmerkungen zur Neufassung 01.05.99 281
Bauplattform
- Urteilssammlung 218
BauPrüfVO
- Schleswig-Holstein 190

Baurecht
- Arbeitshilfen 349
- Fachbeiträge 279
- Fachbeiträge Kanzlei Hök 266
- Leitsatzsammlung, MDR 225
- Normen 86
- Normen, Bauarchiv 83
- Normen, Baunet 83
- Urteilssammlung Bauen und Wohnen, Focus 225
Baurechtliche Zulässigkeit 349
Baustellen auf Autobahnen, Übersicht 331
Baustellenverordnung 96
- Schleswig-Holstein 190
Bautechnische Prüfungsverordnung
- Schleswig-Holstein 190
Bauvorlagenverordnung
- Schleswig-Holstein 191
BayAbfG 151
BayBO 151
BayDSchG 151
Bayerischer Verfassungsgerichtshof
- Entscheidungssammlung, Uni Passau 249
Bayerisches Landessozialgericht 408
- Entscheidungssammlung 244
Bayern
- Landtag 451
- Normen 151
- Staatskanzlei 451
- Staatsministerium der Justiz 451
BayEUG 152
BayKatSG 152
BayKSG 152
BayObLG
- Urteile, Universität München 219
BayVO 1998, Regelungen 280
BBA (Biologische Bundesanstalt für Land- und Forstwirtschaft)
- Normen, gentechnisch 84
BBG 96
BbgAbfG 157
BbgDSG 157
BbgFHGPol 157
BbgJAG 158
BbgKatSG 158
BbgKWahlG 158
BbgLWahlG 158
BbgPOG 158
BbgPolG 158
BbgStatG
- Brandenburg 158

BbgStiftG 161
BbgVerfSchG 158
BbgVwVfG 161
BbgVwVG 161
BBiG 96
BBodSchG 97
BBodSchVO 97
BC 477
BDSG 87, 97
– Entwurf 147
Beamtengesetz
– Hamburg 162
– Hessen 167
– Nordrhein-Westfalen 393
Beamtenrechtsrahmengesetz 101
Beamtenversorgungsgesetz 98
BeamtVG 98
Bedarfsgegenstände-Verordnung 85
Bedarfsgewerbe-Verordnung
– Nordrhein-Westfalen 303
BedGVO
– Brandenburg 159
Bedürfnis-Gewerbeverordnung
– Saarland 184
Beendigung Arbeitsverhältnis 271
– Formen 272
Befristetes Arbeitsverhältnis
– Mustervertrag 346
Befugnisse des Petitionsausschuses des Deutschen Bundestages 98
Beistandschaft 291
Belgisches Parlament 423
Berater
– Mustervertrag 341, 381
Beratungshilfe
– Berechnungsprogramm 367
Berechnungsprogramm
– Anhalteweg 341
– Anwaltsgebühren 341
– Barwertberechnung 382
– Beratungshilfe 367
– Blutalkohol 377
– Blutalkoholkonzentrationsentwicklung 378
– Bremsweg 341, 377
– Brutto-Netto-Euro-Umrechner 367
– Datum 382
– Drittwiderklage Kostenquote 382
– Effektivzins bei Ratenkredit 382
– Ehegattenunterhalt 353
– Einkommensteuer 1998 373

– Erbschaftssteuer 373
– Erziehungsurlaub 356
– Feiertage 382
– Gebührenberechnung in Euro 357
– Gebühren gemäß KostO 357
– Gebühren in bürgerlichen Streitigkeiten 357
– Gebühren im Bußgeldverfahren 357
– Gebühren in Sozialsachen 357
– Gebühren in Strafsachen 357
– Gerichtsgebühren 341, 382
– Gerichtskosten GKG 357
– Gerichtsvollziehergebühren 341
– Geringfügige Beschäftigung, 630-DM-Gesetz 369
– Geschiedenenunterhalt 353
– Gewerbesteuerfeststellung 373
– GmbH-Euro-Rechner 352
– Handelsvertreterausgleich 382
– Kapitalzuwachs 383
– Kinderfreibeträge 371
– Kindesunterhalt 353
– Kostenentscheidung 382
– Lohnabrechnung Demoversion 345
– Lohnsteuer 371, 373
– Mangelfallberechnung Unterhalt 353
– Mehrwertsteuer 383
– Merkantiler Minderwert 378
– Miete neue Bundesländer/Berlin Ost 365
– Monatslohnsteuer 371
– Mutterschutz 356
– Pfändungsfreigrenzen 382
– Prozesse, Richter Kleingünther 367
– Prozesskosten 357
– Prozesskostenhilfe 367
– Prozesskostenrisiko- und Kostenverteilung 382
– Ratenkredit, Effektivzins 382
– Rechtsanwaltsgebühren 357
– Rechtsanwaltsgebühren bei Prozesskostenhilfe 357
– Reisekostenabrechnung 374
– Sicherheitsabstand 341
– Sicherheitsleistung 367, 382
– Sozialhilfe 369
– Staffelzinsberechnung 367
– Steuer, Demoversion 373
– Steuerreform, Auswirkungen 371
– Überholweg 378
– Unterhalt 353
– Unterhalt, Demoversion 354

– Vergleichsberechnung, öffentlich-rechtliche 353
– Verwandtenunterhalt 353
– Währungsumrechnung 353
– Zinsen 382, 383
– Zugewinn 354
Berechnungsverordnung, Zweite 102
Bergversatz 267
Berlin/Freie Universität 461
Berlin/Humboldt Universität 461
Berliner Abgeordnetenhaus 451
Berliner Datenschutzbeauftragter
– Normen 153
Berliner Mietergemeinschaft
– Entscheidungssammlung Miet- und Immobilienrecht 237
Berliner Mietspiegel 364
Berliner Rechtsvorschriften 82
Berliner Strafverteidiger e.V. 418
Berliner Tabelle Stand 01.07.98 355
Berliner Testament
– Mustervertrag 341, 351
Berliner-Kanzleien
– Anwaltsliste 443
Berner Übereinkunft 89
BerRehaG 98
Berufliches Rehabilitationsgesetz 98
Berufsausbildungsvertrag 344
– Online-Formular zur Einreichung des Ausbildungsvertrags 344
Berufsausbildungsvorvertrag
– Mustervertrag 344
Berufsbildungsgesetz 96
Berufsordnung
– Ärztekammer Berlin 154
– Rechtsanwälte 101
– Rechtsanwälte, europäische 199
Berufsrecht, anwaltliches
– Fachanwalt Verwaltungsrecht 269
– Fachbeiträge 268
– Qualitätsmanagement 269
– Werbung im Internet 268
– Rechtsanwaltssozietät 270
– Zertifizierung 269, 270
Bestattungs- und Friedhofsrecht
– Normen 86
– Entscheidungssammlung 240
Bestattungsguthaben, Schutz von 318
Betäubungsmittelgesetz 102
BetrAVG 98

499

Betreuer
- Ärztegespräche 350
- Bestellung 350
- Eltern als Betreuer 350
- Pflichten 350

Betreuerverfügung
- Musterformular 350

Betreuung
- Haftungsrecht 350
- Heilbehandlung 350
- Tod des Betreuten 350
- Unterbringungsähnliche Maßnahmen 350
- Unterbringungsverfahren 350
- Vermögensvorsorge 350
- Vormundschaftsgerichtliche Genehmigungen 350
- Wohnungsangelegenheiten 350

Betreuungsrecht
- Behördenbetreuung 281
- Einführung 281
- Fachbeiträge 281
- Fachbeiträge, Horst Deinert 281
- Grundzüge 281
- Haftung 281
- Heilbehandlungen 281
- Leitsatzsammlung, JurPage 225
- Online-Lexikon 350
- Verfahren 281
- Voraussetzungen 281

Betreuungsrechtänderungsgesetz 98
- Änderungen zum 01.01.99 282
- Erläuterungen 282
- Gesetz 282

Betriebs- und Personalrat
- Scheinselbstständigkeit 274

Betriebsrat
- Telearbeit 277
- Urteilssammlung, W.A.F. 226
- Urteilssammlung, Rechtsanwälte Gaidies & Koll. 226

Betriebsratsbeteiligung
- bei Kündigung 272

Betriebsratswahl 469
- Musterformulare 344

Betriebsvereinbarung
- Kleinbetriebe 274
- Scheinselbstständigkeit 274
- Tarifwechsel 278

Betriebsverfassungsgesetz 81, 82, 99
- Urteilssammlung, IG-Metall 226

Betrugsbekämpfung
- Europäisches Amt 325

Beurkundungsgesetz 99

Beweisrecht
- Elektronische Dokumente 305, 314
- Online-Auktionen 312

Beweissicherungs- und Feststellungsgesetz 99

Bewertungsgesetz 99

BFG 99

BGB 86, 99
- Auszug 81

BGB-Gesellschaft
- Mustervertrag 359
- Mustervertrag Gesellschaftsvertrag 341, 342

BGH (siehe Bundesgerichtshof)

BGVO 85

Bibliotheken 395
- Bibliotheksverbunde 395, 399
- Universitäten 396

Bibliotheksverbunde 395
- Bayern 395
- Bremen, Hamburg, Mecklenburg-Vorpommern, Niedersachsen, Sachsen-Anhalt, Schleswig-Holstein, Thüringen 395
- Südwestdeutsch 395

Bielefeld Universität 461

Bilanzbuchhalter und Controller 477

Bildschirmarbeit 277

Bildschirmarbeitsverordnung 99

BImSchG 99

BImSchV 12. VO 100

BInDSchG
- Berlin 154

BInKatSchG
- Berlin 154

Biostatische Spurensuche 323

Biotechnologie 447

BJagdG 100

BKAG 100

BKatV 100

BKGG 100

Blutalkohol
- Berechnung 376
- Berechnungsprogramm 377
- Berechnungsprogramm, Konzentrationsentwicklung 378

BMD Media GmbH 487
- Informationssammlung Arbeitsrecht 222

BNatSchG 101

BO 101
- Berlin 154

Bochum Universität 461

Bodenschutz 448
- Fachbeiträge 282

Bodenschutzgesetz
- Baden-Württemberg 149

Bonn Universität 461

bookworld publications 471

Börsenblatt des Deutschen Buchhandels 487

Börsengesetz 101

BPersVG 101

BRAGO 101

Brand- und Katastrophenschutzgesetz
- Hessen 168

Brandenburg
- Land 452
- Landtag 452
- Normen 156

Brandschutzgesetz
- Brandenburg 159

BRAO 101

Bremen
- Bürgerschaft 452
- Senat 452
- Universität 461

BremHG 161

Bremsweg
- Berechnungsprogramm 341, 377

Britisches Parlament 424

BRRG 101

Brutto-Netto-Euro-Umrechner
- Berechnungsprogramm 367

BSAVfV 101

BSchG
- Brandenburg 159

BSHG 102

BStatG 102

BTMG 102

Btx-Staatsvertrag 102

Buchhaltung
- Entscheidungssammlung 246

Bund der Steuerzahler 468

Bundesamt
- Regelung offener Vermögensfragen 84
- Verfassungsschutz 390
- Wirtschaft 390

Bundes-Angestelltentarifvertrag 95

Bundesanstalt für Arbeit 390

Bundesanstalt für Land- und Forstwirtschaft (BBA)
– Normen, gentechnisch 84
Bundesanzeigerverlag 471
Bundesarbeitsgemeinschaft Familien-Mediation e.V. 468
Bundesarbeitsgericht 401
– Entscheidungssammlung 221
– Pressemitteilungen, Arbeitsrecht.de 223
– Pressemitteilungen, Internetprojekt Saarbrücken 223
– Terminvorschau 348
Bundesaufsichtsamt
– Kreditwesen 390
– Wertpapierhandel 390
Bundesausbildungsförderungsgesetz 95
Bundesbank 390
Bundesbeamtengesetz 96
Bundesbesoldungsgesetz 102
Bundes-Bodenschutz- und Altlastenverordnung 97
– Erläuterungen 282
Bundesbodenschutzgesetz 88, 97
– Altlastenhaftung 266
– Erläuterungen 282
– Zuständigkeitsverordnung, Hessen 175
Bundesdatenschutzgesetz 81, 87, 97
– Referentenentwurf 147
Bundesfinanzhof
– Entscheidungssammlung, Mio Verlag 245
– Entscheidungssammlung, Refact 246
– Entscheidungssammlung, Report-Online 246
– Pressemitteilungen, Internetprojekt Saarbrücken 247
Bundesgebührenordnung für Rechtsanwälte 101
Bundesgerichte 401
Bundesgerichte, Pressemitteilungen
– Dashöfer Verlag 218
– Internetprojekt Saarbrücken 218
Bundesgerichthof Steuersachen
– Entscheidungen, GLAW-Projekt 212
Bundesgerichtshof in Strafsachen
– Pressemitteilungen, Internetprojekt Saarbrücken 249
Bundesgerichtshof in Zivilsachen
– Entschädigungs- und Ausgleichsleistungen 213
– Entscheidungen, GLAW-Projekt 212

Bundesgerichtshof 401
– Entscheidungen, Kanzlei Emmert, Schurer, Buecking 211
– Entscheidungen, RWS-Verlag 211
– Entscheidungssammlung Kartellrecht 235
– Entscheidungssammlung Strafsachen, Uni Würzburg 248
– Finanzdienstleistungen 213
– Haufe Verlag 213
– Kanzlei Alavi & Koll. 213
– Kanzlei Warlies, Grimm, Nittel 214
– Leitsatzsammlung, Complex Deutschland GmbH 216
– LG Magdeburg 214
– Nomos Verlag 214
– Obergerichtliche Rechtsprechung, Report-Online 215
– OLG Nürnberg 215
– Theorie vom BGH-Richter und Sinner Fru 296
– Verlag Recht und Praxis 215
– ZIP 216
Bundesgesetzblatt
– Teil I 79
– Teil I und II 79
Bundesgesetze und -verordnungen 80
Bundeshaushalt 445
Bundesimmissionsschutz-Zuständigkeitsverordnung
– Hessen 176
Bundesimmissionsschutzgesetz 99
– Ausführungsgesetz Berlin 153
Bundesjagdgesetz 100
Bundeskanzler 445
Bundeskartellamt 390
– Entscheidungssammlung 235
Bundeskindergeldgesetz 100
Bundeskriminalamt 392
Bundeskriminalamtgesetz 100
Bundesministerium
– Finanzen 445
– Finanzen, Entschädigungserlasse 84
– Finanzen, Normen, steuerrechtlich 87
– Justiz 446
– Inneres 446
– Arbeit und Sozialordnung 446
– Arbeit und Sozialordnung, Gesetzessammlung 82
– Bildung und Forschung 447
– Ernährung 447

– Familie, Senioren, Frauen und Jugend 447
– Gesundheit 447
– Umwelt, Naturschutz und Reaktorsicherheit 448
– Verkehr, Bau- und Wohnungswesen 448
– Verkehr, Bau- und Wohnungswesen, Fachbeiträge 331
– Wirtschaft und Technologie 448
– Wirtschaftliche Zusammenarbeit und Entwicklung 448
Bundesnaturschutzgesetz 101
Bundesnotarkammer 487
Bundespatentgericht 402
– Leitsatzsammlung 233
Bundespersonalvertretungsgesetz 101
Bundespräsident 449
Bundesrat und Bundestag 449
Bundesrat 449
Bundesrecht im Umfeld des Todes 488
Bundesrechtsanwaltsordnung 101
Bundesregierung 449
Bundessozialgericht 402
– Entscheidungssammlung, Report-Online 244
– Pressemitteilungen, Internetprojekt Saarbrücken 245
Bundessozialhilfegesetz 82, 102
– Kostentragungspflicht nach § 15 BSHG 319
Bundesstatistikgesetz 102
Bundestag 449
Bundestagsdrucksachen 449
Bundestagsplenarprotokolle 449
Bundesurlaubsgesetz 82, 102
Bundesverfassungsgericht 402
– Dissens über die Divergenz 296
– Politischer Machfaktor 296
– Entscheidungen, GLAW-Projekt 212
– Entscheidungssammlung, Report-Online 249
– Entscheidungssammlung, Uni Passau 249
– Entscheidungssammlung, Uni Würzburg 250
– Entscheidungssammlung und Pressemitteilung 250
– Pressemitteilungen, Internetprojekt Saarbrücken 250
– Leitsatzsammlung Staatskirchenrecht, Uni Trier 245
– Urteilssammlung, Uni Eichstätt 251

Bundesverfassungsgerichtsgesetz 103
Bundesverfassungsschutzgesetz 103
Bundesverwaltungsgericht 402
– Entscheidungen, GLAW-Projekt 212
– Entscheidungssammlung Report-Online 252
– Entscheidungssammlung, Uni Würzburg 252
– Pressemitteilungen, Internetprojekt Saarbrücken 253
Bundeswahlgesetz 103
Bundeswahlordnung 103
Bundeswasserstraßengesetz 144
Bundeswehr 450
Bundeszentrale für politische Bildung 392
Bundeszentralregistergesetz 104
Bündnis für Arbeit 469
Bürgerliches Gesetzbuch (siehe auch BGB) 99
Bürgerschaft Bremen 452
Bürgschaft 342
– Musterformular Erklärung 341
– Mustervereinbarung 381
BUrlG 102
Bußgeldkatalog 331, 333, 378
– Auszug 331, 376, 448
– Rotlichtverstöße 378
– Umwelt, Baden-Württemberg 149
Bußgeldkatalog-Verordnung 100
BV 2. VO 102
BVerfGG 103
BVerfSchG 103
BWG 103
BWO 103
BZRG 104

C

C.H. Beck 470
Call-Catalog 458
Cannabis
– Führerschein 333
Canon-Entscheidung 335
Capital
– Steuertipps 371
Catalaw 459
Chemikaliengesetz 104
CompuServe Recht und Steuern
– Bundes- und Landesgesetze 80
– CompuServe-Urteil AG München 311
– Der Fall Somm 310

– Fachbeiträge 265
– Musterformularsammlung 341
– Strafbarkeit von Online-Anbietern 316
– Urteilssammlung Winterdienst 257
Computer und Recht 477
Computerrecht Intern 477
Computerrecht
– Entscheidungssammlung Kanzlei Alavi & Koll. 227
– Kriminalität 325
– Urteilssammlung Computer und EDV, RECHTplus 227
– Urteilssammlung EDV-Recht 227
– Urteilssammlung Focus 243
– Urteilssammlung, RECHTplus 227
– Urteilssammlung Rechtsinformatik, Internetprojekt Saarbrücken 227
– RechtsTipps RECHTplus 267
Controlling
– Entscheidungssammlung, Haufe Verlag 254
Cybercourt
– Fachbeiträge 265

D

Darlehen
– Mustervertrag 342
Darlehens- und Kreditsicherungsrecht
– Fachbeiträge 283
Darlehensverordnung 104
Das Deutsche Steuerrecht 477
Dashöfer Verlag
– Pressemitteilungen Bundesgerichte 218
Dateibeschreibungsverordnung
– Brandenburg 159
Datenbanken
– Linksammlung Internetprojekt Saarbrücken 435
Datenschutz im Gesundheitswesen
– Linksammlung 435
Datenschutz und Datensicherheit 477
Datenschutz 284
– Begriffe 283
– Datenschutzinformationen, Cybercourt 283
– DAV Diskussionsforum 266
– E-Commerce 309
– Einwilligungsklauseln bei Datenspeicherung 283
– Fachbeiträge 283

– Gesundheitsreform 2000 285
– Grundlagen 284
– im Internet 284, 316
– Landesnormen, Berliner 153
– Konferenz der Datenschutzbeauftragten 283
– Normen, Hamburg 162
– Normen, national 84
– Rechtsentwicklung 284
– Rechtsfragen des Internet 316
– Sozialdatenschutz 285
– Teledienstedatenschutzgesetz 285
– Teilnehmerdaten 328
– Telekommunikationsdienste 284
Datenschutzbeauftragter
– Berliner, Normen 153
– Schleswig-Holstein 284
Datenschutzgesetz 457
– Baden-Württemberg 150
– Bayern 151
– Berlin 154
– Brandenburg 157
– Hamburg 162, 163
– Hessen 168
– Nordrhein-Westfalen 181
– Rheinland-Pfalz 183
– Schleswig-Holstein 191
Datenschutzgesetze 393
Datenschutzverordnung
– Schleswig-Holstein 191
Datensicherheit
– Telearbeit 275
Datenverarbeitung Steuern Wirtschaft Recht 478
Datenverarbeitungsverbundgesetz
– Hessen 165
Datum
– Berechnungsprogramm 382
DAV
– Anwaltsliste 444
DB 478
DBA (siehe Doppelbesteuerungsabkommen)
DBBG 104
DBeschrV
– Brandenburg 159
DDR-Schuldbuchbereinigungsgesetz 130
De Gruyter Verlag 471
DENIC 392
Denkmalschutz
– Baden-Württemberg 147, 149
– Bayern 147, 151

- Berlin 147, 154
- Brandenburg 147, 159
- Hessen 164
- Ländernormen 147
- Mecklenburg-Vorpommern 147, 177
- Niedersachsen 147, 178
- Sachsen 147, 186
- Sachsen-Anhalt 147, 189
- Thüringen 147, 193

DEPAnet 483
DEPATIS 393
Depotgesetz 104
Der Betrieb 478
Der Rechtsberater 488
Dermatologie 293
Designerschöpfungen 295
Deutsche Anwaltskooperation 422
Deutsche Bibliothek 399
Deutsche Zeitschrift für Wirtschafts- und Insolvenzrecht 478
Deutscher Anwaltverein 387
- Diskussionsforum 266
Deutscher Franchise Verband e.V. 469
Deutscher Gewerkschaftsbund 469
Deutscher Industrie- und Handelstag 448
Deutscher Juristinnenbund 422
Deutscher Mieterbund
- Urteilssammlung 239
Deutscher Multimedia Verband
- Fachbeiträge, Recht der neuen Medien 307
Deutscher Richterbund 422
Deutscher Wetterdienst Gesetz 105
Deutsches Bibliotheksinstitut 400
Deutsches Institut für Urbanistik 392
Deutsches Patent- und Markenamt 393
- Formulare, Merkblätter 360
- Verordnungen 360
- Kostenmerkblatt Gebühren und Auslagen 360
- Leitsatzsammlung BpatG 233
Deutsches Patentblatt 478
Diensteanbieter (siehe Provider)
Dienstleistungsvertrag
- Mustervertrag 341
Dienstwagen
- zu versteuernde Kosten 342
DIN-Spiegel 349
DIRO 488
Diskont- und Lombardsatz 337
DNA-Analyse 283

DNA-Gutachten
- Beweiswert im Gerichtsverfahren 324
DNA-Identitätsfeststellungsgesetz 104
Domain@tlas 488
Domain-Namen 265, 308
- Entscheidungssammlung 241
- DENIC Vergabestelle 392
- Markenschutz 308
- Schutzfähigkeit 309
- Schutzwürdige Namensrechte 307
- Rechtsprechungsüberblick 308
- Vergabe 308
Doppelbesteuerungsabkommen
- Bolivien 202
- Dänemark 203
- Frankreich 203
- Großbritannien 203
- Indien 203
- Indonesien 203
- Mexiko 204
- Norwegen 204
- Russische Föderation 204
- Sammlung, Bundesamt für Finanzen 202
- Schweden 204
- Ukraine 204
DPMAVwkostV 105
Dresden Universität 461
Drittwiderklage Kostenquote
- Berechnungsprogramm 382
Drogen im Straßenverkehr 333
Druckluftverordnung 105
DSchG M.V. 177
DSG NW 181
DSTMVO
- Niedersachsen 178
DStR 477
DSVO
- Schleswig-Holstein 191
DSWR 478
DuD 477
Duncker & Humboldt 471
Düngemittelgesetz 105
Durchführungsverordnung zum Ausländergesetz 105
Düsseldorf Universität 461
Düsseldorfer Tabelle 355
- Stand 01.01.96, 01.07.98 354
- Stand 01.07.98 355
- Stand 01.07.99 355, 356
DVAuslG 105

DV-VerbundG
- Hessen 165
DWD-Gesetz 105

E

E@V
- Urteilssammlung EDV-Recht 227
EALG-Forum 366
- Normen, entschädigungsrechtlich 84
E-Commerce 265
- Authentifizierung 309
- Datenschutz 309
- Gerichtsbarkeit 309
- Konsultationsverfahren für einheitliche Regelungen, 309
- Kreditkartenzahlung im Internet 310
- Rechtsfragen 309, 310
- Richtlinienvorschlag der Europäischen Kommission 309
- Steuern 309
- Verbraucherschutz 307, 310
- Zölle 309
EDV
- Einsatz in Verwaltungsgerichtsbarkeit 286
EDV-Beratung
- Mustervertrag 350
EDV-Recht
- Arbeitshilfen 350
- Fachbeiträge CompuServe 265
- Fachbeiträge Cybercourt 265
- Fachbeiträge 285
- JurPC 285
- Normen, Rechtsanwälte Emmert, Schurer, Buecking 89
- RechtsTipps RECHTplus 267
- Urteilssammlung E@V 227
EDV-Wartungsverträge
- Checkliste 286
- Gestaltungsmöglichkeiten 286
Effektivzins bei Ratenkredit
- Berechnungsprogramm 382
EGHGB 105
EG-Richtlinien 206
EG-Verordnungen 207
EG-Vertrag 89
Ehe- und Familienrecht
- Verjährungsfristen 356
Ehegattenarbeitsvertrag
- Mustervertrag 344
Ehegattenerbrecht 290

Ehegattenerbvertrag
– Mustervertrag 342, 351
Ehegattenunterhalt
– Berechnungsprogramm 353
– Entscheidungssammlung ISUV/
  VDU e.V. 230
Ehegesetz 105
Ehevertrag
– Mustervertrag Gütertrennung 341
– Mustervertrag 355
Eigenbedarfskündigung 301
Eigenbetriebsgesetz
– Hessen 165
Eigengesellschaften, kommunale Auftrags-
  vergabe 297
Eigenheimförderung 448
Eigenheimzulagengesetz 1997 106
Einführungsgesetz zum Handelsgesetz-
  buch 105
Einkommensberechnung Unterhalt
– Berechnungsprogramm 353
Einkommenssteuer 1998
– Berechnungsprogramm 373
Einkommenssteuer-Grundtabelle 1999 374
Einmann GmbH Gründungsprotokoll
– Musterformular 358
Einstellungsfragebogen
– Geringfügig entlohnte Aushilfen 344
Einstweilige Anordnung
– Unterhaltsverfahren 292
Eisenbahnkreuzungsrecht 280
Electronic Commerce (siehe E-Commerce)
Electronic-Commerce-Richtlinie,
  Entwurf 206
Elektromagnetische Verträglichkeits-
  gesetz 106
Elektronik- und Datenträgerversicherung 286
Elektronische Dokumente
– Beweisrecht 305, 314
Elektronische Kommunikation
– Rechtsrahmen 327
Elektronische Steuererklärung 445
Elektronische Willenserklärung (siehe
  Willenserklärung, elektronische), 308
Elektronischer Geschäftsverkehr (siehe
  E-Commerce)
ELFG 106
ELSTER-Projekt 88, 322, 445
EltBauVO
– Schleswig-Holstein 191
Elterliche Sorge 291

E-Mail
– Direktmarketing 307
– Spamregelung in Österreich 315
EMVG 80, 106
EnEG 106
Energieeinsparungsgesetz 83, 106
Energienutzung
– Normen 89
Energierecht
– Fachbeiträge 289
Energiewirtschaftsgesetz 107
Enteignungsgesetz
– Hessen 168
EntFZG 106
Entgeltfortzahlung 318
Entschädigungs- und Ausgleichsleistungen
– Entscheidungen 213
– Gesetz 366
Entschädigungsgesetz 106, 366
Entschädigungsrecht
– Normen, national 84
Entschädigungsverfahren
– Erlasse des Bundesministeriums für
  Finanzen 84
Entscheidungen zum Wirtschafts-
  recht 479
Entscheidungssammlung
– BayLSG 244
– BayVerfGH, Uni Passau 249
– Berliner Strafurteile 248
– Bestattungsrecht 240
– Betriebliche Praxis, Haufe Verlag 255
– BFH, Mio Verlag 245
– BFH, Refact 246
– BFH, Report-Online 246
– BGH free 211
– BGH, Kanzlei Emmert, Schurer,
  Buecking 211
– BGHSt, Uni Würzburg 248
– BSG, Report-Online 244
– Buchhaltung-Online 246
– Bundeskartellamt 235
– BVerfG 212
– BVerfG 250
– BVerfG, BVerwG, BGHZ, BGHSt, EuGH,
  GLAW-Projekt 212
– BVerfG, Report-Online 249
– BVerfG, Uni Passau 249
– BVerfG, Uni Würzburg 250
– BVerwG, Report-Online 252
– BVerwG, Uni Würzburg 252

– Computerrecht, Kanzlei Alavi & Koll. 227
– Deutsche Rechtsprechung zum Europa-
  recht 228
– Domain-Namen 241
– Ehegattenunterhalt, ISUV/VDU e.V. 230
– EuGH und EuG 230
– Europäisches Arbeitsrecht 229
– Franchiserecht 255
– Gericht erster Instanz in Beamten-
  sachen 230
– Haagener Übereinkommen, Rechtsanwalt
  Hilton 230
– Handels- und Gesellschaftsrecht,
  EuGH 234
– Harmonisierungsamt für den Binnen-
  markt 233
– Human Rights Chamber Bosnien/
  Herzegovina 229
– Kartellrecht BGH und KG Berlin 235
– Miet- und Immobilienrecht, Berliner
  Mietergemeinschaft 237
– Obergerichtliche Entscheidungen,
  DJN 212
– Obergerichtliche Strafrechtsrecht-
  sprechung, Uni Bayreuth 248
– Rechnungswesen und Controlling, Haufe
  Verlag 254
– Recht der neuen Medien,
  Akademie.de 241
– Recht der neuen Medien, Kanzlei Alavi &
  Koll. 241
– Recht der neuen Medien, Netlaw 241
– Recht der neuen Medien, Rechtsanwälte
  Flick & Koll., 241
– Sonntagsverkauf, RWS Verlag 240
– Sozialgerichtsbarkeit Nordrhein-West-
  falen 244
– Sozialgerichtsbarkeit Saarland, Internet-
  projekt Saarbrücken 244
– Staatsgerichtshof Hessen 250
– Strafvollzug 248
– Vereinssteuerrecht 246
– VG Frankfurt, Uni Frankfurt 252
– Zivilrecht, Kanzlei Alavi & Koll. 256
EntschG 106, 366
EnWG 107
EPÜ 199
EPÜ-Durchführungsverordnung 199
Erbbaurechts-Verordnung 86, 107
Erbe
– Rechtsstellung 290

Erbfall
- Vorsorgliche Regelungen 290
Erbfolge, gesetzliche 290
Verwandtenerbrecht 290
Erbfolgebesteuerung
- Steuerentlastungsgesetz 1999/2000/ 2002 321
Erblastentilgungsfonds-Gesetz 106
Erbrecht
- Arbeitshilfen 351
- Einführung 289
- Fachbeiträge 289
- Leitsatzsammlung JurPage 228
- Leitsatzsammlung, WDR 227
- RechtsTipps RECHTplus 267
- Urteilssammlung, RECHTplus 228
- Verjährungsfristen 352
Erbschaftssteuer
- Allgemeine Verwaltungsvorschriften 88
- Berechnungsprogramm 373
Erbschaftssteuerrichtlinien 107
- Hinweise 319
Erbschaftssteuertabelle 375
Erbschein 290
ErbStR 107
Erbvertrag 290
- Mustervertrag 352, 355
Erbverzicht 290
Erfinderbenennungsverordnung 107
Erfindungen
- Schutz 294, 394
- Verfahren 294
Erhaltungsaufwand 342
Erlangen-Nürnberg Universität 461
Erschließungsbeitragsrecht, hessisches 280
Erstreckungsgesetz 107
Erwachsenenbildungsgesetz
- Thüringen 193
Erziehungsmaßregeln 325
Erziehungsurlaub
- Berechnungsprogramm 356
EStG 107
EU
- Normen, gentechnisch 84
- Rechtsvorschriften 82
EU-Führerschein 331, 448
EuG
- Entscheidungssammlung 229
EuGH
- Entscheidungen, GLAW-Projekt 212

EU-Normen
- Amtsblatt der EU 205
- Kanzlei Emmert, Schurer, Buecking 204
- Rat der Europäischen Union 205
- Server der Europäischen Union 204
Euro 445
- Arbeitshilfen 352
- Fachbeiträge 290
Euro-Einführung 469
- 2. Bericht des ASWWU 290
- 3. Bericht des ASWWU 290
- 3. Euro-Einführungsgesetz 290
- Aktiengesellschaft 292
- Auswirkung auf Mietverhältnisse 342
- Zwangsvollstreckung 337
Euro-Einführungsgesetz, Drittes 107, 290
Euro-Gebührentabelle 358
Eurojuris 422
Euro-Lex 82
Euro-Newsletter 291
Europäische Arbeitsrecht
- Informationsstelle Internetprojekt Saarbrücken 435
Europäische Datenschutzrichtlinie 87, 457
Europäische Fernabsatzrichtlinie 87
Europäische Gerichtshof 412
Europäische Grundrechtscharta 283
Europäische Informationen
- Linksammlung Land Brandenburg 440
Europäische Institutionen
- Adressen 440
- Verzeichnis 440
Europäische Investitionsbank 424
Europäische Kommission für Menschenrechte 425
Europäische Kommission 424
Europäische Menschenrechtskonvention 194
Europäische Sozialcharta 194
Europäische Union 425
Europäische Verträge 205
Europäische Wirtschafts- und Währungsunion 290
Europäische Zentralbank 425
- Jahres-/Monatsberichte 352
Europäischer Abfallkatalog 88
Europäischer Gerichtshof für Menschenrechte 413
- Entscheidungssammlung 229
Europäischer Gerichtshof
- Entscheidungen Europäisches Arbeitsrecht 229

- Entscheidungssammlung Handels- und Gesellschaftsrecht 234
Europäischer Rechnungshof 425
Europäischer Wirtschafts- und Sozialausschuss 425
Europäisches Amt für Betrugsbekämpfung 325
Europäisches Dokumentationszentrum Universität Duisburg 400
Europäisches Dokumentationszentrum Universität Mannheim 400
Europäisches Informationsnetzwerk
- Normen 82
Europäisches Parlament 425, 426
- Urteilssammlung 234
Europäisches Recht
- Forum Recht Humboldt Universität Berlin 295
Europapatent 295
Europarat 426
Europarecht
- Entscheidungssammlung deutsche Rechtsprechung 228
- Entscheidungssammlung EuGH, Europäisches Arbeitsrecht 229
- Entscheidungssammlung EuGH und EuG 229
- Entscheidungssammlung Gericht erster Instanz in Beamtensachen 230
- Fachbeiträge CompuServe 265
- Fachbeiträge Kanzlei Hök 266
Europa-Universität Viadrina Frankfurt/Oder
- Linksammlung 435
Euro-Rechner GmbH
- Berechnungsprogramm 352, 353
Euro-Umrechner
- Brutto-Netto, Berechnungsprogramm 367
Euro-Umrechnungstabelle 352
EU-Server 204
EU-Wasserrahmenrichtlinie, Entwurf 206
EWiR 479
Existenzgründung 448

F

Fabrik- und Lagerverkauf
- Baugenehmigung 280
Fachanwalt
- Insolvenzrecht 298
- Verwaltungsrecht 269

Fachanwälte Arbeitsrecht
– Anwaltsliste 444
Fachanwaltsordnung 108
Fachbeiträge 265
– Abfallrecht 267
– Anwaltliches Berufsrecht 267
– Arbeitsrecht 268
– Ausländerrecht 278
– Bankenrecht 279
– Baurecht 279
– Betreuungsrecht 281
– Bodenschutzrecht 282
– Darlehens- und Kreditsicherungsrecht 283
– Datenschutzrecht 283
– EDV-Recht 285
– Energierecht 289
– Erbrecht 289
– Euro 290
– Familienrecht 291
– Gesellschaftsrecht 292
– Gesundheits- und Pflegerecht 293
– Gewerblicher Rechtsschutz 294
– Internationales Recht 295
– Immobilienrecht 296
– Judikative 296
– Kaufrecht 296
– Kommunalrecht 297
– Konkurs- und Insolvenzrecht 298
– Kryptografie 300
– Medizinrecht 301
– Mietrecht 301
– Öffentliches Recht 302
– Polizei- und Ordnungsrecht 304
– Produkthaftung 305
– Prozessrecht 305
– Recht der neuen Medien 307
– Reiserecht 317
– Sozialrecht 318
– Steuerrecht 319
– Strafprozessrecht 323
– Strafrecht 324
– Telekommunikationsrecht 327
– Umweltrecht 328
– Urheberrecht 329
– Vereinsrecht 329
– Verfassungsrecht 330
– Verkehrsrecht 331
– Versicherungsrecht 334
– Völkerrecht 335
– Wettbewerbsrecht 335
– Wirtschaftsrecht 337

– Zwangsvollstreckung 337
Fachbeitragsammlungen
– Allgemein 265
– CompuServe Recht und Steuern 265
– Cybercourt 265
– Diskussionsforum DAV 266
– Forum Deutsches Recht 266
– Kanzlei Hök 266
– PFIFF Personalrechtsdatenbank 267
– RECHTplus 267
– Verlag Recht und Praxis 267
Fachplanungsrecht 1997 und 1998 302
Factory Outlet Center 280
FAG 107
– Hessen 165
Fahnder 459
Fahreignungsgutachen, Mängel 332
Fahrerlaubnis 331, 332
– Entzug 332
– Gesetzes- und Verordnungstexte 333
Fahrerlaubnisrecht 448
Fahrerlaubnisverordnung 108
Fahrtenbuch 331
Fahrverbot 331, 377
Familien- und Erbrecht
– Leitsatzsammlung, MDR 231
Familienrecht
– Arbeitshilfen 353
– Entscheidungssammlung Ehegattenunterhalt, ISUV/VDU e.V. 230
– Entscheidungssammlung Haagener Übereinkommen, Rechtsanwalt Hilton 230
– Leitsatzsammlung Familie, WDR 231
– Familien- und Erbrecht, MDR 231
– FamRZ 231
– Urteilssammlung Adoptiv- und Pflegekinder,
Moses Online 232
– Urteilssammlung Aufsichtspflicht 232
– Urteilssammlung Partnerschaft und Familie, Focus 232
– Urteilssammlung, RECHTplus 232
– Urteilssammlung Jugendhilfe, ifis-consult 232
– Fachbeiträge 291
– RechtsTipps RECHTplus 267
Familienrechtsänderungsgesetz 108
FamRÄndG 108
FamRZ 485
– Leitsatzsammlung 231
Fangschaltungsbeschluss BVerfG 284

FBeitrV 108
Fehlgeborene
– Ungenehmigte Verfügung 301
Feiertage
– Berechnungsprogramm 382
Feiertagsarbeit 303
Feiertagsgesetz
– Brandenburg 159
Fernabsatzgesetz, Referentenentwurf 147
FernAG, Entwurf 147
Fernmeldeüberwachungsverordnung 87, 109
Feststellungsgesetz 108
Feuerungsverordnung
– Schleswig-Holstein 191
FeuVO
– Schleswig-Holstein 191
FeV 108
FFG 108
FG 108
FGebV 108
FGG 108
FGO 108
Filmförderungsgesetz 108
Finanzamtsnummernverzeichnis 374
Finanzausgleichsgesetz
– Hessen 165
Finanzdienstleistungen
– Entscheidungen, FIS 213
Finanzgericht Cottbus
– Pressemitteilungen, Internetprojekt Saarbrücken 247
Finanzgerichtsordnung 108
Finanzrundschau 480
Finanzverwaltung
– Rechte und Pflichten 319
FindLaw 459
Finnisches Parlament 426
Firewalls 307
FIZ Technik Patent-Datenbank 432
Flensburger Punktekatalog 331
– Punkteabbau 331
FO 108
Focus
– Fachbeiträge Verkehrsrecht 331
Focus, Urteilssammlung 219
– Arbeit und Ausbildung 223
– Bauen und Wohnen 225
– Computer und Kommunikation 243
– Mieten und Vermieten 239
– Partnerschaft und Familie 232
– Prozessrecht 240

- Reise, Auto und Verkehr 243
- Kaufen und Kleingedrucktes 257
- Versicherungen 257
- Steuern und Finanzen 247

Food and Agricultural Organisation 413
Förderdatenbank 448
Fördergebietsgesetz
- Sonderabschreibungen 319

Förderschulgesetz
- Thüringen 192

Forderung
- Titulierung und Beitreibung 306

Forderungseintreibung, grenzüberschreitend 266
Formulare und Merkblätter
- Gewerblicher Rechtsschutz 294

Fortbildung
- Mustervertrag 347

Forum Deutsches Recht
- Fachbeiträge 266
- Linksammlung 436

Forum Franchiserecht 489
Forum Recht Humboldt Universität Berlin 295
FR 480
Fraktionen im Bundestag 449
Fraktionsgesetz
- Hessen 169
- SAn 189

Frames
- Urheberrechtsfragen 313

Franchise-Nehmer
- Scheinselbstständigkeit 275

Franchiserecht
- Entscheidungssammlung 255

Franchise-Verträge
- Licensing 329

Frankfurt am Main Universität 462
Französische oberste Gerichte
- Entscheidungssammlung Legifrance 257

Französische Server
- Linksammlung Internetprojekt Saarbrücken 440

FRArb 479
Frauenfördergesetz
- Sachsen 187

Freiburg Universität 462
Freie Mitarbeit
- Mustervertrag 344, 346, 347
- Personalfragebögen 273, 274
- Scheinselbstständigkeit 273

Freiheitsentziehung
- Leitsatzsammlung, JurPage 233

Freiheitsentziehungsgesetz
- Hessen 166

Fremdrentengesetz 109
Frequenzgebührenverordnung 108
Frequenznutzungsbeitragsverordnung 108
FRFam 479
Friedhof
- Abfallvermeidungsklauseln 297

Fristen
- Verwaltungsprozess 380
- Zivilprozess 382

Fristverlängerung Steuersache, Antrag
- Musterformular 372

FRWi 479
FSG
- Thüringen 192

FTG
- Brandenburg 159

Führerschein
- Alkohol 333
- Cannabis 333
- Entzug, grenzüberschreitend 331
- EU 331
- EU-Führerschein 332, 448
- Fahreignung 332
- Fahreignungsgutachen, Mängel 332
- Medikamente 333
- Neuregelungen 332
- Probe 331
- Wiedererteilung 332

Fundstellen-Reporte Arbeitsrecht, Familienrecht, Wirtschaftsrecht 479
Futtermittelgesetz 109
FÜV 87, 109

G

Garagenverordnung
- Hessen 165
- Schleswig-Holstein 191

Garantie 296
GastG 109
Gaststättenverordnung 109
- Hessen 165

GaVO
- Hessen 165

GbmAnmV 109
GBO 86, 110
GBV 110

Gebrauchsmuster 295
Gebrauchsmusteranmeldeverordnung 109
Gebrauchsmustergesetz 84, 110, 295
Gebrauchtwagenkauf
- Haftung 296
- Mustervertrag 297, 341
- Täuschung 296
- Verschleißteile 296
- Zusicherung 296

Gebühren und Kosten
- Leitsatzsammlung, MDR 233

Gebühren
- Arbeitshilfen 357
- Vergleich 306

Gebührenberechnung
- BRAGO 357
- Bürgerliche Streitigkeiten, Berechnungsprogramm 357
- Bußgeldverfahren, Berechnungsprogramm 357
- Euro 357
- Kostenordnung 357
- Sozialsachen, Berechnungsprogramm 357
- Strafsachen, Berechnungsprogramm 357
- Umrechnungstabelle 441

Gebührenstreitwert in Mietsachen 366
Gebührentabelle in DM/Euro 358
Gebührenverordnung
- Baden-Württemberg 149

Gefahrgut
- Normen 89

Gefahrgutbeförderungsgesetz 114
Gefahrguttransport 331
Gefahrstoffverordnung 110
Gegendarstellung
- Internet 316, 307

Geldstrafen 376
- Berechnung 324

Gemeindeordnung
- Beratungsformen 297
- Brandenburg 159
- Hessen 171
- Sachsen 187

Gemeindevertretung
- Petitionsadresse 298

Gemeinnützigkeit, Verein 330
Gemeinschaftsmarke
- Anmeldung, Musterformular 360
- Antrag auf Erklärung der Nichtigkeit, Musterformular 360
- Beschwerde, Musterformular 360

507

- Europäische Union 295
- Widerspruch, Musterformular 360
- Zurückgewiesene gemäß Art. 7 GMV 361

GemVerfG 110

Genehmigungen, vormundschaftliche
- Betreuung 350

Genehmigungsfreistellungsverfahren 280

Genehmigungsverfahren, baurechtlich 349

Generalbundesanwalt
- Pressemitteilungen, Internetprojekt Saarbrücken 249

Generalstaatsanwaltschaft Thüringen 458

Genf Universität 468

Genfer Flüchtlingskonvention 200

Genfer Konvention 195

Genfer Tonträgerabkommen 89

Gentechnik 447

Gentechnikgesetz 111

Gentechnikrecht
- Normen, national und europäisch 84

Geocities
- Linksammlung 440

Gerätesicherheitsgesetz 115

Gerätesicherheits-Zuständigkeitsverordnung 186

Gericht erster Instanz der Europäischen Gemeinschaften
- Entscheidungssammlung 230

Gerichte
- Abkürzungsverzeichnis 382
- Adressen 383
- Amtsgericht Bad Iburg 404
- Amtsgericht Erding 404
- Amtsgericht Neuruppin 405
- Amtsgericht Passau 405
- Amtsgericht Potsdam 405
- Amtsgericht Tirschenreuth 405
- Arbeitsgerichtsbarkeit 403
- Bundesarbeitsgericht 401
- Bundesgerichte 401
- Bundesgerichtshof 401
- Bundespatentgericht 402
- Bundessozialgericht 402
- Bundesverfassungsgericht 402
- Bundesverwaltungsgericht 402
- Europäische Gerichtshof 412
- Europäischer Gerichtshof für Menschenrechte 413
- International 412
- Internationale Gerichte, Überblick 413
- Internationaler Gerichtshof 413
- Justizbehörden Coburg 407
- Justizbehörden Hof 408
- Landesarbeitsgericht Nürnberg 403
- Landessozialgericht Bayern 408
- Landessozialgerichtsbarkeit Berlin 409
- Landessozialgericht Brandenburg 408
- Landessozialgericht Bremen 409
- Landessozialgerichtsbarkeit Hessen 409
- Landessozialgerichtsbarkeit Nordrhein-Westfalen 409
- Landessozialgerichtsbarkeit Saarland 409
- Landessozialgerichtsbarkeit Schleswig-Holstein 410
- Landgericht Bonn 406
- Landgericht Frankfurt am Main 406
- Landgericht Magdeburg 406
- Landgericht Passau 406
- Landgericht Potsdam 406
- National 401
- Oberlandesgericht Bamberg 406
- Oberlandesgericht Jena 407
- Oberlandesgericht Karlsruhe 407
- Oberlandesgericht Nürnberg 407
- Oberlandesgericht Oldenburg 407
- Oberverwaltungsgericht Münster 410
- Oberverwaltungsgericht Nordrhein-Westfalen 410
- Oberverwaltungsgericht Rheinland-Pfalz 411
- Ordentliche Gerichte 404
- Registerzeichen 384
- Sozialgerichtsbarkeit 408
- Sozialgerichtsbarkeit Übersicht 410
- Verfassungsgerichtshof Nordrhein-Westfalen 412
- Verwaltungsgerichte Baden-Württemberg 411
- Verwaltungsgericht Frankfurt a. M. 411
- Verwaltungsgericht Mainz 412
- Verwaltungsgerichtsbarkeit 410
- Verwaltungsgerichtshof Baden-Württemberg 410
- Verzeichnis 401

Gerichtsbarkeit
- E-Commerce 309

Gerichtsgebühren
- Berechnungsprogramm 341, 382

Gerichtskosten 358
- Arbeitshilfen 357
- Berechnungsprogramm 357
- Tabelle 358

Gerichtsverfahren
- anhängige, Übersicht 372

Gerichtsverfassungsgesetz 115

Gerichtsvollziehergebühren
- Berechnungsprogramm 341

Gerichtsvollzieherkostengesetz 116

Geringfügige Beschäftigung 270, 272
- Berechnungsprogramm, 630-DM-Gesetz 369
- Gestaltungsmöglichkeiten 272
- Mustervertrag 344
- Neuregelung der 630-DM-Verträge 272, 273
- Regelung April 99 272
- Überblick über Neuerungen 272, 273

Geschäftsführer
- Mustervertrag 359
- Tantieme 342

Geschäftsordnung
- Deutscher Bundestag 111
- Landtag Hessen 165
- Landtag Niedersachsen 178
- Landtag Sachsen-Anhalt 189

Geschiedenenunterhalt
- Berechnungsprogramm 353

Geschlechterdiskriminierung
- Neuregelung des Verbots 278

Geschmacksmustergesetz 114, 295, 394

Geschwindigkeitsmessung
- Akteneinsicht 331
- Ermittlung durch Nachverfahren 332
- Fehlerquellen 331
- Funktionsweise 331
- Geräteeichung 331
- Messung durch Kommunen 332
- Mindestinhalte der gerichtlichen Entscheidung 332
- Rechtsfragen 331
- Verfahren 333

Geschwindigkeitsregelungen 333

Gesellschaft für Datenanalyse und Fernerkundung Hannover 400

Gesellschaft für Rechtsvergleichung 422

Gesellschaftsrecht
- Arbeitshilfen 358
- Fachbeiträge 292
- Fachbeiträge CompuServe 265
- Normen, Rechtsanwälte Emmert, Schurer, Buecking 89

Gesellschaftsvertrag
- Anwalts-GmbH 292
Gesetz betreffend das Urheberrecht an Werken der bildenden Künste und der Photographie 121
Gesetz gegen den unlauteren Wettbewerb 140
Gesetz gegen Wettbewerbsbeschränkungen 116
Gesetz über Arbeitnehmererfindungen 92
Gesetz über das Erziehungs- und Unterrichtswesen
- Bayern 152
Gesetz über das Landesamt für Verfassungsschutz
- Berlin 155
Gesetz über das Meldewesen
- Berlin 155
Gesetz über das Verlagsrecht 111
Gesetz über Datenverarbeitung im Bereich der Kulturverwaltung
- Berlin 154
Gesetz über den Hessischen Rundfunk 165
Gesetz über den Staatsgerichtshof
- Hessen 166
Gesetz über den unmittelbaren Zwang bei Ausübung öffentlicher Gewalt durch Vollzugsbeamte des Bundes 111
Gesetz über den Wertpapierhandel 146
Gesetz über den Widerruf von Haustürgeschäften 117
Gesetz über die Angelegenheiten der freiwilligen Gerichtsbarkeit 108
Gesetz über die Datenverarbeitung bei der Polizei
- Hamburg 162
Gesetz über die Deutsche Bundesbank 104
Gesetz über die Eingliederung staatlicher Umweltbehörden in die Regierungspräsidien 166
Gesetz über die Eintragung gleichgeschlechtlicher Partnerschaften
- Hamburg 162
Gesetz über die Entschädigung von Zeugen und Sachverständigen 146
Gesetz über die Erweiterung des Katastrophenschutzes 119
Gesetz über die Gewährung einer jährlichen Sonderzuwendung 111
Gesetz über die Mittelstufe der Verwaltung und den Landeswohlfahrtsverband Hessen 166
Gesetz über die öffentliche Sicherheit und Ordnung
- Hessen 172
Gesetz über die Rechtsverhältnisse der Parlamentarischen Staatssekretäre 126
Gesetz über die Umweltverträglichkeitsprüfung 140
Gesetz über die vermögensrechtlichen Verhältnisse der Bundeswasserstraßen 111
Gesetz über die Verweigerung des Kriegsdienstes mit der Waffe aus Gewissensgründen 120
Gesetz über die Zeitbestimmung 111
Gesetz über die Zusammenarbeit von Bund und Ländern in Angelegenheiten der Europäischen Union 112
Gesetz über die Zuständigkeit der Ordnungsbehörden DVO
- Berlin 155
Gesetz über elektromagnetische Verträglichkeit 80
Gesetz über Fernmeldeanlagen 107
Gesetz über Finanzhilfen des Bundes zur Verbesserung der Verkehrsverhältnisse der Gemeinden 110
Gesetz über internationale Patentübereinkommen 112
Gesetz über kommunale Abgaben
- Hessen 173
Gesetz über kommunale Gemeinschaftsarbeit
- Hessen 173
Gesetz über privaten Rundfunk
- Sachsen-Anhalt 189
Gesetz über Schulen in freier Trägerschaft
- Thüringen 193
Gesetz über vermögenswirksame Leistungen für Beamte, Richter, Berufssoldaten und Soldaten auf Zeit 112
Gesetz- und Verordnungsblatt
- Bayern 151
- Sachsen 186
Gesetz zu Korrekturen in der Sozialversicherung und zur Sicherung der Arbeitnehmerrechte 112
Gesetz zum Schutz der öffentlichen Sicherheit und Ordnung
- Hamburg 164
Gesetz zum Schutz deutschen Kulturgutes gegen Abwanderung 112
Gesetz zum Staatsvertrag über Mediendienste
- Nordrhein-Westfalen 181
Gesetz zum Wiener Abkommen vom 12. Juni 1973 über den Schutz typografischer Schriftzeichen und ihre internationale Hinterlegung 112
Gesetz zur Änderung der VwGO, Sechstes
- Auswirkung, baurechtliche 280
Gesetz zur Änderung des Hessischen Schulgesetzes 166
Gesetz zur Ausführung des Gerichtsverfassungsgesetzes
- Berlin 153
Gesetz zur Beschränkung des Brief-, Post- und Fernmeldegeheimnisses 89
Gesetz zur betrieblichen Altersversorgung 98
Gesetz zur Förderung der Selbständigkeit, Entwurf 147
Gesetz zur Neuorganisation der Gewerbeaufsichtsverwaltung in Hessen 166
Gesetz zur Neuregelung der geringfügigen Beschäftigungsverhältnisse 112
Gesetz zur Neuregelung des Ausländerrechts 89
Gesetz zur Neuregelung des Hochschulrechts und zur Änderung anderer Rechtsvorschriften 166
Gesetz zur Reform der gesetzlichen Krankenkassen, Entwurf 285
Gesetz zur Reform der gesetzlichen Krankenversicherung 447
Gesetz zur Regelung der Wohnungsvermittlung 145
Gesetz zur Regelung des öffentlichen Vereinsrechts 141
Gesetz zur Regelung des Rechts der Allgemeinen Geschäftsbedingungen 91
Gesetze, national
- Arnoldi 80
- CompuServe 80
- Download 80
- Gesetze-aktuell 80
- Haufe-Verlag 81
- Internetprojekt Saarbrücken 81
- Jurathek 81
- Nomos Verlag 81
- TU Berlin 82
- Universität Bayreuth 82

Gesetzes- und Ministerialblatt
- Nordrhein-Westfalen 180
Gesetzesentwürfe, bundesrechtliche 147
Gesetzestexte im www 436
Gesetzesvorhaben 449
- Übersicht, COMPLEX Deutschland GmbH 90
- Übersicht, Verlag Recht und Praxis 90
Gesetzgebungsverfahren
- Hessen 360
- Thüringen 458
Gesundheits- und Pflegerecht
- Fachbeiträge 293
- Rechtsfragen, Rechtsanwaltskanzlei Graefe & Partner, 293
Gesundheitsreform 2000 283
- Datenschutz 285
Gesundheitsreform 447
Gewährleistung
- Kaufvertrag 297
Gewerbeordnung 113
- Durchführungsverordnung 187
Gewerberecht
- Online-Auktionen 313
Gewerbesteuerfeststellung
- Berechnungsprogramm 373
Gewerbesteuergesetz 113
Gewerblicher Rechtsschutz
- Anmeldung 295
- Arbeitshilfen 360
- Entscheidungssammlung HABM 233
- Fachbeiträge 294
- Formulare und Merkblätter 294
- Grundbegriffe 294
- Informationszentrum Patente, Landesgewerbeamt Baden-Württemberg 294
- Kosten 295
- Leitsatzsammlung BPatG 233
- Normen, national 84
- Normen, Rechtsanwälte Emmert, Schurer, Buecking 89
- Prüfungsverfahren 295
- Schutzrechte, Patentanwälte Türk und Koll. 294
- Überblick 295
- Urteilssammlung Europäisches Patentamt 234
- Voraussetzungen 295
Gewerkschaften
- Links Hans-Böckler-Stiftung 83

GewO 113
GewStG 113
GG 113
GGBefG 114
Gieseking 471
Giessen Universität 463
GLAW-Projekt
- Obergerichtliche Entscheidungen 212
Gleichberechtigungsgesetz
- Hessen 171
Gleichgeschlechtliche Partnerschaften
- Hamburger Gesetz 162
Global Business Dialogue on Elektronic Commerce 309
GmbH
- Euro-Rechner, Berechnungsprogramm 352
- Musterformular Gründungssatzung 341, 358
- Musterformular Gründungsprotokoll 342
- Mustervertrag 359
- Mustervertrag Geschäftsführer 359, 341
GmbH-Geschäftsführung
- Arbeitsrechtliche Gefahren 277
- Haftungsrisiken 266
- Steuerhaftung 322
GmbH-Gesetz 114
GmbHRundschau 480
GmbH-Vertrag
- Mustervertrag Einmann-GmbH 342
- Mustervertrag GmbH 342
GMusterG 114
GO
- Brandenburg 159
Göttingen Universität 463
Grabgestaltung
- Grenzen kommunaler Satzungen 297
Gremien, gemeindliche 297
Grenzüberschreitender Handel
- E-Commerce-Richtlinienvorschlag 309
Griechisches Außenministerium 426
Großbritannien 426
Großbritannische Server
- Linksammlung 440
- Linksammlung Internetprojekt Saarbrücken 441
Grundbuchordnung 110
Grundbuchverfügung 110
Grundgesetz 449
- 50 Jahre 330
- in Deutsch 81, 113
- in Englisch 81, 113

- in Französisch 81, 113
- in Spanisch 81, 113
- Gesetz zu Artikel 10 GG 89, 114
Grundstückserwerb 266
Gründungsprotokoll Einmann GmbH
- Musterformular 358
Gründungssatzung GmbH
- Musterformular 358
Gründungsurkunde GmbH
- Musterformular 359
Grundwasserabgabengesetz
- Hessen 171
Grundwasserverordnung 114
GSG 115
GSGASZuV
- Sachsen 186
GSGV 11. VO 115
GSGV 3. VO 115
GSGV 6. VO 115
GSGV 8. VO 115
GSU Law Online 459
Güterkraftverkehrsgesetz 115
Gütertrennung 355
- Mustervertrag 355
- Mustervertrag Ehe 341
GVG 115
GvKostG 116
GWB 116
GWB-Novelle, Sechste 390

H

Haagener Übereinkommen über die zivilrechtlichen Aspekte internationaler Kindesentführung
- Entscheidungssammlung, Rechtsanwalt Hilton 230
- Internationale Kindesentführung 291
- Norm 117
HabwAG 167
Hackfleisch-Verordnung 85
HAfG 116
Häftlingshilfegesetz 116
Haftpflicht
- Abgrenzung private/Kfz 334
Haftpflichtgesetz 117
Haftung
- § 5 TDG/§ 5 MDStV 314
- Betreuung 350
- E-Commerce 309
- Internet 307, 310, 311

- Kreditkartenzahlung im Internet 310
- Mediendienste-Staatsvertrag 311, 314
- Mustervereinbarung 342
- Presse und Internet 315
- Telearbeit 275
- Teledienstgesetz 311, 314

Haftungsbegrenzung, anwaltliche
- Mustervereinbarung 364

HAG/BSHG 167
Hagen Universität 463
HAKA 167
Halbleiterschutzanmeldeverordnung 116
Halbleiterschutzgesetz 84, 116
Halle-Wittenberg Universität 463
HAltlastG 167
HAltPflG 167
Hamburg
- Normen 162
- Parlament 452
- Senat 453

Hamburgischer Bildungsserver
- Landesnormen 162

Handels- und Gesellschaftsrecht
- Entscheidungssammlung EuGH, Uni Hannover 234

Handelsbeziehungen
- Internationale Verträge 196

Handelsgesetzbuch 117
Handelsrecht
- Arbeitshilfen 361
- Musterverträge, Annotext 361

Handelsregister-Abfrage 432
Handelsvertreter
- Berechnungsprogramm Ausgleich 382
- Mustervertrag 341, 361

Handwerkskammer Konstanz
- Mustervertragssammlung Arbeitsverhältnisse 344

Handwerksordnung 116
Hannover Universität 464
Hans-Böckler-Stiftung
- Tarifarchiv 83

Hardware Fehlermeldung
- Musterformular 350

Hardware-Wartungsvertrag 286
Harmonisierungsamt für den Binnenmarkt 414
- Entscheidungssammlung 233
- Gemeinschaftsmarken 360
- Gemeinschaftsmarken, Musterformulare 360
- Gemeinschaftsmarken, zurückgewiesene 361

Härteverordnung 116
Haufe 472
- Entscheidungen 213
- Entscheidungssammlung Betriebliche Praxis 255
- Entscheidungssammlung Rechnungswesen und Controlling 254
- Gesetze 81
- Urteilssammlung Immobilie 239
- Urteilssammlung Personal, Arbeit, Soziales 224
- Urteilssammlung Geld und Steuern 247

Hauptversammlung Aktiengesellschaft
- Internet 293

Haushaltsfreibetrag 320
HaustürG 117
HBG 167
HBKG 167
HBO 168
HDSG 168
HEG 168
Heidelberg Universität 464
Heilbehandlung
- Betreuung 350

Heilberufegesetz
- Thüringen 193

Heilberufekammergesetz
- Sachsen 187

Heimarbeitsgesetz 81
HeizkostenV 117
Heizungsanlagenverordnung 83, 117
HENatG 168
Herausgeber
- Mustervertrag 379

HessAbgG 168
HessAGVwGO 169
Hessen
- Kulturministerium 453
- Landtag 453
- Ministerium der Finanzen 453
- Ministerium für Frauen, Arbeit und Sozialordnung 454
- Ministerium der Justiz 454
- Ministerium für Wirtschaft, Verkehr und Landesentwicklung 454
- Ministerium für Wissenschaft und Kunst 454
- Normen 164

- Regierung 453

Hessischer Staatsgerichtshof
- Entscheidungssammlung, Uni Passau 250

HessVwVG 170
HessVwZG 170
Heymanns 472
HFLV 85
HGB 117
HGlG 171
HGO 171
HGruwAG 171
Hieros Gamos 489
HIV-Infektion 470
HKHG 171
HKiEntÜ 117
HKO 171
HLPG 171
HmbArchG 162
HmbBauO 162
HmbBG 162
HmbDSG 163
HmbKrebsRG 163
HmbMedienG 163
HmbMG 162
HmbStatG 163
HmbVerfSchG 162
HmbVvwVG 163
HmbVwVfG 163
HMG 171
HOAI 117
Hochschulbibliothekszentrum Nordrhein-Westfalen 400
Hochschulgesetz
- Berlin 85
- Bremen 161
- Hessen 169

Hochschulrahmengesetz 117, 447
- Berlin 85

Hochschulrecht
- Normen, Berlin 85
- Normen, national 84

Holzabsatzfondsgesetz 116
Homepage
- Anwaltwerbung 268

Homosexuelle
- Ausländer 279

Honorarordnung für Architekten und Ingenieure 117
Hosting
- Providerhaftung 307, 311

HPflG 117

HRDG 172
HRG 117
HRiG 172
HSchG 172
HSOG 172
Human Rights Chamber Bosnien/
  Herzegovina
– Entscheidungssammlung Völkerrecht 229
Human Rights Library 195
Human Rights Web 195
Humboldt Universität Berlin
– Forum Recht 295
Humboldt-Forum Recht 480
Humboldt-Universität, juristische Fakultät
– Normen 85
Hundehalterverordnung
– Brandenburg 159
Hunderecht
– Leitsatzsammlung 256
Hundeverordnung
– Hessen 172
HVwKostG 172
HVwVfG 172
HWG 172
HWS-Syndrom
– Nachweis 334
Hyperlinks
– Verantwortlichkeit 317
Hypothekenbankgesetz 86, 118

I

IAO 414
IFG
– Berlin 154
IG Metall 469
– Tarifverträge 345
– Urteilssammlung Betriebsverfassungs-
  gesetz 226
IHK Aachen
– Musterverträge 341
Immissionsschutz
– Normen 89
Immobilienerwerb
– Rückabwicklung 296
– Schadensersatzpflicht 296
– Spanien 296
Immobilienrecht
– Fachbeiträge 295
Impressumspflicht
– Internet 307

Industrieanlagen
– Zulassungsverfahren 329
Informations- und Kommunikationsdienste-
  gesetz 86, 118
Informationsfreiheitsgesetz
– Berlin 154
Informationsverarbeitungsgesetz
– Berlin 155
Innenministerium
– Brandenburg, Normen 151
– Nordrhein-Westfalen, Landesnormen 180
In-Sich-Prozess
– Klagebefugnis von Gremien 305
InsO 118
Insolvenzgerichte
– Adressenübersicht 363
Insolvenzgerichtsbestimmungs-
  verordnung
– Hessen 175
Insolvenz-Lexikon 363
Insolvenzordnung 118
– Erste gerichtliche Erfahrungen 299
– Überblick 299, 300
Insolvenzrecht
– Arbeitskreis 418
– Arbeitskreis Berlin-Brandenburg 298
– Fachanwalt 298
– Fachbeiträge, Berlin-Brandenburger
  Arbeitskreis 298
– Gesetzliche Änderungen außerhalb der
  Insolvenzordnung 298
– Insolvenzordnung 299
– Insolvenzvergütungsordnung 299
– Sanierungen 298
– Verbraucherinsolvenz 300
Insolvenzrechtliche Vergütungsordnung 118
Insolvenzverfahren
– Gesamtübersicht 363
– Rechtsanwaltsgebühren 300
Insolvenzvergütungsordnung
– Gesetz 299
– Inhalt und Ziele 299
Insolvenzverwalter
– Anfechtungsrecht 298
Institut für Betriebsräte-Fortbildung 469
InsVV 118
Internationale Behörden im Internet 436
Internationale Gerichte, Überblick 413
Internationale Handelskammer 414
Internationale Organisation für
  Migration 414

Internationale Rechtsstreitigkeiten 305
Internationale Verträge und Vereinbarungen
– Universität Utrecht 198
Internationaler Gerichtshof 413
Internationaler Währungsfonds 415
Internationales Privatrecht
– Fachbeiträge Kanzlei Hök 266
Internationales Recht
– Fachbeiträge 295
Internationales Rotes Kreuz 415
Internationales Steuerrecht 480
Internet (siehe auch Recht der neuen
  Medien, Online-Recht)
– Beweislastfragen 311
– Beweisrecht 314
– CompuServe-Urteil AG München 311
– Datenschutzfragen 316
– E-Commerce 309
– Geschichte 316
– Haftung 310
– Haftungsregelungen 307
– Hyperlinks 317
– Nutzung für Juristen 337
– Impressumspflicht und Gegen-
  darstellung 307
– Kostenfragen 316
– Lizenzrecht 316
– Musik aus dem Internet 314
– Österreichische Spamregelungen 315
– Online-Auktionen 312
– Online-Banking 307
– Online-Vertrag 313
– Patentrecht 316
– Pornografie 310
– Presse 315
– Presserecht 316
– Rechtsgeschäfte 307
– Somm, Geschäftsführer CompuServe 310
– Steuern 322
– Urheberrecht 308
– Urheberrechtsfragen 313
– Verbraucherschutz 317
– Verschwiegenheitsverpflichtung 317
– Vertragsschluss 307
– Völkerrecht 315
– Wettbewerbsrecht 307, 308, 314, 317,
  314, 316, 311, 314
Internetprojekt Saarbrücken Universität
– Anwaltsliste 444
– Entscheidungssammlung Europäisches
Arbeitsrecht 229

- Entscheidungssammlung Sozialgerichtsbarkeit
Saarbrücken 244
- Linksammlung Arbeits- und Sozialrecht 433
- Linksammlung Datenbanken 435
- Linksammlung Europäisches Arbeitsrecht 435
- Linksammlung Französische Server 440
- Linksammlung Großbritannische Server 440
- Linksammlung Irländische Server 441
- Linksammlung Verlage 439
- Normen 81
- Online-Journale 439
- Pressemitteilungen Bundes- und Landesgerichte 218
- Pressemitteilungen BAG 223
- Pressemitteilungen BGH und Generalbundesanwalt 249
- Pressemitteilungen BVerfG 250
- Presseemitteilungen BVerwG 253
- Pressemitteilungen LAG Chemnitz 223
- Pressemitteilungen VGH Baden-Württemberg 254
- Urteilssammlung Rechtsinformatik 227
- Verträge zur deutschen Einheit 87
Internet-Seiten
- Urheberrechtsfragen 314
Internetzugang
- Mustervertrag 368
Investitions- und Eigenheimzulagengesetz 86
Investitionsfondsgesetz
- Hessen 173
Investitionszulagengesetz
- 1996 118
- 1999 118
Irländische Server
- Linksammlung 440
- Linksammlung Internetprojekt Saarbrücken 440
Isländisches Ministerium für Justiz und geistliche Angelegenheiten 426
iStR 480
Italienisches Justizministerium 427
Italienisches Verfassungsgericht und Oberster Kassationshof
- Entscheidungssammlung 258
IuKDG 86, 118
IVG
- Berlin 155

J

JADE 481
JAG (siehe Juristenausbildungsgesetz)
Jahr-2000-Problem 266
- Haftung 287
- Leistungsstörungen 287
- Lösungsansätze 288
- Problemüberblick 288
- Technischer Hintergrund 287, 288
- Tipps für Softwarekäufer 287
- Urheberrechtliche Bewertung 287
JAO (siehe Juristenausbildungsordnung)
JAPG
- Bremen 161
JAPO
- Bayern 152
- Brandenburg 159
- Rheinland-Pfalz 183
JAPrO
- Baden-Württemberg 149
JArbSchG 119
Jehle Rehm 472
Jena Universität 464
JGG 119
JR 481
Judikative
- Fachbeiträge 296
Jugendarbeitsschutzgesetz 119
Jugendgerichtsgesetz 119
Jugendhilfe
- Urteilssammlung, ifis-consult 232
Jugendpresse
- Landesnormen 148
Jugendschutz
- im Internet 316
Jugendschutzgesetz 88
Jugendschutzrichtlinien
- Baden-Württemberg 149
Jugendstrafrecht 325
- Aussetzung der Strafe 325
- Begriffe 325
- Folgen einer Straftat 325
- Heranwachsende 325
- Rechtsmittel 325
- Zuständigkeit des Gerichts 325
Jugoslawien 427
Jurathek
- Gesetze 81

- Linksammlung 436
Juris 432
Juristenausbildung
- Landesnormen 148
- Normen, Saarland 183
Juristenausbildungsgesetz
- Berlin 85
- Brandenburg 158
- Hessen 173
- Mecklenburg-Vorpommern 177
- Nordrhein-Westfalen 181
- Rheinland-Pfalz 183
Juristenausbildungsordnung
- Hamburg 163
- Nordrhein-Westfalen 181
- Schleswig-Holstein 191
Juristenvereinigungen Deutsch-Ausländische 418
- Deutsch-Amerikanische 419
- Deutsch-Argentinische 419
- Deutsch-Britische 420
- Deutsch-Chinesische 420
- Deutsch-Französische 420
- Deutsch-Japanische 419
- Deutsch-Lettische 420
- Deutsch-Nordische 420
- Deutsch-Polnische 421
- Deutsch-Rumänische 421
- Deutsch-Schweizerische 421
- Deutsch-Spanische 421
- Deutsch-Taiwanesische 421
- Deutsch-Türkische 420
Juristenzeitung 481
Juristische Schulung 481
JurPage Leitsatzsammlung 217
- Betreuungsrecht 225
- Erbrecht 228
- Freiheitsentziehung 233
- Vormundschaftsrecht 254
JurPC 481
Jusline GmbH & Co. 489
- Anwaltsliste 444
- Urteilssammlung 219
Justiz und NS-Verbrechen 490
Justizbehörden
- Coburg 407
- Hof 408
Justus-Liebig-Universität Giessen
- Landesrecht Hessen 164
JZ 481

513

K

Kabelanschluss/Parabolantenne
- Mustervereinbarung 342

KAG
- Hessen 173

Kammergericht Berlin
- Entscheidungssammlung Kartellrecht 235

Kampfmittelräumung
- Kostentragung 304

Kapitalerhöhungen aus Gesellschaftsmitteln
- Vertragshilfe 342

Kapitalgesellschaft
- Vorsteuerabzug bei Gründung 323

Kapitalzuwachs
- Berechnungsprogramm 383

Kartellrecht
- Entscheidungssammlung BGH und KG Berlin 235
- Entscheidungssammlung Bundeskartellamt 235
- Licensing 329

Kaskoversicherung
- Leistungsfreiheit 334

Katastrophenschutzänderungsgesetz
- Bayern 152

Katastrophenschutzgesetz 152
- Baden-Württemberg 150
- Berlin 154
- Brandenburg 158

KatSchErwG 119

Kauf, Musterformulare
- Anfechtung wegen arglistiger Täuschung 362
- Kaufpreiszahlung, Erste Mahnung 362
- Kaufpreiszahlung, Zweite Mahnung 362
- Mahnung auf Lieferung 362
- Minderung 362
- Nachfrist mit Ablehnungsandrohung 362
- Schadensersatz bei Fehlen einer zugesicherten Eigenschaft 362
- Schadensersatz bei Nichterfüllung 362
- Wandelung 362

Kauf, Mustervertrag 342, 362, 363
- Kfz-Kauf 363
- PKW 342
- Ratenzahlung 362

Kaufrecht
- Allgemeine Geschäftsbedingungen 297
- Arbeitshilfen 362
- Fachbeiträge 296
- Garantie 297
- Gebrauchtwagenkauf 296
- Gewährleistung 296
- Leitsatzsammlung Allgemeine Geschäftbedingungen, Passmann 235
- Musterverträge, RECHTplus 362

Kaution Miete 302

KDVG 120

Kfz
- Haftpflichtschäden-Abwicklung 377
- Haftpflichtversicherung 334
- Kauf 333
- Reparatur 333
- Steuer 320
- Versicherungsrecht 333

Kfz-Unfall
- Schadensregulierung 379

KGG
- Hessen 173

Kiel Universität 464

KindArbSchV 120

Kinderarbeitsschutzverordnung 120

Kinderbetreuungskosten 320

Kinderfreibeträge
- Berechnungsprogramm 371

Kindergeld 319

Kindergeldgesetzentwicklung, Tabelle 370

Kinderkonvention UN 202

Kindesentführung
- Musteranzeige 375

Kindesentziehung
- Ausland 291
- Auswärtiges Amt 291
- Gerichtszuständigkeit 291
- Haagener Übereinkommen 291
- Sorgerechtsverfahren 291
- Strafrechtliche Verfolgung 291

Kindesunterhalt
- Auskunftsmöglichkeiten, prozessual 292
- Berechnungsprogramm 353
- Einstweilige Anordnung 292
- Regelbeträge 292
- Übergangsregelungen 292
- Verfahren 292

Kindesunterhaltsgesetz
- Neuregelungen 292

Kindschaftsrecht
- Neuregelungen ab 01.07.98 291

Klagebefugnis
- Gremien 305

Klärschlammverordnung 90

Klasseneinteilung von Waren und Dienstleistungen für die Eintragung von Marken 120

KO 120

Koalition für internationale Gerechtigkeit 415

KOGNOS Verlag 472
- Anwaltsliste 442

Köln Universität 464

Kölner Haus- und Grundbesitzerverein
- Leitsatzsammlung Immobilien 237

Kommunalrecht
- Fachbeiträge 297

Kommunalverfassung
- Nordrhein-Westfalen 182

Kommunalwahlgesetz
- Brandenburg 158

Konkurs- und Insolvenzrecht
- Arbeitshilfen 363
- Fachbeiträge 298

Konkursordnung 120

Konventionen, International
- TUFTS-University Massachusetts 198

Körperschaftsteuergesetz 121

Kosmetik 293

Kostenausgleichsverordnung
- Hessen 173

Kostenentscheidung
- Berechnungsprogramm 382

Kostenordnung Gebühren 357
- Berechnungsprogramm 357

Kostenpflichtige Server 432

Kostentragungspflicht nach § 15 BSHG 319

Krankenhaus
- Einschaltung von Archivunternehmen 293

Krankenhausgesetz 1989
- Hessen 171

Krankenversicherung, gesetzliche 447

Krebsregister
- Hamburg 163

Kreditkartenzahlung
- Haftung 310
- im Internet 310

Kreditwesengesetz 121

Kreislaufwirtschafts- und Abfallgesetz 120

Kreislaufwirtschaftsgesetz 88

Kriminalstatistik, polizeiliche Baden-Württemberg 1997/1998 375

Kryptografie
- Fachbeiträge 300

- Linksammlung 437
- Regulierung und Grundrechte 307
- Verschlüsselungsverfahren 301
Kryptopolitik
- Eckpunkte 283
KSchG 120
KStG 121
Kulturgüterrückgabegesetz 121
Kulturministerium Hessen 453
Kundendaten
- Umgang durch Provider 283
Kündigung
- außerordentliche 272
- Auszubildende 272
- betriebsbedingte 270, 272
- Betriebsratsbeteiligung 272
- Erklärung 272
- Fristen 272
- Kündigungsschutz 272
- ordentliche bei Krankheit 270
- personenbedingte 272
- Schwerbehinderte 272
- verhaltensbedingte 272
- Zivil- und Wehrdienstleistende 272
Kündigungsschutzbestimmungen 469
Kündigungsschutzgesetz 81, 120
Kündigungsschutzprozess 272
Kuner 437
- Anwaltsliste 443
KunstUrhG 121
Kurznachrichtenübersendungsprogramm 341
KWG 121

L

LAbfG
- Baden-Württemberg 149
- Nordrhein-Westfalen 182
Ladenschluss
- Gutachten der Sozialforschungsstelle Dortmund 303
- Gutachten des ifo-Instituts 303
- Streit 493
- Zuständigkeitsgesetz Saarland 184
Ladenschlussgesetz 81, 121
Ladenschlussverordnung
- Brandenburg 160
Ladenschlussverordnung, Saarland
- Erste 184
- Vierte 184
- Fünfte 184

- Sechste 184
Land Brandenburg 452
Land Sachsen-Anhalt 457
Länder im Internet 450
Ländergruppeneinteilung 374
Landesarbeitsgericht Chemnitz
- Pressemitteilungen, Internetprojekt Saarbrücken 223
Landesarbeitsgericht Nürnberg 403
Landesbeauftragte für den Datenschutz NRW 393
- Normen, datenschutzrechtlich 84
Landesbeauftragter für den Datenschutz Schleswig-Holstein 457
- Sicherheit im Internet 307
Landesgewerbeamt Baden-Württemberg 394
- Informationszentrum Patente 294
Landesplanungsgesetz
- Hessen 171
Landesrechnungshofgesetz
- Brandenburg 160
Landesrecht
- Länderübergreifende Normensammlungen 147
Landesregierung
- Baden-Württemberg 450
- Brandenburg 408
- Hessen 453
- Mecklenburg-Vorpommern 454
Landessozialgericht Bremen 409
Landeswahlordnung
- Hessen 174
Landgericht
- Bonn 406
- Frankfurt am Main 406
- Magdeburg 406
- Magdeburg Entscheidungen 214
- Passau 406
- Potsdam 406
Landkreisordnung
- Brandenburg 160
- Hessen 171
Landtag
- Baden-Württemberg 450
- Bayern 451
- Brandenburg 452
- Hessen 453
- Niedersachsen 455
- Nordrhein-Westfalen 455
- Rheinland-Pfalz 456
- Saarland, Normensammlung 183

- Sachsen 457
- Sachsen-Anhalt 457
- Schleswig-Holstein 458
- Thüringen 458
Landtagswahlgesetz
- Hessen 174
- Saarland 185
Landwirtschaftsanpassungsgesetz 121
Landwirtschaftsrecht
- Leitsatzsammlung, Uni Passau 236
LArchG
- Baden-Württemberg 150
- Rheinland-Pfalz 183
LärmVO
- Hessen 174
Lastenausgleichsgesetz 121
Lastenhandhabungsverordnung 122
LasthandhabV 122
Lateinische Rechtsregeln 383
Lausanne Universität 468
Law Crawler 459
Lawresearch 459
Lawyers.com
- Anwaltsliste 444
LBauO M.V. 177
LDSG
- Rheinland-Pfalz 183
- Schleswig-Holstein 191
Lebenshaltung Preisindex 384
Lebensmittel- und Bedarfsgegenstände-Gesetz 85, 122
Lebensmittelrecht
- Fachbeiträge CompuServe 265
- Normen 85
Lebensversicherung
- Ausfüllen von Dritten 334
Legalis
- Arbeitshilfen 343
Legifrance 257, 427
- Normen, Frankreich 194
Legitimation, elterliche 291
Leichenbeförderung, Internationales Abkommen 86
Leipzig Universität 464
Leistungsvertrag 304
Leitsatzsammlung
- AG Verkehrsrecht 251
- Allgemeine Geschäftsbedingungen, Passmann 235
- ARD Ratgeber Recht 216
- Baurecht, Baunet 225

515

- Baurecht, MDR 225
- Berufsrecht, MDR 225
- Betreuungsrecht, JurPage 225
- Betriebsverfassungsrecht 226
- BGH, Complex Deutschland GmbH 216
- Bundespatentgericht 233
- Computer- und Internetrecht, Rechtsanwälte Hahn & Wilmer 243
- Erbrecht, WDR 227
- Familie, WDR 231
- Familien- und Erbrecht, MDR 231
- FamRZ 231
- Freiheitsentziehung, JurPage 233
- Hunderecht 256
- JurPage 217
- Kfz-Recht und Verkehr, MDR 252
- Landwirtschaftsrecht, Uni Passau 236
- MDR 217
- Miete, WDR 238
- Mietgebrauch, Verlag Recht und Praxis 238
- Miet- und Immobilienrecht, MDR 238
- Nachbarrecht, MDR 225
- Online-Recht, Gravenreuth 242
- Onlinerecht, Rechtsanwälte Schiller & Koll. 242
- PFIFF Personalrechtsdatenbank 217
- Prozess, WDR 240
- Soziales, WDR 245
- Staat und Verfassung, WDR 250
- Staatskirchenrecht BVerfG, Uni Trier 245
- Steuern, WDR 246
- Transportrecht 249
- Verkehr, WDR 252
- Verkehrssicherungspflichten Grundstückseigentümer,
- Verlag Recht und Praxis 238
- Wohnungseigentumsrecht, JurPage 238
- Verbraucher, WDR 256
- Verfahrensrecht, MDR 240
- Versicherung, WDR 256
- Vertragsrecht, MDR 257
- ZAP 217

Lesben- und Schwulenverband 470
Lexikon zum Vereinsrecht 330
LfvG
- Berlin 155
Licensing
- Franchise-Verträge 329

- Kartellrecht 329
- Sponsoring 329

LINkDAtenbank 437
Linksammlungen 433
Lizenzdatenbank RALF 393
Lizenzgeschäfte
- Besteuerung 329

Lizenzmarkt Entwicklung 329
Lizenzrecht
- Entwicklung 329
- Fachbeiträge Cybercourt 266
- Fachbeiträge Kanzlei Bender, Zahn, Tigges 329
- Rechtsfragen des Internet 316

Lizenzvertrag 295
- Einschränkung bei Softwarekauf 289

LkatSG
- Baden-Württemberg 150

LKrO
- Brandenburg 160

LM 482
LMBG 85, 122
LMedienG
- Baden-Württemberg 150

Lohnabrechung
- Berechnungsprogramm Demoversion

Lohnsteuer
- Berechnungsprogramm 371, 373
- Berechnungsprogramm, Monatslohnsteuer 371

Lohnsteuerabzug 319, 323
LRHG
- Brandenburg 160

LSchlV Saarland
- Erste 184
- Vierte 184
- Fünfte 184
- Sechste 184

LStUG
- Berlin 155

Luchterhand 472
Luftverkehrsgesetz 122
Luxemburgisches Abgeordnetenhaus 427
LWG
- Berlin 155
- Hessen 174
- Nordrhein-Westfalen 182
- Saarland 185
- Sachsen-Anhalt 189
- Saarland 185

M

Maastrich-Vertrag 89
MaBV 123
Mahnbescheid 306
Mahnung
- Musterformular 341, 380

Mainz Universität 465
Makler- und Bauträgerverordnung 123
Mandantengewinnung, Strategien 268
Mangelfallberechnung Unterhalt
- Berechnungsprogramm 353

Mannheim Universität 465
Manz 473
Marburg Universität 465
Markengesetz 123, 295
- Neuregelungen 295

Markenrecht
- Verwechslungsgefahr 336

Markenrechtsreformgesetz 123
Markenschutz
- Domain-Namen 308

Markenverordnung 123
Marktplatz Recht 490
- Anwaltsliste 444
- Linksammlung 437

Maschinenlieferung
- Mustervertrag 341, 381

Maßregelvollzug
- Strafverteidigung 324, 326

Max-Planck-Institut
- Linksammlung Völkerrecht 439

Mazedonische Republik 427
MDR 482
MDR, Leitsatzsammlung 217
- Baurecht 225
- Familien- und Erbrecht 231
- Gebühren und Kosten 233
- Kfz-Recht und Verkehr 252
- Miet- und Immobilienrecht 238
- Nachbarrecht 225
- Verfahrensrecht 240
- Vertragsrecht 257

MDStV 124
Mecklenburg-Vorpommern
- Landesregierung 454
- Normen 177

Mediation in Unternehmen 266
Mediendienste-Staatsvertrag
- Haftung 311, 314
- Presse im Internet 315

Mediengesetz
- Baden-Württemberg 150
- Hamburg 163

Medienrecht
- DAV Diskussionsforum 266

Medikamente
- Life-Style-Arzneimittel 293

Medizinisch-psychologische Untersuchung 331, 332

Medizinrecht 481
- Fachbeiträge 301
- Fachbeiträge CompuServe 265
- Lexikon 301
- Urteilssammlung 236

MedR 481

Mehrwertsteuer
- Berechnungsprogramm 383

Meldegesetz
- Hamburg 162, 163
- Hessen 171

Melderecht
- Schleswig-Holstein 457

Melderechtsrahmengesetz 124

Menschenrecht, Allgemeine Erklärung 194

Menschenrechte
- Human Rights Library 195
- Rechtsquellen 81, 197

Menschenrechtsabkommen 194
- Vereinigte Nationen 195

Menschenrechtskonvention, Europäische 194

Mergers & Aquition 266
- Fachbeiträge CompuServe 265

Merkantiler Minderwert
- Berechnungsprogramm 378

Merkblatt Belgien über den Erbfall von/mit Ausländern 351

Merkblatt für Räumungsverkäufe 380

MetaGer 460

MG
- Berlin 155

MHG 124

Miet- und Immobilienrecht
- Entscheidungssammlung Berliner Mietergemeinschaft 237
- Leitsatzsammlung Immobilien, Kölner Haus- und Grundbesitzerverein 237
- Leitsatzsammlung, MDR 238
- Leitsatzsammlung Miete, WDR 238
- Leitsatzsammlung Mietgebrauch, Verlag Recht und Praxis 238

- Leitsatzsammlung Verkehrssicherungspflichten Grundstückeigentümer 238
- Leitsatzsammlung Wohnungseigentumsrecht, JurPage, 238
- Normen, national 85
- Urteilssammlung Deutscher Mieterbund 239
- Urteilssammlung, Haufe Verlag 239
- Urteilssammlung Mieten und Vermieten, Focus 239
- Urteilssammlung Mietrecht, RECHTplus 239

Miet- und Pachtrecht
- Arbeitshilfen 364

Mietberechnung
- Neue Bundesländer/Berlin-Ost, Berechnungsprogramm 365

Miete
- Auswirkung der Euro-Einführung 342
- Leitsatzsammlung, WDR 238
- Mustervertrag 341, 365, 366

Mietenüberleitungsgesetz 124

Mietgebrauch
- Leitsatzsammlung, Verlag Recht und Praxis 238

Miethöhegesetz 124

Mietmängeltabelle DAV 365

Mietminderung
- Musterformular 341, 365

Mietrecht
- Entwicklung 301
- Fachbeiträge 301
- Gebührenstreitwert 366
- Mietrechtliche Tipps 365
- RechtsTipps RECHTplus 267
- Verjährungsfristen 366

Mietrechtänderungsgesetz, Viertes 124

Mietrechtneuordnungsgesetz 147

Mietspiegel
- Berlin 364
- Datenbank 365

Mietvertrag Wohnung
- Mustervertrag 342

Mietwohnung
- Eigenbedarfskündigung 301
- Kaution 302
- Mieterkündigung 302
- Nebenkosten 302
- Partnerschaftsvertrag Mitbenutzung, Mustervertrag 356
- Vergleichsmiete 302

- Telearbeit 276

Migration 278
- Internationale Organisation 414

Mikrozensusgesetz 124

Minderjährigen Ermächtigung
- Musterformular 380

Ministerien 445

Ministerium
- Finanzen, Hessen 453
- Frauen, Arbeit und Sozialordnung Hessen 454
- Innern, Nordrhein-Westfalen 456
- Justiz, Hessen 454
- Justiz, Nordrhein-Westfalen 455
- Wissenschaft und Kunst, Hessen 454
- Wirtschaft, Verkehr und Landesentwicklung, Hessen 454

Mio Verlag 473
- Entscheidungssammlung 245

MIRTI Handbuch Einführung Telearbeit 343

Mitbestimmungsgesetz 124

Miterbengemeinschaft 290

MMR 482

MNOG, Entwurf 147

Mobbing 469
- Entscheidungssammlung 221

Mobilfunk
- Windenergieanlagen 289

Mohr Siebeck 473

Monatsschrift für Deutsches Recht 482

MRRG 124

MÜG 124

Multimedia und Recht 482

Multimediaproduktion
- Urheberfragen 307

Multimedia-Produktionsvertrag
- Checkliste 368
- Strukturmerkmale 368

Multimediarecht (siehe auch Recht der neuen Medien)
- Fachbeiträge CompuServe 265

München Universität 465

Münster Universität 465
- TKR-Netzwerk 466

MuSchG 125

MuSchV 125

Musik aus dem Internet 315

MusterAnmV 125

Musteranzeige
- Kindesentführung 375

Musterbetriebsvereinbarung
- Telearbeit 276

Musterdienstvereinbarung Telearbeiter 276

Musterformular
- Abmahnung 345
- Abmahnung Arbeitgeber 342
- Abmahnung unterlassener Winterdienst 342
- Anfechtung wegen arglistiger Täuschung, Kauf 362
- Anfechtung Steuerbescheid 371
- Antrag auf Aufwandspauschale eines Betreuers 350
- Antrag auf Fristverlängerung Steuersache 372
- Antrag auf Steuerfreistellung und Lohnsteuerbescheinigung 369
- Arbeitszeugnisse 344
- Arbeitszeugnis, qualifiziertes 341, 345
- Auflage, erbrechtliche 351
- Betreuerverfügung 350
- Betriebsratswahl 344
- Bürgschaftserklärung 341
- Einmann-GmbH Gründungsprotokoll 358
- Einspruch gegen Nichtanerkennung von Spekulationsgewinnen 371
- Einspruch gegen Steuerbescheid 371
- Ermächtigung Minderjähriger 380
- Fehlermeldung Hard-/Software 350
- Fragebogen Unfallgeschädigter 378
- Gemeinschaftsmarken 360
- GmbH-Gründungsprotokoll 342
- GmbH Gründungssatzung 358, 359
- Kaufpreiszahlung, Erste Mahnung 362
- Kaufpreiszahlung, Zweite Mahnung 362
- Mahnung 341, 380
- Mahnung auf Lieferung 362
- Mietminderung 341, 365
- Minderjährigenermächtigung zur Eingehung eines Dienst-/Arbeitsverhältnisses 341
- Minderung, Kauf 362
- Nachfrist mit Ablehnungsandrohung, Kauf 362
- Patientenverfügung 381
- Sammlung CompuServe 341
- Schadensersatz bei Fehlen einer zugesicherten Eigenschaft, Kauf 362
- Schadensersatz bei Nichterfüllung, Kauf 362
- Spendenquittung 374
- Sozialbericht eines Betreuers 350
- Steuererklärung 371
- Testament, einfaches 351
- Testamentsvollstreckung, Anordnung 351
- Unterlassungserklärung, strafbewehrte 342, 381
- Vermächtnis 351
- Vollmacht 381
- Vollmacht 341, 342, 360, 384
- Vollmacht, allgemein 364
- Vollmacht Altersvorsorge 350
- Vollmacht, General- und Vorsorgevollmacht 380
- Vollmacht, Prozess 364
- Vollmacht, Prozess Strafsache 364
- Vollmacht, strafrechtlich 342
- Vollmacht zur Vermeidung einer Betreuung 350
- Wandelung, Kauf 362

Mustermeldeverordnung 125
Musterregisterverordnung 125
MusterRegV 125

Mustersatzung
- Eingetragener Verein 376
- GmbH-Gründung 341

Mustervereinbarung
- Arbeitszeit 344, 345
- Bürgschaft 381
- Haftung 342
- Haftungsbegrenzung, anwaltliche 364
- Kabelanschluss/Parabolantenne 342
- Telearbeitsplätze, Einrichtung 345, 346
- Trennung, Auszug eines Ehegatten 355
- Zahlung 342, 384

Mustervertrag
- Anstellung 346, 361
- Angestellter 346
- Arbeitsplatzteilung 344, 346
- Arbeitsvertrag Angestellter 344
- Arbeitsvertrag, befristet 344
- Arbeitsvertrag Leitender Angestellter 344, 347
- Arbeitsvertrag mit/ohne Tarifbindung 341
- Arbeitsvertrag ohne Tarifbindung 346
- Aufhebungsvertrag, arbeitsrechtlicher 342, 346
- Ausbildungsvertrag 344, 346
- Autor 379
- Befristetes Arbeitsverhältnis 346
- Berater 381
- Beratervertrag 341
- Berliner Testament 341, 351
- Berufsausbildungsvorvertrag 344
- BGB-Gesellschaft 341, 342, 359
- Darlehen 342
- Dienstleistungsvertrag 341
- EDV-Beratung 350
- Ehegattenarbeitsvertrag 344
- Ehegattenerbvertrag 342, 351
- Ehevertrag 355
- Ehevertrag mit Gütertrennung 341
- Erbvertrag 352, 355
- Fortbildung 344, 347
- Freie Mitarbeit 344, 347
- Gebrauchwagenkauf 297, 341, 362
- Geringfügige Beschäftigung 344
- Geschäftsführer 359
- GmbH 359
- GmbH-Geschäftsführer 359
- GmbH-Geschäftsführervertrag 341
- GmbH-Vertrag (Einmann) 342
- Gütertrennung 355
- Handelsvertreter 341
- Handelsvertretervertrag 361
- Herausgeber 379
- Internetzugang 368
- Kauf 342, 362, 363
- Kauf mit Ratenzahlung 362
- Kaufvertrag Pkw 342
- Kfz-Kauf 363
- Maschinenlieferungsvertrag 341, 381
- Miete 341, 365, 366
- Miete Wohnung 342
- Nebenbeschäftigung 344, 347
- Pacht 342, 366
- Partnerschaft 355
- Partnerschaftsvertrag Mitbenutzung Mietwohnung 356
- Partnerschaftsvertrag mit Grundbucherklärung 356
- Praktikantenvertrag 344, 347
- Rechtsanwaltssozietät 343
- Schiedgerichtsvertrag 350
- Schiedgerichtsvertrag Handelsvertreter 361, 362
- Software-Servicevertrag 341, 350
- Softwareüberlassung 341, 351
- Teilzeit 344
- Teilzeitarbeit von Familienangehörigen 347
- Trennungsvereinbarung bei Auszug eines Ehegatten, 342

– Vergleich 342, 381
Mutterschutz
– Berechnungsprogramm 356
– Krankheitsbedingtes Beschäftigungsverbot 278
Mutterschutzgesetz 125
Mutterschutzverordnung 125

N

Nachbarrecht
– Leitsatzsammlung, MDR 225
Nachbarrechtsgesetz
– Hessen 169
– Sachsen 187
Nachschlagewerk des BGH (LM) 482
Nachweisgesetz 125
NachwG 125
NAFTA 200
Namensrecht 291
NArchG 178
NATO 415
Naturschutzgesetz
– Hessen 168
Nebenbeschäftigung
– Mustervertrag 347
Nebenkosten Heizungsanlage
– Checkliste 342
Nebenkosten Miete 302
Nebentätigkeitsverordnung
– Hessen 174
Net Law Libraty
– Linksammlung 438
Netlaw
– Entscheidungssammlung Online-Recht 242
Netzzugangsverordnung 126
Neubaumietenverordnung 1970 125
Neue Juristische Wochenzeitschrift 482
Neue Wirtschaftbriefe 473
Neue Zeitschrift für Miet- und Wohnungsrecht 483
Nichteheliches Kind
– Erbrecht 290
Niederländisches Justizministerium 428
Niedersachsen
– Landtag 455
– Normen 177
– Normen, wasserrechtlich 177
– Regierung 455
NJW 482
NMV 1970 125

Nomos Verlag 474
– Entscheidungen 214
– Gesetzesdokumentation 81
Nordatlandtikvertrag 200
Nordrhein-Westfalen
– Normen 180
– Landtag 455
– Ministerium der Justiz 455
– Ministerium des Innern 456
– Regierung 455
Normen Arbeitsrecht
– Bundesministerium für Arbeit und Sozialordnung 82
– Europäisches Informationsnetzwerk 82
– PFIFF Personalrechtsdatenbank 82
Normen 79
– Bundesrecht 79
– International 81, 194
– National 79
– Nordrhein-Westfalen 180
Normen, International
– Frankreich 194
– Irland 196
– Island 196
– Österreich, Parlament 196
– Österreich, RIS 196
– Schweiz, Confoederatio Helvetica 197
– Schweiz, Optobyte 197
– USA 199
Normen, national
– Arbeitsrecht 82, 89
– Arbeitsschutz 82
– Bauarchiv 83
– Baunet 83
– Baurecht 83
– Bundesministerium für Arbeit und Sozialordnung 82
– Datenschutzrecht 84
– EDV-Recht 89
– Einzelne Rechtsgebiete 82
– Entschädigungsrecht 84
– Gentechnikrecht 84
– Gesellschaftsrecht 89
– Gewerblicher Rechtsschutz 84, 89
– Hochschulrecht 85
– Landesbeauftragter für den Datenschutz in NRW 84
– Lebensmittelrecht 85
– Mecklenburg-Vorpommern 177
– Miet- und Immobilienrecht 85
– Niedersachsen 177

– Nordrhein-Westfalen 180
– Öffentliches Recht 86
– Presserecht 86
– Recht der deutschen Einheit 87
– Recht der neuen Medien 86
– Rheinland-Pfalz 183
– Saarland 183
– Sachsen 185
– Sachsen-Anhalt 188
– Schleswig-Holstein 190
– Sozialversicherungsrecht 87
– Steuerrecht 87, 89
– Strafrecht 89
– Telekommunikationsrecht 88, 89
– Thüringen 192
– Umweltschutz- und Technikrecht 88, 89
– Verfassungsrecht 82
– Verfassungsschutz 89
– Wettbewerbsrecht 89
– Wirtschaftsrecht 89
– Zivilrecht 89
Norwegen 428
NS-VEntschG 125
NS-Verbrechen 490
NS-Verfolgtenentschädigungsgesetz 125
NutzungsplanVO
– Baden-Württemberg 150
NVO
– Hessen 174
NWG
– Niedersachsen 179
NZN 483
NZV 126

O

OAS 415
Obergerichtliche Entscheidungen, DJN 212
Oberlandesgericht
– Bamberg 406
– Jena 407
– Karlsruhe 407
– Nürnberg 407
– Nürnberg, Entscheidungen 215
– Oldenburg 407
Oberverwaltungsgericht
– Münster 410
– Nordrhein-Westfalen 410
– Nordrhein-Westfalen, Pressemitteilungen, Uni Münster 253
– Rheinland-Pfalz 411

OBG
- Brandenburg 160
OECD 415
- Publikation zur Telekommunikation 327
OEM-Software 289
Öffentliche Verwaltung
- Telearbeit 276
Öffentlicher Dienst
- Angestellte 267
Öffentliches Recht
- Bestattungs- und Friedhofs-
  normen 86
- Entscheidungssammlung Bestattungs-
  recht 240
- Entscheidungssammlung Sonntags-
  verkauf 240
- Fachbeiträge 302
- Fachbeiträge CompuServe 265
- Normen, national 86
Ökologische Steuerreform 448
- Informationsbroschüre 320
Ökosteuergesetz 126
OLAF 325
OLG-NL 483
OLG-Rechtsprechung neue Länder 483
Online-Anbieter (siehe Provider)
Online-Auktionen
- AGB-Recht 312
- Beweisprobleme 312
- Gestaltungsvarianten 312
- Gewerberecht 313
- Rechtsfragen 313
- Rechtsrahmen 312
- Überblick 312
- Verbraucherleitfaden 312
- Versteigererverordnung 313
Online-Banking 307
Online-Forum Telearbeit 491
Online-Journale
- Linksammlung Internetprojekt Saar-
  brücken 439
Online-Lexikon Betreuungsrecht 350
Online-Recht
- Normen 86
Online-Themenbrief Arbeitsrecht 348
Online-Zeitschrift
- JurPC 285
Opferentschädigungsgesetz 126
Ordentliche Gerichte 404
Ordnungsbehördengesetz
- Brandenburg 160

Ordnungswidrigkeiten
- Gesetz 126
- Tabelle 379
- Zuständigkeitsverordnung Sachsen 186
OrdZG
- Berlin 155
Organisation der Amerikanischen
  Staaten 415
Organisation für wirtschaftliche Zusammen-
  arbeit 415
Organspende 447
Osnabrück Universität 466
Österreichische Judikatur
- Entscheidungssammlung RIS 258
Österreichisches Parlament 428
- Normen 196
Österreichisches Rechtsinformationssystem
  (RIS) 428

P

Pacht
- Mustervertrag 342, 366
PAngV 86, 126
Parlament Hamburg 452
Parlamentarische Vorgänge 449
ParlStG 126
Parteiengesetz 127
Partnerschaft und Familie
- Urteilssammlung, Focus 232
Partnerschaft
- Mustervertrag 342, 355
- Mustervertrag mit Grundbuch-
  erklärung 355
- Mustervertrag Mitbenutzung Miet-
  wohnung 356
PatAnmV 127
Patentämter, internationale
- Übersicht 361
Patentanmeldeverordnung 127
Patentanmeldung 294, 295
Patentanwaltskammer 491
Patente
- Europapatent 295
- Informationszentrum Landesgewerbeamt
  Baden-Württemberg 294
- Gebrauchsmuster 295
- Geschmacksmusterschutz 295
- Patentanmeldung USA 295
- Technische Schutzrechte in
  Japan 295

Patente, europäische
- Anmeldung 360
- Gebühren- und Preisliste 360
Patentgebührengesetz 127
Patentgesetz 84, 127, 295
- Verordnungen zum Patentgesetz 84
Patent-Recherchedatenbank DEPAnet 483
Patentrecht
- Rechtsfragen des Internet 316
PatGebG 127
PatGebZV 128
Patientenverfügung
- Musterformular 381
PCT 295
Personalakte 272
Personalbefragung 273, 274
Personalvertretungsgesetz
- Brandenburg 160
- Hessen 169
Personenbeförderungsrecht
- Übersicht 304
Personenstandsgesetz 86
PersVG
- Brandenburg 160
Petitionsrecht in Kommune 298
Pfändungsfreigrenzen
- Berechnungsprogramm 382
PFIFF Personalrechtdatenbank
- Fachbeiträge 267
- Fachbeiträge Arbeitsrecht 270
- Musterverträge 344
- Fachbeiträge Sozialrecht 318
- Fachbeiträge Steuerrecht 319
- Leitsatzsammlung 217
- Leitsatzsammlung Arbeitsrecht 223
- Normen, arbeitsrechtlich 82
- Normen, sozialrechtlich 87
- Normen, steuerrechtlich 87
Pflanzenschutzgesetz 128
Pflanzenschutzmittelverordnung 128
Pflanzenschutz-Sachkundeverordnung 128
Pflegeversicherung 447
Pflegevertrag EDV 286
Planfeststellung, Einführung 281
Planzeichenverordnung 1990 128
Polizei- und Ordnungsrecht
- Fachbeiträge 304
Polizeifachhochschulgesetz
- Brandenburg 157
Polizeigesetz
- Brandenburg 158

– Saarland 185
Polizeikontrolle
– Richtiges Verhalten 331
Polizeiliche Kriminalstatistik Baden-Württemberg 1997/1998 375
Polizeiorganisations- und Zuständigkeitsverordnung
– Hessen 174
Polizeiorganisationsgesetz
– Brandenburg 158
Polizeirichtlinien, verkehrsrechtliche 331
Polnisches Parlament 429
PolOrgVO
– Hessen 174
Pornografie
– Verbreitung im Internet 310
Portugiesisches Präsidialamt 429
Postgesetz 128
Poststrukturgesetz 89
Potsdam Universität 466
Praktikant
– Mustervertrag 344, 347
Preisangabeverordnung 126
Preisindex Lebenshaltung 384
Presse
– Haftung im Internet 315
– Internetspezifische Fragen 315
Pressefreiheitsgesetz
– Hessen 169
Pressegesetz
– Baden-Württemberg 150
– Bayern 152
– Berlin 155
– Brandenburg 160
– Bremen 161
– Hamburg 163
– Hessen 174
– Mecklenburg-Vorpommern 177
– Niedersachsen 179
– Nordrhein-Westfalen 182
– Rheinland-Pfalz 183
– Saarland 185
– Sachsen 186
– Sachsen-Anhalt 189
– Schleswig-Holstein 191
– Thüringen 193
Pressekodex des Deutschen Presserats 148
Pressemitteilungen
– BFH, Internetprojekt Saarbrücken 247
– BGH und Generalbundesanwalt, Internetprojekt Saarbrücken 249

– BSG, Internetprojekt Saarbrücken 245
– Bundesgerichte, Dashöfer Verlag 218
– Bundes- und Landesgerichte, Internetprojekt Saarbrücken 218
– BVerfG 250
– BVerfG, Internetprojekt Saarbrücken 250
– BVerwG, Internetprojekt Saarbrücken 253
– FG Cottbus, Internetprojekt Saarbrücken 247
– LAG Chemnitz Internetprojekt Saarbrücken 223
– OLG Frankfurt, Internetprojekt Saarbrücken 218
– OVG Nordrhein-Westfalen, Uni Münster 253
– Strafrechtliche Obergerichte, Uni München 249
– Verwaltungsgerichte Baden-Württemberg, Internet-VerwGH Nordrhein-Westfalen, Uni Münster 254
– VGH Nordrhein-Westfalen 250
– VG Mainz 253
– VGH Baden-Württemberg, Internetprojekt Saarbrücken 254
Pressemitteilungen BAG
– Arbeitsrecht.de 223
– Internetprojekt Saarbrücken 223
Presserecht
– Normen 86
– Rechtsfragen des Internet 316
PRG LSA 189
Produkt- und Produzentenhaftung
– Multimediarecht 307
– Providerhaftung 316
– Providerpflichten 316
– Software 316
Produkthaftung
– Instruktionspflichtverletzung 305
– Internet-Angebote 265
Produkthaftungsgesetz 85, 128
– Rechtsfolgen 316
Produktpiraterie 295
Projektmanagement, rechtliches für Bauvorhaben 266
Prospekthaftung
– Schadensersatz bei Immobilienerwerb 296
Provider
– Haftung 311, 316
– Haftung bei Hosting 307
– Pflichten 316

– Strafbarkeit 316
Prozesskosten 358
– Berechnungsprogramm 357
Prozesskostenhilfe
– Berechnungsprogramm 357, 367
Prozesskostenhilfebekanntmachung 1999 128
Prozesskostenrisiko- und Kostenverteilung
– Berechnungsprogramm 382
Prozesskostenschätzung
– Tabelle 367
Prozessrecht
– Beratungs- und Prozesskostenhilfe 305
– Fachbeiträge 305
– Leitsatzsammlung Prozess, WDR 240
– Leitsatzsammlung Verfahrensrecht, MDR 240
– Urteilssammlung, Focus 240
Prüffristenverordnung
– Berlin 156
PSA-Benutzerverordnung 80, 129
Punktekatalog (Auszug) 448

Q

Qualitätskanzlei 269
Qualitätsmanagement 265
– Anwaltszertifizierung 269

R

Rabattgesetz 129
Radarfallen.de 492
RALF Lizenzdatenbank 393
RA-Micro
– Anwaltsliste 444
Rat der Europäischen Union 429
Ratenkredit, Effektivzins
– Berechnungsprogramm 382
Ratgeber Recht 492
Raumordnung
– ROG 01.01.98 281
Raumordnungsgesetz 129
Räumungsverkauf
– Merkblatt 380
RAVE 335
RBerG 129
Rechnungshofgesetz
– Sachsen 186

Rechnungswesen
- Entscheidungssammlung, Haufe Verlag 254

Recht der Datenverarbeitung 483

Recht der neuen Medien (siehe auch Internet)
- Arbeitshilfen 368
- E-Commerce 309
- Entscheidungssammlung, Akademie.de 241
- Entscheidungssammlung Domain-Namen 241
- Entscheidungssammlung, Kanzlei Alavi & Koll. 241
- Entscheidungssammlung, Netlaw 242
- Entscheidungssammlung, Rechtsanwälte Flick & Saß, 241
- Domain-Namen 308
- Fachbeiträge 306
- Fachbeiträge Cybercourt 265
- Fachbeiträge, Deutscher Multimedia Verband 307
- Fachbeiträge, Kanzlei Bender, Zahn, Tigges 307
- Leitsatzsammlung Online-Recht, Gravenreuth 242
- Leitsatzsammlung Rechtsanwälte Hahn & Wilmer 243
- Leitsatzsammlung Rechtsanwälte Schiller & Koll. 242
- Normen 86
- Normen, Akademie.de 86
- Normen, Rechtsanwälte Emmert, Schurer, Buecking 89
- Normen, Rechtsanwälte Hahn und Wilmer 86
- Normen, Rechtsanwälte Strömer und Koll. 87
- Online-Auktionen 312
- Online-Vertrag 313
- Sicherheit im Internet 307
- Urheberrecht 313
- Urteilssammlung Computer und Kommunikation, Focus, 243
- Urteilssammlung Online-Recht, RECHTplus 243
- Wettbewerbsrecht 307

Recht und Praxis Digital 267, 483

RECHTplus Urteilssammlung
- Computer und EDV 227
- Erbrecht 228
- Familie 232
- Gewerbliches Arbeitsrecht 224
- Mietrecht (gewerblich) 239
- Mietrecht (privat) 239
- Online-Recht 243
- Privates Arbeitsrecht 224
- Reise & Tourismus 244
- Sozialrecht 245
- Steuerrecht 247
- Urteilssammlung 220
- Verkehrsrecht 252
- Wettbewerbsrecht 254
- Wirtschaftsrecht 255

RECHTplus
- Musterverträge, Allgemeines Kaufrecht 362
- RechtsTipps 267, 342

Rechtsanwaltsgebühren 358
- Berechnungsprogramm 357
- Berechnungsprogramm bei Prozesskostenhilfe 357
- Insolvenzverfahren 300

Rechtsanwaltskammern 441
- Hamburg 441
- München 442
- Stuttgart 442
- Verzeichnis 441
- Zweibrücken 442

Rechtsanwaltsmandat
- Arbeitshilfen 363

Rechtsanwaltssozietät
- Mustervertrag 343

Rechtsanwaltsversorgungswerk 493
Rechtsanwaltsverzeichnisse 442
Rechtsberatung im Internet 268
Rechtsberatungsgesetz 129
Rechtsmittel
- Jugendstrafrecht 325

Rechtsmittelstreitwert
- Rechtsprechungsübersicht 366

Rechtsprechung 211
Rechtsprechung
- Einzelne Rechtsgebiete 221
- National 211

Rechtsprechung, International 257
- Französische oberste Gerichte 257
- Italienisches Verfassungsgericht und Oberster Kassationshof 258
- Österreichische Judikatur 258
- Schweizer Bundesgerichtsentscheide 259

Rechtsprechung, national 211

- Arbeitsrecht 221
- Ausländerrecht 224
- Baurecht 225
- Berufsrecht 225
- Betreuungsrecht 225
- Betriebsverfassungsrecht 226
- Computerrecht 227
- Erbrecht 227
- Europarecht 228
- Familienrecht 230
- Freiheitsentziehungsrecht 233
- Gebühren und Kosten 233
- Gewerblicher Rechtsschutz 233
- Handels- und Gesellschaftsrecht 234
- Kaufrecht 235
- Kartellrecht 235
- Landwirtschaftsrecht 236
- Medizinrecht 236
- Miet- und Immobilienrecht 237
- Öffentliches Recht 240
- Prozessrecht 240
- Recht der neuen Medien 240
- Reiserecht 243
- Sozialrecht 244
- Staatskirchenrecht 245
- Steuerrecht 245
- Straf- und Strafprozessrecht 248
- Transportrecht 249
- Verfassungsrecht 249
- Verkehrsrecht 251
- Verwaltungsrecht 252
- Völkerrecht 228
- Vormundschaftsrecht 254
- Wettbewerbsrecht 254
- Wirtschaftsrecht 254
- Zivilrecht 255

Rechtsschutzversicherungen
- Leistungen bei Verkehrsunfällen 331

REFACT 433
- Entscheidungssammlung BFH 246

Regelsätze nach § 22 BSHG, Tabelle 371

Regelsatzverordnung
- Hessen 174

Regensburg Universität 466

Regierung
- Niedersachsen 455
- Nordrhein-Westfalen 455
- Nordrhein-Westfalen, Normensammlung 180
- Schleswig-Holstein 458

– Schleswig-Holstein, Normensammlung 190
Registerzeichen Gerichte 384
Reichs- und Staatsangehörigengesetz 129
Reise
– Mängel 317
Reiseempfehlungen, medizinische 390
Reisekostenabrechnung
– Berechnungsprogramm 374
Reisemängel
– Reisepreisminderung, Tabelle 369
Reiserecht
– Arbeitshilfen 368
– Anspruchermittlung 368
– Checkliste 368
– Fachbeiträge 317
– Leitsatzsammlung Reise, WDR 243
– RechtsTipps RECHTplus 267
– Reisepreisminderung, Tabelle 369
– Urteilssammlung Reise, Auto und Verkehr, Focus 244
– Urteilssammlung Reise & Tourismus, RECHTplus 243
Reiserechtliches Expertensystem 341
Reparationsschädengesetz 129
Report Online 433
– Entscheidungssammlung BFH 246
– Entscheidungssammlung BSG 244
– Entscheidungssammlung BVerfG 249
– Entscheidungssammlung BVerwG 252
– Obergerichtliche Rechtsprechung 215
Restschuldbefreiung
– Leitfaden 363
Rettungsdienstegesetz 1998
– Hessen 172
RGEbStV 129
Rheinland-Pfalz
– Landtag 456
– Normen 183
– Staatskanzlei 456
RHG
– Sachsen 186
Richtergesetz
– Hessen 172
Richterverband Schleswig-Holstein 422
Richtlinie
– 86/278/EGW über den Umweltschutz 207
– 93/43/EG über Lebensmittelhygiene 207
– 97/7/EG über Verbraucherschutz bei Vertragsabschlüssen im Fernabsatz 207

– Digitale Unterschriften, Entwurf 206
– Vorschlag der Europäischen Kommission zum E-Commerce 309
Risikomanagement, rechtliches 266
ROG 129
Rom-Abkommen 89
Röntgenverordnung-Zuständigkeitsverordnung
– Sachsen 187
Rostock Universität 466
RStV 130
Rubbelaktion 336
Rules of Warware 195
Rumänische Regierung 429
Rumänischer Präsident 430
Rundfunkgebührenstaatsvertrag 129
Rundfunkgesetz
– Thüringen 194
Rundfunkstaatsvertrag 130
Rüstungskontrollkonventionen 195
RWS-Verlag
– Entscheidungssammlung Sonntagsverkauf 240

S

Saarbrücken Universität (siehe auch Internetprojekt)
Saarbrücken 466
Saarland
– Normen 183
SA-BV 130
SächsBO 187
Sachsen
– Landtag 456
– Normen 185
– Staatskanzlei 457
Sachsen-Anhalt
– Land 457
– Landtag 457
– Normen 188
SächsFFG 187
SächsGewODVO 187
SächsGO 187
SächsHkaG 187
SächsNRG 187
SächsVSG 188
Sachverständigenverordnung
– Schleswig-Holstein 192
Sammlungsgesetz
– Hessen 169

Sanierung
– Ausgleich zwischen Verantwortlichen 328
Sanierung, insolvenzrechtliche 298
– Privathaushalt 299
Satellitenrichtlinie 89
Schadensregulierung Kfz-Unfallschäden 379
Schäffer-Poeschel 474
Scheckgesetz 130
Scheinaufkäufer 325
Scheinselbstständigkeit 270, 273
– Abgrenzung 320
– Arbeitnehmer 274
– Änderungen in der Sozialgesetzgebung 318
– Außendienstarbeiter 273
– Bemessungsgrundlage 264
– Folgen 274
– Franchise-Nehmer 275
– Fragebögen 344
– Homepage 492
– Linkliste 344
– Linksammlung 438
– Mitarbeiterbefragung 273
– Neue Gesetzeslage 1999 274
– Informationsbroschüre, Korrekturgesetz 370
– Interessenvertretung 274
– Rundschreiben der Spitzenverbände 370
– Telearbeit 276, 277
Schengener Abkommen 201
Schenkungssteuer
– Allgemeine Verwaltungsvorschriften 88
– Tabelle 375
Schiedsgerichtsvertrag Handelsvertreter
– Mustervertrag 361, 362
Schiedsgericht
– privates 266
– Verfahrensüberblick, privates Baurecht 281
Schiedsgerichtliches Verfahren
– Arbeitnehmererfindungen 295
Schiedsgerichtsvertrag 281
– Mustervertrag 350
Schiffssicherheitsgesetz 130
Schleswig-Holstein
– Landesbeauftragter für den Datenschutz 457
– Landtag 458
– Normen 190
– Regierung 458

Schmerzensgeld
- geringe Überlebensdauer 335
- Nachweis HWS-Syndrom 334
Schmerzensgelddatenbank, Demoversion 384
Schmidt Verlag, Dr. Otto 475
Schmidt Verlag, Erich 475
Schriftgutaufbewahrung 283
Schriftzeichengesetz 130
SchSG 130
SCHUFA 492
SCHUFA-Klauseln 284
Schulbauverordnung
- Bayern 152
SchuldBBerG 130
Schuldnerverzeichnisverordnung 130, 131
Schuldzinsen
- Vermietzinsen 342
Schulfinanzierungsgesetz
- Thüringen 193
Schulgesetz
- Hamburg 162
- Hessen 170, 172
- Thüringen 193
SchuV 130
SchuVVO 131
SchwbAV 131
SchwbAwV 131
SchwbG 131
SchwbWV 131
Schwedisches Parlament 430
Schweizer Bundesgerichtsentscheide
- Entscheidungssammlung 259
Schweizer Bundeskanzlei 430
Schweizer Juristenserver 430
Schweizerische Bundesversammlung 430
Schwerbehinderte
- Kündigung 272
Schwerbehinderten Ausweisverordnung 131
Schwerbehinderten-Ausgleichsabgabeverordnung 131
Schwerbehindertengesetz Werkstättenverordnung 131
Schwerbehindertengesetz 131
Seeaufgabengesetz 131
Selbstbestimmungsrecht
- Gefährdung bei Telearbeit 276
Senat Bremen 452
Senat Hamburg 453
Service-Provider
- Haftung 311

SG 131
SGB I 132
SGB III – 2. ÄndG 132
SGB III 81, 132
SGB IV 132
SGB VI 132
SGB VII 132
SGB VIII 132
SGB X 133
SGB XI 133
SGG 133
SHAbfWG
- Schleswig-Holstein 192
Sicherheitsabstand
- Berechnungsprogramm 341
Sicherheitsleistung
- Berechnungsprogramm 382
Sicherheitsüberprüfungsgesetz 136
- Nordrhein-Westfalen 182
Sicherungsgeschäfte 283
Signaturgesetz 86, 133
Signaturverordnung 86, 133
SmAsZuVO 188
SMWA-VerlängerungsVwV 1997 188
Software 295
- Fehlermeldung Musterformular 350
- Haftung 266
- Haftung bei Download 316
- Sacheigenschaft 316
Softwarekauf
- Einschränkung Lizenzvertrag 289
- Mindestrecht 289
Software-Richtlinie 89
Software-Service
- Mustervertrag 341, 350
Softwareüberlassung
- Mustervertrag 341, 351
Softwareverwendung 289
SOG
- Hamburg 164
Soldatengesetz 131
Soldatenversorgungsgesetz 136
Solidaritätszuschlagsgesetz 133
SolZG 133
Somm, Der Fall 310
- CompuServe-Urteil AG München 311
- Strafbarkeit von Online-Anbietern 316
Sonderabschreibungen
- Fördergebietsgesetz 319
Sonntagsarbeit 303

Sonntagsverkauf
- Entscheidungssammlung RWS Verlag 240
Sorgerechtsverfahren
- Aufhebung des Zwangsverbundes 292
- Internationale Kindesentziehungen 291
Sortenschutzgesetz 84, 133
Sozialbericht eines Betreuers
- Musterformular 350
Sozialcharta, Europäische 194
Sozialdatenschutz 285
Sozialgerichtliches Verfahren 319
Sozialgerichtsbarkeit 408
- Berlin 409
- Hessen 409
- Nordrhein-Westfalen 409
- Nordrhein-Westfalen, Entscheidungssammlung 244
- Saarland 409
- Saarland, Entscheidungssammlung, Internetprojekt Saarbrücken 244
- Schleswig-Holstein 410
- Übersicht 410
Sozialgerichtsgesetz 133
Sozialgesetzbuch (siehe SGB)
Sozialhilfe
- Berechnungsprogramm 369
Sozialrecht
- Arbeitshilfen 369
- Entscheidungssammlung BayLSG 244
- Entscheidungssammlung BSG 244
- Entscheidungssammlung Sozialgerichtsbarkeit
Nordrhein-Westfalen 244
- Entscheidungssammlung Sozialgerichtsbarkeit Saarland 244
- Fachbeiträge 318
- Fachbeiträge, PFIFF Personalrechtsdatenbank 318
- Leitsatzsammlung Soziales, WDR 245
- Pressemitteilungen BSG, Internetprojekt Saarbrücken, 245
- Urteilssammlung, RECHTplus 245
Sozialversicherung
- Neuregelung 318
Sozialversicherung/Steuerpflicht
- Feststellung 370
- Neuregelung, Tabellarischer Überblick 370
- Neuregelung, Rechenbeispiele 370
Sozialversicherungsrecht
- Fachbeiträge PFIFF Personalrechtsdatenbank 267

– Normen, national 87
Spam
– Österreichische Regelungen 315
Spanisches Staatsbulletin 430
Spanisches Verwaltungsministerium 430
Sparkassengesetz
– Hessen 170
Spekulationsgewinne
– Einspruch gegen Nichtanerkennung, Musterformular 371
Spendenquittung
– Musterformular 374
Sperrzeitverordnung
– Hessen 174
SPolG 185
Sponsoring
– Licensing 329
Spracherkennungssoftware für Rechtsanwälte 338
Springer Verlag 475
SpuRt 486
Staatsangehörigengesetz 134
Staatsanwaltschaften
– Adressen 383
Staatskanzlei
– Bayern 451
– Rheinland-Pfalz 456
– Sachsen 457
Staatskirchenrecht
– Leitsatzsammlung BVerfG, Uni Trier 245
Staatsministerium der Justiz Bayern 451
Staatsorgane 445
Staatsvertrag über Bildschirmtext 102
Staatsvertrag über Mediendienste 124
Staatsverträge 82
Stabilisierungsgesetz
– Brandenburg 160
Stadtplanungsdatenverarbeitungsgesetz
– Berlin 156
Staffelzinsberechnung
– Berechnungsprogramm 367
StAG 134
Standesrecht 268
– Anwaltshotline 335
– Ärztehomepage 293
– Selbstdarstellung im Internet 307
– Verschwiegenheitsverpflichtung, anwaltliche im Internet 317
– Werbung von Ärzten 293
Stasi-Unterlagengesetz 135
– Berlin 155

Statistikgesetz
– Brandenburg 158
– Hamburg 163
Statistisches Bundesamt Deutschland 394
Steuer
– Abzug, Privat-PC 322
– Arbeits- und Sozialrecht 323
– Berechnungsprogramme, Demoversion 373
– E-Commerce 309
– im Internet 322
– Kfz 320
– Lizenzgeschäfte 329
Steueränderungsgesetz 1998 87
Steuerbescheid
– Anfechtung, Musterformular 371
– Einspruch, Musterformular 371
Steuerentlastungsgesetz 1999/2000/2002 134
– Auswirkungen 321
– Erbfolgebesteuerung, Änderungen 321
– Finanzierungsmaßnahmen 321
– Verlustverrechnungsmöglichkeit, Modifikation 321
– Vorsteuerabzug, Einschränkung 321
Steuerentlastungsgesetz 88
– Informationsbroschüre 320
Steuerentlastungsgesetz 1999 87
Steuererklärung
– Musterformular 371
– via Internet 322
Steuerfreistellung und Lohnsteuerbescheinigung
– Musterformular 369
Steuerhaftung
– GmbH-Geschäftsführung 322
Steuerliche Gestaltungsüberlegungen Jahresende 1999, 374
Steuern Online 267, 483
Steuernetz.de
– Musterverträge, -briefe, Checklisten 342
Steuerrecht
– Arbeitshilfen 371
– Bundesministerium der Finanzen, Normen 87
– Entscheidungssammlung BFH, Mio Verlag 245
– Entscheidungssammlung BFH, Refact 246
– Entscheidungssammlung BFH, Report-Online 246

– Entscheidungssammlung Buchhaltung-Online 246
– Entscheidungssammlung Vereinssteuerrecht 246
– Fachbeiträge 319
– Fachbeiträge CompuServe 265
– Fachbeiträge PFIFF Personalrechtsdatenbank 267, 318
– Leitsatzsammlung Steuern, WDR 246
– Normen, national 87
– Normen, Rechtsanwälte Emmert, Schurer, Buecking 89
– PFIFF Personalrechtsdatenbank, Normen 87
– Pressemitteilungen BFH, Internetprojekt Saarbrücken 247
– Pressemitteilungen FG Cottbus, Internetprojekt Saarbrücken 247
– RechtsTipps RECHTplus 267
– Steuernetz, Normen 87
– Urteilssammlung Geld und Steuern, Haufe Verlag 247
– Urteilssammlung Steuern und Geld, Focus 247
– Urteilssammlung, RECHTplus 247
Steuerreform 445
– Auswirkungen Berechnungsprogramm 371
– Ökologische 448
StGB 134
Stiftungsgesetz
– Brandenburg 161
– Hessen 170
Stock Options 292
Stollfuß 475
Störfall-Verordnung 100
StPO 134
Straf- und Strafprozessrecht
– Entscheidungssammlung Berliner Strafurteile 248
– Entscheidungssammlung BGHSt, GLAW 248
– Entscheidungssammlung Obergerichtliche Rechtsprechung, Uni Bayreuth 248
– Entscheidungssammlung Strafvollzug 248
– Leitsatzsammlung Strafrecht, WDR 248
– Pressemitteilungen BGH und Generalbundesanwalt,
Internetprojekt Saarbrücken 249
– Pressemitteilungen Obergerichte, Uni München 249

Strafgesetzbuch 134
Strafprozess
– Fristen 343
– Verjährungsfristen 375
Strafprozessordnung 134
Strafprozessrecht
– Fachbeiträge 323
Strafrecht
– Arbeitshilfen 375
– DAV Diskussionsforum 266
– Fachbeiträge 324
– Fachbeiträge, Rechtsanwalt Dr. Sommer 324
– Normen, Rechtsanwälte Emmert, Schurer, Buecking 89
– Verjährungsfristen 375
Straftat
– Rechtsfolgen 326
Strafverfolgung
– Auswertung des Lichtbildes 331
– Zugriff auf Verbindungsdaten der Telekommunikation 283
Strafverteidigung
– Ausländer 324
– Maßregelvollzug 324
– Taktik 326
Strafvollzugsgesetz 135
Strahlenschutzverordnung 134
Straßengesetz
– Hessen 170
Straßenverkehr
– Alkohol 333, 376
– Drogen 333
– Jugendliche 333
– Medikamente 333
Straßenverkehrsgesetz 135
Straßenverkehrsordnung 135
Straßenverkehrsrechtliche Zuständigkeitsverordnung
– Hessen 176
Straßenverkehrs-Zulassungsordnung 136
StrlSchV 134
Stromeinspeisungsgesetz 135
Studentendatenverordnung
– Berlin 156
STUG 135
StVollzG 135
StVZO VerwVO zu § 15 136
Subventionsmissbrauch 325
Suchmaschinen 458
SÜG NW 182

SÜPF 136
SV Saxiona 476
SVG 136
SvVO
– Schleswig-Holstein 192

T

TA Lärm 136
TA Luft 136
Tabakrecht
– Normen, national 88
Tabaksteuergesetz 88
Tagessatz
– Bemessung 324
Tarifabschlüsse 1994–1999 83
Tarifarchiv
– Hans-Böckler-Stiftung 83
Tarifdatenbank 345
– IG Metall 469
Tarifeinkommen, Berechnung 345, 469
Tarifpolitik, Chronik 83
Tarifsystem, deutsches 83
Tarifvertrag zur Telearbeit bei der Telekom AG 136
Tarifverträge 345, 469
– Verlag Recht und Praxis 83
Tarifvertragsgesetz 138
Tarifwechsel
– Unternehmensumwandlung 278
– Betriebsvereinbarungen 278
Täter-Opfer-Ausgleich 283
Tax
– Fachbeiträge CompuServe 265
TDDSG 86, 137
TDG 86, 137
TDSV 137
Tegernseer Gebräuche 137
Teilnehmerdaten 328
Teilwertabschreibung 323
Teilzeitarbeit von Familienangehörigen
– Mustervertrag 344, 347
Telearbeit 275
– Arbeitnehmerrechte 277
– Arbeitsschutz 275
– Arbeitsstunden 343
– Bewertung 276
– Datensicherheit 275
– Einführung 276
– Fahrtkostenerstattung 343

– Formen 276
– Gefährdungspotenzial 276
– Grundlagen 275
– Handbuch zur Einführung 343
– Haftung 275
– Implementierung im Betrieb 275
– Juristische Aspekte 275
– Kollektivverträge, international 343
– Leitfaden 276
– Linksammlung 343, 438
– Marktbedeutung 276
– Mietwohnungen 276
– Musterbetriebsvereinbarung 276
– Musterdienstvereinbarung 276, 345, 346
– Öffentliche Verwaltung 276
– Organisation 276
– personelle Aspekte 276
– Rechtsfragen 277
– Rechtsverhältnis 277
– Scheinselbständigkeit 276
– Steuerliche Fragen 276
– technische Vorausetzungen 276
– Umwandlung bestehender Arbeitsverhältnisse 275
Telearbeitsplätze
– Beratung bei Einrichtung 275
Teledienstedatenschutzgesetz 86, 137
– Anwendungsbereich 285
– Rechtsdurchsetzung 285
Teledienste-Datenschutzverordnung 284
Teledienstegesetz 86, 137
– Haftung 311, 314
– Inhalt und Ziele 328
– Verbraucherschutz 328
– Verantwortlichkeiten 328
Telefonwerbung
– Einverständnis bei Kontoeröffnung 283
Telekommunikation
– Freie 283
– Normen, Rechtsanwälte Emmert, Schurer, Buecking 89
– Strafverfolgung über Verbindungsdaten 283
Telekommunikations-Datenbank 327
Telekommunikationsdienste
– Datenschutz 284
Telekommunikationsdiensteunternehmen-Datenschutzverordnung 137
Telekommunikations-Entregulierungsverordnung 137
Telekommunikationsgesetz 137, 284

Telekommunikations-Kundenschutz-
    verordnung 138
Telekommunikationsrecht
– Fachbeiträge 327
– Fachbeiträge CompuServe 265
– Normen, Arnoldi 88
Telekommunikations-Universaldienstleistungs-
    verordnung 138
Telekommunikationsunternehmen,
    ausländische
– Marktschließung 327
Telekommunikatiosnzulassungs-
    verordnung 138
Telematik im Verkehr 331
TEngtV 137
Terminvorschau BAG 348
Testament
– Anfechtung 290
– Auslegung 290
– Ausschluss von der Erbfolge 290
– einfaches, Musterformular 351
– Erbvertrag 290
– Erbverzicht 290
– Formen 290
– gemeinschaftliches 290
– Musterverträge und -formulare, Kanzlei
    Schiller und Koll. 351
– Nichtigkeit 290
– persönliche Errichtung 290
– Pflichtteil 290
– Testierfähigkeit 290
– Vor- und Nacherbschaft 290
– Widerruf 290
Testamentsvollstreckung, Anordnung
– Musterformular 351
ThDSchG 193
ThEBG 193
ThürBO 193
Thüringen
– Generalstaatsanwaltschaft 458
– Landtag 458
– Normen 192
ThürSchFG 193
ThürSchfTG 193
Titelschutz Anzeiger 483
Titelschutz-Recherche 360
TKG 137
TKV 138
TKZulV 138
Trägerbestimmungsverordnung
– Hessen 175

Transpatent
– Normen, Gewerblicher Rechtsschutz 84
Transplantationsrecht 493
Transportrecht
– Leitsatzsammlung 249
Transportrechtsreformgesetz 138
Trennung, Auszug eines Ehegatten
– Mustervereinbarung 355
Trennungsgebot, werberechtliches 316
TRG 138, 194
Trier Universität 467
Trinkwasserverordnung 138
Tschechischer Präsident 431
Tschechisches Außenministerium 431
Tschechisches Parlament 431
TU Berlin
– Rechtsvorschriften 81
TUDLV 138
TU-Dresden, Juristische Fakultät
– Normen, Sachsen 185
Türkisches Außenministerium 431
TVG 138

U

U.S. Telekom/IT Law
– Fachbeiträge CompuServe 265
UAG 138
– Sachsen-Anhalt 189
Übereinkommen über die Erteilung
    europäischer Patente 199
– Durchführungsverordnung 199
Überholweg
– Berechnungsprogramm 378
Überweisungsgesetz 138
UG
– Nordrhein-Westfalen 182
– Baden-Württemberg 150
UIG 139
Umgangsrecht, elterliches 291
Umsatzsteuer
– Umrechnungskurse 352
Umwandlungsrecht
– Bereinigung 323
Umweltabgaben 320
Umweltauditgesetz 138
Umwelthaftungsgesetz 139
Umweltinformationsgesetz 139
– Nordrhein-Westfalen 393
Umweltlexikon 328

Umweltrecht
– Fachbeiträge 328
Umweltschutz- und Technikrecht
– Normen, Abfallrechtliche 88, 89
Umweltschutz 448
Umweltverträglichkeitsprüfungsgesetz 139
Umweltwerbung 335
UN Flüchtlingskommissar 414
UN 416
UNCTAD 416
Ungarischer Premierminister 431
UNICEF 417
United States Code 198
Universität Bayreuth
– Entscheidungssammlung Strafrecht
    Obergerichte 248
– Normen 82
Universität Eichstätt
– Urteilssammlung BVerfG 252
Universität Frankfurt
– Entscheidungssammlung VG Frankfurt 252
Universität Giessen Justus-Liebig
– Landesrecht Hessen 164
Universität Hannover, Rechtsinformatik
– Entscheidungssammlung EuGH Handels-
    und Gesellschaftsrecht 234
Universität Humboldt Berlin
– Forum Recht 295
Universität Karlsruhe
– Linksammlung 438
Universität Köln
– Linksammlung 438
Universität Köln, Juristische Fakultät
– Entscheidungssammlung Arbeitsrecht 222
Universität München
– Pressemitteilungen Strafrecht Ober-
    gerichte 249
– Urteile BayObLG 219
Universität Münster, Juristische Fakultät
– Linksammlung 438
– Pressemitteilungen VerwGH Nordrhein-
    Westfalen 254
– Pressemitteilungen VGH Nordrhein-West-
    falen 250
Universität Passau, Juristische Fakultät
– Entscheidungssammlung BayVerfGH 249
– Entscheidungssammlung BVerfG 249
– Entscheidungssammlung Staatsgerichtshof
    Hessen 250
– Leitsatzsammlung Landwirtschafts-
    recht 236

Universität Trier
- Leitsatzsammlung BVerfG Staatskirchenrecht 245

Universität Würzburg
- Entscheidungssammlung BGHSt, GLAW 248
- Entscheidungssammlung BVerwG 252

Universitäten
- National 460
- International 468

Universitätsbibliothek Mannheim
- Linksammlung 43

Universitätsbibliotheken
- Augsburg 396
- Bamberg 396
- Bayreuth 396
- Berlin/Freie Universität 396
- Berlin/Humboldt Universität 396
- Berlin/Zentralbibliothek HMI 396
- Bochum 397
- Brandenburg 397
- Düsseldorf 397
- Eichstätt 397
- Freiburg 397
- Giessen 397
- Karlsruhe/Rechenzentrum Universität 398
- Mainz 398
- Mannheim 398
- Marburg 398
- Osnabrück 398
- Saarland 398
- Thüringen 398
- Tübingen 398
- Würzburg 398

Universitätsgesetz
- Baden-Württemberg 150
- Nordrhein-Westfalen 182

UN-Kaufrecht 202
UN-Kinderkonvention 202
Unterbringungsähnliche Maßnahmen
- Betreuung 350

Unterbringungsverfahren, Betreuung 350
Unterhalt
- Berechnungsprogramm 353

Unterhalt nichtehelicher Eltern 291
Unterhaltsberechnung, Demoversion
- Berechnungsprogramm 354

Unterhaltsleitlinien OLG 356
Unterlassungserklärung, strafbewehrte
- Musterformular 342, 381

Unternehmen 267

Unternehmenskennzeichen
- Schutz 294
- Verfahren 294

Unternehmenskennzeichenschutz 394
Untersuchungsausschussgesetz
- Sachsen-Anhalt 189

Untervermietung 365
Urheberrecht
- DAV Diskussionsforum 266
- Fachbeiträge 329
- Lizenzrecht, Kanzlei Bender, Zahn, Tigges 329
- Normen, Internetprojekt Saarbrücken 89

Urheberrechtsgesetz 89, 139
Urheberrechtsschutz
- E-Commerce 309

Urheberrechtswahrnehmungsgesetz 139
Urlaub 270
Urlaubsgeldgesetz 139
Urteilssammlung
- Adotiv- und Pflegekinder, Moses Online 232
- Arbeitsrecht, gewerbliches 224
- Arbeit und Ausbildung, Focus 223
- Aufsichtspflicht 232
- Bauen und Wohnen, Focus 225
- Bauplattform 218
- BayObLG, Universität München 219
- Betriebsräte, Rechtsanwälte Gaidies & Koll. 226
- Betriebsratsarbeit, W.A.F. 226
- Betriebsverfassungsgesetz, IG-Metall 226
- BVerfG, Uni Eichstätt 251
- Computer und EDV, RECHTplus 227
- Computer und Kommunikation, Focus 243
- Deutscher Mieterbund 239
- EDV-Recht 227
- Erbrecht, RECHTplus 228
- Familie, RECHTplus 232
- Focus 219
- Geld und Steuern, Haufe Verlag 247
- Immobilienrecht, Haufe Verlag 239
- Jugendhilfe, ifis-consult 232
- Jusline 219
- Kanzlei Merten & Koll. 219
- Kaufen und Kleingedrucktes, Focus 257
- Medizinrecht 236
- Mieten und Vermieten, Focus 239
- Mietrecht, RECHTplus 239
- Partnerschaft und Familie, Focus 232
- Personal, Arbeit, Soziales 224
- Privates Arbeitsrecht 224
- Prozessrecht, Focus 240
- Rechtsinformatik, Internetprojekt Saarbrücken 227
- RECHTplus 220, 245
- Steuern und Finanzen, Focus 247
- Steuerrecht, RECHTplus 247
- Verkehrsrecht, RECHTplus 252
- Versicherungen, Focus 257
- Wettbewerbsrecht, RECHTplus 254
- Winterdienst, CompuServe 257
- Wirtschaftsrecht, RECHTplus 255
- Wirtschafts- und Steuerrecht 220
- ZDF 220

USA Westlaw Server 431
US-Normen 199
US-Steuerglossar 375
UStG 140
UVPG 140
UWG 140

V

Väter für Kinder e.V. 470
VbF 140
Venture-Capital 266
Verbände 468
- Verfahrensbeiligungsrecht 306

Verbindungs- und Teilnehmernetze
- Regulatorische Behandlung 328

Verbraucher
- Leitsatzsammlung, WDR 256

Verbraucherinsolvenz 266, 300
- Leitfaden 363

Verbraucherkreditgesetz 81, 141
Verbraucherschutz 447
- E-Commerce 307, 310
- im Internet 317
- Online-Auktionen, Leitfaden 312
- Teledienstegesetz 328

Verbrauchssteuern 445
VerbrKrG 86, 141
Verdingungsordnung
- Bauleistungen 142
- Freiberufliche Leistungen 142

Vereine 468
- Mustersatzung eingetragener Verein 376
- Satzung 330
- Verfahrensbeiligungsrecht 306

Vereinigte Nationen 416

Vereinigung Demokratischer Juristinnen und
  Juristen 423
VereinsG 141
Vereinsrecht
– Fachbeiträge 330
Vereinssteuerrecht
– Entscheidungssammlung 246
Verfahren, sozialgerichtliches 319
Verfahrensbeteiligungsrechte
– Vereine und Verbände 306
Verfassung 81
– Baden-Württemberg 151
– Bayern 152
– Belgien 199
– Berlin 156
– Brandenburg 156, 161
– Dänemark 199
– Frankreich 199
– Hamburg 164
– Hessen 175
– Humboldt-Universität Berlin 85
– Irland 196, 200
– International 195
– Japan 200
– Kroatien 200
– Lettland 200
– Mexiko 200
– Niederlande 200
– Nordrhein-Westfalen 182
– Norwegen 201
– Österreich 201
– Polen 201
– Saarland 185
– Sachsen 188
– Sachsen-Anhalt 189
– Schweiz 201
– Spanien 201
– Südafrika 201
– Thüringen 194
– Tschechien 201
– Uganda 201
– USA 202
– Zypern 202
Verfassungschutzgesetz
– Brandenburg 158
Verfassungsgerichtshof Nordrhein-West-
  falen 412
– Pressemitteilungen, Uni Münster 250
Verfassungsrecht
– Entscheidungssammlung BayVerfGH, Uni
  Passau 249

– Entscheidungssammlung BVerfG, Report-
  Online 249
– Entscheidungssammlung BVerfG, Uni
  Passau 249
– Entscheidungssammlung BVerfG, Uni Würz-
  burg 250
– Entscheidungssammlung/Pressemitteilung
  BVerfG 250
– Entscheidungssammlung Staatsgerichtshof
  Hessen,
Uni Passau 250
– Fachbeiträge 330
– Leitsatzsammlung Staat und Verwaltung,
  WDR 250
– Pressemitteilungen BVerfG, Internetprojekt
  Saarbrücken, 250
– Pressemitteilungen VGH Nordrhein-West-
  falen, Uni Münster 250
– Urteilssammlung BVerfG, Uni
  Eichstätt 251
Verfassungsrechtliche Normen 82
Verfassungsschutz
– Normen 89
Verfassungsschutzgesetz
– Hamburg 162, 163
– Nordrhein-Westfalen 183, 393
– Sachsen 188
Vergaberecht
– Erste Entscheidungen zur Neu-
  regelung 304, 336
– Nachprüfungsverfahren 337
– Nachprüfungsverfahren, Kosten 337
– Neuregelung 337
– Rechtsgrundlagen 337
– Schadensersatzansprüche 337
– Überwachungsinstanzen 337
– Zuschlagserteilungsverbot 337
Vergaberechtsänderungsgesetz 304, 336
Vergabe-Rechtsschutz 391
Vergaberichtlinie 141
Vergleich
– Mustervertrag 342, 381
Vergleichende Werbung 335
Vergleichsberechnung, öffentlich-rechtliche
– Berechnungsprogramm 353
Vergleichsgebühren 306
Vergleichsmiete 302
Vergütungsrichtlinien für Arbeitnehmer-
  erfindungen 141
Verjährungsfristen
– Arbeitsrecht 348

– Ehe- und Familienrecht 356
– Erbrecht 352
– Mietsachen 366
– Strafrecht 375
– Strafprozessrecht 375
VerkaufsprospektG 141
Verkaufsprospekt-Verordnung 141
Verkaufsstättenverordnung
– Schleswig-Holstein 192
Verkehrsordnungswidrigkeiten 333
– Entscheidungen 333
– Gesetzliche Grundlagen 333
Verkehrsrecht
– Alkohol 333
– Änderungen Juli 1998 331
– Ausland 331
– Arbeitshilfen 376
– Drogen 333
– Fachbeiträge 331
– Fachbeiträge, Verkehrsthek 332
– Fachbeiträge, Strafzettel.de 332
– Nachweismethoden 333
– Fachbeiträge, Bundesverkehrs-
  ministerium 331
– Gesetze 376
– Informationssammlung Rechtsanwälte
  Schiller und Koll. 376
– Leitsatzsammlung AG Verkehrs-
  recht 251
– Leitsatzsammlung Kfz-Recht und Verkehr,
  MDR 252
– Leitsatzsammlung Verkehr, WDR 252
– RechtsTipps RECHTplus 267
– Urteilssammlung Verkehrsrecht, RECHT-
  plus 252
Verkehrsrechtsschutzversicherungen
– Leistungen 331
Verkehrssicherungspflichten Grundstücks-
  eigentümer
– Leitsatzsammlung, Verlag Recht und
  Praxis 238
Verkehrsthek
– Fachbeiträge Verkehrsrecht 332
Verkehrsunfall 333
– Abwicklung 332
– Ansprüche des Geschädigten 332
– Ausland, Besonderheiten 332
– Handy am Steuer 333
– Richtiges Verhalten am Unfallort 332
– Schadensabwicklung 376
– Schadensregelung im Ausland 331

Verkehrsunfallgeschädigter
- Musterformular Fragebogen 378
Verkehrsunterricht, Anordnung 331
Verkehrszentralregister 331, 376
- Punkteregelung 377
VerkProspVO 141
Verkündungsgesetz
- Hessen 175
Verlag für die Rechts- und Anwaltspraxis 476
Verlag Recht und Praxis 474
- Entscheidungen 215
- Fachbeiträge 267
- Leitsatzsammlung Mietgebrauch 238
- Leitsatzsammlung Verkehrssicherungspflichten
Grundstückeigentümer 238
- Tarifverträge 83
Verlage 470
- Linksammlung Internetprojekt Saarbrücken 439
Verlagsgesetz 89
Verlustverrechnungsmöglichkeit
- Steuerentlastungsgesetz 1999/2000/2002 321
Vermächtnis
- Musterformular 351
VermBG 5. 141
VermDVG
- Berlin 156
VermG 141
Vermiet- und Verleih-Richtlinie 89
Vermietzinsen
- Schuldzinsen 342
Vermögensbildung 319, 323
Vermögensbildungsgesetz, Fünftes 141
Vermögensfragen, Regelung offener 366
Vermögensgesetz 141
Vermögensrechtsdatenverarbeitungsgesetz
- Berlin 156
Vermögensvorsorge
- Betreuung 350
Verordnung EG
- über die Gebühren des Harmonisierungsamtes 207
- über die Gemeinschaftsmarke 207
- über die Verfahrensordnung vor den Beschwerdekammern des Harmonisierungsamts 207

- zur Durchführung der Verordnung über die Gemeinschaftsmarke 207
Verordnung
- über brennbare Flüssigkeiten 140
- über die Kennzeichnung von Tabakerzeugnissen 88
- über die Zahlung der Gebühren des Deutschen Patent- und Markenamts und des Bundespatentgerichts 128
- über die Zulassung zum juristischen Vorbereitungsdienst
- Hessen 176
- über Heizkostenabrechnung 117
- über Kosten beim Deutschen Patent- und Markenamt 105
- über Kundeninformationen 142
- über Tabakerzeugnisse 88
- über Verfahren vor dem Bundessortenamt 101
- zum Gerätesicherheitsgesetz 115
- zur Aufhebung der Smog-Verordnung, Hessen 176
- zur Durchführung des Gesetzes über Preisnachlässe 142
- zur Regelung des Gemeingebrauchs, Niedersachsen 178
- zum Arbeitsschutzgesetz 82
- zum Patentgesetz 84
Verordnungsblatt
- Nordrhein-Westfalen 180
Versammlungsgesetz 142
Verschlüsselungsverfahren
- staatliche Reglementierung des Einsatzes 301
Verschwiegenheitsverpflichtung im Internet 317
Versicherung
- Leitsatzsammlung, Focus 257
- Leitsatzsammlung, WDR 256
- Regelung bei 630-DM-Jobs 272
Versicherungsrecht
- Fachbeiträge 334
- Fachbeiträge CompuServe 265
- Kfz 333
Versicherungsvertragsgesetz 142
Versorgungsausgleich 355
Versorgungswerk Rechtsanwälte 493
Versteigererverordnung
- Online-Auktionen 313
Vertrag über die abschließende Regelung in Bezug auf Deutschland 142

Vertrag
- Abschluss durch elektronisch übermittelte Willenserklärung 308
- Abschluss im Internet 307
- Elektronische Willenserklärung 313
- Online-Vertrag 313
Verträge zur deutschen Einheit 87
Vertragsrecht
- Leitsatzsammlung MDR 257
Verwaltungsgericht Frankfurt a. M. 411
- Entscheidungssammlung, Uni Frankfurt 252
Verwaltungsgericht Mainz 412
- Pressemitteilungen 253
Verwaltungsgerichte Baden-Württemberg 411
- Pressemitteilungen 253
Verwaltungsgerichtsbarkeit 410
- EDV-Einsatz 286
Verwaltungsgerichtshof Baden-Württemberg 410
- Pressemitteilungen, Internetprojekt Saarbrücken 254
Verwaltungsgerichtshof Nordrhein-Westfalen
- Pressemitteilungen, Uni Münster 254
Verwaltungsgerichtsordnung 143
Verwaltungskostengesetz 143
- Fristen 380
- Hessen 172
Verwaltungsprozess
- Fristen 380
Verwaltungsrecht
- Entscheidungssammlung BVerwG, Report-Online 252
- Entscheidungssammlung BVerwG, Uni Würzburg 252
- Entscheidungssammlung VG Frankfurt, Uni Frankfurt 252
- Pressemitteilungen BVerwG, Internetprojekt
Saarbrücken 253
- Pressemitteilungen OVG Nordrhein-Westfalen, Uni Münster 253
- Pressemitteilungen Verwaltungsgerichte Baden-Württemberg 253
- Pressemitteilungen VG Mainz 253
- Pressemitteilungen VerwGH Nordrhein-Westfalen, Uni Münster 254
- Pressemitteilungen VGH Baden-Württemberg, Internetprojekt Saarbrücken 254
Verwaltungsrechtliches Rehabilitationsgesetz 143

Verwaltungsverfahrensgesetz 143
– Brandenburg 161
– Hamburg 162, 163
– Hessen 172
Verwaltungsvollstreckungsgesetz 143
– Brandenburg 161
– Hamburg 163
– Hessen 170
Verwaltungsvorschrift über die Einrichtung von Gewerbeaufsichtsämtern
– Sachsen 188
Verwaltungszustellungsgesetz 143
– Hessen 170
Verwandtenunterhalt
– Berechnungsprogramm 353
Verwarnungsgeldkatalog 142, 331, 333, 378
– Auszug 448
Verwechslungsgefahr 335
Viagra 293
Videoüberwachung 283
Virenschutz 307
Virtuelles Institut Max-Planck-Institut
– Entscheidungssammlung Völkerrecht 228
VkVO
– Schleswig-Holstein 192
VOB 142
– Teil B 83
VOF 142
Völkerrecht
– Entscheidungssammlung deutsche Rechtsprechung 228
– Entscheidungen Human Rights Chamber Bosnien/Herzegovina 229
– Entscheidungsammlung EGMR 229
– Fachbeiträge RAVE 335
– Internet 315
– Linksammlung Bibliothek Universität Mannheim 434
– Linksammlung Max-Planck-Institut 439
Volksabstimmungsgesetz
– Niedersachsen 179
Vollmacht
– Allgemein, Musterformular 364
– Musterformular 341, 342, 381, 384
– General- und Vorsorgevollmacht, Musterformular 380
– Prozess, Musterformular 364
– Prozess Strafsache, Musterformular 364
– Strafprozess, Musterformular 342, 364

– Vermeidung einer Betreuung, Musterformular 350
Vollstreckung 266
Vormundschaftliche Genehmigungen
– Betreuung 350
Vormundschaftsrecht
– Leitsatzsammlung, JurPage 254
Vorsteuerabzug
– Gründung Kapitalgesellschaft 323
– Steuerentlastungsgesetz 1999/2000/2002 321
VSG NW 183
VStättVO
– Schleswig-Holstein 192
VVG 142
VwGO 142
VwKostG 143
VwRehaG 143
VwVfG 143
VwVG 143
VwZG 143

W

Waffengesetz 143
Wahlgesetz
– Berlin 155
– Brandenburg 158
– Niedersachsen 178
– Sachsen-Anhalt 189
Wahlordnung
– Saarland 185
Wahlprüfungsgesetz
– Hessen 176
Währungsumrechnung
– Berechnungsprogramm 353
Wärmeschutzverordnung 83, 144
Wartungsvertrag
– EDV 286
– Hardware 286
Wasch- und Reinigungsmittelgesetz 144
Wasserbauprüfungsverordnung
– Schleswig-Holstein 192
Wasserbehörden-Zuständigkeitsverordnung
– Hessen 176
Wassergesetz
– Hessen 173
– Niedersachsen 179
– Nordrhein-Westfalen 182

– Zuständigkeitsverordnung Niedersachsen 179
Wasserhaushaltsgesetz 145
– Niedersachsen 179
Wasserrecht
– Normen, Niedersachsen 177
WaStrG 144
WBeauftrG 144
WDR Köln, Leitsatzsammlung
– Arbeit 222
– Erbrecht 227
– Familie 231
– Prozess 240
– Reise 243
– Soziales 245
– Staat und Verwaltung 250
– Steuern 246
– Verbraucher 256
– Verkehr 252
– Versicherung 256
Web Journal of Current Legal Issues Ltd. 483
WEG 144
Wehrbeauftragtengesetz 144
Wehrbeschwerdeordnung 144
Wehrdisziplinarordnung 144
Wehrpflichtgesetz 145
Wehrstrafgesetz 146
Weiterbildung
– Fördermöglichkeiten 348
– Gesetze 348
– Zuschüsse 348
Weltbank-Gruppe 417
Weltgesundheitsorganisation 417
Weltrecht.de
– Urteilssammlung 220
Welturheberrechtsabkommen (WUA) 89
Werbefinanzierte Telefongespräche 336
Werberichtlinien der Landesmedienanstalten
– Baden-Württemberg 151
Werbeverbote, anwaltliche 268
Werbung
– anwaltliche Homepage 268
– Kopplungsangebote 335
– Österreichische Spamregelungen 315
– progressive Werbeformen 336
– Rubbelaktion 336
– Telefongespräche, werbefinanziert 336
– Trennungsgebot 315
– Umwelt 335
– vergleichende Werbung 335

Werpapierdienstleistungs-Prüfungs-
   verordnung 145
Wertpapierhandel-Meldeverordnung 146
Wertpapier-Verkaufsprospektgesetz 141,
   144
Westeuropäische Union 417
Westlaw Server USA 431
Wettbewerbsrecht
– Fachbeiträge 335
– Fachbeiträge CompuServe 265
– Lehrbuch 335
– im Internet 317
– Normen, Rechtsanwälte Emmert, Schurer,
   Buecking 89
– RechtsTipps RECHTplus 267
– Urteilssammlung RECHTplus 254
WEU 417
WHG 145
– Niedersachsen 179
WHO 417
Willenserklärung, elektronische 313
– AGB 313
– Anfechtung 313
– Erklärung durch Dritte 313
– Schriftformerfordernis 313
– Widerruf 313
– Zugang 313
Windenergieanlagen
– Einsatz 289
– Mobilfunk 289
Winterdienst
– Musterformular Abmahnung wegen unter-
   lassener Räum- und Streupflicht 342
WIPO 417
Wirtschaft und Wettbewerb 483
Wirtschafts- und Steuerrecht
– Urteilssammlung, Weltrecht.de 220
Wirtschaftsrecht
– Entscheidungssammlung Betriebliche
   Praxis, Haufe
Verlag 255
– Entscheidungssammlung Rechnungs-
   wesen und
Controlling, Haufe Verlag 254
– Urteilssammlung, RECHTplus 255
– RechtsTipps, RECHTplus 267
Wohngeldgesetz 145
Wohnungsbauförderung
– Investitions- und Eigenheimzulagen-
   gesetz 86
Wohnungsbindungsgesetz 145

Wohnungseigentumsgesetz 86, 144
Wohnungseigentumsrecht
– Leitsatzsammlung, JurPage 238
Wohnungsgenossenschaften-Vermögens-
   gesetz 145
Wohnungsstatistikgesetz 145
WpDPV 145
WPflG 145
WpHG 146
WpHMV 146
WStG 146
WTO 418
Würzburg Universität 467
WuW 483

Y

Yabba 460
Yahoo 460
Yahoo
– Anwaltsliste 444
Year 2000 Information and Readiness
   Disclosure Act 202

Z

Zahlung
– Kreditkartenzahlung im Internet 310
– Mustervereinbarung 342, 384
Zahlungsverkehr, grenzüberschreitend 279
– offizielle Empfehlungen 279
– Richtlinien 279
ZAP
– Leitsatzsammlung 217
– Musterverträge 341
ZDF
– Urteilssammlung 220
ZDG 146
Zeitschrift für ausländisches und internatio-
   nales Privatrecht 485
Zeitschrift für das gesamte Familien-
   recht 485
Zeitschrift für die gesamte Strafrechtswissen-
   schaft 485
Zeitschrift für Erbrecht und Vermögensnach-
   folge 485
Zeitschrift für europäisches Privatrecht 485
Zeitschrift für Medien- und Kommunikations-
   recht 486

Zeitschrift für Sport und Recht 486
Zeitschrift für Tarif-, Arbeits- und Sozialrecht
   des öffentlichen Dienstes 486
Zeitschrift für Umweltrecht 486
Zeitschrift für Unternehmens- und Gesell-
   schaftsrecht, 486
Zeitschrift für Urheber- und Medien-
   recht 486
Zeitschrift für Wirtschaft- und Insolvenz-
   recht 487
Zeitschriften, juristische 476
Zertifizierung, anwaltliche 269
– Berufsrecht 270
– Haftung 270
Zeugenbeweis 306
Zeugnis (siehe auch Arbeitszeugnis) 272
ZEuP 485
ZEV 485
ZGR 486
Zinsen
– Berechnungsprogramm 382, 383
ZIP 487
– Entscheidungen 216
Zivildienstgesetz 146
Zivilprozess
– Berechnungsprogramme 382
– Fristen 343
Zivilprozessordnung 146
Zivilrecht
– Arbeithilfen 380
– DAV Diskussionsforum 266
– Entscheidungssammlung Franchise-
   recht 255
– Entscheidungssammlung Kanzlei Alavi &
   Koll. 256
– Leitsatzsammlung Hunderecht 256
– Leitsatzsammlung Verbraucher,
   WDR 256
– Leitsatzsammlung Versicherung,
   WDR 256
– Leitsatzsammlung Vertragsrecht,
   MDR 257
– Normen, Rechtsanwälte Emmert, Schurer,
   Buecking 89
– Urteilssammlung Kaufen und Klein-
   gedrucktes,
Focus 257
– Urteilssammlung Versicherungen,
   Focus 257
– Urteilssammlung Winterdienst,
   CompuServe 257

Zoll- und Handelsabkommen, International 196
Zoll
– E-Commerce 309
Zölle 445
Zollkriminalamt 394
ZPO 146
ZSEG 146
ZStW 485
ZTR 486

Zuchtmittel 325
Zugabeverordnung 146
Zugewinn
– Berechnungs-
 programm 354
Zugewinngemeinschaft 355
Zulassungsverfahren
– Industrieanlagen 329
ZUM 486
Zust.VO NWG 179

Zuständigkeit, gerichtliche
– Kindschaftsangelegenheiten 291
– Scheidungsfolgesachen 291
Zuweisungsverordnung
– Hessen 176
Zuwendungsvertrag 304
Zwangsverbund bei Sorgerechtsregelung 291
Zwangsvollstreckung
– Euro-Übergangszeit 337
Zypriotische Regierung 432